Temps
et récit

Paul Ricœur

Temps et récit

TOME III
Le temps raconté

Éditions du Seuil

EN COUVERTURE : Horloge astronomique
à côté de l'hôtel de ville,
Prague-Tchécoslovaquie
Archives Dagli Orti

ISBN 978-2-02-013454-5, t. 3, édition de poche
ISBN 2-02-013634-1, édition complète
(ISBN 2-02-008981-5, 1re édition)

© Éditions du Seuil, novembre 1985

Le Code de la propriété intellectuelle interdit les copies ou reproductions destinées à une utilisation collective. Toute représentation ou reproduction intégrale ou partielle faite par quelque procédé que ce soit, sans le consentement de l'auteur ou de ses ayants cause, est illicite et constitue une contrefaçon sanctionnée par les articles L. 335-2 et suivants du Code de la propriété intellectuelle.

IV

LE TEMPS
RACONTÉ

La quatrième partie de *Temps et Récit* vise à une explicitation aussi complète que possible de l'hypothèse qui gouverne notre recherche, à savoir que le travail de pensée à l'œuvre en toute *configuration* narrative s'achève dans une *refiguration* de l'expérience temporelle. Selon notre schéma de la triple relation mimétique entre l'ordre du récit et l'ordre de l'action et de la vie[1], ce pouvoir de refiguration correspond au troisième et dernier moment de la *mimèsis*.

Deux sections composent cette quatrième partie. La première vise à donner pour vis-à-vis à ce pouvoir de refiguration une *aporétique de la temporalité,* qui généralise l'affirmation faite comme en passant, au cours de la lecture du texte augustinien, selon laquelle il n'y a jamais eu de phénoménologie de la temporalité qui soit libérée de toute aporie, voire que par principe il ne peut s'en constituer aucune. Cette entrée dans le problème de la refiguration par la voie d'une aporétique de la temporalité appelle justification. Un autre que nous, désireux d'attaquer directement ce qu'on pourrait appeler la narrativisation secondaire de l'expérience humaine, aurait pu légitimement aborder le problème de la refiguration de l'expérience temporelle par le récit à travers les ressources de la psychologie[2], de la socio-

---

1. Cf. ci-dessus, t. I, p. 105 *sq.*
2. Les classiques en la matière restent : P. Janet, *Le Développement de la mémoire et de la notion de temps,* Paris, A. Chahine, 1928 ; J. Piaget, *Le Développement de la notion de temps chez l'enfant,* Paris, PUF, 1946 ; P. Fraisse, *Psychologie du temps,* Paris, PUF, 1957, 2ᵉ éd., 1967, et *Psychologie du rythme,* Paris, PUF, 1974. Sur

logie[1], de l'anthropologie génétique[2], ou celles d'une recherche empirique attachée à détecter les influences de la culture historique et de la culture littéraire (dans la mesure où la composante narrative y prédomine) sur la vie quotidienne, sur la connaissance de soi et d'autrui, sur l'action individuelle et collective. Mais, si elle ne devait pas se borner à une observation banale, une telle étude aurait exigé des moyens d'enquête et d'analyse psycho-sociologiques dont je ne dispose pas. Outre le motif d'incompétence que je viens de dire, je voudrais justifier l'ordre que je vais suivre par la considération philosophique qui l'a effectivement motivé. Pour que la notion d'expérience temporelle mérite son appellation, il ne faut pas se borner à décrire les aspects implicitement temporels du remodelage de la conduite par la narrativité. Il faut être plus radical et porter au jour les expériences où le temps en tant que tel est thématisé, ce qui ne peut se faire sans introduire le troisième partenaire du débat avec l'historiographie et la narratologie, la phénoménologie de la conscience du temps. En fait, c'est cette considération qui nous a guidé

---

l'état actuel du problème, on consultera Klaus F. Riegel (éd.), *The Psychology of Development and History*, New York et Londres, Plenum Press, 1976 ; Bernard S. Gorman et Alden Wessman (éd.), *The Personal Experience of Time*, New York et Londres, Plenum Press, 1977 (en particulier : Wessman et Gorman, « The Emergence of Human Awareness and Concepts of Time » (p. 3-58) ; Klaus F. Riegel, « Towards a Dialectical Interpretation of Time and Change » (p. 57-108). La différence d'approche entre le point de vue du psychologue et celui du philosophe consiste en ce que le psychologue se demande comment certains concepts de temps apparaissent dans le développement personnel et social ; tandis que le philosophe se pose la question plus radicale de la teneur de sens des concepts qui servent de guide téléologique à la psychologie du développement.

1. E. Durkheim, *Les Formes élémentaires de la vie religieuse*, Paris, Alcan, 1912, PUF, 1968 ; M. Halbwachs, *Les Cadres sociaux de la mémoire*, Paris, Alcan, 1925, et *Mémoire et Société* œuvre posthume, PUF, 1950, rééditée sous le titre *la Mémoire collective*, Paris, PUF, 1968 ; G. Gurvitch, *La Multiplicité des temps sociaux*, Paris, CDU, 1958.

2. A. Jacob, *Temps et Langage. Essai sur les structures du sujet parlant*, Paris, Armand Colin, 1967.

dès la première partie, quand nous avons fait précéder l'étude de la *Poétique* d'Aristote par une interprétation de la conception augustinienne du temps. Le cours des analyses de la quatrième partie était, dès ce moment, scellé. Le problème de la refiguration de l'expérience temporelle ne pouvait plus tenir dans les bornes d'une psycho-sociologie des influences de la narrativité sur la conduite humaine. Il devait assumer les risques plus grands d'une discussion spécifiquement philosophique, dont l'enjeu est de savoir si — et comment — l'opération narrative, reprise dans toute son ampleur, offre une « solution », non pas spéculative, certes, mais *poétique*, aux apories qui nous ont paru inséparables de l'analyse augustinienne du temps. Dès lors, le problème de la refiguration du temps par le récit se trouve porté au niveau d'une vaste confrontation entre une *aporétique de la temporalité* et une *poétique de la narrativité*.

Or, cette formulation n'est valable que si, au préalable, ne nous bornant pas aux enseignements tirés du livre XI des *Confessions,* nous tentons de vérifier la thèse de l'aporicité de principe de la phénoménologie du temps sur les deux exemples canoniques de la phénoménologie de la conscience intime du temps chez Husserl et de la phénoménologie herméneutique de la temporalité chez Heidegger.

C'est ainsi qu'une première section sera intégralement consacrée à l'*aporétique de la temporalité*. Non que cette aporétique doive, *en tant que telle*, être assignée à l'une ou l'autre phase de la *mimèsis* d'action (et de la dimension temporelle de celle-ci) : elle est l'œuvre d'une pensée réflexive et spéculative qui, en fait, s'est développée sans égard pour une théorie déterminée du récit. Seule la *réplique* de la poétique du récit — tant historique que fictif — à l'aporétique du temps attire cette dernière dans l'espace de gravitation de la triple mimétique, au moment où celle-ci franchit le seuil entre la configuration du temps *dans* le récit et sa refiguration *par* le récit. A ce titre, elle constitue, selon l'expression choisie à dessein un peu plus haut, une *entrée* dans le problème de la refiguration.

De cette ouverture, comme on dit au jeu d'échecs,

résulte toute l'orientation ultérieure du problème de la refiguration du temps par le récit. Déterminer le statut philosophique de la refiguration, c'est examiner les ressources de création par lesquelles l'activité narrative répond et correspond à l'aporétique de la temporalité. A cette exploration sera consacrée la seconde section.

Les cinq premiers chapitres de cette section se concentrent sur la difficulté principale que l'aporétique aura dégagée, à savoir l'irréductibilité l'une à l'autre, voire l'occultation l'une par l'autre, d'une perspective purement phénoménologique sur le temps et d'une perspective adverse que, pour faire bref, j'appelle cosmologique. La question sera de savoir de quelles ressources dispose une poétique du récit pour, sinon résoudre, du moins faire travailler l'aporie. Nous nous guiderons sur la dissymétrie qui se creuse entre le récit historique et le récit de fiction quant à la portée référentielle et à la prétention à la vérité de chacun des deux grands modes narratifs. Seul le récit historique, en effet, prétend référer à un passé « réel », c'est-à-dire effectivement arrivé. La fiction, en revanche, se caractérise par une modalité référentielle et une prétention à la vérité proches de celles que j'ai explorées dans la septième étude de *la Métaphore vive*. Or, le problème du rapport au « réel » est incontournable. L'histoire ne peut pas plus s'interdire de s'interroger sur son rapport à un passé effectivement advenu qu'elle ne peut, la seconde partie de *Temps et Récit I* l'a établi, négliger de s'interroger sur le rapport de l'explication en histoire à la forme du récit. Mais, si le problème est incontournable, il peut être reformulé dans des termes différents de ceux de la référence, qui relèvent d'un type d'investigation dont Frege a déterminé les contours. L'avantage d'une approche qui met en couple l'histoire et la fiction, face aux apories de la temporalité, est qu'elle incite à reformuler le problème classique de la référence à un passé qui fut « réel » (à la différence des entités « irréelles » de la fiction) en termes de refiguration, et non l'inverse. Cette reformulation ne se borne pas à un changement de vocabulaire, dans la mesure où elle marque la subordina-

Introduction

tion de la dimension épistémologique de la référence à la dimension herméneutique de la refiguration. La question du rapport de l'histoire au passé n'appartient plus, en effet, au même niveau d'investigation que celle de son rapport au récit, même lorsque l'épistémologie de la connaissance historique inclut dans son champ le rapport de l'explication à des témoignages, des documents, des archives et dérive de ce rapport la définition fameuse de François Simiand qui fait de l'histoire une connaissance par traces. C'est dans une réflexion de second degré que se pose la question du sens même de cette définition. L'histoire en tant que recherche s'arrête au document comme chose donnée, même lorsqu'elle élève au rang de document des traces du passé qui n'étaient pas destinées à étayer un récit historique. L'invention documentaire est donc encore une question d'épistémologie. Ce qui ne l'est plus, c'est la question de savoir ce que signifie la visée par laquelle, en inventant des documents — au double sens du mot inventer —, l'histoire a conscience de se rapporter à des événements « réellement » arrivés. C'est dans cette conscience que le document devient *trace*, c'est-à-dire, comme nous le dirons de façon plus explicite le moment venu, à la fois un reste et un signe de ce qui fut et n'est plus. C'est à une herméneutique qu'il appartient d'interpréter le sens de cette visée *ontologique*, par laquelle l'historien, en se fondant sur des documents, cherche à atteindre ce qui fut mais n'est plus. Pour le dire dans un vocabulaire plus familier, comment interpréter la prétention de l'histoire, quand elle construit son récit, à reconstruire quelque chose du passé ? Qu'est-ce qui autorise à penser la construction comme reconstruction ? C'est en croisant cette question avec celle de l'« irréalité » des entités fictives que nous espérons faire progresser simultanément les deux problèmes de la « réalité » et de l'« irréalité » dans la narration. Disons tout de suite que c'est dans ce cadre que sera examinée, comme il a été annoncé à la fin de la première partie de *Temps et Récit*, la médiation opérée par la lecture entre le monde du texte et le monde du lecteur. C'est sur cette voie que nous chercherons en particulier le véritable parallèle à donner, du côté de la fiction, à ce qu'on appelle la « réalité » historique. A ce stade de la réflexion, le langage de la référence, encore conservé dans *la Métaphore vive,* sera définitivement dépassé : l'herméneutique du « réel » et de l'« irréel » sort du cadre assigné par la philosophie analytique à la question de la référence.

Cela dit, l'enjeu de cette suite de cinq chapitres sera de réduire progressivement l'écart entre les visées ontologiques respectives de l'histoire et de la fiction, de manière à faire droit à ce que, dans *Temps et Récit I,* nous appelions encore la référence croisée de l'histoire et de la fiction, opération que nous tenons pour l'enjeu majeur, quoique non unique, de la refiguration du temps par le récit[1]. Je justifierai, dans l'introduction à la seconde section, la stratégie suivie pour conduire de l'écart le plus grand entre les visées ontologiques respectives des deux grands modes narratifs à leur fusion intime dans le travail concret de refiguration du temps. Je me borne ici à indiquer que c'est en entrecroisant effectivement les chapitres consacrés respectivement à l'histoire (chapitres I et III) et à la fiction (chapitres II et IV) que je construirai degré par degré la solution au problème dit de la référence croisée (chapitre V).

Les deux derniers chapitres seront consacrés à un élargissement du problème, suscité par une aporie plus intraitable que celle de la discordance entre la perspective phénoménologique et la perspective cosmologique sur le temps, à savoir celle de l'unicité du temps. Toutes les phénoménologies admettent, en effet, avec Kant, que le temps est un singulier collectif, sans réussir peut-être à donner une interprétation phénoménologique de cet axiome. La question sera alors de savoir si le problème, reçu de Hegel, de la *totalisation* de l'histoire ne répond pas, du côté du récit, à l'aporie de l'unicité du temps. A ce stade de notre investigation, le terme d'histoire couvrira non seulement l'histoire racontée, soit sur le mode historique, soit sur le mode de la fiction, mais encore l'histoire faite et subie par les hommes. Avec cette question,

---

1. *Temps et Récit,* t. I, p. 144-146.

Introduction

l'herméneutique appliquée à la visée ontologique de la conscience historique prendra sa plus grande ampleur. Elle dépassera définitivement, tout en la prolongeant, l'analyse de l'*intentionnalité historique* de la seconde partie de *Temps et Récit I*[1]. Cette analyse portait encore sur les visées de la « recherche » historique en tant que procédé de connaissance. La question de la totalisation de l'histoire concerne la *conscience* historique, au double sens de conscience de *faire* l'histoire et conscience d'*appartenir* à l'histoire.

La refiguration du temps par le récit ne sera menée à son terme que lorsque la question de la totalisation de l'histoire, au sens large du terme, aura été jointe à celle de la refiguration du temps *conjointement* opérée par l'historiographie et le récit de fiction.

Une relecture de l'ensemble des analyses conduites à travers les trois volumes de *Temps et Récit* ouvrira la voie à l'expression d'un ultime scrupule : aurons-nous épuisé l'aporétique du temps avec l'examen du conflit entre la perspective phénoménologique et la perspective cosmologique sur le temps, et avec l'examen complémentaire des interprétations phénoménologiques de l'axiome d'unicité du temps ? Une autre aporie du temps, plus profondément retranchée que les deux précédentes, n'aura-t-elle pas été plusieurs fois côtoyée, sans faire l'objet d'un traitement distinct ? Et cette aporie ne fait-elle pas signe vers des limites internes et externes de la narrativité, qui ne seraient pas reconnues sans ce dernier affrontement entre l'aporétique du temps et la poétique du récit ? J'ai confié à une conclusion en forme de postface l'examen de ce scrupule.

---

1. *Ibid.*, p. 146-153.

PREMIÈRE SECTION

L'aporétique
de la temporalité

Je commence cette dernière partie par une prise de position à l'égard de la phénoménologie du temps, ce troisième partenaire, avec l'historiographie et le récit de fiction, de la conversation triangulaire évoquée à propos de *mimèsis* III[1]. Il nous est impossible de nous soustraire à cette exigence, dès lors que notre étude repose sur la thèse selon laquelle la composition *narrative,* prise dans toute son extension, constitue une riposte au caractère *aporétique* de la *spéculation* sur le temps. Or, ce caractère n'est pas suffisamment établi par le seul exemple du livre XI des *Confessions* d'Augustin. Davantage, le souci de recueillir au bénéfice de l'argument central de la première partie la précieuse trouvaille d'Augustin, à savoir la structure discordante-concordante du temps, n'a pas laissé le loisir de prendre la mesure des apories qui sont le prix de cette découverte.

Insister sur les apories de la conception augustinienne du temps, avant de faire paraître celles qui surgissent chez quelques-uns de ses successeurs, ce n'est pas renier la grandeur de sa découverte. C'est, bien au contraire, marquer, sur un premier exemple, ce trait fort singulier de la théorie du temps, que tout progrès obtenu par la phénoménologie de la temporalité doit payer son avancée

---

1. Cf. t. I, p. 125-162. Faut-il rappeler ce qui a été dit ci-dessus du rapport entre l'aporétique du temps et la poétique du récit ? Si la seconde appartient de droit au cycle de la *mimèsis*, la première relève d'une pensée réflexive et spéculative autonome. Mais, dans la mesure où elle formule la question à laquelle la poétique offre une réponse, un rapport privilégié entre l'aporétique du temps et la mimétique du récit est instauré par la logique de la question et de la réponse.

du prix chaque fois plus élevé d'une aporicité croissante. La phénoménologie de Husserl, qui seule revendique à bon droit le titre de phénoménologie *pure,* vérifiera à l'envi cette loi déconcertante. La phénoménologie herméneutique de Heidegger, en dépit de sa rupture en profondeur avec une phénoménologie de la *conscience intime* du temps, n'échappe pas non plus à la règle, mais ajoute ses propres difficultés à celles de ses deux illustres prédécesseurs.

1

Temps de l'âme et temps du monde

Le débat entre Augustin et Aristote

L'échec majeur de la théorie augustinienne est de n'avoir pas réussi à *substituer* une conception psychologique du temps à une conception cosmologique, en dépit de l'irrécusable progrès que représente cette psychologie par rapport à toute cosmologie du temps. L'aporie consiste précisément en ce que la psychologie s'ajoute légitimement à la cosmologie, mais sans pouvoir la déplacer et sans que ni l'une ni l'autre, prise séparément, ne propose une solution satisfaisante à leur insupportable dissentiment[1].

Augustin n'a pas réfuté la théorie essentielle d'Aristote, celle de la priorité du mouvement sur le temps, s'il a apporté une solution durable au problème laissé en suspens par l'aristotélisme, celui du rapport entre l'âme et le temps. Or, à l'arrière d'Aristote, se profile toute une tradition cosmologique, selon laquelle le temps nous circonscrit, nous enveloppe et nous domine, sans que l'âme ait la puissance de l'engendrer. Ma conviction est que la dialectique entre l'*intentio* et la *distentio animi* est impuissante à engendrer à elle seule ce caractère impérieux du temps ; et que, paradoxalement, elle contribue même à l'*occulter*.

Le moment précis de l'échec est celui où Augustin entreprend de dériver de la seule *distension* de l'esprit le principe même de l'extension et de la mesure du temps. A cet égard, il faut rendre hommage à Augustin de n'avoir

---

1. Le progrès de la phénoménologie du temps, avec Husserl et Heidegger, révélera rétrospectivement d'autres défauts plus dissimulés de l'analyse augustinienne, dont la résolution suscitera à son tour de plus graves apories.

jamais vacillé dans la conviction que la *mesure* est une propriété authentique du temps et de n'avoir pas donné de gage à ce qui deviendra plus tard la doctrine majeure de Bergson, dans l'*Essai sur les données immédiates de la conscience*, à savoir la thèse selon laquelle c'est par une étrange et incompréhensible contamination du temps par l'espace que le premier devient mesurable. Pour Augustin, la division du temps en jours et années, ainsi que la capacité, familière à tout rhétoricien antique, de comparer entre elles syllabes longues et brèves, désignent des propriétés du temps lui-même[1]. La *distentio animi* est la possibilité même de la mesure du temps. En conséquence, la réfutation de la thèse cosmologique est loin de former une digression dans l'argumentation serrée d'Augustin. Elle en constitue un chaînon indispensable. Or, cette réfutation est mal engagée dès le début : « J'ai entendu dire à un homme instruit que les mouvements du soleil et de la lune constituaient le temps lui-même ; et je ne l'ai pas admis » (*Confessions*, XI, *23*, 29)[2]. Par cette identification simpliste du temps au mouvement circulaire des deux principaux astres errants, Augustin passait à côté de la thèse infiniment plus subtile d'Aristote, selon laquelle le temps, sans être le mouvement lui-même, est « quelque chose du mouvement » (*ti tès kinèséôs ; Physique*, IV, 11, 219 a 10). Du même coup, il se condamnait à chercher dans la *distension* de l'esprit le principe de l'extension du temps. Or les arguments par lesquels il pense y avoir réussi ne tiennent pas. L'hypothèse selon laquelle *tous* les mouvements — celui du soleil, comme celui du potier ou celui de la voix humaine — pourraient varier, donc s'accélérer, se ralentir, voire s'interrompre, sans que les

---

1. On verra plus loin qu'une théorie du temps instruite par l'intelligence narrative ne peut non plus faire l'économie d'un temps mesurable, même si elle ne peut s'en contenter.
2. Concernant les diverses identifications de cet « homme instruit », cf. Meijering (cité in *Temps et Récit* I, p. 21, n. 1) ; on consultera aussi J.F. Callahan, « Basil of Caesarea, A New Source for St. Augustine's Theory of Time », *Harvard Studies in Classical Philology,* n° 63, 1958, p. 437-454 ; cf. également A. Solignac (cité in *Temps et Récit,* I, p. 21, n. 1), « Note complémentaire » n° 18, p. 586.

intervalles de temps soient altérés, est impensable, non seulement pour un Grec, pour qui les mouvements sidéraux sont absolument invariables, mais pour nous encore aujourd'hui, même si nous savons que les mouvements de la terre autour du soleil ne sont pas absolument réguliers et si nous devons reporter toujours plus loin la recherche de l'horloge absolue. Les corrections mêmes que la science n'a cessé d'apporter à la notion de « jour » — en tant qu'unité *fixe* dans le comput des mois et des années — attestent que la recherche d'un *mouvement absolument régulier* reste l'idée directrice de toute mesure du temps. C'est pourquoi il n'est tout simplement pas vrai qu'un jour resterait ce que nous appelons « un jour » s'il n'était pas mesuré par le mouvement du soleil.

Il est exact qu'Augustin n'a pu faire entièrement l'économie de toute référence au mouvement pour mesurer les intervalles de temps. Mais il s'est efforcé de dépouiller cette référence de tout rôle constitutif et de la réduire à une fonction purement pragmatique : comme pour la *Genèse*, les astres ne sont que des luminaires qui marquent les temps, les jours et les années (*Confessions*, XI, *23*, 29). On ne peut certes dire quand un mouvement commence et quand il finit, si l'on n'a pas marqué (*notare*) l'endroit d'où part et celui où arrive le corps en mouvement ; mais, remarque Augustin, la question de savoir en « combien de temps » le mouvement du corps s'est effectué de tel point à tel point ne trouve pas de réponse dans la considération du mouvement lui-même. Ainsi tourne court le recours aux « marques » que le temps emprunte au mouvement. La leçon qu'Augustin en tire est même que le temps est autre chose que le mouvement : « Le temps n'est donc pas le mouvement d'un corps » (XI, *24*, 31). Aristote aurait tiré la même conclusion, mais celle-ci n'aurait constitué que la face négative de son argument principal, à savoir que le temps est quelque chose du mouvement, bien qu'il ne soit pas le mouvement. Augustin, lui, ne pouvait apercevoir l'autre face de son propre argument, s'étant borné à réfuter la thèse la moins élaborée, celle où le temps est identifié sans plus au mouvement du soleil, de la lune et des astres.

Il était dès lors condamné à tenir l'impossible pari de trouver dans l'*attente* et dans le *souvenir* le principe de leur propre mesure : ainsi faut-il dire selon lui que l'attente se raccourcit quand les choses attendues se rapprochent et que le souvenir s'allonge quand les choses remémorées s'éloignent, et que, quand je récite un poème, le transit par le présent fait que le passé s'accroît de la quantité dont le futur se trouve diminué. Il faut se demander alors avec Augustin *ce qui* augmente et *ce qui* diminue, et quelle unité *fixe* permet de comparer entre elles des durées variables [1].

Malheureusement, la difficulté de comparer entre elles des durées successives est seulement reculée d'un degré : on ne voit pas quel accès *direct* on peut avoir à ces *impressions* supposées demeurer dans l'esprit, ni surtout comment elles pourraient fournir la mesure *fixe* de comparaison que l'on s'interdit de demander au mouvement des astres.

L'échec d'Augustin à dériver le principe de la mesure du temps de la seule distension de l'esprit nous invite à aborder le problème du temps par son autre extrémité, la nature, l'univers, le monde (expressions que nous tenons provisoirement comme synonymes, quitte à les distinguer ultérieurement, comme nous le ferons pour leurs antonymes, que, pour l'instant, nous nommons indifféremment âme, esprit, conscience). Nous montrerons ultérieurement combien il importe à une théorie narrative que soient laissés libres les *deux* accès au problème du temps : par le côté de l'esprit et par celui du monde. L'aporie de la temporalité, à laquelle répond de diverses manières l'opé-

---

1. Augustin donne une unique réponse aux deux questions : quand je compare entre elles des syllabes longues et des syllabes brèves, « ce n'est [donc] pas elles-mêmes que je mesure, elles ne sont plus, mais quelque chose dans ma mémoire qui demeure là fixé » (*quod infixum manet*, XI, 27, 35). La notion d'une unité fixe est du même coup implicitement posée : « L'impression (*affectionem*) que les choses en passant font en toi [mon esprit] y demeure (*manet*) après leur passage, et c'est elle que je mesure quand elle est présente, non pas les choses qui ont passé pour la produire » (*ibid.*, 36).

ration narrative, consiste précisément dans la difficulté qu'il y a à tenir les deux bouts de la chaîne : le temps de l'âme et le temps du monde. C'est pourquoi il faut aller jusqu'au fond de l'impasse, et avouer qu'une théorie psychologique et une théorie cosmologique du temps *s'occultent* réciproquement, dans la mesure même où elles *s'impliquent* l'une l'autre.

Pour faire paraître le temps du monde que l'analyse augustinienne méconnaît, écoutons Aristote, et laissons résonner, derrière Aristote, des paroles plus anciennes, dont le Stagirite lui-même ne maîtrise pas le sens.

La marche en trois étapes de l'argument qui aboutit à la définition aristotélicienne du temps au livre IV de la *Physique,* en 219 a 34-35, mérite d'être suivie pas à pas[1]. L'argument pose que le temps est relatif au mouvement sans se confondre avec lui. Par là, le traité sur le temps reste ancré dans la *Physique,* de telle sorte que l'originalité du temps ne l'élève pas au rang de « principe », dignité à laquelle seul accède le changement, lequel inclut le mouvement local[2]. Ce souci de ne pas porter atteinte à la primauté du mouvement sur le temps est inscrit dans la définition même de la *Nature* au début de *Physique* II :

---

1. J'adopte l'interprétation de Paul F. Conen, *Die Zeittheorie des Aristoteles,* Munich, C.H. Beck'sche Verlagsbuchhandlung, 1964, selon laquelle le traité sur le temps (*Physique,* IV, 10-14) a pour noyau un court traité de (218 b 9-219 b 2) soigneusement construit en trois moments, avec une série de petits traités, reliés à l'argument central par un lien lâche, et répondant à des questions discutées dans l'école ou par les contemporains : la question du rapport entre l'âme et le temps, et celle de l'instant, font partie de ces importantes annexes. Victor Goldschmidt, dans son étude, aussi méticuleuse et lumineuse qu'à l'ordinaire, intitulée *Temps physique et Temps tragique chez Aristote* (Paris, J. Vrin, 1982), tente de relier les analyses qui suivent la définition du temps par un lien plus solide au noyau de cette définition. Il fait toutefois un sort séparé à l'instant (p. 147-189) : nous tiendrons le plus grand compte, le moment venu, des suggestions contenues dans ces pages magistrales. — Pour le livre IV de la *Physique,* je cite la traduction de Victor Goldschmidt. Pour les autres livres de la *Physique,* je cite la traduction de H. Carteron (Paris, Les Belles Lettres, 2e éd., 1952).

2. *Physique,* III, 1-3.

« La nature est un principe (*arkhè*) et une cause (*aitia*) de mouvement et de repos pour la chose en laquelle elle réside immédiatement, par essence et non par accident » (192 b 21-23).

Que le temps pourtant ne soit pas le mouvement (218 b 21 — 219 a 10)[1], Aristote l'a dit avant Augustin : le changement (le mouvement) est chaque fois dans la chose changeante (mue), alors que le temps est partout et en tous également ; le changement peut être lent ou rapide, alors que le temps ne peut comporter la vitesse, sous peine de devoir être défini par lui-même, la vitesse impliquant le temps.

L'argument qui, en revanche, veut que le temps ne soit pas *sans* le mouvement, et qui ruine l'ambition d'Augustin de fonder la mesure du temps dans la seule distension de l'esprit, mérite attention : « C'est, dit Aristote, tout ensemble que nous percevons le mouvement et le temps... Et inversement, quand il nous paraît qu'un laps de temps s'est écoulé, il nous paraît que, tout ensemble, un certain mouvement s'est produit aussi » (219 a 3-7). L'argument ne met pas l'accent principal sur l'activité de perception et de discrimination de la pensée, et plus généralement sur les conditions subjectives de la conscience du temps. Le terme accentué reste le mouvement : si la perception du temps ne va pas sans la perception du mouvement, c'est l'existence du temps lui-même qui ne va pas sans celle du mouvement. La conclusion de la première phase de l'argument d'ensemble le confirme : « Que le temps, donc, n'est ni mouvement, ni sans mouvement, voilà qui est clair » (219 a 2).

Cette dépendance du temps à l'égard du changement (mouvement) est une sorte de fait primitif et la tâche sera plus loin de greffer, de quelque façon, la distension de

---

1. Cette thèse négative est traitée sous le titre d'« éclaircissements préalables » par V. Goldschmidt (*op. cit.,* 22-29) qui, à la différence de P.F. Conen, ne fait commencer la définition qu'à 219 a 11. Quant à ce petit problème de découpage de texte, Goldschmidt lui-même conseille « de ne pas s'opiniâtrer à y mettre plus de précision que l'auteur, sous peine de tomber, plus que de raison, dans la pédanterie » (p. 22).

Temps de l'âme et temps du monde

l'âme sur ce « quelque chose du mouvement ». La difficulté centrale du problème du temps en résulte. Car on ne voit pas, de prime abord, comment la distension de l'âme pourra se concilier avec un temps qui se définit à titre premier comme « quelque chose du mouvement » (219 a 9-10).

Suit la deuxième phase de la construction de la définition du temps : à savoir, l'application au temps de la relation entre l'avant et l'après, par transfert de la grandeur en général[1] en passant par l'espace et le mouvement. Pour préparer l'argument, Aristote pose au préalable le rapport d'analogie qui règne entre les trois entités continues : la grandeur, le mouvement et le temps ; d'un côté, « le mouvement suit (*akolouthei*) la grandeur » (219 a 10) ; de l'autre, l'analogie s'étend du mouvement au temps « en vertu de la correspondance entre le temps et le mouvement » (219 a 17)[2]. Or, qu'est-ce que la continuité, sinon la possibilité de diviser à l'infini une grandeur[3] ? Quant à la relation entre l'avant et l'après, elle consiste dans la relation d'ordre qui résulte d'une telle division continue. Ainsi, la relation entre l'*avant* et l'*après* n'est dans le temps que parce qu'elle est dans le mouvement, et elle n'est dans le mouvement que parce qu'elle est dans la grandeur : « Si l'avant et l'après sont dans la grandeur, nécessairement dans le mouvement aussi, par analogie avec la grandeur. Mais dans le temps aussi existent l'avant et l'après, en vertu de la correspondance entre le temps et le mouvement » (219 a 15-18). La deuxième phase de l'argument est ainsi achevée : le temps, a-t-on dit plus haut, est quelque chose du mouvement. Quoi du mouve-

---

1. Sur la grandeur, cf. *Métaphysique*, Δ 13 (*poson ti métrèton*), et *Catégories*, 6.
2. Sur le verbe « suivre », cf. V. Goldschmidt, *op. cit.*, p. 32 : « Le verbe *akolouthein*... n'indique pas toujours un rapport de dépendance à sens unique : il peut désigner aussi bien une concomitance qu'une consécution. » Aussi bien est-il dit plus loin que mouvement et temps « se déterminent réciproquement » (320 b 16, 23-24) : « Il ne s'agit donc pas de dépendance ontologique, mais de l'accompagnement mutuel de détermination » (*op. cit.*, p. 33).
3. *Physique*, VI, 2, 232 b 24-25, et *Métaphysique*, Δ 13.

ment ? l'avant et l'après dans le mouvement. Quelles que soient les difficultés qu'il y ait à fonder l'avant et l'après sur une relation d'ordre relevant de la grandeur en tant que telle, et à la transférer par analogie de la grandeur au mouvement et du mouvement au temps, la pointe de l'argument ne laisse pas de doute : la *succession,* qui n'est autre que l'avant et l'après dans le temps, n'est pas une relation absolument première ; elle procède, par analogie, d'une relation d'ordre qui est dans le monde avant d'être dans l'âme[1]. Nous butons, ici encore, sur un irréductible : quelle que soit la contribution de l'esprit à la saisie de l'avant et de l'après[2] — et ajouterons-nous, quoi que l'esprit construise sur cette base par son activité narrative —, il trouve la succession dans les choses avant de la reprendre en lui-même ; il commence par la subir et même par la souffrir, avant de la construire.

La troisième phase de la définition aristotélicienne du temps est tout à fait décisive pour notre propos ; elle complète la relation entre l'avant et l'après par la relation *numérique* ; avec l'introduction du *nombre,* la définition du temps est complète : « Car c'est cela, le temps : le nombre du mouvement, selon l'avant et l'après »

---

1. La référence à l'activité de l'âme, une fois de plus, ne doit pas nous égarer ; il est bien vrai que nous ne saurions discerner l'avant et l'après, ni dans le temps, ni dans le mouvement, sans une activité de discrimination qui relève de l'âme : « Mais le temps aussi, nous le connaissons quand nous avons déterminé le mouvement, en le déterminant par l'avant et l'après, et nous disons que du temps s'est passé quand nous sommes parvenus à une perception de l'avant et de l'après dans le mouvement » (219 a 22-24) ; l'argument, néanmoins, ne veut pas souligner les verbes « connaître », « déterminer », « percevoir », mais la priorité de l'avant et de l'après, propres au mouvement, par rapport à l'avant et à l'après, propres au temps. L'ordre de priorité d'abord remarqué au niveau du connaître témoigne seulement du même ordre au niveau des choses mêmes : d'abord la grandeur, puis le mouvement, puis le temps (par le truchement du lieu) : « Quant à l'avant et l'après, ils sont primairement dans le lieu, car, là, ils se trouvent par position » (219 a 14).
2. C'est cet aspect que Joseph Moreau souligne constamment dans *l'Espace et le Temps selon Aristote.* Padoue, Éd. Antenore, 1965.

(219 b 2)[1]. L'argument, encore une fois, repose sur un trait de la perception du temps, à savoir la distinction par la pensée de deux extrémités et d'un intervalle ; l'âme, dès lors, déclare qu'il y a deux instants et les intervalles délimités par ces instants peuvent être comptés. En un sens, la coupure de l'instant, en tant qu'acte de l'intelligence, est décisive : « Car c'est bien ce qui est déterminé par l'instant qui nous apparaît comme l'essence du temps ; tenons cela pour acquis » (219 a 29). Mais le privilège du mouvement n'est pas pour autant affaibli. S'il faut certes une âme pour déterminer l'instant — plus exactement pour distinguer et compter deux instants — et pour comparer entre eux les intervalles sur la base d'une unité fixe, il reste que la perception des différences se fonde sur celle des continuités de grandeur et de mouvement et sur la relation d'ordre entre l'avant et l'après, laquelle « suit » l'ordre de dérivation entre les trois *continus* analogués. Ainsi Aristote peut-il préciser que ce qui importe à la définition du temps n'est pas le nombre nombré, mais nombrable, lequel se dit du mouvement avant de se dire du temps[2]. Il en résulte que la définition aristotélicienne du temps — « le nombre du mouvement, selon l'avant et l'après » (219 b 2) — ne comporte pas de référence *explicite* à l'âme, en dépit du renvoi, à chaque phase de la définition, à des opérations de perception, de discrimination et de comparaison qui ne peuvent être que celles d'une âme.

On dira assez plus loin à quel prix — qui ne saurait être qu'un retour du mouvement de balancier, d'Aristote à Augustin — pourrait être portée au jour la phénoménologie de la « conscience du temps » implicite, sinon à la *définition* aristotélicienne du temps, du moins à l'*argumentation* qui y conduit. Au vrai, Aristote est le premier à

---

1. J.F. Callahan, dans *Four Views of Times in Ancient Philosophy*, Cambridge, Harvard University Press, 1948, observe que, dans la définition du temps, le nombre s'ajoute au mouvement comme la forme à la matière. L'inclusion du nombre dans la définition du temps est, au sens précis du mot, *essentielle* (*ibid.*, p. 77-82).
2. Sur la distinction entre nombré et nombrable, cf. P.F. Conen, *op. cit.*, p. 53-58, et V. Goldschmidt, *op. cit.*, p. 39-40.

convenir, dans un des petits traités annexes, que la question est « embarrassante » de savoir si « sans âme, il y aurait ou non du temps » (223 a 21-22). Ne faut-il pas une âme — mieux, une intelligence — pour compter et d'abord pour percevoir, discriminer et comparer[1] ? Pour comprendre ce refus chez Aristote d'inclure dans la définition du temps aucune détermination noétique, il importe d'aller jusqu'au bout des exigences qui font que la phénoménologie du temps, suggérée par cette activité noétique de l'âme, ne saurait déplacer l'axe principal d'une analyse qui n'accorde quelque originalité au temps que sous la condition de ne pas remettre en question sa dépendance générale à l'égard du mouvement.

Que sont ces exigences ? Ce sont les réquisits, déjà apparents dans la définition initiale du changement (et du mouvement), qui enracinent celui-ci dans la *phusis* — son principe et sa cause. C'est elle, la *phusis,* qui, en soutenant le dynamisme du mouvement, préserve la dimension plus qu'humaine du temps.

Or, pour restituer toute sa profondeur à la *phusis,* il faut rester attentif à ce qu'Aristote conserve de Platon, malgré l'avance que sa philosophie du temps représente par rapport à celle de son maître[2]. Bien plus, il faut écouter,

---

1. Aristote en convient. Mais, cette concession à peine accordée, il revient à la charge : « Mais cela n'empêche que le temps existe comme substrat, de même que le mouvement peut fort bien exister sans âme » (223 a 27-28). Il peut alors conclure, comme il l'a fait plus haut, que « l'avant et l'après sont dans le mouvement, et ce sont eux qui constituent le temps, en tant qu'ils sont nombrables » (223 a 28). Autrement dit, s'il faut une âme pour compter *effectivement,* en revanche, le mouvement seul suffit à définir le nombrable, lequel est ce « quelque chose du mouvement » que nous appelons temps. L'activité noétique peut ainsi rester impliquée par l'*argumentation,* sans être incluse dans la *définition* proprement dite du temps.

2. Le *Timée* mérite d'être évoqué en ce moment de notre méditation, pour la raison que le temps n'y trouve pas son site originel dans l'âme humaine, mais dans l'âme du monde, et reçoit pour finalité ultime de rendre le monde « plus semblable encore à son modèle » (37 *c*). A quoi donc le temps est-il ajouté par le geste du démiurge dans cette « fable vraisemblable » ? Quelle touche de perfection ajoute-t-il à l'ordre du monde qu'il couronne ? Le premier trait remarquable de l'âme du monde est que sa structure conjoint,

Temps de l'âme et temps du monde

venant de plus loin que Platon, l'invincible parole qui, avant toute notre philosophie et malgré toute notre phénoménologie de la conscience du temps, enseigne que nous ne produisons pas le temps, mais qu'il nous entoure,

---

avant toute phénoménologie du temps, le cosmologique et le psychologique, l'auto-mouvement (comme dans le *Phédon*, le *Phèdre* et les *Lois*) et le savoir (*logos, épistémè*, et même des *doxai* et des *pisteis* « solides et véritables »). Second trait plus remarquable encore : ce que le temps vient parfaire, c'est une constitution ontologique hautement dialectique, figurée par une série de « mélanges », dont les termes sont l'existence indivisible et l'existence divisible, puis le Même indivisible et le Même divisible, puis la différence indivisible et la différence divisible (on trouvera chez F.M. Cornford, *Plato's Cosmology, The Timaeus of Plato, translated with a running commentary*, Londres, Kegan Paul, New York, Harcourt, Brace, 1937, p. 59-67, un diagramme de cette constitution ontologique fort complexe, que Luc Brisson reprend dans *le Même et l'Autre dans la structure ontologique du Timée de Platon; un commentaire systématique du Timée de Platon* (Paris, Klincksieck, 1974, p. 275), en offrant une traduction très éclairante de ce difficile passage). Luc Brisson peut ainsi reconstruire la structure entière du *Timée* sous le signe de la polarité du *Même* et de l'*Autre*, situant ainsi les bases de la philosophie du temps au même niveau que la dialectique des « grands genres » du *Sophiste*. Ajoutons un dernier trait qui éloigne d'un degré supplémentaire l'ontologie du temps de toute psychologie humaine : ce sont des rapports harmoniques hautement élaborés (divisions, intervalles, médiétés, rapports proportionnels) qui président à la construction de la sphère armillaire, avec son cercle du Même, son cercle de l'Autre, et ses cercles intérieurs. Qu'est-ce que le temps ajoute à cette structure dialectico-mathématique complexe ? D'abord, il scelle l'unité des mouvements de la grande horloge céleste ; à ce titre, c'est un singulier (« Une certaine imitation mobile de l'éternité », 37 *d*) ; ensuite, grâce à l'enchâssement (Cornford traduit très heureusement l'*agalma* de 37 *d*, non par image, mais par « *a shrine brought into being for the everlasting gods* », c'est-à-dire les planètes, *op. cit.*, p. 97-101) des planètes dans leurs emplacements appropriés, la partition de l'unique temps en jours, mois et années, bref la mesure. D'où la seconde définition du temps : « Une image éternelle qui progresse selon les nombres » (37 *d*). Quand toutes les révolutions astrales, ayant égalisé leurs vitesses, sont revenues au point initial, alors on peut dire que « le nombre parfait du temps a accompli l'année parfaite » (38 *d*). Ce perpétuel retour constitue l'approximation la plus serrée que le monde puisse donner de la durée perpétuelle du monde immuable. En dessous donc de la distension de l'âme, il est un temps — celui-là même que nous appelons le Temps —, qui ne peut exister sans ces mesures astrales, nous encercle et nous domine de sa redoutable puissance : comment ne pas penser ici au fameux fragment d'Anaximandre sur le pouvoir du temps, où les alternances des générations et des corruptions se voient assujetties à l'« ordre fixe du temps [1] » ?

Un écho de cette antique parole se laisse encore entendre chez Aristote, dans quelques-uns des petits traités que le rédacteur de la *Physique* a joints au traité principal sur le temps. Dans deux de ces traités annexes, Aristote se demande ce que *signifie* « être dans le temps » (220 b 32 — 222 a 9) et *quelles* choses sont « dans le temps » (222 b 30 — 223 a 15). Il s'efforce d'interpréter cette expression du langage courant, et celles qui lui font cortège, dans un sens compatible avec sa propre définition.

Mais on ne peut pas dire qu'il y réussisse pleinement. Certes, dit-il, exister dans le temps signifie plus qu'exister quand le temps existe : c'est être « dans le nombre ». Or, être dans le nombre, c'est être « enveloppé » (*périékhétai*) par le nombre « comme ce qui est dans un lieu est enveloppé par le lieu » (221 a 18). A première vue, cette exégèse philosophique des expressions courantes n'excède

---

parce qu'il est « né avec le ciel » (38 *b*). Il est un aspect de l'ordre du monde : quoi que nous pensions, fassions ou sentions, il partage la régularité de la locomotion circulaire. Mais, ce disant, nous touchons au point où la merveille confine à l'énigme : dans l'univers des symboles, le cercle signifie bien plus que le cercle des géomètres et des astronomes ; sous la cosmo-psychologie de l'âme du monde, se dissimule l'antique sagesse qui a toujours su que le temps nous encercle, nous entoure comme l'Océan. C'est pourquoi nul projet de constituer le temps ne peut abolir l'assurance que, comme tous les autres existants, nous sommes dans le Temps. Tel est le paradoxe dont une phénoménologie de la conscience ne peut faire abstraction : quand notre temps se défait sous la pression des forces spirituelles de distraction, ce qui est mis à nu, c'est le lit du fleuve, le roc du temps astral. Il est peut-être des moments où, la discordance l'emportant sur la concordance, notre désespérance trouve, sinon une consolation, du moins un recours et un repos, dans la merveilleuse certitude de Platon que le temps porte à son comble l'ordre inhumain des corps célestes.

1. Cité par V. Goldschmidt, *op. cit.*, p. 85, n. 5 et 6.

pas les ressources théoriques de l'analyse antérieure. Mais c'est l'expression elle-même qui excède l'exégèse proposée ; elle revient, plus forte, quelques lignes plus loin, sous la forme : être « enveloppé par le temps », qui semble donner au temps une existence indépendante et supérieure aux choses qui se déploient « en » lui (221 a 28). Comme entraîné par la force des mots, Aristote admet qu'on puisse dire que « les choses subissent en quelque sorte l'action du temps » (221 a 30), et reprend à son compte le dicton qui veut que « le temps consume, que tout vieillit sous l'action du temps, que tout s'efface à la faveur du temps » (221 a 30 — 221 b 2)[1].

Une fois encore, Aristote s'emploie à dissiper l'énigme : « Car, par lui-même, le temps est plutôt cause de corruption : c'est qu'il est nombre du mouvement, or le mouvement abolit ce qui existe » (*ibid.*) Mais y réussit-il ? Il est étrange qu'Aristote retourne à la même énigme quelques pages plus loin, sous une autre rubrique : « Or, tout changement, par sa nature, fait sortir d'un état (*ekstatikon*) [H. Carteron traduisait : « est défaisant »] ; et c'est dans le temps que toutes choses naissent et périssent ; c'est

---

1. P.F. Conen ne s'étonne pas assez ici : l'expression « être dans le temps », pense-t-il, renvoie à une représentation imagée du temps, sur la base de laquelle le temps est placé dans une relation d'analogie avec le lieu. Par cette représentation, le temps est quelque peu réifié, « comme si de lui-même il avait une existence indépendante et se déployait au-dessus des choses qui sont en lui » (*op. cit.,* p. 145). Peut-on se borner à noter « le caractère ouvertement métaphorique de la tournure " être dans le temps " » (p. 145) ? N'est-ce pas plutôt le vieux fond mythopoiétique qui résiste à l'exégèse philosophique ? Conen, il est vrai, ne manque pas d'évoquer à cette occasion les intuitions préphilosophiques sous-jacentes à ces expressions populaires (*op. cit.,* p. 146 *sq.*) Dans *Die Grundprobleme der Phaenomenologie,* G. A. XXIV (trad. fr. de J.-F. Courtine, *Les Problèmes fondamentaux de la phénoménologie,* Paris, Gallimard, 1985). Heidegger rencontre cette expression dans l'exposé qu'il fait du plan du traité aristotélicien et se borne à l'identifier à son propre concept d'intra-temporalité : « quelque chose est dans le temps, il est intra-temporel » [334] (285). Nous avons nous-mêmes ouvert la porte à cette expression « être dans le temps », en l'incorporant au caractère temporel de l'action au niveau de *mimèsis* I, et donc à celui de la préfiguration narrative de l'action elle-même.

pourquoi aussi les uns ont dit que le temps est ce qu'il y a de plus sage, mais le pythagoricien Paron le disait le plus ignorant, puisque c'est dans le temps que nous oublions : et son avis est plus sensé » (222 b 16-20). En un sens, il n'y a là rien de mystérieux : il faut en effet *faire quelque chose* pour que les choses adviennent et progressent ; il suffit de ne rien faire pour que les choses tombent en ruine ; nous attribuons alors volontiers la destruction au temps lui-même. Il ne reste de l'énigme qu'une façon de parler : « En réalité, le temps n'effectue même pas cette destruction, mais elle se produit aussi, et par accident, dans le temps » (226 b 24-25). L'explication a-t-elle néanmoins soustrait au temps son aiguillon? Jusqu'à un certain point seulement. Que signifie le fait que, si un agent cesse d'agir, les choses se défont? Le philosophe peut bien nier que le temps soit en tant que tel cause de ce déclin : une collusion secrète semble aperçue par la sagesse immémoriale entre *le changement qui défait* — oubli, vieillissement, mort — et *le temps qui simplement passe*.

La résistance de cette sagesse immémoriale à la clarté philosophique devrait nous rendre attentifs à la double *inconcevabilité* qui grève toute l'analyse aristotélicienne du temps. Difficile à concevoir est d'abord le statut instable et ambigu du temps lui-même, pris entre le mouvement dont il est un aspect, et l'âme qui le discrimine. Plus difficile encore à concevoir est le mouvement lui-même, de l'aveu même d'Aristote au livre III de la *Physique* (201 b 24) : ne paraît-il pas être « quelque chose d'indéfini » (201 b 24) au regard des significations disponibles de l'Être et du Non-Être? Et ne l'est-il pas en fait, dès lors qu'il n'est ni puissance ni acte? Que comprenons-nous quand nous le caractérisons comme « l'entéléchie de ce qui est en puissance, en tant que tel » (201 a 10-11)[1] ?

Ces apories qui terminent notre brève incursion dans la philosophie aristotélicienne du temps ne sont pas destinées à servir d'apologie indirecte en faveur de la « psycholo-

---

1. P.F. Conen, *op. cit.*, p. 72-73, accorde volontiers cette double inconcevabilité du rapport du temps au mouvement et du mouvement lui-même.

gie » augustinienne. Je tiens au contraire qu'Augustin n'a pas réfuté Aristote et que sa psychologie ne peut se substituer — mais peut seulement s'ajouter — à une cosmologie. L'évocation des apories propres à Aristote vise à montrer que ce dernier ne résiste pas seulement à Augustin par la force de ses arguments, mais plus encore par la force des apories qui se creusent sous ses propres arguments : car, par-delà l'ancrage du temps dans le mouvement, que ces arguments établissent, les apories qu'ils côtoient disent quelque chose de l'ancrage du mouvement lui-même dans la *phusis,* dont le mode d'être échappe à la maîtrise argumentative magnifiquement déployée dans le livre IV de la *Physique*.

Cette descente aux abîmes, *en dépit de* la phénoménologie de la temporalité, aurait-elle la vertu de substituer la cosmologie à la psychologie ? Ou bien, faut-il dire que la cosmologie risque autant d'*occulter* la psychologie que celle-ci a occulté la cosmologie ? C'est à ce constat dérangeant qu'il faut bien se rendre, quelque chagrin qu'en conçoive notre esprit épris de système.

Si, en effet, l'extension du temps physique ne se laisse pas dériver de la distension de l'âme, la réciproque s'impose avec le même caractère contraignant. Ce qui fait obstacle à la dérivation inverse, c'est tout simplement l'écart, conceptuellement infranchissable, entre la notion d'*instant* au sens d'Aristote et celle de *présent* au sens d'Augustin. Pour être pensable, l'instant aristotélicien ne requiert qu'une coupure opérée par l'esprit dans la continuité du mouvement, en tant que celui-ci est nombrable. Or cette coupure peut être quelconque : *n'importe quel* instant est également digne d'être le présent. Mais le présent augustinien, dirions-nous aujourd'hui en suivant Benveniste, c'est tout instant désigné par un locuteur comme le « maintenant » de son *énonciation*. Que l'instant soit simplement quelconque et le présent aussi singulier et déterminé que l'énonciation qui le contient, ce trait différentiel a deux conséquences pour notre propre investigation. D'une part, dans une perspective aristotélicienne, les coupures par lesquelles l'esprit distingue deux instants suffisent à déterminer un avant et un après par la seule vertu de l'orientation du mouvement de sa cause vers son effet ; ainsi, je puis dire : l'événement A précède l'événement B et l'événement B succède à l'événement A, mais je ne peux pas pour autant affirmer que l'événement A est passé et l'événement B futur. D'autre part, dans une perspective augustinienne, il n'y a de futur et de passé que par rapport à un présent, c'est-à-dire à un instant qualifié par l'énonciation qui le désigne. Le passé n'est antérieur et le futur n'est postérieur qu'à un présent doté de la relation de sui-référence, attestée par l'acte même d'énonciation. Il en résulte que dans la perspective augustinienne, l'avant-après, c'est-à-dire le rapport de *succession*, est étranger aux notions de présent, de passé et de futur, et donc à la dialectique d'intention et de distension qui se greffe sur ces notions.

Telle est la plus grande aporie du problème du temps — du moins avant Kant ; elle est tout entière contenue dans la dualité de l'*instant* et du *présent*. On dira plus loin de quelle manière l'opération narrative à la fois la confirme et lui apporte la sorte de résolution que nous appelons poétique. Or, il serait vain de chercher dans les solutions qu'Aristote apporte aux apories de l'instant l'indice d'une réconciliation entre l'instant cosmologique et le présent vécu. Ces solutions se tiennent chez lui dans l'espace de pensée ménagé par la définition du temps comme « quelque chose du mouvement ». Si elles soulignent la relative autonomie du temps par rapport au mouvement, elles n'aboutissent jamais à son indépendance.

Que l'instant constitue une pièce maîtresse de la théorie aristotélicienne du temps, le texte cité plus haut le dit assez : « C'est bien ce qui est déterminé par l'instant qui nous apparaît comme l'essence du temps ; tenons cela pour acquis » (219 a 29). C'est en effet l'instant qui est fin de l'avant et commencement de l'après. C'est aussi l'intervalle entre deux instants qui est mesurable et nombrable. A cet égard, la notion d'instant est parfaitement homogène à la définition du temps comme dépendant du mouvement quant à son *substrat* : elle n'exprime qu'une coupure virtuelle dans la continuité que le temps partage

Temps de l'âme et temps du monde 37

avec le mouvement et avec la grandeur en vertu de l'analogie entre les trois continus.

L'autonomie du temps, quant à l'*essence,* telle que les apories de l'instant l'attestent, ne remet jamais en question cette dépendance de base. C'est ce qui ressort des petits traités annexes consacrés à l'instant.

Comment, demande-t-on, est-il possible que l'instant soit en un sens le même et en un sens autre (219 b 12-32) ? La solution renvoie à l'analogie entre les trois continus : temps, mouvement, grandeur. En vertu de cette analogie, le sort de l'instant « suit » celui du « corps mû ». Or, celui-ci reste identique en ce qu'il est, bien qu'il soit « autre par la définition » : ainsi, Coricos est *même* en tant que transporté, mais *autre* quand il est au Lycée ou quand il est au marché : « Donc le corps mû est différent en ce qu'il est tantôt ici, tantôt là ; et l'instant accompagne le mobile, comme le temps le mouvement » (*ibid.,* 22-23). Il n'y a donc dans l'aporie qu'un sophisme par accident. Toutefois, le prix à payer, c'est l'absence de réflexion sur les traits qui distinguent l'instant du *point*[1]. Or la méditation

---

1. Un lecteur instruit par Augustin résoudrait l'aporie en ces termes : l'instant est toujours autre, dans la mesure où les points quelconques du temps sont tous différents ; en revanche, ce qui est toujours le même, c'est le présent, pour autant qu'il est chaque fois désigné par l'instance de discours qui le contient. Si l'on ne distingue pas l'instant et le présent, il faut dire avec D. Ross : « *every now is a now* », et, en ce sens, le même ; et le « maintenant » est autre simplement « *by being an earlier or a later cross-section of a movement* » (*Aristotle's Physics, a revised text with introduction and commentary,* Oxford, 1936, p. 867). L'identité de l'instant se réduit ainsi à une tautologie. Parmi les commentateurs qui ont cherché, au-delà du texte d'Aristote, une réponse moins tautologique à l'aporie, P.F. Conen cite (p. 81) Bröcker, pour qui l'instant serait le même comme substrat en ce sens que « *das was jeweilig jetzt ist, ist dasselbe, sofern es Gegenwart ist, jeder Zeitpunkt ist, wenn er ist und nicht war oder sein wird, Gegenwart* ». L'instant serait toujours différent dans la mesure où « *jeder Zeitpunkt war erst Zukunft, kommt in die Gegenwart und geht in die Vergangenheit* » (*ibid.*). Autrement dit, l'instant serait en un sens le présent, en un autre sens un point du temps, le présent toujours le même parcourant des points de temps sans cesse différents. Cette solution est philosophiquement satisfaisante, dans la mesure où elle réconcilie le présent et l'instant. Mais il faut avouer que ce n'est pas celle d'Aristote, tant elle rompt avec

d'Aristote sur le mouvement, en tant qu'*acte* de ce qui est *en puissance,* conduit, elle, à une appréhension de l'instant qui, sans annoncer le présent augustinien, introduit une *certaine notion de présent* liée à l'avènement que constitue l'actualisation de la puissance. Une certaine « primauté de l'instant présent déchiffrée dans celle du mobile en acte [1] » semble bien faire la différence entre le dynamisme de l'instant et la pure statique du point, et exiger que l'on parle d'*instant présent* et, par implication, de passé et de futur. C'est ce que l'on verra plus loin.

La seconde aporie de l'instant pose un problème analogue. En quel sens peut-on dire que « le temps est continu grâce à l'instant, et divisé selon l'instant » (220 a 4)? La réponse, selon Aristote, ne requiert aucune addition à la simple relation entre l'avant et l'après : n'importe quelle coupure dans un *continuum* distingue et unit. Aussi la double fonction de l'instant, comme coupure et comme lien, ne doit-elle rien à l'expérience du présent et dérive-t-elle entièrement de la définition du continu par la divisibilité sans fin. Toutefois, Aristote n'a pas ignoré la difficulté

---

l'usage habituel de l'expression *ho potè*, au sens de *substratum*, et ne rend pas compte de la référence de l'instant en tant que tel à l'identité du transporté que celle de l'instant est censée « suivre ». P.F. Conen (*op. cit.*, p. 91) propose une interprétation qui, comme celle de Ross, ne voudrait pas s'éloigner du texte d'Aristote et ne recourrait pas à la distinction entre le présent et l'instant ; l'identité de l'instant serait la simultanéité partagée par des mouvements différents. Mais cette interprétation, qui n'évite Augustin que pour recourir à Kant, s'éloigne de l'argument d'Aristote, qui fait porter tout le poids de l'identité de l'instant sur la relation avant-après, laquelle, d'un autre point de vue, constitue une alternative créatrice de différence. V. Goldschmidt écarte ce recours à la simultanéité pour interpréter l'identité de l'instant : « être dans un seul et même instant » (218 a 11-12) ne peut vouloir dire être simultané, mais avoir même *substrat :* « Le sujet communique son unité au mouvement dont l'avant-après peut alors être doublement qualifié d'identique : en tant que c'est un seul et même mouvement qui en est le substrat ; et, quant à son essence, distincte du mouvement, en tant que chaque instant fait passer à l'acte la potentialité du mobile » (p. 50). Cette actualité de l'instant, fortement soulignée tout au long du commentaire de V. Goldschmidt, est finalement ce qui fait le dynamisme de l'instant, par-delà l'analogie entre l'instant et le point.
1. V. Goldschmidt, *op. cit.*, p. 46.

qu'il y a à préserver, ici encore, la solidarité entre grandeur, mouvement et temps : le mouvement peut *s'arrêter*, non le temps. En cela, l'instant ne « correspond » au point qu'« en quelque manière » (*pôs*) (220 a 10) : en effet, c'est en puissance seulement que l'instant divise. Mais qu'est-ce qu'une division en puissance qui ne peut jamais passer à l'acte ? Ce n'est que lorsque nous traitons le temps comme une ligne, par définition en repos, que la possibilité de diviser le temps devient concevable. Il doit donc y avoir quelque chose de spécifique dans la division du temps par l'instant. Plus encore, dans le pouvoir de ce dernier d'assurer la continuité du temps. Dans une perspective comme celle d'Aristote, où l'accent principal est mis sur la dépendance du temps au mouvement, la puissance unificatrice de l'instant repose sur l'unité dynamique du mobile qui, tout en passant par une multiplicité de points fixes, reste un seul et même mobile. Mais le « maintenant » dynamique qui correspondrait à l'unité du mouvement du mobile appelle une analyse proprement temporelle, qui excède la simple analogie en vertu de laquelle l'instant correspond en quelque manière au point. N'est-ce pas ici que l'analyse augustinienne vient au secours de celle d'Aristote ? Ne faut-il pas chercher dans le triple présent le principe de la continuité et de la discontinuité *proprement* temporelles ?

De fait, les termes « présent » « passé » « futur » ne sont pas étrangers au vocabulaire d'Aristote ; mais il ne veut y voir qu'une détermination de l'instant et de la relation avant-après[1]. Le présent, pour lui, n'est qu'un instant *situé*. C'est d'un tel instant présent que rendent compte les expressions du langage ordinaire considérées

---

1. Le glissement d'un vocabulaire à l'autre peut être observé dans cette notation faite comme en passant : « Et le temps est le même partout, simultanément ; mais, avant et après, il n'est pas le même : le changement est bien lui aussi un quand il est présent *(parousa)*, mais, passé *(gégénèmènè)* ou à venir *(mellousa)*, il est différent » (220 b 5-8). Aristote passe ainsi sans difficulté des idées d'instant et d'avant-après à celles de présent, passé, futur, dans la mesure où seule est pertinente pour la discussion des apories l'opposition entre identité et différence.

40   *L'aporétique de la temporalité*

au chapitre XIII de *Physique* IV[1]. Or, celles-ci se laissent aisément réduire à l'armature logique de l'argument qui prétend résoudre les apories de l'instant. La différence entre instant quelconque et instant situé ou présent n'est, à cet égard, pas plus pertinente, pour Aristote, que la référence du temps à l'âme. De même que seul un temps nombré *réellement* requiert une âme qui distingue et qui compte effectivement les instants, de même seul un instant déterminé se désigne comme instant présent. La même argumentation qui ne veut connaître que le *nombrable* du mouvement, qui peut être sans âme, ne veut également connaître que l'instant *quelconque*, à savoir précisément « ce par quoi l'avant-après [du mouvement] est nombrable » (219 b 26-28).

Rien donc, chez Aristote, ne requiert une dialectique entre l'instant et le présent, *sinon la difficulté, avouée, à maintenir jusqu'au bout la correspondance entre l'instant et*

---

1. C'est dans le voisinage d'analyses consacrées aux expressions du langage ordinaire (« tantôt », « un jour », « jadis », « soudain ») qu'Aristote a recours au vocabulaire du présent, du passé et du futur : « L'instant assure la continuité du temps comme nous l'avons dit : il joint ensemble le passé et le futur ; il est aussi la limite *(péras)* du temps : étant commencement de celui-ci et fin de celui-là » (222 a 10-12). Une fois encore, Aristote avoue l'imperfection de l'analogie avec le point : « Mais cela ne se voit pas aussi clairement que sur le point en repos : c'est que l'instant divise en puissance » (*ibid.*, 1. 13-14). P.F. Conen, qui n'a pas suivi Bröcker dans son intérprétation de la première aporie (l'instant différent et même), se rapproche de lui dans sa propre interprétation de la deuxième aporie (l'instant diviseur et unificateur) ; selon lui, Aristote a eu deux notions de l'instant : tant qu'il le considérait comme un quant au substrat et comme différent quant à l'essence, il le concevait en relation à une multiplicité de points d'une même ligne. En revanche, dès qu'il considérait le « maintenant » dans une certaine mesure comme l'unité du corps en mouvement, il concevait que l'instant produisait le temps, pour autant qu'il suit le destin du corps dans la production de son mouvement : « Selon la première conception, de nombreux " maintenant " correspondent à de nombreux points statiques ; selon la seconde, un " maintenant " dynamique correspond au corps qui se meut » (p. 115). Toutefois, P.F. Conen pense pouvoir réconcilier *in extremis* les deux notions (p. 115-116). Ici encore, le recours de V. Goldschmidt à la notion d'instant dynamique, expression de l'acte de la puissance, confirme et éclaire l'interprétation de Conen.

Temps de l'âme et temps du monde

le point, dans sa double fonction de division et d'unification. C'est sur cette difficulté que pourrait se greffer une analyse de type augustinien sur le triple présent[1]. Pour celle-ci, en effet, seul un présent gros du passé récent et du futur prochain peut unifier le passé et le futur qu'en même temps il distingue. Mais, pour Aristote, distinguer le présent de l'instant et le rapport passé-futur du rapport avant-après serait menacer la dépendance du temps au mouvement, seul principe ultime de la physique.

C'est en ce sens que nous avons pu dire qu'entre une conception augustinienne et une conception aristotélicienne il n'y a pas de transition pensable. C'est par un saut que l'on passe d'une conception où l'instant présent n'est qu'une variante, dans le langage ordinaire, de l'instant, dont la *Physique* est le dépositaire, à une conception où le présent de l'attention réfère à titre primaire au passé de la mémoire et au futur de l'attente. Non seulement on ne passe d'une perspective sur le temps à l'autre que par saut, mais tout se passe comme si l'une était condamnée à

---

1. Sans aller dans cette direction, V. Goldschmidt observe, à propos des analyses du chapitre XIII : « Ici, il ne s'agit plus du temps dans son devenir, indifférencié, mais d'un temps structuré, et structuré à partir de l'instant présent. Lequel ne détermine plus seulement l'avant et l'après (220 a 9), mais, plus précisément, le passé et le futur » (*op. cit.*, p. 98). Il faut alors distinguer un sens strict et un sens large ou, si l'on préfère, dérivé, de l'instant : « L'instant présent est alors, non plus considéré en soi, mais rapporté à " autre chose ", à un futur (" il viendra ") ou à un passé (" il est venu ") encore proche, le tout étant englobé par le terme d'*aujourd'hui*... On assiste donc, à partir de l'instant ponctuel, à un mouvement d'expansion vers le passé et le futur, proches ou lointains, au cours duquel des événements " autres " rapportés au présent forment à chaque fois, avec celui-ci, un laps de temps déterminé et quantifiable (227 a 27) » (p. 99). Une certaine polysémie de l'instant paraît alors inévitable (« en combien de sens se prend l'instant », 222 b 28), comme le suggèrent les expressions du langage ordinaire examinées au chapitre XIV (lesquelles, à des degrés divers, se réfèrent à « l'instant présent »); V. Goldschmidt commente : « L'instant même, qui avait servi à déterminer le temps par l'antérieur et le postérieur, et qui, dans cette fonction, était toujours " autre " (219 b 25), est maintenant *situé* et compris comme instant *présent*, à partir duquel, dans les deux directions, bien qu'avec des sens opposés, s'organisent l'antérieur et le postérieur » (*op. cit.*, p. 110).

occulter l'autre[1]. Et pourtant, les difficultés propres à l'une et à l'autre perspective exigent que les deux perspectives soient *conciliées*; à cet égard, la conclusion de la confrontation entre Augustin et Aristote est claire : il n'est pas possible d'attaquer le problème du temps par une seule extrémité, l'âme ou le mouvement. La seule distension de l'âme ne peut produire l'extension du temps; le seul dynamisme du mouvement ne peut engendrer la dialectique du triple présent.

Notre ambition sera ultérieurement de montrer comment la poétique du récit contribue à conjoindre ce que la spéculation disjoint. Notre poétique du récit a besoin de la complicité autant que du contraste entre la conscience interne du temps et la succession objective, pour rendre plus urgente la recherche des médiations narratives entre la concordance discordante du temps phénoménologique et la simple succession du temps physique.

1. Si une transition d'Aristote vers Augustin pouvait être trouvée dans la doctrine d'Aristote, ne serait-ce pas, plutôt que dans les apories de l'instant selon la *Physique,* dans la théorie du temps selon l'*Éthique* et la *Poétique* ? C'est la voie qu'explore V. Goldschmidt (*op. cit.,* p. 159-174) : le plaisir, en effet, échappant à tout mouvement et à toute genèse, constitue un tout achevé qui ne peut être qu'une production instantanée ; la sensation, également, se produit d'un seul coup ; à plus forte raison la vie heureuse qui nous arrache aux vicissitudes de la fortune. S'il en est ainsi, c'est dans la mesure où l'instant est celui d'un acte, qui est aussi une opération de conscience, où « l'acte transcende le processus génétique dont cependant il est le terme » (*op. cit.,* p. 181). Ce temps n'est plus celui du mouvement, soumis au régime de l'acte imparfait de la puissance. C'est celui d'un acte achevé. A cet égard, si le temps tragique ne rejoint jamais le temps physique, il s'accorde avec celui de l'éthique : le temps qui « accompagne » le déroulement de la fable n'est pas celui d'une genèse, mais celui d'une action dramatique considérée comme un tout ; c'est le temps d'un acte et non d'une genèse (*op. cit.,* p. 407-418). Mes propres analyses de la *Poétique* d'Aristote, dans *Temps et Récit I* s'accordent avec cette conclusion. Ce rebondissement de la théorie aristotélicienne du temps est impressionnant, mais il ne conduit pas d'Aristote à Augustin. L'instant-totalité de l'*Éthique* ne se distingue de l'instant-limite de la *Physique* que pour s'arracher au temps. On ne peut plus dire de lui qu'il est « dans le temps ». Dès lors, selon l'analyse de Victor Goldschmidt, c'est moins en direction d'Augustin que de Plotin et de Hegel que pointe l'instant-totalité de l'*Éthique* et — éventuellement — de la *Poétique*.

2

Temps intuitif ou temps invisible ?

Husserl face à Kant

La confrontation entre le temps de l'âme selon Augustin et le temps de la physique selon Aristote n'a pas encore épuisé l'aporétique du temps ; toutes les difficultés de la conception augustinienne n'ont même pas été portées au jour. L'interprétation du livre XI des *Confessions* n'a cessé de se mouvoir entre des éclairs de vision et des ténèbres d'incertitude. Tantôt Augustin s'écrie : ici, je sais ! ici, je crois ! Tantôt il interroge : n'ai-je pas seulement cru voir ? est-ce que je comprends ce que je crois savoir ? Y a-t-il donc quelque raison fondamentale qui fait que la conscience du temps ne peut dépasser cette alternance de certitude et de doute ?

Si j'ai choisi d'interroger Husserl à ce stade de l'enquête sur l'aporétique du temps, c'est en raison de l'ambition majeure qui me paraît caractériser sa phénoménologie de la conscience intime du temps, à savoir de *faire paraître* le temps lui-même par une méthode appropriée et ainsi de libérer la phénoménologie de toute aporie. Or, l'ambition à faire paraître le temps en tant que tel se heurte sans succès à la thèse essentiellement kantienne de l'*invisibilité* de ce temps qui, au chapitre précédent, paraissait sous le titre du temps physique et qui revient, dans la *Critique de la Raison pure,* sous le titre du temps objectif, c'est-à-dire du temps impliqué dans la détermination des *objets*. Pour Kant, le temps objectif, nouvelle figure du temps physique dans une philosophie transcendantale, n'apparaît jamais en tant que tel, mais reste toujours une présupposition.

1. L'apparaître du temps : les « Leçons » de Husserl
sur la phénoménologie de la conscience intime du temps

L'« Introduction » aux *Leçons sur la conscience intime du temps*[1] ainsi que les paragraphes 1 et 2 expriment bien l'ambition chez Husserl de soumettre à une description directe l'*apparaître* du temps en tant que tel. La conscience du temps doit alors être entendue au sens de conscience « *intime* » (*inneres*). Dans ce seul adjectif se conjuguent la découverte et l'aporie de toute la phénoménologie de la conscience du temps. C'est la fonction de la mise hors circuit (*Auschaltung*) du temps objectif de produire cette conscience intime, qui serait, à titre immédiat, une conscience-temps (la langue allemande exprime parfaitement, au moyen d'un substantif composé — *Zeitbewusst-*

---

1. Edmund Husserl, *Zur Phänomenologie des inneren Zeitbewusstseins (1893-1917)*, édité par Rudolf Boehm, *Husserliana*, X, La Haye, Nijhoff, 1966. Selon l'importante préface de R. Boehm, ces *Leçons* sont le résultat de la mise en état *(Ausarbeitung)* des manuscrits de Husserl par Edith Stein qui fut l'assistante de Husserl de 1916 à 1918. C'est le manuscrit écrit de la main d'Edith Stein, qui, confié en 1926 par Husserl à Heidegger, a été publié par ce dernier en 1928, donc après *l'Être et le Temps* (1927), dans le t. IX du *Jahrbuch für Philosophie und phänomenologische Forschung*, sous le titre *Edmund Husserls Vorlesungen zur Phänomenologie des inneren Zeitbewusstseins*; trad. fr. de Henri Dussort, avec une préface de Gérard Granel, sous le titre *Leçons pour une phénoménologie de la conscience intime du temps*, Paris, PUF, 1964, 1983. Autant il importe à une reconstruction historique de la pensée authentique de Husserl de ne pas créditer Husserl de la lettre d'un texte préparé et écrit par Edith Stein, de soumettre à un examen critique le texte principal à la lumière des *Beilagen* et des *ergänzende Texte* publiés par R. Boehm dans *Husserliana*, X, enfin de confronter les *Leçons* avec le *manuscrit de Bernau* en cours de publication par les Archives Husserl (Louvain) — autant il est permis à une investigation philosophique comme la nôtre de prendre appui sur le texte des *Leçons* tel qu'il a paru sous la signature de Husserl en 1928 et tel que R. Boehm l'a édité en 1966. C'est donc ce texte — *et ce texte seul* — que nous interprétons et discutons sous le titre de théorie husserlienne du temps. Nous citons l'édition Boehm entre crochets et la traduction française entre parenthèses.

Temps intuitif ou temps invisible ?

sein —, l'absence d'intervalle entre conscience et temps). Qu'est-ce, en effet, qui est exclu du champ d'apparition, sous le titre du temps objectif ? Exactement le temps du monde, dont Kant a montré qu'il reste une présupposition de toute détermination d'objet. Si l'exclusion du temps objectif est poussée par Husserl jusqu'au cœur de la psychologie en tant que science d'objets psychiques[1], c'est pour mettre à nu le temps et la durée (ce terme étant toujours pris au sens d'intervalle, de laps de temps) apparaissant comme tels[2]. Loin que Husserl se borne à recueillir l'impression première, l'expérience ordinaire, c'est leur témoignage qu'il récuse ; il peut bien appeler *datum* [6] (9) ce « temps immanent du cours de la conscience » ; ce *datum* est loin de constituer un immédiat ; ou plutôt, l'immédiat n'est pas donné immédiatement ; il faut conquérir l'immédiat à grand prix : au prix de suspendre « toute présupposition transcendante concernant des existants » *(ibid.)*.

Ce prix, Husserl est-il capable de le payer ? On ne pourra répondre à la question qu'au terme de la troisième section des *Leçons...*, qui demande une ultime radicalisation de la méthode de mise hors circuit. On doit toutefois observer que le phénoménologue ne peut éviter d'admettre, au moins au début de son entreprise, une certaine homonymie entre le « cours de la conscience » et le « cours objectif du temps du monde » — ou encore entre le « l'un après l'autre » du temps immanent et la succession du temps objectif — ou encore entre le *continuum* de l'un

---

1. « Il se peut bien du point de vue objectif que tout vécu, comme tout être réel et tout moment réel de l'être, ait sa place dans le temps objectif unique et par conséquent aussi le vécu lui-même de la perception de temps et de la représentation de temps » *(Leçons,* § 1 [4] (6)).

2. « Ce que nous acceptons n'est pas l'existence d'un temps du monde, l'existence d'une durée chosique, ni rien de semblable, c'est le temps apparaissant, la durée apparaissante en tant que tels. Or ce sont là des données absolues, dont la mise en doute serait vide de sens » [5] (7). Suit une déclaration énigmatique : « Ensuite, il est vrai, nous admettons aussi *(Allerdings auch)* un temps qui est, mais ce n'est pas le temps d'un monde de l'expérience, c'est le *temps immanent,* du cours de la conscience » *(ibid.).*

et celui de l'autre, entre la multiplicité de l'un et celle de l'autre. Nous ne cesserons par la suite de rencontrer des homonymies comparables, *comme si l'analyse du temps immanent ne pouvait se constituer sans des emprunts répétés au temps objectif mis hors circuit.*

On peut comprendre la nécessité de ces emprunts si l'on considère que l'ambition de Husserl n'est rien moins que d'élaborer une *hylétique* de la conscience[1]. Or, pour que cette hylétique ne soit pas vouée au silence, il lui faut compter parmi les *data* phénoménologiques « les appréhensions *(Auffassungen)* de temps, les vécus dans lesquels apparaît du temporel au sens objectif » [6] (9). Ce sont ces appréhensions qui permettent de tenir un discours sur l'hylétique, pari suprême de la phénoménologie de la conscience intime du temps. D'elles, Husserl admet qu'elles expriment des caractères d'ordre dans le temps *senti* et qu'elles servent de base à la constitution du temps objectif lui-même[2]. Or, on ne peut se demander si ces appréhensions, pour arracher l'hylétique au silence, ne doivent pas emprunter aux déterminations du temps objectif, connues

---

1. Par hylétique, Husserl entend l'analyse de la matière *(hylê)* — ou impression brute — d'un acte intentionnel, telle la perception, abstraction faite de la forme *(morphê)* qui l'anime et lui confère un sens.
2. Ces deux fonctions des appréhensions — assurer la dicibilité du temps senti, rendre possible la constitution du temps objectif — sont étroitement liées dans le texte suivant : « Les *data* de temps " sentis " ne sont pas simplement sentis, ils sont chargés *(behaftet)* de caractères d'appréhension et·à ces derniers appartiennent à leur tour certaines exigences et certaines possibilités légitimes : la possibilité de mesurer les uns aux autres les temps et les relations de temps qui, sur la base des *data* sentis, apparaissent ; celle de les placer de telle et telle manière dans des ordres objectifs, celle de les placer de telle et telle manière en ordres apparents et réels. Ce qui se constitue là comme être objectivement valable est finalement l'unique temps objectif infini, dans lequel toute chose et tout événement, les corps avec les propriétés physiques, les âmes avec leurs états psychiques, ont leur place temporelle déterminée, déterminable par le chronomètre » [7] (12). Et plus loin : « En langage phénoménologique : l'objectivité ne se constitue précisément pas dans les contenus " primaires ", mais dans les caractères d'appréhension et dans la conformité à des lois, qui leur appartient par essence » [8] (13).

Temps intuitif ou temps invisible ? 47

avant la mise hors circuit [1]. Parlerions-nous du « en même temps » senti, si nous ne savions rien de la simultanéité objective, de la distance temporelle, si nous ne savions rien de l'égalité objective entre intervalles de temps [2] ?

1. La comparaison du doublet temps objectif/temps immanent avec le doublet rouge perçu/rouge senti renforce le soupçon : « Le rouge senti est un *datum* phénoménologique qui, animé par une certaine fonction d'appréhension, présente une qualité objective ; il n'est pas lui-même une qualité. Une qualité au sens propre, c'est-à-dire une propriété de la chose apparaissante, ce n'est pas le rouge senti, mais le rouge perçu. Le rouge senti ne s'appelle rouge que de manière équivoque, car rouge est le nom d'une qualité chosique » [6] (10). Or, c'est le même genre de dédoublement et de recouvrement que la phénoménologie du temps suscite : « Si nous nommons " senti " un *datum* phénoménologique qui, grâce à l'appréhension, nous fait prendre conscience de quelque chose d'objectif comme donné en chair et en os (qu'on appelle dès lors " objectivement perçu "), alors nous avons à distinguer également et au même sens un temporel " senti " et un temporel " perçu ". Ce dernier signifie le temps objectif » [7] (11).

2. A cet égard, Gérard Granel (*Le Sens du temps et de la perception chez E. Husserl,* Paris, Gallimard, 1958) n'a pas tort de voir dans les *Leçons pour une phénoménologie de la conscience intime du temps* une entreprise à contre-courant de toute la phénoménologie husserlienne, dans la mesure où celle-ci est par excellence une phénoménologie de la perception. Pour une telle phénoménologie, une hylétique du senti ne peut être que subordonnée à une noétique du perçu. L'*Empfindung* (sensation, impression) est dès toujours dépassée dans la visée de la chose. L'apparaître par excellence est celui du perçu, non celui du senti ; il est dès toujours traversé par la visée de la chose. C'est donc par une inversion du mouvement de la conscience intentionnelle tournée vers l'objet que l'on peut ériger le senti en apparaître distinct, dans une hylétique elle-même autonome. Il faut alors admettre que c'est seulement à titre provisoire que la phénoménologie tournée vers l'objet subordonne l'hylétique à la noétique, en attendant l'élaboration d'une phénoménologie pour laquelle la couche subordonnée deviendrait la couche la plus profonde. *La Phénoménologie de la conscience intime du temps* appartiendrait par anticipation à cette phénoménologie plus profonde que toute phénoménologie de la perception. La question est ainsi posée de savoir si une hylétique du temps peut s'affranchir de la noétique qu'exige la phénoménologie tournée vers l'objet, et si elle peut tenir la promesse du § 85 de *Idées directrices pour une phénoménologie et une philosophie phénoménologique pures,* t. I (trad. fr. Paris, Gallimard, 1950, 1985), à savoir de descendre dans les « profondeurs obscures de l'ultime conscience qui constituent toute temporalité du vécu ». C'est dans *Idées,* I, § 81, que la suggestion est faite que la

La question devient particulièrement pressante lorsque l'on considère les *lois* qui, selon Husserl, régissent les enchaînements temporels sentis. Husserl ne doute point que des « vérités aprioriques » [10] (15) adhèrent à ces appréhensions, elles-mêmes inhérentes au temps senti. De ces vérités aprioriques dérive l'*a priori* du temps, à savoir que « l'ordre temporel bien établi est une série bidimensionnelle infinie, que deux temps différents ne peuvent jamais être ensemble, que leur relation est irréversible, qu'il y a une transitivité, qu'à chaque temps appartient un temps antérieur et un temps postérieur, etc. — Voilà qui suffit pour l'introduction générale » [10] (16). Le pari pourrait donc être tenu que l'*a priori* du temps est susceptible d'être tiré au clair « en explorant la *conscience du temps*, en amenant au jour sa constitution essentielle et en dégageant les contenus d'appréhension et les caractères d'acte qui appartiennent éventuellement de façon spécifique au temps et desquels relèvent essentiellement les caractères aprioriques du temps » [10] (15).

Que la perception de la durée ne cesse de présupposer la durée de la perception n'a pas paru à Husserl plus embarrassant que la condition générale à laquelle est soumise toute la phénoménologie, y compris celle de la perception, à savoir que, sans familiarité préalable avec le monde objectif, la réduction elle-même serait privée de tout point d'appui. C'est le sens général de la mise hors circuit qui est ici en question : elle ne saurait supprimer quoi que ce soit, elle se borne à changer la direction du regard, sans perdre de vue ce qui est mis hors circuit. La conversion à l'immanence, en ce sens, consiste en un changement de signe, comme il est dit dans *Idées I*, § 32 ;

---

perception pourrait ne constituer que le niveau superficiel de la phénoménologie et que l'ensemble de l'ouvrage ne se situe pas au niveau de l'absolu définitif et véritable. Or le § 81 renvoie précisément aux *Leçons*, de 1905 *sur la conscience intime du temps*. Nous savons du moins quel est le prix à payer : rien moins qu'une mise hors circuit de la perception elle-même.

changement de signe qui n'interdit pas l'emploi des mêmes mots — unité de son, appréhension, etc. —, lorsque le regard se déplace du son qui dure au « mode de son comment[1] ». Toutefois la difficulté est redoublée avec la conscience intime du temps, dans la mesure où c'est sur une perception déjà réduite que la phénoménologie opère une réduction, cette fois, du *perçu* au *senti,* afin de s'enfoncer dans les couches plus profondes d'une hylétique soustraite au joug de la néotique. On ne voit pas, pourtant, qu'une hylétique puisse être élaborée par une autre voie que cette réduction dans la réduction. Le revers de cette stratégie, ce sont les homonymies, les ambiguïtés de vocabulaire, entretenues par la persistance de la problématique de la chose perçue sous la rature de l'intentionnalité *ad extra*. D'où le paradoxe d'une entreprise qui prend appui sur l'expérience même qu'elle subvertit.

Or cette équivoque me paraît à mettre au compte, non d'un échec pur et simple de la phénoménologie de la conscience intime du temps, mais des apories qui sont le prix toujours plus élevé d'une analyse phénoménologique toujours plus affinée.

C'est accompagné de ces perplexités que nous allons nous tourner vers les deux grandes trouvailles de la phénoménologie husserlienne du temps : la description du phénomène de rétention — et de son symétrique, la protention —, et la distinction entre rétention (ou souvenir primaire) et ressouvenir (ou souvenir secondaire).

Afin de pouvoir commencer son analyse de la rétention, Husserl se donne l'appui de la perception d'un objet aussi insignifiant que possible : un *son,* donc un quelque chose qu'il est possible de désigner d'un nom identique et que

---

1. Ainsi le terme *Erscheinung* (apparition) peut-il être conservé : c'est son sens qui est réduit. Il en est de même du terme percevoir : « nous parlons de perception à l'égard de la durée du son » [25] (39).

l'on tient pour effectivement le même : un *son; un* son[1]. Un quelque chose, donc, dont Husserl voudrait faire non un objet perçu, face à moi, mais un objet *senti*. En vertu de sa nature elle-même temporelle, le son n'est que sa propre incidence, sa propre succession, sa propre continuation, sa propre cessation[2]. A cet égard, l'exemple augustinien de la récitation du vers de l'hymne *Deus creator omnium,* avec ses huit syllabes alternativement longues et brèves, proposerait, si l'on entend bien Husserl, un objet trop complexe pour être maintenu dans la sphère immanente ; il en va de même, chez Husserl lui-même, de l'exemple de la mélodie, qu'il ne tarde pas à écarter de son propos. A cet objet minimum — le son qui dure — Husserl donne le nom étrange de *Zeitobjekt,* que Gérard Granel[3] a raison de traduire par *tempo-objet,* pour en souligner le

---

1. Dès l'introduction, Husserl s'est accordé cette licence : « Que la conscience d'un processus sonore, d'une mélodie que je suis en train d'entendre, montre une succession, c'est là pour nous l'objet d'une évidence qui fait apparaître le doute et la négation, quels qu'ils soient, comme vide de sens » [5] (7). Avec l'expression « un son », Husserl ne se donne-t-il pas l'unité de durée exigée par l'intentionnalité elle-même. Il le semble, dans la mesure où l'aptitude d'un objet à être appréhendé comme *même* repose sur l'unité de sens d'une visée concordante (D. Souche-Dagues, *Le Développement de l'intentionnalité dans la phénoménologie husserlienne,* La Haye, Nijhoff, 1972).

2. Gérard Granel caractérise très heureusement les *Leçons* comme « une phénoménologie sans phénomènes » (*op. cit.,* p. 47), où l'on s'emploierait à décrire « la perception avec ou sans le perçu » (p. 52). Je ne suis plus Granel quand il rapproche le présent husserlien de l'absolu hégélien (« l'intimité dont il s'agit ici est l'intimité de l'Absolu, c'est-à-dire le problème hégélien qui survient nécessairement après le résultat des vérités de niveau kantien », p. 46). L'interprétation que je propose de la troisième section des *Leçons* exclut ce rapprochement, dans la mesure où c'est le flux entier, autant que le présent vivant, qui, selon Granel, serait porté à l'absolu.

3. « Par *Zeitobjekte* [Dussort traduit : objet temporel, Granel : tempo-objet], *au sens spécial du terme,* nous entendons des objets qui ne sont pas seulement des unités dans le temps, mais contiennent aussi en eux-mêmes l'extension temporelle *(Zeitextension)* » [23] (36).

Temps intuitif ou temps invisible ?

caractère insolite. La situation est la suivante : d'une part, le temps objectif est supposé réduit et on demande au temps lui-même d'apparaître comme un vécu ; d'autre part, pour que le discours sur l'hylétique ne soit pas réduit au silence, il faut le support d'un quelque chose perçu. La troisième section dira si, pour aller jusqu'au bout de la mise hors circuit, on peut suspendre le côté objectif résiduel du tempo-objet. En attendant, c'est le tempo-objet en tant qu'objet réduit qui fournit son *télos* à l'investigation ; c'est lui qui indique ce qu'il faut constituer dans la sphère de pure immanence, à savoir la durée, au sens de la continuation du même à travers la succession des phrases autres. On peut déplorer l'ambiguïté de cette étrange entité : c'est pourtant à elle que nous devons une analyse du temps qui est d'emblée une analyse de la durée, au sens de la *continuation,* de la « persistance considérée comme telle » *(Verharren als solches, ibid.),* et non pas seulement de la succession.

La trouvaille de Husserl, en ce point, c'est que le « maintenant » ne se contracte pas dans un instant ponctuel, mais comporte une *intentionnalité longitudinale* (pour l'opposer à l'intentionnalité transcendante qui, dans la perception, met l'accent sur l'unité de l'objet), en vertu de laquelle il est à la fois lui-même et la rétention de la phrase de son qui vient « tout juste » *(soeben)* de s'écouler, ainsi que la protention de la phase imminente. C'est cette découverte qui lui permet de se débarrasser de toute fonction synthétique surajoutée à un divers, fût-elle l'imagination selon Brentano. Le « l'un après l'autre », dont nous retrouverons plus loin la formulation chez Kant, est essentiel à l'apparaître des tempo-objets ; par persistance, en effet il faut entendre l'unité de la durée *(Dauereinheit)* du son, supposé réduit en statut de pure donnée hylétique (§ 8, début) : « Il commence et il cesse, et toute l'unité de sa durée, l'unité de tout le processus dans lequel il commence et finit, " tombe " après sa fin dans le passé toujours plus lointain » [24] (37). Il n'y a pas de doute : le problème est celui de la durée comme *même.* Et la *rétention,* simplement nommée ici, est le nom de la solution cherchée.

Dès lors, l'art de la description phénoménologique réside dans le déplacement de l'attention du son qui dure à la modalité de sa persistance. Encore une fois, la tentative serait vaine si la pure donnée hylétique était amorphe et ineffable ; en fait, je peux appeler « maintenant » la conscience du son à son début, parler de la « continuité de phase en tant qu'ayant lieu à l'instant » *(vorhin)*, et de toute la durée comme d'une « durée écoulée » *(als abgelaufene Dauer)* [24] (38). Pour que l'hylétique ne soit pas muette, il faut prendre appui, comme Augustin toutes les fois qu'il s'opposait aux sceptiques, sur la compréhension et la communication du langage ordinaire, donc sur le sens reçu de mots comme « commencer », « continuer », « finir », « demeurer », ainsi que sur la sémantique des temps verbaux et des innombrables adverbes et conjonctions de temps (« encore », « tant que », « maintenant », « auparavant », « après », « pendant », etc.). Malheureusement, Husserl ne s'interroge pas sur le caractère irréductiblement métaphorique des termes les plus importants sur lesquels s'appuie sa description : « fluc » *(Fluss)*, « phase », « s'écouler » *(ablaufen)*, « tomber » *(rücken)*, « retomber » *(zurücksinken)*, « intervalle » *(Strecke)* et surtout la paire « vivant » — « mort », appliquée polairement au « point de production du présent » et à la durée écoulée, une fois retombée dans le vide. Le mot même de « rétention » est métaphorique pour autant qu'il signifie tenir ferme (« dans cette retombée, je le " retiens " *(halte)* encore, je l'ai dans une " rétention ", en tant qu'elle se maintient, il a sa temporalité propre, il est le même, sa durée est la même » [24] (37). En dépit de ce silence de Husserl, on peut parfaitement admettre, vu le riche vocabulaire appliqué au mode même de la durée, que le langage ordinaire offre des ressources insoupçonnées à l'hylétique elle-même, pour la simple raison que les hommes ne se sont jamais bornés à parler des objets, mais qu'ils ont toujours prêté une attention au moins marginale et confuse à la modification même de l'apparaître des objets quand ils changent. Les mots ne manquent pas toujours. Et, quand les termes littéraux font défaut, la métaphore assure le relais, apportant avec elle les ressources de l'*innovation sémantique*. Ainsi le langage offre-t-il des métaphores *appropriées* à la désignation de la persistance dans l'écoulement ; le mot même de « rétention » est le témoin par excellence de cette pertinence du langage ordinaire jusque dans son usage métaphorique.

Ce mélange d'audace et de timidité dans la mise hors circuit appellera une discussion dont le détour par Kant nous fournira le fil. Les homonymies et les ambiguïtés, qu'elle tolère et peut-être requiert, sont le prix de l'inestimable découverte de la rétention. Celle-ci procède d'une réflexion sur le sens à donner au mot « encore » dans l'expression : le son résonne « encore ». « Encore » implique à la fois le même et l'autre : « Le son lui-même est le même, mais le son " dans son mode " (d'apparition) apparaît comme sans cesse autre » [25] (39). Le renversement de perspective du son au « mode de son comment » (*der Ton « in der Weise wie »*, *ibid.*) fait passer au premier plan l'altérité et la transforme en énigme.

Le premier trait que cette altérité présente, et auquel le § 9 s'attarde, concerne le double phénomène de la distinctivité décroissante de la perception des phases écoulées, de l'estompage ou du tassement croissant des contenus retenus : « En tombant dans le passé, l'objet temporel se raccourcit et tout à la fois s'obscurcit » [26] (40). Mais ce que Husserl tient à tout prix à préserver, c'est la *continuité* dans le phénomène d'éloignement, d'obscurcissement et de raccourcissement. L'altérité caractéristique du changement qui affecte l'objet dans son *mode* d'écoulement n'est pas une différence exclusive d'identité. C'est une altération absolument spécifique. La gageure de Husserl est d'avoir cherché dans le « maintenant » une intentionnalité d'un genre particulier qui ne va pas vers un corrélat transcendant, mais vers le maintenant « tout juste » écoulé, et dont toute la vertu est de le retenir de manière à engendrer à partir du « maintenant » ponctuel de la phase en train de s'écouler ce que Granel appelle le « grand maintenant » (*op. cit.*, p. 55) du son dans sa durée entière.

C'est cette intentionnalité longitudinale et non objectivante qui assure la continuité même de la durée et préserve le même dans l'autre. Même s'il est vrai que je ne deviendrais pas attentif à cette intentionnalité longitudinale, génératrice de continuité, sans le fil conducteur de l'objet un, c'est bien elle, et non l'intentionnalité objectivante subrepticement introduite dans la constitution hylétique, qui assure la continuation du présent ponctuel dans le présent étendu de la durée une. Sinon, la rétention ne constituerait aucun phénomène spécifique digne d'analyse. La rétention est précisément ce qui fait tenir ensemble le présent ponctuel (*Jetzpunkt*) et la série des rétentions accrochées à lui. Par rapport au présent ponctuel, « l'objet dans son comment » est toujours autre. La fonction de la rétention est d'établir l'identité du présent ponctuel et de l'objet immanent non ponctuel. *La rétention est un défi à la logique du même et de l'autre ; ce défi est le temps :* « Tout être temporel " apparaît " dans un certain mode d'écoulement continuellement changeant et " l'objet dans son mode d'écoulement " est sans cesse à nouveau un autre dans ce changement, alors que nous disons pourtant que l'objet et chaque point de son temps et ce temps lui-même sont une seule et même chose » [27] (41). Le paradoxe est seulement dans le langage (« alors que nous disons pourtant... »). Le paradoxe se prolonge dans le double sens qu'il faut assigner désormais à l'intentionnalité elle-même ; selon qu'elle désigne la relation de la conscience à « ce qui apparaît dans son mode », ou la relation à ce qui apparaît tout court, le perçu transcendant (fin du § 9).

Cette intentionnalité longitudinale marque la résorption de l'aspect sériel de la succession des « maintenant », que Husserl appelle « phases » ou « points », dans la continuité de la durée. De cette intentionnalité longitudinale, nous avons un savoir : « Du phénomène d'écoulement, nous savons que c'est une continuité de mutations incessantes qui forme une unité indivisible : indivisible en fragments qui pourraient être par eux-mêmes et indivisible en phases qui pourraient être par elles-mêmes, en points de la continuité » [27] (42). L'accent porte sur la continuité du tout, ou la totalité du continu, que le terme même

Temps intuitif ou temps invisible?

de durée (*Dauer*) désigne. Que quelque chose persiste en changeant, voilà ce que signifie durer. L'identité qui en résulte n'est donc plus une identité logique, mais précisément celle d'une totalité temporelle [1].

---

1. J. Derrida, dans *la Voix et le Phénomène*, Paris, PUF, 1967, p. 67-77, souligne le caractère subversif de cette solidarité entre le présent vivant et la rétention, à l'égard du primat du « clin d'œil » (*Augenblick*), donc du présent ponctuel, identique à soi, exigé par la conception intuitionniste de la sixième *Recherche Logique* : « Malgré ce motif du " maintenant " ponctuel comme " archi-forme " (*Urform*) (*Ideen I*) de la conscience, le contenu de la description, dans les *Leçons* et ailleurs, interdit de parler d'une simple identité à soi du présent. Par là se trouve ébranlé, non seulement ce qu'on pourrait appeler l'assurance métaphysique par excellence, mais plus localement, l'argument du " *im selben Augenblick* " dans les *Recherches* » (p. 71). Quoi qu'il en soit de la dépendance de la théorie husserlienne de l'intuition à l'égard de la présence pure à soi-même dans le présent ponctuel, c'est précisément le Husserl des *Leçons* qu'il faut créditer de la découverte selon laquelle « la présence du présent perçu ne peut apparaître comme telle que dans la mesure où elle *compose continûment* avec une non-présence et une non-perception, à savoir le souvenir et l'attente primaires (rétention et protention) » (p. 72). Ce faisant, Husserl donne un sens fort à la distinction entre présent et instant, qui est le moment décisif de toute notre analyse. Pour préserver sa découverte, il ne faut pas mettre du même côté, sous le signe commun de l'*altérité*, la non-perception caractéristique du ressouvenir et la non-perception assignée à la rétention, sous peine d'annuler la différence phénoménologique essentielle entre la rétention qui se constitue en continuité avec la perception et le ressouvenir qui seul est, au sens fort du mot, une non-perception. En ce sens, Husserl ouvre la voie à une philosophie de la présence qui inclurait l'altérité *sui generis* de la rétention. J. Derrida n'a pas tort de discerner la *trace*, dès l'époque de *la Voix et le Phénomène*, « une possibilité qui doit non seulement habiter la pure actualité du " maintenant ", mais la constituer par le mouvement même de la différence qu'elle y introduit » (p. 75), et d'ajouter : « Une telle trace est, si l'on peut tenir ce langage sans le contredire et le raturer aussitôt, plus " originaire " que l'originarité phénoménologique elle-même » (*ibid.*). Nous assumerons ultérieurement une conception voisine de la trace. Mais elle ne plaide que contre une phénoménologie qui confondrait le *présent* vif avec l'*instant* ponctuel. En travaillant à la ruine de cette confusion, Husserl ne fait qu'affirmer la notion augustinienne du triple présent et, plus précisément, celle du « présent *du* passé ».

Le diagramme[1] joint au § 10 n'a pas d'autre ambition que de visualiser par un procédé linéaire la synthèse entre l'altérité caractéristique de la simple succession et l'identité dans la persistance opérée par la rétention. L'important dans ce diagramme n'est pas que l'avance dans le temps soit illustrée par une ligne (OE), mais qu'à cette ligne — l'unique ligne prise en compte par Kant —, il faille ajouter oblique OE', qui figure « la descente dans la profondeur », et surtout la verticale EE', qui, en chaque moment du temps, joint la suite des instants présents à la descente dans la profondeur. C'est cette verticale qui figure la fusion du présent avec son horizon de passé dans la continuité des phases. Aucune ligne — ne figure à elle seule la rétention ; seul l'ensemble constitué par les trois lignes la visualise. Husserl peut dire à la fin du § 10 : « La figure donne ainsi une image complète de la double continuité des modes d'écoulement » [29] (43).

Le désavantage majeur du diagramme est de prétendre donner une représentation *linéaire* d'une constitution non linéaire. On ne saurait en outre tirer la ligne de l'avancée du temps sans se donner d'un seul coup le caractère successif du temps et la position de tout point du temps sur la ligne. Certes, le diagramme enrichit la représentation linéaire en la complétant par la ligne oblique de la descente de la profondeur et la verticale de la profondeur de chaque instant ; ainsi le diagramme total, en complétant le schéma de la succession, subvertit-il le privilège et le monopole de la succession dans la figuration du temps

---

1. *Leçons* [28] (43) :

OE : suite des instants présents ;
OE' : descente dans la profondeur ;
EE' : *continuum* des phases (instant présent avec horizon de passé).

Temps intuitif ou temps invisible ?

phénoménologique. Il reste que le diagramme, en figurant une suite de points-limites, échoue à figurer l'implication rétentionnelle des points-sources. Bref, il échoue à figurer l'identité du lointain et du profond qui fait que les instants devenus autres sont inclus d'une manière unique dans l'épaisseur de l'instant présent. En vérité, il n'y a pas de diagramme adéquat de la rétention et de la médiation qu'elle exerce entre l'instant et la durée [1].

En outre, le vocabulaire par lequel Husserl décrit la rétention n'est guère moins inadéquat que ce diagramme qu'il faut peut-être se hâter d'oublier. C'est en effet par le terme de *modification* que Husserl tente de caractériser la rétention par rapport à l'impression originaire. Le choix de ce vocabulaire veut marquer que le privilège de l'originarité de chaque nouveau présent s'étend à la suite des instants qu'il retient dans sa profondeur en dépit de leur éloignement. Il en résulte que la barre de la différence n'est plus à tirer entre le présent ponctuel et tout ce qui est déjà écoulé et révolu, mais entre le présent récent et le passé proprement dit. Ce propos prendra toute sa force avec la distinction entre rétention et ressouvenir, qui est la contrepartie nécessaire de la continuité entre impression originale et modification rétentionnelle. Mais, dès maintenant, il peut être affirmé que le présent et le passé récent s'appartiennent mutuellement, que la rétention est un *présent élargi* qui assure, non seulement la continuité du temps, mais la diffusion progressivement atténuée de l'intuitivité du point-source à tout ce que l'instant présent retient en lui ou sous lui. Le présent est appelé point-source (*Quellpunkt*), précisément parce que ce qui s'écoule de lui lui appartient « encore » : commencer, c'est commencer de continuer ; le présent lui-même est ainsi « une continuité en croissance continue, une continuité de passés » [28] (42). Chaque point de la durée est le

---

1. M. Merleau-Ponty donne dans la *Phénoménologie de la perception* une interprétation différente (*ibid.*, p. 469-495). Cf. mon étude sur « La temporalité chez Merleau-Ponty », *in* B. Waldenfels (éd.), *Leibhaftige Vernunft. Spuren von Merleau-Pontys Denken,* Munich, W. Fink-Verlag, 1985.

point-source d'une continuité de modes d'écoulement, et l'accumulation de tous ces points durables fait la continuité du procès entier[1].

Tout le sens de la polémique contre Brentano est contenu là : il n'est pas besoin d'ajouter un lien extrinsèque — fût-ce celui de l'imagination — à la série des « maintenant » pour engendrer une durée. Chaque point en prend soin par son expansion en durée[2].

C'est cette expansion du point-source en durée qui assure l'expansion du caractère originaire, dont jouit l'*impression* caractéristique du point-source, à l'horizon du passé. La rétention a pour effet non seulement de rattacher le passé récent au présent, mais de communiquer son intuitivité audit passé. La modification reçoit ainsi un second sens : non seulement le présent est *modifié* en présent récent, mais l'impression originaire passe elle-même dans la rétention : « Le présent de son se change en passé de son, la conscience *impressionnelle* passe, en coulant continûment, en conscience *rétentionnelle* toujours nouvelle » [29] (44). Mais l'impression originaire ne passe

---

1. « Ainsi la continuité de l'écoulement d'un objet qui dure est un *continuum*, dont les phases sont les *continua* des modes d'écoulement des divers instants de la durée de l'objet » [28] (42). Cette continuité entre impression originale et modification rétentionnelle est fortement soulignée par R. Bernet (« Die ungegenwärtige Gegenwart. Anwesenheit und Abwesendheit in Husserls Analyse des Zeitbewusstseins », *in* E. W. Orth (éd.), *Zeit und Zeitlichkeit bei Husserl und Heidegger*, Fribourg, Munich, 1983, p. 16-17 ; trad. fr. « La présence du passé dans l'analyse husserlienne de la conscience du temps », *Revue de métaphysique et de morale*, 1983, n° 2, p. 178-198). Selon l'auteur, il ne s'agit pas tant de composer ensemble présence et non-présence : « La question cruciale devient celle de la phénoménalisation de l'absence... Le sujet ne peut s'appréhender comme sujet constituant que si sa présence excède le présent et déborde sur le présent passé et le présent-à-venir » (p. 179). Ce « présent élargi » (p. 183) est indivisément maintenant *(Jetzpunkt)* et présent du passé.
2. « Les fragments *(Stücke)*, que nous dégageons par abstraction, ne peuvent être que dans l'ensemble de l'écoulement, et de même les phases, les points de la continuité d'écoulement » [28] (42). Un parallèle avec Aristote serait à chercher dans le traitement du paradoxe selon lequel l'instant à la fois divise et relie. Sous le premier aspect, il procède de la continuité qu'il interrompt ; sous le deuxième aspect, il engendre la continuité.

Temps intuitif ou temps invisible ?

dans la rétention que sous une forme progressivement « dégradée [1] ». C'est à cet enchaînement qu'il faut rattacher d'ailleurs, je pense, l'expression composée : « rétention de rétentions », ou celle d'une « suite continue de rétentions appartenant au point initial » [29] (44). Chaque nouveau « maintenant », en repoussant dans le passé récent le « maintenant » antérieur, en fait une rétention qui a ses propres rétentions ; cette intentionnalité au second degré exprime le remaniement incessant des rétentions les plus anciennes par les plus récentes, en quoi consiste l'éloignement temporel : « Chaque rétention est en elle-même modification continue, qui porte en elle, pour ainsi dire, dans la forme d'une suite de dégradés, l'héritage du passé » [29] (44) [2].

---

1. Le terme allemand *sich abschatten* est difficile à traduire. « Chaque point antérieur de cette suite en tant qu'un " maintenant " s'offre *aussi (wiederum)* en dégradé *(schattet sich ab)* au sens de la rétention. A chacune de ces rétentions s'accroche ainsi une continuité de mutations rétentionnelles, et cette continuité est elle-même à son tour un point de l'actualité, qui s'offre en dégradé rétentionnel » [29] (44).

2. Il est intéressant de noter que Husserl introduit ici la comparaison d'un héritage *(Erbe)*, qui jouera un rôle éminent chez Heidegger : il introduit cette image au moment où il écarte l'hypothèse d'une régression infinie dans le procès de la rétention [29-30] (44). Husserl semble ainsi rattacher l'idée d'héritage à celle d'une limitation du champ temporel, thème auquel il revient dans la deuxième partie du § 11 qui remonte, selon l'éditeur allemand, au manuscrit des *Leçons* de 1905. Selon R. Bernet, « la structure itérative des modifications rétentionnelles rend compte à la fois de la conscience de la durée de l'acte et de la conscience de la " durée " ou plutôt du flux de la conscience absolue » *(op. cit.,* p. 189) ; par structure itérative, il faut entendre la modification de modifications rétentionnelles d'une impression originaire grâce à quoi un « maintenant » devient non seulement un ayant-été-maintenant mais un ayant-été-ayant-été-maintenant. C'est ainsi que chaque nouvelle rétention modifie les rétentions précédentes ; c'est en vertu de la structure de cette modification de modification que chaque rétention est dite porter en elle-même l'*héritage* de tout le processus précédent. Cette expression signifie que « le passé est continuellement remodifié à partir du présent de la rétention et [que] ce n'est que cette modification présente du passé qui permet l'expérience de la durée temporelle » *(op. cit.,* p. 190). J'ajouterai que cette *itération* contient en germe l'appréhension de la durée comme *forme*.

Si l'ambition de Husserl, en forgeant la notion de modification, est bien d'étendre au passé récent le bénéfice de l'originarité caractéristique de l'impression présente, l'implication la plus importante en est que les notions de différence, d'altérité, de négativité exprimées par le « ne... plus », ne sont pas premières, mais dérivent de l'abstraction opérée sur la continuité par un regard qui s'arrête sur l'instant et le convertit de point-source en point-limite. Un trait de la grammaire du verbe être confirme cette vue : il est possible en effet de conjuguer le verbe être à un temps passé (et futur) sans introduire de négation : « est », « était », « sera » sont des expressions entièrement positives qui marquent dans le langage la priorité de l'idée de modification sur celle de négation, au moins dans la constitution de la mémoire primaire[1]. Il en va de même de l'adverbe « encore » : sa position exprime à sa façon l'adhérence du « tout juste passé » à la conscience du présent. Les notions de rétention et de modification intentionnelle ne veulent pas dire autre chose : *le souvenir primaire est une modification positive de l'impression, non sa différence.* Par opposé à la représentation en images du passé, il partage avec le présent vif le privilège de l'originaire, quoique sur un mode continûment affaibli : « L'intuition du passé elle-même ne peut pas être une figuration par image (*Verbildlichung*). C'est une conscience originaire » [32] (47)[2].

Cela n'exclut pas que, si on arrête par la pensée le flux rétentionnel, et si on isole le présent, le passé et le présent paraissent s'exclure. Il est alors légitime de dire que le passé n'est plus et que passé et « maintenant » s'excluent :

---

[1]. C'est dans la même intention que le point-source est dit « commencer la " production " (*Erzeugung*) de l'objet qui dure », au début du § 11. La notion de production et celle de point-source se comprennent ensemble.
[2]. Dans le même sens : « De même que dans la perception je vois l'être-maintenant et dans la perception étalée, telle qu'elle se constitue, l'être qui dure, de même je vois, dans le souvenir primaire, le passé ; il y est donné, et la donnée du passé, c'est le souvenir » [34] (50).

Temps intuitif ou temps invisible ?

« Ce qui est identiquement le même peut bien être " maintenant " et passé, mais seulement parce qu'il a duré entre le passé et le " maintenant " » [34] (50). Ce passage du « était » au « ne plus » et le recouvrement de l'un par l'autre expriment seulement le double sens du présent, d'une part comme point-source, comme initiative d'une continuité rétentionnelle, et d'autre part comme point-limite, abstrait par division infinie du *continuum* temporel. La théorie de la rétention tend à montrer que le « ne plus » procède du « était » et non l'inverse, et que la modification précède la différence. L'instant, considéré à part de son pouvoir de commencer une suite rétentionnelle, résulte seulement d'une abstraction opérée sur la continuité de ce procès[1].

La distinction entre souvenir primaire et souvenir secondaire, appelé aussi *ressouvenir (Wiedererinnerung)*, est le second acquis proprement phénoménologique des *Leçons*. Cette distinction est la contrepartie requise par la caractérisation essentielle de la rétention, à savoir l'adhérence du passé retenu au présent ponctuel au sein d'un présent qui persiste tout en disparaissant. Tout ce que nous entendons par le souvenir n'est pas contenu dans cette expérience de base de la rétention. Pour parler en termes augustiniens, le présent *du* passé a une autre signification que le « tout juste » passé. Qu'en est-il de ce passé qui ne peut plus être décrit comme la queue de comète du présent — c'est-à-dire, qu'en est-il de tous nos souvenirs qui n'ont plus, si l'on peut dire, un pied dans le présent ?

Pour résoudre le problème, Husserl se donne une fois encore un exemple paradigmatique qui, sans avoir la simplicité squelettique du simple son qui continue de résonner, présente encore, à première vue du moins, une simplicité extrême : nous nous souvenons d'une mélodie que nous avons entendue récemment *(jüngst)* à un

---

1. La théorie de la rétention marque une avancée certaine par rapport à l'analyse augustinienne de l'*image* du passé, tenue pour une « impression fixée dans l'esprit ». L'intentionnalité du présent répond directement à l'énigme d'un vestige qui serait à la fois une chose présente et le signe d'une chose absente.

concert. L'exemple est simple, en ce sens que le souvenir, en vertu du caractère récent de l'événement évoqué, a pour toute ambition de *reproduire* un tempo-objet. Par là, pense sans doute Husserl, sont écartées toutes les complications liées à la *reconstruction* du passé, comme ce serait le cas pour le passé historique ou même pour celui des souvenirs lointains. L'exemple n'est pourtant pas absolument simple, puisqu'il s'agit, cette fois, non d'un même son, mais d'une mélodie que l'on peut *parcourir par l'imagination,* en suivant l'ordre du premier son, puis du second, etc. Sans doute Husserl a-t-il pensé que son analyse de la rétention, appliquée à un son unique, ne pouvait être transposée, sans adjonction majeure, au cas de la mélodie, pour autant que la composition de celle-ci n'était pas prise en considération dans la discussion, mais seulement sa manière de se rattacher au présent ponctuel. Ainsi Husserl se donne le droit de partir directement du cas de la mélodie dans une nouvelle étape de sa description, afin de concentrer l'attention sur un autre trait de simplicité, celui d'une mélodie non plus « produite », mais « reproduite », non plus présentée (au sens du grand présent), mais re-*présentée (Repräsentation* ou *Vergegenwärtigung)* [1]. La simplicité présumée de l'exemple imaginé porte donc sur le « re »*(wieder)* impliqué dans l'expression de re-souvenir et dans d'autres expressions apparentées que nous rencontrerons plus loin, en particulier celle de répétition *(Wiederholung),* qui occupera une place exceptionnelle dans l'analyse heideggerienne et dont je montrerai l'importance pour une théorie du temps raconté. Ce « re- » est alors décrit comme un phénomène de « correspondance » terme à terme, dans lequel, par hypothèse, la différence n'est pas de contenu (c'est la même mélodie produite puis reproduite), mais de mode d'accomplissement. La différence est alors entre mélodie perçue et mélodie quasi perçue, entre audition et quasi-audition. Cette différence signifie que le « maintenant » ponctuel a son correspondant dans un quasi-présent qui, en dehors de

1. Les deux termes cités sont posés côte à côte [35, 1. 14-15] (51, 1. 8).

Temps intuitif ou temps invisible ?

son statut de « comme si », présente les mêmes traits de rétention et de protention, donc la même identité entre le « maintenant » ponctuel et sa traîne de rétentions. Le choix de l'exemple simplifié — la même mélodie ressouvenue — n'a pas d'autre raison d'être que de permettre de transférer dans l'ordre du « comme si » la continuité entre conscience impressionnelle et conscience rétentionnelle, avec la totalité des analyses qui s'y rapportent [1]. Il en résulte que tout moment de la suite des instants présents peut être re-présenté en imagination comme présent-source sur le mode du « comme si ». Ce quasi-présent-source aura donc son halo temporel *(Zeithof)* [35] (51), qui en fera chaque fois le centre de perspective pour ses propres rétentions et protentions. (Je montrerai plus loin que ce phénomène est la base de la conscience historique pour laquelle tout passé retenu peut être érigé en quasi-présent doté de ses propres rétrospections et de ses propres anticipations, dont certaines appartiennent au passé [retenu] du présent effectif.)

La première implication de l'analyse du ressouvenir est de renforcer, par contraste, la *continuité,* au sein d'une perception élargie, entre rétention et impression, aux dépens de la différence entre le présent ponctuel et le passé récent. Cette lutte entre la menace de rupture contenue dans la distinction, l'opposition, la différence et la continuité entre rétention et impression fait partie de la couche la plus ancienne du paragraphe de 1905 [2]. Le sens de cette lutte est clair : si la différence n'était pas incluse dans la continuité, il n'y aurait à proprement parler pas de constitution temporelle : le passage continu de la perception à la non-perception (au sens étroit de ces termes) est la reconstitution temporelle, et ce passage continu est l'œuvre des appréhensions dont nous avons dit plus haut

---

1. « Tout est en cela *pareil* à la perception et au souvenir primaire, et pourtant ce n'est pas la perception et le souvenir primaire eux-mêmes » [36] (52).
2. On remarquera l'insistance à caractériser « le passé lui-même comme *perçu* » [39] (55) et l'être « tout juste passé » comme lui aussi « *être-donné-en-personne* » *(Selbstgegebenheit) (ibid.).*

qu'elles appartiennent à la même strate que l'hylétique. L'unicité du *continuum* est si essentielle à la saisie des tempo-objets qu'on peut dire que le « maintenant », véritable d'une mélodie n'advient que quand le dernier son est tombé ; il est alors la limite idéale de la « continuité d'accroissement » constitutive du tempo-objet pris en bloc. En ce sens, les différences que Husserl appelle les différences du temps (*die Unterschiede der Zeit* [39] (55)) sont elles-mêmes constituées dans et par la continuité que déploient les tempo-objets dans un laps de temps. On ne saurait mieux souligner le primat de la continuité sur la différence, sans quoi il n'y aurait pas de sens à parler de tempo-objet ni de laps de temps.

C'est précisément ce *passage continu* du présent au passé qui fait défaut à l'opposition globale entre présentation et re-présentation : le « comme si » n'est aucunement assimilé au passage continu qui constitue la présentation par la modification du présent en passé récent[1].

Ainsi donc, l'*avant* et l'*après* doivent être constitués dès le souvenir primaire, c'est-à-dire déjà dans la perception élargie. Le *quasi* de la *re*-présentation ne peut qu'en reproduire le sens, non le produire originairement. Seule l'union, préalable à tout *quasi-*, de l'impression et de la rétention tient la clé de ce que Husserl, bravant Aristote et Kant, appelle « l'acte créateur-de-temps, l'acte-du-maintenant ou l'acte-du-passé » (*der zeitschaffende Jetztakt und Vergangenheitsakt* [41] (58)). Nous sommes bien au cœur de la constitution de la conscience intime du temps.

Ce primat de la rétention trouve une confirmation supplémentaire dans le caractère infranchissable de la

---

1. A cet égard, le texte le plus fort de toutes les *Leçons* est celui-ci : « Jusqu'ici, la conscience du passé — j'entends la conscience primaire du passé — n'était pas une perception parce que la perception était prise comme l'acte constituant originairement le " maintenant ". Mais si nous nommons perception *l'acte en qui réside toute origine, l'acte qui constitue originairement*, alors le *souvenir primaire* est *perception*. Car *c'est seulement dans le souvenir primaire que nous voyons le passé*, c'est seulement en lui que se constitue le passé, et ce non pas de façon représentative, mais au contraire présentative » [41] (58).

Temps intuitif ou temps invisible ?

coupure entre présentation et re-présentation. Seule la première est un acte originairement donateur : « Ne pas donner en personne est précisément l'essence de l'imagination » [45] (63). Le « encore une fois » est sans commune mesure avec le « encore ». Ce qui pourrait masquer cette différence phénoménologique, c'est ce trait majeur propre à la modification de rétention qui transforme effectivement le « maintenant », tant reproduit qu'originaire, en un passé. Mais le dégradé continu, caractéristique de la rétention, ne saurait être confondu avec le passage de la perception à l'imagination qui constitue une différence *discontinue*. La clarté décroissante de la représentation n'est pas non plus à confondre avec l'effacement progressif du souvenir primaire. Il y a là deux types d'obscurité qu'il est nécessaire de ne pas confondre (§. 21). C'est toujours le préjugé tenace du présent ponctuel qui sans cesse fait renaître l'illusion que l'extension du présent est œuvre d'imagination. L'effacement graduel du présent dans la rétention n'équivaut jamais à un fantasme. L'abîme phénoménologique est infranchissable.

Est-ce à dire que le ressouvenir ne soit invoqué que pour renforcer le primat de la rétention dans la constitution du temps ? Il n'est pas vain que je *puisse* me représenter un vécu antérieur. La liberté de la représentation n'est pas une composante négligeable de la constitution du temps : seule, la rétention se rapprocherait de la *Selbstaffektion* selon Kant. Le ressouvenir, avec sa libre mobilité, jointe à son pouvoir de récapitulation, donne le recul de la libre réflexion. La reproduction devient alors « un libre parcours » qui peut conférer à la représentation du passé un *tempo,* une articulation, une clarté variables[1]. C'est pour-

---

1. On trouve ainsi au § 20 une élucidation phénoménologique des phénomènes placés par la critique littéraire sous le titre de temps raconté et de temps racontant, ou de l'accélération et du ralentissement, de l'abréviation, voire même de l'interpolation d'un récit dans un récit. Par exemple ceci : « Dans la même extension temporelle immanente, en qui elle se produit effectivement, nous pouvons " en toute liberté " loger des fragments plus grands ou plus petits du processus re-présenté avec ses modes d'écoulement, et ainsi le

quoi le phénomène qui lui paraît au total le plus remarquable est celui où se produit un « recouvrement » *(Deckung)* entre le passé simplement retenu dans l'*aura* du présent et la reproduction qui repasse sur le passé : « Le passé de ma durée m'est alors donné, précisément tout simplement donné comme " re-donnée " de la durée » [43] (60). (On dira plus loin tout ce qu'une réflexion sur le passé historique peut recevoir de cette *Wiedergegebenheit* issue du « recouvrement » entre un passé passivement retenu et un passé spontanément représenté.) L'identification d'un même objet temporel paraît dépendre pour une part importante de ce « re-tour » *(Zurück-kommen)* où le *nach* de *Nachleben,* le *wieder* de *Wiedergegebenheit* et le *zurück* de *Zurückkommen* coïncident dans le « re- » du re-souvenir. Mais le « je peux » (du « je peux me re-souvenir ») ne saurait à lui seul assurer la continuité avec le passé, qui en dernière instance repose sur la modification de rétention, qui est de l'ordre de l'affection plutôt que de l'action. Du moins, la libre réitération du passé dans le ressouvenir est d'une importance telle pour la constitution du passé que la méthode phénoménologique repose elle-même sur ce pouvoir de répéter « au double sens de faire revenir et de réitérer — l'expérience la plus primitive de la rétention : celle-ci suit les « lignes de similarité » qui rendent possible le recouvrement successif entre la même succession retenue, puis re-souvenir. Ce « recouvrement » précède lui-même toute comparaison réfléchie, la ressemblance entre le retenu et le re-souvenu relevant elle-même d'une intuition de la ressemblance et de la différence.

Si le « recouvrement » tient une place si considérable dans l'analyse du ressouvenir, c'est dans la mesure où il est destiné à compenser la coupure entre la rétention, qui appartient encore au présent, et la représentation, qui ne

---

parcourir plus vite ou plus lentement » [48] (66). Mais il faut avouer que Husserl ne s'écarte guère de la reproduction à l'identique du même passé présenté et re-présenté, ce qui limite considérablement la puissance fondationnelle de cette analyse par rapport à la critique littéraire.

Temps intuitif ou temps invisible ?

lui appartient plus. La question qui hante Husserl est celle-ci : si la manière dont le ressouvenir présentifie le passé diffère fondamentalement de la présence du passé dans la rétention, comment une représentation peut-elle être fidèle à son objet ? Cette fidélité ne peut être que celle d'une correspondance adéquate entre un « maintenant » présent et un « maintenant » passé [1].

Une nouvelle problématique est ouverte par la distinction entre imagination et ressouvenir. Cette distinction a dû être tenue entre parenthèses dans les analyses antérieures, centrées sur la différence entre passé retenu et passé représenté. On a même, sans scrupule, tenu pour synonymes « re-présenté » et « imaginé », comme on l'a dit plus haut. Or, la question se pose de savoir « comment le " maintenant " reproduit en vient à représenter un passé [2] », mais en un autre sens du mot « représenter », qui correspond à ce qu'on appellerait aujourd'hui « prétention à la vérité ». Ce n'est plus la *différence* entre ressouvenir et rétention qui importe, mais la *relation au passé* qui passe par cette différence. Il faut alors distinguer le ressouvenir de l'imagination par la valeur *positionnelle (Setzung)* attachée au ressouvenir et absente de l'imagination. A vrai dire, la notion du recouvrement entre passé

---

1. R. Bernet souligne en ces termes l'enjeu de la théorie de la reproduction par ressouvenir pour le statut de la vérité dans une métaphysique du présent élargi : « Le concept de vérité dont s'inspire l'analyse husserlienne de la remémoration procède du vœu de neutraliser la différence temporelle dans une présence dédoublée de la conscience intentionnelle à elle-même. Cette analyse est marquée d'une sorte de hantise épistémologique qui conduit à interroger la vérité du souvenir comme correspondance, l'être de la conscience comme représentation ou reproduction, et l'absence temporelle du passé comme une présence masquée de la conscience à elle-même » (*op. cit.,* p. 197). R. Bernet n'a pas tort d'opposer à cette hantise épistémologique les tentatives, comme celle de Danto et la mienne, de lier la vérité historique à la *narrativité,* plutôt qu'à une présence dédoublée de la conscience intentionnelle à elle-même (p. 198). La narrativité, dirai-je, constitue cette présence dédoublée et non l'inverse.

2. Husserl ne souligne plus ici le re- de *Repräsentation* et il écrit *repräsentieren* sans trait d'union [51], ce que la traduction par Dussort ne fait pas paraître.

re-produit et passé retenu anticipait celle de la *position* du « maintenant » reproduit. Mais l'identité de contenu, en dépit de la différence entre « encore une fois » et « encore », intéressait plus que la visée du « maintenant » actuel qui fait que le souvenir représente ce dernier, en ce sens qu'il le *pose* comme ayant-été. Il ne suffit pas de dire que le flux de représentations est constitué exactement comme le flux de rétentions, avec son même jeu de modifications, de rétentions et de protentions. Il faut former l'idée d'une « seconde intentionnalité » [52] (70), qui en fait une représentation *de*..., seconde en ce sens qu'elle équivaut à une *réplique (Gegenbild)* de l'intentionnalité longitudinale constitutive de la rétention et génératrice du tempo-objet. Par sa forme de flux de vécu, le ressouvenir présente, en effet, les mêmes traits d'intentionnalité rétentionnelle que le souvenir primaire ; en outre, il vise intentionnellement cette intentionnalité prime. Cette reduplication intentionnelle propre à la rétention assure l'*intégration* du ressouvenir à la constitution de la conscience intime du temps, que le souci de distinguer le ressouvenir et la rétention aurait pu faire perdre de vue. Le ressouvenir n'est pas seulement un « comme si » présent : il vise le présent, et ainsi le pose comme ayant-été. (Comme l'opération de recouvrement, l'opération de *position* est essentielle, on le dira plus loin, à l'intelligence du passé historique.)

Pour achever l'insertion du ressouvenir dans l'unité du courant du vécu, il faut encore considérer que le souvenir contient des intentions d'*attente* dont le remplissement conduit au présent. Autrement dit, le présent est à la fois ce que nous vivons et ce qui réalise les anticipations d'un passé remémoré. En retour, cette réalisation s'inscrit dans le souvenir ; je me souviens d'avoir attendu ce qui maintenant est réalisé. Cette réalisation fait désormais partie de la signification de l'attente remémorée. (Ce trait encore est précieux pour une analyse du passé historique : il appartient au sens du passé historique qu'il conduise au présent à travers les attentes constitutives de l'horizon futur du passé. En ce sens, le présent est l'effectuation du futur remémoré. La réalisation ou non d'une anticipation attachée à un événement remémoré réagit sur le souvenir lui-même et, par rétroaction, donne à la reproduction une coloration particulière.) On développera le moment venu ce thème. Bornons-nous à ceci : la possibilité de se tourner vers un souvenir et de viser en lui les attentes qui ont été réalisées (ou non) ultérieurement contribue à l'insertion du souvenir dans le flux unitaire du vécu.

On peut maintenant parler d'un « *enchaînement du temps* », où les événements reçoivent chacun une *place* différente. La sorte de tissage que nous avons décrit entre rétention et ressouvenir permet en effet de les joindre dans un unique parcours temporel. La visée de la place d'un événement remémoré par cet unique enchaînement constitue une intentionnalité supplémentaire qui s'ajoute à celle de l'ordre interne du ressouvenir, censé reproduire celui de la rétention. Cette visée de la « place » dans l'enchaînement du temps est ce qui permet de caractériser comme passé, présent ou futur des durées présentant des contenus différents, mais occupant une même place dans l'enchaînement du temps — donc de donner un sens formel à la caractéristique passé, présent, futur. Mais ce *sens formel* n'est pas une donnée immédiate de la conscience. On ne traite proprement des événements du passé, du futur et du présent qu'en fonction de cette seconde intentionnalité du ressouvenir, visant sa place indépendamment de son contenu et de sa durée propres. Cette seconde visée est inséparable de la rétroaction par laquelle un ressouvenir reçoit une signification nouvelle du fait que ses attentes ont trouvé leur effectuation dans le présent. L'abîme qui sépare le ressouvenir et la conscience rétentionnelle est comblé à la faveur de l'enchevêtrement de leurs intentions, sans que soit abolie la différence entre reproduction et rétention. Il y faut un dédoublement de l'intentionnalité du ressouvenir qui sépare la *place* du contenu. C'est pourquoi la visée de la place est appelée par Husserl une intention non intuitive, « vide ». La phénoménologie de la conscience intime du temps s'efforce ici de rendre compte, par un jeu complexe d'intentionnalités superposées, de la *forme* pure de la succession : celle-ci n'est plus une présupposition de l'expérience, comme chez Kant, mais le corrélat des intentions visant l'enchaînement temporel à part des contenus remémorés ; cet enchaînement est alors visé comme l'« alentour » obscur de ce qui est actuellement remémoré, comparable à l'arrière-plan spatial des choses perçues. Désormais, toute chose temporelle paraît se détacher sur le fond de la forme temporelle dans lequel le jeu des intentionnalités décrites plus haut l'insère.

On peut s'étonner que Husserl ait privilégié à ce point le *souvenir* aux dépens de l'*attente*. Plusieurs raisons paraissent avoir concouru à cet apparent déséquilibre. La première tient à la préoccupation principale de Husserl, qui est de résoudre le problème de la *continuité* du temps sans recourir à une opération de synthèse de type kantien ou brentanien ; or, la distinction entre rétention et ressouvenir suffit à résoudre le problème. En outre la distinction entre futur et passé suppose qu'on ait donné à la caractéristique futur ou passé un sens formel ; or la double intentionnalité du ressouvenir résout le problème, quitte à introduire par anticipation l'attente dans le souvenir luimême comme futur du remémoré. Husserl, dès lors, ne croit pas pouvoir traiter thématiquement de l'attente (§ 26), avant d'avoir établi la double intentionnalité du ressouvenir (§ 25). C'est dans l'alentour temporel du présent que le futur prend place et que l'attente peut être insérée comme une intention vide. Plus fondamentalement, il ne semble pas que Husserl ait conçu la possibilité de traiter directement de l'attente. Elle ne peut être le pendant du souvenir qui « reproduit » une expérience présente, à la fois intentionnelle et rétentionnelle. En ce sens, l'attente est « productrice », à sa façon. Confronté à cette « production », Husserl paraît démuni, sans doute en raison du primat de la phénoménologie de la perception, que la mise hors circuit du temps objectif suspend sans l'abolir. Seule la philosophie de Heidegger, franchement axée sur le *souci* et non sur la *perception*, pourra lever les inhibitions qui paralysent l'analyse husserlienne de l'attente. Husserl ne conçoit guère l'attente que comme anticipation de perception : « Il appartient à l'essence de

Temps intuitif ou temps invisible ?

ce qu'on attend d'être quelque chose qui va être perçu » [56-57] (77). Et, quand la perception attendue advient, donc devient présente, le présent de l'attente est devenu le passé de ce présent. Par ce biais, la question de l'attente reconduit à celle du souvenir primaire, qui reste l'axe majeur des *Leçons*[1].

L'insertion (*Einordnung*) de la reproduction dans l'enchaînement du temps interne apporte ainsi un correctif décisif à l'opposition entre le « quasi » de la reproduction et l'originaire du bloc constitué par la perception et la rétention. Plus on insiste sur le caractère thétique du souvenir, pour l'opposer à la conscience d'image (§ 28), plus on l'insère dans le même courant temporel que la rétention : « Au contraire de [la] conscience d'image, les reproductions ont le caractère de la re-présentation en personne *(Selbstvergegenwärtigung)*... Le souvenir est re-présentation en personne dans le sens du passé » [59] (78). Il semble que désormais la caractéristique passé unifie le souvenir secondaire et le souvenir primaire sous la marque du « ayant été présent » [59] (79). Même si l'on ne perd pas de vue le caractère formel de cette insertion, la caractéristique passé, désormais commune à la reproduction et à la rétention, est inséparable de la constitution du temps interne, en tant qu'enchaînement unitaire de tous les vécus. C'est le caractère *thétique* de la reproduction du passé qui est l'agent le plus efficace de cet alignement du souvenir secondaire et du souvenir primaire sous le sigle du passé.

C'est peut-être pourquoi la reproduction est appelée une modification, au même titre que la rétention. En ce sens, l'opposition entre *quasi* et *originaire* est loin d'être le dernier mot sur le rapport entre souvenir secondaire et souvenir primaire. Il fallait d'abord les opposer, pour mieux suturer conscience rétentionnelle et conscience

---

1. L'affirmation selon laquelle « indépendamment de ses différences, l'intuition de l'attente est tout autant originaire et spécifique que l'intuition du passé » *(ibid.)* ne trouvera sa pleine justification que dans une philosophie qui mettra le Souci à la place occupée par la perception dans la phénoménologie de Husserl.

impressionnelle, contre Kant et Brentano. Il fallait ensuite les rapprocher, pour mieux assurer leur insertion commune dans l'unique flux temporel — aussi *formel* que soit cet enchaînement unitaire. Mais il ne faut pas non plus oublier que ce caractère *formel* dérive lui-même de la seconde intentionnalité du ressouvenir qui préserve le caractère concret de l'« intention d'alentour » (*Umgebungsintention* [61] (81)), à cet enchaînement formel.

La dernière question que pose la seconde section des *Leçons* est de savoir si, en contrepartie de la mise hors circuit du temps objectif, la *Phénoménologie de la conscience intime du temps* a contribué à la constitution du temps objectif.

Le succès de cette constitution serait la seule vérification du bien-fondé de la procédure initiale de réduction. On ne trouve dans les *Leçons* — du moins dans les derniers paragraphes (§ 30-33) de la deuxième section — que l'amorce de cette démonstration. On dira plus loin, en examinant la troisième section, pourquoi ce n'est pas dans cette direction que Husserl a fait porter son effort.

L'insertion de la rétention et de la re-production (lorsque celle-ci adjoint un caractère thétique au pur « comme si ») dans l'enchaînement du temps interne est la base sur laquelle s'édifie le temps, au sens objectif du mot, comme ordre sériel indifférent aux contenus qui le remplissent. La notion de « *situation temporelle* » *(Zeitstelle)* est le concept-clé de ce passage du subjectif à l'objectif, ou, pour mieux dire, de la « matière » du vécu à sa « forme » temporelle. C'est en effet la « situation temporelle » qui permet d'appliquer la caractéristique du présent, du passé, du futur à des « vécus » matériellement différents. Mais autant Husserl a opéré d'un seul coup la réduction du temps, autant il procède avec prudence à cette objectivation des caractères formels de la temporalité. Il commence par opposer l'objectivité formelle des positions temporelles à l'objectivité matérielle des contenus d'expérience ; les deux phénomènes sont en effet inverses l'un de l'autre, et leur contraste constitue une bonne introduction au problème posé. D'un côté, en effet, la même intention *objective* — la visée d'un objet identique — est conservée malgré la modification qui fait que l'impression, poussée à l'écart par la nouveauté d'un nouveau présent, perd son caractère de « maintenant » et sombre dans le passé ; de l'autre, la même situation temporelle est attribuée à des contenus vécus, *malgré* leurs différences matérielles. C'est dans ce sens que l'identité extra-temporelle des contenus, dans un cas, et l'identité de la situation temporelle de contenus matériels autres, dans l'autre cas, jouent en sens inverse. D'un côté, même « teneur » *(Bestand),* mais « retombée » temporelle différente ; de l'autre, même situation temporelle, mais « teneur » différente. Husserl parle à ce propos d'antinomie apparente (début du § 31) : il s'agit en effet d'une individuation contrastée, par l'identité objectale et par l'identité de situation temporelle.

C'est en désimpliquant l'identité de situation temporelle de l'identité objectale qu'on accède à la problématique du temps objectif : celui-ci, en effet, consiste dans la dévolution d'une « situation fixe dans le temps » [65] (84). Or cette opération fait problème dans la mesure où elle *contraste* avec la *descente* qui fait sombrer le son présent dans le passé. On retrouve, par le détour de la question de l'identité de situation temporelle, un problème éminemment kantien : « Le temps est rigide et pourtant le temps coule. Dans le flux du temps, dans la descente continue dans le passé, se constitue un temps qui ne coule pas, absolument fixe, identique, objectif. Tel est le problème » [64] (84). Or la modification rétentionnelle, semble-t-il, fait comprendre la *retombée* dans le passé, non la *fixité* de la situation dans le temps. Il ne semble pas que l'identité du *sens,* dans l'écoulement des phases temporelles, puisse fournir la réponse cherchée, puisqu'on a montré que l'identité de contenu et l'identité de place forment elles-mêmes contraste, et que l'on a admis que la seconde est la clé de la première. Il semble que Husserl tienne pour une loi d'essence que la *retombée* d'un même son dans le passé implique la référence à une situation temporelle fixe : « Il appartient à l'essence du flux modificateur que cette situation temporelle soit là identiquement, et nécessairement identiquement » [66] (86). Certes, à la différence de ce qu'est l'intuition *a priori* chez Kant, la forme du temps ne se superpose pas à un pur divers, puisque le jeu des rétentions et des représentations constitue un tissu temporel fortement structuré. Il reste néanmoins que ce jeu même requiert un moment formel qu'il ne paraît pas pouvoir engendrer. C'est à combler cet écart que Husserl s'emploie dans les dernières pages de la section II.

Il s'efforce de démontrer que la situation temporelle d'une impression qui, de présente, devient passée n'est pas extrinsèque au mouvement même de recul dans le passé. *C'est en modifiant sa distance au présent qu'un événement prend place dans le temps.* Husserl lui-même n'est pas entièrement satisfait par sa tentative de lier la situation temporelle à la retombée elle-même, c'est-à-dire à l'éloignement du point-source : « Mais, avec la conservation de l'individualité des instants dans la retombée dans le passé, nous n'avons pas encore la conscience d'un temps un, homogène, objectif » [69] (90). L'explication précédente n'a fait fond que sur la rétention, qui ne donne accès qu'à un champ temporel restreint. C'est au ressouvenir qu'il faut faire appel, et plus précisément au pouvoir de transposer chaque instant, repoussé dans le procès de rétention, en un point zéro, en un quasi-présent, et ce de façon répétée. Ce qui est ainsi *reproduit*, c'est la position du point zéro comme point-source pour de nouvelles retombées, par un éloignement de second degré. « Ce processus doit évidemment être conçu comme susceptible d'être poursuivi de manière illimitée, bien que le souvenir actuel fasse bientôt pratiquement défaut » [70] (90). Cette remarque est du plus haut intérêt pour le passage du temps du souvenir au temps historique qui excède la mémoire de chacun. Une transition est assurée par le ressouvenir, grâce à la transposition de n'importe quel point du passé en un quasi-présent, et cela sans fin. La question demeure, me semble-t-il, de savoir si cette extension imaginaire du champ temporel, par la médiation d'une série sans fin de quasi-présents, tient lieu d'une genèse du « temps objectif unique, avec un ordre fixe unique » *(ibid.)*.

La même exigence reprend vigueur, celle d'un « ordre

Temps intuitif ou temps invisible ?

linéaire, en qui n'importe quel laps de temps, même reproduit sans continuité avec le champ temporel actuel, doit être un fragment d'une chaîne unique, qui se prolonge jusqu'au présent actuel » [71] (92). Chaque fois que l'on tente de dériver le temps objectif de la conscience intime du temps, le rapport de priorité s'inverse : « Même le temps imaginé arbitrairement, quel qu'il soit, est soumis à cette exigence : s'il doit pouvoir être pensé comme temps réel (c'est-à-dire comme temps d'un objet temporel quelconque), il doit se situer comme laps de temps à l'intérieur du temps objectif un et unique » [71] (92). Husserl se retranche ici derrière « quelques lois " a priori " du temps » (titre du § 33), qui font de la donnée des *situations temporelles* l'objet d'une évidence immédiate : par exemple que deux impressions aient « identiquement la même situation temporelle absolue » *(ibid)*. Il appartient à l'essence *a priori* de cet état de choses que ces deux impressions soient simultanées et relèvent d'un seul « maintenant ».

Il semble que Husserl ait attendu de la notion de situation temporelle, étroitement liée au phénomène de rétention et de ressouvenir, qu'elle autorise une constitution du temps objectif qui ne présuppose pas chaque fois le résultat de l'opération constituante [1].

Le véritable sens de l'entreprise husserlienne n'apparaît que dans la troisième section. Il s'agit d'atteindre, dans le

---

1. On peut se demander, toutefois, si l'apparition du vocabulaire de la « forme », auquel se rattache celui de la « place » ou situation temporelle, n'est pas l'indice de la fonction directrice secrètement exercée par la représentation du temps objectif au cours de la description pure. Tout se passe comme si l'idée de succession linéaire unique servait de guide téléologique pour chercher et trouver, dans le rapport entre l'intentionnalité seconde de la représentation et l'intentionnalité prime de la rétention, une approximation aussi étroite que possible de l'idée de succession linéaire. La présupposition se dissimule sous les lois aprioriques que Husserl déchiffre dans la constitution du flux. Il faut avoir présente à l'esprit cette objection sans cesse renaissante pour comprendre le rôle stratégique de la troisième section de l'ouvrage. C'est là que se découvre la véritable ambition de l'entreprise husserlienne.

parcours des degrés de constitution, au troisième niveau, celui du *flux absolu*. Le premier niveau comprenait les choses de l'expérience dans le temps objectif ; c'est celui que l'on a mis hors circuit au début de l'ouvrage et que l'on a tenté de constituer à la fin de la seconde section. Le second niveau était celui des unités immanentes du type des tempo-objets : c'est à ce plan que toute l'analyse antérieure s'est déroulée. Or, par rapport au troisième niveau, les unités qui se dessinent au deuxième sont encore des unités *constituées*. Ce troisième niveau est celui du « flux absolu de la conscience, constitutif du temps » [73] (97)[1].

Que tous les tempo-objets doivent être traités comme des unités *constituées*, cela ressort des multiples présuppositions que l'analyse antérieure a dû tenir provisoirement pour acquises : à savoir, que les tempo-objets *durent*, c'est-à-dire préservent une unité spécifique à travers le processus continu des modifications temporelles, et que les changements des objets sont plus ou moins *rapides* par rapport à la même durée. Par contraste, si le flux absolu de la conscience a quelque sens, il faut renoncer à prendre appui sur quelque identité que ce soit, fût-ce celle des tempo-objets, donc aussi à parler de vitesse relative. Il n'y a plus ici de « quelque chose » qui dure. On entrevoit l'audace de l'entreprise : ne faire fond que sur la *modification* en tant que telle par laquelle la « continuité de dégradés » [74] (98) constitue un *flux*. On en perçoit aussi toute la difficulté : « *pour tout cela, les noms nous font défaut* » [75] (99) ; ou bien nous nommons le constituant — le flux — d'après ce qui est constitué (phase présente, continuité de passés dans la rétention, etc.) ; ou bien nous faisons crédit à des *métaphores* : flux, point-source, jaillir, sombrer, etc. Il était déjà difficile de creuser sous l'objet transcendant et de se maintenir au niveau de l'*apparition*, celui de l'objet immanent ou tempo-objet ; la gageure est maintenant de creuser sous l'objet immanent et de s'éta-

---

1. « Nous devons partout distinguer : la conscience (le flux), l'apparition (l'objet immanent), l'objet transcendant (quand l'objet immanent n'est pas un contenu) » *(ibid.)*.

Temps intuitif ou temps invisible ?

blir au plan où la conscience est le flux, où toute conscience de... est « moment du flux ». La question est de savoir si l'on n'est pas condamné à un simple transfert de vocabulaire, par quoi les mêmes analyses, conduites une première fois en termes d'*apparition,* seraient reprises une seconde fois en termes de *conscience* : conscience perceptive, conscience rétentionnelle, conscience reproductrice, etc. Sinon, comment saurait-on que le temps immanent est *un,* qu'il implique la simultanéité, des durées de longueur égale, la détermination selon l'avant et après [76] (100-101) ?

Trois problèmes sont posés : la forme d'unité qui lie les flux en un flux unique ; la forme commune du « maintenant » (origine de la simultanéité) ; la continuité des modes d'écoulement (origine de la succession).

Concernant l'unité du *flux,* on ne peut dire que ceci : « Le temps immanent se constitue comme un pour tous les objets et processus immanents. Corrélativement, la conscience temporelle des immanences est l'unité d'un tout » [77] (102). Mais quel accès distinct avons-nous à cet « ensemble », cet « à-la-fois », et « omni-englobant », qui fait que l'écoulement de tout objet et de tout processus constitue une « forme d'écoulement homogène, identique pour tout l'ensemble » *(ibid.)* ? La question est la même pour la *forme* du « maintenant », identique pour un groupe de *sensations* originaires, et pour la *forme* identique de l'écoulement qui transforme indifféremment toute conscience de « maintenant » en conscience d'un antérieur. Husserl se borne à répondre : « Qu'est-ce que cela veut dire ? On ne peut rien dire ici de plus que " voyez " » *(ibid.).* Il semble que les conditions *formelles* de l'expérience que Kant tenait pour des présuppositions soient simplement traitées comme des intuitions. L'originalité du troisième niveau consiste alors à mettre hors circuit les tempo-objets et à *formaliser* les rapports entre point-source, rétention et protention, sans égard pour les identités, même immanentes, qui s'y constituent, bref à formaliser le rapport entre le « maintenant » originaire et ses modifications. Or cela se peut-il sans l'appui de quelque objectivité constituée ?

Husserl n'a pas ignoré le problème : « Comment est-il possible de savoir *(wissen)* que le flux constitutif ultime de la conscience possède une unité ? » [81] (105). La réponse est à chercher dans un dédoublement d'intentionnalité au cœur même du phénomène de rétention. Une première intentionnalité se tourne vers le tempo-objet, lequel, bien qu'immanent, est déjà une unité constituée ; la seconde se tourne vers les *modes* d'originarité, de rétention, de ressouvenir. On a donc affaire à deux procès analogues et contemporains (« c'est dans un seul et unique flux de conscience que se constituent à la fois l'unité temporelle immanente du son et l'unité du flux de la conscience elle-même » [80] (105)). Husserl n'est pas insensible au caractère paradoxal de cette déclaration : « Aussi choquant (sinon même absurde au début) que cela semble de dire que le flux de la conscience constitue sa propre unité, il en est pourtant ainsi » *(ibid.)*. C'est encore dans une *éidétique* que l'on aperçoit la différence entre un regard qui se dirige vers ce qui est constitué à travers des phases d'écoulement, et un regard qui se porte sur le flux. On peut alors reprendre toutes les analyses antérieures de la rétention, de la rétention de rétentions, etc., en termes de flux et non plus de tempo-objet. Par là, l'intentionnalité de l'auto-constitution du flux lui-même est distinguée de l'intentionnalité qui, par recouvrement de phases, constitue le son en tempo-objet. Cette double intentionnalité avait en fait été anticipée dès la seconde section, quand on avait distingué l'identité de la *situation* temporelle de l'identité du *contenu* et, plus fondamentalement, quand on avait distingué entre le *mode* d'écoulement de la durée et l'unité des tempo-objets qui s'y constitue.

Du même coup, on peut se demander quel progrès réel représente le passage au troisième palier, si les deux intentionnalités sont inséparables. Le passage de l'une à l'autre consiste dans un déplacement du regard plutôt que dans une franche mise hors circuit comme dans le passage du premier palier au second. Dans ce déplacement du regard, les deux intentionnalités ne cessent de renvoyer l'une à l'autre : « En conséquence, il y a dans un même et seul flux de conscience *deux intentionnalités,* formant une

Temps intuitif ou temps invisible ?

unité indissoluble, s'érigeant l'une l'autre comme deux côtés d'une seule et même chose, enlacées l'une à l'autre » [83] (108). Autrement dit, pour avoir quelque chose qui dure, il faut un flux qui se constitue lui-même. Pour ce faire, *le flux doit apparaître en personne*. Husserl a bien aperçu l'aporie qui pointe à l'horizon, celle d'une régression à l'infini : l'apparition en personne du flux n'exige-t-elle pas un second flux dans lequel il apparaît ? Non, dit-il, la réflexion n'exige pas un tel redoublement : « En tant que phénomène, [le flux] se constitue lui-même » [83] (109). Sur cette *auto-constitution* s'achève l'entreprise d'une phénoménologie *pure*. Pour elle, Husserl revendique la même évidence que celle que sa phénoménologie accorde à la perception interne. Il y a même une « conscience de l'évidence de la durée » [95] (111), aussi indubitable que celle des contenus immanents. Mais la question demeure : la conscience d'évidence de la durée peut-elle se suffire à elle-même sans celle d'une conscience *perceptive* ?

Deux points de l'argumentation de Husserl sur l'évidence de la durée méritent encore d'être soulignés ; le premier concerne l'évidence du trait majeur du flux : sa *continuité*. C'est d'un seul souffle que Husserl atteste l'évidence de l'*unité* du flux et celle de sa *continuité* ; l'unité du flux est une unité sans rupture ; la différence entre deux laps de temps est précisément une différence, non une scission *(verschieden* non *ge-schieden)* [86] (112). « La discontinuité présuppose la continuité, que ce soit sous la forme de la durée sans changement ou celle du changement continu » [86] (113). L'assertion mérite d'être relevée, en raison des échos qu'elle évoque dans la discussion contemporaine sur la discontinuité des paradigmes ou des *épistémè*. Pour Husserl, le doute n'est pas permis : on ne pense la discontinuité que sur fond de continuité, qui est le temps même. Mais la question revient : comment le savons-nous, en dehors du mélange entre intentionnalité transcendante (vers l'objet) et intentionnalité longitudinale (vers le flux) ? Ce n'est pas par hasard si Husserl est contraint de prendre appui à nouveau sur la continuité de déroulement d'un tempo-objet tel que le son. Il faudrait alors comprendre ainsi l'argument : on ne peut distinguer la discontinuité en un point de l'expérience, si la continuité du temps n'est pas attestée par quelque autre expérience sans rupture. La différence ne peut être, si l'on peut dire, que locale, là où fait défaut le recouvrement entre conscience originaire et conscience intentionnelle. Tout au plus peut-on dire que continuité et discontinuité sont entrelacées dans la conscience de l'unité du flux, comme si l'écart naissait de la continuité et réciproquement[1]. Mais, pour Husserl, la continuité enveloppe les différences : « Dans chaque cas, et non pas seulement dans le cas du changement continu, la conscience de l'altération, de la différenciation, présuppose l'unité » [87] (114).

Le second point qui doit encore nous arrêter concerne l'évidence d'un autre trait majeur du flux : le primat de l'impression présente par rapport à la reproduction, dans l'ordre de l'originaire[2]. En un sens, nous le savons déjà : toute la théorie de la reproduction repose sur la différence entre le « comme si » et l'originairement présent. La reprise du même problème au niveau le plus fondamental n'est pas sans signification : au prix d'une certaine contradiction avec l'analyse antérieure, qui insistait sur la spontanéité et la liberté de la reproduction, c'est maintenant le caractère réceptif et passif de cette dernière qui est

---

1. « L'intention originaire du " maintenant ", tout en se conservant individuellement, apparaît posée conjointement, dans la conscience simultanée nouvelle et sans cesse nouvelle, avec des intentions qui, à mesure qu'elles se tiennent temporellement plus éloignées d'elle, font ressortir une différenciation sans cesse plus grande, un écart. Ce qui tout d'abord se recouvre, et qui ensuite se recouvre encore presque, se différencie toujours davantage : l'ancien et le nouveau n'apparaissent plus comme exactement la même chose en leur essence, mais comme sans cesse autres et étrangers malgré une communauté générique. Ainsi donc prend naissance la conscience du " changé peu à peu ", la conscience d'un écart croissant dans le flux d'une identification continue » [87] (113).
2. Les § 42-45 sont rattachés de façon lâche à ce qui précède. L'éditeur allemand des *Leçons* les tient pour postérieurs à 1911. Ce caractère relativement tardif confirme l'hypothèse que cette dernière touche ajoutée aux manuscrits fait aussi figure de dernier mot.

Temps intuitif ou temps invisible ?

souligné. Le rapprochement sur le plan réceptif, s'ajoutant à la correspondance terme à terme entre re-production et production, fraie la voie à l'affirmation beaucoup plus lourde de sens que la re-présentation est à sa façon une impression et une impression présente : « En un certain sens... nous avons conscience de tous les vécus par des impressions, ils sont tous imprimés » [89] (116)[1]. C'est la conversion de toute l'analyse du second niveau au niveau fondamental de la conscience qui permet de dire que le retour d'un souvenir à la surface est un retour présent et, en ce sens, une impression. La différence entre re-production et production n'est certes pas abolie, mais elle perd son caractère de *coupure* : « La re-présentation... présuppose une conscience primaire en qui elle est objet de conscience impressionnelle » [90] (117)[2].

La thèse de la continuité du flux est du même coup renforcée par cette omniprésence de la conscience impressionnelle. L'unité de la chose transcendante (niveau un) s'édifie sur celle des apparitions et des appréhensions immanentes (niveau deux); celle-ci à son tour se fonde sur l'unité de la conscience impressionnelle (niveau trois) : « derrière » l'impression, il n'y a plus de « conscience en qui elle serait objet de conscience » *(ibid.)*. La hiérarchie : objet (niveau un), apparition (niveau deux), impression (niveau trois), renvoie à l'ultime, le flux absolu : « Les unités immanentes se constituent dans le flux des multiplicités temporelles de dégradés » [91] (119).

Le temps lui-même doit finalement être considéré à trois niveaux : temps objectif (niveau un), temps objectivé des tempo-objets (niveau deux), temps immanent (niveau trois). « La succession originaire des instants d'apparition constitue, grâce aux rétentions, etc., qui fondent le temps, l'apparition (changeante ou non) comme unité temporelle phénoménologique » [94] (122).

---

1. On ne peut pas ne pas penser à la thèse augustinienne, selon laquelle le souvenir est un présent des choses passées, en vertu du caractère impressionnel d'une image imprimée dans l'esprit.
2. A vrai dire le mot « objet ». impropre à ce niveau, ne figure pas dans l'original allemand qui dit : *in dem es impressional bewusst ist.*

La question est de savoir si l'analogie de constitution des unités immanentes et transcendantes réaffirmée *in fine* [94] (121) ne condamne pas à la circularité l'entreprise entière. La phénoménologie de la conscience intime du temps porte, à titre ultime, sur l'intentionnalité immanente entremêlée à l'intentionnalité objectivante. Or la première repose, en fait, sur la reconnaissance, que seule la seconde peut lui donner, d'un quelque chose qui dure. Cette présupposition est, comme on va le dire, celle même que Kant articule, dans la suite des trois *Analogies de l'expérience,* sous le titre de la permanence, de la succession réglée et de l'action réciproque.

2. *L'invisibilité du temps : Kant*

Je n'attends pas d'un retour à Kant la réfutation de Husserl, pas plus que je n'ai demandé à Aristote de se substituer à Augustin. D'abord, je cherche chez Kant la raison des emprunts répétés de la phénoménologie husserlienne de la conscience interne du temps à des structures du temps objectif, que cette phénoménologie prétend non seulement mettre hors circuit mais constituer. A cet égard, ce que Kant réfute, ce ne sont pas les analyses phénoménologiques de Husserl, mais leur prétention à s'affranchir de toute référence à un temps objectif et à atteindre par réflexion directe une temporalité purifiée de toute visée transcendante. En retour, j'entends montrer que Kant ne peut, de son côté, construire les présuppositions concernant un temps qui n'apparaît jamais comme tel, sans emprunt à une phénoménologie implicite du temps, qui n'est jamais articulée comme telle, parce que le mode transcendantal de la réflexion l'*occulte*. Cette double démonstration répète, à un niveau différent, celle que nous avons menée plus haut, en confrontant les ressources de la psychologie augustinienne et de la physique aristotélicienne. Nous dirons pour finir ce qu'une dialectique moderne, qui met en jeu le rapport entre subjectivité et objectivité, ajoute à la dialectique antique, qui affronte un temps de l'âme à un temps du mouvement.

Temps intuitif ou temps invisible ?

Ce qui oppose le plus évidemment Kant à Husserl, c'est l'assertion du caractère *indirect* de toutes les assertions sur le temps. Le temps n'apparaît pas ; il est une condition de l'apparaître. Ce style d'argumentation, diamétralement opposé à l'ambition husserlienne de faire apparaître le temps en tant que tel, n'est complet que dans l'*Analytique du jugement* et singulièrement dans les *Analogies de l'expérience*. Toutefois, on peut en apercevoir les linéaments dès l'*Esthétique transcendantale*.

Il serait erroné de croire qu'en assignant à l'espace et au temps le statut d'intuition *a priori,* Kant ait conféré à l'assertion de ce statut un caractère lui-même intuitif. A cet égard, l'assignation du temps au sens interne ne doit pas faire illusion ; tout au long de la *Critique de la Raison pure,* et plus encore dans la deuxième édition, le sens interne ne cesse de perdre le droit de se constituer en source distincte de la connaissance de soi[1]. Si quelque implication phénoménologique peut être décelée ici, c'est dans la référence, jamais thématisée, au *Gemüt*[2] ; la toute première définition de l'intuition comme rapport immanent aux objets en tant que donnés est suspendue à la notion d'un « esprit *(Gemüt)* affecté d'une certaine manière » (A 19, B 33). La définition qui suit — « la capacité de recevoir — réceptivité — des représentations grâce à la manière dont nous sommes affectés par les objets se nomme sensibilité » — n'est pas non plus sans teneur phénoménologique ; de la même manière, sens externe et sens interne reposent sur une *Eigenschaft unseres Gemüts* (A 22, B 37). Mais le noyau phénoméno-

---

1. Dès la première édition de la *Critique de la Raison pure,* l'avertissement est clair : « Le sens interne, au moyen duquel l'esprit *(das Gemüt)* s'intuitionne lui-même ou intuitionne son état interne, ne donne pas, sans doute, d'intuition de l'âme elle-même comme un objet » (A 22, B 37). L'essentiel de la critique des paralogismes qui affligent la psychologie rationnelle (*Dialectique transcendantale.* A 341-405, B 399-432) est ici contenu.
2. Le texte cité à la note précédente poursuit en ces termes : « C'est cependant une forme déterminée sous laquelle l'intuition de cet état interne devient possible, de sorte que tout ce qui appartient aux déterminations internes est représenté suivant les relations du temps » *(ibid.).*

logique des définitions premières de l'*Esthétique* est inséré sans tarder dans la distinction, d'ailleurs fort ancienne, entre la matière, qui devient le « divers », et la forme, dont il est dit sans plus qu' « il faut qu'elle se trouve dans l'esprit *(im Gemüt)* toute prête à s'appliquer à tous [les phénomènes] » (A 20, B 34). La méthode de double abstraction, par laquelle une première fois la sensibilité est isolée de la pensée par concept, et une deuxième fois, au plan même de la sensibilité, la forme est séparée du divers, ne se réclame d'aucune évidence et reçoit seulement de la *Critique* tout entière sa justification indirecte.

Cette justification prend, dans l'*Esthétique transcendantale,* la forme d'une argumentation essentiellement réfutative. Ainsi, la question qui ouvre l'*Esthétique* — question éminemment ontologique —, « que sont l'espace et le temps ? » (A 23, B 37), ne permet que quatre solutions : ce sont soit des substances, soit des accidents, soit des relations réelles, soit des relations relevant de la constitution subjective de notre *Gemüt*. La quatrième solution résulte de l'élimination des trois premières, sur la base d'arguments repris des Anciens ou de Leibniz[1]. Ce style réfutatif explique la forme de *preuve par l'absurde* que prend l'argument en faveur de la quatrième solution, celle même de Kant : « Si nous sortons de la condition subjective sans laquelle nous ne saurions recevoir d'intuitions extérieures, c'est-à-dire être affecté par les objets, la représentation de l'espace ne signifie plus rien » (A 26, B 42). Et plus loin, concernant le temps : « Si nous faisons abstraction de *notre mode* d'intuition interne et de la manière dont, au moyen de cette intuition, nous embrassons aussi toutes les intuitions externes dans notre pouvoir

---

1. G. Martin (dans *Immanuel Kant. Ontologie und Wissenschaftstheorie.* Cologne, Kölner Universitätsverlag, 1951, p. 19-24 ; trad. fr. de J.-C. Piguet, *Science moderne et Ontologie chez Kant,* Paris, PUF, 1963) a parfaitement caractérisé la forme ontologique du problème et souligné le rôle de la réfutation de Newton par Leibniz dans l'élimination de la troisième solution. Il restait à Kant à substituer à la solution leibnizienne, qui faisait de l'espace et du temps des *phaenomena Dei,* une autre qui en ferait des représentations de l'esprit humain.

Temps intuitif ou temps invisible ?

de représentation... alors le temps n'est rien » (A 35).

La non-intuitivité des propriétés du temps en tant qu'intuition *a priori* est particulièrement soulignée par la priorité donnée à l'examen de l'espace par rapport au temps dans l'*Esthétique*. On voit bien pourquoi : l'espace donne lieu à une « exposition transcendantale » sans parallèle de même ampleur du côté du temps, et cela en raison du poids de la géométrie, pour laquelle l'espace constitue un milieu de constructibilité. C'est parce que la géométrie est une science de relations que l'espace peut n'être ni substance ni accident mais relation d'extériorité. Bien plus, c'est parce que la géométrie repose sur des propriétés non analytiquement démontrables que les propositions sur l'espace (et par analogie sur le temps) doivent consister en jugements synthétiques et non analytiques. Le caractère constructif de la géométrie et son caractère axiomatique vont d'ailleurs de pair et tendent à ne constituer qu'un seul argument. En retour, le caractère intuitif de l'espace est inséparable des arguments concernant la preuve par construction en géométrie[1].

Là est le cœur de l'*exposition transcendantale* du concept d'espace, dont le caractère non intuitif est indiscutable :

---

1. Sur cette interprétation de l'*Esthétique transcendantale* en fonction de l'axiomatisation de la science mathématique et de la constructibilité des entités mathématiques dans un espace euclidien, cf. G. Martin, *op. cit.*, p. 29-36. L'excellent interprète de Kant renvoie le lecteur à la doctrine transcendantale de *la Méthode*, chap. I, section I, A 713, B 741 : « La connaissance *philosophique* est la *connaissance rationnelle* par *concepts* et la connaissance mathématique est une connaissance *rationnelle* par *construction* des concepts » ; or construire un concept, c'est représenter *(darstellen) a priori* l'intuition qui lui correspond. Dans la seconde des « Remarques générales sur l'Esthétique transcendantale », Kant fait, dans les termes suivants, la jonction entre le caractère intuitif de l'espace et du temps et le caractère relationnel et constructiviste des sciences qu'ils rendent possibles : « Tout ce qui, dans notre connaissance, appartient à l'intuition... ne renferme que de simples rapports » (B 67). On reviendra plus loin sur la suite de ce texte (B 67-68), où il est question du temps comme de ce dans quoi nous *plaçons* nos représentations et où le temps est lié à la *Selbstaffektion* par notre propre action. Il est remarquable que ce soit encore eu égard au *Gemüt* que cela peut être dit « phénoménologiquement ».

« J'entends par exposition transcendantale l'explication d'un concept considéré comme un principe capable d'expliquer la possibilité d'autres connaissances synthétiques *a priori* » (A 25, B 40). Or l'exposition transcendantale du temps est exactement construite sur le modèle de celle de l'espace, comme cette simple phrase de la deuxième édition le résume : « Notre concept du temps explique donc la possibilité en toutes les connaissances synthétiques *a priori* que renferme la théorie générale du mouvement, théorie qui n'est pas peu féconde » (B. 49).

Quant à l'exposition *métaphysique* qui précède l'*exposition transcendantale,* elle repose sur le parallélisme rigoureux des propriétés de l'espace et du temps ; et l'argumentation offre, dans les deux cas, un style strictement réfutatif. Les deux premiers arguments établissent le statut non empirique. Le premier argument, que G. Martin déclare « platonisant », établit le caractère non empirique du temps comme de l'espace : on ne percevrait pas deux événements comme simultanés ou successifs si la représentation du temps ne servait de fondement à l'appréhension de ces prédicats temporels de l'expérience perceptive. Un nouvel argument, de tour plus « aristotélisant », en ceci qu'il instaure un ordre de préférence, pose que le temps pourrait être vidé de tous ses événements, comme l'espace de tous ses contenus, sans que le temps soit supprimé : sa prééminence à l'égard des événements est justifiée par cette seule expérience de pensée. Selon le troisième argument, l'espace et le temps ne sauraient être des concepts discursifs, c'est-à-dire génériques ; de même que nous ne pouvons nous représenter qu'un seul espace dont les divers espaces sont des parties (non les espèces d'un concept), de même des temps différents ne sauraient être que successifs ; cet axiome qui pose l'unidimensionnalité du temps n'est pas produit par l'expérience, mais présupposé par elle. Le caractère intuitif et non discursif du temps en résulte. Si en effet des temps différents ne sont que des parties du même temps, le temps ne se comporte pas comme un genre par rapport à des espèces : c'est un singulier collectif. Quatrième argument : le temps comme l'espace est une grandeur infinie donnée ; son infinité

Temps intuitif ou temps invisible ?

n'implique rien d'autre que la nécessité de considérer tout temps déterminé, tout laps de temps, comme une limitation de l'unique temps.

Quoi que l'on puisse dire de la phénoménologie implicite à cette argumentation — et nous allons y revenir à l'instant —, l'accent principal reste mis sur le *caractère de présupposition* de toute assertion sur le temps : ce caractère est inséparable du statut relationnel et purement formel du temps comme de l'espace ; plus précisément, « le temps est la condition formelle *a priori* de tous les phénomènes en général » ; il l'est à titre immédiat pour tous les phénomènes intérieurs, à titre médiat pour tous les phénomènes extérieurs. C'est pourquoi le discours de l'*Esthétique* est celui de la présupposition et non celui du vécu : l'argument régressif l'emporte toujours sur la vision directe. A son tour, cet argument régressif assume la forme privilégiée de l'argument par l'absurde : « Le temps, est-il dit, n'est que la forme de notre intuition intérieure : si on lui enlève la condition particulière de notre sensibilité, alors le concept de temps s'évanouit ; il n'est pas inhérent aux objets eux-mêmes, mais simplement au sujet qui les intuitionne » (A 37)[1].

Qu'une phénoménologie inchoative soit à la fois *impliquée* et *refoulée* par l'argumentation transcendantale, quelques notations de la *Dissertation de 1770* concernant le temps l'attestent, qui ne sont pas la simple réplique de l'analyse de l'espace[2]. Ce n'est pas un hasard, à cet égard,

---

1. « Si nous faisons abstraction de notre sujet, ou même seulement de la nature subjective de nos sens en général, toute la manière d'être *(Beschaffenheit)* et tous les rapports des objets dans l'espace et dans le temps et même l'espace et le temps disparaissent, puisque, en tant que phénomènes, ils ne peuvent pas exister en soi, mais seulement en nous » (A 42). A première vue, le « seulement en nous » rapproche Kant d'Augustin et de Husserl. En fait, il l'en éloigne autant qu'il l'en rapproche. Le « seulement » marque la cicatrice de l'argument polémique. Quant au « en nous », il ne désigne personne en particulier, mais l'*humana conditio*, selon l'expression de la *Dissertation de 1770*.

2. J. N. Findlay, *Kant and the Transcendantal Object, a Hermeneutic Study*. Oxford, Clarendon Press, 1981, p. 82-83. Selon lui, la conception kantienne d'une pure intuition « n'exclut pas des élé-

si, dans la *Dissertation,* le traitement du temps (§ 14) précède celui de l'espace.

Même si le mode d'argumentation par présupposition prévaut déjà ici, comme ce sera le cas dans l'*Esthétique transcendantale,* il garde une coloration phénoménologique à laquelle le passage par Husserl nous rend attentifs [1]. Ainsi la présupposition d'un ordre temporel défini par toute perception de choses comme simultanées ou successives est-elle accompagnée de la remarque : la succession n'« engendre » *(gignit)* pas la notion de temps, mais « fait appel à elle » *(sed ad illam provocat).* Nous comprenons ce que signifie le mot après *(post)* par le concept préalable *(praevio)* de temps. Cette idée d'*appel* adressé par l'expérience au concept préalable mérite qu'on s'y arrête : il implique, selon J. N. Findlay, une « *vague vision of the indefinitely temporal order* » *(op. cit.,* p. 88). Quant à la seconde thèse de la *Dissertation,* concernant la singularité du temps (qui engendrera les quatrième et cinquième arguments de l'*Esthétique*), elle n'est pas non plus sans une certaine teneur phénoménologique : ne comprenons-nous

---

ments obscurs de caractère dispositionnel » (p. 90). Findlay retrouve dans le traitement du schématisme « le même genre d'ontologisation du dispositionnel » *(ibid.)*

1. Déjà la définition de la sensibilité par la réceptivité, que l'*Esthétique transcendantale* conserve, ouvre la voie à cette considération : « La *sensibilité* est la réceptivité du sujet, par laquelle il est possible que son état représentatif soit affecté d'une certaine manière par la présence de quelque objet » (*Dissertation de 1770,* trad. fr. de Paul Mouy, Paris, J. Vrin, 1951, p. 30). La condition de notre être-affecté n'est pas visiblement identifié aux conditions de constructibilité des entités mathématiques. On pourrait esquisser, dans la ligne de la *Dissertation,* une phénoménologie de la configuration, qui joindrait la condition d'être-affecté et la capacité de structuration empirique. Les dernières lignes de la section III donnent quelque crédit à l'idée d'une phénoménologie implicite, aveugle – ou, mieux, aveuglée par l'argumentation par présupposition. Espace et temps, est-il dit, « sont, sans aucun doute, *acquis,* abstraits non de la sensation des objets (car la sensation donne la matière, non la forme de la connaissance humaine), mais de l'action même de l'esprit, par laquelle il coordonne ses sensations selon des lois permanentes ; ce sont comme des types immuables et donc *(ideoque)* intuitivement connaissables » *(op. cit.,* p. 60).

Temps intuitif ou temps invisible ?

pas sans autre argument que c'est une chose pour les contenus sensibles d'être « posés dans le temps » *(in tempore posita),* une autre d'être contenus sous une notion générale « à la façon d'une marque commune » *(tanquam nota communi)* ? On est alors enclin à dire que cette forme de coordination, antérieure à toute sensation, est elle-même intuitivement aperçue, dans la mesure où elle est intégrée à tous les contenus sensibles à la façon d'un horizon qui s'étend bien au-delà des contenus sensibles et qui demande à être peuplé de contenus sensoriels sans dépendre de ceux-ci[1]. Et cette expérience d'horizon, qui semble soutenir l'argument du caractère pur de l'intuition du temps, n'est, en effet, phénoménologiquement parlant, ni une généralité conceptuelle, ni un contenu sensible déterminé[2].

Prenant pour guide cette phénoménologie latente ou inchoative de la *Dissertation,* revenons aux arguments de l'*Esthétique transcendantale* sur le temps. Nous n'avons souligné ci-dessus que la symétrie entre les propriétés transcendantales de l'espace et celles du temps. Qu'en est-il de la *dissymétrie* entre le temps et l'espace ? Se réduit-elle à la différence entre les sciences que l'une et l'autre forme rendent possibles ? C'est-à-dire finalement entre les sciences d'un continu à une dimension et les sciences d'un continu à trois dimensions ? N'y a-t-il pas, implicite à l'idée

---

1. Kant voit dans la forme sensible « une loi de coordination » *(lex quaedam... coordinandi),* par quoi les objets affectant nos sens « forment un tout de représentation » *(in totum aliquod repraesentationis coalescant);* pour ce faire, il est besoin d'un « principe interne de l'esprit par quoi ces propriétés variées revêtent une spécificité *(speciem quandam)* selon des lois fixes et innées » *(ibid.,* II, § 4). Toutefois, au § 12, la portée épistémologique de la distinction entre sens externe et sens interne est affirmée : ainsi la mathématique pure considère l'espace en géométrie, le temps en mécanique pure.
2. Findlay attache une grande importance aux trois premiers arguments du § 14 : le temps, dit-il, est « *given to us in a single overview, as a single, infinite, individual whole in which all limited time lapses must find their places* » (p. 89). En vertu de ce « *primordial And So On* », attaché à toutes les successions empiriques, « *we can be taught to extend the map of the past and the future indefinitely* » *(ibid.).* Findlay fait grand cas de ce trait *dispositionnel* en vertu duquel, à défaut de pouvoir penser un temps absolument vide, nous sommes capables de procéder indéfiniment, par-delà tout donné.

de succession, la reconnaissance d'un trait spécifique, à savoir la nécessité, pour toute avancée de pensée, de procéder phase par phase, fragment par fragment, sans jamais avoir l'objet tout entier à la fois sous le regard ? Compensant le caractère *fragmentaire* de toute expérience dans le temps, ne faut-il pas introduire l'expérience d'un *horizon* temporel, sous-jacente aussi bien à l'argument « platonisant » qui veut que l'idée de temps précède toute expérience temporelle qu'à l'argument « aristotélisant » reposant sur l'expérience de pensée d'un temps vidé de tout contenu d'événement ? Même l'idée que le temps est un singulier — qu'il n'y a qu'un temps dont tous les temps sont des parties, non des espèces — n'est-elle pas guidée par l'expérience d'horizon [1] ? C'est l'argument en faveur de l'infinité du temps qui donne le plus de crédit à la suggestion d'un soubassement phénoménologique de l'argument transcendantal ; concernant l'espace, Kant se bornait à affirmer : « L'espace est représenté donné comme une grandeur infinie » (A 25, B 39) ; l'argument sur le temps est plus spécifique : soulignant la nécessité, pour obtenir une grandeur déterminée de temps, de *limiter* un temps unique qui lui sert de fondement, il pose : « Aussi faut-il que la représentation originaire du temps soit donnée comme illimitée » *(ibid.)*. Sans, bien entendu, assimiler cette donnée à quelque *Erlebnis* de style husserlien, on ne peut s'empêcher de s'interroger sur le statut de la représentation par laquelle cette illimitation est saisie : que peut signifier l'expression « représentation tout entière » appliquée au temps en dehors de toute limitation [2] ? Une certaine pré-compréhension du carac-

1. Kant, il est vrai, observe : « La proposition [que des temps différents ne peuvent pas être simultanés] est synthétique et elle ne peut être tirée uniquement de concepts » (A 32, B 47). Mais il ajoute aussitôt : « Elle est donc immédiatement renfermée dans l'intuition et dans la représentation du temps » *(ibid.)*.
2. « La représentation tout entière ne peut pas être donnée par des concepts (car les représentations partielles sont données les premières), et il faut qu'il y ait une intuition immédiate qui leur serve de fondement » (A 32). (La phrase entre parenthèses est remplacée en B par la remarque : « car ceux-ci ne contiennent que des représentations partielles », B 48.)

Temps intuitif ou temps invisible ?

tère englobant, s'ajoutant au caractère fragmentaire de notre expérience temporelle, semble ainsi doubler le statut axiomatique de l'*Esthétique transcendantale*. Sa fonction, selon l'expression de la *Dissertation,* est de « convoquer » le concept du temps, sans pouvoir l'engendrer.

Le paradoxe de la *Critique* est en somme que son mode argumentatif propre doive *occulter* la phénoménologie *implicite* à l'*expérience de pensée* qui régit la démonstration de l'idéalité de l'espace et du temps.

C'est ce que confirme l'*Analytique*, où se découvre la raison principale de la non-phénoménalité du temps en tant que tel. C'est là qu'est démontrée la nécessité du détour par la constitution de l'*objet,* pour toute nouvelle détermination de la notion de temps.

Il serait vain, en effet, d'attendre de la théorie du *schématisme* qu'elle confère au temps l'*apparaître* que l'*Esthétique transcendantale* lui a refusé. Il est bien vrai que des déterminations nouvelles du temps sont liées à l'exercice du schématisme : ainsi parle-t-on de la « série du temps », du « contenu du temps », de l'« ordre du temps », enfin de l'« ensemble du temps par rapport à tous les objets possibles » (A 145, B 184). Mais cette « détermination transcendantale du temps » (*ibid.*) ne trouve sens qu'en prenant appui sur les premiers jugements synthétiques *a priori,* ou « principes » (*Grundsätze*), qui explicitent les schèmes. Or ces principes n'ont pas d'autre fonction que de poser les conditions de l'objectivité de l'objet. Il en résulte que le temps ne saurait être perçu en lui-même, mais que nous n'en avons qu'une représentation indirecte, à l'occasion des opérations à la fois intellectives et imaginatives appliquées à des objets dans l'espace. Le temps, répétera-t-on, n'apparaît pas, mais reste une condition de l'apparaître *objectif*, qui est le thème de l'*Analytique*. A cet égard, la figuration du temps par une ligne, loin de constituer un étayage extrinsèque à la représentation du temps, fait partie intégrante de sa manière indirecte de se manifester au cours de l'application du concept à l'objet par le moyen de l'imagination.

En outre, la *représentation du temps,* au plan des schèmes et des principes, s'accompagne toujours d'une *détermination* du temps, c'est-à-dire d'un laps de temps particulier, détermination qui n'ajoute rien à la présupposition d'un temps infini dont tous les temps sont des parties successives : c'est dans la détermination de successions particulières que le caractère indirect de la représentation du temps se précise.

Ce double caractère de la représentation du temps — son caractère indirect et déterminé — est la raison majeure de la non-phénoménalité du temps au plan de l'*Analytique*. Aussi bien l'avertissement de Kant concernant le schématisme s'étend-il aux déterminations du temps solidaires du schématisme. Celles-ci partagent avec lui le caractère d'être « un procédé *(Verfahren)* général de l'imagination pour procurer à un concept son image » (A 140, B 179). Mais il doit, pour cette raison même, relever comme le schème de « cet art caché dans les profondeurs de l'âme humaine et dont il sera toujours difficile d'arracher le vrai mécanisme à la nature, pour l'exposer à découvert devant les yeux » (A 141, B 180-181). Cette déclaration solennelle ne recèle-t-elle pas une claire mise en garde contre toute tentative d'« arracher » au *Gemüt* les traits phénoménologiques nouveaux que peuvent comporter ces déterminations transcendantales du temps, solidaires de la fonction médiatrice appelée, selon le point de vue, subsomption, application, restriction ? Le paradoxe est que c'est le lien même entre le temps et le schème qui nous éloigne d'un degré de plus d'une phénoménologie intuitive du temps. Ce n'est que dans l'opération de schématiser la catégorie que la propriété temporelle correspondante se découvre. Et la schématisation de la catégorie, à son tour, ne prend corps que dans les « principes » — axiomes de l'intuition, anticipations de la perception, analogie de l'expérience, principes de la modalité — dont les schèmes sont, chaque fois, la nomination abrégée.

C'est sous cette condition très contraignante qu'on peut légitimement tenter d'extraire quelques enseignements concernant le temps en tant que tel. Mais il faut le dire tout de suite : ces enseignements enrichissent notre notion du temps-succession sans jamais mettre en jeu le rapport

Temps intuitif ou temps invisible ? 93

d'un présent vécu avec le passé et le futur par le moyen de la mémoire ou de l'attente, ou, comme le tentera Husserl, par le moyen de la rétention et de la protention.

Les *Analogies de l'expérience* qui déploient discursivement les schèmes de la substance, de la cause et de la communauté sont les plus riches en notations concernant la détermination transcendantale du temps comme *ordre*. Même si, encore une fois, ces notations exigent le détour d'une représentation déterminée dans un temps lui-même déterminé : « Le principe général, lit-on dans la première édition, en est que tous les phénomènes sont, quant à leur existence, soumis *a priori* à des règles qui déterminent leurs rapports entre eux dans un temps » (A 117). « Dans un temps » : donc dans un laps de temps déterminé. Il faut donc rapprocher les deux expressions : la *représentation* d'une liaison nécessaire des perceptions — et leur rapport dans *un* temps. C'est ce détour par la représentation dans un temps déterminé qui donne son sens à la déclaration, capitale pour notre argument principal, que « le temps ne peut être perçu en lui-même » (A 183, B 226), mais que l'on perçoit seulement des objets « dans » le temps *(ibid.)*. Cette réserve majeure ne doit pas être perdue de vue dans l'examen de chacune des analogies de l'expérience.

La plus importante des notations sur le temps concerne le principe de la *permanence* (première analogie). C'est la première fois en effet que Kant observe que « les trois modes du temps sont la *permanence,* la *succession,* la *simultanéité* » (A 177, B 219) (à quoi correspondent les trois règles de tous les rapports de temps dans les phénomènes). On a parlé jusqu'ici de la succession et de la simultanéité. La permanence est-elle un « mode » homogène aux deux autres ? Il ne le semble pas.

Que signifie *persister,* non seulement pour l'existence d'un phénomène, mais pour le temps lui-même ? Il est dit de ce trait qu'il désigne précisément le temps « en général » (A 183, B 226). Pour que deux phénomènes soient tenus pour successifs ou simultanés, il faut leur donner « pour fondement quelque chose qui demeure toujours, c'est-à-dire quelque chose de *durable* et de *permanent*, dont tout changement et toute simultanéité ne sont pour le permanent qu'autant de manières d'exister (modes du temps) » (A 182, B 225-226). Les relations de succession et de simultanéité présupposent en ce sens la permanence : « Ce n'est donc que dans ce permanent que sont possibles les rapports de temps (car la simultanéité et la succession sont les seuls rapports dans le temps) » (A 183, B 226) (on voit pourquoi plus haut on parlait de trois modes et non de trois relations). Nous touchons ici à quelque chose de très profond : « Le changement concerne non pas le temps lui-même, mais seulement les phénomènes dans le temps » (A 183, B 226). Mais, comme le temps lui-même ne peut être perçu, ce n'est que par le biais de la relation de ce qui persiste à ce qui change, dans l'existence d'un phénomène, que nous discernons ce temps qui ne passe pas et en quoi tout passe. C'est ce que nous nommons la durée *(Dauer)* d'un phénomène : à savoir une quantité de temps pendant laquelle des changements surviennent à un substrat, lequel demeure et persiste. Kant insiste : dans la simple succession, donc sans la référence à la permanence, l'existence ne fait que paraître et disparaître sans avoir jamais la moindre quantité. Pour que le temps ne se réduise pas à une suite d'apparitions et de disparitions, il faut que lui-même demeure ; mais nous ne reconnaissons ce trait qu'en observant ce qui demeure dans les phénomènes et que nous déterminons comme substance, en mettant en relation ce qui demeure à ce qui change [1].

Le principe de la permanence apporte ainsi une précision à l'axiome de l'*Esthétique* selon lequel il n'y a qu'un temps, dont tous les temps ne sont que des parties. Il ajoute au caractère d'unicité du temps celui de la totalité. Mais la permanence de la substance, sur laquelle cette détermination repose, ne retranche rien à l'invisibilité principielle du temps. La permanence reste une présupposition — un « ce sans quoi » — de notre perception ordinaire et de l'appréhension par la science de l'ordre des

---

[1]. « Par conséquent, c'est dans les objets de la perception, c'est-à-dire dans les phénomènes, qu'il faut trouver le substrat qui représente le temps en général » (B 225).

Temps intuitif ou temps invisible ?

choses : « Le schème de la substance est la permanence du réel dans le temps, c'est-à-dire la représentation de ce réel comme un substrat de la détermination empirique de temps en général, substrat qui demeure donc pendant que tout le reste change » (A 143, B 183). C'est d'un seul jet que la pensée pose le temps comme immuable, le schème comme permanence du réel et le principe de la substance : « Au temps qui est lui-même immuable et fixe correspond donc dans le phénomène l'immuable dans l'existence, c'est-à-dire la substance » (A 143, B 183). Il y a ainsi correspondance entre la détermination du *temps* (l'immutabilité), la détermination des apparences selon le *schème* (la permanence du réel dans le temps) et le *principe* qui correspond au premier, à savoir le principe de la permanence de la substance. C'est pourquoi il n'y a pas de perception du temps en tant que tel.

La seconde analogie, dénommée dans la deuxième édition « *Principe de la succession dans le temps suivant la loi de la causalité* » (B 233), confère à la notion d'*ordre du temps* une précision bien connue, liée à celle de succession *régulière*. Il ne vaut pas la peine de revenir sur la discussion classique concernant le caractère synthétique de la causalité[1].

En revanche, il importe de dégager ce qui rejaillit de cette discussion sur la notion même d'ordre du temps. Il est répété une fois encore que « le temps ne peut pas être perçu en lui-même » (B 233)[2]. Cela implique que je ne

1. La parenté de la deuxième analogie avec le principe leibnizien de raison suffisante mérite toutefois une mention particulière : « Le principe de raison suffisante est donc le fondement de l'expérience possible, je veux parler de la connaissance objective des phénomènes au point de vue de leurs rapports dans la succession *(in der Reihenfolge)* du temps » (A 201, B 246). G. Martin a rendu attentif à cette filiation entre le principe de raison suffisante et le jugement synthétique *a priori*.
2. « Mais cette détermination de places ne peut pas dériver du rapport des phénomènes au temps absolu (car elle n'est pas un objet de perception) : il faut au contraire que les phénomènes se déterminent leur place les uns aux autres dans le temps même et les rendent nécessaires dans l'ordre du temps, c'est-à-dire que ce qui suit ou arrive doit suivre, d'après une règle générale, ce qui était contenu dans l'état précédent » (A 200, B 245).

connais la détermination transcendantale du temps — elle-même issue du « pouvoir synthétique de l'imagination qui détermine le sens interne relativement au rapport de temps » (B 233) — qu'en prenant appui sur des relations causales *objectives*. Or je ne le peux pas sans opérer parmi mes représentations une distinction entre deux sortes de succession, celle qui repose sur une relation objective entre les apparences, comme dans l'observation du navire qui descend le cours du fleuve, et celle qui admet un arbitraire subjectif, comme dans la description d'une maison que je parcours dans un sens quelconque. C'est dans ce travail de discrimination entre deux sortes de succession — objective et subjective — que j'aperçois obliquement, comme sa présupposition invisible, la détermination transcendantale du temps comme ordre. Ce travail de discrimination constitue le noyau de la « preuve » du principe de production, ou de succession dans le temps conformément à une règle. Une fois encore, la « preuve » complète les arguments de l'*Esthétique transcendantale* dans le registre des présuppositions. Ce que la causalité met en relief, c'est, non la succession comme telle, mais la possibilité de faire le partage entre une succession qui ne serait qu'« un jeu subjectif de mon imagination *(Einbildung)*... un simple rêve » (A 202, B 247) et une succession qui donne sens à la notion d'événement *(Begebenheit),* au sens de quelque chose qui « arrive réellement » (A 201, B 246). En ce sens, la deuxième analogie a bien pour enjeu le sens du mot « arriver » *(geschehen),* selon la première formulation de la seconde analogie : « tout ce qui *arrive* — commence d'être — suppose quelque chose à quoi il succède, d'après une règle » (A 189). Avant cette précision, nous n'avons encore qu'une succession sans événement : il n'y a d'événement que si une succession réglée est observée dans l'objet. C'est donc *sur* le caractère relationnel d'une nature newtonienne que je lis le caractère d'ordre du temps.

Le principe de réciprocité ou de communauté (troisième analogie de l'expérience) suscite les mêmes remarques. Je peux bien dire — faisant écho à l'*Esthétique* — que « la

Temps intuitif ou temps invisible ? 97

simultanéité est l'existence du divers dans le même temps » (B 257). Et plus loin : « Les choses sont *simultanées*, en tant qu'elles existent dans un seul et même temps » (B 258). Mais la simultanéité des *choses* n'est perçue qu'à l'occasion de l'action *réciproque*. Ce n'est donc pas par hasard que Kant répète, une fois de plus, qu'« on ne saurait percevoir le temps lui-même », pour conclure, de ce que les choses peuvent être placées dans le même temps, que « les perceptions de ces choses peuvent se suivre réciproquement » *(ibid.)*. Seule la supposition d'une action réciproque des choses les unes sur les autres révèle la simultanéité comme relation d'ordre : seules « les substances pensées sous la condition de l'action réciproque peuvent être représentées empiriquement comme *existant en même temps* (A 212, B 259).

En conclusion, les trois relations dynamiques d'inhérence, de conséquence, de composition, en organisant les apparences dans le temps[1], déterminent, par implication, les trois relations d'*ordre* du temps qui définissent la *durée* comme grandeur d'existence, la *régularité* dans la succession et la *simultanéité* d'existence.

Il n'est donc pas surprenant que le temps qui, dans l'*Esthétique* déjà, n'était atteint que par argument et non par saisie intuitive (à quoi il faut joindre les antinomies, et la réduction mutuelle à l'absurde de la thèse et de l'antithèse), ne puisse être déterminée plus avant que par le détour des *Grundsätze,* accompagnés de leurs « preuves » ou de leurs « éclaircissements ».

On peut bien dire que, par ses déterminations transcendantales, le temps détermine le système de la nature. Mais, à son tour, le temps est déterminé par la construction de l'axiomatique de la nature. On peut parler en ce sens d'une détermination mutuelle du système axiomatique constitutif de l'ontologie de la nature et des déterminations du temps.

---

1. « Les trois relations dynamiques dont découlent toutes les autres sont les rapports d'inhérence, de conséquence et de composition » (A 215). Ce sont ces trois relations dynamiques qui impliquent les trois « modes » selon lesquels l'*ordre* du temps est déterminé.

Cette réciprocité entre le procès de constitution de l'*objectivité* de l'objet et l'émergence de nouvelles déterminations du temps explique que la description phénoménologique que pourraient susciter ces déterminations soit systématiquement *réprimée* par l'argument critique. Ainsi la permanence du temps qui, selon la première analogie, fait tacitement appel à la conviction que notre pouvoir de parcourir toujours plus loin l'exploration du temps a pour contrepartie, selon le mot de Findlay (*op. cit.,* p. 165), l'intégration de toutes les phases de ce mouvement « *into a vast space-like map* »; sans quoi, note Kant lui-même, le temps ne cesserait de s'évanouir et de recommencer à chaque instant. L'argument par l'absurde — comme toujours chez Kant — ne marque-t-il pas également la place en creux d'une phénoménologie de la rétention et de la protention, prenant appui, non sur la notion d'instant quelconque, mais sur l'expérience du présent vivant?

La seconde analogie de l'expérience pose un problème identique : son enjeu ultime est l'irréversibilité du temps. Or le sens que nous attachons à l'orientation du temps est loin d'être épuisé par la « preuve » transcendantale qu'en donne Kant, à savoir la distinction dans notre imagination entre deux sortes de succession, l'une dont l'orientation serait arbitraire parce qu'elle serait purement subjective, l'autre dont l'orientation serait nécessaire parce que je pourrais opposer aux « représentations de l'appréhension » « un objet de l'appréhension distincte de ces représentations » (A 191, B 236). N'avons-nous, pour distinguer entre une succession arbitrairement réversible et une succession nécessairement irréversible, que le critère formel de la relation de causalité, tenue elle-même pour *a priori*? Sans évoquer ici les problèmes nouveaux posés par la physique moderne concernant la « flèche du temps », ni la crise du principe de causalité, liée à celle de l'*a priori* kantien dans son ensemble, on peut se demander si l'argument transcendantal ne trahit pas l'ignorance d'une distinction que la confirmation entre Augustin et Aristote a placée au premier plan, à savoir la distinction entre une succession d'*instants quelconques* et la relation *passé-futur,* suspendue au *présent* qui est l'instant de sa propre énonciation. Dans une théorie du temps où la succession n'a pas d'autre repère que l'instant quelconque, la distinction entre succession subjective et succession objective ne peut venir que d'un critère extérieur à la succession en tant que telle, que Kant résume dans l'opposition entre *l'objet* de l'appréhension successive et cette appréhension elle-même simplement représentée. Or, ce n'est que par rapport à un présent, irréductible à un instant quelconque, que la dissymétrie entre passé et futur se révèle elle-même irréductible au principe d'*ordre* fourni par la seule régularité *causale*. En ce sens, la notion d'événement, c'est-à-dire de quelque chose qui arrive, telle qu'elle figure dans l'énoncé de la seconde analogie (appelée aussi « principe de la production », *Erzeugung*), n'est pas non plus épuisée par celle de succession réglée. Elle prend un sens différent selon que le temps se réduit à la simple succession, c'est-à-dire à la relation d'antérieur-postérieur entre des instants quelconques, ou qu'il repose sur la relation irréversible entre l'avant du présent — ou passé — et l'après du présent — ou futur.

A cet égard, la troisième analogie ne fait que renforcer la dualité des deux approches : une chose est la simultanéité entre des instants quelconques fondée sur l'action réciproque, selon le principe kantien de réciprocité ou de communauté ; autre chose est la contemporanéité entre deux ou plusieurs cours d'expérience, créés par une réciprocité d'ordre existentiel, selon les modalités innombrables du *vivre ensemble*.

Élargissant le débat au-delà de la discussion des *Analogies de l'expérience*, le phénoménologue affirmera volontiers que les déterminations du temps ne tiendraient pas leur rôle de « restriction » dans l'emploi des catégories si elles ne déployaient pas des propriétés phénoménologiques propres. Ne faut-il pas que les déterminations du temps se comprennent par elles-mêmes, au moins à titre implicite, pour qu'elles servent de discriminant à la signification des catégories, c'est-à-dire à leur valeur d'emploi ? Le phénoménologue peut trouver quelque renfort dans la considération suivante : selon l'ordre d'exposition, Kant va de la catégorie au schème, puis au principe ; selon l'ordre de la découverte, n'y a-t-il pas d'abord schématisation de la catégorie avec sa détermination temporelle, puis, par abstraction, la catégorie ? La lecture de Kant par Heidegger sort de là. Mais ce renversement de priorité entre la catégorie et le couple schème-temps ne change rien à la question plus fondamentale posée par Kant à toute phénoménologie : dans le couple schème-temps, la correspondance entre la détermination temporelle et le développement du schème en principe est ce qui empêche de constituer une phénoménologie pure de ladite détermination temporelle. Tout au plus peut-on affirmer que la notion de détermination du temps doit contenir en germe les linéaments d'une phénoménologie *impliquée,* si, dans la réciprocité entre temporalisation et schématisation, la première doit apporter quelque chose à la seconde. Mais cette phénoménologie ne peut être désimpliquée sans rupture du lien réciproque entre constitution du temps et constitution de l'objet, rupture que consomme précisément la phénoménologie de la conscience intime du temps.

Deux importants textes de la seconde édition de la *Critique* portent au jour les raisons ultimes pour lesquelles une perspective critique et une perspective phénoménologique ne peuvent que s'occulter mutuellement.

Le premier est celui qui, à première vue, semble donner le plus de gages à une phénoménologie affranchie de la tutelle critique. C'est le texte fameux sur la *Selbstaffektion* que Kant a placé en appendice à la théorie de la synthèse figurée, au paragraphe 24 de la seconde déduction transcendantale (B 152-157).

On se souvient du cadre de la discussion : Kant vient de dire que l'*application* des catégories aux objets en général exige que l'entendement « comme spontanéité détermine le sens interne » (B 151). Kant saisit cette occasion pour régler définitivement le problème des rapports entre le temps et le sens interne. Il n'hésite pas à présenter le problème comme un « paradoxe », laissé en suspens depuis le paragraphe 6 de l'*Esthétique*. Le paradoxe est celui-ci : si le sens interne ne constitue à aucun titre une

Temps intuitif ou temps invisible ?

intuition de ce que nous sommes en tant qu'âme, donc comme sujets en soi, mais « ne nous représente nous-mêmes à la conscience que comme nous nous apparaissons et non comme nous sommes en nous-mêmes » (B 152), alors il faut dire que nous n'avons aucune intuition de nos actes eux-mêmes, mais seulement de la manière dont nous sommes *affectés* intérieurement par nos actes. Ainsi seulement nous apparaissons à nous-mêmes comme objets empiriques, tout comme les objets extérieurs résultent de l'affection par les choses en soi inconnues. Les deux affections sont strictement parallèles, et le sens interne n'a plus rien à voir avec le pouvoir de l'aperception, qui l'a entièrement détrôné[1]. D'où le paradoxe résultant de cette solution drastique : comment pouvons-nous nous comporter comme passifs *(leidend)* vis-à-vis de nous-mêmes ?

La réponse est là : « affecter », c'est encore « déterminer ». En m'affectant moi-même, je me détermine, je produis des configurations mentales susceptibles d'être décrites et nommées. Mais comment puis-je ainsi m'affecter par ma propre activité, sinon en produisant dans l'*espace* des configurations déterminées ? C'est ici que le détour par la *synthèse figurée* s'avère être la médiation nécessaire entre moi-même affectant (inconnu) et moi-même affecté (connu)[2]. Il n'est donc pas étonnant que

---

[1]. Il y a ainsi chez Kant trois sens attachés au « je » : le « je pense » de l'aperception transcendantale ; le moi absolu, en soi, qui agit et pâtit ; le moi représenté, comme tout autre objet, à la faveur de l'affection par soi-même. La faute de la psychologie rationnelle, qui est mise à nu par les *paralogismes* de la Raison pure, dans la dialectique transcendantale, revient à confondre le moi en soi, l'âme, avec le « je pense », qui n'est pas un objet, et ainsi à produire un monstre philosophique : un sujet objet de lui-même.

[2]. « Sous le nom d'une *synthèse transcendantale de l'imagination*, il [l'entendement] exerce donc sur le sujet passif dont il est le pouvoir une action *(Wirkung)* dont nous disons avec raison que le sens interne en est affecté » (B 153-154). Herman de Vleeschauwer (*La Déduction transcendantale dans l'œuvre de Kant*, Paris, Lenoux, S'Gravenhage, M. Nijhoff, 3 vol., 1934-1937) commente : « En fin de compte, c'est l'entendement qui, en contraignant la forme du temps à la synthèse de cette diversité pure, détermine le sens interne, dont le temps est la forme et qui n'est autre que le moi considéré dans sa passivité » (t. II, p. 208).

l'exemple de « tirer la ligne » reviennent en force à cette place précise de l'explication du paradoxe de la *Selbstaffektion*. L'acte de tirer la ligne — conjoint avec celui de décrire le cercle, ou celui de construire une figure triangulaire — est d'abord un exemple parmi d'autres de la détermination du sens interne au moyen de l'acte transcendantal de l'imagination. Mais il s'ajoute à la *représentation* de la ligne, du cercle, du triangle un acte d'attention porté sur « l'acte de la synthèse du divers, par lequel nous déterminons successivement le sens interne, et, par là, sur la succession de cette détermination en lui » (B 154). Ainsi l'acte de tirer la ligne ne constitue certes pas l'*intuition* du temps, mais coopère à la *représentation* du temps.

Il n'y a là aucune confusion entre l'espace et le temps, contrairement à ce que pense Bergson, mais le passage de l'intuition inobservable comme telle, *du* temps à la *représentation* d'*un* temps déterminé, par réflexion sur l'opération de tirer la ligne. Parmi toutes les déterminations de l'espace, la ligne a le privilège de donner un caractère externe à la représentation (« la représentation externe figurée du temps », B 154). Mais le nerf de l'argument est que l'activité synthétique de l'imagination doit s'appliquer à l'*espace* — tirer une ligne, dessiner un cercle, faire partir d'un même point trois lignes perpendiculaires l'une à l'autre —, pour que, réfléchissant sur l'opération elle-même, nous découvrions que le temps y est impliqué. En construisant un espace déterminé, je suis *conscient* du caractère successif de mon activité d'entendement[1]. Mais je ne la *connais* qu'autant que j'en suis *affecté*. Ainsi, nous nous connaissons comme objet — et non comme nous sommes —, dans la mesure où nous représentons le temps par une ligne. Le temps et l'espace s'engendrent plutôt

1. Kant appelle cette activité un « mouvement ». Mais il ne s'agit pas du mouvement sur lequel Aristote greffe son analyse du temps. Le mouvement empirique ne saurait avoir sa place parmi les catégories. Il s'agit du mouvement impliqué dans la description ou la construction d'un espace : « Le mouvement consiste dans la succession des déterminations du sens interne provoquée par l'acte de synthèse impliqué dans la construction d'un espace déterminé » (H. De Vleeschauwer, *op. cit.*, t. II, p. 216.).

mutuellement dans le travail de l'imagination synthétique : « Nous ne pouvons nous représenter le temps, qui n'est pas cependant un objet d'intuition externe, autrement que sous la figure d'une ligne que nous tirons, et... sans ce mode d'exposition nous ne saurions jamais reconnaître l'unité de sa dimension » (B 156). Il s'agit toujours de *détermination* — soit de figures dans l'espace, soit de longueur de temps ou d'époque. Ce sont ces déterminations que nous produisons ensemble : « Nous devons ordonner dans le temps, en tant que phénomènes, les déterminations du sens interne, exactement de la même manière que nous ordonnons dans l'espace celles du sens externe » (B 156). Certes, ce qui importe à Kant dans cet argument, c'est que l'affection par soi est strictement parallèle à l'affection du dehors, « c'est-à-dire qu'en ce qui concerne l'intuition interne, nous ne connaissons notre propre sujet que comme phénomène et non dans ce qu'il est en soi » (B 156).

Pour nous qui ne nous intéressons pas ici à ce départage entre sujet transcendantal, moi absolu et moi phénoménal, mais seulement aux déterminations nouvelles du temps que la *Selbstaffektion* révèle, la provende de cette investigation très contournée est considérable. Non seulement le caractère inobservable du temps comme tel est réaffirmé, mais la nature de la représentation indirecte du temps est précisée. Loin qu'il s'agisse de quelque contamination du temps par l'espace, la médiation des opérations sur l'espace révèle d'un seul coup le lien, au cœur de l'expérience du temps, de la passivité et de l'activité : nous sommes affectés temporellement pour autant que nous agissons temporellement ; être affecté et produire constituent un seul et unique phénomène : « L'entendement ne trouve donc pas dans le sens interne, pour ainsi dire déjà toute faite, une telle liaison du divers, mais c'est en affectant ce sens qu'il la produit » (B 155). Kant n'avait pas tort d'appeler « paradoxe » cette auto-affection du sujet par ses propres actes[1].

---

1. Quant au destin du sens interne, progressivement déchu du rôle d'intuition de l'âme et ramené à celui de simple médium de l'être

L'ultime mise en garde contre toute tentative de faire apparaître le temps comme tel se lit dans le texte ajouté par Kant, dans la deuxième édition de la *Critique,* à la suite du second postulat de la théorie de la modalité — postulat de la réalité —, sous le titre de *la Réfutation de l'Idéalisme* (B 274-279) : quelles que soient les raisons polémiques qui ont marqué l'urgence de cette addition[1], la pointe de l'argument est évidente : « Notre expérience *interne,* indubitable pour Descartes, n'est possible elle-même que sous la supposition de l'expérience extérieure » (B 275). Il est remarquable que Kant donne à sa thèse la forme d'un *théorème,* suivi d'une *preuve.* Le théorème dit : « La conscience simple, mais empiriquement déterminée, de ma propre existence, prouve l'existence des objets dans l'espace et hors de moi » (*ibid.*). Comprenons

---

affecté par soi, on peut le suivre dans H. De Vleeschauwer, t. II, p. 552-594, puis t. III, p. 85-140, et dans l'admirable article de Jean Nabert, « L'expérience interne chez Kant », *Revue de métaphysique et de morale,* Paris, Colin, 1924, p. 205-268. L'auteur insiste avec beaucoup de force sur la médiation de l'espace dans la détermination de l'expérience temporelle. Question : « Faute de trouver hors de soi, pour y appuyer sa propre mobilité, le mouvement régulier d'un mobile dans l'espace, notre vie intérieure pourrait-elle encore discerner son propre écoulement » (p. 226) ? Réponse : « le sens interne tire la matière de ses connaissances des intuitions externes » (p. 231). « La solidarité profonde qui lie la conscience de la succession à la détermination de l'espace » (p. 241) tient à l'impossibilité de trouver dans l'intuition interne quelque figure que ce soit. La ligne, dès lors, est plus qu'une analogie de suppléance : elle est constitutive de la conscience de succession ; celle-ci est « l'aspect interne d'une opération qui comporte une détermination dans l'espace » (p. 242). Nabert, il est vrai, concède : « Mais, d'un autre côté, il n'y a pas d'intuition de l'espace qui n'ait d'abord été déterminée dans son unité par le schématisme de l'entendement. A cet égard, le temps reprend ses droits ; il fournit à la pensée le moyen de se déployer et de transporter l'ordre du temps aux phénomènes et à leur existence. C'est ce que le schématisme démontrera dans les pages qui suivent. » Concluons avec Jean Nabert : « Si les choses après cela nous aident à déterminer notre propre existence dans le temps, elles nous rendent ce que nous leur avons prêté » (p. 254). Cf. également *op. cit.,* p. 267-268.

1. Sur ce point, cf. De Vleeschauwer, *op. cit.,* t. II, p. 579-594.

Temps intuitif ou temps invisible ?

bien l'enjeu : il s'agit de l'existence et de la conscience de mon existence, en un sens non catégorial de l'existence, à l'inverse de celui donné dans la déduction transcendantale. Mais, alors que celle-ci n'accorde au « je suis » du « je pense » que le statut d'une existence empirique indéterminée (§ 24), il s'agit ici de la conscience empiriquement déterminée de ma propre existence. C'est cette détermination qui, comme dans tout le reste de l'*Analytique,* exige que nous cessions de juxtaposer, comme dans l'*Esthétique,* le temps à l'espace, et que même nous renoncions à appuyer la définition nominale des schèmes sur les seules déterminations du temps ; mais cette détermination exige que nous liions de façon étroite détermination dans le temps et détermination de l'espace. Nous ne le faisons plus, comme dans les *Analogies de l'expérience,* au niveau de la représentation, mais de la « conscience d'existence », soit de moi, soit des choses (quoi que la conscience de l'existence puisse signifier dans une philosophie transcendantale qui reste, malgré tout, un idéalisme à sa façon). Le lien entre espace et temps est du même coup noué dans la profondeur la plus extrême de l'expérience : au niveau de la conscience de l'existence. La « preuve » consiste expressément à reprendre, à ce niveau plus radical, l'argument de la *permanence,* mis en œuvre dans la première analogie de l'expérience au niveau de la simple représentation des choses. La première analogie de l'expérience, en effet, nous a appris que la détermination du temps comme permanent prend appui sur la relation que nous opérons dans la représentation extérieure entre ce qui change et ce qui demeure. Si nous transposons cet argument de la représentation à l'existence, il faut dire que le caractère immédiat de la conscience de l'existence d'autres choses hors de moi est prouvé par la non-immédiateté de la conscience que nous prenons de notre existence comme déterminée dans le temps.

Si cet argument portant sur l'existence peut dire quelque chose de distinct de l'argument de la première analogie de l'expérience portant sur la représentation, ce ne saurait être que dans la mesure où il place dans une relation de subordination l'*affection par nous* à l'*affection par les choses*. Car seule, semble-t-il, la réflexion sur l'être affecté est susceptible de se porter au niveau de la conscience d'existence, en nous et hors de nous.

C'est à ce niveau radical, atteint seulement par une démarche très oblique [1], que la possibilité d'une phénoménologie intuitive de la conscience intime du temps, tacitement admise par Augustin et thématiquement revendiquée par Husserl, est mise en question.

La confrontation entre Husserl et Kant nous a conduit à une impasse comparable à celle que la confrontation entre Augustin et Aristote avait révélée. Ni l'approche phénoménologique, ni l'approche transcendantale ne se suffisent à elles-mêmes. Chacune renvoie à l'autre. Mais ce renvoi offre le caractère paradoxal d'un emprunt mutuel, sous la condition d'une exclusion mutuelle ; d'une part, on n'entre dans la problématique husserlienne qu'en mettant hors circuit la problématique kantienne ; on n'articule la phénoménologie du temps qu'à la faveur des emprunts faits au temps objectif, lequel, selon ses déterminations principales, reste un temps kantien. D'autre part, on n'entre dans la problématique kantienne que sous la condition de s'abstenir de tout recours à quelque sens interne qui réintroduirait une ontologie de l'âme, que la distinction entre phénomène et chose en soi a mise hors circuit. Mais les déterminations par lesquelles le temps se distingue d'une simple grandeur ne se soutiennent que par une phénoménologie implicite, dont l'argument transcendantal marque à chaque pas la place en creux. Ainsi, phénoménologie et critique n'empruntent l'une à l'autre

---

1. On lit dans la « Remarque I » l'étonnante affirmation : « Il est démontré ici que l'expérience extérieure est proprement immédiate et que c'est seulement au moyen de cette dernière qu'est possible, sinon la conscience de notre propre existence, du moins la détermination dans le temps de cette existence, c'est-à-dire l'expérience interne » (B 276-277). Kant a cru utile de souligner son propos par la note suivante : « La conscience *immédiate* de l'existence des choses extérieures n'est pas supposée, mais prouvée dans le présent théorème, que nous puissions ou non d'ailleurs considérer la possibilité de cette conscience » (B 278).

Temps intuitif ou temps invisible ?

que sous la condition de s'exclure l'une l'autre. On ne peut embrasser d'un même et unique regard l'envers et l'avers de la même pièce de monnaie.

Un mot, pour finir, sur le rapport entre les conclusions de ce chapitre et celles du chapitre précédent. La polarité entre la phénoménologie, au sens de Husserl, et la critique, au sens de Kant, *répète* — au niveau d'une problématique dominée par les catégories du sujet et de l'objet, ou plus exactement du *subjectif* et de l'*objectif* — la polarité entre temps de l'*âme* et temps du *monde* — au niveau d'une problématique introduite par la question de l'être ou du non-être du temps.

La filiation entre Augustin et Husserl est la plus facile à reconnaître. Elle est avouée et revendiquée par Husserl lui-même, dès les premières lignes des *Leçons*. Aussi bien peut-on apercevoir dans la phénoménologie de la rétention et dans celle du souvenir primaire et secondaire, une forme raffinée de la dialectique du triple présent et de celle de l'*intentio/distentio animi*, voire la résolution phénoménologique de certains paradoxes internes à l'analyse augustinienne.

Le rapprochement entre Kant et Aristote est plus difficile à apercevoir, voire à accepter. En affirmant dans l'*Esthétique* l'idéalité transcendantale de l'espace et du temps, Kant n'est-il pas plus près d'Augustin que d'Aristote ? La conscience transcendantale ne marque-t-elle pas le comble d'une philosophie de la subjectivité à laquelle Augustin a frayé la voie ? Dès lors, comment le temps kantien pourrait-il nous ramener au temps d'Aristote ? C'est oublier *le sens du transcendantal kantien, dont toute la fonction se résume à établir les conditions de l'objectivité. Le sujet kantien, pourrait-on dire, s'épuise à faire qu'il y ait de l'objet.* L'*Esthétique*, déjà, souligne que l'idéalité transcendantale de l'espace et du temps a pour autre face leur *réalité empirique*. Or celle-ci est articulée par les sciences qui s'y rapportent. L'inhérence originaire du temps et de l'espace au sujet, proclamée par l'*Esthétique transcendantale*, ne saurait donc masquer l'autre face du problème et empêcher de poser la question : quelle sorte de réalité empirique correspond à l'idéalité transcendantale ? Plus fondamentalement : quelle sorte d'objet est ordonné par l'appareil catégorial de la critique ?

La réponse est contenue dans l'*Analytique des principes* : l'objectivité de l'objet, dont le sujet transcendantal est le garant, est une *nature* dont la physique est la science empirique. Les *Analogies de l'expérience* livrent l'appareil conceptuel dont le réseau articule la *nature*. La théorie des modalités ajoute le principe de clôture qui exclut du réel toute entité qui tombe hors de ce réseau. Or la représentation du temps est entièrement conditionnée par ce réseau, en vertu même de son caractère indirect. Il en résulte que le temps, en dépit de son caractère subjectif, est *le temps d'une nature,* dont l'objectivité est entièrement définie par l'appareil catégorial de l'esprit.

C'est par ce détour que Kant ramène à Aristote, non certes au physicien pré-galiléen, mais au philosophe qui met le temps du côté de la nature. La nature, après Galilée et Newton, n'est certes plus ce qu'elle était avant lui. Mais le temps n'a pas cessé d'être du côté de la nature, plutôt que du côté de l'âme. A vrai dire, avec Kant, il n'y a plus de côté de l'âme : la mort du sens interne, l'assimilation des conditions sous lesquelles les phénomènes internes peuvent être connus objectivement aux conditions sous lesquelles les phénomènes extérieurs sont eux-mêmes soumis, ne laissent plus à connaître qu'une nature[1].

Dès lors, sommes-nous aussi éloignés qu'il pourrait paraître de la subordination du temps aristotélicien à la physique ? Ici aussi, le temps est « quelque chose du mouvement » ; il faut certes une âme pour compter, mais le nombrable est d'abord dans le mouvement.

Ce rapprochement place soudain le rapport entre Kant et Husserl sous un nouveau jour : l'opposition n'est pas

---

1. C'est sans paradoxe que Gottfried Martin place sous le titre *Das Sein der Natur* (*op. cit.,* p. 78-113), et dans la mouvance du principe leibnizien de raison suffisante, le réseau conceptuel de la *Critique,* qui n'est pour lui que l'axiomatique d'une nature newtonienne. C'est ce réseau, constitué conjointement par les quatre tables, celle des jugements, celle des catégories, celle des schèmes et celle des principes, qui articule l'*ontologie de la nature*.

Temps intuitif ou temps invisible ?

seulement formelle entre l'intuitivité du temps husserlien et l'invisibilité du temps kantien; elle est matérielle, entre un temps qui, comme la *distentio animi* selon Augustin, requiert un *présent* capable de séparer et d'unir un passé et un futur, et un temps qui n'a *pas de repères dans le présent,* parce qu'il n'est en dernier ressort que le temps de la nature. Une fois encore, une des deux doctrines ne découvre son champ que sous la condition d'occulter l'autre. Le prix de la découverte husserlienne de la rétention et du souvenir secondaire, c'est l'oubli de la nature, dont le caractère de succession reste présupposé par la description même de la conscience intime des temps. Mais le prix de la critique n'est-il pas celui d'une cécité réciproque de celle de Husserl? En liant le sort du temps à une ontologie déterminée de la nature, Kant ne s'est-il pas interdit d'explorer d'autres propriétés de la temporalité que celle que requiert son axiomatique newtonienne : succession, simultanéité (et permanence)? Ne s'est-il pas fermé l'accès à d'autres propriétés issues des relations du passé et du futur au présent effectif?

3

Temporalité, historialité, intra-temporalité

Heidegger et le concept « vulgaire » de temps

Au moment d'aborder l'interprétation heideggerienne du temps dans *l'Être et le Temps*[1], il faut écarter une objection préjudicielle tournée contre toute lecture qui isolerait *l'Être et le Temps* de l'œuvre ultérieure, laquelle, aux yeux de la majorité des disciples de Heidegger, en

---

1. Martin Heidegger, *Sein und Zeit*, 10e éd., Tübingen, Max Niemeyer Verlag, 1963. La première édition a paru, en 1927, comme un tirage spécial du *Jahrbuch für phänomenologische Forschung*, vol. VIII, Halle, Niemeyer Verlag, édité par E. Husserl. Elle portait la mention « première partie », qui a disparu avec la 5e édition. *Sein und Zeit* constitue désormais le t. II de la *Gesamtausgabe,* Francfort, Klostermann (cette édition « de la dernière main » donne en marge la pagination de l'éd. Niemeyer que nous avons conservée). En l'absence d'une traduction française de la section deuxième, intitulée *Dasein und Zeitlichkeit* (« Être-là et Temporalité »), que j'interprète ici, je donne ma propre traduction. Pour la section première, je cite la traduction de Rudolf Boehm et Alphonse de Waelhens, Paris, Gallimard, 1964. Il faut aujourd'hui compléter la lecture de *l'Être et le Temps* par celle du cours professé à l'université de Marbourg durant le semestre d'été 1927 (donc peu après la publication de *l'Être et le Temps*) et publié comme t. XXIV de la *Gesamtausgabe* sous le titre *Die Grundprobleme der Phänomenologie*, Francfort, Klostermann, 1975 ; trad. fr. de J.-F. Courtine, *Les Problèmes fondamentaux de la phénoménologie,* Paris, Gallimard, 1985. Si je fais de fréquents renvois à cet ouvrage, c'est d'abord pour suppléer à l'absence de traduction française de la deuxième section de *l'Être et le Temps*, à la faveur des nombreux parallèles entre le livre et le cours. C'est ensuite en raison de la différence entre les stratégies suivies de part et d'autre : à la différence de *l'Être et le Temps*, le cours de 1927 fait retour du temps vulgaire vers le temps originaire, procédant ainsi de la mécompréhension à la compréhension authentique. On doit à cette démarche régressive un long développement consacré au traité aristotélicien sur le temps, tenu pour le document de référence pour toute la philosophie occidentale, en conjonction avec l'interprétation d'Augustin qui est évoquée sans être développée [327] (279).

constitue tout à la fois la clé herméneutique, l'autocritique, voire le démenti. L'objection insiste sur deux points : séparer, dit-elle, la temporalité de l'être-là *(Dasein)* de la compréhension de l'être, qui n'est véritablement révélée que dans les œuvres postérieures au « renversement » *(Kehre),* c'est se condamner à rabattre *l'Être et le Temps* sur une anthropologie philosophique qui en méconnaît l'intention véritable. De cette mécompréhension, Heidegger lui-même a peut-être aperçu la fatalité en laissant l'ouvrage inachevé et en abandonnant la voie de l'analytique de l'être-là. De plus, si l'on perd de vue le thème de la destruction de la métaphysique, qui, dès *l'Être et le Temps,* double la reconquête de la question de l'être, on court le risque de méconnaître le sens de la critique tournée, au plan même de la phénoménologie, contre le primat du présent, faute d'apercevoir le lien entre cette critique et celle du primat donné par la métaphysique à la vision et à la présence.

Il ne faut pas, je pense, se laisser intimider par cette mise en garde.

Il est parfaitement légitime de traiter *l'Être et le Temps* comme une œuvre *distincte,* puisque c'est ainsi qu'elle a été publiée, du moment qu'on en propose une lecture qui en respecte l'inachèvement, voire qui en accentue le caractère problématique. *L'Être et le Temps* mérite une telle lecture pour son propre compte et son propre honneur.

Se condamne-t-on par là à la méprise d'une interprétation anthropologique ? Mais c'est la raison d'être de l'ouvrage, de tenter un accès à la question du sens de l'être par la voie d'une analytique existentiale qui établit les critères mêmes selon lesquels elle demande à être approchée. Risque-t-on de ne pas apercevoir la pointe antimétaphysique de sa critique phénoménologique du présent et de la présence ? Mais une lecture qui ne se hâte pas de lire la métaphysique de la présence dans la phénoménologie du présent se rend attentive, en revanche, à des traits du présent qui ne reflètent pas les méfaits allégués d'une métaphysique du regard tourné vers quelque monde intelligible.

A cette apologie, encore trop défensive, en faveur d'une

lecture *distincte* de *l'Être et le Temps,* j'aimerais ajouter un argument plus directement approprié au thème de ma propre investigation. Si on ne laisse pas les œuvres ultérieures de Heidegger couvrir la voix de *l'Être et le Temps,* on se donne la chance d'apercevoir, au plan même de la phénoménologie herméneutique *du temps,* des tensions et des discordances qui ne sont pas nécessairement celles qui ont conduit à l'inachèvement de *l'Être et le Temps,* parce qu'elles ne concernent pas le rapport *global* de l'analytique existentiale à l'ontologie, mais le détail, méticuleux, extraordinairement articulé, de l'analytique même de l'être-là. Ces tensions et ces discordances, on le verra, rejoignent celles qui nous ont déjà embarrassé dans les deux chapitres précédents, les éclairent d'un jour nouveau et, peut-être, en révèlent la nature profonde, à la faveur précisément de la sorte de phénoménologie herméneutique pratiquée par *l'Être et le Temps,* et restituée, dans notre lecture, à l'indépendance que son auteur lui avait conférée.

1. Une phénoménologie herméneutique

Des apories sur le temps de la pensée augustinienne et de la pensée husserlienne, on pourrait croire que *l'Être et le Temps* les résout ou plutôt les dissout, dans la mesure où, dès l'« Introduction » et dans la première section, le *sol* sur lequel elles ont pu se former est abandonné pour un nouveau questionnement.

Comment pourrait-on encore opposer un temps de l'âme, à la façon augustinienne, à un temps qui serait à titre primordial « quelque chose du mouvement », donc une entité rattachée à la physique, à la façon aristotélicienne? D'une part, l'analytique existentiale a pour référent non plus une âme, mais l'*être-là*, c'est-à-dire certes l'étant que nous sommes, mais « un étant qui n'est pas simplement donné comme un étant parmi d'autres... [et qui] se caractérise ontiquement par le fait qu'il y va en son être *de* cet être » [12] (27). La « relation d'être à son être » *(ibid.),* qui appartient à la constitution d'être de l'être-là

(Dasein), se pose autrement qu'une simple distinction ontique entre la région du psychique et celle du physique. D'autre part, pour l'analytique existentiale, la nature ne peut constituer un pôle opposé, encore moins un thème étranger à la considération de l'être-là, dans la mesure où « le monde est lui-même un moment constitutif de l'être-là » [52] (73). Il en résulte que la question du temps, à laquelle est consacrée la deuxième section de la première partie seule publiée de *l'Être et le Temps,* ne peut venir, dans l'ordre de la thématique de cet ouvrage, qu'après celle de l'être-au-monde, qui révèle la constitution fondamentale de l'être-là. Les déterminations relatives au concept d'existence (d'existence mienne) et à la possibilité de l'authenticité et de l'inauthenticité contenue dans la notion d'être-mien « doivent être considérées et comprises *a priori* sur la base de la constitution d'être que nous avons désignée sous le titre d'*être-au-monde*. Le point de départ adéquat de l'analytique de l'être-là sera l'explicitation de cette constitution » [53] (74).

De fait, près de deux cents pages sont consacrées à l'être-au-monde, à la mondanéité du monde en général, comme s'il fallait d'abord se pénétrer du sens du monde ambiant, avant d'avoir le droit — avant d'être en droit — de se laisser confronter par les structures de « l'être-là... comme tel » : situation, compréhension, explicitation, discours. Il n'est pas sans importance que, dans cet ordre thématique suivi par *l'Être et le Temps,* la question de la spatialité de l'être-au-monde soit posée non seulement avant celle de la temporalité, mais comme un aspect de l'« ambiance », donc de la mondanéité comme telle.

Comment pourrait-il subsister dès lors quoi que ce soit de l'aporie augustinienne d'une *distentio animi* privée de support cosmologique ?

L'opposition entre Augustin et Aristote paraît ainsi bien dépassée par la nouvelle problématique de l'être-là qui bouleverse les notions reçues de physique et de psychique.

Ne faut-il pas en dire autant à l'encontre de l'aporie husserlienne de la conscience intime du temps ? Comment resterait-il la moindre trace d'antinomie entre la conscience intime du temps et le temps objectif, dans une analytique de l'être-là ? La structure de l'*être-au-monde* ne ruine-t-elle pas autant la problématique du sujet et de l'objet que celle de l'âme et de la nature ?

De plus, l'ambition husserlienne de *faire paraître* le temps lui-même est battue en brèche, dès les premières pages de *l'Être et le Temps,* par l'affirmation de l'*oubli* de l'être. S'il reste vrai que « l'ontologie n'est possible que comme phénoménologie » [35] (53), la phénoménologie elle-même n'est possible que comme herméneutique, pour autant que, sous le régime de l'oubli, la dissimulation est la condition première de toute entreprise de monstration dernière [1]. Déliée de la vision directe, la phénoménologie est intégrée à la lutte contre la dissimulation : « Être-couvert est le concept complémentaire du concept de phénomène » [36] (54). Par-delà le dilemme de la visibilité et de l'invisibilité du temps s'ouvre le chemin d'une phénoménologie herméneutique où le voir cède le pas au comprendre, ou, selon une autre expression, à une *interprétation découvrante,* guidée par l'anticipation du sens de l'être que nous sommes, et vouée à dégager *(freilegen)* ce sens, c'est-à-dire à le libérer de l'oubli et de la dissimulation.

Cette méfiance à l'égard de tout raccourci qui ferait surgir le temps lui-même dans le champ de l'apparaître se reconnaît à la stratégie de délai qui marque le traitement thématique de la question du temps. Il faut avoir traversé la longue première section — appelée « préliminaire » (ou mieux « préparatoire », *vorbereitende*) — avant d'accéder à la problématique de la seconde section : « *Être-là et temporalité* ». Il faut encore, dans cette seconde section, parcourir les multiples stades que l'on dira plus loin, avant de pouvoir articuler, au § 65, la première définition du temps : « Ce phénomène unitaire d'un avenir qui, ayant-été, rend-présent, nous l'appelons la *temporalité* » [326].

---

1. Question : « Qu'est-ce donc qui par nature a *besoin* de devenir le thème d'une monstration *expresse* ? » Réponse : « A coup sûr, ce sera tout ce qui *ne se manifeste pas* de prime abord, tout ce qui demeure *caché* vis-à-vis de ce qui se manifeste de prime abord, encore qu'il appartienne en même temps et essentiellement à ce qui se manifeste de prime abord puisqu'il en constitue le sens et le fondement » [35] (53).

Temporalité, historialité, intra-temporalité 115

On peut, à cet égard, parler d'un *retrait* de la question du temps chez Heidegger.

Est-ce à dire que l'effort pour échapper au dilemme de l'intuition directe et de la présupposition indirecte ne peut aboutir qu'à une sorte d'hermétisme qu'on voudra mystifiant ? Ce serait négliger le *travail de langage* qui confère à *l'Être et le Temps* une grandeur qui ne sera éclipsée par aucune œuvre ultérieure. Par travail de langage, j'entends, d'abord, l'effort pour *articuler* de manière appropriée la phénoménologie herméneutique que l'ontologie enrôle : l'emploi fréquent du terme structure en témoigne ; j'entends, en outre, la recherche des concepts primitifs capables de soutenir l'entreprise de structuration : *l'Être et le Temps*, à cet égard, représente un immense chantier où sont formés les existentiaux qui sont à l'être-là ce que les catégories sont aux autres étants[1]. Si la phénoménologie herméneutique peut prétendre échapper à l'alternative entre une intuition directe, mais muette, du temps, et une présupposition indirecte, mais aveugle, c'est bien grâce à ce travail de langage qui fait la différence entre interpréter (*auslegen*, § 32) et comprendre : interpréter, en effet, c'est développer la compréhension, ex-pliciter la structure d'un phénomène *en tant que* (*als*) tel ou tel. Ainsi peut être portée au langage, et par là à l'énoncé (*Aussage*, § 33), la compréhension que nous avons dès toujours de la structure temporelle de l'être-là[2].

---

1. Le statut de ces existentiaux est une grande source de méprise. Pour les porter au langage, il faut, ou bien créer des mots nouveaux, au risque de n'être entendu de personne, ou bien tirer parti de parentés sémantiques oubliées dans l'usage courant, mais préservées dans le trésor de la langue allemande, ou bien rénover les significations anciennes de ces mots, voire leur appliquer une méthode étymologique qui, en fait, engendre des néo-significations, au risque, cette fois, de les rendre intraduisibles dans une autre langue, voire dans la langue allemande usuelle. Le vocabulaire de la temporalité nous donnera une ample idée de cette lutte quasi désespérée pour suppléer aux mots qui font défaut : les mots les plus simples, tels que « avenir », « passé », « présent », sont le lieu de cet exténuant travail de langage.

2. Selon son titre, la première partie seule publiée de *l'Être et le Temps* veut être l'interprétation *(Interpretation)* de l'être-là par la temporalité et l'explication *(Explikation)* du temps comme horizon transcendantal de la question de l'être » [41] (59).

Je voudrais dire en quelques pages la percée nouvelle que cette phénoménologie herméneutique opère dans la compréhension du temps, par rapport aux trouvailles dont il faut créditer Augustin et Husserl, quitte à avouer plus loin combien est plus élevé encore le prix à payer pour cette audacieuse interprétation.

Nous devons à Heidegger trois admirables découvertes : selon la première, la question du temps comme *totalité* est enveloppée, d'une manière qui reste à expliciter, dans la structure fondamentale du *Souci*. Selon la seconde, l'unité des trois dimensions du temps — futur, passé, présent — est une unité ek-statique, où l'*extériorisation* mutuelle des ek-stases procède de leur implication même. Enfin, le déploiement de cette unité ek-statique révèle à son tour une constitution que l'on dirait feuilletée du temps, une *hiérarchisation* de niveaux de temporalisation, qui requiert des dénominations distinctes : *temporalité, historialité, intra-temporalité*[1]. On verra comment ces trois découvertes s'enchaînent et comment les difficultés suscitées par la première sont reprises et multipliées par la seconde et par la troisième.

2. *Souci et temporalité*

Rattacher la structure authentique du temps à celle du Souci, c'est, d'emblée, arracher la question du temps à la théorie de la connaissance et la porter au niveau d'un mode d'être qui 1) garde la cicatrice de son rapport à la question de l'être, 2) a des aspects cognitifs, colitifs et émotionnels, sans se réduire à aucun, ni même se placer au niveau où la distinction entre ces trois aspects est pertinente, 3) récapitule les existentiaux majeurs, tels que *projeter, être jeté au monde, être déchu,* 4) offre à ces

---

1. J'adopte la traduction de *Geschichtlichkeit* par « historialité » proposée par Marianna Simon dans sa traduction en français d'Otto Pöggeler, *Der Denkweg Martin Heideggers* (Pfüllingen, Neske, 1963) : *La Pensée de Martin Heidegger, un cheminement vers l'être*, Paris, Aubier-Montaigne, 1967, p. 83.

existentiaux une unité structurale qui pose d'emblée l'exigence d'« être-un-tout », ou d'« être-intégral » *(Ganzsein)*, laquelle introduit directement à la question de la temporalité.

Arrêtons-nous à ce dernier trait qui commande toute la suite.

Pourquoi faut-il entrer dans la question de la temporalité par la question de la « possibilité d'être-un-tout » ou, comme nous dirons équivalemment, d'« être-intégral » ? A première vue, la notion de Souci ne paraît pas l'exiger ; elle paraît même y répugner. La toute première implication temporelle qu'elle déploie est en effet celle de l'être-en-avant-de-soi *(das Sichvorweg)*, laquelle ne comporte aucune clôture, mais bien au contraire laisse toujours quelque chose en sursis, en suspens, et demeure constamment incomplète, en vertu même du caractère de *pouvoir-être (Seinskönnen)* de l'être-là : si la question de l'« être-intégral » détient cependant un privilège, c'est dans la mesure où la phénoménologie herméneutique du temps a pour enjeu l'*unité articulée* des trois moments de l'avenir, du passé, du présent. Cette unité du temps, Augustin la faisait jaillir du présent par triplification[1]. Or, le présent ne peut, selon Heidegger, assumer cette fonction d'articulation et de dispersion, parce qu'il est la catégorie temporelle la moins apte à une analyse originaire et authentique, en vertu de sa parenté avec les formes déchues de l'existence, à savoir la propension de l'être-là à se comprendre en fonction des êtres donnés *(vorhanden)* et maniables *(zuhanden)* qui sont l'objet de son souci présent, de sa préoccupation. Ici, déjà, ce qui paraît le plus proche aux yeux d'une phénoménologie directe s'avère

---

1. Cette ambition de saisir le temps dans son ensemble est la reprise existentiale du problème bien connu de l'unité du temps que Kant tient pour une des présuppositions majeures de l'*Esthétique* : Il n'y a qu'un temps et tous les temps en sont des parties. Mais, selon Heidegger, cette unité singulière est prise au niveau du temps successif, dont nous verrons qu'il résulte du nivellement de l'intra-temporalité, à savoir la configuration temporelle la moins originaire et la moins authentique. Il fallait donc reprendre à un autre niveau de radicalité la question de la totalité.

être le plus inauthentique, et l'authentique le plus dissimulé.

Si donc on admet que la question du temps, c'est d'abord la question de son intégralité structurelle, et si le présent n'est pas la modalité appropriée à cette quête de totalité, il reste à trouver dans le caractère d'avance sur soi-même du Souci le secret de sa propre complétude. C'est alors que l'idée d'un *être-pour-la-fin (zum Ende sein)* se propose comme l'existential qui porte la marque de sa propre clôture interne. L'être-pour-la-fin a ceci de remarquable qu'il « appartient » [234] à ce qui reste en sursis et en suspens dans le pouvoir-être de l'être-là. Or « la " fin " de l'être-au-monde est la mort » [234] : " Finir ", au sens de mourir, constitue la totalité de l'être-là » [240][1].

Cette entrée dans le problème du temps par la question de l'être-un-tout et cette liaison alléguée entre l'être-un-tout et l'être-pour-la-mort pose une première difficulté qui ne sera pas sans effet sur les deux autres phases de notre analyse. Elle consiste dans l'inéluctable interfé-

---

1. Je ne répéterai pas ici les analyses extraordinairement soigneuses par lesquelles Heidegger distingue l'être-pour-la-fin de toutes les fins que, dans le langage ordinaire, nous assignons à des événements, des processus biologiques ou historiques, et en général à toutes les manières dont les choses données et maniables se terminent. Ni non plus les analyses qui concluent au caractère non transférable de la mort d'autrui au mourir propre, donc au caractère non transférable de la mort propre (« la mort est essentiellement toujours la mienne »). On ne reprendra pas non plus les analyses qui distinguent la possibilité caractéristique de l'être-pour-la-mort de toutes les formes de possibilités en usage dans le langage quotidien, en logique et en épistémologie. On ne dira jamais assez la somme des précautions accumulées contre la mécompréhension par une analyse qui, partant de propositions apophatiques (§ 46-49, la mort n'est pas ceci, n'est pas cela...), procède à une « ébauche » *(Vorzeichnung*, § 50) qui devient, seulement à la fin du chapitre, la « projection *(Entwurf)* existentiale d'un être authentique-pour-la-mort » (titre du § 53). Selon cette projection, l'être-pour-la-mort constitue une possibilité de l'être-là, possibilité il est vrai sans pareille, vers laquelle nous sommes tendus par une attente elle-même unique en son genre, — possibilité qu'on peut dire « la plus extrême » *(äusserste* [252]) et « la plus propre » *(eigenste* [263]) de notre pouvoir-être.

rence, au sein de l'analytique de l'être-là, entre l'*existential* et l'*existentiel*.

Disons un mot du problème dans son aspect le plus général et le plus formel. En principe, le terme « existentiel » caractérise le choix concret d'une manière d'être-au-monde, l'engagement éthique assuré par des personnalités exceptionnelles, par des communautés, ecclésiales ou non, par des cultures entières. Le terme « existential », en revanche, caractérise toute analyse visant à expliciter les structures qui distinguent l'être-là de tous les autres étants, et ainsi rattachent la question du sens de l'être de l'étant que nous sommes à la question de l'être en tant que tel, pour autant que pour l'être-là il y va du sens de son être. Mais la distinction entre existential et existentiel est obscurcie par son interférence avec celle de l'authentique et de l'inauthentique, elle-même imbriquée dans la recherche de l'originaire *(ursprünglich)*. Ce dernier empiétement est inéluctable, dès lors que l'état dégradé et déchu des concepts disponibles pour une phénoménologie herméneutique reflète l'état d'oubli où se trouve la question de l'être, et requiert le travail de langage évoqué plus haut. La conquête de concepts primitifs, originaires, est ainsi inséparable d'une lutte contre l'inauthenticité, elle-même pratiquement identifiée à la quotidienneté. Or, la recherche de l'authentique ne peut être menée sans un constant appel au *témoignage* de l'existentiel. Les commentateurs n'ont pas assez souligné, me semble-t-il, ce nœud de toute la phénoménologie herméneutique de *l'Être et le Temps*. Celle-ci est sans cesse dans la nécessité d'*attester* existentiellement ses concepts existentiaux[1]. Pourquoi?

---

1. La seconde section de *l'Être et le Temps,* intitulée « Être-là et temporalité », s'ouvre sur l'expression d'un doute concernant le caractère originaire de l'interprétation du Souci comme structure totalisante de l'existence : « Pouvons-nous tenir la caractéristique ontologique de l'être-là en tant que Souci pour une interprétation originaire de cet étant ? A quel critère doit-on mesurer l'analytique existentiale de l'être-là quant à son caractère originaire ou non ? Qu'entendre de façon générale par le caractère originaire d'une interprétation ontologique ? » [231]. Question à première vue surprenante à ce stade avancé de l'investigation. Or, est-il dit maintenant,

Ce n'est pas pour répondre à quelque objection épistémologique venue des sciences humaines — en dépit des mots « critère », « assurance », « certitude », « garantie »; le besoin d'*attestation* résulte de la nature même de cette potentialité à être en quoi consiste l'existence : celle-ci, en effet, est libre, soit pour l'authentique, soit pour l'inauthentique, soit pour quelque mode indifférencié. Or les analyses de la première section ont constamment pris appui sur la quotidienneté moyenne et sont donc elles-mêmes confinées dans ce registre indistinct, voire franchement inauthentique. C'est pourquoi une nouvelle demande s'impose : « L'existence veut dire une potentialité à être — mais aussi une qui soit authentique » [233]. Mais, comme un être inauthentique peut fort bien être moins qu'intégral *(als unganzes)*, ainsi que le vérifie l'attitude de fuite devant la possibilité de la mort, il faut avouer que « *notre analyse existentiale antérieure de l'être-là ne peut prétendre à l'originarité* » *(ibid.)*. Autrement dit, sans la garantie de l'authenticité, l'analyse manque aussi de l'assurance d'originarité.

La nécessité d'appuyer l'*analyse* existentiale sur le *témoignage* existentiel n'a pas d'autre origine. On en trouve un exemple éclatant dans la relation établie dès le début entre l'être-un-tout de l'être-là et l'être-pour-la-mort [1],

---

nous n'avons pas encore l'assurance *(Sicherung)* que la vue anticipée *(Vorsicht)* qui régit l'interprétation a bien livré la prise-anticipée *(Vorhabe)* du tout de l'étant qui a été thématisée. L'hésitation porte donc sur la qualité du regard porté sur l'unité des moments structuraux du Souci : « Alors seulement peut être posée et résolue avec une certitude phénoménologique la question du sens de l'unité de l'intégralité d'être *(Seinsganzheit)* de l'étant intégral » [232]. Mais comment peut être « garanti » *(gewährleistet)* un tel caractère originaire ? C'est ici que la question d'authenticité vient doubler celle de l'originalité : « Tant que la structure existentiale du pouvoir-être authentique n'a pas été incorporée à l'idée d'existence, la vue-anticipée capable de guider une interprétation *existentiale* manque d'originalité » [233].

1. L'être-pour-la-fin est l'existential dont l'être-pour-la-mort est chaque fois et pour chacun l'existentiel : « En tant que caractère de l'être-là, la mort n'*est* que dans un *être* existentiel *pour-la-mort* » [234].

puis une confirmation franche dans le *témoignage* apporté à toute l'analyse par la résolution anticipante.

Le règne de l'inauthenticité ne cesse, en fait, de rouvrir la question du critère d'authenticité. C'est à la conscience morale *(Gewissen)* que l'attestation d'authenticité est alors demandée[1]. Le chapitre II consacré à cette analyse est intitulé : « *L'attestation (Bezeugung) propre à l'être-là d'un pouvoir-être authentique et la résolution* » [267]. Ce chapitre, qui semble retarder encore l'analyse décisive de la temporalité, a un rôle irremplaçable. Le langage ordinaire, en effet, a depuis toujours tout dit sur la mort : on meurt seul, la mort est certaine mais son heure incertaine, etc. Dès lors, on n'est jamais quitte avec le bavardage, l'esquive, la dissimulation, l'apaisement, qui infectent le discours quotidien ; il ne faut donc pas moins que l'attestation de la conscience morale et de l'appel adressé, par sa voix, de soi à soi-même, pour établir l'être-pour-la-mort à son plus haut degré d'authenticité[2].

Le témoignage rendu par la conscience morale à la résolution appartient dès lors de façon organique à l'analyse du temps comme totalisation de l'existence : il met le sceau de l'authentique sur l'originaire. C'est pourquoi Heidegger ne tente pas de procéder directement de l'analyse du Souci à celle du temps. La temporalité n'est accessible qu'au point de jonction entre l'originaire,

---

1. « Mais l'être-là peut-il aussi exister de façon *authentique* en tant que tout ? Comment l'authenticité de l'existence peut-elle être du tout déterminée, sinon par égard pour l'exister authentique ? D'où prenons-nous notre critère pour cela ? L'attestation *(Bezeugung)* d'un pouvoir-être authentique est donnée par la conscience morale *(Gewissen)* » [234].
2. Nous lisons, au terme de l'analyse de l'être-pour-la-mort, cet étrange aveu : « La question encore en suspens *(schwebende)* d'un être-intégral authentique de l'être-là et de sa constitution existentiale n'est placée sur un sol phénoménal à toute épreuve *(probhaftig)* que si elle peut se rattacher *(sich... halten)* à une possible authenticité de son être, attestée *(bezeugte)* par l'être-là lui-même. Si on réussit à découvrir phénoménologiquement une telle attestation *(Bezeugung)* et ce qui s'y atteste, le problème se pose à nouveau de savoir *si l'anticipation de la mort, projetée jusqu'ici seulement dans sa possibilité ontologique, se tient dans une connexion essentielle avec le pouvoir-être authentique ainsi attesté (bezeugten)* » [267].

partiellement atteint par l'analyse de l'être-pour-la-mort, et l'authentique, établi par l'analyse de la conscience morale. C'est peut-être ici la raison la plus décisive de la stratégie de *retardement* que nous avons opposée à la stratégie du raccourci adoptée par Husserl, avec l'exclusion du temps objectif et la description d'objets aussi infimes que le son qui continue de résonner. Heidegger se donne ainsi une série de délais avant d'aborder thématiquement la temporalité : d'abord celui du long traité « préliminaire » (toute la première section de *l'Être et le Temps*) consacré à l'analyse de l'être-au-monde et du « là » de l'être-là, et couronné par l'analyse du Souci ; ensuite celui du court traité (les deux premiers chapitres de la seconde section) qui, en fusionnant le thème de l'être-pour-la-mort et celui de la résolution dans la notion complexe de la *résolution anticipante,* assure le recouvrement de l'originaire par l'authentique. A cette stratégie du *retardement* répondra, après l'analyse thématique de la temporalité, une stratégie de la *répétition* annoncée dès le paragraphe d'introduction à la deuxième section (§ 45) : ce sera en effet la tâche du chapitre IV de procéder à une répétition de toutes les analyses de la première section, pour en éprouver après coup la teneur temporelle. Cette répétition est annoncée en ces termes : « L'analyse existentiale temporelle requiert une confirmation *(Bewährung)* concrète... Par cette récapitulation *(Wiederholung)* de l'analyse préliminaire fondamentale de l'être-là, nous rendons en même temps plus transparent *(durchsichtiger)* le phénomène même de la temporalité » [234-235]. On peut considérer comme un délai supplémentaire la longue « répétition » (*Wiederholung* [332]) de la première section de *l'Être et le Temps,* intercalée entre l'analyse de la temporalité proprement dite (chap. III) et de l'historialité (chap. V) dans le dessein clairement affirmé de trouver dans la *réinterprétation en termes temporels* de tous les moments de l'être-au-monde parcourus dans la première section une « confirmation *(Bewährung)* de grande amplitude de son pouvoir constitutif *(seiner konstitutiven Mächtigkeit)* » [331]. Le chapitre IV consacré à cette « interprétation temporelle » des

Temporalité, historialité, intra-temporalité 123

traits de l'être-au-monde peut ainsi être placé sous le même signe de l'*attestation* d'authenticité que le chapitre II consacré à l'anticipation résolue. Le fait nouveau est que la sorte de confirmation fournie par cette reprise de toutes les analyses de la première section s'adresse aux modes dérivés de la temporalité fondamentale, principalement à l'intra-temporalité, comme l'indique déjà le titre de ce chapitre intercalaire : « Temporalité et quotidienneté ». Qui dit « *quotidienneté* » *(Alltäglichkeit)* dit « jour » *(Tag),* c'est-à-dire une structure temporelle dont la signification est reportée au dernier chapitre de *l'Être et le Temps*. Ainsi, le caractère authentique de l'analyse du temps n'est-il *attesté* que par la capacité de cette analyse à rendre compte des modes dérivés de la temporalité : la dérivation vaut attestation.

Mais le prix à payer est cette fois l'indistinction, tant redoutée et tant récusée, de l'existentiel et de l'existential. Cette indistinction a deux inconvénients majeurs.

On peut d'abord se demander si toute l'analyse de la temporalité n'est pas portée par la conception personnelle que Heidegger se fait de l'authenticité, sur un plan où elle entre en compétition avec d'autres conceptions existentielles, celles de Pascal et de Kierkegaard — ou celle de Sartre —, pour ne rien dire de celle d'Augustin. N'est-ce pas, en effet, dans une configuration *éthique,* très marquée par un certain stoïcisme, que la résolution face à la mort constitue l'épreuve suprême d'authenticité ? Plus gravement, n'est-ce pas dans une analyse *catégoriale* très marquée par le choc en retour de l'existentiel sur l'existential, que la mort est tenue pour la possibilité extrême, voire le pouvoir le plus propre, inhérent, à la structure essentielle du Souci ? Pour ma part, je tiens pour aussi légitime une analyse comme celle de Sartre, qui caractérise la mort par l'interruption de notre pouvoir-être plutôt que comme sa possibilité la plus authentique.

On peut en outre se demander si cette marque existentielle très singulière, placée dès le début sur l'analyse de la temporalité, n'aura pas des conséquences d'une extrême gravité sur l'entreprise de hiérarchisation de la temporalisation opérée dans les deux derniers chapitres de la section sur l'être-là et le temps : en dépit de la volonté de *dériver* l'historialité et l'intra-temporalité de la temporalité radicale, une nouvelle *dispersion* de la notion de temps naîtra, en effet, de l'incommensurabilité entre le temps *mortel*, auquel la temporalité est identifiée par l'analyse préparatoire, le temps *historique,* que l'historialité est censée fonder, et le temps *cosmique,* auquel l'intra-temporalité ramène. Cette perspective d'un éclatement de la notion de temps, qui redonnerait vie aux apories contre lesquelles ont buté Augustin et Husserl, ne pourra se préciser qu'une fois examinée la notion même de « dérivation » appliquée à l'enchaînement des trois niveaux de temporalisation. Cet examen terminera notre propre exposé.

Or, si l'on retire à la mortalité la capacité de déterminer à elle seule le niveau de radicalité auquel la temporalité peut être pensée, on n'affaiblit pas le mode de questionnement qui guide l'investigation de la temporalité (chap. III). Bien au contraire. Si la potentialité de l'être-là à être un tout — je dirai : si sa capacité d'intégralité — cesse d'être uniquement régie par la considération de l'être-pour-la-fin, le pouvoir d'être-un-tout pourra à nouveau être ramené à la puissance d'unification, d'articulation et de dispersion du temps[1]. Et si la modalité de l'être-pour-la-mort paraît plutôt issue du choc en retour des deux autres niveaux de temporalisation — historialité et intra-temporalité — sur le niveau le plus originel, alors le pouvoir-être constitutif du Souci peut être révélé dans toute sa pureté, comme être-en-avant-de-soi, comme *Sichvorweg*. Les autres traits qui, ensemble, composent l'anticipation résolue ne sont pas non plus affaiblis, mais renforcés par le refus du privilège donné à l'être-pour-la-mort. Ainsi, l'attestation rendue par la voix silencieuse de la conscience morale et la culpabilité qui donne à cette voix sa force existentielle s'adressent au pouvoir-être dans toute sa

---

1. Le chapitre VI de la seconde section de notre quatrième partie sera tout entier consacré à la recherche d'un mode de totalisation des trois orientations du temps historique qui, sans jamais revenir à Hegel, rende justice à cette exigence de totalisation dans la dispersion.

nudité et dans toute son ampleur. De même, l'être-jeté est tout autant révélé par le fait d'être né un jour et quelque part que par la nécessité de devoir mourir. La déchéance n'est pas moins attestée par les promesses anciennes non tenues que par la fuite devant la perspective de la mort. L'endettement et la responsabilité, que le même terme allemand *Schuld* désigne, ne constituent pas moins un puissant appel pour chacun à choisir selon ses possibilités les plus intimes et à se rendre libre pour sa tâche dans le monde, quand le Souci est rendu à son élan originel par l'insouciance à l'égard de la mort [1].

Il y a donc plus d'une façon existentielle de recevoir, dans toute sa force existentiale, la formule qui définit la temporalité : « *La temporalité est éprouvée à titre phénoménal originaire, en étroite liaison avec l'être-un-tout authentique de l'être-là, dans le phénomène de la résolution anticipante* » [304] [2].

3. La temporalisation :
à-venir, avoir-été, rendre-présent

Ce n'est, comme on l'a dit, qu'au terme du chapitre III de la seconde section, § 65-66, que Heidegger traite thématiquement de la temporalité dans son rapport au Souci. Dans ces pages, d'une densité extrême, Heidegger ambitionne d'aller au-delà de l'analyse augustinienne du triple présent et plus loin que l'analyse husserlienne de la rétention-protention, lesquelles, on l'a vu plus haut,

---

1. On verra la place que tient l'idée de dette à l'égard du passé, des morts, des victimes oubliées, dans notre tentative pour donner un sens à la notion de *passé tel qu'il fut* (section II, chap. III).
2. Heidegger paraît bien laisser à la réflexion la liberté de rejoindre sa formule à partir d'expériences personnelles différentes : « La temporalité peut se *temporaliser* selon des possibilités différentes et des modalités différentes. Les possibilités fondamentales de l'existence, de l'authenticité et de l'inauthenticité de l'être-là ont leur fondement ontologique dans des temporalisations possibles de la temporalité » [304]. Je crois que Heidegger a ici en vue des différences liées non pas au passé, au présent, au futur, mais aux manières diverses de lier l'existential à l'existentiel.

occupent le même lieu phénoménologique. L'originalité de Heidegger est de chercher *dans le Souci lui-même le principe de la pluralisation du temps* en futur, passé et présent. De ce déplacement vers le plus originaire résulteront la promotion du futur à la place occupée jusque-là par le présent, et une réorientation entière des rapports entre les trois dimensions du temps. Ce qui exigera l'abandon même des termes « futur », « passé », « présent » qu'Augustin n'avait pas cru devoir mettre en question par respect pour le langage ordinaire, en dépit de son audace à parler du présent *du* futur, du présent *du* passé et du présent *du* présent.

Ce que nous cherchons, est-il dit au début du § 65, c'est le sens *(Sinn)* du Souci. Question, non de vision, mais de compréhension et d'interprétation : « A parler radicalement, le " sens " signifie ce qui *oriente (woraufhin)* le projet primordial de la compréhension de l'être » ; « le sens signifie l'orient *(woraufhin)* du projet primordial, en fonction de quoi quelque chose peut être conçu en tant que *(als)* ce qu'il est, dans sa possibilité » [324][1].

On trouve donc entre l'articulation interne du Souci et la triplicité du temps un rapport quasi kantien de *conditionnalité*. Mais le « rendre-possible » heideggerien diffère de la condition kantienne de possibilité, en ce que le Souci lui-même possibilise toute expérience humaine.

Ces considérations sur la possibilisation, inscrite dans le Souci, annoncent déjà le primat du futur dans le parcours de la structure articulée du temps. Le chaînon intermédiaire du raisonnement est fourni par l'analyse précédente de *l'anticipation résolue,* elle-même issue de la méditation sur l'être-pour-la-fin et sur l'être-pour-la-mort. Plus que le

---

1. Le programme initial de *l'Être et le Temps,* explicitement déclaré dans l'« Introduction », était de reconduire à « la question du sens de l'être » au terme de l'analytique de l'être-là. Si l'ouvrage publié ne remplit pas ce vaste programme, l'herméneutique du Souci en préserve du moins l'intention, en reliant fortement le projet inhérent au Souci au « projet primordial de compréhension de l'être » [324]. Les projets humains, en effet, ne sont projets qu'en vertu de cet enracinement ultime : « Ces projets recèlent en eux-mêmes un *Orient (ein Voraufhin)* dont se nourrit, si l'on peut dire, la compréhension de l'être » *(ibid.).*

primat du futur : la réinscription du terme « futur », emprunté au langage quotidien, dans l'idiome approprié à la phénoménologie herméneutique. Un adverbe, mieux qu'un substantif, sert ici de guide, à savoir le *zu* de *Sein-zum-Ende* et de *Sein-zum-Tode,* qu'on peut appliquer sur le *zu* de l'expression courante *Zu-kunft* (à venir). Du même coup, le *kommen* — « venir » — prend aussi un relief nouveau en joignant la puissance du verbe à celle de l'adverbe, au lieu et place du substantif « futur »; dans le Souci, l'être-là vise à advenir vers soi-même selon ses possibilités les plus propres. *Advenir vers (Zukommen)* est la racine du futur : « Se laisser advenir à soi *(sich auf sich zukommen-lassen)* est le phénomène originaire de l'*à-venir (Zukunft)* » [325]. Telle est la possibilité incluse dans l'anticipation résolue : « L'anticipation *(Vorlaufen)* rend l'être-là *authentiquement* à-venir, de telle sorte que l'être-là, en tant qu'*étant* dès toujours, advient à soi, autrement dit est dans son être en tant que tel à-venir *(zukünftig)* » [325][1].

La signification nouvelle que revêt le futur permet de discerner, entre les trois dimensions du temps, des relations inusitées d'intime implication mutuelle.

C'est par l'implication du passé par le futur que commence Heidegger, ajournant ainsi le rapport de l'un et l'autre au présent qui était au centre des analyses d'Augustin et de Husserl.

Le passage du futur au passé cesse de constituer une transition extrinsèque, parce que l'*avoir-été* paraît appelé par l'*à-venir* et, en un sens, contenu en lui. Il n'est pas de reconnaissance en général sans reconnaissance de dette et de responsabilité ; de là que la résolution elle-même implique que l'on prenne sur soi la faute, et son moment de déréliction *(Geworfenheit)*. Or « assumer la déréliction signifie que l'être-là *soit* authentiquement en l'état où *chaque fois il était déjà (in dem, wie es je schon war)* »

---

1. Le préfixe *vor* a la même force expressive que le *zu* de *Zukunft*. On le trouve inclus dans l'expression *Sich vorweg*, en-avant-de-soi, qui définit le Souci dans toute son ampleur, en équivalence avec le venir-à-soi.

[325]. L'important ici est que l'imparfait du verbe être — « était » — et l'adverbe qui le souligne — « déjà » — ne se séparent pas de l'être, mais que le « tel qu'il était déjà » porte la marque du « je suis », comme il est possible de le dire en allemand : « *ich bin-gewesen* » [326] (« je suis-été »). On peut alors dire, en raccourci : « Authentiquement à-venir *est* l'être-là authentiquement ayant-*été* » *(ibid.)*. Ce raccourci est celui même du retour sur soi inhérent à toute prise de responsabilité. Ainsi, l'ayant-été procède-t-il de l'à-venir. L'ayant-été, et non le passé, s'il faut entendre par là le passé des *choses* passées que nous opposons, au plan de la présence donnée et de la maniabilité, à l'ouverture des *choses* futures. Ne tenons-nous pas pour évident que le passé est déterminé et le futur ouvert ? Mais cette asymétrie, séparée de son contexte herméneutique, ne permet pas d'entendre le rapport intrinsèque du passé au futur[1].

Quant au présent, loin d'engendrer le passé et le futur en se démultipliant, comme chez Augustin, il est la modalité de la temporalité dont l'authenticité est la plus dissimulée. Il y a certes une vérité de la quotidienneté dans son commerce avec les choses données et maniables. En ce sens, le présent est bien le temps de la *préoccupation*. Mais il ne doit pas être conçu sur le modèle de la présence donnée des choses de notre préoccupation, mais comme une implication du Souci. C'est par l'intermédiaire de la *situation*, chaque fois offerte à la résolution, que l'on peut repenser le présent sur le mode existential ; il faudra alors parler de « présenter », au sens de « rendre présent », plutôt que de présent[2] : « Ce n'est que comme *présent (Gegenwart),* pris au sens de " présenter ", *(gegenwärtigen),* que la résolution peut être ce qu'elle est : à savoir

---

1. Cette distinction entre l'*avoir-été*, intrinsèquement impliqué dans l'à-venir, et le *passé*, extrinsèquement distingué du futur, sera de la plus grande importance lorsque nous discuterons le statut du passé historique (section II, chap. III).
2. On pourrait dire : présentifier (Marianna Simon, *op. cit.*, p. 82) ; mais le terme a déjà été employé, dans un contexte husserlien, pour traduire le *Vergegenwärtigen*, plus proche de la représentation que de la présentation.

qu'elle se laisse rencontrer sans échappatoire par ce dont elle ne se saisit qu'en agissant » [326].

A-venir et retour sur soi sont ainsi incorporés à la résolution, dès lors que celle-ci s'insère dans la situation en la rendant présente, en la présentant.

La temporalité est désormais l'unité articulée de l'à-venir, de l'avoir-été et du présenter, qui sont ainsi donnés à penser ensemble : « Le *phénomène* qui offre pareille unité d'un à-venir qui rend présent dans le procès d'avoir-été, nous le nommons la *temporalité* » [326].

On voit en quel sens cette sorte de déduction l'une par l'autre des trois modalités temporelles répond au concept de *possibilisation* évoqué plus haut : « La temporalité possibilise *(ermöglicht)* l'unité de l'existence, de la factualité et de la déchéance » [328]. Ce statut nouveau du « rendre-possible » s'exprime dans la substitution du verbe au substantif : « La temporalité n' " est " pas du tout un *étant*. Elle n'est pas, mais *se temporalise* » *(ibid.)* [1].

Si l'invisibilité du temps dans son ensemble n'est plus un obstacle à la pensée, dès lors que nous pensons la possibilité comme possibilisation et la temporalité comme temporalisation, ce qui demeure aussi opaque chez Heidegger que chez Augustin, c'est la triplicité interne à cette intégralité structurale : les expresions adverbiales — le « ad » de l'à-venir, le « déjà » de l'avoir-été, le « auprès de » de la préoccupation — signalent au niveau même du langage la dispersion qui mine de l'intérieur l'articulation unitaire. Le problème augustinien du triple présent se trouve tout simplement reporté sur la temporalisation prise dans son ensemble. On ne peut, semble-t-il, que pointer vers ce phénomène intraitable, le désigner du terme grec d'*ekstatikon,* et déclarer : « *La temporalité est*

---

1. Si l'on peut dire que la temporalité est ainsi *pensée* en tant que temporalisation, le rapport ultime entre *Zeit* et *Sein* reste en revanche en suspens aussi longtemps que l'idée de l'être n'a pas été clarifiée. Or cette lacune ne sera pas comblée dans *l'Être et le Temps*. En dépit de cet inachèvement, on peut créditer Heidegger de la solution apportée à l'une des apories majeures du problème du temps, à savoir son invisibilité en tant que totalité unique.

le " *hors-de-soi* " *(Ausser-sich) originaire, en soi et pour soi* » [329][1]. Il faut du même coup corriger l'idée de l'unité structurale du temps par celle de la *différence* de ses ekstases. Cette différenciation est intrinsèquement impliquée par la temporalisation, en tant que celle-ci est un procès qui rassemble en dispersant[2]. Le passage du futur au passé et au présent est à la fois unification et diversification. Voilà, d'un seul coup, réintroduite l'énigme de la *distentio animi,* bien que le présent n'en soit plus le support. Et pour des raisons voisines. Augustin, on s'en souvient, était soucieux de rendre compte du caractère extensible du temps, qui nous fait parler de temps court et de temps long. Pour Heidegger aussi, ce qu'il tient pour la conception vulgaire, à savoir la succession de « maintenant » extérieurs les uns aux autres, trouve un allié secret dans l'extériorisation primordiale dont elle exprime seulement le *nivellement* : le nivellement est nivellement de ce trait d'extériorité. De ce nivellement, nous ne pourrons traiter à loisir qu'après avoir déployé les niveaux hiérarchiques de temporalisation : temporalité, historialité, intratemporalité, dans la mesure où ce qu'il affecte par privilège est le mode le plus lointainement dérivé, l'intratemporalité. Néanmoins, il est permis d'apercevoir dans le *hors-de-soi (Aussersich)* de la temporalité primordiale le principe de toutes les formes ultérieures d'extériorisation et du nivellement qui l'affecteront. La question se pose alors de savoir si la dérivation des modes les moins authentiques ne dissimule pas la circularité de toute l'analyse. Le temps dérivé ne s'annonce-t-il pas déjà dans le *hors-de-soi* de la temporalité originaire ?

---

1. « L'essence de la temporalité est la temporalisation dans l'unité des *ek-stases* » [329].
2. Une « égale originarité » *(Gleichursprünglichkeit)* [329] des trois ek-stases résulte de la *différence* entre les modes de temporalisation : « A l'intérieur de cette équi-originarité, les modes de temporalisation sont différents. Et la différenciation consiste en ce que la temporalisation peut se différencier à titre primaire à partir des différentes ek-stases » [329].

4. *L'historialité* (Geschichtlichkeit)

Je ne saurais mesurer ma dette à l'égard de l'ultime contribution de la phénoménologie herméneutique de Heidegger à la théorie du temps. Les plus précieuses découvertes y engendrent les plus déconcertantes perplexités. La distinction entre temporalité, historialité et intra-temporalité (qui occupe les deux derniers chapitres sur lesquels *l'Être et le Temps* s'interrompt plus qu'il ne s'achève) vient compléter les deux trouvailles précédentes : le recours au Souci comme ce qui « possibilise » la temporalité — l'unité plurielle des trois ek-stases de la temporalité.

La question de l'historialité est introduite par l'expression d'un scrupule *(Bedenken),* qui nous est maintenant familier : « Avons-nous en fait soumis le caractère de totalité de l'être-là, eu égard à son authentique *être*-un-tout, à la prise préalable *(Vorhabe)* de l'analyse existentiale ? » [372][1]. Il manque à la temporalité un trait pour qu'elle puisse être tenue pour intégrale : ce trait est celui de l'*Erstreckung,* de l'étirement *entre* naissance et mort. Comment aurait-on pu en parler, dans une analyse qui a jusqu'ici ignoré la naissance et, avec elle, l'*entre-naître-et-*

1. On a dit plus haut ce que Heidegger attend de ces dernières analyses, quant à l'*attestation* de l'originaire par l'authentique. Le chapitre III, consacré à la temporalité fondamentale, se termine par ces mots : « L'élaboration *(Ausarbeitung)* de la temporalité de l'être-là comme quotidienneté, historialité et intra-temporalité, offre pour la première fois un accès sans réserve à la complexe mise en œuvre *(in die Verwirklichungen)* d'une ontologie originaire de l'être-là » [333]. Or la complexité de cette exécution est inéluctable, dans la mesure où l'être-là de fait *(faktisch)* (*ibid.*) existe dans le monde auprès et au milieu d'étants qu'il rencontre dans le monde. C'est donc la structure de l'être-au-monde, décrite dans la première section, qui exige cette « élaboration » et cette concrétisation complexe de la temporalité, jusqu'à ce qu'elle rejoigne, avec la structure de l'intra-temporalité, son point de départ dans la quotidienneté (comme l'a rappelé le chapitre IV, « Temporalité et quotidienneté »). Mais, pour une phénoménologie herméneutique, le plus proche est en vérité le plus lointain.

mourir ? Or, cet « entre-deux » est l'*étirement* même de l'être-là. S'il n'en a rien été dit plus tôt, c'est dans la crainte de retomber dans les filets de la pensée commune, accordée aux réalités données et maniables. Quoi de plus tentant, en effet, que d'identifier cet étirement à un intervalle mesurable entre le « maintenant » du commencement et celui de la fin ? Mais n'avons-nous pas, du même coup, négligé de caractériser l'existence humaine par un concept, familier à maints penseurs du début du siècle, entre autres Dilthey, celui de la « cohésion de la vie » *(Zusammenhang des Lebens)*, conçue comme le déroulement ordonné des *vécus (Erlebnisse)* « dans le temps » ? Il n'est pas niable que quelque chose d'important est dit ici, mais y est perverti par la catégorisation défectueuse qu'impose la représentation vulgaire du temps ; c'est en effet dans le cadre de la simple succession que nous plaçons non seulement cohésion et déroulement, mais encore changement et permanence (tous concepts — notons-le — du plus haut intérêt pour la narration). La naissance devient alors un événement du passé qui n'existe plus, comme la mort devient un événement du futur qui n'a pas encore eu lieu, et la cohésion de la vie un laps de temps encadré par le reste du temps. Ce ne sera qu'en rattachant à la problématique du Souci ces légitimes investigations gravitant autour du concept de « cohésion de la vie » qu'on pourra restituer leur dignité ontologique aux notions d'étirement, de mutabilité *(Bewegheit)* et de constance à soi-même *(Selbständigkeit)* que la représentation commune du temps aligne sur la cohérence, le changement et la permanence des choses données et maniables. Rattaché au Souci, l'entre-vie-et-mort cesse d'apparaître comme un intervalle séparant deux extrêmes inexistants. Au contraire, l'être-là ne remplit pas un intervalle de temps, mais constitue, en s'étirant, son être véritable comme cet étirement même qui enveloppe son propre commencement et sa propre fin et donne sens à la vie comme entre-deux. On ne saurait, par cette observation, être reconduit plus près d'Augustin.

C'est pour marquer cette dérivation de l'étirement de l'être-là à partir de la temporalisation originaire que

Heidegger tente de rénover le sens du vieux mot *Geschehen* et de l'égaler à la problématique ontologique de l'entre-vie-et-mort. Le choix du mot est heureux, dans la mesure où *Geschehen* est un verbe homologue à *Zeitigen*, qui marque l'opération temporalisante [1].

En outre, grâce à sa parenté sémantique avec le substantif *Geschichte* — « histoire » —, le verbe *geschehen* conduit au seuil de la question épistémologique, si importante pour nous, de savoir si c'est à la science historiographique que nous devons de penser historiquement, ou plutôt si ce n'est pas parce que l'être-là s'historialise que la recherche historique prend un sens ; nous accorderons plus loin à ce débat entre l'ontologie de l'historialité et l'épistémologie de l'historiographie toute l'attention qu'il mérite. Notre problème, pour le moment, est plus radical : c'est celui de la nature de la « dérivation » par laquelle on passe de la temporalité à l'historialité au plan ontologique.

La dérivation est moins à sens unique que Heidegger ne semble l'annoncer.

D'un côté, l'historialité doit sa teneur ontologique à cette dérivation : étirement, mutabilité, constance à soi-même ne peuvent être arrachés à leur représentation dégradée qu'à la faveur du renvoi de toute la problématique de l'historialité à celle de la temporalité [2]. Nous sommes même incapables de donner un sens satisfaisant aux rapports entre mutabilité et constance à soi, tant que nous les pensons sous les catégories opposées du changement et de la permanence.

---

1. La traduction française par *historial,* proposée par Henri Corbin, tout en étant satisfaisante, ne rend pas compte du primat du verbe sur le substantif. Marianna Simon dit : *être-historial, op. cit.,* p. 83. J.-F. Courtine, traducteur des *Problèmes fondamentaux de la phénoménologie,* propose *devenir-historial,* qui a l'avantage double de conserver le lien avec le concept traditionnel du devenir et de s'harmoniser avec la traduction de *Geschichtlichkeit* par historialité.
2. « La mutabilité *(Bewegtheit)* spécifique du s'*étirer-étiré* est ce que nous nommons le *devenir-historial* de l'être-là. La question de la « cohésion » de l'être-là est le problème ontologique de son devenir-historial. Dégager la *Structure historiale,* ainsi que ses conditions de possibilité existentiales-temporelles, signifie accéder à une compréhension *ontologique* de l'historialité » [375].

D'un autre côté, l'historialité ajoute une dimension nouvelle — originale, *co-originaire* — à la temporalité, vers laquelle pointent, malgré leur statut dégradé, les expressions originaires de cohésion, de mutation, de constance à soi. Si le sens commun n'en avait pas une certaine prénotion, la question ne se poserait pas de les réajuster au discours ontologique de l'être-là. Nous ne poserions même pas la question de l'historial de l'être-là si nous n'avions déjà posé, dans le cadre de catégories inappropriées, la question de la mutabilité et celle de la constance à soi, voisines de celle de l'étirement de l'être-là entre vie et mort. La question de la constance à soi, en particulier, s'impose à la réflexion dès que nous nous interrogeons sur le « qui » de l'être-là. Or, nous ne pouvons l'éluder, dès lors que la question du *soi* revient au premier plan avec celle de la résolution, qui ne va pas sans la *sui*-référence de la promesse et de la culpabilité [1].

Il est donc bien vrai que, tout dérivée qu'elle soit, la notion d'historialité ajoute à celle de temporalité, au plan existential même, les traits signifiés par les mots « étirement », « mutabilité », « constance à soi ». Il ne faudra pas oublier cet enrichissement de l'originaire par le dérivé lorsque nous nous demanderons en quel sens l'historialité est le fondement ontologique de l'histoire, et, réciproquement, l'épistémologie de l'historiographie une discipline fondée sur l'ontologie de l'historialité [2].

C'est de cette dérivation novatrice — si l'on peut ainsi

---

1. L'allemand peut ici jouer sur la racine des mots et décomposer le terme *Selbstständigkeit* (que nous traduisons par constance à soi) en *Ständigkeit des Selbst*, qui serait quelque chose comme la tenue du soi, au sens où l'on *tient* sa promesse. Or Heidegger relie expressément la question du *qui* à celle du *soi* : « ... la constance à soi que nous déterminons comme le qui de l'être-là » [375] (cf. le renvoi au § 646: *Sorge und Selbstheit*).
2. « L'interprétation existentiale de l'historiographie comme science vise seulement à démontrer *(Nachweis)* sa provenance ontologique de l'historialité de l'être-là... *L'analyse de l'historialité de l'être-là vise à montrer que cet étant n'est pas " temporel " parce qu'" il se tient dans l'histoire ", mais que, en sens inverse, il n'a et ne peut avoir d'existence historiale que parce qu'il est temporel au fondement de son être* » [376].

Temporalité, historialité, intra-temporalité 135

parler — qu'il faut maintenant explorer les ressources. Le souci principal de Heidegger est à cet égard de résister à deux tendances de toute pensée historique : la première consiste à penser d'emblée l'histoire comme un phénomène *public* : l'histoire n'est-elle pas l'histoire de tous les hommes ? La seconde aboutit à détacher le passé de son rapport au futur et à constituer la pensée historique en pure *rétrospection*. Les deux tendances sont solidaires l'une de l'autre, car c'est bien de l'histoire *publique* que nous tentons de comprendre le sens *après coup,* dans le style de la rétrospection, voir de la rétrodiction.

A la première tentation, Heidegger oppose la primauté de l'historialité de chaque être-là « de fait » par rapport à toute recherche portant sur l'histoire du monde, au sens hégélien du terme : « L'être-là a de fait chaque fois *(je)* son " histoire " et peut avoir quelque chose comme une histoire parce que l'être de cet étant est constitué par l'historialité » [382]. C'est bien ce premier sens du mot « histoire » que recommande une investigation qui prend le Souci pour fil conducteur et qui voit dans l'être-pour-la-mort — solitaire et intransférable — la pierre de touche de toute attitude authentique relative au temps[1].

Quant à la seconde tentation, Heidegger y fait face avec tout le poids de l'analyse antérieure, qui donne à l'avenir la priorité dans la genèse mutuelle des trois ek-stases temporelles. Mais on ne peut toutefois se borner à reprendre cette analyse dans les mêmes termes, si l'on doit tenir compte des traits nouveaux apportés par l'historial (étirement, mutabilité, constance à soi). C'est pourquoi le mouvement de l'à-venir vers l'avoir-été doit être repensé de manière à rendre compte du renversement par lequel le passé semble reprendre la priorité sur le futur. Le moment décisif de l'argument est celui-ci : il n'est pas d'élan vers le

---

1. Cette première réponse ne facilite pas la tâche de fondation de l'historiographie dans l'historialité : comment, en effet, passe-t-on jamais de l'histoire de chacun à l'histoire de tous ? L'ontologie de l'être-là n'est-elle pas à cet égard radicalement monadique ? On verra plus loin jusqu'à quel point une nouvelle transition, celle entre *Schicksal*-destin privé et *Geschick*-destinée commune, répond à cette difficulté majeure.

futur qui ne fasse *retour sur* la condition de se trouver *déjà* jeté dans le monde. Or ce retour sur soi ne se borne pas à revenir sur les circonstances les plus contingentes et les plus extrinsèques de nos choix imminents. Il consiste, de façon plus essentielle, à ressaisir les potentialités les plus intimes et les plus permanentes tenues en réserve dans ce qui paraît constituer seulement l'occasion contingente et extrinsèque de l'action. Pour dire ce rapport étroit entre anticipation et *déréliction,* Heidegger se risque à introduire les notions apparentées d'*héritage,* de transfert, de transmission. Le terme d'« héritage » — *Erbe* — a été choisi en raison de ses connotations particulières : pour chacun, en effet, la déréliction — l'être-jeté — offre la configuration unique d'un *lot* de potentialités qui ne sont ni choisies ni contraignantes, mais dévolues et transmises. En outre, il appartient à un héritage de pouvoir être reçu, pris en charge, assumé. La langue française n'a malheureusement pas les ressources sémantiques de l'allemand pour restituer l'entrelacs de verbes et de préfixes qui tissent l'idée d'un héritage dévolu, transmis, assumé [1].

Cette notion-clé d'héritage transmis et assumé constitue le pivot de l'analyse. Elle laisse apercevoir comment tout retour en arrière procède d'une résolution essentiellement tournée vers l'avant.

La distinction entre la transmission de potentialités qui sont moi-même, en tant qu'ayant-été, et le transfert fortuit d'un acquis à jamais fixé, ouvre à son tour la voie à une analyse qui repose sur la parenté entre trois concepts que la sémantique de la langue allemande place dans le même champ : *Schiksal, Geschick, Geschichte,* que nous traduisons par destin, destinée, histoire.

Le premier renforce assurément le caractère monadique de l'analyse, du moins dans ses débuts. C'est de moi à moi-même que je me transmets et que je me reçois comme héritage de potentialités. En cela consiste le *destin.* Si en

---

1. L'allemand joue essentiellement sur les deux préfixes *zurück* (en retour) et *über* (trans-) accolés tour à tour aux verbes *kommen* (venir), *nehmen* (prendre), *liefern* (livrer). L'anglais réussit mieux à associer les expressions : *to come back, to take over an heritage, to hand down possibilities that have come down to one.*

effet nous portons tous nos projets à la lumière de l'être-pour-la-mort, alors tout ce qui est fortuit tombe : il ne reste que ce lot, cette part que nous sommes, dans le dénuement de la mortalité. Destin : « C'est ainsi que nous désignons l'historial originaire de l'être-là, qui réside dans la résolution authentique et dans lequel l'être-là se transmet *(sich... ueberlierfert)* de lui-même à lui-même, libre pour la mort, selon une possibilité héritée, mais également choisie » [384]. A ce niveau, contrainte et choix se confondent, comme aussi impuissance et toute-puissance, dans le concept surdéterminé de destin.

Est-il vrai, toutefois, qu'un héritage se transmette de soi à soi-même ? N'est-il pas toujours reçu d'un autre ? Mais l'être-pour-la-mort, semble-t-il, exclut tout ce qui est transférable de l'un à l'autre. A quoi la conscience morale ajoute le ton intimiste d'une voix silencieuse adressée de soi à soi-même. La difficulté en est augmentée, de passer d'une historialité singulière à une histoire commune. Il est alors demandé à la notion de *Geschick* — destinée commune — d'assurer la transition, de faire le saut. Comment ?

Le passage abrupt d'un destin singulier à une destinée commune est rendu intelligible par le recours, trop peu fréquent dans *l'Être et le Temps,* à la catégorie existentiale du *Mitsein* : être-avec. Je dis : trop peu fréquente, car, dans la section consacrée au *Mitsein* (§ 25-27), ce sont principalement les formes déchues de la quotidienneté qui sont accentuées sous la catégorie du « on ». Et la conquête du Soi est toujours opérée sur fond de « on », sans égard pour les formes authentiques de communion ou d'entraide. Du moins le recours au *Mitsein*, en ce point critique de l'analyse, autorise-t-il à joindre le *Mitgeschechen* au *Geschehen*, la co-historialité à l'historialité : ce qui définit précisément la destinée commune. Il est même remarquable que Heidegger, poursuivant à cette occasion sa polémique contre les philosophies du sujet, donc aussi de l'intersubjectivité, conteste que l'historialité de la communauté, du peuple *(Volk),* puisse se rassembler à partir de destins individuels : transition aussi peu acceptable que celle qui voudrait concevoir l'être-l'un-avec-l'autre « comme la co-occurrence *(Zusammenvorkommen)* de sujets multiples » [384]. Tout indique que Heidegger s'est borné ici à suggérer l'idée d'une homologie entre destinée communautaire et destin individuel, et à esquisser le transfert des mêmes notations d'un plan à l'autre : héritage d'un fonds de potentialités, résolutions, etc., — quitte à marquer la place en creux de catégories plus spécifiquement appropriées à l'être-en-commun : lutte, obéissance combattante, loyauté[1].

Quoi qu'il en soit de ces difficultés sur lesquelles nous reviendrons dans un chapitre ultérieur, la ligne directrice de toute l'analyse de l'historialité prend son départ dans la notion de l'*étirement (Erstreckung)*, suit la chaîne des trois concepts, sémantiquement liés, d'histoire *(Geschichte)*, de destin *(Schicksal)*, de destinée commune *(Geschick)*, pour culminer dans le concept de *répétition* (ou de *récapitulation*) *(Wiederholung)*.

C'est sur ce contraste entre le terme initial de l'*étirement* et le terme final de la *répétition* que j'aimerais mettre le plus fortement l'accent. Il recoupe exactement la dialectique augustinienne de la *distentio* et de l'*intentio*, que j'ai souvent transcrite dans le vocabulaire de la discordance et de la concordance.

1. Je ne nie pas que le choix délibéré de telles expressions (dans un texte dont il ne faut pas oublier qu'il fut publié en 1927) ait fourni des munitions à la propagande nazie et qu'il ait pu contribuer à l'aveuglement de Heidegger face aux événements politiques des années sombres. Mais, faut-il dire aussi, Heidegger n'est pas le seul à parler de communauté *(Gemeinschaft)*, plutôt que de société *(Gesellschaft)*, voire de lutte *(Kampf)*, d'obéissance combattante *(kämpfende Nachfolge)* et de fidélité *(Treue)*. Pour ma part, j'incriminerais plutôt le transfert sans précautions à la sphère communautaire du thème le plus fondamental de tous, l'être-pour-la-mort, en dépit de l'affirmation sans cesse réitérée que l'être-pour-la-mort n'est pas transférable. Ce transfert est responsable de l'esquisse d'une philosophie politique héroïque et tragique offerte à tous les mauvais usages. Il semble que Heidegger ait aperçu les ressources que pourrait offrir le concept de « génération », introduit par Dilthey dès 1875 pour combler l'écart entre destin singulier et destinée collective : « La destinée lourde du destin de l'être-là, dans sa " génération " et avec elle, constitue dans sa plénitude et son authenticité l'historialité de l'être-là » [385]. Je reviendrai plus loin sur ce concept de génération (cf. ci-dessous, section II, chap. i).

La *répétition* (ou *récapitulation*) n'est pas un concept qui nous soit inconnu à ce stade de notre lecture de *l'Être et le Temps*. L'analyse de la temporalité dans son ensemble est, nous l'avons vu, une répétition de toute l'analytique de l'être-là conduite dans la première section. En outre, la catégorie maîtresse de temporalité a trouvé, au chapitre IV de la deuxième section, une confirmation spécifique dans sa capacité de répéter, trait pour trait, chacun des moments de l'analytique de l'être-là. Voici maintenant que la répétition est le nom donné au procès par lequel, au niveau dérivé de l'historialité, l'anticipation du futur, la reprise de la déréliction et le coup d'œil *(augenblicklich)* ajusté à « son temps » reconstituent leur unité. En un sens, l'engendrement mutuel des trois ek-stases de la temporalité à partir du futur contenait l'esquisse de la répétition. Mais, dans la mesure où l'historialité a apporté avec elle de nouvelles catégories issues de l'historial — du *Geschehen* —, dans la mesure surtout où toute l'analyse a basculé de l'anticipation du futur vers la reprise du passé, un concept nouveau de rassemblement des trois ek-stases est requis, qui s'appuie sur le thème exprès de l'historialité, à savoir la transmission de possibilités héritées et pourtant choisies : « La répétition est la transmission explicite, autrement dit le retour aux possibilités de l'être-là ayant-été-là[1]. »

La fonction cardinale du concept de répétition est de redresser la balance que l'idée d'héritage transmis a fait pencher du côté de l'avoir-été, de restituer la primauté de la résolution anticipante au cœur même de l'aboli, du révolu, du « ne... plus ». La répétition ouvre ainsi dans le passé des potentialités inaperçues, avortées ou réprimées[2]. Elle rouvre le passé en direction de l'à-venir. En

---

1. Par cette expression contournée, Heidegger réussit à mettre au passé *(dagewesen)* l'être lui-même dans un raccourci saisissant, mais désespérant pour le traducteur.

2. « La répétition du possible n'est ni une restitution *(wiederbringen)* du " passé ", ni une manière de réenchaîner le " présent " à l'" incontournable " » [385]. La répétition, en ce sens, confirme l'écart de sens entre l'*avoir-été*, qui est intrinsèquement lié à l'à-venir, et le *passé*, qui, ravalé au plan des choses données et maniables, n'est

scellant le lien entre trans-mission et ré-solution, le concept de répétition réussit à la fois à préserver le primat du futur et le déplacement sur l'avoir-été. Cette secrète polarisation entre héritage transmis et résolution anticipante fait aussi bien de la répétition une réplique *(erwidern)*, qui peut aller jusqu'à la révocation *(Widerruf)* de l'emprise du passé sur le présent[1]. La répétition fait plus : elle met le sceau de la temporalité sur toute la chaîne des concepts constitutifs de l'historialité : héritage, transmission, reprise — histoire, co-histoire, destin et destinée — et ramène l'historialité à son origine dans la temporalité[2].

Le moment semble venu de passer du thème de l'historialité à celui de l'intra-temporalité, qui, en fait, n'a jamais cessé d'être anticipé dans les analyses qui précèdent. Il faut pourtant ici faire une halte, afin d'inclure une querelle qui est loin d'être marginale par rapport au projet global de *l'Être et le Temps*. Cette querelle porte sur le statut de l'historiographie, et plus généralement des *Geisteswissenschaften* — autrement dit des sciences humaines —, par rapport à l'analyse existentiale de l'historialité. On sait la place que le débat a occupé dans la pensée allemande, sous l'influence principalement de Dilthey. On sait aussi combien le problème a exercé l'esprit de Heidegger avant

---

plus qu'extrinsèquement opposé au futur, comme en témoigne le sens commun, lorsqu'il oppose de façon non dialectique le caractère déterminé, achevé, nécessaire du passé, au caractère indéterminé, ouvert, possible du futur.

1. Heidegger joue ici sur la quasi-homophonie entre le *wieder* de *Wiederholung* et le *wider* de *erwidern* et de *Widerruf*.

2. « *L'être-authentique-pour-la-mort, autrement dit la finité de la temporalité, est le fondement dissimulé de l'historialité.* L'être-là ne devient pas pour la première fois historique dans la répétition, mais, parce qu'il est historique en tant que temporel, il peut, par la répétition, se reprendre dans son histoire. Pour ce faire, il n'est encore besoin d'aucune historiographie » [386]. *Les Problèmes fondamentaux de la phénoménologie* rapprochent expressément la répétition de la résolution ; celle-ci en effet est déjà un retour répétitif sur soi-même [407] (345). Finalement, l'une et l'autre peuvent être traitées comme des modalités authentiques du présent, distinct du simple maintenant. »

la rédaction de *l'Être et le Temps*. En ce sens, on pourrait dire que la réfutation de la prétention des sciences humaines à se constituer sur une base autonome, sur un pied d'égalité avec les sciences de la nature, appartient au noyau formateur de *l'Être et le Temps,* bien que la thèse de l'entière subordination de l'épistémologie des sciences humaines à l'analytique existentiale semble ne constituer qu'une enclave (§ 72, 75-77) dans la problématique générale de dérivation des niveaux de temporalisation.

En termes rapides, le reproche fait à une simple épistémologie des sciences — dont Dilthey est le plus remarquable artisan — est de se donner un concept non fondé de *passéité*, faute de l'enraciner dans l'*avoir-été* de l'historialité, que rend intelligible son rapport à l'à-venir et au rendre-présent [1].

Qui ne comprend pas « historial », au sens herméneutique, ne comprend pas « historique », au sens des sciences humaines [2].

En particulier, le savant ne comprend pas ce qui devrait être pour lui une énigme : que le passé, qui n'est plus, a des effets, exerce une influence, une action *(Wirkung)* sur le présent. Cette action ultérieure *(Nachwirkende)* — on dirait tardive ou après coup — devrait étonner. Plus

---

1. Le § 73 est audacieusement intitulé *Das vulgäre Verständnis der Geschichte und das Geschehen des Daseins* (« La compréhension vulgaire de l'histoire et le devenir-historial de l'être-là »).
2. Le *lieu* du problème de l'historialité... n'est pas à chercher dans l'historiographie *(Historie)* en tant que science de l'histoire » [375]. « L'interprétation existentiale de l'historiographie comme science vise uniquement à démontrer *(Nachweis)* sa provenance ontologique de l'être-là » [376]. Il est remarquable que, dès ses déclarations préparatoires, Heidegger anticipe la nécessité de joindre l'intra-temporalité à l'historialité, pour rendre compte précisément du rôle du calendrier et de l'horloge dans l'établissement de l'histoire comme science humaine : « Même sans une historiographie élaborée, l'être-là de fait *(faktisch)* a le besoin et l'usage du calendrier et de l'horloge » [376]. Or, c'est là l'indice qu'on est passé de l'historialité à l'intra-temporalité. Mais, comme l'une et l'autre proviennent de la temporalité de l'être-là, « historialité et intra-temporalité se révèlent être équi-originaires. L'interprétation vulgaire du caractère temporel de l'histoire reçoit de là son droit, à l'intérieur de ses propres limites » [377].

précisément, c'est sur la notion de restes du passé que devrait se concentrer la perplexité. Ne disons-nous pas des restes d'un temple grec qu'un « fragment du passé » y est « encore présent » ? Le paradoxe du passé historique est là tout entier : d'un côté, il n'est plus, de l'autre, les restes de passé le tiennent encore à portée de main *(vorhanden)*. Le paradoxe du « ne plus » et du « pas encore » revient dans toute sa virulence.

Il est clair que l'intelligence de ce que signifie « restes, ruines, antiquités, outillages anciens », échappe à une épistémologie sans appui dans l'historialité de l'être-là : le caractère passé n'est pas écrit sur la face d'un résidu même détérioré ; bien au contraire, aussi transitoire soit-il, il n'est pas encore passé. Ce paradoxe atteste qu'il n'y a d'*objet* historique que pour un étant qui a déjà le sens de l'historial. On en revient donc à la question : qu'étaient autrefois les choses que nous tenons là, détériorées mais encore visibles ?

Une seule solution : ce qui n'est plus, c'est le *monde* auquel ces restes ont appartenu. Mais la difficulté paraît seulement reportée plus loin : car, pour le monde, que signifie ne plus être ? N'est-il pas dit que « le monde *est* seulement sur le mode de l'être-là *existant,* qui est *de fait* en tant qu'être-au-monde » [380] ? Autrement dit : comment conjuguer au passé l'être-au-monde ?

La réponse de Heidegger laisse perplexe : selon lui, le paradoxe ne frappe que les étants qui tombent sous la catégorie du donné *(vorhanden)* et du maniable *(zuhanden)* et dont on ne comprend pas comment ils peuvent être « passés », c'est-à-dire révolus et encore présents. En revanche, le paradoxe ne frappe pas ce qui touche à l'être-là, parce que celui-ci échappe à la catégorisation pour laquelle seule le passé fait question : « Au sens ontologiquement strict, l'être-là qui n'existe plus n'est pas passé *(vergangen),* mais *ayant-été-là (da-gewesen)* » [380]. Les restes du passé sont tels pour avoir appartenu à titre d'outillage et pour provenir d'« un monde ayant-été-là *(da-gewesen)* — le monde d'un être-là ayant-été-là » [381]. Cette distinction une fois opérée entre « passé » et « ayant-été », et une fois le passé assigné à l'ordre de l'outillage, donné et disponible, la voie est libre pour l'analyse fameuse de l'historialité dont nous avons rendu compte plus haut.

On peut se demander néanmoins si l'historiographie a trouvé son fondement dans l'historialité, ou si plutôt ses problèmes propres n'ont pas été évacués. Certes, Heidegger n'a pas méconnu la difficulté, et l'on peut lui donner raison quand il dit que ce qui est passé, dans un reste historique, c'est le monde auquel il a appartenu. En conséquence, il lui a fallu déplacer l'accent sur le terme « monde » : c'est de l'être-là au *monde* que l'on dit qu'il *a été.* Par ce déplacement d'accent, l'outillage rencontré dans le monde devient lui-même historique, en un sens dérivé[1]. C'est ainsi qu'Heidegger est conduit à forger l'expression *weltgeschichlich : historial-mondain,* pour désigner ces étants autres que l'être-là qui reçoivent le qualificatif d'« historique », au sens d'historial, de leur appartenance au monde du Souci. Heidegger pense ainsi en avoir fini avec les prétentions de l'épistémologie diltheyenne : « L'historial-mondain n'est pas historial en vertu d'une objectivation historique, mais à titre de cet *étant* qu'il est en lui-même, une fois rencontré à l'intérieur du monde » [381].

Ce qui me paraît évacué, c'est précisément la problématique de la *trace,* dans laquelle la caractérisation même comme historique — au sens existentiel du terme — prend appui sur la persistance d'une chose donnée et maniable, d'une « marque » physique, capable de guider la remontée vers le passé[2]. Avec la trace est également récusée l'idée admise que l'éloignement croissant dans le temps soit un trait spécifique de l'histoire, faisant de l'ancienneté le

---

1. « Ce qui est historique à titre *primaire* — soutenons-nous — c'est l'être-là. Est historique à titre *secondaire* ce qui est rencontré dans le monde *(innerweltlich),* non seulement l'outillage maniable au sens le plus large, mais aussi la *nature* environnante en tant que " sol de l'histoire " » [381].
2. Le concept de trace occupera une place éminente dans notre propre tentative pour reconstruire les ponts coupés par Heidegger entre le concept phénoménologique de temps et ce qu'il appelle le concept « vulgaire » de temps.

critère de l'histoire. Est encore écartée, comme dénuée de toute signification primitive, la notion de distance temporelle. Toute caractérisation historique procède exclusivement selon la temporalisation de l'être-là, sous la réserve que l'accent soit mis sur le côté monde de l'être-au-monde et que la rencontre de l'outillage lui soit incorporée.

La seule manière de justifier la priorité ontologique de l'historialité sur l'historiographie serait, me semble-t-il, de montrer de façon convaincante comment la seconde procède de la première. Or, nous butons ici sur la difficulté majeure d'une pensée sur le temps qui réfère toutes les formes dérivées de temporalité à la forme originaire, la temporalité mortelle du Souci. Il y a là un obstacle majeur pour toute pensée historique. On ne voit pas comment la répétition des possibilités héritées par chacun de sa propre déréliction dans le monde pourrait s'égaler à l'ampleur du passé historique. L'extension de l'historial au co-historial, que Heidegger appelle destinée *(Geschick),* donne certes une base plus large à l'avoir-été. Mais l'écart entre l'avoir-été et le passé demeure, dans la mesure où ce sont des restes visibles qui, *en fait,* ouvrent la voie à l'enquête sur le passé. Tout reste à faire pour intégrer ce passé indiqué par la trace à l'avoir-été d'une communauté de destinée. Heidegger n'atténue la difficulté qu'en donnant à l'idée de la « provenance » *(Herkunft)* des formes dérivées la valeur, non d'une perte progressive de sens, mais d'une augmentation de sens. Cet enrichissement, on le verra, est redevable aux emprunts que fait l'analyse de la temporalité — pourtant marquée jusqu'à l'excès par sa référence au trait le plus intime de l'existence, à savoir la mortalité propre — aux analyses de la première section de *l'Être et le Temps,* où l'accent était mis sur le pôle monde de l'être-au-monde. Ce retour en force de la mondanéité, au terme de l'ouvrage, n'est pas la moindre des surprises réservées pour l'analytique de la temporalité.

C'est bien ce que vérifie la suite du texte dans son passage de l'historialité à l'intra-temporalité.

Les derniers paragraphes (§ 75-77 du chapitre « historialité », dirigés contre Dilthey[1]) sont trop ostensiblement soucieux d'accentuer la subordination de l'historiographie à l'historialité pour apporter quelque lumière nouvelle sur le problème *inverse* du passage de l'avoir-été au passé historique. L'accent principal est mis sur le caractère inauthentique de la circonspection qui nous incline à nous comprendre nous-mêmes en fonction des objets de notre Souci et à parler le langage du « on ». A quoi, dit Heidegger, il faut obstinément répliquer, avec toute la gravité de la phénoménologie herméneutique du Souci, que « *l'historial de l'histoire est l'historial de l'être-au-monde* » [388] et que « *avec l'existence de l'être-au-monde historial, le maniable et le donné sont dès toujours incorporés dans l'historial du monde* » *(ibid.).* Que l'historicisation des outillages les rende autonomes, l'énigme de la passéité et du passé s'en épaissit, faute d'un appui dans l'historialité de l'être-au-monde, qui inclut celle des outillages. Mais cette autonomie, qui donne une sorte d'*objectivité* au processus qui affecte ces outillages, œuvres, monuments, etc., se comprend phénoménologiquement selon la genèse même de la circonspection à partir du Souci, « *sans être appréhendée sur le mode historiographique* » [389]. Les structures de chute, de quotidienneté, d'anonymat, qui relèvent de l'analytique de l'être-là, suffisent, estime-t-il, pour rendre compte de cette méprise par laquelle nous conférons une histoire aux choses. L'appel à l'authenticité l'emporte sur le souci de faire le

---

1. Contrairement à l'attente du lecteur, le dernier paragraphe de la section « Historialité » (§ 77) n'ajoute rien à la thèse de la subordination de l'historiographie à l'historial, bien que Heidegger se confronte directement à Dilthey, avec le secours du comte Yorck, l'ami et le correspondant de Dilthey. Ce qui est en cause, en effet, c'est l'alternative qu'une philosophie de la « vie » et une « psychologie » pourraient opposer à la phénoménologie herméneutique qui place l'historial au fondement des sciences humaines. Heidegger trouve dans la correspondance du comte Yorck un renfort pour sa thèse selon laquelle ce n'est pas un type spécial d'*objets* qui règle la méthodologie des sciences humaines, mais un caractère ontologique de l'homme lui-même, que Yorck appelait *das Ontische,* pour le distinguer de *das Historische.*

pas de l'ontologie à l'épistémologie, bien que la nécessité de le faire ne soit pas contestée[1].

Mais peut-on s'interroger sur « l'origine existentiale de l'historiographie » [392], affirmer son enracinement dans la temporalité, sans parcourir *dans les deux sens* le chemin qui les relie ?

5. *L'intra-temporalité* (Innerzeitigkeit)

Refermons la parenthèse de cette longue querelle concernant le fondement des sciences humaines et reprenons le droit fil de la problématique des niveaux de temporalisation, qui est le cœur vivant de la seconde section de *l'Être et le Temps*.

En déployant les significations nouvelles dont le concept phénoménologique de temps s'est enrichi en passant du niveau de la temporalité pure à celui de l'historialité, avons-nous donné à la temporalité elle-même la plénitude concrète qui n'a cessé de lui manquer depuis le début de nos analyses[2] ? De même que l'analyse de la temporalité

---

1. On lit à la fin du § 75 : « On peut se risquer à projeter la genèse ontologique de l'historiographie comme science sur la base de l'historialité de l'être-là. Ce projet sert à préparer la clarification — à opérer par la suite — de la tâche d'une destruction historiographique de l'histoire de la philosophie » [392]. En renvoyant ainsi au § 6 de *l'Être et le Temps*, Heidegger confirme que ces pages marquent plutôt le congé donné aux sciences humaines au bénéfice de la véritable tâche, laissée inachevée dans *l'Être et le Temps* : « La tâche d'une destruction de l'histoire de l'ontologie » [19] (36).
2. Que l'intra-temporalité soit, en un sens qui reste à déterminer, anticipée par l'historialité, Heidegger l'avait laissé entendre dès le début de son étude de l'historialité. On lit dans les dernières lignes du § 72 qui ouvre cette étude : « Néanmoins *(gleichwohl)*, l'être-là doit encore *(auch)* être appelé " temporel " au sens de l'être " dans le temps " » [376]. Il faut accorder que, « dans la mesure où le temps comme intra-temporalité " procède " *(aus... stammt)* également de la temporalité de l'être-là, historialité et intra-temporalité s'avèrent être équi-originaires. L'interprétation vulgaire du caractère temporel de l'histoire est par là même *(daher)* justifiée dans ses propres limites » [377]. Ce rebondissement de l'analyse est d'ailleurs anticipé au cœur même de l'étude de l'historialité. L'interprétation de l'étirement de l'être-là en termes de « cohésion de vie » avait déjà laissé entendre

Temporalité, historialité, intra-temporalité 147

reste incomplète sans la dérivation, créatrice de nouvelles catégories, qui conduit à l'idée d'historialité, de la même manière l'historialité n'a pas été complètement pensée, tant qu'elle n'a pas été à son tour complétée par l'idée d'intra-temporalité qui, pourtant, en dérive [1].

---

que l'analyse de l'historialité ne pouvait être conduite à son terme sans y inclure ce que la quotidienneté enseigne. Or la quotidienneté ne se borne pas à produire des figures déchues, elle opère comme un rappel de l'horizon dans lequel toutes ces analyses sont conduites, à savoir l'horizon du monde, que le subjectivisme des philosophies du vécu — et aussi (ajouterons-nous) la tendance intimiste, chez Heidegger lui-même, de toutes les analyses centrées sur l'être-pour-la-mort — risque de faire perdre de vue. Au rebours de tout subjectivisme, il faut dire : « *Le devenir-historial de l'histoire est le devenir-historial de l'être-au-monde* » [388]. Bien plus, il faut parler de « l'histoire du monde » *(Geschichte der Welt),* en un tout autre sens que Hegel, pour qui l'histoire-du-monde *(Weltgeschichte)* est faite de la succession des configurations spirituelles : « Avec l'existence de l'être-au-monde historique toutes choses données et maniables ont chaque fois été déjà incorporées à l'histoire du monde » [388]. Il n'est pas douteux que Heidegger ait voulu ainsi briser le dualisme de l'Esprit et de la Nature : « La nature aussi est historique », non au sens de l'histoire naturelle, mais au sens où le monde est hospitalier ou inhospitalier : qu'elle signifie paysage, lieu sédentaire, ressource exploitée, champ de bataille, site culturel, la nature fait de l'être-là un étant intramondain qui comme.tel est historique par-delà toute fausse opposition entre une histoire « externe » et une histoire « intérieure », qui serait celle de l'âme. « Nous nommons cet étant *das Welt-Geschichtliche* — l'historial-mondain » [389]. Heidegger avoue volontiers qu'il est ici sur le point de transgresser les bornes de son thème, mais qu'il est conduit au seuil « de l'énigme ontologique de la mutabilité du devenir-historial en tant que tel » [389].

1. L'analyse de l'intra-temporalité commence par l'aveu que l'analyse de l'historialité s'est faite « sans égard pour le " fait " *(Tatsache)* que tout historial se déroule " dans le temps " » [404]. Or cette analyse ne peut être qu'incomplète, si elle doit inclure la compréhension *quotidienne* de l'être-là — « laquelle ne connaît de fait *(faktisch)* toute l'histoire qu'advenant " dans le temps " » [404]. Le terme qui fait ici question n'est pas tant celui de quotidien (la première partie de *l'Être et le Temps* amorce toutes ses analyses à ce niveau) que celui de factuel *(faktisch)* et de factualité *(Faktizität),* qui marque la charnière entre une analyse qui reste encore dans la mouvance de la phénoménologie et une autre qui relève déjà des sciences de la nature et de l'histoire : « Si l'analytique existentiale de l'être-là doit rendre l'être-là ontologiquement transparent dans sa factualité, il faut aussi restituer *expressément* son droit à l'interpréta-

Le chapitre intitulé « Temporalité et intra-temporalité en tant qu'origine du concept vulgaire de temps » [404] est loin, en effet, de constituer un écho assourdi de l'analyse existentiale de la temporalité. Il montre aussi un philosophe au pied du mur. Deux questions distinctes se posent en effet : de quelle manière l'intra-temporalité — c'est-à-dire l'ensemble des expériences par lesquelles le temps est désigné comme *ce « dans quoi » les événements arrivent* — se rattache-t-elle encore à la temporalité fondamentale ? De quelle manière cette dérivation constitue-t-elle l'*origine* du concept vulgaire de temps ? Aussi liées qu'elles soient, les deux questions sont distinctes. L'une pose un problème de *dérivation,* la seconde de *nivellement.* L'enjeu commun à ces deux questions est de savoir si la *dualité* entre temps de l'âme et temps cosmique (notre chapitre I) et la dualité entre temps phénoménologique et temps objectif (notre chapitre II), sont enfin surmontées dans une analytique de l'être-là.

Concentrons notre attention sur les aspects de l'intra-temporalité qui rappellent sa provenance *(Herkunft)* depuis la temporalité fondamentale. L'expression pivot retenue par Heidegger pour marquer le double aspect de dépendance et de novation de la provenance est celle de « compter avec *(Rechnen mit)* le temps », qui a le double avantage d'annoncer le *nivellement* par lequel l'idée de calcul *(Rechnung)* l'emportera dans la représentation vulgaire du temps et de receler des traces de son origine phénoménologique encore accessibles à l'interprétation existentiale [1].

---

tion factuelle " ontico-temporelle " de l'histoire » [404]. La transition opérée par le temps quotidien sur la voie de retour du temps vulgaire au temps originaire, dans *les Problèmes fondamentaux de la phénoménologie,* confirme que l'intra-temporalité, dernier stade du procès de dérivation dans *l'Être et le Temps,* relève encore du temps originaire.

1. Les emprunts que nous avons faits dans notre premier volume (p. 117-125) à l'analyse heideggerienne de l'intra-temporalité ne visaient qu'à marquer l'ancrage de cette analyse dans le langage ordinaire au niveau de *mimèsis* I, sans égard pour la problématique présente de la provenance de l'intra-temporalité. C'est ainsi que les

Temporalité, historialité, intra-temporalité 149

Comme pour l'historialité, l'explication de la provenance est en même temps la mise au jour de dimensions qui faisaient défaut à l'analyse antérieure[1]. Leur parcours va mettre progressivement en valeur l'originalité de ce monde de temporalisation et, du même coup, préparer le terrain pour la thèse du nivellement de l'intra-temporalité dans la représentation commune du temps, dans la mesure où les traits en apparence les plus originaux de l'intra-temporalité sont seulement ceux dont la provenance est de plus en plus dissimulée.

Pour un premier groupe de traits, la provenance est encore aisée à restituer : *compter avec le temps,* c'est d'abord mettre en relief ce *temps du monde,* déjà évoqué à l'occasion de l'historialité. Or le temps du monde passe au premier plan, dès lors que nous déplaçons l'accent sur le mode d'être des choses que nous rencontrons « dans » le monde : être donné *(vorhanden),* être maniable *(zuhanden).* C'est tout un côté de la structure de l'être-au-monde qui ainsi se rappelle à une analyse que la priorité accordée à l'être-pour-la-mort risquait de faire basculer du côté de

---

analyses qui avaient pour nous valeur inaugurale ne trouvent leur place dans *l'Être et le Temps* qu'au terme d'une entreprise de dérivation qui souligne le caractère herméneutique de la phénoménologie de *l'Être et le Temps.*
1. « L'être-là de fait tient compte du temps, sans avoir une compréhension existentiale de la temporalité. Compter avec le temps est un comportement élémentaire qui demande à être élucidé avant que l'on s'interroge sur ce qu'on veut dire quand on dit que l'étant est " dans le temps ". Tout comportement de l'être-là doit être interprété en fonction de son être, autrement dit, de la temporalité. Il importe de montrer comment l'être-là, *en tant que* temporalité, temporalise un comportement qui se rapporte au temps de *telle* sorte qu'il en tienne compte. Notre caractérisation antérieure de la temporalité est donc non seulement incomplète, dans la mesure où nous n'avons pas respecté toutes les dimensions du phénomène ; elle est en outre fondamentalement lacunaire, puisque la temporalité même inclut quelque chose comme un temps-du-monde, au sens rigoureux du concept existential-temporel de monde. Comment cela est-il possible, pourquoi cela est-il nécessaire, voilà ce qu'il faut arriver à comprendre. Par là s'éclairera le " temps ", selon la connaissance vulgaire, le temps " dans lequel " de l'étant arrive, ainsi que, du même coup, l'intra-temporalité de cet étant » [404-405].

l'intériorité. Il est temps de se souvenir que, si l'être-là ne se comprend pas lui-même selon les catégories de l'être donné et de l'être maniable, en revanche, il n'est au monde que par le commerce qu'il entretient avec ces choses dont la catégorisation ne doit pas à son tour être perdue de vue. L'être-là existe auprès *(bei)* des choses du monde, comme il existe avec *(mit)* autrui. A son tour, cet être-auprès rappelle la condition d'être-jeté, qui constitue l'envers de tout projet, et souligne la passivité primordiale sur le fond de laquelle se détache toute compréhension, qui ainsi demeure « compréhension en situation ». En fait, la part de l'être-affecté n'a jamais été sacrifiée dans les analyses antérieures à celle de l'être-en-projet, comme la déduction des trois ek-stases du temps l'a amplement montré. La présente analyse en souligne le plein droit. Le déplacement de l'accent sur *l'être-jeté-parmi* a pour corollaire la mise en valeur de la troisième ek-stase de la temporalité, sur laquelle l'analyse du temps comme temps de projet, donc comme avenir, jetait une sorte de suspicion. Être auprès des choses du Souci, c'est vivre le Souci comme préoccupation *(besorgen)* ; or, avec la préoccupation, prédomine l'ek-stase du présent, ou plutôt du présenter, au sens de rendre-présent *(gegenwärtigen)*. Avec la préoccupation, il est enfin rendu justice au présent : Augustin et Husserl en partaient, Heidegger y arrive. En ce point, par conséquent, leurs analyses se croisent. Heidegger ne nie point qu'il soit légitime de réorganiser, à ce niveau, les relations entre les trois ek-stases du temps autour du pivot du présent : seul celui qui dit « aujourd'hui » peut aussi parler de ce qui arrivera « alors » et de ce qui doit être fait « auparavant », qu'il s'agisse de plans, d'empêchements ou de précautions ; seul aussi il peut parler de ce qui, ayant échoué ou échappé à sa vigilance, s'est produit « autrefois » et doit réussir « maintenant ».

En simplifiant beaucoup, on peut dire que la préoccupation met l'accent sur le présent, comme la temporalité fondamentale le mettait sur le futur et l'historialité sur le passé. Mais, comme la déduction l'une de l'autre des ek-stases l'a déjà montré, le présent n'est compris existentialement qu'en *dernier lieu*. On sait pourquoi : en restituant son bon droit au vis-à-vis intra-mondain de l'être-là, nous risquons de remettre aussi la compréhension de l'être-là sous le joug des catégories de l'être donné et maniable, dans lesquelles, selon Heidegger, la métaphysique a sans cesse tenté d'enclore jusqu'à la distinction du psychique et du physique. Nous le risquons d'autant plus que le mouvement de bascule, qui ramène l'accent sur le « monde » de l'être-au-monde, fait prévaloir le poids *des choses* de notre Souci sur l'être-en-Souci.

Là prend naissance le nivellement dont il sera question plus loin.

De ce premier groupe de traits descriptifs, dont la « provenance » est relativement aisée à déchiffrer, l'analyse passe à un groupe de trois caractéristiques qui sont précisément celles que la conception vulgaire vient niveler. Elles occupent donc une position clé dans l'analyse, à la charnière de la problématique de la provenance et de la problématique de la dérivation (§ 80).

Dans la perspective de notre discussion ultérieure, on ne saurait être trop attentif à la novation de sens qui donne à la dérivation un caractère productif.

Les trois caractéristiques en question sont dénommées : *databilité, extension, caractère public*.

La databilité se rattache au « compter avec le temps », dont on a dit qu'il précède le calcul effectif. De même, est-il affirmé ici, la databilité précède l'assignation de dates, autrement dit la datation calendaire effective. La databilité procède de la structure relationnelle du temps primordial, lorsqu'elle est référée au présent, dans l'oubli de la primauté de la référence au futur. Tout événement est alors datable, dès lors qu'il est repéré par rapport à « maintenant » ; on dira tantôt qu'il n'est « pas encore » arrivé et qu'il arrivera « plus tard », « alors », tantôt qu'il n'existe « plus » et a eu lieu « autrefois ». Contrairement à ce que l'on croit, cette structure relationnelle — celle-là même sur laquelle s'établissent l'analyse augustinienne du triple présent et l'analyse husserlienne de la protention-rétention — ne se comprend pas de soi. Il faut remonter du « maintenant » en quelque sorte absolu au « maintenant que », complété par le « alors que » et le « autrefois que », pour retrouver le sens phénoménologique de ce jeu de relations. Bref, il faut remonter à l'être-auprès-de... qui rattache la préoccupation aux choses du monde. Lorsque nous parlons du temps comme d'un système de dates ordonnées par rapport à un point du temps pris pour origine, nous oublions tout simplement le travail d'*interprétation* par lequel nous sommes passés du rendre-présent, solidaire de tout ce qu'il attend et de tout ce qu'il retient, à l'idée d'un « maintenant » quelconque. La tâche de la phénoménologie herméneutique, en parlant de databilité plutôt que de date, consiste à réactiver le travail d'interprétation[1] qui se dissimule et s'annule lui-même dans la représentation du temps comme système de dates. En réactivant ce travail, l'analytique existentiale restaure à la fois le caractère *extatique* du « maintenant », c'est-à-dire son appartenance au réseau de l'à-venir, de l'avoir-été, du rendre-présent, et son caractère d'*horizon*, c'est-à-dire la référence du « maintenant que » aux entités rencontrées dans le monde, en vertu de la constitution de l'être-auprès de, propre à la préoccupation : la datation se fait « toujours » en fonction des étants rencontrés en vertu de l'apérité du « là ».

Second trait original de l'intra-temporalité : la considération du *laps de temps,* de l'intervalle entre un « depuis que » et un « jusqu'à ce que », engendré par les rapports entre « maintenant », « alors », « autrefois » (intervalle qui, à son tour, suscite une databilité au deuxième degré : « pendant que »). « Durant » ce laps de temps, les choses ont leur temps, font leur temps, ce que nous appelons d'ordinaire « durer ». Ce que nous retrouvons ici, c'est l'étirement *(Erstrecktheit)* caractéristique de l'historialité, mais interprété dans l'idiome de la préoccupation. En se liant à la databilité, l'étirement est devenu laps de temps ; à son tour, la notion d'intervalle, reportée sur celle de

---

1. « Le rendre-présent — qui attend et retient — *s'*interprète *lui-même...* Le rendre-présent s'interprétant lui-même — autrement dit, l'interprété de la désignation " maintenant " — c'est là ce que nous dénommons " temps " » [408].

Temporalité, historialité, intra-temporalité 153

date, engendre l'idée qu'on peut assigner une étendue temporelle à tout « maintenant », à tout « alors », à tout « autrefois », comme quand nous disons : pendant le repas (maintenant), le printemps dernier (autrefois), l'automne prochain (alors). La question, si embarrassante pour les psychologues, de l'extension du présent trouve ici son origine et l'origine de son obscurité.

C'est en termes de laps de temps que nous « accordons » tant de temps, que nous « employons » bien ou mal notre journée, oubliant que ce n'est pas le temps qui s'épuise, mais notre préoccupation elle-même, laquelle, en se perdant parmi les objets du Souci, perd aussi son temps. Seule la résolution anticipante échappe au dilemme : avoir toujours du temps ou ne pas avoir le temps. Seule elle fait du « maintenant » isolé un authentique *instant*, un *coup d'œil (Augenblick)*, qui ne prétend pas mener le jeu, mais se contente de « tenir » *(Ständigkeit)*. En cette *tenue* consiste la constance à soi *(Selbst-Ständigkeit)* qui embrasse futur, passé et présent, et fusionne l'activité dépensée par le Souci avec la passivité originelle d'un être-jeté-au-monde [1].

Dernier trait original : le temps de la préoccupation est un temps *public*. Là encore, les fausses évidences égarent ; le temps n'est pas de soi-même public ; derrière ce trait se dissimule la compréhension quotidienne — et elle-même moyenne — de *l'être-en-commun ;* le temps public résulte donc d'une interprétation greffée sur cette compréhension quotidienne, qui, en quelque sorte, « publie », « rend public » le temps, dans la mesure où la condition quotidienne n'atteint plus le rendre-présent qu'à travers un « maintenant » quelconque et anonyme.

C'est sur la base de ces trois traits de l'intra-temporalité — databilité, laps de temps, temps public — que Heidegger s'efforce de rejoindre ce qu'on appelle le temps et jette les

---

1. « *Si l'être-là-jeté de fait ne peut " prendre " son temps et le perdre, c'est parce qu'un " temps " lui est alloué, en vertu de sa propre temporalité ek-statiquement étirée, et à la faveur de la révélation du là fondée dans cette dernière* » [410].

bases de sa thèse finale sur le *nivellement* de l'analyse existentiale dans la conception vulgaire du temps[1]. Ce temps, c'est celui de la préoccupation, mais interprété en fonction des *choses* auprès desquelles notre Souci nous fait demeurer. Ainsi le calcul et la mesure, valables pour les choses données et maniables, viennent-ils s'appliquer sur ce temps datable, étendu et public. Le calcul du temps astronomique et calendaire naît ainsi de la datation en fonction des occurrences de l'environnement. L'antériorité que ce calcul paraît avoir par rapport à la databilité publique de l'intra-temporalité s'explique encore une fois par la déréliction dont le Souci est transi[2]. Ainsi, c'est dans la mesure même où nous sommes affectés que le temps astronomique et calendaire paraît autonome et premier. Le temps bascule alors du côté des étants autres que celui que nous sommes, et nous commençons à nous demander, comme les Anciens, si le temps *est,* ou, comme les Modernes, s'il est *subjectif* ou *objectif*.

1. Dans *les Problèmes fondamentaux de la phénoménologie*, c'est le temps vulgaire qui renvoie au temps originaire, à la faveur de la pré-compréhension du temps authentique incluse dans le « maintenant », qui, dans la conception vulgaire, s'additionne à lui-même pour constituer l'ensemble du temps. L'*usage de l'horloge* assure la transition entre l'opération de compter les « maintenant » et leurs intervalles et celle de compter avec... ou de tenir compte du temps [362 sq.] (308 sq.). C'est ainsi l'auto-explication de ce qui est pré-compris dans la conception vulgaire qui fait surgir la compréhension du temps originaire que *l'Être et le Temps* assigne au niveau de l'intra-temporalité. Il est remarquable que des phénomènes assignés à des moments différents dans *l'Être et le Temps* — la significabilité (liée à l'ustensilité de l'horloge), la databilité, l'écartement *(Gespanntheit)* résultant de l'étirement *(Erstreckung)*, la publicité — se trouvent regroupés dans *les Problèmes fondamentaux de la phénoménologie* [369-374] (314-318) ; le temps-mondain *(Weltzeit)* s'articule ainsi à la « destination » *(Bedeutsamleit)* en vertu de laquelle un instrument renvoie à tous les autres au plan de la compréhension quotidienne.
2. Ce calcul « ne survient pas par hasard. Il trouve sa nécessité pour une ontologie existentiale dans la constitution fondamentale de l'être-là comme Souci. Parce que l'être-là ex-siste par essence en tant que jeté et en déchéance, il interprète son temps à la manière d'un calcul portant sur le temps. C'est dans *ce* calcul que se temporalise le caractère " authentiquement " *public* du temps. Si bien qu'il faut dire que *l'être-jeté de l'être-là est la raison pour laquelle " il y a "* temps *à titre public »* [411].

Temporalité, historialité, intra-temporalité 155

Le renversement qui paraît donner au temps une antériorité par rapport au Souci lui-même est le dernier anneau d'une chaîne d'interprétations qui sont autant de mésinterprétations : d'abord, la prévalence de la *préoccupation* dans la structure du Souci ; puis, l'interprétation des traits temporels de la préoccupation en fonction des *choses* auprès desquelles le Souci se tient ; enfin, l'*oubli* de cette interprétation elle-même qui fait que la mesure du temps paraît appartenir aux choses données et maniables en tant que telles. Alors, la quantification du temps paraît indépendante de la temporalité du Souci. Le temps « dans » lequel nous-mêmes sommes est compris comme le réceptacle des choses données et maniables. Le premier oubli est celui de la condition d'être-jeté, en tant que structure de l'être-au-monde.

Il est possible de surprendre le moment de ce premier oubli, et du renversement qui en résulte, dans le rapport que la circonspection (autre nom de la préoccupation) entretient avec la *visibilité* et celle-ci avec la lumière du *jour*[1]. Ainsi se noue, entre le soleil et le Souci, une sorte de pacte secret, dont le jour fait l'entremise. Nous disons : « Tant qu'il fait jour », « pendant deux jours », « depuis trois jours », « dans quatre jours »...

Si le calendrier est le comput des jours, l'horloge est celui des heures et de ses subdivisions. Or, l'heure n'est plus reliée d'une façon aussi visible que le jour à notre préoccupation et, à travers celle-ci, à notre déréliction. Le soleil en effet appartient à l'horizon des choses données *(vorhanden)*. La dérivation de l'heure est donc plus indirecte. Elle n'est pourtant pas impossible, si l'on garde en mémoire que les choses de notre Souci sont pour une

---

1. « Dans son être-jeté, [l'être-là] est livré au changement du jour et de la nuit. Avec sa clarté, le jour apporte la possibilité du voir, la nuit la retire... » [412]. Or, qu'est-ce que le jour, sinon ce que le soleil dispense ? : « Le soleil permet de dater le temps interprété dans la préoccupation. De cette datation procède la mesure " la plus naturelle " du temps, à savoir le jour... Le devenir-historial [de l'être-là] se fait *de jour en jour (tagtäglich)*, en raison de sa manière d'interpréter le temps en le datant, manière à l'avance prescrite par l'être-jeté dans le là *(Da)* » [412-413].

part des choses *maniables*. Or, l'« horloge » est la chose maniable qui permet d'ajouter à la datation exacte la mesure précise. En outre, la mesure achève de rendre le temps public. Le besoin d'une telle précision dans la mesure est inscrit dans la dépendance en laquelle la préoccupation se trouve à l'égard du maniable en général. Les analyses du début de *l'Être et le Temps* consacrées à la mondanéité du monde nous ont préparé à chercher dans la structure de *signifiance* qui relie nos instruments les uns aux autres, et tous ensemble à notre préoccupation, une base pour la prolifération des horloges *artificielles* à partir des horloges naturelles. Ainsi, le lien entre le temps scientifique et le temps de la préoccupation se fait-il toujours plus ténu et plus dissimulé, jusqu'à ce que s'affirme l'autonomie apparemment complète de la mesure du temps par rapport à la structure fondamentale de l'être-au-monde, constitutive du Souci. Si la phénoménologie herméneutique n'a rien à dire sur les aspects épistémologiques de l'histoire de la *mesure* du temps, elle s'intéresse en revanche à la *direction* que cette histoire a prise, en distendant les liens entre cette mesure et le procès de temporalisation dont l'être-là est le pivot. Au terme de cette émancipation, il n'y a plus aucune différence entre suivre le cours du temps et suivre le déplacement d'une aiguille sur un cadran. « Lire l'heure » sur des horloges de plus en plus précises paraît n'avoir plus aucun rapport avec l'acte de « dire maintenant » — acte lui-même enraciné dans le phénomène de compter avec le temps. L'histoire de la mesure du temps est celle de l'oubli de toutes les interprétations traversées par le rendre-présent.

Au terme de cet oubli, le temps lui-même est identifié à une succession de « maintenant » quelconques et anonymes [1].

---

[1]. « Ainsi, quand il est *mesuré*, le temps est également *rendu public*, de telle manière qu'en chaque occasion et chaque fois il est rencontré par chacun comme " maintenant et maintenant et maintenant ". Ce temps que les horloges rendent " universellement " accessible est quelque chose que nous rencontrons pour ainsi dire comme une *multiplicité toute donnée de " maintenant "*, même si une

Temporalité, historialité, intra-temporalité 157

Nous avons ainsi conduit la dérivation de l'intra-temporalité — autrement dit la mise au jour de sa *pro-venance (Herkunft)* — jusqu'au point où ses interprétations successives, vite inversées en mésinterprétations, confèrent au temps une *transcendance* égale à celle du monde[1].

Avant d'entrer dans la polémique dirigée par l'interprétation existentiale de l'intra-temporalité contre la représentation vulgaire du temps, disons *l'avance* que la phénoménologie herméneutique de Heidegger a prise sur celle d'Augustin et de Husserl.

En un sens, le débat entre Husserl et Kant est dépassé : au sens où l'opposition entre sujet et objet l'a été. D'un côté, le temps du monde est plus « objectif » que tout objet, dans la mesure où il accompagne la révélation du monde comme monde ; en conséquence, il n'est pas plus lié aux étants psychiques qu'aux étants physiques : « Il se montre d'abord dans le ciel » [419]. D'un autre côté, il est plus « subjectif » que tout sujet, en vertu de son enracinement dans le Souci.

Plus encore paraît dépassé le débat entre Augustin et Aristote. D'un côté, à l'encontre du premier, le temps de l'âme est aussi un temps du monde, et son interprétation ne requiert aucune réfutation de la cosmologie. De l'autre, à l'encontre du second, la question cesse d'être embarras-

---

opération de mesure n'est pas thématiquement appliquée au temps en tant que tel » [417]. Les conséquences pour l'historiographie sont considérables, dans la mesure où celle-ci dépend du calendrier et de l'horloge : « Il nous a suffi provisoirement de faire apparaître la " connexion " entre l'usage des horloges et la temporalité caractéristique de l'acte de prendre son temps. De même que l'analyse concrète des opérations astronomiques savantes concernant le calcul du temps relève de l'interprétation existentiale-ontologique des activités de découverte de la nature, de même le fondement de la " chronologie ", liée au calendrier et à l'historiographie, ne peut être dégagé que dans l'orbite des tâches relevant de l'analyse existentiale de la connaissance historique » [418].
1. « Avec la révélation du monde, le temps-du-monde est rendu public au point que tout être préoccupé quant au temps, se tenant auprès de quelque étant *intra-mondain,* comprend ce dernier sur le mode de la circonspection comme rencontré " dans le temps " » [419].

sante de savoir s'il peut y avoir temps s'il n'y a point d'âme pour distinguer deux instants et compter les intervalles.

Mais de nouvelles *apories* naissent de cette avance même de la phénoménologie herméneutique.

Elles sont révélées par l'*échec* de la *polémique* contre le concept vulgaire de temps, échec qui, par choc en retour, aide à porter au jour le caractère *aporétique* de cette phénoménologie herméneutique, stade après stade, et dans son ensemble.

6. *Le concept « vulgaire » de temps*

La polémique contre le concept vulgaire de temps est placée par Heidegger sous le signe du *nivellement,* jamais confondu avec la *provenance* — même si l'oubli de la provenance induit le nivellement. Cette polémique constitue un point critique beaucoup plus dangereux que n'a pu le penser Heidegger, préoccupé à cette époque par une autre polémique, autour des sciences humaines. Aussi Heidegger peut-il affecter, sans grand scrupule, de ne pas distinguer le concept scientifique de temps universel du concept vulgaire de temps qu'il critique.

L'argumentation dirigée par Heidegger contre le temps vulgaire est sans concession. Elle n'ambitionne pas moins qu'une genèse *sans reste* du concept de temps, tel qu'il est en usage dans l'ensemble des sciences, à partir de la temporalité fondamentale. Cette genèse est une genèse par nivellement qui prend son point de départ dans l'intra-temporalité, mais qui a pour origine lointaine la méconnaissance du lien entre temporalité et être-pour-la-mort. Partir de l'intra-temporalité a l'avantage évident de faire naître le concept vulgaire de temps au plus près de la dernière figure déchiffrable du temps phénoménologique ; mais, surtout, celui de pouvoir organiser ce concept vulgaire sur la base d'une notion-pivot dont la parenté avec la caractéristique principale de l'intra-temporalité est encore apparente. Cette notion-pivot, c'est le « *maintenant* » *ponctuel*. Le temps vulgaire, en conséquence, peut être caractérisé comme une suite de « maintenant » ponc-

Temporalité, historialité, intra-temporalité 159

tuels dont les intervalles sont mesurés par nos horloges. Comme l'aiguille dans son parcours, le temps court d'un « maintenant » à l'autre. Le temps ainsi défini mérite d'être appelé « temps du maintenant » : « Appelons *Jetzt-Zeit* le temps-du-monde " visualisé " de cette manière par l'horloge » [421].

La genèse du « maintenant » ponctuel est claire : elle est un simple travestissement du rendre-présent qui attend et retient, c'est-à-dire de la troisième ek-stase de la temporalité, que la préoccupation a portée au premier plan. Dans ce travestissement, l'*instrument de mesure*, qui est une des choses maniables sur lesquelles notre circonspection s'est fixée, a *éclipsé le procès du rendre-présent* qui avait rendu la mesure désirable.

A partir de là, les traits majeurs de l'intra-temporalité sont soumis à un nivellement identique : la databilité ne précède plus l'assignation des dates, mais en résulte ; le laps de temps, lui-même issu de l'étirement caractéristique de l'historialité, ne précède plus l'intervalle mesurable, mais se règle sur lui ; et surtout le rendre-public, fondé dans l'« être-avec » des mortels entre eux, cède le pas à ce caractère prétendument irréductible du temps, à savoir son *universalité* ; le temps est tenu pour public, parce qu'il est déclaré universel. En bref, le temps ne se définit comme système de dates que parce que la datation se fait à partir d'une origine qui est un « maintenant » quelconque ; il se définit comme ensemble d'intervalles ; le temps universel, enfin, n'est que la suite *(Folge)* de tels « maintenant » ponctuels *(Jetztfolge)*.

Mais d'autres traits du concept vulgaire de temps n'apparaissent que si l'on fait remonter la genèse à une *mécompréhension* contemporaine de la temporalité la plus originaire. Nous le savons, la phénoménologie ne peut être qu'une herméneutique, parce que le plus proche de nous est aussi le plus dissimulé. Les traits que nous allons parcourir ont ceci de commun qu'ils ont valeur de *symptôme*, en ce sens qu'ils laissent transparaître une origine dont ils marquent en même temps la méconnaissance. Prenons l'infinité du temps : c'est parce que nous avons effacé de notre pensée la finitude originaire, imprimée sur le temps à venir par l'être-pour-la-mort, que nous tenons le temps pour infini[1] ; en ce sens, l'infinité n'est qu'une déchéance de la finité du futur attestée par la résolution anticipante. L'infinité, c'est la non-mortalité ; or ce qui ne meurt pas, c'est le « on ». A la faveur de cette immortalité du « on », notre être-jeté est déchu parmi les choses données et maniables, et perverti par l'idée que la durée de notre vie n'est qu'un fragment de ce temps[2]. Un indice qu'il en est bien ainsi : nous disons du temps qu'il « fuit ». N'est-ce pas parce que nous fuyons nous-mêmes, face à la mort, que l'état de perte dans laquelle nous nous enfonçons, quand nous ne percevons plus le rapport de l'être-jeté et déchu à la préoccupation, fait paraître le temps comme une fuite et nous fait dire qu'il s'en va *(vergeht)* ? Sinon, pourquoi remarquerions-nous la fuite du temps,

1. « L'être-là n'a pas de fin à laquelle il se borne à cesser, mais il existe fini [ou finiment] » [329]. L'infinité est le produit à la fois de la dérivation et du nivellement : « Comment cette temporalité inauthentique *en tant qu'in*-authentique temporalise-t-elle, sur la base de *(aus)* la temporalité finie, un temps *in*-fini ?... C'est seulement parce que le temps originaire est fini que le temps " dérivé " peut se temporaliser comme *in*-fini. Selon l'ordre dans lequel nous appréhendons les choses sur le monde du comprendre, la finité du temps ne devient pleinement visible *(sichtbar)* que quand le " temps sans fin " est instauré *herausgestellt),* afin de lui fournir un contraste » [331]. La thèse de l'infinité du temps, que *l'Être et le Temps* dérive de la méconnaissance de la finité liée à l'être-pour-la-mort, *les Problèmes fondamentaux de la phénoménologie* la rattache directement au « sans fin » de la succession des « maintenant » dans la conception vulgaire du temps. Il est vrai que le cours de 1927 évoque aussi l'oubli par l'être-là de sa propre finitude essentielle ; mais c'est pour ajouter aussitôt qu'« il n'est pas possible d'examiner ici plus en détail la finitude du temps, parce qu'elle dépend du difficile problème de la mort, qu'il n'est pas question d'analyses dans le présent contexte » [387] (329). Est-ce à dire que le sens du *Ganzsein* est moins solidaire de l'être-pour-la-mort dans le cours que dans le livre ? Ce soupçon trouve un renfort dans l'adjonction — sur laquelle nous reviendrons dans nos pages de conclusions — de la problématique de la *Temporalität* à celle de la *Zeitlichkeit*. Cette problématique, nouvelle par rapport à *l'Être et le Temps,* marque le primat de la question de l'*horizon* ontologique, désormais greffée sur le caractère *ek-statique* du temps, lequel relève purement d'une analytique de l'être-là.

2. « La suite *nivelée* des " maintenant " reflète la méconnaissance complète de son origine dans la temporalité de l'être-là singulier *(einzelner),* jointe à l'un-avec-l'autre quotidien » [425].

plutôt que son éclosion ? Ne s'agit-il pas d'une sorte de retour du refoulé, par quoi notre fuite face à la mort se travestit en fuite du temps ? Et pourquoi disons-nous du temps qu'on ne peut l'arrêter ? N'est-ce pas parce que notre fuite face à la mort nous fait désirer d'en suspendre le cours, par une perversion bien compréhensible de notre attente sous sa force la moins authentique ? « L'être-là tire sa connaissance du temps fugitif de son savoir *fugitif* concernant la mort » [425]. Et pourquoi tenons-nous le temps pour irréversible ? Ici encore le nivellement n'empêche pas que quelque aspect de l'originaire vienne à se trahir : un flux neutre de « maintenant » quelconques ne devrait-il pas pouvoir être inversé ? « L'impossibilité du renversement a pour raison la provenance du temps public de la temporalité, dont la temporalisation, marquée à titre primaire par le futur, " va " ek-statiquement vers sa fin, de telle sorte qu'elle " est " déjà pour la fin » [426].

Heidegger ne nie point que cette représentation vulgaire ait son droit, dans la mesure même où elle procède par nivellement de la temporalité d'un être-là jeté et déchu. Cette représentation relève, à sa façon, du monde quotidien de l'être-là et de la compréhension qui y ressortit[1]. Seule est irrecevable sa prétention à être tenue pour le concept vrai du temps. On peut retracer le procès d'interprétation et de mécompréhension qui mène de la temporalité à ce concept vulgaire. En revanche, le trajet inverse est impraticable.

Mon doute commence exactement en ce point. Si, comme je le crois, on ne peut constituer la temporalité humaine sur la base du concept de temps conçu comme suite de « maintenant », le trajet inverse de la temporalité et de l'être-là au temps cosmique n'est-il pas, d'après la discussion qui précède, tout aussi impraticable ?

1. Remarque d'autant plus importante pour nous qu'est rappelé à cette occasion l'égal bon droit de l'*histoire*, « comprise *publiquement* comme devenir-historial *intra-temporel* » [426]. Cette sorte de reconnaissance oblique de l'histoire joue un rôle important dans les discussions ultérieures du statut de l'histoire par rapport à une phénoménologie herméneutique.

Dans toute l'analyse précédente, une hypothèse a été par Heidegger exclue à l'avance : que le processus tenu pour un phénomène de nivellement de la temporalité soit aussi, et simultanément, le dégagement d'un concept *autonome* de temps — le temps cosmique —, dont la phénoménologie herméneutique du temps ne vient jamais à bout et avec laquelle elle n'a jamais fini de s'expliquer.

Si Heidegger exclut d'entrée de jeu cette hypothèse, c'est qu'il ne se mesure jamais avec la science contemporaine dans son propre débat avec le temps, et tient pour acquis que la science n'a rien d'original à dire qui ne soit tacitement emprunté à la métaphysique, de Platon à Hegel. En témoigne le rôle assigné à Aristote dans la genèse du concept vulgaire de temps [421] : Aristote serait le premier responsable du nivellement, accrédité par toute l'histoire ultérieure du problème du temps, à travers la définition de *Physique,* IV, 11, 218 b 29-219 a 6, examinée plus haut [1]. Son affirmation selon laquelle l'*instant* détermine le temps ouvrirait la série des définitions du temps comme suite de « maintenant », au sens de « maintenant » quelconques.

---

1. Heidegger traduit ainsi : « *Das nämlich ist die Zeit, das Gezählte an der im Horizont des Früher und Später begegnenden Bewegung* » [421]. L'équivalent français donnerait ce qui suit : « Voici ce qu'est en effet le temps : le nombre quant au mouvement rencontré sous l'horizon du plus tôt et du plus tard. » Cette traduction suggère l'ambiguïté d'une définition où le nivellement serait déjà accompli, mais resterait encore discernable en tant que nivellement, si bien que l'accès à une interprétation existentiale demeurerait ouvert. Je me garde de porter un jugement définitif sur l'interprétation de la conception aristotélicienne du temps. Heidegger se réservait d'y revenir dans la deuxième partie de *l'Être et le Temps,* après une discussion de la *Seinsfrage* de l'ontologie antique. *Les Problèmes fondamentaux de la phénoménologie* comblent cette lacune [330-361] (281-308). La discussion du traité aristotélicien du temps est si importante dans la stratégie développée dans le cours de 1927 qu'elle détermine le point de départ du mouvement de retour du concept de temps vulgaire en direction de la compréhension du temps originaire. Tout se joue sur l'interprétation du *to nun* aristotélicien. Nous avons, d'autre part, des textes importants de Heidegger sur la *Physique* d'Aristote qui restituent le contexte de la *phusis* grecque, dont la signification profonde serait, selon Heidegger, radicalement méconnue par les philosophes et les historiens de la pensée grecque, cf. « Ce qu'est et comment se détermine la *physis* » (Aristote, *Physique,* I, 1),

Or, dans l'hypothèse même — fort discutable — selon laquelle toute la métaphysique du temps serait contenue *in nuce* dans la conception aristotélicienne[1], la leçon que nous avons nous-même tirée de notre lecture du texte fameux de la *Physique* d'Aristote est qu'il n'y a pas de transition concevable — *ni dans un sens, ni dans l'autre* — entre l'instant *quelconque* et le présent *vif*. La force d'Aristote consiste précisément dans la caractérisation de l'instant comme instant *quelconque*. Et l'instant est quelconque en ceci précisément qu'il procède d'une coupure arbitraire dans la continuité du mouvement local, et plus généralement du changement, et marque l'incidence (sans valeur de présent) en chaque mouvement de cet acte imparfait que constitue l'acte de la puissance. Or le mouvement (le changement) appartient, nous l'avons vu, aux principes de la physique, lesquels n'incluent pas dans leur définition la référence à une âme qui discrimine et compte. L'essentiel, dès lors, est, d'abord, que le temps

---

séminaire de 1940, traduit par F. Fédier, in *Question II*, Paris, Gallimard, 1968, p. 165-276 ; l'original allemand a été publié en 1958, accompagné d'une traduction italienne de G. Guzzoli, par la revue *Il Pensiero*, nos 2 et 3, Milan, 1958.

1. « Toute élucidation *(Erörterung)* ultérieure du concept de temps reste fondamentalement attachée à la définition aristotélicienne — autrement dit, thématise le temps quand il se montre dans la préoccupation circonspecte » [421]. Je ne discute pas ici la fameuse note (*l'Être et le Temps*, p. 434, n. 1) selon laquelle « le privilège accordé au maintenant nivelé montre à l'évidence que la détermination conceptuelle du temps par Hegel suit aussi la ligne de la compréhension *vulgaire* du temps et cela signifie du même coup qu'elle suit la ligne du concept *traditionnel* du temps ». On en trouvera la traduction et l'interprétation dans J. Derrida, « *Ousia* et *Grammè*. Note sur une note de *Sein und Zeit* », in *Marges de la Philosophie*, Paris, Éd. de Minuit, 1972, p. 31-78. On lira aussi la réfutation de l'argumentation de Heidegger dans le § 82, dirigé « contre la conception de Hegel de la relation entre temps et esprit », par Denise Souche-Dagues (« Une exégèse heideggerienne : le temps chez Hegel d'après le § 82 de *Sein und Zeit* », *Revue de métaphysique et de morale*, janvier-mars 1979, p. 101-119). Enfin on reprendra la discussion de l'interprétation heideggerienne d'Aristote avec Emmanuel Martineau. « Conception vulgaire et conception aristotélicienne du temps. Notes sur *Grundprobleme der Phänomenologie* de Heidegger », *Archives de philosophie*, janv.-mars 1980, pp. 99-120.

soit « quelque chose du mouvement », sans s'égaler jamais aux principes constitutifs de la nature ; ensuite, que la continuité du temps « accompagne » celle du mouvement et de la grandeur, sans jamais s'en affranchir entièrement. Il en résulte que, si l'opération noétique de discrimination par laquelle l'esprit distingue deux instants suffit à distinguer le temps du mouvement, cette opération se greffe sur le déploiement même du mouvement, dont le caractère nombrable précède les distinctions relatives au temps. L'antériorité logique et ontologique assignée par Aristote au mouvement par rapport au temps me paraît incompatible avec toute tentative de dérivation par nivellement du temps dit vulgaire à partir du temps de la préoccupation. *Être quelque chose du mouvement et être quelque chose du Souci me paraissent constituer deux déterminations inconciliables dans leur principe.* L'« historial-monde » masque seulement l'abîme qui se creuse entre le présent et l'instant. On ne comprend pas comment ni pourquoi l'historialité des *choses* de notre Souci s'affranchirait de celle du Souci lui-même, si le pôle monde de notre être-au-monde ne développait pas un temps lui-même *polairement* opposé au temps de notre Souci, et si la rivalité entre ces deux perspectives sur le temps, enracinées l'une dans la mondanité *du* monde, l'autre dans le « *là* » de *notre* manière d'être-au-monde, n'engendrait pas l'aporie ultime de la question du temps pour la pensée.

Ce droit égal du temps vulgaire et du temps phénoménologique, au sein de leur confrontation, s'affirme avec une insistance particulière si, ne se bornant pas à ce que les philosophes ont pu dire sur le temps, à la suite (ou non) d'Aristote, on veut bien prêter l'oreille à ce que disent les scientifiques et les épistémologues les plus attentifs aux développements modernes de la théorie du temps[1]. L'ex-

1. Hans Reichenbach, *Philosophie der Raum-Zeit-Lehre*, Berlin, 1928 ; Adolf Grünbaum, *Philosophical Problem of Space and Time*, Dordrecht, Boston, D. Reidel, 1973, 2ᵉ éd., 1974 ; Olivier Costa de Beauregard, *La Notion de temps, équivalence avec l'espace*, Paris, Hermann, 1953 : « Two Lectures of the Direction of Time », *Synthèse*, nº 35, 1977.

pression même de « temps vulgaire » paraît alors dérisoire, au regard de l'ampleur des problèmes posés à la science par l'orientation, la continuité, la mensurabilité du temps[1]. A la lumière de ces travaux d'une technicité toujours plus grande, on en vient à se demander si l'on peut opposer un concept scientifique unique de temps aux analyses phénoménologiques, elles-mêmes multiples, reçues d'Augustin, de Husserl et de Heidegger.

Si, d'abord, à la suite de Stephen Toulmin et June Goodfield[2], on se borne à discuter ces sciences selon l'ordre suivi par la découverte de la dimension « historique » du monde naturel, on découvre que ce n'est pas seulement une extension progressive de l'échelle du temps au-delà de la barrière des six mille ans, assignée par une tradition judéochrétienne pétrifiée, que les sciences de la nature ont imposée à notre considération, mais une différenciation croissante des propriétés temporelles caractéristiques de chacune des régions de la nature ouvertes à une histoire naturelle toujours plus stratifiée. Le premier trait, l'extension de l'échelle du temps de six mille ans à six milliards d'années, n'est certes pas négligeable, si l'on considère les incroyables résistances que sa reconnaissance a dû vaincre. Si la rupture de la barrière du temps a pu constituer une telle blessure, c'est parce qu'elle portait au jour une disproportion, aisément traduite en termes d'incommensurabilité, entre le temps humain et celui de la nature[3]. Ce fut d'abord la découverte des fossiles organiques, dans les dernières décennies du XVIIe siècle, qui imposa, à l'encontre d'une conception statique de la croûte terrestre, une théorie dynamique du changement géologique, dont la chronologie faisait reculer de façon dramatique la barrière du temps. Avec la

1. J'adopte ici, à titre indicatif, la distinction retenue par Hervé Barreau dans *la Construction de la notion de temps,* Strasbourg, Atelier d'impression du département de Physique, ULP, 1985, t. III.
2. Stephen Toulmin et June Goodfield, *The Discovery of Time,* Chicago, Londres, The University of Chicago Press, 1965, 1977, 1982.
3. Toulmin et Goodfield citent un poème de John Donne déplorant « *the world's proportion disfigured* » (*op. cit.,* p. 77).

reconnaissance des changements géologiques et l'explication de la séquence temporelle de ces changements, « la terre acquiert une histoire ». C'est désormais sur la base de traces matérielles, fossiles, couches, failles, qu'il devient possible d'inférer la succession des « époques de la nature », pour reprendre le titre de Buffon. La stratigraphie, inventée au début du XIXe siècle, transforme de façon décisive la géologie en une science « historique », sur la base d'inférences gagées par le témoignage des choses. La révolution « historique » en géologie ouvre à son tour la voie, par le truchement de la paléontologie, à une transformation semblable en zoologie, que couronne en 1859 le grand livre de Darwin, *Origin of Species*. Nous imaginons mal la masse d'idées reçues que dut déplacer la simple hypothèse d'une *évolution* des espèces, pour ne rien dire du degré de probabilité de la théorie en tant que telle, qu'il s'agisse du mode d'acquisition, de transmission ou d'accumulation des variations spécifiques. L'important, pour notre discussion, est que, avec Darwin, « la vie acquiert une généalogie[1] ». Pour le biologiste darwinien ou néo-darwinien, le temps se confond avec le processus même de descendance, scandé par l'occurrence de variations favorables et scellé par la sélection naturelle. Toute la génétique moderne s'inscrit à l'intérieur de la présupposition majeure d'une histoire de la vie. L'idée d'une histoire naturelle devait s'enrichir en outre des découvertes de la thermodynamique et, plus que tout, de la découverte des processus subatomiques — principalement quantiques — à l'autre extrémité de la grande chaîne des êtres. Dans la mesure où ces phénomènes sont à leur tour responsables de la formation des corps célestes, on peut parler d'« évolution stellaire[2] » pour prendre compte du cycle de vie assigné aux étoiles individuelles et aux galaxies. Une dimension temporelle authentique est désormais introduite en astronomie, qui autorise à parler d'un âge de l'univers compte en années-lumière.

1. *The Discovery of Time*, p. 197-229.
2. *Ibid.*, p. 251.

Mais ce premier trait, la rupture de la barrière temporelle admise pendant des millénaires et l'extension fabuleuse de l'échelle du temps, ne doit pas nous masquer un second trait, de plus grande portée philosophique, à savoir la diversification des significations attachées au vocable « temps » dans les régions de la nature que l'on vient de parcourir et dans les sciences qui leur correspondent. Ce phénomène est masqué par le précédent, dans la mesure où la notion d'échelle du temps introduit un facteur abstrait de commensurabilité qui ne tient compte que de la chronologie comparée des processus considérés. Que cet alignement sur une unique échelle du temps soit finalement trompeur, est attesté par le paradoxe que voici : le laps de temps d'une vie humaine, comparé à l'amplitude des durées cosmiques, paraît insignifiant, alors qu'il est le lieu même d'où procède toute question de signification [1]. Ce paradoxe a suffi à mettre en question l'homogénéité présumée des durées projetées sur l'unique échelle du temps. Ce qui est ainsi rendu problématique, c'est le droit de la notion même d'« histoire » naturelle (d'où notre usage constant des guillemets dans ce contexte). Tout se passe comme si, par un phénomène de contamination mutuelle, la notion d'histoire avait été extrapolée de la sphère humaine à la sphère naturelle, tandis qu'en retour la notion de changement, spécifiée au plan zoologique par celle de l'évolution, avait inclus l'histoire humaine dans son périmètre de sens. Or, avant tout argument ontologique, nous avons une raison épistémologique de refuser cet empiétement réciproque des notions de changement (ou d'évolution) et d'histoire ; ce critère est celui que nous avons articulé dans la seconde partie de cette étude, à savoir le critère narratif, lui-même réglé sur celui de *praxis,* tout récit étant ultimement une *mimèsis* d'action. Sur ce point, je me rallie sans réserve à la thèse de Collingwood, tirant un trait entre les notions de changement et d'évolution, d'une part, et celle d'histoire, d'autre

---

1. La portée du paradoxe ne se révèle dans toute son amplitude que lorsque le récit, entendu comme *mimèsis* d'action, est pris pour critère de cette signifiance.

part[1]. A cet égard, la notion de « témoignage » des choses, évoquée plus haut à l'occasion de la grande discussion suscitée par l'interprétation des fossiles, ne doit pas faire illusion. L'analogie entre le témoignage des hommes sur les événements du passé et le « témoignage » des vestiges du passé géologique ne va pas au-delà du mode de preuve, à savoir l'usage de l'inférence en forme de rétrodiction. L'abus commence dès l'instant où la notion de « témoignage » est détachée du contexte narratif qui l'érige en preuve documentaire au service de la compréhension explicative d'un cours d'action. Ce sont finalement les concepts d'action et de récit qui sont non transférables de la sphère humaine à la sphère de la nature.

Ce hiatus épistémologique n'est à son tour que le symptôme d'une discontinuité au niveau qui nous intéresse ici, celui du temps des phénomènes considérés. Autant il nous a paru impossible d'engendrer le temps de la nature à partir du temps phénoménologique, autant il nous paraît maintenant impossible de procéder en sens inverse et d'inclure le temps phénoménologique dans le temps de la nature, qu'il s'agisse du temps quantique, du temps de la thermodynamique, de celui des transformations galactiques, ou de celui de l'évolution des espèces. Sans nous prononcer sur la pluralité des temporalités appropriées à la diversité des régions épistémologiques considérées, une seule distinction, toute négative, nous suffit, celle d'un *temps sans présent* et d'un *temps avec présent*. Quelle que soit la variété positive que recouvre la notion d'un temps sans présent, une seule discontinuité importe à notre discussion du temps phénoménologique, celle-là même que Heidegger a essayé de surmonter en rassemblant sous le signe du « temps vulgaire » toutes les variétés temporelles préalablement alignées sous le concept neutre d'échelle du temps : quelles que soient les interférences entre le temps avec présent et le temps sans présent, elles présupposent la distinction de principe entre un instant quelcon-

---

1. Collingwood, *The Idea of History*, Oxford, Oxford University Press, 1946, p. 17-23.

Temporalité, historialité, intra-temporalité 169

que et le présent qualifié par l'instance de discours qui le désigne réflexivement. Cette distinction de principe entre l'instant quelconque et le présent sui-référentiel entraîne celle de la paire avant/après et de la paire passé/futur, le passé/futur désignant le rapport avant/après en tant que marqué par l'instance du présent[1].

---

1. La discontinuité entre le temps sans présent et le temps avec présent ne me paraît pas incompatible avec la thèse de C. F. Von Weizsäcker portant sur le rapport entre l'irréversibilité des processus physiques et la logique temporelle de la probabilité. Selon l'auteur, la physique quantique impose de réinterpréter en termes probabilistes le second principe de la thermodynamique, qui lie la direction du temps à l'entropie d'un système clos. L'entropie d'un état doit désormais être conçue comme la mesure de la probabilité de l'occurrence de cet état : les états antérieurs plus improbables se transforment en états postérieurs plus probables. Si l'on demande ce que signifient les termes antérieurs et postérieurs impliqués par les métaphores de la direction du temps et de la flèche du temps, le célèbre physicien répond ceci : tout homme de notre culture, donc tout physicien, comprend implicitement la différence entre passé et futur : le passé est de l'ordre du fait ; il est désormais inaltérable ; le futur est possible. La probabilité, dès lors, est une saisie quantitative, mathématisée, de la possibilité. Quant à la probabilité du devenir, au sens direct où la physique la prend ici, elle sera toujours au futur. Il en résulte que la différence quantitative entre passé et futur n'est pas une conséquence du second principe de la thermodynamique. Elle constitue plutôt sa prémisse phénoménologique. Ce n'est que parce que nous en avons d'abord la compréhension que nous pouvons nous livrer à la physique comme nous le faisons. Généralisant cette thèse, nous pouvons dire que cette distinction est constitutive du concept fondamental d'expérience : l'expérience tire enseignement du passé concernant le futur. Le temps, au sens de cette différence qualitative entre fait et possibilité, est une condition de la possibilité de l'expérience. Si donc l'expérience présuppose le temps, la logique dans laquelle nous décrivons les propositions de l'expérience doit être une logique d'énoncés temporels, plus exactement une logique des modalités futures (cf. « Zeit, Physik, Metaphysik », *in* Christian Link (éd.), *Die Erfahrung der Zeit, Gedenkschrift für Georg Picht*, Stuttgart, Klett-Cotta, 1984, p. 22-24). Rien, dans cet argument, ne remet en question la distinction entre instant quelconque et présent. La différence qualitative entre passé et futur est bien une différence phénoménologique, au sens de Husserl et de Heidegger. Mais la proposition « le passé est factuel, le futur est possible » dit plus : elle compose ensemble l'expérience vive, où la distinction entre passé et futur prend sens, et la notion d'un cours d'événements admettant les notions d'état antérieur et d'état postérieur. Le problème qui reste

Il ressort de cette discussion que l'*autonomie du temps du mouvement* (pour rester dans un vocabulaire kantien autant qu'aristotélicien) constitue l'ultime aporie pour la phénoménologie du temps — une aporie que seule pouvait révéler dans toute sa radicalité la conversion herméneutique de la phénoménologie. C'est en effet lorsque la phénoménologie du temps accède aux aspects de la temporalité qui sont d'autant plus dissimulés qu'ils nous sont les plus proches, qu'elle découvre sa limite externe.

Pour qui s'attache uniquement à la *polémique* que Heidegger lui-même a ouverte, en désignant comme temps vulgaire le temps universel de l'astronomie, des sciences physiques, de la biologie et, finalement, des sciences humaines, et en portant au compte d'un nivellement des accents du temps phénoménologique la genèse de ce prétendu temps vulgaire — pour un tel lecteur, *l'Être et le Temps* paraît s'achever sur un échec : l'échec de la genèse du concept vulgaire du temps. Ce n'est pourtant pas ainsi que je voudrais conclure. Cet « échec », à mon avis, est ce qui porte l'aporicité de la temporalité à son comble. Il résume l'échec de *toute* notre pensée sur le temps, et, au premier chef, de la phénoménologie et de la science. Or cet échec n'est pas vain, comme toute la suite de cet ouvrage s'emploie à le montrer. Et, avant même qu'il relance notre propre méditation, il révèle quelque chose de sa fécondité dans la mesure où il joue le rôle de révélateur à l'égard de ce que j'appellerai le *travail de l'aporie* à l'œuvre à l'intérieur même de l'analyse existentiale.

Je regrouperai mes remarques sur le *travail de l'aporie* autour de quatre pôles :

1. C'est d'abord ce concept « vulgaire » de temps qui, dès le début, exerce une sorte d'*attraction-répulsion* sur toute l'analyse existentiale, la contraignant à se déployer,

---

posé est celui de la congruence entre deux irréversibilités : celle du rapport passé/futur au plan phénoménologique, et celle du rapport avant/après au plan des états tenus les premiers pour plus improbables et les seconds pour plus probables.

à se distendre, à s'étirer, jusqu'à s'égaler, par une approximation croissante, à son *autre* qu'elle ne peut engendrer. En ce sens, l'aporie en quelque sorte *externe*, ouverte dans le concept de temps par la disparité des perspectives sur le temps, est ce qui suscite, au sein même de l'analyse existentiale, le plus grand effort de diversification interne, auquel nous devons la distinction entre temporalité, historialité et intra-temporalité. Sans être l'origine de cette diversification, le concept scientifique en est en quelque sorte le catalyseur. Les admirables analyses de l'historialité et de l'intra-temporalité apparaissent alors comme un effort quasi désespéré pour enrichir de traits de plus en plus *mondains* la temporalité du Souci, centrée d'abord sur l'être-pour-la-mort, de manière à offrir une équivalence approchée du temps-succession dans les limites de l'interprétation existentiale.

2. Outre la contrainte exercée *du dehors* par le concept vulgaire de temps sur l'analyse existentiale, on peut parler d'un *empiétement mutuel* d'un mode de discours sur l'autre. Cet échange frontalier prend les deux formes extrêmes de la *contamination* et de la *contrariété,* avec tout le cortège des nuances intellectuelles et émotionnelles que peuvent engendrer ces interférences de sens.

La *contamination* caractérise plus particulièrement les empiétements au niveau de l'intra-temporalité. Ce sont même ces phénomènes de contamination qui ont pu accréditer l'idée que l'on passait la frontière par simple nivellement. Nous avons anticipé ce problème lorsque nous avons discuté des rapports entre les trois phénomènes majeurs de databilité, de laps de temps, de publicité, et les trois traits conceptuels de la datation effective, de la mesure des intervalles par des unités fixes de durée, et de la simultanéité qui sert de critère à toute co-historialité [1]. On pourrait parler dans tous ces cas d'un recouvrement de l'existential et de l'empirique l'un par

---

[1]. Nous reviendrons longuement sur le problème de la *datation* dans le cadre de notre étude des *connecteurs* mis en place par la pensée historique *entre* le temps cosmique et le temps phénoménologique.

l'autre[1]. Entre l'être-jeté et déchu, qui constitue notre passivité fondamentale à l'égard du temps, et la contemplation des astres, dont la révolution souveraine est soustraite à notre maîtrise, il s'établit une complicité si étroite que ces deux approches deviennent indiscernables pour le sentiment. En témoignent les expressions : temps-du-monde, être-dans-le-temps, qui cumulent la force des deux discours sur le temps.

En revanche, l'effet de *contrariété,* issu de l'interférence entre les deux modes de pensée, se laisse mieux discerner à l'autre extrême de l'éventail de la temporalité : entre la finitude du temps mortel et l'infinité du temps cosmique. A vrai dire, c'est à cet effet que la plus ancienne sagesse a été attentive. L'élégie de la condition humaine, modulant entre la lamentation et la résignation, n'a cessé de chanter le contraste entre le temps qui demeure et nous qui passons. Est-ce seulement le « on » qui ne meurt pas ? Si nous tenons le temps pour infini, est-ce seulement parce que nous nous dissimulons à nous-mêmes notre propre finitude ? Et, si nous disons que le temps fuit, est-ce seulement parce que nous fuyons l'idée de notre être-pour-la-fin ? n'est-ce pas aussi parce que nous observons, dans le cours des choses, un passage qui nous fuit, en ce sens qu'il échappe à nos prises, au point d'ignorer, si l'on peut dire, jusqu'à notre propre résolution d'ignorer qu'il nous faut mourir ? Parlerions-nous de la brièveté de la vie, si elle ne se détachait pas sur le fond de l'immensité du temps ? Ce contraste est la forme la plus émouvante que peut assumer le double mouvement d'affranchissement par lequel, d'une part, le temps du Souci s'arrache à la fascination du temps insouciant du monde et, d'autre part, le temps astronomique et calendaire se soustrait à l'aiguillon de la préoccupation immédiate et jusqu'à la pensée de la mort. Oubliant le rapport du maniable à la préoccupa-

---

1. C'est peut-être le sens qu'on doit donner à l'expression si troublante de *faktisch* chez Heidegger. Tout en ajoutant à la mondanéité — terme existential — un accent étranger, elle adhère à la mondanéité à la faveur du phénomène de contamination entre les deux régimes de discours sur le temps.

tion, et oubliant la mort, nous contemplons le ciel et nous construisons calendriers et horloges. Et soudain, sur le cadran de l'une d'entre elles, surgit en lettres de deuil le *memento mori*. Un oubli efface l'autre. Et l'angoisse de la mort revient à la charge, aiguillonnée par le silence éternel des espaces infinis. Nous pouvons ainsi osciller d'un sentiment à l'autre : de la *consolation,* que nous pouvons éprouver à découvrir une *parenté* entre le sentiment d'être jeté au monde et le spectacle du ciel où le temps se montre, à la *désolation,* qui sans cesse renaît du *contraste* entre la fragilité de la vie et la puissance du temps qui plutôt détruit.

3. A son tour, cette différence entre les deux formes extrêmes de l'échange *frontalier* entre les deux perspectives sur le temps rend attentif à des polarités, des tensions, voire des ruptures *à l'intérieur même* du domaine exploré par la phénoménologie herméneutique. Si la dérivation du concept vulgaire du temps par nivellement nous a paru problématique, la dérivation par *provenance,* qui relie entre elles les trois figures de la temporalité, mérite aussi d'être interrogée. Nous n'avons pas manqué de souligner, à chaque transition d'un stade à l'autre, la complexité de ce rapport de « provenance », qui ne se borne pas à une perte progressive d'authenticité. Par un supplément de sens, l'historialité et l'intra-temporalité ajoutent ce qui manquait de sens à la temporalité fondamentale pour être pleinement originaire et pour que la temporalité atteigne son intégralité, sa *Ganzheit.* Si chaque niveau procède du précédent à la faveur d'une interprétation qui est d'emblée une mésinterprétation, un oubli de la « provenance », c'est parce que cette « provenance » consiste non dans une réduction, mais dans une production de sens. C'est par un dernier surcroît de sens que se révèle ce temps du monde par lequel la phénoménologie herméneutique jouxte la science astronomique et physique. Le style conceptuel de cette provenance créatrice entraîne un certain nombre de conséquences qui accentuent le caractère aporétique de la section de *l'Être et le Temps* consacrée à la temporalité.

Première conséquence : si l'on met l'accent sur les deux

extrêmes de cette promotion de sens, l'être-pour-la-mort et le temps du monde, on découvre une opposition polaire, paradoxalement dissimulée à travers le processus herméneutique dirigé contre toute dissimulation : d'un côté le temps mortel, de l'autre le temps cosmique. Cette faille qui traverse toute l'analyse n'en constitue aucunement la réfutation : elle la rend seulement moins sûre d'elle-même, plus problématique, plus aporétique pour tout dire.

Deuxième conséquence : si, d'une figure temporelle à l'autre, il y a à la fois perte d'authenticité et surcroît d'originarité, l'ordre dans lequel les trois figures sont parcourues ne peut-il pas être inversé ? De fait, l'intratemporalité est sans cesse présupposée par l'historialité ; sans les notions de databilité, de laps de temps, de manifestation publique, l'historialité ne pourrait être dite se déployer *entre* un commencement et une fin, *s'étirer* dans cet entre-deux, et devenir le *co-historial* d'une destinée commune. Le calendrier et l'horloge en témoignent. Et, si l'on remonte de l'historialité à la temporalité originaire, comment le caractère public de l'historial ne précéderait-il pas à sa façon la temporalité la plus profonde, dans la mesure où son interprétation relève elle-même du langage qui a dès toujours précédé les formes réputées intransférables de l'être-pour-la-mort ? Plus radicalement encore, le « hors-de-soi » — l'*Ausser-sich* — de la temporalité originaire ne marque-t-il pas le choc en retour des structures du temps du monde sur celles de la temporalité originaire, par le truchement de l'étirement caractéristique de l'historialité[1] ?

Dernière conséquence : si l'on est attentif aux discontinuités qui ponctuent le procès de la genèse de sens tout au long de la section sur le temps de *l'Être et le Temps*, on

1. L'objection de circularité que l'on pourrait aisément tirer de la réversibilité de toutes les analyses n'est pas plus ruineuse ici qu'elle ne l'a été pour nous lorsque nous avons tourné contre nous-même cet argument dans la première partie, au moment d'introduire le stade de *mimèsis* III. La circularité est un signe de santé en toute analyse herméneutique. Du moins ce soupçon de circularité doit-il être versé au compte de l'aporicité fondamentale de la question du temps.

peut se demander si la phénoménologie herméneutique ne suscite pas une intime *dispersion* des figures de la temporalité. En s'ajoutant à la cassure, pour l'épistémologie, entre, d'une part, le temps phénoménologique et, d'autre part, le temps astronomique, physique et biologique, cette scission entre temps mortel, temps historique et temps cosmique atteste, de façon inattendue, la vocation plurielle, ou mieux pluralisante, de cette phénoménologie herméneutique. Heidegger fraie lui-même la voie à cette interrogation lorsqu'il déclare que les trois degrés de temporalisation sont co-originaires, reprenant à dessein une expression qu'il avait appliquée aux trois ek-stases du temps. Or, si elles sont co-originaires, le futur n'a pas nécessairement la priorité que l'analyse existentiale du Souci lui confère. Aussi bien le futur, le passé, le présent prédominent-ils tour à tour quand on passe d'un niveau à l'autre. En ce sens le débat entre Augustin, qui part du présent, et Heidegger, qui part du futur, perd beaucoup de son acuité. D'ailleurs, la multiplicité des fonctions que l'expérience du présent assume nous met en garde contre la relégation arbitraire d'un concept trop univoque du présent. En dépit de la filiation à sens unique que Heidegger propose du futur vers le passé et vers le présent, en dépit aussi de l'ordre en apparence univoquement descendant qui règle la *provenance* des figures les moins authentiques de la temporalité, le procès de temporalisation apparaît à la fin de la section sur le temps plus radicalement différencié qu'il ne le paraissait au début de l'analyse : c'est en effet la différenciation des trois figures de la temporalisation — temporalité, historialité, intra-temporalité — qui exhibe et explicite la différenciation secrète en vertu de laquelle le futur, le passé et le présent peuvent être appelés les *ek-stases* du temps.

4. Cette attention portée aux apories qui travaillent la section de *l'Être et le Temps* sur la temporalité autorise à jeter un dernier regard sur la situation de l'historialité dans la phénoménologie herméneutique du temps.

La position du chapitre sur l'historialité *entre* celui sur la temporalité fondamentale et celui sur l'intra-temporalité est l'indice le plus apparent d'une fonction médiatrice qui dépasse de loin la commodité d'un exposé didactique. L'ampleur de cette fonction médiatrice est égale à celle du champ d'apories ouvert par la phénoménologie herméneutique du temps. En suivant l'ordre des questions posées à l'instant, nous pouvons d'abord nous demander si l'histoire n'est pas elle-même édifiée sur la fracture du temps phénoménologique et du temps astronomique, physique, biologique — bref, si l'histoire n'est pas en elle-même une zone de fracture. Mais si, comme nous l'avons aussi suggéré, des empiétements de sens compensent cette coupure épistémologique, l'histoire n'est-elle pas le lieu où se manifestent en clair les empiétements par contamination et par contrariété entre les deux régimes de pensée ? D'un côté, les échanges par *contamination* nous ont paru prédominer au plan de l'intra-temporalité entre les phénomènes de databilité, de laps de temps et de publicité, dégagés par l'analyse existentiale, et les considérations astronomiques qui ont présidé à la construction du calendrier et de l'horloge ; or, cette contamination ne peut pas ne pas affecter l'histoire, dans la mesure où elle cumule les caractères de l'historialité et ceux de l'intra-temporalité. D'un autre côté, les échanges par *contrariété* nous ont paru l'emporter au plan de la temporalité originaire, dès lors que l'être-pour-la-mort est cruellement contrasté avec le temps qui nous enveloppe ; l'histoire, ici encore, est indirectement concernée, dans la mesure où s'affrontent en elle le mémorial des morts et l'investigation des institutions, des structures, des transformations plus fortes que la mort.

Mais la position médiane de l'historial entre la temporalité et l'intra-temporalité fait plus directement problème lorsque l'on passe des conflits de frontière entre la phénoménologie et la cosmologie aux discordances internes à la phénoménologie herméneutique elle-même. Qu'en est-il finalement de la position du temps historique entre le temps mortel et le temps cosmique ? C'est en effet lorsque la continuité de l'analyse existentiale est mise en question que l'historialité devient le point critique de toute l'entreprise. Plus, en effet, on écarte les pointes du compas entre les deux pôles de temporalisation, et plus la place et le rôle de l'historialité devient problématique. Plus on s'interroge sur la différenciation qui disperse, non seulement les trois figures majeures de la temporalisation, mais les trois ek-stases du temps, plus le *site* de l'historialité devient aussi problématique. De cette perplexité naît une hypothèse : si l'intra-temporalité est le point de contact entre notre passivité et l'ordre des choses, l'historialité ne serait-elle pas le pont jeté, à l'intérieur même du champ phénoménologique, entre l'être-pour-la-mort et le temps du monde ? Il appartiendra aux chapitres qui suivent de tirer au clair cette fonction médiatrice en reprenant la conversation à trois entre l'historiographie, la narratologie et la phénoménologie.

*

Au terme de ces trois confrontations, je voudrais tirer deux conclusions ; la première a été plusieurs fois anticipée ; la seconde, en revanche, pourrait rester inaperçue.

Disons d'abord que, si la *phénoménologie* du temps peut devenir un interlocuteur privilégié dans la conversation triangulaire qui va maintenant être conduite entre elle-même, l'historiographie et la narratologie littéraire, c'est en vertu non seulement de ses découvertes mais des apories qu'elle suscite, et qui croissent à la mesure de ses propres avancées.

Disons ensuite qu'en opposant Aristote à Augustin, Kant à Husserl, et tout ce que le savoir rattache au concept « vulgaire » de temps à Heidegger, nous avons instruit un procès qui n'est plus celui de la phénoménologie, procès que le lecteur pourrait être tenté de lire dans nos pages, mais celui de la pensée réflexive et spéculative dans son ensemble à la recherche d'une réponse cohérente à la question : qu'est-ce que le temps ? Si, dans l'énoncé de l'aporie, l'accent est mis sur la phénoménologie du temps, ce qui se dégage au terme du chapitre est plus large et plus équilibré : à savoir qu'on ne peut penser le temps cosmologique (l'instant) sans subrepticement ramener le temps phénoménologique (le présent) et réciproquement. Si l'énoncé de cette aporie dépasse la phénoménologie, l'aporie a par là même le mérite de replacer la phénoménologie dans le grand courant de la pensée réflexive et spéculative. C'est pourquoi nous n'avons pas intitulé la première section : les apories de la phénoménologie du temps, mais l'aporétique de la temporalité.

DEUXIÈME SECTION

Poétique du récit : histoire, fiction, temps

Le moment est venu de mettre à l'épreuve l'hypothèse majeure de cette quatrième partie, à savoir que la clé du problème de la *refiguration* réside dans la manière dont l'histoire et la fiction, prises conjointement, offrent aux apories du temps portées au jour par la phénoménologie la réplique d'une *poétique du récit*.

Dans l'esquisse des problèmes placés sous l'égide de *mimèsis* III[1], nous avons identifié le problème de la *refiguration* à celui de la *référence croisée* entre histoire et fiction, et admis que le temps humain procède de cet entrecroisement dans le milieu de l'agir et du souffrir.

Afin de respecter la dissymétrie entre les visées respectives de l'histoire et de la fiction, nous repartirons d'une appréhension résolument *dichotomique* de ces visées. C'est donc à la spécificité de la référence du récit historique, puis à celle du récit de fiction, que nous rendrons justice dans les deux premiers chapitres de cette section. Il est nécessaire de procéder ainsi, afin que la conjonction entre l'histoire et la fiction dans le travail de refiguration du temps garde jusqu'au bout son relief paradoxal. Ma thèse est ici que la manière unique dont l'histoire répond aux apories de la phénoménologie du temps consiste dans l'élaboration d'un *tiers-temps* — le temps proprement historique —, qui fait médiation entre le temps vécu et le temps cosmique. Pour démontrer la thèse, on fera appel aux *procédures de connexion*, empruntées à la pratique historienne elle-même, qui assurent *la réinscription du temps vécu sur le temps cosmique* : calendrier, suite des générations, archives,

1. *Temps et Récit*, t. I, p. 136 *sq*.

document, trace. Pour la pratique historienne, ces procédures ne font pas problème : seule leur mise en rapport avec les apories du temps fait apparaître, pour une *pensée de l'histoire,* le caractère poétique de l'histoire par rapport aux embarras de la spéculation.

A la réinscription du temps vécu sur le temps cosmique, du côté de l'histoire, répond, du côté de la fiction, une solution opposée des mêmes apories de la phénoménologie du temps, à savoir les *variations imaginatives* que la fiction opère sur les thèmes majeurs de cette phénoménologie. Ainsi, dans les chapitres I et II, le rapport entre l'histoire et la fiction, quant à leur puissance respective de refiguration, restera-t-il marqué du signe de l'opposition. Toutefois, la phénoménologie du temps y demeurera la commune mesure sans laquelle le rapport entre fiction et histoire resterait absolument indécidable.

Nous ferons ensuite, dans les chapitres III et IV, un pas en direction du rapport de *complémentarité* entre l'histoire et la fiction, en prenant pour pierre de touche le problème classique du rapport du récit, tant historique que fictif, à la *réalité.* La refonte du problème et de sa solution justifiera le changement terminologique qui nous a fait constamment préférer dès lors le terme de refiguration à celui de référence. Pris du côté de l'histoire, le problème classique de la référence était, en effet, de savoir ce qu'on veut dire quand on déclare que le récit historique *se rapporte à* des événements qui se sont réellement produits dans le passé. C'est précisément la signification attachée au mot « réalité », appliqué au passé, que j'espère renouveler. Nous aurons commencé de le faire, au moins implicitement, en liant le sort de cette expression à l'invention (au double sens de création et de découverte) du tiers-temps historique. Mais la sorte de sécurité que la réinscription du temps vécu sur le temps cosmique aura pu susciter s'évanouit dès lors que l'on s'affronte au paradoxe qui s'attache à l'idée d'un passé disparu qui pourtant fut — fut « réel ». Ce paradoxe avait été soigneusement tenu à l'écart de notre étude de l'intentionnalité historique[1] à la faveur d'un

1. *Ibid.,* p. 311.

artifice de méthode : confronté à la notion d'événement, nous avions choisi de séparer les critères épistémologiques de l'événement de ses critères ontologiques, afin de rester dans les bornes d'une investigation consacrée au rapport entre l'explication historique et la configuration par mise en intrigue. Ce sont ces critères *ontologiques* qui reviennent au premier plan avec le concept de passé « réel ». Celui-ci est, en effet, sous-tendu par une ontologie implicite, en vertu de laquelle les constructions de l'historien ont l'ambition d'être des *reconstructions* plus ou moins approchées de ce qui un jour fut « réel ». Tout se passe comme si l'historien se savait lié par une *dette* à l'égard des hommes d'autrefois, à l'égard des morts. C'est la tâche d'une réflexion philosophique de porter au jour les présuppositions de ce « réalisme » tacite que ne réussit pas à abolir le « constructivisme » le plus militant de la plupart des historiens épistémologues. Nous donnerons le nom de *représentance* (ou de *lieutenance*) aux rapports entre les constructions de l'histoire et leur *vis-à-vis,* à savoir un passé tout à la fois aboli et préservé dans ses traces. Le paradoxe qui s'attache à cette notion de représentance (ou de lieutenance) m'a suggéré de mettre le concept naïf de passé « réel » à l'épreuve de quelques « grands genres » librement inspirés du *Sophiste* de Platon : le Même, l'Autre, l'Analogue. Disons tout de suite que nous n'attendons pas de cette dialectique de la représentance qu'elle résolve le paradoxe qui afflige le concept de passé « réel », mais qu'elle *problématise* le concept même de « réalité » appliqué au passé. Existe-t-il, du côté de la fiction, quelque relation au « réel » que l'on puisse dire correspondre à celle de représentance? Il semble à première vue que cette dernière relation doive rester sans parallèle, dans la mesure où les personnages, les événements, les intrigues projetés par les fictions narratives sont « irréels ». Entre le passé « réel » et la fiction « irréelle », l'abîme paraît infranchissable. Une investigation plus fine ne saurait pourtant en rester à cette dichotomie élémentaire entre « réel » et « irréel ». Nous aurons appris, par le chapitre III, au prix de quelles difficultés l'idée de passé « réel » peut être préservée, et à quel traitement dialectique elle doit être soumise. Il en va de même, symétriquement, de l'« irréalité » des entités fictives. En les disant « irréelles », on caractérise ces entités en termes seulement négatifs. Les fictions ont par ailleurs des effets qui expriment leur fonction positive de révélation et de transformation de la vie et des mœurs. C'est donc du côté d'une *théorie des effets* qu'il faut orienter à présent la recherche. Nous avons fait la moitié du chemin dans cette direction lorsque nous avons introduit, à la fin de *Temps et Récit II,* la notion de monde du texte, au sens d'un monde dans lequel nous pourrions habiter et déployer nos potentialités les plus propres[1]. Mais ce monde du texte ne constitue encore qu'une transcendance dans l'immanence ; à ce titre, il reste quelque chose du texte. La seconde moitié du chemin consiste dans la médiation que la *lecture* opère entre le monde fictif du texte et le monde effectif du lecteur. Les effets de la fiction, effets de révélation et de transformation, sont pour l'essentiel des effets de lecture[2]. C'est à travers la lecture que la littérature retourne à la vie, c'est-à-dire au champ pratique et pathique de l'existence. C'est donc sur le chemin d'une théorie de la lecture que nous chercherons à déterminer la relation d'*application* qui constitue l'équivalent de la relation de *représentance* dans le domaine de la fiction.

La dernière étape de notre investigation des entrecroisements de l'histoire et de la fiction nous conduira au-delà de la simple dichotomie, et même de la convergence, entre le pouvoir qu'a l'histoire et celui qu'a la fiction de refigurer le temps : à savoir au cœur du problème que, dans notre premier volume, nous avions désigné du terme de référence croisée entre l'histoire et la fiction[3]. Pour des raisons plusieurs fois énoncées, nous préférons parler maintenant de *refiguration croisée* pour dire les effets conjoints de l'histoire et de la fiction au plan de l'agir et du pâtir humain. Afin d'accéder à cette problématique ultime, il faut élargir l'espace de lecture à toute graphie : à

---

1. *Temps et Récit*, t. II, chap. IV.
2. *Temps et Récit*, t. I, p. 144-146.
3. *Ibid.*, p. 146-155.

l'historiographie aussi bien qu'à la littérature. Une *théorie générale des effets* en résulte qui permet de suivre, jusqu'à son stade ultime de *concrétisation,* le travail de refiguration de la praxis par le récit, pris dans toute son extension. Le problème sera alors de montrer comment la refiguration du temps par l'histoire et la fiction se concrétise à la faveur des emprunts que chaque mode narratif fait à l'autre. Ces emprunts consisteront en ceci que l'intentionnalité historique ne s'effectue qu'en incorporant à sa visée les ressources de *fictionalisation* relevant de l'imaginaire narratif, tandis que l'intentionnalité du récit de fiction ne produit ses effets de détection et de transformation de l'agir et du pâtir qu'en assumant symétriquement les ressources d'*historicisation* que lui offrent les tentatives de reconstruction du passé effectif. De ces échanges intimes entre historicisation du récit de fiction et fictionalisation du récit historique, naît ce qu'on appelle le temps humain, et qui n'est autre que le temps raconté. Afin de souligner l'intériorité mutuelle de ces deux mouvements entrecroisés, un chapitre unique lui sera consacré, le cinquième de cette section.

Restera à s'interroger sur la nature du processus de totalisation qui permet encore de désigner par un *singulier collectif* le temps ainsi refiguré par le récit. Ce sera l'objet des deux derniers chapitres du *Temps raconté.*
La question sera de savoir ce qui, du côté du récit, tant fictif qu'historique, répond à la présupposition de l'unicité du temps. Un nouveau sens du mot « histoire » se fera jour à ce stade, sens qui excède la distinction entre historiographie et fiction, et qui admet pour meilleurs synonymes les termes de *conscience historique* et de *condition historique*. La fonction narrative, prise dans toute son ampleur, couvrant les développements de l'épopée au roman moderne aussi bien que de la légende à l'historiographie, se définit à titre ultime par son ambition de refigurer la *condition* historique et de l'élever ainsi au rang de *conscience* historique. Ce sens nouveau que revêtira le terme d'« histoire » au terme de notre enquête est attesté par la sémantique même du mot, lequel désigne

depuis au moins deux siècles, dans un très grand nombre de langues, à la fois la totalité du cours des événements et la totalité des récits se rapportant à ce cours. Ce double sens du mot « histoire » ne résulte aucunement d'une regrettable ambiguïté du langage, mais atteste une autre présupposition, sous-jacente à la conscience globale que nous prenons de notre condition historique, à savoir que, comme le mot « temps », le terme « histoire » désigne lui aussi un singulier collectif, qui englobe les deux processus de totalisation en cours, tant au niveau de l'histoire récit qu'à celui de l'histoire effective. Cette corrélation entre conscience historique unitaire et une condition historique également indivisible devient ainsi le dernier enjeu de notre enquête sur la refiguration du temps par le récit.

Le lecteur aura reconnu sans peine la marque hégélienne dans cette formulation du problème. C'est pourquoi nous n'avons pas cru possible de nous soustraire à l'obligation d'examiner les raisons qui rendent nécessaire de *passer par Hegel* et celles, plus fortes, de *renoncer pourtant à Hegel*. Ce sera l'objet de notre avant-dernier chapitre.

Or, s'il faut, comme nous le croyons, penser la condition historique comme un processus de totalisation, il faudra dire quelle sorte de *médiation imparfaite* entre le futur, le passé et le présent est susceptible de prendre la place de la *médiation totale* selon Hegel. Cette question relève d'une herméneutique de la conscience historique, c'est-à-dire d'une interprétation du rapport que le récit historique et le récit de fiction pris ensemble entretiennent avec l'*appartenance* de chacun de nous à l'histoire effective, à titre d'agent et de patient. Cette herméneutique, à la différence de la phénoménologie et de l'expérience personnelle du temps, a l'ambition d'articuler directement au niveau de l'histoire commune les trois grandes ek-stases du temps : le futur sous le signe de l'horizon d'attente, le passé sous le signe de la tradition, le présent sous le signe de l'intempestif. Ainsi pourra être conservé l'élan donné par Hegel au procès de totalisation, sans plus céder à la tentation d'une totalité achevée. Avec ce jeu de *renvois* entre attente, tradition et surgissement intempestif du présent, s'achèvera le travail de refiguation du temps par le récit.

Nous réservons pour le chapitre de conclusion la question de savoir si la corrélation entre le récit et le temps est aussi adéquate lorsque le récit est pris dans sa fonction de totalisation face à la présupposition de l'unité du temps que lorsqu'il est considéré du point de vue de l'entrecroisement des visées référentielles respectives de l'historiographie et du récit de fiction. Cette question relèvera d'une réflexion critique sur les *limites* que rencontre notre ambition de répondre aux apories du temps par une poétique du récit.

1

Entre le temps vécu et le temps universel : le temps historique

Dans l'état présent de la discussion sur la philosophie de l'histoire, on admet volontiers que le seul choix est entre une spéculation sur l'histoire universelle, à la manière hégélienne, et une épistémologie de l'écriture de l'histoire, à la manière de l'historiographie française ou de la philosophie analytique de l'histoire de langue anglaise. Une troisième option, ouverte par la rumination des apories de la phénoménologie du temps, consiste à réfléchir sur *la place du temps historique entre le temps phénoménologique et le temps que la phénoménologie ne réussit pas à constituer, qu'on l'appelle temps du monde, temps objectif ou temps vulgaire.*

Or, l'histoire révèle une première fois sa capacité créatrice de refiguration du temps par l'invention et l'usage de certains *instruments de pensée* tels que le calendrier, l'idée de suite des générations et celle, connexe, du triple règne des contemporains, des prédécesseurs et des successeurs, enfin et surtout par le recours à des archives, des documents et des traces. Ces instruments de pensée ont ceci de remarquable qu'ils jouent le rôle de connecteurs entre le temps vécu et le temps universel. A ce titre, ils attestent la fonction *poétique* de l'histoire, et travaillent à la solution des apories du temps.

Toutefois, leur contribution à l'herméneutique de la conscience historique n'apparaît qu'au terme d'un travail réflexif qui ne relève déjà plus de l'épistémologie de la connaissance historique ; pour l'historien, ces connecteurs restent, comme on vient de le dire, de simples instruments de pensée ; l'historien en fait usage, sans s'interroger sur leurs conditions de possibilité, ou plutôt de *signifiance*.

Or, celles-ci ne se révèlent que si on met leur fonctionnement en relation avec les apories du temps, sur lesquelles l'historien, en tant que tel, n'a pas à s'interroger.

Ces connecteurs du temps vécu et du temps universel ont en effet en commun de *reverser à l'univers* les structures narratives décrites dans notre seconde partie. C'est leur manière de contribuer à la refiguration du temps historique.

1. *Le temps calendaire*

Le temps calendaire est le premier pont jeté par la *pratique* historienne entre le temps vécu et le temps cosmique. Il constitue une création qui ne relève exclusivement d'aucune des deux perspectives sur le temps : s'il participe de l'une et de l'autre, son *institution constitue l'invention d'un tiers-temps*.

Ce tiers-temps, il est vrai, n'est à bien des égards que l'ombre portée sur le plan de la pratique historienne par une entité beaucoup plus considérable à laquelle ne convient plus le nom d'institution, encore moins celui d'invention : cette entité ne peut être désignée que d'une façon globale et grossière par le terme de *temps mythique*. Nous côtoyons ici un domaine dans lequel nous nous sommes interdit de pénétrer, dès lors que nous avons adopté pour point de départ de notre investigation de récit, d'une part l'épopée, d'autre part l'historiographie. La fracture entre les deux modes narratifs est déjà consommée quand notre analyse commence. Or le temps mythique nous report en deçà de cette fracture, en un point de la problématique du temps où celui-ci embrasse encore la totalité de ce que nous désignons d'une part comme monde, d'autre part comme existence humaine. Le temps mythique s'est déjà profilé dans le filigrane du travail conceptuel de Platon pour le *Timée* et d'Aristote pour la *Physique*. Nous en avons pointé la trace dans le fameux aphorisme d'Anaximandre[1]. Or, c'est le temps mythique que nous retrouvons à l'*origine* des contraintes

---

1. Cf. ci-dessus, p. 32.

Le temps historique

qui président à la constitution de tout calendrier. Il nous faut donc remonter au-delà de la fragmentation entre temps mortel, temps historique, temps cosmique — fragmentation déjà consommée quand notre méditation commence —, pour évoquer avec le mythe un « grand temps » qui *enveloppe*, selon le mot préservé par Aristote dans sa *Physique*[1], toute réalité. La fonction majeure de ce « grand temps » est de régler le temps des sociétés — et des hommes vivant en société — sur le temps cosmique. Loin en effet que le temps mythique plonge la pensée dans des brumes où toutes les vaches seraient grises, il instaure une *scansion* unique et globale du temps, en ordonnant les uns par rapport aux autres des cycles de durée différente, les grands cycles célestes, les récurrences biologiques et les rythmes de la vie sociale. C'est par là que les représentations mythiques ont concouru à l'institution du temps calendaire[2]. Encore ne faut-il pas négliger, en parlant de

---

1. Aristote, *Physique*, IV, 12, 220 b 1-222 a 9.
2. L'analyse à laquelle nous allons procéder peut être appelée transcendantale, en ce qu'elle s'attache à l'aspect *universel* de l'institution du calendrier. Elle se distingue, sans l'exclure, de l'approche génétique pratiquée par l'École sociologique française du début du siècle, où le problème du calendrier est traité dans le cadre de l'origine sociale des notions courantes et, parmi elles, de celle de temps. Le danger est alors de faire d'une conscience collective la source de toutes les notions, à la manière du *Noûs* plotinien. Ce danger est le plus grand chez Durkheim, dans *les Formes élémentaires de la vie religieuse* (Paris, PUF, rééd. 1968), pour qui origine sociale et origine religieuse tendent à se confondre ; il est moindre chez Maurice Halbwachs, dans *Mémoire et Société, op. cit.*, réédité sous le titre *la Mémoire collective, op. cit.* ; le projet de genèse totale des concepts y est ramené à des proportions plus modestes, la mémoire collective étant attribuée à un groupe proche plutôt qu'à la société globale. Mais, à l'occasion des problèmes d'origine, sont posés en termes excellents des problèmes de *structure*. La différenciation de moments distincts, inhérents à la conception du temps, écrit Durkheim, « ne consiste pas simplement dans une commémoration, partielle ou intégrale, de notre vie écoulée, c'est un cadre abstrait et impersonnel qui enveloppe non seulement notre existence individuelle, mais celle de l'humanité. C'est comme un tableau illimité où la durée est étalée sous le regard de l'esprit et où les événements possibles peuvent être situés par rapport à des points de repère fixes et déterminés... Cela suffit déjà à faire entrevoir qu'une telle organisation doit être collective » (*les Formes élémentaires de la vie*

représentation mythique, la conjonction du *mythe* et du *rite*[1]. C'est, en effet, par la médiation du rite que le temps mythique se révèle être la racine commune du temps du monde et du temps des hommes. Par sa périodicité, le rite exprime un temps dont les rythmes sont plus vastes que ceux de l'action ordinaire. En scandant ainsi l'action, il encadre le temps ordinaire, et chaque brève vie humaine, dans un temps de grande ampleur[2].

---

religieuse, « Introduction », p. 14-15). Le calendrier est l'instrument approprié de cette mémoire collective : « Un calendrier exprime le rythme de l'activité collective, en même temps qu'il a pour fonction d'en assurer la régularité » *(ibid.).* C'est par là qu'une sociologie génétique contribue de façon décisive à la description des connecteurs en usage en histoire, dont nous tentons de dégager la signifiance plutôt que l'origine. Il en va de même des recherches consacrées à l'*histoire* de l'institution des calendriers acceptés encore aujourd'hui, comme notre calendrier julien-grégorien (cf. P. Couderc, *Le Calendrier,* Paris, PUF, coll. « Que Sais-je ? », 1961).
1. René Hubert, dans « Étude sommaire de la représentation du temps dans la religion et la magie », *Mélanges d'histoire des religions,* Paris, Alcan, 1909, attache une importance considérable à la notion de *fête* ; il forge à ce propos la notion de « dates critiques », liées à la nécessité d'ordonner la périodicité des fêtes. Non moins important est le fait que les intervalles entre ces dates critiques sont qualifiés par le rayonnement des fêtes et rendus équivalents par leur retour, à la réserve près que, pour la magie et la religion, le calendrier a moins pour fonction de mesurer le temps que de le rythmer, d'assurer la succession des jours fastes et néfastes, des temps favorables et défavorables.
2. Dans un texte remarquable, « Temps et Mythe » (*Recherches philosophiques,* Paris, Boivin, 1935-1936), Georges Dumézil souligne avant tout l'« ampleur » du temps mythique, quelles que soient les différences affectant le rapport entre mythe et rite ; dans le cas où le mythe fait le récit d'événements eux-mêmes périodiques, le rite assure la concordance entre périodicité mythique et périodicité rituelle ; dans le cas où le mythe rapporte des événements uniques, l'efficacité de ces événements fondateurs rayonne sur un temps plus vaste que celui de l'action ; le rite, ici encore, assure la correspondance entre ce rayonnement de grande ampleur de l'événement mythique, par la commémoration et l'imitation s'il s'agit d'un événement passé, par la préfiguration et la préparation s'il s'agit d'événements futurs. Dans une herméneutique de la conscience historique, commémorer, actualiser, préfigurer sont trois fonctions qui soulignent la grande scansion du passé comme tradition, du présent comme effectivité, du futur comme horizon d'attente et comme eschatologie (cf. ci-dessous, chapitre VI).

Le temps historique

S'il fallait opposer *mythe* et *rite,* on pourrait dire que le mythe *élargit* le temps ordinaire (comme aussi l'espace), tandis que le rite *rapproche* le temps mythique de la sphère profane de la vie et de l'action.

On voit quel renfort notre analyse de la fonction médiatrice du temps calendaire reçoit de la sociologie religieuse et de l'histoire des religions. En même temps, nous ne voudrions pas confondre les deux approches et prendre une explication génétique pour une compréhension du sens, sous peine de faire tort aux deux. Le temps mythique ne nous concerne que sous des conditions limitatives expresses : de toutes ses fonctions, peut-être très hétérogènes, nous ne retenons que la fonction spéculative portant sur l'ordre du monde. Du relais opéré par les rites et les fêtes, nous ne retenons que la correspondance qu'ils instaurent, au plan pratique, entre l'ordre du monde et celui de l'action ordinaire. Bref, nous ne retenons du mythe et du rite que leur contribution à l'intégration du temps ordinaire, centré sur le vécu des individus agissants et souffrants, au temps du monde dessiné sur le ciel visible. C'est le discernement des conditions *universelles* de l'institution du calendrier qui guide ici le tri à opérer dans les informations recueillies auprès de la sociologie religieuse et de l'histoire comparée des religions, en échange de la confirmation empirique que ces sciences apportent au discernement tâtonnant de la constitution du temps calendaire.

Cette constitution universelle est ce qui fait du temps calendaire un *tiers-temps* entre le temps psychique et le temps cosmique. Pour dégager les règles de cette constitution, je prendrai pour guide les remarques d'Émile Benveniste dans « Le langage et l'expérience humaine [1] ». L'invention du temps calendaire est si originale aux yeux du grand linguiste qu'il lui confère un nom spécial, le « temps *chronique* », pour bien montrer, par un redoublement à peine déguisé du mot, que « dans notre vue du monde, autant que dans notre existence personnelle, il n'y a qu'un

---

1. É. Benveniste, « Le langage et l'expérience humaine », *Problèmes du langage,* Paris, Gallimard, coll. « Diogène », 1966.

temps, celui-là » (*Problèmes du langage, op. cit.,* p. 5). (On aura noté la double référence au monde et à l'existence personnelle.) L'important pour une réflexion qu'on peut dire transcendantale afin de la distinguer d'une enquête génétique est que, « dans toutes les formes de cultures humaines et à toute époque, nous constatons d'une manière ou d'une autre un effort pour objectiver le temps chronique. C'est une condition nécessaire de la vie des sociétés et de la vie des individus en société. Ce temps socialisé est celui du calendrier » (p. 6).

Trois traits sont communs à tous les calendriers ; ensemble, ils constituent le comput ou division du temps chronique :

— un événement fondateur, censé ouvrir une ère nouvelle (naissance du Christ ou du Bouddha, Hégire, avènement de tel souverain, etc.), détermine le *moment axial* à partir duquel tous les événements sont datés ; c'est le point zéro du comput ;

— par rapport à l'axe de référence, il est possible de parcourir le temps dans les *deux directions,* du passé vers le présent et du présent vers le passé. Notre propre vie fait partie de ces événements que notre vision descend ou remonte ; c'est ainsi que tous les événements peuvent être datés ;

— enfin, on fixe « un *répertoire d'unités* de mesure servant à dénommer les intervalles constants entre les récurrences de phénomènes cosmiques » (p. 6). Ces intervalles constants, c'est l'astronomie qui aide, non à les dénommer, mais à les déterminer : le jour, sur la base d'une mesure de l'intervalle entre le lever et le coucher du soleil ; l'année, en fonction de l'intervalle défini par une révolution complète du soleil et des saisons ; le mois, comme intervalle entre deux conjonctions de la lune et du soleil.

Dans ces trois traits distinctifs du temps calendaire, on peut reconnaître à la fois une parenté explicite avec le temps physique, mieux connu par les Anciens, et des emprunts implicites au temps vécu, mal thématisé avant Plotin et Augustin.

La parenté du temps calendaire avec le temps physique

Le temps historique

n'est pas difficile à apercevoir. Ce que le temps calendaire emprunte au temps physique, ce sont les propriétés que Kant ainsi qu'Aristote lui reconnaissent : c'est, dit Benveniste, « un continu uniforme, infini, linéaire, segmentable à volonté » *(ibid.)*. M'appuyant sur les *Analogies de l'expérience* selon Kant autant que sur la *Physique* d'Aristote, j'ajouterai ceci : en tant que segmentable à volonté, il est source d'instants quelconques, dénués de la signification du présent ; en tant que lié au mouvement et à la causalité, il comporte une direction dans la relation d'avant et d'après, mais ignore l'opposition entre passé et futur ; c'est cette directionnalité qui permet au regard de l'observateur de le parcourir dans les deux sens ; en ce sens, la *bi*dimensionalité du parcours du regard suppose l'*uni*direction du cours des choses ; enfin, en tant que continu linéaire, il comporte la mensurabilité, c'est-à-dire la possibilité de faire correspondre des nombres aux intervalles égaux du temps, eux-mêmes mis en relation avec la récurrence de phénomènes naturels. L'astronomie est la science qui fournit les lois de cette récurrence, par une observation de plus en plus exacte de la périodicité et de la régularité du cours des astres, essentiellement ceux du soleil et de la lune.

Mais, si le *comput* du temps calendaire est étayé[1] sur les phénomènes astronomiques qui donnent un sens à la notion de temps physique, le *principe* de la division du temps calendaire échappe à la physique et à l'astronomie : Benveniste a raison de dire que les traits communs à tous les calendriers « procèdent » de la détermination du point zéro du comput.

L'emprunt se fait ici à la notion phénoménologique de présent, en tant que distinct de l'instant quelconque, lui-même dérivé du caractère segmentable à merci du continu uniforme, infini, linéaire. Si nous n'avions pas la notion phénoménologique du présent, comme l'aujourd'hui en fonction duquel il y a un demain et un hier, nous ne pourrions pas donner le moindre sens à l'idée d'un

---

1. J'emprunte le concept d'étayage à Jean Granier, dans *le Discours du monde*, Paris, Éd. du Seuil, 1977, p. 218 *sq*.

événement nouveau qui rompt avec une ère antérieure et qui inaugure un cours différent de tout ce qui a précédé. Il en est de même de la considération *bi*directionnelle : si nous n'avions pas l'expérience vive de la rétention et de la protention, nous n'aurions pas l'idée de *parcours* d'une série d'événements accomplis ; bien plus, si nous n'avions pas l'idée de quasi-présent — c'est-à-dire l'idée que tout instant remémoré peut être qualifié comme présent, doté de ses propres rétentions et protentions, de telle sorte que le ressouvenir, distingué par Husserl de la simple rétention ou récence, devient rétention de rétentions, et que les protentions d'un quasi-présent recroisent les rétentions du présent vif —, nous n'aurions pas la notion d'un parcours dans deux directions, que Benveniste nomme très bien « du passé vers le présent ou du présent vers le passé » (p. 6). Or, il n'y a pas de présent, donc pas de passé ni de futur, dans le temps physique, tant qu'un instant n'est pas déterminé comme « maintenant », comme aujourd'hui, donc comme présent. Quant à la mesure, elle se greffe sur l'expérience qu'Augustin décrit très bien comme raccourcissement de l'attente et allongement du souvenir, et dont Husserl reprend la description avec l'aide de métaphores telles que celles de sombrer, de s'écouler, de s'enfuir, qui disent les différences qualitatives du proche et du lointain.

Mais le temps physique et le temps psychologique ne fournissent que le double étayage du temps chronique. Celui-ci est une authentique création qui dépasse les ressources de l'un et de l'autre. Le moment axial — caractéristique dont les autres dérivent — n'est ni un instant quelconque, ni un présent, quoiqu'il les comprenne tous les deux. C'est, comme le note Benveniste, un « événement si important qu'il est censé donner aux choses un cours nouveau ». A partir du moment axial, les aspects cosmiques et psychologiques du temps reçoivent respectivement une signification nouvelle. D'un côté, tous les événements acquièrent une *position* dans le temps, définie par leur distance au moment axial — distance mesurée en années, mois, jours — ou par leur distance à tout autre moment dont la distance au moment axial est connue (trente ans après la prise de la Bastille...) ; d'un autre côté, les événements de notre propre vie reçoivent une *situation* par rapport aux événements datés : « Ils nous disent au sens propre où nous sommes dans la vastitude de l'histoire, quelle place est la nôtre parmi la succession infinie des hommes qui ont vécu et des choses qui sont arrivées » (p. 7). Nous pouvons ainsi situer les uns par rapport aux autres les événements de la vie interpersonnelle : les simultanéités physiques devenant dans le temps calendaire des contemporanéités, points de repère pour toutes les réunions, toutes les coopérations, tous les conflits, dont nous pouvons dire qu'ils se produisent en même temps, c'est-à-dire à la même date. C'est aussi en fonction de la date que des rassemblements de caractère religieux ou civil peuvent être convoqués à l'avance.

L'originalité que le moment axial confère au temps calendaire autorise à déclarer celui-ci « extérieur » au temps physique comme au temps vécu. D'un côté, tous les instants sont des candidats de droit égal au rôle de moment axial. De l'autre, rien ne dit de tel jour du calendrier, pris en lui-même, s'il est passé, présent ou futur ; la même date peut désigner un événement futur, comme dans les clauses d'un traité, ou un événement passé, dans une chronique. Pour avoir un présent, comme nous l'avons aussi appris chez Benveniste, il faut que quelqu'un parle ; le présent est alors signalé par la coïncidence entre un événement et le discours qui l'énonce ; pour rejoindre le temps vécu à partir du temps chronique, il faut donc passer par le temps linguistique, référé au discours ; c'est pourquoi telle date, complète et explicite, ne peut être dite ni future ni passée, si on ignore la date de l'énonciation qui la prononce.

L'extériorité attribuée au calendrier par rapport aux occurrences physiques et par rapport aux événements vécus exprime au plan lexical la spécificité du temps chronique et son rôle de médiateur entre les deux perspectives sur le temps : il cosmologise le temps vécu, il humanise le temps cosmique. C'est de cette façon qu'il contribue à réinscrire le temps du récit dans le temps du monde.

Telles sont les « conditions nécessaires » auxquelles satisfont tous les calendriers connus. Les porter au jour relève d'une réflexion transcendantale qui n'exclut pas que l'on se livre à l'étude historique et sociologique des fonctions sociales exercées par le calendrier. En outre, pour ne pas substituer une sorte de positivisme transcendantal à l'empirisme génétique, nous tentons d'interpréter ces contraintes universelles comme des créations exerçant une fonction médiatrice entre deux perspectives hétérogènes sur le temps. La réflexion transcendantale sur le temps calendaire se trouve ainsi enrôlée par notre herméneutique de la temporalité.

2. La suite des générations : contemporains, prédécesseurs et successeurs

La seconde médiation que propose la pratique historienne est celle de *suite des générations*. Avec elle, l'étayage *biologique* du tiers-temps historique succède à l'étayage astronomique. En retour, l'idée de suite des générations trouve sa projection *sociologique* dans la relation *anonyme* entre contemporains, prédécesseurs, successeurs, selon l'heureuse formule que j'emprunte à Alfred Schutz[1]. Si l'idée de suite des générations n'entre dans le champ historique que reprise dans celle de *réseau des contemporains, des prédécesseurs et des successeurs*, inversement l'idée de suite des générations procure le socle sur lequel repose cette relation anonyme entre individus, prise dans sa dimension temporelle. Notre ambition est de dégager de ce complexe d'idées un nouvel opérateur temporel qui tire sa *signifiance* de son rapport à l'aporie majeure de la temporalité, à laquelle il donne la réplique à un autre niveau que le temps calendaire.

1. Notre texte de référence est Alfred Schutz, *The Phenomenology of the Social World*, trad. angl. de George Walsh et Frederick Lehnert, Evanston, Northwestern University Press, 1967, chap. IV : « The Structure of the Social World ; The Realm of Directly Experienced Social Reality, the Realm of Contemporaries, and the Realm of Predecessors », p. 139-214.

Le temps historique

L'analytique heideggerienne de l'être-là nous a donné l'occasion de formuler cette aporie dans les termes d'une antinomie entre temps *mortel* et temps *public*[1]. La notion de suite des générations lui donne la réplique, en désignant la chaîne des agents historiques comme des *vivants* venant occuper la place des *morts*. C'est ce remplacement qui constitue le tiers-temps caractéristique de la notion de suite des générations.

Le recours à l'idée de génération en philosophie de l'histoire est ancien. Kant n'hésite pas à en faire usage dans l'*Idée d'une histoire universelle du point de vue cosmopolitique*. Cette notion apparaît précisément au point de flexion entre la téléologie de la nature, qui dispose l'homme à la sociabilité, et la tâche éthique qui requiert de l'homme l'instauration d'une société civile : « Ce qui demeure étrange ici, dit-il dans l'explication de la " Troisième proposition ", c'est que les générations antérieures semblent toujours consacrer toute leur peine à l'unique profit des générations ultérieures pour leur ménager une étape nouvelle, à partir de laquelle elles pourront élever plus haut l'édifice dont la nature a formé le dessein, de telle manière que les dernières générations seules auront le bonheur d'habiter l'édifice auquel a travaillé (sans s'en rendre compte, à vrai dire) une longue lignée de devanciers, qui n'ont pu prendre personnellement part au bonheur préparé par elles[2]. » Ce rôle joué par l'idée de génération n'a rien d'étonnant : il exprime l'ancrage de la tâche éthico-politique dans la nature et relie la notion

---

1. Je renvoie à la discussion du problème posé par le passage, dans l'*Être et le Temps*, de la temporalité *mortelle* à l'historialité *publique*, puis à l'intra-temporalité *mondaine* (cf. ci-dessus, section I, chap. III, p. 124). Il est remarquable que ce soit au moment de passer de la notion de destin singulier (*Schicksal*) à celle de destinée commune (*Geschick*) que Heidegger fasse une brève allusion au concept de « génération », rencontré, comme on va le dire, chez Dilthey : « La destinée lourde de destin de l'être-là dans sa " génération " et avec elle constitue dans sa plénitude et son authenticité l'historialité de l'être-là » [385]. Une note renvoie à l'essai de Dilthey que j'évoque plus loin.
2. Kant, *la Philosophie de l'histoire*, Opuscules, introduction, trad. fr. de S. Piobetta, Paris, Aubier, 1947, p. 63-64.

d'*histoire* humaine à celle d'*espèce* humaine, assumée sans difficulté par Kant.

L'enrichissement que le concept de génération apporte à celui d'histoire effective est donc plus considérable qu'on ne pourrait soupçonner. En effet, le remplacement des générations sous-tend d'une manière ou d'une autre la continuité historique, avec le rythme de la tradition et de l'innovation. Hume et Comte se sont plu à imaginer ce que serait une société où une génération, soit en remplacerait une autre *en une seule fois,* au lieu de le faire par la *continuelle* compensation de la mort par la vie, soit ne serait jamais remplacée, parce qu'elle serait *éternelle.* Cette double expérience de pensée a toujours servi de guide, implicitement ou explicitement, pour apprécier l'importance du phénomène de la suite des générations[1].

Mais comment ce phénomène affecte-t-il l'histoire et le temps historique ? D'un point de vue positif — sinon positiviste —, l'idée de génération exprime quelques faits bruts de la biologie humaine : la naissance, le vieillissement, la mort ; d'où résulte le fait, lui aussi brut, de l'âge moyen de la procréation — une trentaine d'années —, qui, à son tour, assure le remplacement des morts par les vivants. Or, la mesure de cette durée moyenne de vie s'énonce en termes d'unités du calendrier usuel : jours, mois, années. Ce point de vue positif, attaché aux seuls aspects quantitatifs de la notion, n'a pas paru suffisant aux tenants de la sociologie *compréhensive,* Dilthey et Mannheim[2], généralement attentifs aux aspects *qualitatifs* du

1. Je dois cette information à l'article de Karl Mannheim dont je parle plus loin.
2. W. Dilthey a rencontré ce problème à l'occasion d'une recherche consacrée à l'« histoire des sciences morales et politiques » « Ueber das Studium der Geschichte, der Wissenschaften vom Menschen, der Gesellschaft und dem Staat » (1875, *Ges. Schriften,* V, p. 31-73). Seules quelques pages de cet essai (p. 36-41) concernent notre propos. Parmi les concepts auxiliaires de cette histoire, Dilthey s'attache à ceux qui constituent l'« armature » *(Gerüst)* du « cours *(Verlauf)* des mouvements spirituels » (p. 36). Le concept de génération est l'un d'entre eux. Dilthey en avait fait usage dans sa fameuse *Vie de Schleiermacher,* sans en faire la théorie, ni en

temps social. Ces auteurs se sont demandé ce qu'il fallait ajouter aux faits incontournables de la biologie humaine pour incorporer le phénomène des générations aux sciences humaines. On ne peut, en effet, tirer directement d'un fait biologique une loi générale concernant les rythmes de l'histoire, comme si la jeunesse était par définition progressiste et la vieillesse conservatrice, et comme si la mesure trentenaire du remplacement des générations commandait automatiquement le *tempo* du progrès dans un temps linéaire. En ce sens, le simple remplacement des générations, en termes quantitatifs (on compterait ainsi quatre-vingt-quatre générations entre Thalès et l'époque où Dilthey écrit), n'équivaut pas à ce que nous désignons par *suite (Folge)* des générations.

Dilthey, le premier, s'est attaché aux caractères qui font du concept de génération un phénomène *intermédiaire* entre le temps « extérieur » du calendrier et le temps « intérieur » de la vie psychique[1]. Il distingue deux usages du terme : l'appartenance à la « même » génération, et la « suite » des générations, qui est un phénomène à réinterpréter en fonction du précédent, s'il ne doit pas se réduire aux phénomènes purement quantitatifs dérivés de la notion de durée moyenne de vie.

Appartiennent à la « même génération », estime Dilthey, des contemporains qui ont été exposés aux mêmes influences, marqués par les mêmes événements et les mêmes changements. Le cercle ainsi tracé est plus vaste

---

apercevoir les difficultés. L'essai de Karl Mannheim est beaucoup plus étoffé : « Das Problem der Generationen », *Kölner Vierteljahrshefte für Soziologie,* VII, Munich et Leipzig. Verlag von Duncker et Humblot, 1928, p. 157-185, 309-330, avec une bibliographie du problème jusqu'en 1928.

1. D'autres auteurs ont remarqué combien peu les individus appartenant à la même tranche d'âge sont contemporains les uns des autres, et combien en revanche des individus d'âge différent peuvent communier aux mêmes idéaux. Karl Mannheim rencontre chez l'historien de l'art Pinter la notion de non-simultanéité du simultané *(Ungleichzeitigkeit des Gleichzeitigen)*. La parenté avec le concept heideggerien de destin *(Geschick)* n'est pas cachée : Mannheim cite, avec faveur, le fameux texte de *l'Être et le Temps* que nous avons évoqué plus haut (p. 199, n. 1).

que celui du nous, et moins vaste que celui de la contemporanéité anonyme. Cette appartenance compose un « tout », où se combinent un *acquis* et une *orientation* commune. Replacée dans le temps, cette combinaison entre influences reçues et influences exercées explique ce qui fait la spécificité du concept de « suite » de générations. C'est un « enchaînement » issu de l'entrecroisement entre la transmission de l'*acquis* et l'ouverture de *nouvelles possibilités*.

Karl Mannheim s'emploie à affiner cette notion d'appartenance à la même génération, en ajoutant aux critères biologiques un critère sociologique *dispositionnel*, tenant autant compte des pesanteurs que des propensions à agir, sentir, penser d'une certaine façon. Tous les contemporains en effet ne sont pas soumis aux mêmes influences et n'exercent pas la même influence [1]. En ce sens, le concept de génération requiert qu'on distingue l'« apparentement par localisation » *(verwandte Lagerung)* de la simple appartenance à un « groupe » social, pour désigner ces affinités plus subies et reçues qu'intentionnellement et activement recherchées, et qu'on caractérise le « lien de génération » *(Generationszusammenhang)* par la participation préréflexive à un destin commun autant que par la participation réelle à des intentions directrices et des tendances formatrices reconnues.

La notion de *suite des générations*, qui est le véritable objet de notre intérêt, sort enrichie des précisions apportées à celle d'appartenance à la même génération. Pour Dilthey, déjà, cette notion constitue une structure intermédiaire entre l'extériorité physique et l'intériorité psychique du temps, et fait de l'histoire une « totalité liée par la continuité » (*op. cit.*, p. 38). Nous retrouvons ainsi, à l'échelle intermédiaire de la suite des générations, l'équivalent historique de l'*enchaînement (Zusammenhang)*, pris au sens de connexion de motivation, qui est le concept

---

1. Concernant les aspects biologiques, psychologiques, culturels et spirituels de la notion d'avance en âge, l'ouvrage de référence demeure Michel Philibert, *l'Échelle des âges*, Paris, Éd. du Seuil, 1968.

Le temps historique

majeur de la psychologie compréhensive de Dilthey[1].

Karl Mannheim, à son tour, a aperçu combien la *dynamique* sociale dépendait des modalités d'enchaînement des générations, prises au niveau potentiel de la « localisation » dans l'espace social. Quelques traits fondamentaux de cet enchaînement successif ont retenu son attention : d'abord l'*arrivée,* incessante, de nouveaux porteurs de culture et le *départ,* continu, d'autres porteurs de culture — deux traits qui, pris ensemble, créent les conditions d'une compensation entre rajeunissement et vieillissement ; ensuite, la *stratification* des classes d'âge à un même moment — la compensation entre rajeunissement et vieillissement se faisant, dans chaque coupe transversale opérée dans la durée, par la longévité moyenne des vivants. Un nouveau concept, un concept *duratif,* de génération ressort de cette combinaison entre remplacement (successif) et stratification (simultanée). D'où le caractère que Mannheim appelle « dialectique » des phénomènes que le terme de génération recouvre : non seulement la confrontation entre héritage et innovation dans la transmission de l'acquis culturel, mais le choc en retour des mises en question portées par les plus jeunes classes d'âge sur les certitudes acquises par les anciens dans leurs jeunes années. C'est sur cette « compensation rétroactive » — cas remarquable d'action réciproque — que repose, en dernier ressort, la continuité du changement de générations, avec tous les degrés de conflit auxquels cet échange donne lieu.

L'idée de « règne des contemporains, des prédécesseurs et des successeurs », introduite par Alfred Schutz, constitue, avons-nous dit, le complément *sociologique* de celle de suite des générations, laquelle, en retour, lui donne un étayage biologique. L'enjeu, pour nous, est de discerner la

---

[1]. Dilthey ne se fait pas d'ailleurs une idée rigide de cette continuité qui admet des interruptions, des retours en arrière, des reprises ultérieures, des transferts d'une culture à l'autre. L'essentiel est que le lien entre l'ancien et le nouveau ne souffre pas de discontinuité totale. Nous reprendrons plus loin (chap. VI) la discussion du problème de la continuité en histoire.

signifiance du temps *anonyme* qui se constitue à ce niveau médian, au point d'articulation entre temps phénoménologique et temps cosmique.

Le grand mérite d'Alfred Schutz est d'avoir médité simultanément les œuvres de Husserl[1] et de Max Weber[2], et d'en avoir tiré une sociologie originale de l'être social dans sa dimension anonyme.

L'intérêt majeur de la phénoménologie de l'être social consiste dans l'exploration des transitions qui conduisent de l'expérience directe du nous à l'anonymat caractéristique du monde social quotidien. En ce sens, A. Schutz entrecroise la phénoménologie génétique et la phénoménologie de l'intersubjectivité qui restent mal reliées chez Husserl. La sociologie phénoménologique, pour A. Schutz, est très largement une constitution génétique de l'anonymat, institué à partir de l'intersubjectivité instituante : du nous, directement éprouvé, à l'anonymat qui échappe largement à notre vigilance. Or, l'élargissement progressif de la sphère des relations interpersonnelles directes aux relations anonymes affecte toutes les

---

1. La source d'inspiration d'Alfred Schutz est la *Cinquième Méditation cartésienne,* dans laquelle Husserl tente de donner à la connaissance d'autrui un statut intuitif de même rang qu'à la réflexion sur soi, en vertu du caractère d'apprésentation analogisante du phénomène de l'appariement *(Paarung).* A la différence de Husserl, toutefois, il tient pour désespérée, inutile et sans doute nuisible, l'entreprise de constituer l'expérience d'autrui *dans (in)* et *à partir de (aus)* la conscience égologique. L'expérience d'autrui est pour lui une donnée aussi primitive que l'expérience de soi, et, faut-il ajouter, aussi immédiate. Cette immédiateté est moins celle d'une opération cognitive que d'une foi pratique : nous croyons à l'existence d'autrui, parce que nous agissons sur lui et avec lui, et parce que nous sommes affectés par son action *(op. cit.,* p. 139). En ce sens, Alfred Schutz retrouve la grande vérité de Kant dans la *Critique de la Raison pratique* : nous ne connaissons pas autrui, mais nous le traitons (comme une personne ou comme une chose). Son existence est *admise* implicitement du seul fait que nous nous comportons à son égard d'une manière ou d'une autre.
2. Pour Max Weber, l'« orientation vers autrui » est une structure de l'« action sociale » *(Wirtschaft und Gesellschaft,* Tübingen, J. C. B. Mohr, 1972, § 1 et 2) ; trad. fr. de J. Freund *et al., Économie et Société,* Paris, Plon, 1971. Pour lui aussi, c'est pratiquement que nous affectons autrui et sommes affectés par lui.

relations temporelles entre passé, présent et futur. En effet, la relation directe du moi au toi et au nous est dès l'abord temporellement structurée : nous sommes orientés, en tant qu'agents et patients de l'action, vers le passé remémoré, le présent vécu et le futur anticipé de la conduite d'autrui. Appliquée à la sphère temporelle, la genèse de sens de l'anonymat va dès lors consister à dériver de la triade présent, passé, futur, caractéristique de la relation interpersonnelle directe, la triade du règne des *contemporains,* du règne des *prédécesseurs* et du règne des *successeurs.* C'est l'anonymat de ce triple règne qui fournit la médiation que nous cherchons entre le temps privé et le temps public.

En ce qui concerne la première figure du temps anonyme, le *règne des contemporains,* le phénomène originaire est celui du développement simultané de plusieurs flux temporels : « la simultanéité ou la quasi-simultanéité de la conscience de soi de l'autre avec la mienne » (p. 143) est la présupposition la plus primitive de la genèse de sens du champ historique. A. Schutz propose ici une formule particulièrement heureuse : « prendre ensemble de l'âge », « vieillir ensemble ». La simultanéité n'est pas quelque chose de purement instantané ; elle met en rapport le déploiement de deux durées (si, avec Spinoza, *Éthique,* livre II, déf. 5, on entend par durée « une continuation indéfinie de l'existence »). Un flux temporel en accompagne un autre, aussi longtemps qu'ils *durent ensemble.* L'expérience du monde mise en partage repose ainsi sur une communauté de temps autant que d'espace.

C'est sur cette simultanéité de deux flux distincts de conscience que s'édifie la contemporanéité qui s'étend bien au-delà du champ des relations interpersonnelles, gagées dans le face à face. Tout le génie phénoménologique de Schutz consiste à parcourir les transitions qui mènent du « vieillir ensemble » à la contemporanéité anonyme. Si, dans la relation directe du « nous », les médiations symboliques sont faiblement thématisées, le passage à la contemporanéité anonyme marque une croissance des médiations symboliques, en rapport inverse avec la décroissance de l'immédiateté[1]. L'interprétation apparaît ainsi comme un remède à la perte croissante d'immédiateté : « Nous faisons la transition de l'expérience sociale directe à l'expérience indirecte en suivant simplement l'éventail de la vivacité décroissante » (p. 179). A cette médiation appartiennent les types-idéaux de Max Weber lui-même : « Quand je suis orienté vers *Eux,* j'ai pour partenaires des types » (p. 185). En effet, nous n'atteignons nos contemporains qu'à travers les rôles typifiés qui leur sont assignés par les institutions. Le monde des simples contemporains, comme d'ailleurs celui des prédécesseurs, est fait d'une galerie de personnages qui ne sont pas et ne seront jamais des personnes. Au mieux, l'employé des postes se réduit à un « type », à un rôle auquel je réponds en attendant de lui une distribution correcte du courrier. La contemporanéité a perdu le caractère d'un partage d'expérience. L'imagination supplée entièrement à l'expérience d'un engagement mutuel. L'inférence a remplacé l'immédiateté. Le contemporain n'est pas donné sur le mode anté-prédicatif[2].

La conclusion, pour notre propre recherche, est que la *relation de simple contemporanéité est une structure de médiation entre le temps privé de la destinée individuelle et le temps public de l'histoire, en vertu de l'équation entre*

---

1. Ce n'est pas que l'imagination ne joue aucun rôle dans les relations qu'Alfred Schutz tient pour *directes*. Déjà, mes propres motifs demandent, pour être clarifiés, une sorte de réeffectuation imaginaire. Ceux de mes partenaires également : quand je vous adresse une question, j'imagine au futur antérieur ce que vous allez m'avoir répondu. En ce sens, la relation sociale réputée directe est déjà symboliquement médiatisée. La synchronie entre les flux de conscience est assurée par la correspondance entre les motifs prospectifs de l'un et les motifs explicatifs de l'autre.
2. « Toute expérience de contemporanéité est prédicative par nature. Elle repose sur des jugements interprétatifs qui mettent en jeu ma connaissance entière du monde social, selon toutefois des degrés variables de précision » (p. 183). Il est assez remarquable que Schutz attribue le phénomène de la *reconnaissance* à ce niveau abstrait, en un sens distinct de celui de Hegel, à titre de « pure synthèse » de ces jugements interprétatifs (p. 184). D'où l'expression de « synthèse de reconnaissance » (p. 185).

contemporanéité, anonymat et compréhension idéale-typique : « Mon simple contemporain est quelqu'un dont je sais qu'il existe avec moi dans le temps, mais dont je n'ai aucune expérience immédiate » (p. 181)[1].

Il est dommage qu'Alfred Schutz n'ait pas consacré autant de soin au monde des prédécesseurs qu'à celui des contemporains[2]. Quelques notations permettent toutefois de redoubler le concept de suite des générations discuté plus haut. La frontière n'est pas en effet aussi nette à tracer qu'il semble d'abord, entre la mémoire individuelle et ce passé d'avant la mémoire qu'est le passé historique. Absolument parlant, sont mes prédécesseurs les hommes dont aucun des vécus n'est contemporain d'aucun des

---

1. Je n'ai retenu de l'analyse d'Alfred Schutz que la distinction globale entre nous et eux, entre orientation directe et orientation anonyme par typification. A. Schutz prend grand soin de nuancer cette opposition massive par une étude raffinée, dans laquelle il excelle, des degrés d'anonymité dans le monde des contemporains. Son propos est la mise en série des figures qui assurent la progression vers l'anonymat complet ; ainsi certains « collectifs », tels que « conseil d'administration », État, nation, peuple, classe, sont encore assez proches du nous pour que nous leur attribuions par analogie des actions responsables ; au contraire, les objets artificiels (bibliothèques, par exemple) sont plus près du pôle de l'anonymat.

2. Il est plus curieux encore que A. Schutz parle si peu du monde des successeurs ; sans doute est-ce parce que le phénomène social est considéré en tant que phénomène déjà formé ; aussi se recouvre-t-il que le temps jusqu'à maintenant ; mais c'est surtout parce que l'auteur a trop mis l'accent sur le caractère déterminé et achevé du passé (ce qui est discutable, dans la mesure où le passé ne cesse d'être réinterprété dans sa signification pour nous) ; dès lors, le futur ne peut être que l'absolument indéterminé et indéterminable (p. 214) (ce qui n'est pas moins discutable, dans la mesure où, par l'attente, la crainte, l'espoir, la prévision, la planification, le futur est partiellement soumis à notre action). Que le monde des successeurs soit par définition non historique est une évidence ; qu'il soit dans cette mesure absolument libre est une implication contestable. Il faudra attendre les réflexions de R. Koselleck sur l'horizon d'attente (chap. VI) pour forger une conception plus complète et plus équilibrée du monde des contemporains, de celui des prédécesseurs et de celui des successeurs. La contribution majeure de A. Schutz à notre problème est d'avoir aperçu, à partir d'une phénoménologie encore husserlienne de l'intersubjectivité, le rôle de transition exercé par l'anonymat entre le temps privé et le temps public.

miens. En ce sens, le monde des prédécesseurs est celui qui existait avant ma naissance et que je ne peux influencer par aucune interaction opérée dans un présent commun. Toutefois, il existe entre mémoire et passé historique un recouvrement partiel qui contribue à la constitution d'un temps *anonyme,* à mi-chemin du temps privé et du temps public. L'exemple canonique à cet égard est celui des récits recueillis de la bouche des *ancêtres* : mon grand-père peut m'avoir raconté, au temps de ma jeunesse, des événements concernant des êtres que je n'ai pas pu connaître. La frontière devient ainsi poreuse, qui sépare le passé historique de la mémoire individuelle (comme on voit dans l'histoire du passé récent — genre périlleux entre tous ! — qui mêle le témoignage des survivants aux traces documentaires détachées de leurs auteurs)[1]. La mémoire de l'ancêtre est en intersection partielle avec la mémoire de ses descendants, et cette intersection se produit dans un présent commun qui peut lui-même présenter tous les degrés, depuis l'intimité du nous jusqu'à l'anonymat du reportage. Un pont est ainsi jeté entre passé historique et mémoire, par le récit ancestral, qui opère comme un *relais* de la mémoire en direction du passé historique, conçu comme temps des morts et temps d'avant ma naissance. Si l'on remonte cette chaîne de mémoires, l'histoire tend vers une relation en termes de nous, s'étendant de façon continue depuis les premiers jours de l'humanité jusqu'au présent. Cette chaîne de mémoires est, à l'échelle du monde des prédécesseurs, ce que la rétention des rétentions est à l'échelle d'une mémoire individuelle. Mais il faut dire, en sens inverse, que le récit de l'ancêtre introduit déjà la médiation des signes et bascule du côté de la médiation muette du document et du monument, qui fait de

---

1. La critique du témoignage des survivants est la plus difficile à exercer, en raison même de la confusion inextricable entre le quasi-présent, ressouvenu tel qu'il fut vécu au moment de l'événement, et la reconstruction fondée seulement sur des documents, sans compter les distorsions inhérentes à la sélection intéressée — et même désintéressée — opérée par la mémoire.

la connaissance du passé historique tout autre chose qu'une mémoire agrandie, exactement comme le monde des contemporains se distinguait de nous par l'*anonymat* des médiations[1]. Ce trait autorise à conclure que « le courant de l'histoire est fait d'événements anonymes » (p. 213).

Pour conclure, j'aimerais tirer deux conséquences du rôle de connecteur que l'idée de suite des générations, complétée par celle de réseau des contemporains, des prédécesseurs et des successeurs, exerce entre le temps phénoménologique et le temps cosmique.

La première concerne la place de la mort dans l'écriture de l'histoire. La mort, en histoire, revêt une signification éminemment ambiguë où se mêlent la référence à l'*intimité* de la mortalité de chaque homme et la référence au caractère *public* du remplacement des morts par les vivants. Au point de confluence de ces deux références : la mort *anonyme*. A l'enseigne du « on meurt », la mort, horizon secret de chaque vie humaine, n'est plus visée obliquement par le discours de l'historien que pour être aussitôt outrepassée.

Visée obliquement, la mort l'est en effet, en ce sens que le remplacement des générations est l'euphémisme par lequel nous signifions que les vivants prennent la place des morts, faisant de nous tous, les vivants, des survivants ; à la faveur de cette visée oblique, l'idée de génération rappelle avec insistance que l'histoire est l'histoire des *mortels*. Outrepassée, la mort l'est pourtant d'emblée : pour l'histoire, il n'y a en effet que des rôles jamais laissés en déshérence, mais chaque fois attribués à de nouveaux acteurs ; en histoire, la mort, en tant que fin de chaque vie prise une à une, n'est traitée que par allusion, au bénéfice des entités dont la durée enjambe les cadavres : peuple, nation, État, classe, civilisation. Et pourtant, la mort ne peut être éliminée du champ d'attention de l'historien,

---

1. « Puisque ma connaissance du monde des prédécesseurs me vient par le moyen des signes, ce que ces signes me signifient est anonyme et détaché de tout courant de conscience » (*op. cit.*, p. 209).

sous peine que l'histoire perde sa qualité historique[1]. D'où la notion mixte, ambiguë, de mort anonyme. Concept insupportable ? Oui, pour qui déplore l'inauthenticité du « on » ; non, pour qui discerne, dans l'anonymat de la mort, l'emblème même de l'anonymat non seulement postulé, mais instauré par le temps historique au lieu le plus aigu de la collision entre le temps mortel et le temps public : la mort anonyme est comme le point nodal de tout le réseau notionnel auquel appartiennent les notions de contemporains, de prédécesseurs et de successeurs — et, à

---

[1]. Qu'on se rappelle notre discussion du grand livre de Braudel, *La Méditerranée et le Monde méditerranéen à l'époque de Philippe II*. La Méditerranée, disions-nous, est le véritable héros d'une épopée qui se termine lorsque l'affrontement des puissances change de théâtre. Mais qui meurt là ? La réponse est une tautologie : des mortels seulement. Or, ces mortels, nous les avons croisés sur les montagnes et les plaines, au bord du nomadisme et de la transhumance ; nous les avons vus naviguer sur les plaines liquides, mener des vies précaires sur des îles inhospitalières, courir les routes de terre et les routes de mer. Je l'avoue, dans le vaste ouvrage de Braudel, je n'ai senti nulle part aussi fort la peine des hommes que dans la première partie (intitulée « la part du milieu »), car c'est là que les hommes sont surpris au plus près du vivre et du mourir. Et Braudel aurait-il pu appeler sa deuxième partie « Destins collectifs et mouvements d'ensemble », si la violence, la guerre, la persécution ne cessaient de renvoyer le lecteur des destins collectifs qui font la grande histoire aux destins singuliers d'hommes chaque fois souffrant et mourant ? Le martyrologe de quelques peuples témoins — Maures et Juifs — rend indestructible le lien entre destinée collective et destins singuliers. C'est pourquoi, lorsque Braudel, méditant sur le sens de son œuvre, se demande si, en minorant le rôle des événements et des individus, il n'aurait pas fait tort à la liberté des hommes (II, p. 519), on peut se demander si ce n'est pas plutôt à la mort que l'histoire fait tort, alors même qu'elle est la mémoire des morts. Elle ne peut faire autrement, dans la mesure où la mort marque la limite inférieure de la micro-histoire dont la reconstruction historique d'ensemble veut précisément s'affranchir. N'est-ce pas pourtant le murmure de la mort qui préserve l'historien de fondre son « structuralisme » dans « la problématique qui tourmente, sous le même nom, les autres sciences de l'homme », et qui lui permet de conclure son œuvre par ces mots : « [Le structuralisme d'un historien] ne le dirige pas vers l'abstraction mathématique des rapports qui s'expriment en fonctions, mais vers les sources mêmes de la vie, dans ce qu'elle a de plus concret, de plus quotidien, de plus indestructible, de plus anonymement humain » (II, p. 520) ?

Le temps historique

l'arrière-plan de celles-ci, la notion de suite des générations.

La seconde conséquence, plus remarquable encore, ne prendra tout son sens que relayée par l'analyse ultérieure de la trace. Elle concerne moins le versant *biologique* de l'idée de suite des générations que le versant *symbolique* de l'idée connexe de règne des contemporains, des prédécesseurs et des successeurs. Les ancêtres et les successeurs sont des *autres,* chargés d'un symbolisme opaque, dont la figure vient occuper la place d'un Autre, tout Autre, que les mortels[1]. En témoignent, d'une part, la représentation des morts, non plus seulement comme absents à l'histoire, mais comme hantant de leurs ombres le présent historique, d'autre part, la représentation de l'humanité future comme *immortelle,* comme on voit chez maints penseurs des Lumières. Ainsi, dans l'opuscule kantien *Idée d'une histoire universelle du point de vue cosmopolitique,* le commentaire (partiellement cité plus haut[2]) de la « Troisième proposition » se termine par l'affirmation suivante qu'il est demandé d'« admettre » : « Il doit exister une espèce animale détentrice de raison et, en tant que classe d'êtres raisonnables tous indistinctement mortels, *mais dont l'espèce est immortelle* [souligné par nous], elle doit pourtant atteindre à la plénitude du développement de ses dispositions. » Cette représentation d'une humanité immortelle, que Kant élève ici au rang de postulat, est le symptôme même d'un fonctionnement symbolique plus profond, en vertu duquel nous visons un Autre plus qu'humain, dont nous comblons le manque par la figure des ancêtres, icône de l'immémorial, et celle des successeurs, icône de l'espérance. C'est ce fonctionnement symbolique que la notion de trace va éclairer.

---

1. Cf. F. Wahl, « Les ancêtres, ça ne se représente pas », in *l'Interdit de la représentation,* colloque de Montpellier, 1981, Paris, Éd. du Seuil, 1984, p. 31-62.
2. Cf. ci-dessus, p. 199, n. 2.

3. Archives, document, trace

La notion de *trace* constitue un nouveau *connecteur* entre les perspectives sur le temps que la pensée spéculative dissocie sous l'aiguillon de la phénoménologie, principalement heideggerienne. Un nouveau connecteur : peut-être l'ultime connecteur. La notion de trace, en effet, ne devient pensable que si on réussit à y discerner le réquisit de toutes les *productions* de la pratique historienne qui donnent la réplique aux apories du temps pour la spéculation.

Que la trace soit un tel réquisit pour la *pratique* historienne, il suffit, pour le montrer, de suivre le processus de pensée qui, partant de la notion d'archives, rencontre celle de document (et, parmi les documents, celle de témoignage) et, de là, remonte à sa présupposition épistémologique dernière : la trace précisément. C'est de ce réquisit que la réflexion sur la *conscience* historique repartira pour son investigation de second degré.

Qu'entend-on par archives ?

Ouvrons l'*Encyclopaedia Universalis* et l'*Encyclopaedia Britannica* au mot archives. Nous lisons ceci dans la première : « Les archives sont constituées par l'ensemble des documents qui résultent de l'activité d'une institution ou d'une personne physique ou morale. » Et dans la seconde : « *The term archives designates the organized body of records produced or received by a public, semipublic, institutional business or private entity in the transaction of its affairs and preserved by it, its successors or authorized repository through extension of its original meaning as the repository for such materials.* »

Les deux définitions et les développements qui suivent dans les deux encyclopédies permettent d'isoler trois caractéristiques : d'abord, le renvoi à la notion de *document* (ou de *record*) : les archives sont un ensemble, un corps organisé, de documents, d'enregistrements ; ensuite, la relation à une *institution* : les archives sont dites dans un cas, *résulter* de l'activité institutionnelle ou profession-

Le temps historique

nelle ; dans l'autre, elles sont dites *produites* ou *reçues* par l'entité dont lesdits documents sont les archives ; enfin, la mise en archives a pour but de *conserver,* de *préserver* les documents produits par l'institution concernée (ou son équivalent juridique) ; la première Encyclopédie nommée précise à cet égard que les archives, à la différence des bibliothèques, constituées de documents rassemblés, « ne sont que des documents conservés », quitte à corriger cette distinction en observant qu'une discrimination est inéluctable (quoi conserver ? quoi détruire ?), même si celle-ci n'est établie qu'en fonction de l'utilité présumée des documents, donc de l'activité dont ils procèdent ; la seconde Encyclopédie précise, dans un sens voisin, que la conservation fait des archives un « dépôt autorisé » par les stipulations qui complètent la définition des buts de l'institution considérée.

Le caractère *institutionnel* des archives est donc trois fois affirmé : les archives constituent le fonds documentaire d'une institution ; c'est une activité spécifique de cette institution que de les produire, de les recevoir, de les conserver ; le dépôt ainsi constitué est un dépôt autorisé par une stipulation adjointe à celle qui institue l'entité dont les archives sont le fonds.

Une sociologie peut légitimement se greffer sur ce caractère institutionnel pour dénoncer, si besoin est, le caractère *idéologique* de la discrimination qui préside à l'opération en apparence innocente de la conservation des documents et que trahit la finalité avouée de cette opération.

Ce n'est pas dans cette direction que notre investigation nous conduit, mais du côté de la notion de document (ou de *record*), contenue dans la toute première définition des archives et du côté de la notion de trace contenue implicitement dans celle de dépôt.

Dans la notion de document, l'accent n'est plus mis aujourd'hui sur la fonction d'enseignement, que l'étymologie du mot souligne (quoique de l'enseignement au renseignement la transition soit aisée), mais sur celle d'*appui,* de *garant,* apporté à une histoire, un récit, un débat. Ce rôle de garant constitue la preuve matérielle, ce qu'en anglais on appelle « *evidence* », de la relation qui est faite d'un cours d'événements. Si l'histoire est un récit vrai, les documents constituent son ultime moyen de preuve ; celle-ci nourrit la prétention de l'histoire à être basée sur des faits [1].

La critique de la notion de document peut être menée à plusieurs niveaux de profondeur. A un niveau épistémologique élémentaire, il est devenu banal de souligner que n'importe quelle trace laissée par le passé devient pour l'historien un document, dès lors qu'il sait interroger ses vestiges, les mettre à la question. A cet égard, les plus précieux sont ceux qui n'étaient pas destinés à notre information. Ce qui guide l'interrogatoire de l'historien, c'est la thématique même choisie par lui pour guider sa recherche. Cette première approche de la notion de document nous est familière ; comme nous l'avons dit dans la seconde partie, la chasse au document n'a cessé d'annexer des zones d'information de plus en plus éloignées de la sorte de documents liée aux fonds d'archives déjà institués, c'est-à-dire des documents conservés en fonction de leur utilité présumée. Tout ce qui peut renseigner un chercheur, dont l'enquête est orientée par un choix raisonné de questions, vaut document. Cette critique de premier niveau enchaîne bien avec la notion de témoignage involontaire — les « témoins malgré eux » de Marc Bloch. Elle ne met pas en question le statut épistémologique du document, mais en élargit le champ [2].

Une critique de second degré du document est contemporaine de l'histoire quantitative dont nous avons parlé plus haut. Le rapport entre *document* et *monument* a servi de pierre de touche pour cette critique. Comme J. Le Goff l'observe dans un article incisif de l'*Enciclopedia Einaudi* [3], les travaux d'archives ont longtemps été dési-

---

1. Stephen Toulmin, *The Uses of Arguments*, Cambridge, Cambridge University press, 1958, p. 94-145.
2. Sur la constitution des archives, cf. T. R. Schellenberg, *Modern Archives : Principles and Technics,* University of Chicago Press, 1975 ; *Management of Archives,* New York, Columbia University Press, 1965.
3. J. Le Goff, « Documento/monumento », *Enciclopedia Einaudi,* Turin, G. Einaudi, vol. V, p. 38-48.

Le temps historique

gnés du terme de monument (ainsi les *Monumenta Germaniae historica* qui datent encore de 1826). Le développement de l'histoire positiviste, à la fin du XIXe siècle et au début du XXe siècle, marque le triomphe du document sur le monument. Ce qui rendait le monument suspect, en dépit du fait qu'il était bien souvent trouvé *in situ*, c'était sa finalité affichée, la commémoration d'événements jugés par les puissants dignes d'être intégrés à la mémoire collective. En revanche, le document, bien qu'il fût collecté et non hérité directement du passé, paraissait posséder une objectivité qui s'oppose à l'intentionnalité du monument, laquelle est proprement édifiante. Les écrits d'archives étaient ainsi réputés être plus documents que monuments. Pour une critique idéologique, qui prolonge celle que l'on a évoquée plus haut à propos de l'institution des archives, les documents ne s'avèrent pas moins institués que les monuments, pas moins édifiés que ceux-ci au bénéfice du pouvoir et des pouvoirs. Une critique naît, qui se donne pour tâche de découvrir le monument qui se cache derrière le document, critique plus radicale que la critique d'authenticité qui avait assuré la victoire du document sur le monument. Elle s'attaque aux conditions de la production historique et à son intentionnalité dissimulée ou inconsciente. Il faut alors dire, avec Le Goff, que, une fois démystifiée sa signification apparente, « le document est monument ».

Faut-il, pour autant, renoncer à voir dans l'historiographie contemporaine, avec ses banques de données, son traitement informatique, sa constitution de séries, selon le modèle de l'histoire sérielle, un élargissement de la mémoire collective [1] ? Ce serait là rompre avec les notions

---

1. C'est un pareil affranchissement que suggère dans sa conclusion l'article cité de J. Le Goff : « Le nouveau document, élargi au-delà des textes traditionnels — transformés à mesure que l'histoire quantitative se révèle possible et pertinente — en données, doit être traité comme un document/monument. D'où l'urgence d'élaborer une nouvelle doctrine, capable de transférer ces documents/monuments du plan de la mémoire à celui de la science historique » (*op. cit.*, p. 47). Ce qui est sous-entendu, ici, c'est l'opposition, introduite par Michel Foucault dans *l'Archéologie du savoir* (Paris, Gallimard,

de trace et de témoignage du passé. Autant la notion de mémoire collective doit être tenue pour une notion difficile, dénuée de toute évidence propre, autant son rejet annoncerait, à terme, le suicide de l'histoire. En effet, la substitution d'une science historique nouvelle à la mémoire collective reposerait sur une illusion documentaire qui ne serait pas foncièrement différente de l'illusion positiviste qu'elle croit combattre. Les *data* des banques de données se trouvent soudain auréolés de la même autorité que le document nettoyé par la critique positiviste. L'illusion est même plus dangereuse : dès lors que l'idée d'une dette à l'égard des morts, à l'égard des hommes de chair à qui quelque chose est réellement arrivé dans le passé, cesse de donner à la recherche documentaire sa finalité première, l'histoire perd sa signification. Dans sa naïveté épistémologique, le positivisme avait au moins préservé la *signifiance* du document, à savoir de fonctionner comme trace laissée par le passé. Retranchée

---

1969), entre la continuité de la mémoire et la discontinuité de la nouvelle histoire documentaire (« Le document n'est pas l'heureux instrument d'une histoire qui serait en elle-même et de plein droit *mémoire;* l'histoire, c'est une certaine manière pour une société de donner statut et élaboration à une masse documentaire dont elle ne se sépare pas », *op. cit.*, p. 14, cité par Le Goff, *op. cit.*, p. 45). A vrai dire, Le Goff, tout en faisant sienne l'opposition entre la mémoire, supposée continue, et l'histoire devenue discontinue, ne semble pas exclure que la discontinuité de l'histoire, loin de donner congé à la mémoire, contribue à l'enrichir en la critiquant : « La révolution documentaire tend... à promouvoir une nouvelle unité d'informations : au lieu du fait *(fatto)* qui conduit à l'événement et à une histoire linéaire, à une mémoire progressive, le privilège passe à la donnée *(dato)*, qui conduit à la série et à une histoire discontinue. La mémoire collective se valorise, s'organise en patrimoine culturel. Le nouveau document vient s'emmagasiner et se traiter dans les banques de données. Une nouvelle science est à l'œuvre, qui en est encore à ses premiers balbutiements et qui devra répondre en termes contemporains à l'exigence du calcul et à la critique de son influence sans cesse croissante sur la mémoire collective » (*op. cit.*, p. 42). L'opposition établie par Michel Foucault entre la continuité de la mémoire et la discontinuité de l'histoire des idées sera discutée dans le cadre de l'analyse consacrée à la notion de tradition, en raison de la place qu'y tient l'argument de la discontinuité (cf. ci-dessous, chap. VI).

Le temps historique

cette signifiance, la donnée devient proprement *insignifiante*. L'usage scientifique des données emmagasinées et traitées par l'ordinateur donne certainement naissance à une activité scientifique d'un nouveau genre. Mais celle-ci ne constitue qu'un vaste détour méthodologique destiné à élargir la mémoire collective, à l'encontre du monopole exercé sur la parole par les puissants et par les clercs. Or, l'histoire n'a jamais cessé d'être une critique du récit social et, en ce sens, une rectification de la mémoire commune. Toutes les révolutions documentaires s'inscrivent sur la même trajectoire.

Si, donc, ni la révolution documentaire, ni la critique idéologique du document/monument n'atteignent dans son fond la fonction qu'a le document de renseigner sur le passé et d'élargir la base de la mémoire collective, la source d'autorité du document, en tant qu'instrument de cette mémoire, c'est la *signifiance* attachée à la trace. Si les archives peuvent être dites instituées, et les documents collectés et conservés, c'est sous la pré-supposition que le passé a *laissé* une trace, érigée par monuments et documents en témoin du passé. Mais que signifie *laisser* une trace ?

Ici, l'historien se fie au sens commun, en quoi, nous allons le voir, il n'a pas tort[1]. Littré donne pour premier sens du mot trace : « vestige qu'un homme ou un animal a laissé à l'endroit où il est passé ». Puis il note l'emploi plus général : « toute marque laissée par une chose ». Par généralisation, le vestige est devenu marque ; en même temps, l'origine de la trace s'est étendue d'un homme ou d'un animal à une chose quelconque ; en revanche, l'idée qu'on est passé par là a disparu ; seule subsiste la notation que la trace est *laissée*. C'est bien là le nœud du paradoxe. D'une part, la trace est visible ici et maintenant, comme

---

1. *Le Plaidoyer pour l'histoire* de Marc Bloch est émaillé de termes tenus pour synonymes : « témoignage », « restes », « vestiges », « résidus », et finalement « traces » : « Qu'entendons-nous... par *documents*, sinon une trace, c'est-à-dire la marque perceptible aux sens qu'a laissée un phénomène en lui-même impossible à saisir ? » (*op. cit.*, p. 56). Tout est dit, mais tout est énigme.

vestige, comme marque. D'autre part, il y a trace parce que *auparavant* un homme, un animal est passé par là ; une chose a agi. Dans l'usage même de la langue, le vestige, la marque *indiquent* le passé du passage, l'antériorité de la rayure, de l'entaille, sans *montrer,* sans faire apparaître, *ce qui* est passé par là. On remarquera l'heureuse homonymie entre « être passé », au sens d'être passé à un certain endroit, et « être passé », au sens d'être révolu. Ce n'est pas surprenant : les *Confessions* d'Augustin nous ont familiarisé avec la métaphore du temps comme passage : le présent comme transit actif et transition passive ; le passage une fois opéré, le passé sombre en arrière : il est passé par là. Et l'on dit que le temps lui-même passe. Où est alors le paradoxe ? En ceci que le passage n'est plus, mais que la trace demeure ; on se rappelle l'embarras d'Augustin avec l'idée de vestige comme quelque chose qui demeure *(manet)* dans l'esprit.

L'historien se borne à cette pré-compréhension familière au langage ordinaire, dans lequel J.-L. Austin voyait à juste titre le trésor des expressions les mieux appropriées [1]. Plus précisément, l'historien se tient à mi-chemin de la définition initiale de la trace et de son extension à une chose. Ce sont les hommes du passé qui ont laissé des vestiges ; mais ce sont aussi les produits de leurs activités, leurs œuvres, donc des choses que Heidegger dirait données et maniables (outils, demeures, temples, sépultures, écrits) qui ont laissé une marque. En ce sens, être passé par là et avoir mis une marque s'équivalent : le passage dit mieux la dynamique de la trace, le marquage dit mieux sa statique.

Suivons, pour le bénéfice de l'histoire, le sous-entendu du sens premier : quelqu'un est passé par là ; la trace invite à la suivre, à la remonter, si possible jusqu'à l'homme, jusqu'à l'animal, qui sont passés par là ; la trace peut être perdue ; elle peut elle-même se perdre, ne mener nulle part ; elle peut aussi s'effacer : car la trace est fragile et

---

1. J.-L. Austin, *How to Do Things with Words,* Harvard University Press, 1962 ; trad. fr. de Gilles Lane, *Quand dire, c'est faire,* Paris, Éd. du Seuil, 1970.

Le temps historique

demande à être conservée intacte, sinon, le passage a bien eu lieu, mais il est tout simplement révolu ; on peut savoir par d'autres indices que des hommes, des animaux ont existé quelque part : ils resteront à jamais inconnus si nulle trace ne mène jusqu'à eux. Ainsi la trace indique *ici*, donc dans l'espace, et *maintenant*, donc dans le présent, le passage passé des vivants ; elle oriente la chasse, la quête, l'enquête, la recherche. Or, c'est tout cela qu'est l'histoire. Dire qu'elle est une connaissance par traces, c'est en appeler, en dernier recours, à la *signifiance* d'un passé révolu qui néanmoins demeure préservé dans ses vestiges.

Le sous-entendu du sens large n'est pas moins riche de suggestions : le marquage. Il suggère d'abord l'idée d'un support plus dur, plus durable que l'activité transitoire des hommes : c'est en particulier parce que les hommes ont œuvré, commis leur ouvrage à la pierre, à l'os, aux tablettes d'argile cuit, au papyrus, au papier, à la bande magnétique, à la mémoire de l'ordinateur, que leurs œuvres survivent à leur ouvrage ; les hommes passent ; leurs œuvres demeurent. Mais elles demeurent en tant que *choses* parmi les choses. Or, ce caractère chosique est important pour notre investigation : il introduit une relation de cause à effet entre la chose marquante et la chose marquée. La trace combine ainsi un rapport de *signifiance*, mieux discernable dans l'idée de vestige d'un passage, et un rapport de *causalité*, inclus dans la chatéité de la marque. *La trace est un effet-signe.* Les deux systèmes de rapports se croisent : d'une part, suivre une trace, c'est raisonner par causalité le long de la chaîne des opérations constitutives de l'action de passer par là ; d'autre part, remonter de la marque à la chose marquante, c'est isoler, parmi toutes les chaînes causales possibles, celles qui, en outre, véhiculent la signifiance propre à la relation du vestige au passage.

Cette double allégeance de la trace, loin de trahir une ambiguïté, constitue la trace en connecteur de deux régimes de pensée et, par implication, de deux perspectives sur le temps : dans la mesure même où la trace marque dans l'espace le passage de l'objet de la quête, c'est dans le temps du calendrier et, par-delà celui-ci, dans le temps astral que la trace marque le passage. C'est sous cette condition que la trace, conservée et non plus laissée, devient document *daté*.

Le lien entre trace et datation nous permet de reprendre à nouveaux frais le problème non résolu par Heidegger du rapport entre le temps fondamental du Souci, à savoir la temporalité inclinée vers le futur et la mort, et le temps « vulgaire », conçu comme succession d'instants quelconques.

Je voudrais montrer que la trace opère ce rapport que la phénoménologie cherche en vain à *comprendre* et à *interpréter* à partir de la seule temporalité du Souci.

Ce n'est pas que Heidegger, nous l'avons vu, ait ignoré le problème. Loin de là. Sa critique de la prétention diltheyenne à donner aux sciences humaines un statut épistémologique autonome, non fondé dans la structure ontologique de l'historialité, part précisément de l'impuissance de l'historiographie à rendre compte de la *passéité* en tant que telle [1]. Bien plus : le phénomène de la trace est explicitement pris pour pierre de touche de l'énigme de la passéité. Mais la réponse proposée par Heidegger à cette énigme la redouble plutôt qu'elle ne la résout. Heidegger a certainement raison quand il déclare que ce qui n'est plus, c'est le *monde* auquel ces « restes » ont appartenu, sur le mode de l'ustensile : « Le *monde* n'est plus, dit Heidegger. Mais le caractère *intra-mondain* d'autrefois de ce monde est encore donné *(vorhanden)*... En tant qu'ustensile appartenant au monde, ce qui subsiste encore *maintenant*, malgré sa « passéité », conserve sa pertinence » [380]. Ce texte définit assez exactement ce que nous entendons par « restes du passé », autrement dit par la trace. Mais qu'a-t-on gagné à refuser à l'être-là le prédicat « passé » *(vergangen)*, pour le reporter sur les étants qualifiés de subsistants et de maniables, et à réserver pour

---

1. Je rappelle le texte cité plus haut : « Ce qui est historique à titre *primaire*, soutenons-nous, c'est l'être-là. Est historique à titre secondaire ce qui est rencontré dans le monde *(innerweltlich)*, non seulement l'outillage maniable au sens le plus large, mais aussi la nature environnante en tant que " sol de l'histoire " » [381].

l'être-là d'autrefois le prédicat « ayant été là » *(da-gewesen)* ? On se souvient de la déclaration sans ambiguïté de Heidegger à cet égard : « L'être-là qui n'existe plus n'est pas passé, au sens ontologiquement strict de passé *(bergangen)*, mais ayant-été-là *(da-gewesen)* » [380]. Or, demanderons-nous, que faut-il entendre par un « être-là » qui a été là autrefois ? N'est-ce pas précisément sur la base des « restes » du passé que nous assignons ce qualificatif à l'étant que nous sommes ? Heidegger aperçoit quelque chose de cette relation mutuelle, quand il ajoute un correctif important à la disjonction nette entre *da-gewesen* et *vergangen*. Il ne suffit pas, en effet, de distinguer les deux termes, mais d'esquisser la genèse de sens du second à partir du premier. Il faut dire que le caractère historial de l'être-là est en quelque sorte transféré à certaines choses subsistantes et maniables, afin qu'elles *valent comme traces*. L'ustensilité qui reste attachée aux restes du passé est dite alors historique ou historiale, à titre secondaire[1]. Il suffit que nous oubliions cette filiation du sens secondaire de l'historique pour que nous formions l'idée de quelque chose qui serait « passé » en tant que tel. Dans l'historique à titre primaire, est conservée la relation à l'avenir et au présent. Dans l'historique à titre secondaire, cette structure fondamentale de la temporalité est perdue de vue et nous nous posons des questions insolubles concernant le « passé » en tant que tel. En revanche, la restitution de cette filiation de sens permet de rendre compte de ce que Heidegger appelle *historial-mondain (weltgeschichtlich)*. Les restes du passé, avec leur caractère d'ustensilité, constituent l'exemple type de l'historial-mondain : ce sont en effet les restes eux-mêmes qui semblent être porteurs de la signification « passé ».

Mais peut-on éviter, pour rendre compte de cette historialité dérivée, d'anticiper la problématique de l'intra-temporalité au cœur même de celle de l'historialité ? Ces anticipations ne marqueraient un progrès dans l'interprétation du phénomène de la trace que si, comme nous

1. Cf. ci-dessus, p. 142.

l'avons suggéré dans notre étude de *l'Être et le Temps*, on pouvait donner à l'idée de la « provenance » des formes dérivées de temporalité la valeur, non d'une diminution de sens, mais d'un accroissement de sens. C'est bien ce que semble impliquer l'introduction de la notion d'historial-mondain, au milieu même de l'analyse de l'historialité.

Le phénomène de la trace — comme celui des ruines, des restes, des documents — se trouve ainsi déplacé de l'historial vers l'intra-temporel.

Sera-t-il alors mieux rendu compte de la trace, si l'on tient compte du surcroît de sens que l'intra-temporalité apporte à l'historialité ? Il n'est pas douteux que les notions de temps datable, public, extensif, sont essentielles au déchiffrage des « traces » du passé. Suivre une trace, la remonter, c'est mettre en œuvre d'une manière ou de l'autre chacune des caractéristiques de l'intra-temporalité. C'est à ce stade que Heidegger souhaiterait assurément situer cette opération. Je ne pense pas toutefois qu'il y réussisse, sans faire *en outre* des emprunts au « temps vulgaire », tenu pour un simple nivellement de l'intra-temporalité. Il ne paraît pas, en effet, qu'il puisse être rendu compte de la signifiance de la trace sans associer le temps vulgaire à l'intra-temporalité. *Le temps de la trace,* me semble-t-il, *est homogène au temps calendaire*.

Heidegger est bien près de le reconnaître, lorsqu'il suggère que « restes, monuments, témoignages, sont un " matériau " *possible* pour une révélation de l'être-là ayant été là » [934]. Mais rien n'est dit sur le statut de ce « matériau », sinon l'affirmation réitérée que seul le caractère historial-mondain permet à tel matériau d'exercer une fonction historiographique. On ne peut faire progresser l'analyse de la trace sans montrer comment les opérations propres à la pratique historienne, relatives aux monuments et documents, *contribuent* à former la notion d'un être-là ayant été là. Or, cette mise en convergence d'une notion purement phénoménologique avec les procédures historiographiques, que l'on peut toutes ramener à l'acte de suivre ou de remonter la trace, ne peut se faire

Le temps historique

que dans le cadre d'un temps historique qui n'est ni un fragment du temps stellaire, ni le simple agrandissement aux dimensions communautaires du temps de la mémoire personnelle, mais un temps *hybride,* issu de la confluence des deux perspectives sur le temps : la perspective phénoménologique et celle du temps vulgaire, dans la terminologie heideggerienne.

Mais si on donne un droit *égal* au temps du Souci et au temps cosmique, il faut renoncer à voir dans ce dernier un « nivellement » des formes les moins authentiques de la temporalité.

Cette constitution composite de la signification de la trace permet finalement de donner un tour moins négatif à l'appréciation de Heidegger concernant les catégories de l'histoire. S'il a renoncé à compléter sa thèse de la subordination de l'historiographie à l'historialité par l'analyse inverse des procédures par lesquelles l'historiographie fournit le « matériau » de l'historialité, c'est que pour lui, en dernier ressort, l'historiographie se situe sur la ligne de fracture entre l'intra-temporalité et le temps vulgaire. Heidegger peut bien concéder que « la représentation vulgaire a son droit naturel » [426][1], la marque de la déchéance que lui imprime la phénoménologie herméneutique est indélébile. L'historiographie, en ce sens, ne peut jamais être pour lui que mal fondée.

Ce ne serait plus le cas si les opérateurs que l'historiographie met en œuvre — qu'il s'agisse du calendrier ou de la trace — étaient traités comme de véritables créations, issues du croisement de la perspective phénoménologique et de la perspective cosmique sur le temps, perspectives incoordonnables au plan spéculatif.

Or, l'idée de connecteur, suscitée par la pratique historienne, permet d'aller plus loin que le simple constat

---

1. La suite du texte concerne directement notre propos sur la trace comme catégorie du temps historique : « [La représentation vulgaire du temps] ressortit au mode d'être quotidien de l'être-là et à la compréhension de l'être qui de prime abord prévaut. C'est ainsi que l'*histoire* est de prime abord et le plus souvent comprise *publiquement comme* devenir-historial *intra-temporel* » [426].

d'un rapport d'attraction-répulsion entre les deux perspectives, comme nous l'avons souligné à la fin de notre étude de la conception heideggerienne du temps. Ces connecteurs ajoutent l'idée d'un empiétement mutuel, voire d'un *échange frontalier,* qui font de la ligne de fracture, sur laquelle l'histoire s'établit, une ligne de suture. Cet échange frontalier peut revêtir les deux formes extrêmes d'une *collision négociée* ou d'une *contamination réglée.* Si le calendrier illustre la première forme, la trace ressortit à la seconde. Revenons, en effet, au calendrier : si on fait abstraction du gigantesque labeur mis en œuvre par la constitution du calendrier, on ne remarque que la collision qui résulte de l'hétérogénéité des deux perspectives sur le temps. C'est à cette collision que la plus ancienne sagesse rend attentif. L'élégie de la condition humaine, modulant tour à tour la lamentation et la résignation, n'a cessé de chanter le contraste entre le temps qui demeure et nous qui passons. Déplorerions-nous la brièveté de la vie humaine, si elle ne se détachait sur le fond de l'immensité du temps ? Ce contraste est la forme la plus émouvante que peut assumer le mouvement d'affranchissement mutuel grâce auquel, d'une part, le temps du Souci s'arrache à la fascination d'un temps qui ignore notre mortalité, et, d'autre part, le temps des astres soustrait la contemplation du ciel à l'aiguillon de la préoccupation immédiate et même à la pensée de notre mort. Mais voici la construction du calendrier complétée par celle de l'horloge, qui règle tous les rendez-vous, engendrés par nos soucis communs, sur les mesures d'un temps qui ne prend pas souci de nous. Ce qui n'empêche pas que, sur le cadran de l'une de nos horloges, surgisse parfois en lettres de deuil le *memento mori.* Par ce rappel et cet avertissement, l'oubli d'une figure du temps chasse l'oubli de l'autre...

La trace illustre la forme inverse de l'échange frontalier entre les deux figures du temps, celle d'une contamination de l'une par l'autre. Nous avons pressenti ce phénomène lors de la discussion des trois traits majeurs de l'intratemporalité : databilité, laps de temps, caractère public ; nous avons suggéré l'idée d'un certain recouvrement entre

Le temps historique

l'existential et l'empirique[1]. La trace consiste dans ce recouvrement.

D'abord, suivre la trace est une manière de *compter avec* le temps. Comment la trace laissée dans l'espace renverrait-elle au passage de l'objet de la quête sans les supputations que nous faisons quant au temps écoulé entre le passage et la trace pour nous donnée ? D'emblée, la databilité avec ses « maintenant », « alors », « autrefois », etc., est mise en jeu ; mais nul chasseur, nul détective ne s'en tiendra à ces références vagues ; la databilité sans date ne l'intéresse pas ; c'est montre en main qu'il suit la trace, calendrier en poche qu'il la remonte. Ensuite, suivre la trace, la remonter, c'est déchiffrer, sur l'espace, l'*étirement* du temps ; mais comment le faire, si le laps de temps n'est pas d'emblée soumis au calcul et à la mesure ? Le trajet du passage, comme le tracé de la trace, sont impitoyablement linéaires. C'est dans le temps successif qu'il faut reconstituer la signifiance de la trace, même si celle-ci n'est pas contenue dans la pure succession. Enfin, la trace, en tant que visible par chacun, même si elle n'est enfin déchiffrable que par quelques-uns, projette notre préoccupation, dont la chasse, la quête et l'enquête sont des illustrations majeures, dans le temps *public* qui rend toutes les durées privées commensurables. Le sérieux de la préoccupation — qu'exprime bien le terme de circonspection — ne trahit ici aucune déchéance qui viendrait encore aggraver la déréliction à laquelle notre être-jeté nous aurait dès toujours astreint. Au contraire, si l'on veut se *laisser* conduire par la trace, il faut être capable de ce dessaisissement, de cette abnégation, qui font que le souci de soi-même s'efface devant la trace de l'autre. Mais il faut toujours pouvoir faire le trajet inverse : si la signifiance de la trace s'appuie sur des supputations qui s'inscrivent dans le temps vulgaire comme la trace elle-même s'inscrit dans l'espace du géomètre, cette signifiance ne s'épuise pas dans les relations du temps successif. Comme on l'a dit plus haut, cette signifiance consiste dans le renvoi même

---

[1] En témoigne l'usage difficile à cerner du terme *faktisch* dans maintes analyses de *l'Être et le Temps*.

du vestige au passage, renvoi qui requiert la synthèse entre l'empreinte *laissée* ici et maintenant et l'événement *révolu*.

Que cette signifiance, à son tour, récuse la critique du temps vulgaire par Heidegger, je l'accorde d'autant plus volontiers que j'ai emprunté l'expression même de signifiance de la trace, non à Heidegger, mais à Emmanuel Lévinas, dans son admirable essai sur la trace [1]. Mais mes emprunts à Lévinas ne peuvent être qu'indirects et, à ses yeux, certainement biaisés. E. Lévinas parle de la trace dans le contexte de l'épiphanie du *visage*. Son interrogation, dès lors, ne vise pas un passé d'historien, mais, si j'ose dire, de moraliste. Quel est, demande-t-il, le passé d'avant l'histoire, le passé de l'Autre, dont il n'y a ni dévoilement, ni manifestation, ni même icône ? La trace, la signifiance de la trace, est ce qui assure Entrée et Visitation sans révélation. Cette signifiance échappe à l'alternative du dévoilement et de la dissimulation, à la dialectique du montrer et du cacher, parce que *la trace signifie sans faire apparaître*. Elle oblige, mais ne dévoile pas. C'est donc dans une tout autre perspective que je m'intéresse ici à la trace. Et pourtant...

Et pourtant, je ne saurais dire combien mon investigation du rôle de la trace dans la problématique de la référence en histoire doit à cette magnifique méditation. Elle lui doit essentiellement l'idée que la trace se distingue de tous les signes qui s'organisent en système, en ce qu'elle *dérange* quelque « ordre » : la trace, dit Lévinas, est « le dérangement même s'exprimant » (p. 63). Oui, la trace laissée par quelque gibier dérange l'ordre végétal de la forêt : « La relation entre signifié et signification est, dans la trace, non pas corrélation, mais l'*irrectitude même* » (p. 59). Je n'ignore pas que, ce disant, Lévinas soustrait l'absent à toute mémoire et l'assigne à un passé immémorial. Mais le choc en retour de sa méditation sur notre analyse est de souligner l'étrangeté de la trace qui « n'est

---

1. Emmanuel Lévinas, « La trace », in *Humanisme de l'autre homme*, Montpellier, Fata Morgana, 1972, p. 57-63.

Le temps historique

pas un signe comme un autre » (p. 60), dans la mesure où c'est toujours un passage, non une présence possible, qu'elle indique. La remarque vaut aussi pour la trace-signe de l'historien : « Ainsi prise pour un signe, la trace a encore ceci d'exceptionnel par rapport aux autres signes : elle signifie en dehors de toute intention de faire signe et en dehors de tout projet dont elle serait la visée » (p. 60). N'est-ce pas ce que Marc Bloch désignait du terme de « témoins malgré eux » ?

Mais je ne voudrais pas rabattre sur le plan de l'immanence historique une méditation sur la trace entièrement dédiée à « un passé absolument révolu », « un passé plus éloigné que tout passé et que tout avenir, lesquels se rangent encore dans mon temps — vers le passé de l'Autre où se dessine l'éternité — passé absolu qui réunit tous les temps » (p. 63). Je voudrais plutôt tenir en réserve la possibilité ouverte qu'il n'y ait finalement d'Autre relatif, d'Autre historique, que si, en quelque manière, le passé remémoré est signifiant à partir d'un passé immémorial. C'est peut-être cette possibilité que la littérature tient ouverte quand telle « fable sur le temps » pointe vers quelque éternité[1]. Qui sait quels cheminements souterrains rattachent celle-ci à l'Infini de l'absolument Autre, selon Lévinas — absolument Autre dont le visage d'autrui porte la trace ? Quoi qu'il en soit, le lien, ténu mais fort, entre mon analyse et la méditation d'Emmanuel Lévinas se résume dans cette notation-clé : *la trace signifie sans faire apparaître* (p. 60).

La trace est ainsi un des instruments les plus énigmatiques par lesquels le récit historique « refigure » le temps. Il le refigure en construisant le joint qui opère le recouvrement de l'existential et de l'empirique dans la signifiance de la trace. Certes, l'historien, en tant que tel, ne sait pas ce qu'il fait en constituant des signes en traces. Il reste, à leur égard, dans un rapport d'usage. C'est en fréquentant

---

1. Ce fut le cas dans chacune des trois études qui terminaient notre troisième partie : *Mrs. Dalloway*, *Der Zauberberg*, *A la recherche du temps perdu*.

les archives, en consultant des documents, qu'il se met à la trace du passé tel qu'il fut. Mais ce que *signifie* la trace est un problème non d'historien-savant, mais d'historien-philosophe.

2

La fiction et les variations imaginatives sur le temps

Notre tâche est ici de penser le monde — ou plutôt les mondes — de la fiction dans une relation de contrepoint avec le monde historique, sous le rapport de la résolution des apories de la temporalité telles qu'elles sont portées au jour par la phénoménologie.

Nous avons eu l'occasion d'introduire le concept de *variations imaginatives,* qui va être le fil directeur de nos analyses dans ce chapitre, pour caractériser les unes par rapport aux autres les expériences fictives du temps projetées dans les monographies consacrées respectivement à *Mrs. Dalloway, Der Zauberberg, A la recherche du temps perdu.* Mais nous nous sommes borné à faire usage de ce concept sans pouvoir l'analyser. Et cela pour deux raisons. D'abord, nous manquions encore du terme fixe de comparaison par rapport auquel les expériences fictives sur le temps sont des variations imaginatives, non plus seulement les unes par rapport aux autres, mais en tant même que fictions ; or ce terme fixe n'a été reconnu qu'au terme de notre analyse de la constitution du temps historique par *réinscription* du temps phénoménologique sur le temps cosmique. Ce phénomène de réinscription est l'invariant par rapport auquel les fables sur le temps apparaissent comme des variations imaginatives. En outre, il manquait à ce contraste l'arrière-plan sur lequel il se détache, à savoir l'aporétique du temps, sur laquelle s'est ouvert ce troisième volume. J'insiste sur le rôle du troisième partenaire de cette conversation triangulaire. Il ne suffit pas, en effet, d'opposer terme à terme les variations imaginaires sur le temps à la constitution fixe du temps historique, il faut encore pouvoir dire à quelles apories *communes* la constitution variable du temps fictif et la constitution invariable du temps historique apportent une réplique *différente*. Sans cette référence commune aux apories de la temporalité, le temps historique et les variations imaginatives produites par les fables sur le temps demeureraient sans lien et proprement incomparables.

1. La neutralisation du temps historique

Le trait le plus visible, mais non nécessairement le plus décisif, de l'opposition entre temps fictif et temps historique est l'*affranchissement* du narrateur — que nous ne confondons pas avec l'auteur — à l'égard de l'obligation majeure qui s'impose à l'historien : à savoir de se plier aux connecteurs spécifiques de la réinscription du temps vécu sur le temps cosmique. Ce disant, nous ne donnons encore qu'une caractérisation *négative* de la liberté de l'artisan de fiction et, par implication, du statut irréel de l'expérience temporelle fictive. Des personnages irréels, dirons-nous, font une expérience irréelle du temps. Irréelle, en ce sens que les marques temporelles de cette expérience n'exigent pas d'être raccordées à l'unique réseau spatio-temporel constitutif du temps chronologique. Pour la même raison, elles ne demandent pas à être raccordées les unes aux autres, comme des cartes de géographie mises bord à bord : l'expérience temporelle de tel héros n'a pas besoin d'être référée à l'unique système de datation et à l'unique tableau de toutes les dates possibles, dont le calendrier constitue la charte. En ce sens, de l'épopée au roman, en passant par la tragédie et la comédie ancienne et moderne, le temps du récit de fiction est libéré des contraintes qui exigent de le reverser au temps de l'univers. La recherche des connecteurs entre temps phénoménologique et temps cosmologique — institution du calendrier, temps des contemporains, des prédécesseurs et des successeurs, suite des générations, documents et traces — paraît, en première approximation du moins, ainsi perdre toute raison d'être. Chaque expérience temporelle fictive déploie son

Les variations imaginatives sur le temps 231

monde, et chacun de ces mondes est singulier, incomparable, unique. Non seulement les intrigues, mais les mondes d'expérience qu'elles déploient ne sont pas — comme les segments de l'unique temps successif, selon Kant — des limitations d'un unique monde imaginaire. Les expériences temporelles fictives ne sont pas totalisables.

Mais cette caractérisation négative de la liberté de l'artisan de fiction ne constitue nullement un dernier mot. La levée des contraintes du temps cosmologique a pour contrepartie *positive* l'indépendance de la fiction dans l'exploration de ressources du temps phénoménologique qui restent inexploitées, inhibées, par le récit historique, en raison même du souci de ce dernier de toujours relier le temps de l'histoire au temps cosmique sur le mode de la réinscription du premier sur le second. Ce sont ces ressources enfouies du temps phénoménologique, et les apories que leur découverte suscite, qui font le lien secret entre les deux modalités du récit. La fiction, dirai-je, est une réserve de variations imaginatives appliquées à la thématique du temps phénoménologique et à ses apories. Pour le montrer, nous nous proposons de coupler l'analyse que nous avons faite à la fin du second volume de quelques fables sur le temps avec les résultats principaux de notre discussion de la phénoménologie du temps [1].

*2. Variations sur la faille entre le temps vécu
et le temps du monde*

Afin de souligner le parallélisme et le contraste entre les variations imaginatives produites par la fiction et le temps fixe constitué par la réinscription du temps vécu sur le temps du monde au plan de l'histoire, nous irons droit à l'aporie majeure révélée, et jusqu'à un certain point engendrée, par la phénoménologie, à savoir la faille

---

1. Sauf exceptions rares, les analyses qui suivent renvoient sans les citer à nouveau aux textes littéraires analysés à la fin de notre troisième partie et aux théories phénoménologiques discutées au début de notre quatrième partie.

ouverte par la pensée réflexive entre le temps phénoménologique et le temps cosmique. C'est dans la manière de se comporter à l'égard de cette faille que l'histoire et la fiction commencent de différer [1].

Que l'expérience fictive du temps, mette à sa façon en rapport la temporalité vécue et le temps aperçu comme une dimension du monde [2], nous en avons un indice élémentaire dans le fait que l'épopée, le drame ou le roman ne se privent pas de mêler des personnages historiques, des événements datés ou datables, ainsi que des sites géographiques connus, aux personnages, aux événements et aux lieux inventés.

Ainsi, l'intrigue de *Mrs. Dalloway* est nettement située après la Première Guerre mondiale, exactement en 1923, et se déroule dans le cadre monumental de ce qui était encore la capitale de l'Empire britannique. De même, les aventures de Hans Castorp, dans *Der Zauberberg,* appar-

1. Cette méthode de corrélation implique que nous soyons exclusivement attentifs aux découvertes redevables à la fiction en tant que telle et à leur enseignement philosophique, à l'inverse de toutes les tentatives, aussi légitimes soient-elles dans leur ordre, pour discerner une influence philosophique à la source de l'œuvre littéraire considérée. Nous nous sommes expliqué sur ce point à plusieurs reprises, cf. troisième partie, chap. IV, n. 1, p. 212, et p. 248-251.

2. La comparaison avec la solution apportée par l'histoire aux apories du temps nous conduit à parcourir ces apories dans l'ordre inverse de celui dans lequel nous les avons rencontrées dans notre aporétique du temps. Nous remontons ainsi des apories que la phénoménologie invente à celles qu'elle découvre. Mais les avantages didactiques de la stratégie adoptée ici ne sont pas négligeables. D'abord, nous allons ainsi droit au principe de la dissymétrie entre fiction et histoire. Ensuite, nous évitons le piège de confiner la fiction à l'exploration de la conscience *interne* du temps, comme si la fonction de la fiction, au regard de l'antagonisme entre les perspectives rivales sur le temps, se bornait à un simple mouvement de retrait hors du champ conflictuel. Il appartient au contraire à la fiction d'explorer à sa façon cet antagonisme même, en le soumettant à des variations spécifiques. Enfin, le traitement par la fiction des apories constitutives du temps phénoménologique prendra un relief nouveau d'être placé sur l'arrière-plan de la confrontation, au cœur de la fiction, entre temps phénoménologique et temps cosmique. C'est toute la gamme des aspects non linéaires du temps qui se déploiera alors devant nous.

tiennent clairement à l'avant-guerre et débouchent explicitement sur la catastrophe de 1914. Quant aux épisodes de *la Recherche,* ils se répartissent avant et après la Première Guerre mondiale ; les développements de l'Affaire Dreyfus y fournissent des repères chronologiques aisés à identifier, et la description de Paris pendant la guerre s'y insère dans un temps expressément daté.

Néanmoins, on se tromperait gravement si on en concluait que ces événements datés ou datables entraînent le temps de la fiction dans l'espace de gravitation du temps historique. C'est le contraire qui a lieu. Du seul fait que le narrateur et ses héros sont fictifs, toutes les références à des événements historiques réels sont dépouillées de leur fonction de représentance à l'égard du passé historique et alignées sur le statut irréel des autres événements. Plus précisément, la référence au passé, et la fonction elle-même de représentance, sont conservées, mais sur un mode neutralisé, semblable à celui par lequel Husserl caractérise l'imaginaire [1]. Ou, pour employer un autre vocabulaire emprunté à la philosophie analytique, les événements historiques ne sont plus dénotés, mais simplement mentionnés. Ainsi la Première Guerre mondiale, qui sert chaque fois de point de repère aux événements racontés dans nos trois romans, perd le statut de référence commune pour se réduire à celui de *citation* identique à l'intérieur d'univers temporels non superposables et incommunicables. Du même coup, il faut dire que la Première Guerre mondiale, en tant qu'événement historique, est chaque fois fictionnalisée de façon différente, ainsi que tous les personnages historiques inclus dans le roman. Ils gravitent désormais dans des sphères temporelles hétérogènes. Peuvent être également neutralisés et simplement mentionnés tous les connecteurs spécifiques mis en place par l'histoire : non seulement le temps calendaire, mais la suite des générations, les archives, documents et traces. Toute la sphère des outils de la relation de représentance peut être ainsi fictionnalisée et reversée au compte de l'imaginaire.

---

1. Husserl, *Idées... I,* § 111.

La question est dès lors de savoir de quelle manière une parcelle d'événements mondains est incorporée à l'expérience temporelle des personnages de la fiction. C'est à cette question que la fiction réplique en déployant l'éventail des variations imaginatives qui répondent à l'aporie majeure de la phénoménologie.

Ainsi, tout le dynamisme du roman de Virginia Woolf a pu être dérivé ci-dessus de l'antagonisme entre ce que nous avons appelé le temps mortel et le temps monumental. Mais ce qui confère au roman une richesse infiniment supérieure à l'énoncé d'une simple antinomie spéculative, c'est que le narrateur ne confronte jamais deux entités, deux catégories — fussent-elles des existentiaux au sens de Heidegger —, mais deux expériences-limites, entre lesquelles il répartit toute la gamme des expériences singulières qu'il a choisi de mettre en scène. L'une de ces expériences-limites, celle de Septimus Warren Smith, signifie, certes, l'impossible réconciliation entre le temps frappé par Big Ben et l'incommunicable rêve d'intégrité personnelle de l'infortuné héros ; mais le suicide de Septimus marque l'incarnation de l'existential être-pour-la-mort dans une expérience existentielle singulière, une expérience plus proche de l'invitation au désespoir que Gabriel Marcel voit inéluctablement sécrétée par le spectacle du monde, que par exemple, de l'anticipation résolue que Heidegger tient pour le témoignage le plus authentique en faveur du caractère originaire de l'être-pour-la-mort. Il en va de même du temps cosmique : le roman ne le désigne que revêtu des apparats de la monumentalité, et incarné dans les figures d'autorité, de « proportion » et d'intolérance, complices de l'ordre établi. Il résulte de cette double concrétisation que les coups mêmes frappés par Big Ben ne scandent nullement un temps neutre et commun, mais revêtent chaque fois une signification différente pour chacun des personnages dont l'expérience est écartelée entre les deux limites qui bornent l'espace ouvert par le roman. Le temps commun ne rassemble pas, mais divise. Prise entre deux extrêmes, l'expérience privilégiée de Clarissa ne constitue pas non plus une médiation, au sens d'un mixte spéculatif, mais une variante singulière, marquée par un déchirement entre son rôle secret de « double » de Septimus et son rôle public de « parfaite hôtesse ». Le geste de défi qui reconduit l'héroïne à sa soirée — *she must assemble* — exprime lui-même une modalité existentielle singulière de la résolution face à la mort : celle d'un compromis fragile et peut-être inauthentique (mais ce n'est pas à la fiction de prêcher l'authenticité) entre le temps mortel et le temps monumental.

C'est dans des termes tout différents que *Der Zauberberg* pose le problème de l'affrontement du temps vécu et du temps cosmique. D'abord, les constellations concrètes gravitant autour des deux pôles ne sont pas les mêmes. Ceux d'« en bas » ne jouissent d'aucun privilège de monumentalité ; ce sont les gens du quotidien ; seuls quelques-uns de leurs émissaires rappellent les figures d'autorité de *Mrs. Dalloway* ; mais ils restent les délégués du temps vulgaire. Quant à ceux d'« en haut », ils diffèrent radicalement du héros de la durée intérieure de *Mrs. Dalloway* ; leurs temps est globalement et sans rémission un temps morbide et décadent, où l'érotisme même est marqué des stigmates de la corruption. C'est pourquoi il n'y a pas au Berghof un Septimus qui se tue de ne pas supporter la rigueur du temps des horloges. Il y a une population asilaire qui se meurt lentement d'avoir perdu les mesures du temps. A cet égard, le suicide de Mynheer Peperkorn diffère radicalement de celui de Septimus : ce n'est pas un défi adressé à ceux d'« en bas », c'est une capitulation qui le réunit à ceux d'« en haut ». De cette position radicalement originale du problème résulte une solution également sans pareil. A la différence de Clarissa Dalloway, en quête d'un compromis entre les extrêmes, Hans Castorp tente de résoudre l'antinomie par l'abolition d'un de ses termes. Il ira jusqu'au bout de l'effacement du temps chronologique, de l'abolition des mesures du temps. L'enjeu, dès lors, est de savoir quel apprentissage, quelle élévation — quelle *Steigerung* — peut résulter d'une expérimentation avec le temps, ainsi amputé de cela même qui en fait une grandeur, une magnitude. La réponse à cette question illustrera un autre point de la corrélation entre la phénoménologie du temps et les fables sur le temps. Bornons-nous pour l'instant à ceci : à la réinscription par l'histoire du temps vécu sur le temps cosmique, *Der Zauberberg* propose une variation imaginative particulièrement perverse ; car c'est encore une manière de se rapporter au temps cosmique que de tenter d'en supprimer les traces, comme fait le médecin rusé qui tend à ses patients tricheurs un thermomètre sans graduation : c'est encore comme « sœur muette » que le temps vulgaire accompagne l'aventure spirituelle du héros.

Quant à *la Recherche,* c'est une autre variante fort singulière de la polarité entre temps de la conscience et temps du monde qu'elle propose. La figure que revêt le temps du monde est celle des divers règnes où s'exerce ce que nous avons appelé, avec Gilles Deleuze, l'apprentissage des signes : signes de la mondanité, signes de l'amour, signes des impressions sensibles, signes de l'art. Mais, du fait que ces quatre règnes ne sont jamais représentés que par leurs signes, leur apprentissage est d'emblée celui du monde et celui de la conscience. Un autre clivage en résulte, qui oppose temps perdu à temps retrouvé. Est perdu, d'abord, le temps *révolu,* en proie à l'universelle décadence des choses ; en ce sens, *la Recherche* est une épuisante lutte contre l'effacement des traces, contre l'oubli ; on dire plus loin à quelle remythisation du temps est entraînée la spéculation du narrateur méditant sur l'universelle usure des choses. Est perdu, aussi, le temps *dissipé* parmi des signes non encore reconnus comme signes, destinés à être réintégrés dans la grande œuvre de récapitulation. Est perdu, enfin, le temps *dispersé,* comme le sont les sites dans l'espace, que symbolisent les deux « côtés » de Méséglise et de Guermantes ; on pourrait parler à cet égard d'intermittence du temps, comme il est parlé d'intermittence du cœur. A dire vrai, le sens de l'expression « temps perdu » reste en suspens tant qu'il n'est pas devenu cela même qui est à retrouver. En deçà du point de conjonction entre la Quête et l'Illumination, entre l'Apprentissage et la Visitation, *la Recherche* ne sait pas où elle va. Et c'est bien cette désorientation, et le désenchantement que celle-ci induit, qui qualifient le temps comme perdu, aussi longtemps que *la Recherche* n'a pas été aimantée par le grand dessein de faire une œuvre d'art. Mais l'enseignement que la phénoménologie du temps peut recevoir de cette conjonction entre l'apprentissage des signes et l'épreuve extatique ne concerne plus l'aporie initiale que nous venons de traverser, celle à laquelle le temps historique porte la réplique.

En faisant une première fois le parcours de *Mrs. Dalloway* à *Der Zauberberg* et à *la Recherche,* nous avons vu la fiction proposer des réponses variables à une même aporie, mais varier la position même du problème, au point de déplacer le lieu initial de l'embarras. Ce faisant, la fiction décloisonne les problèmes que l'aporétique du temps avait séparés avec grand soin : à commencer par la distinction, qui apparaît maintenant plus didactique que subtantielle, entre les énigmes *reconnues* par la phénoménologie comme appartenant à la constitution interne du temps et les énigmes *engendrées* par le geste même qui inaugure la phénoménologie, celui de réduction du temps cosmique, objectif, vulgaire. C'est à la faveur de ce déplacement de la problématique elle-même que nous sommes reconduits des apories en quelque sorte périphériques aux apories nucléaires de la phénoménologie du temps. Au sein même de l'opposition entre les variations imaginatives produites par les fables sur le temps et le terme fixe de la réinscription par l'histoire du temps vécu sur le temps du monde, il apparaît que la contribution majeure de la fiction à la philosophie ne réside pas dans la gamme des solutions qu'elle propose à la discordance entre temps du monde et temps vécu, mais dans l'exploration des *traits non linéaires du temps phénoménologique* que le temps historique occulte en vertu même de son enchâssement dans la grande chronologie de l'univers.

3. Variations sur les apories internes de la phénoménologie

Ce sont les stades de cette libération du temps phénoménologique hors des contraintes du temps historique que nous allons maintenant parcourir. Nous considérerons successivement, *a)* le problème de l'unification du cours temporel, que Husserl fait résulter du phénomène de « recouvrement » dans la constitution horizontale du temps, et que Heidegger dérive du phénomène de la « répétition » dans la constitution hiérarchique des niveaux de temporalisation ; *b)* la reviviscence du thème augustinien de l'éternité dans certaines expériences-limites d'extrême concentration de la temporalité ; *c)* enfin, les modalités de remythisation du temps, qui ne relèvent plus de la phénoménologie, mais que la fiction seule a le pouvoir d'évoquer, au sens fort du mot.

a) La nouvelle revue des trois fables du temps qui ont retenu notre attention prendra son départ dans les analyses par lesquelles Husserl pense avoir résolu le paradoxe augustinien du triple présent : présent du passé, présent du futur, présent du présent. La solution de Husserl se décompose en deux phases : il accorde d'abord au présent vif une certaine épaisseur qui le distingue de l'instant ponctuel, en lui rattachant le passé récent, retenu dans le présent, et le futur imminent, lequel constitue une zone de protection réciproque de la zone de rétention du présent ; mais le prix à payer pour cette extension du présent est la coupure entre la rétention (ou souvenir primaire), *incluse* à sa façon dans le présent vif, et le ressouvenir (ou souvenir secondaire), *exclu* du présent vif. Husserl voit alors l'unité du flux se constituer par le recouvrement sans cesse opéré entre les rétentions (et les rétentions de rétentions) qui constituent la « queue de comète » du présent, et la série des quasi-présents dans lesquels je me transporte librement par l'imagination, et qui déploient chacun leur système de rétentions et de protentions. L'unification du flux temporel consiste dès lors dans la sorte de tuilage qui résulte de l'empiétement les uns sur les autres des systèmes de rétentions et de protentions irradiés par le présent vif et par n'importe quel quasi-présent, la rétention d'un présent recouvrant la protention d'un autre.

Ce même processus de recouvrement revient sous une

Les variations imaginatives sur le temps 239

autre forme et sous un autre nom dans la phénoménologie herméneutique de Heidegger, plus attentive il est vrai à la hiérarchisation intime des niveaux de temporalisation qu'à la continuité de l'unique flux temporel. C'est ainsi que la « répétition » est apparue comme le point nodal de toutes les analyses de la temporalité : en rassemblant l'avoir-été, l'à-venir, et le rendre-présent au plan de l'historialité, elle fait se rejoindre à ce plan médian le niveau profond de la temporalité authentique et le niveau superficiel de l'intratemporalité, où la mondanéité du monde l'emporte sur la mortalité de l'être-là. Or, c'est ce même tuilage du temps qui est non seulement décrit, mais effectivement opéré — et cela de multiples façons —, par les variations imaginatives relevant de la fiction.

Ainsi, le roman de Virginia Woolf nous a paru tout à la fois tiré en avant par l'attente de la soirée donnée par Clarissa, et ramené en arrière par les excursions dans le passé de chacun des protagonistes, ces bouffées de souvenir ne cessant d'être interpolées dans les poussées d'action. L'art de Virginia Woolf est ici d'enchevêtrer le présent, ses plages d'imminence et de récence, avec un passé ressouvenu, et ainsi de faire progresser le temps en le retardant. De plus, la conscience du temps qu'a chacun des personnages principaux ne cesse d'être polarisée entre le présent vif, incliné vers l'imminence du futur prochain, et une variété de quasi-présents qui recèlent pour chacun une puissance particulière d'irradiation : c'est pour Peter Walsh, et dans une moindre mesure pour Clarissa, le souvenir de l'amour manqué, du mariage refusé, au temps heureux de la vie à Bourton. Septimus n'est pas moins arraché au présent vif par ses souvenirs de guerre, au point d'être empêché de vivre au présent par le spectre de son camarade mort qui revient hanter son délire. Quant à Rezia, son passé de petite modiste à Milan reste le point d'ancrage de ses regrets dans le naufrage de son mariage incongru. Ainsi, chaque personnage a-t-il la tâche d'engendrer sa propre durée en faisant se « recouvrir » des protentions issues de quasi-présents appartenant au passé dépassé, et des rétentions de rétentions du présent vif. Et, s'il est vrai que le temps de *Mrs. Dalloway* est fait de l'enchevêtrement des durées singulières, avec leurs « cavernes » privées, le recouvrement par tuilage qui produit le temps du roman se poursuit d'un flux de conscience à l'autre, à la faveur des supputations que chacun fait à propos des ruminations de l'autre, les protentions de l'un se tournant vers les rétentions de l'autre. C'est au service de ces effets de sens que les techniques narratives étudiées dans notre troisième partie sont mises en place par le narrateur, en particulier celles qui jouent le rôle de passerelles entre les multiples flux de conscience.

Der Zauberberg est peut-être moins riche d'enseignements concernant la constitution de la durée par « recouvrement ». Le poids du roman est ailleurs, comme on le dira plus loin. Toutefois, deux traits au moins du roman relèvent de la présente analyse. D'abord, le retour en arrière, pratiqué au chapitre II, confère à l'expérience du présent la densité d'un passé insondable dont subsistent dans la mémoire quelques souvenirs emblématiques, tels que la mort du grand-père et surtout l'épisode du crayon prêté puis repris par Pribislaw. Sous le temps successif, dont les mesures s'effacent par degrés, persiste un temps d'une grande densité, un temps presque immobile, dont les effluves vivifiants viennent percer la surface du temps clinique. Ainsi, c'est le ressouvenir, faisant irruption dans le présent vif, qui confère au personnage de Clawdia Chauchat son inquiétante étrangeté, d'abord dans le demi-rêve du *verträumte Intermezzo,* puis surtout dans l'épisode fameux de la *Walpurgisnacht.* C'est le crayon de Pribislaw que Clawdia prête et reprend. Clawdia est Pribislaw. La concordance discordante est surmontée dans un recouvrement poussé jusqu'à l'identification. Le revers de cette indistinction magique est que l'éternité qu'elle confère à l'instant n'est elle-même qu'une éternité rêvée, une éternité de carnaval.

C'est avec *la Recherche* que le terme husserlien de recouvrement passe dans le terme heideggerien de répétition. Répétons-le : la fiction n'illustre pas un thème phénoménologique préexistant ; elle en effectue le sens universel dans une figure singulière.

Les variations imaginatives sur le temps

On peut, il est vrai, parler encore de recouvrement pour qualifier le jeu entre la perspective du héros qui avance vers son avenir incertain par l'apprentissage des signes, et le narrateur qui n'oublie rien et anticipe le sens global de l'aventure ; c'est bien à une sorte de tuilage de la durée que procède le narrateur en incorporant les réminiscences du héros au courant d'une recherche qui avance, donnant ainsi au récit la forme du « futur dans le passé ». Mais le jeu des voix narratives atteint à une autre profondeur. C'est une authentique répétition qu'opère le narrateur, lorsqu'il met en rapport la Quête constituée par l'apprentissage des signes avec la Visitation préfigurée dans les moments bienheureux et culminant dans la grande méditation sur l'art rédempteur dans la bibliothèque du prince de Guermantes. La formule proustienne pour la répétition, c'est le temps perdu retrouvé. Nous en avons donné trois équivalents : stylistique, sous la figure de la métaphore, optique, sous les apprêts de la reconnaissance, spirituel enfin, sous le vocable de l'impression retrouvée. Sous des dénominations différentes, la répétition s'est ainsi avérée être tout autre chose qu'une reviviscence. Bien plus, c'est lorsque l'immédiat court-circuit entre deux sensations semblables, obtenu dans les moments bienheureux, est supplanté par la longue médiation de l'œuvre d'art, que la répétition revêt sa signification plénière, celle qui nous a paru condensée dans l'admirable expression de *distance traversée*. Dans les moments bienheureux, deux instants semblables étaient miraculeusement rapprochés. Par la médiation de l'art, le miracle fugitif est fixé dans une œuvre durable. Le temps perdu est égalé au temps retrouvé.

b) En accompagnant ainsi le mouvement par lequel la problématique husserlienne du recouvrement passe dans la problématique heideggerienne de la répétition, la fiction entraîne en même temps la phénoménologie dans une région qu'elle a cessé de fréquenter après Augustin. Nos trois fables sur le temps ont en effet ceci de remarquable qu'elles se risquent à explorer, avec la puissance figurative que l'on sait, ce que dans notre premier volume nous avons appelé la limite supérieure du procès de hiérarchisation de la temporalité. Pour Augustin, cette limite supérieure, c'est l'*éternité*. Et, pour ce courant de la tradition chrétienne qui a incorporé les enseignements du néo-platonisme, l'approximation de l'éternité par le temps consiste dans la stabilité d'une âme en repos. Or, ni la phénoménologie husserlienne, ni l'herméneutique heideggerienne de l'être-là n'ont continué cette ligne de pensée. Les *Leçons* de Husserl *sur la conscience intime du temps* sont muettes sur ce point, dans la mesure même où le débat est circonscrit au passage de l'intentionnalité transversale (dirigée vers l'unité de l'objet noématique) à l'intentionnalité longitudinale (dirigée par l'unité du flux temporel). Quant à *l'Être et le Temps,* sa philosophie de la finitude paraît bien substituer la pensée de l'être-pour-la-mort à la méditation sur l'éternité. Or nous posions la question : « Y a-t-il là deux manières irréductibles de conduire la durée la plus extensive vers la durée la plus tendue ? Ou bien l'alternative n'est-elle qu'apparente ? » (*Ibid.*, p. 129.)

La réponse à cette question peut être cherchée à plusieurs niveaux. Au niveau proprement théologique, il n'est pas certain que la conception de l'éternité se résume dans l'idée de repos. Nous n'évoquerons pas ici les alternatives chrétiennes à l'équation entre éternité et repos. Au niveau formel d'une anthropologie philosophique — niveau auquel se tient encore Heidegger à l'époque de *l'Être et le Temps* —, il n'est pas impossible de distinguer entre la composante existentiale et la composante existentielle dans le couple que constituent l'être-pour-la-mort et l'anticipation résolue face à la mort. La fonction d'attestation attribuée à cette dernière à l'égard de l'existential être-pour-la-mort autorise à penser que ce même existential de l'universelle mortalité laisse ouvert un vaste éventail de réponses existentielles, parmi lesquelles la résolution quasi stoïcienne affirmée par l'auteur de *l'Être et le Temps*. Pour notre part, nous avons assumé sans hésitation la mortalité comme un trait universel de la condition humaine. Et nous n'avons pas hésité à parler de temps mortel, pour l'affronter au temps public et au temps cosmique. Mais nous avons laissé en suspens la question de savoir si la composante existentiale de l'être-pour-la-mort et peut-être même celle de l'anticipation résolue laissaient la place à d'autres modalités existentielles que la tonalité stoïcienne donnée par Heidegger à la résolution, et parmi celles-ci aux modalités de l'espérance chrétienne, issue d'une manière ou de l'autre de la foi dans la Résurrection. C'est dans cet intervalle entre l'existential et l'existentiel qu'une méditation sur l'éternité et la mort peut s'insérer.

A cette méditation, nos fables sur le temps apportent leur contribution. Et cette contribution est encore celle des variations imaginatives, qui atteste que l'éternité, comme l'être selon Aristote, se dit de multiples façons.

Le thème ne fait pas défaut dans *Mrs. Dalloway* : en dépit de son extrême ambiguïté, le suicide de Septimus laisse au moins entendre que le temps est un obstacle absolu à la vision complète de l'unité cosmique. Ce n'est plus, disions-nous, le temps qui est mortel, c'est l'éternité qui donne la mort. L'ambiguïté calculée de ce message tient, d'une part, au mélange confus, chez Septimus lui-même, entre ses vaticinations et la folie, d'autre part, à l'action quasi rédemptrice de son suicide sur Clarissa, qui en recueille le courage de faire face aux conflits de la vie.

Mais *Der Zauberberg* est bien évidemment la fiction la plus riche en variations sur le thème de l'éternité et de la mort. Ce n'est plus cette fois l'ambiguïté, mais l'ironie du narrateur, retentissant sur l'expérience spirituelle du héros lui-même, qui rend le message de l'œuvre difficile à déchiffrer. En outre, multiples sont les variantes que le roman déploie. Une chose est l'éternité identitaire de l'*Ewigkeitssuppe* ; une autre, l'éternité rêvée, l'éternité de carnaval de la *Walpurgisnacht* ; une autre, encore, l'éternité immobile de la circulation stellaire ; une autre, enfin, l'éternité jubilante de l'épisode *Schnee*. Quant à l'affinité qui peut subsister entre ces éternités disparates, il n'est pas sûr qu'elle ne soit pas assurée par le charme maléfique de la « montagne magique ». Dans ce cas, une éternité qui ne couronnerait pas la temporalité la plus tendue, la plus rassemblée, mais qui s'édifierait sur les déchets de la temporalité la plus distendue, la plus décomposée, ne serait peut-être qu'un leurre. Sinon, pourquoi la brutale irruption de la grande histoire dans le monde clos du Berghof ferait-elle figure de « coup de tonnerre » ?

Il est fascinant de placer côte à côte les variations sur l'éternité de *Der Zauberberg* et celles de *la Recherche*. L'accès au royaume « extra-temporel » des essences esthétiques, dans la grande méditation du *Temps retrouvé*, ne serait pas moins source de déception et d'illusion que l'extase de Hans Castorp dans l'épisode *Schnee*, si la décision de « faire une œuvre d'art » ne venait fixer la fugitive illumination et lui donner pour suite la reconquête du temps perdu. Il n'est pas besoin alors que l'histoire vienne interrompre une vaine expérience d'éternité : en scellant une vocation d'écrivain, l'éternité s'est muée de sortilège en don ; elle confère le pouvoir de « retrouver les jours anciens ». Le rapport de l'éternité et de la mort n'est pas pour autant supprimé. Le *memento mori*, prononcé par le spectacle des moribonds qui entourent la table du prince de Guermantes au dîner de têtes qui suit la grande révélation, prolonge son écho funèbre au cœur même de la décision d'écrire : une autre interruption menace l'expérience d'éternité ; ce n'est pas l'irruption de la grande histoire, comme dans *Der Zauberberg*, mais celle de la mort de l'écrivain. Ainsi, le combat de l'éternité et de la mort se poursuit-il sous d'autres guises. Le temps retrouvé par la grâce de l'art n'est encore qu'un armistice.

c) Une dernière ressource de la fiction mérite d'être recueillie. La fiction ne se borne pas à explorer successivement par ses variations imaginatives les aspects de la concordance discordante liés à la constitution horizontale du flux temporel, puis les variétés de concordance discordante liées à la hiérarchisation des niveaux de temporalisation, enfin les expériences-limites qui jalonnent les confins du temps et de l'éternité. La fiction a au surplus le pouvoir d'explorer une autre frontière, celle des confins entre la fable et le mythe. Or sur ce thème, plus encore que sur le thème précédent du temps et de l'éternité, notre phénoménologie est muette. Et sa sobriété n'est pas à blâmer.

Seule la fiction, parce qu'elle reste fiction lors même qu'elle projette et dépeint l'expérience, peut se permettre un peu d'ébriété.

Ainsi, dans *Mrs. Dalloway,* les coups frappés par Big Ben ont-ils une résonance plus que physique, plus que psychologique, plus que sociale. Un écho presque mystique : « Les cercles de plomb se dissolvaient dans l'air », répète plusieurs fois la voix narrative. De même, le refrain de la *Cymbeline* de Shakespeare — « *Fear no more the heat/Nor the furious winter's rages* » — unit secrètement les destins jumeaux de Septimus et de Clarissa. Mais seul Septimus sait écouter, au-delà du bruit de la vie, l'« ode immortelle au Temps ». Et, dans la mort, il emporte « ses odes au Temps ».

Le ton ironique de *Der Zauberberg* n'empêche pas une certaine mythisation du temps, inéluctablement liée à l'élévation du Temps au rang de contenu distinct d'expérience, que la fiction fait paraître comme telle. Cette remythisation n'est pas à chercher principalement dans les moments de suspens spéculatifs, où le narrateur d'ailleurs n'hésite pas à accompagner le héros, voire à le guider, dans ses balbutiements. Le moment le plus significatif, à cet égard, est peut-être celui où le temps intérieur, libéré des contraintes chronologiques, entre en collision avec le temps cosmique, exalté par contraste. L'effacement des mesures fait confiner un temps non mesurable avec un temps incommensurable. L'immémorial ne s'inscrit plus dans aucune expérience ni temporelle ni éternitaire, sinon dans le spectacle muet de la circulation stellaire. L'œuvre tout entière, au demeurant, déploie une dimension secrètement *hermétique,* qui échappe à toutes les analyses précédentes. Les expériences suspectes de spiritisme, évoquées vers la fin du roman, lâchent un moment la bride à cette exaltation tenue le reste du temps en lisière...

Des trois œuvres que nous avons discutées, c'est assurément *la Recherche* qui conduit le plus loin le mouvement de remythisation du temps. Le plus curieux est qu'à sa façon le mythe redouble les variations imaginatives de la fiction sur le temps et l'éternité, dans la mesure où il présente deux visages antithétiques du Temps. Il y a le temps destructeur ; et il y a « l'artiste, le Temps ». L'un et l'autre agissent : l'un opère à la hâte, l'autre « travaille fort lentement ». Mais, sous ces deux apparitions, le temps a chaque fois besoin de *corps* pour s'extérioriser, pour se rendre *visible*. Pour le temps destructeur, ce sont les « poupées » du dîner macabre ; pour « l'artiste, le Temps », c'est la fille de Gilberte et de Robert Saint-Loup, en qui se réconcilient les deux côtés de Méséglise et de Guermantes. Tout se passe comme si, la *visibilité* que la phénoménologie ne peut sans faillir reconnaître au temps, la fiction pouvait la lui conférer au prix d'une matérialisation, proche des personnifications du temps dans les prosopopées antiques[1]. En même temps que le temps se trouve des corps « pour montrer sur eux sa lanterne magique » (magique comme le Zauberberg ? ou en un autre sens ?), les incarnations prennent la dimension fantasmatique d'êtres emblématiques[2].

Ainsi le mythe, que nous avons voulu écarter de notre champ de recherche, y aura fait, malgré nous, deux fois retour : une première fois à l'orée de notre investigation du temps historique, en liaison avec le temps calendaire, une seconde fois maintenant, à l'issue de notre investigation du temps de la fiction. Mais, bien avant nous, Aristote avait vainement tenté de repousser l'intrus hors de la circonscription de son discours. Le murmure de la parole mythique continuait de résonner sous le *logos* de la philosophie. La fiction lui accorde un écho plus sonore.

4. *Variations imaginatives et idéal-types*

Le premier stade de notre confrontation entre les modalités de refiguration du temps relevant respective-

---

1. Cf. J.-P. Vernant, *Mythe et Pensée chez les Grecs,* Paris, Maspero, 1965, t. I, p. 98-102. C'est au stade des personnifications du *Temps* que la fiction renoue avec le mythe.
2. Sur les expressions emblématiques chez Proust, cf. H.-R. Jauss, *op. cit.* A ces emblèmes, il faut joindre l'église monumentale de Combray dont la durable stature se dresse identique au début et à la fin de *la Recherche,* cf. *Temps et Récit,* t. II, p. 258, n. 1.

ment de l'histoire et de la fiction a consacré la dissymétrie entre les deux grands modes narratifs. Cette dissymétrie résulte essentiellement de la différence entre les solutions apportées par l'une et par l'autre aux apories du temps.

Afin d'écarter une importante équivoque, j'aimerais conclure ce chapitre par une réflexion sur le rapport que nous établissons entre ce que nous appelons ici *solution* et ce que nous avons appelé plus haut *aporie*. Nous avons pu faire l'économie de cette réflexion dans le chapitre correspondant consacré au temps historique, parce que la solution apportée à ces apories par le temps historique consiste finalement dans une conciliation apaisante, qui tend à dépouiller les apories de leur tranchant, voire à les faire disparaître dans la non-pertinence et l'insignifiance. Il n'en va pas de même des fables sur le temps, qui ont la vertu principale de raviver ces apories, voire d'en accroître l'acuité. C'est pourquoi il nous est maintes fois arrivé de dire que, résoudre poétiquement les apories, c'était moins les dissoudre que les dépouiller de leur effet paralysant, et les rendre productives.

Essayons de préciser le sens de cette résolution poétique, avec l'aide des analyses qui précèdent.

Reprenons le thème husserlien de la constitution d'un unique champ temporel par recouvrement du réseau des rétentions et des protentions du présent vif avec celui des rétentions et des protentions attenant aux multiples quasi-présents dans lesquels le ressouvenir se transporte. Les variations imaginatives appliquées à cette constitution par recouvrement mettent à découvert un certain *non-dit* de la phénoménologie. C'est ce non-dit que nous avons soupçonné, lorsque nous avons à maintes reprises déclaré que les avancées et les trouvailles de la phénoménologie avaient pour prix des apories sans cesse plus radicales. Mais qu'en est-il du statut de ces trouvailles et du lien entre trouvaille et aporie ? La réponse est apportée par les variations imaginatives : elles révèlent que, sous le même nom, la phénoménologie désigne l'aporie et sa résolution idéale : j'oserai écrire l'idéal-type (au sens wébérien du terme) de sa résolution. Que voulons-nous dire, en effet, quand nous déclarons qu'un champ de conscience constitue son unité par recouvrement, sinon que le recouvrement est l'*eidos* sous lequel la réflexion phénoménologique place les variations imaginatives relatives au type idéal du fusion entre des îlots de ressouvenirs, plus ou moins bien coordonnés, et l'effort de la mémoire primaire pour rassembler, par rétention de rétentions, le passé intégral dans la queue de comète du présent vif ? Notre hypothèse est d'ailleurs d'une rigoureuse orthodoxie husserlienne : c'est par variations imaginatives que n'importe quel *eidos* est révélé en tant qu'invariant. Le paradoxe, avec le temps, est que *la même analyse révèle une aporie et occulte son caractère aporétique sous l'idéal-type de sa résolution*, lequel n'est porté au jour, en tant qu'*eidos* régissant l'analyse, que par les variations imaginatives sur le thème même de l'aporie.

Nous pouvons tenir pour exemplaire le cas de la constitution de l'unité du flux temporel par recouvrement entre l'expansion du présent vif selon les lignes de force de la rétention et de la protention, et le recentrement des souvenirs épars autour des divers quasi-présents que l'imagination projette en arrière du présent vif. Cette constitution est le modèle de toutes les concordances discordantes rencontrées dans notre travail. Elle nous permet de remonter en amont vers Augustin et de descendre en aval vers Heidegger.

Que signifiait, en effet, la dialectique de l'*intentio*/*distentio*, sinon une règle pour interpréter aussi bien la récitation d'un poème que l'unité d'une histoire plus vaste, étendue aux dimensions d'une vie entière, voire à celle de l'histoire universelle ? La concordance discordante était déjà à la fois le nom d'un phénomène à résoudre et celui de sa solution idéale. C'est ce que nous avons voulu signifier en disant à l'instant que la même analyse découvre l'aporie et la dissimule sous l'idéal-type de sa résolution. Il revient à l'examen du jeu des variations imaginatives de rendre explicite ce rapport de l'aporie à l'idéal-type de sa résolution. Or, c'est dans la littérature de fiction principalement que sont explorées les innombrables manières dont l'*intentio* et la *distentio* se combattent et s'accordent. En cela, cette littérature est l'instrument

Les variations imaginatives sur le temps 249

irremplaçable d'exploration de la concordance discordante que constitue la cohésion d'une vie.

Ce même rapport entre l'aporie et l'idéal-type de sa résolution peut être appliqué aux difficultés que nous avons affrontées dans la lecture de *l'Être et le Temps,* au moment de rendre compte, non plus de la constitution horizontale d'un champ temporel, mais de sa constitution verticale par hiérarchisation entre les trois niveaux de temporalisation dénommés temporalité, historialité, intra-temporalité. C'est en fait une nouvelle sorte de concordance discordante, plus subtile que la *distentio/intentio* augustinienne et que le recouvrement husserlien, que révèle cette étrange dérivation, qui vise à la fois à respecter la « provenance » des modes dérivés à partir du mode tenu pour le plus originaire et le plus authentique, et à rendre compte de l'émergence de significations nouvelles, révélées par le procès même de dérivation de l'historialité et de l'intra-temporalité du sein de la temporalité fondamentale.

Cette parenté est confirmée par la manière obstinée dont Heidegger revient, chapitre après chapitre, à la question lancinante qui met en mouvement la seconde section de *l'Être et le Temps,* la question de l'être-intégral *(Ganzsein),* plus exactement de l'intégralité du pouvoir-être. Or cette requête d'intégralité se trouve menacée par la puissance de dispersion qu'exprime la structure ek-statique de la temporalité. C'est pourquoi les conditions d'une intégration authentique, d'une totalisation véritablement originaire, ne sont peut-être jamais remplies. Aussi bien la phénoménologie herméneutique se distingue-t-elle de la phénoménologie intuitive de style husserlien en ceci que le plus proche reste toujours le plus dissimulé. N'est-ce pas alors la fonction de la fiction d'arracher les conditions de la totalisation à la dissimulation ? De plus, n'est-il pas dit que ces conditions relèvent moins de la possibilité transcendantale que de la possibilisation existentielle ? Or, quel mode de discours est plus propre à dire cette possibilisation que celui qui joue sur les variations imaginatives d'une expérience fictive ?

Or, le double caractère d'aporie et d'idéal-type que

revêt ainsi le processus complexe de totalisation, de diversification, de hiérarchisation, décrit par *l'Être et le Temps,* n'est nulle part mieux explicité que dans les variations imaginatives appliquées par les fables sur le temps aux oscillations d'une existence écartelée entre le sens de sa mortalité, la tenue des rôles sociaux qui lui donnent une exposition publique, et la sourde présence de l'immensité de ce temps qui enveloppe toutes choses.

Le rôle assigné par Heidegger à la *répétition* dans l'économie temporelle me paraît renforcer ces vues sur les échanges entre la quête d'authenticité par la phénoménologie et l'exploration des voies de la possibilisation de cette authenticité par la fiction. La répétition occupe dans la phénoménologie herméneutique une position stratégique tout à fait comparable à celle qu'occupe la dialectique de l'intention/distension chez Augustin et celle du recouvrement chez Husserl. La répétition réplique chez Heidegger à l'étirement de l'être-là, comme l'*intentio* à la *distentio* chez Augustin, et comme le recouvrement à la disparité entre rétention et ressouvenir chez Husserl. En outre, il est demandé à la répétition de rétablir la primauté de la résolution anticipante sur la déréliction, et ainsi de rouvrir le passé en direction de l'à-venir. C'est du pacte scellé entre héritage, transmission et reprise, que l'on peut dire à la fois qu'il est une aporie à résoudre et l'idéal-type de sa résolution. Rien n'est plus apte que les fables sur le temps à explorer l'espace de sens ouvert par la requête d'une authentique reprise de l'héritage que nous sommes à l'égard de nous-mêmes dans la projection de nos possibilités les plus propres. Éclairée après coup par nos fables sur le temps, la répétition heideggerienne se révèle être l'expression emblématique de la figure la plus dissimulée de concordance discordante, celle qui fait tenir ensemble, de la manière la plus improbable, temps mortel, temps public et temps mondain. Cette ultime figure résume toutes les modalités de concordance discordante accumulées par la phénoménologie du temps depuis Augustin. C'est pourquoi elle se révèle aussi être la plus apte à servir de fil directeur dans l'interprétation des expériences

Les variations imaginatives sur le temps 251

temporelles fictives qui ont pour enjeu ultime « la cohésion de la vie »[1].

Une dernière conséquence se détache de nos analyses : elle nous ramène de Heidegger à Augustin. La fiction ne se borne pas à illustrer concrètement les thèmes de la phénoménologie ni même à mettre à nu les idéal-types de résolution dissimulés sous la description aporétique. Elle montre aussi les limites de la phénoménologie, qui sont celles de son style eidétique. La reviviscence du thème de l'éternité dans nos trois fables sur le temps constitue à cet égard une épreuve limitée, mais exemplaire. Non que les fables sur le temps offrent un modèle unique d'éternité. Au contraire, elles offrent à l'imagination un vaste champ de possibilités d'éternisation, qui n'ont qu'un trait commun, celui d'être mises en couple avec la mort. Les fables sur le temps donnent ainsi quelque crédit au doute que nous avions émis, le moment venu, sur le bon droit de l'analyse heideggerienne de l'être-pour-la-mort. Nous avions proposé alors de distinguer, dans l'être-pour-la-mort et dans l'anticipation résolue face à la mort, une composante existentielle et une composante existentiale. Il appartient précisément aux variations imaginatives déployées par les fables sur le temps de rouvrir le champ des modalités existentielles susceptibles d'authentifier l'être-pour-la-mort. Les expériences-limites qui, dans le royaume de la fiction, affrontent l'éternité à la mort servent en même temps de révélateur à l'égard des limites de la phénoménologie, que sa méthode de réduction conduit à privilégier l'immanence subjective, non seulement à l'égard des transcendances extérieures, mais aussi à l'égard des transcendances supérieures.

---

1. Sur cette expression empruntée à Dilthey *(Zusammenhang des Lebens)*, cf. ci-dessus, p. 202. Nous reviendrons dans les dernières pages de notre ouvrage sur ce même problème sous un nouveau vocable, celui d'identité narrative. Cette notion couronnera l'union de l'histoire et de la fiction sous l'égide de la phénoménologie du temps.

3

La réalité du passé historique

Avec ce chapitre s'ouvre une nouvelle étape de notre investigation appliquée à la refiguration du temps par référence croisée. Au cours de la première étape, l'accent a été mis sur la *dichotomie* entre la visée propre à chaque mode narratif, dichotomie qui se résume dans l'opposition globale entre la réinscription du temps vécu sur le temps du monde et les variations imaginatives portant sur la manière de relier le premier au second. La nouvelle étape marque une certaine *convergence* entre, d'une part, ce que nous avons dénommé, dès l'introduction à cette section, la fonction de *représentance* exercée par la connaissance historique à l'égard du passé « réel » et, d'autre part, la fonction de *signifiance* que revêt le récit de fiction, lorsque la *lecture* met en rapport le monde du texte et le monde du lecteur. Il va sans dire que c'est sur le fond de la première détermination de la refiguration croisée que se détache la seconde détermination qui fait l'enjeu des deux chapitres qui suivent.

La question de la représentance du passé « réel » par la connaissance historique naît de la simple question : que signifie le terme « réel » appliqué au passé historique ? Que pouvons-nous dire quand nous disons que quelque chose est « réellement » arrivé ?

Cette question est la plus embarrassante de celles que pose l'historiographie à la pensée de l'histoire. Et pourtant, si la réponse est difficile, la question est inévitable : elle fait la seconde différence entre l'histoire et la fiction dont les interférences ne feraient pas problème si elles ne se greffaient sur une dissymétrie fondamentale.

La réalité du passé historique

Une conviction robuste anime ici l'historien : quoi que l'on dise du caractère sélectif de la collecte, de la conservation et de la consultation des documents, de leur rapport aux questions que leur pose l'historien, voire des implications idéologiques de toutes ces manœuvres — le recours aux documents signale une ligne de partage entre histoire et fiction : à la différence du roman, les constructions de l'historien visent à être des *re*constructions du passé. A travers le document et au moyen de la preuve documentaire, l'historien est soumis *à ce qui, un jour, fut.* Il a une *dette* à l'égard du passé, une dette de reconnaissance à l'égard des morts, qui fait de lui un débiteur insolvable.

Le problème se pose d'articuler conceptuellement ce qui, sous le nom de dette, n'est encore qu'un sentiment.

Pour ce faire, prenons pour point de départ ce qui fut le point d'arrivée de notre précédente analyse — la notion de trace — et tentons de dégager ce qui peut constituer sa fonction mimétique, autrement dit sa fonction de refiguration, selon l'analyse que nous avons proposée dans notre tome I de *mimèsis* III.

Je dirai, avec Karl Heussi, que le passé est le « vis-à-vis » *(Gegenüber)* à quoi la connaissance historique s'efforce de « correspondre de manière appropriée [1] ». Et j'adopterai à sa suite la distinction entre représenter, pris au sens de tenir lieu *(vertreten)* de quelque chose, et se représenter, au sens de se donner une image mentale d'une chose extérieure absente *(sich vorstellen)* [2]. La trace,

---

1. Karl Heussi, *Die Krisis des Historismus,* Tübingen, J.B.C. Mohr, 1932 : « *eine zutreffende Entsprechung des im " Gegenüber " Gewesenen* » (p. 48).
2. « Les conceptions historiques sont des *Vertretungen* qui entendent signifier *(bedeuten)* ce qui a été une fois *(was... einst war)* sur un mode considérablement plus compliqué et offert à une description inépuisable » (p. 48). Contrairement à Theodor Lessing, pour qui l'histoire seule conférerait un sens à l'insensé *(sinnlos),* c'est le *Gegenüber* qui impose directive et correction à la recherche historique et soustrait celle-ci à l'arbitraire que paraît cautionner le travail de sélection et d'organisation opéré par l'historien : sinon, comment l'œuvre de tel historien pourrait-elle corriger celle d'un autre et prétendre, mieux qu'elle, toucher juste *(treffen)* ? Karl Heussi a aussi

en effet, en tant qu'elle est laissée par le passé, vaut pour lui : elle exerce à son égard une fonction de *lieutenance*, de *représentance (Vertretung)*[1]. Cette fonction caractérise la référence *indirecte,* propre à une connaissance par trace, et distingue de tout autre le mode référentiel de l'histoire par rapport au passé. Bien entendu, ce mode référentiel est inséparable du travail même de configuration : ce n'est en effet que par le moyen d'une rectification sans fin de nos configurations que nous formons une idée de l'inépuisable ressource du passé.

Cette problématique de lieutenance ou de représentance de l'histoire par rapport au passé concerne la *pensée* de l'histoire, plutôt que la *connaissance* historique. Pour celle-ci, en effet, la notion de trace constitue une sorte de *terminus* dans la suite des renvois qui, des archives, conduisent au document, et du document à la trace. Mais elle ne s'attarde pas, d'ordinaire, à l'énigme de la référence historique, à son caractère essentiellement indirect. Pour elle, la question ontologique, simplement contenue dans la notion de trace, est immédiatement recouverte par la question épistémologique du document, à savoir sa valeur de garant, d'appui, de preuve, dans l'explication du passé[2].

---

aperçu les traits du *Gegenüber* qui font de la représentance une énigme propre à la connaissance historique : à savoir, d'une part, selon Troeltsch, l'affluence du *vis-à-vis* qui fait pencher le passé du côté de l'insensé ; d'autre part, les structures multivoques du passé qui le ramènent du côté du sensé ; au total, le passé consiste dans « la plénitude des incitations possibles à la configuration historique *(die Fülle der möglichen Anreize zu historischer Gestaltung)* » (p. 49).

1. Le terme de représentance apparaît chez François Wahl dans *Qu'est-ce que le structuralisme ?,* Paris, Éd. du Seuil, 1968, p. 11.
2. L'exemple de Marc Bloch, dans *Apologie pour l'histoire ou Métier d'historien,* est à cet égard révélateur ; il connaît bien la problématique de la trace : elle lui est posée par celle du document (« qu'entendons-nous en effet par documents, sinon une « trace », c'est-à-dire la marque perceptible au sens qu'a laissée un phénomène lui-même impossible à saisir ? » (p. 56)). Mais la référence énigmatique à la trace est immédiatement annexée à la notion d'*observation indirecte* familière aux sciences empiriques, dans la mesure où le physicien, le géographe, par exemple, s'appuient sur des observations faites par autrui *(ibid.).* Certes l'historien, à la différence du

La réalité du passé historique

Avec les notions de vis-à-vis, de lieutenance ou représentance, nous avons seulement donné un nom, mais nullement une solution, au problème de la valeur mimétique de la trace et, au-delà, au sentiment de dette à l'égard du passé.

L'articulation intellectuelle que je propose à cette énigme est transposée de la dialectique entre « grands genres » que Platon élabore dans *le Sophiste* (254 b-259 d). J'ai choisi, pour des raisons qui se préciseront au fur et à mesure du travail de pensée, les trois « grands genres » du Même, de l'Autre, de l'Analogue. Je ne prétends pas que l'idée de passé soit *construite* par l'enchaînement même de ces trois « grands genres » ; je soutiens seulement que nous disons quelque chose de sensé sur le passé en le pensant successivement sous le signe du Même, de l'Autre, de l'Analogue. Afin de répondre à l'objection d'artifice qui pourrait être faite, je montrerai que chacun des trois moments est représenté par une ou plusieurs des tentatives les plus respectables de philosophie de l'histoire. Le passage de l'une de ces positions philosophiques à l'autre résultera de l'impuissance de chacune à résoudre de façon unilatérale et exhaustive l'énigme de la représentance.

---

physicien, ne peut provoquer l'apparition de la trace. Mais cette infirmité de l'observation historique est compensée de deux façons : l'historien peut multiplier les rapports des témoins, les confronter les uns aux autres ; Marc Bloch parle en ce sens du « maniement de témoignages de types opposés » (p. 65). Surtout, il peut privilégier les « témoins malgré eux », c'est-à-dire les documents non destinés à informer, à instruire les contemporains et moins encore les futurs historiens (p. 62). Seulement, pour une investigation philosophique attachée à la portée ontologique de la notion de trace, le souci de marquer l'appartenance de la connaissance par trace au champ de l'observation tend à occulter le caractère énigmatique de la notion de trace du *passé*. Le témoignage authentifié opère comme une observation *oculaire* déléguée : je vois par les yeux d'un autre. Une illusion de contemporanéité est ainsi créée, qui permet d'aligner la connaissance par trace sur celle d'observation indirecte. Et pourtant, nul n'a plus magnifiquement souligné que Marc Bloch le lien de l'histoire au temps, quand il la définit comme la science « des hommes dans le temps » (p. 36).

1. Sous le signe du Même :
la « réeffectuation » du passé dans le présent

La première manière de penser la passéité du passé, c'est d'en retrancher l'aiguillon, à savoir la *distance temporelle*. L'opération historique apparaît alors comme une *dé-distanciation*, une *identification* avec ce qui jadis fut. Cette conception n'est pas sans appui dans la pratique historienne. La trace, en tant que telle, n'est-elle pas elle-même présente ? Remonter la trace, n'est-ce pas rendre les événements passés auxquels elle conduit contemporains de leur propre trace ? Lecteurs d'histoire, ne sommes-nous pas rendus nous-mêmes contemporains des événements passés par une reconstruction vivante de leur enchaînement ? Bref, le passé est-il intelligible autrement que comme *persistant* dans le présent ?

Pour élever cette suggestion au rang de théorie et formuler une conception exclusivement *identitaire* de la pensée du passé, il faut *a)* soumettre la notion d'événement à une révision radicale, à savoir dissocier sa face « intérieure », que l'on peut appeler *pensée*, de sa face « extérieure », à savoir les changements physiques affectant les corps ; *b)* ensuite, tenir la pensée de l'historien, qui reconstruit une chaîne d'événements, pour une manière de *re-penser* ce qui fut une fois pensé ; *c)* enfin, concevoir ce re-penser comme *numériquement identique* au premier penser.

Cette conception identitaire est illustrée de façon éclatante par la conception de l'histoire comme « réeffectuation » *(reenactment)* du passé, selon la formulation de Collingwood dans *The Idea of History*[1].

---

1. *The Idea of History* est un ouvrage posthume publié par T. M. Knox en 1946 (Clarendon Press ; Oxford University Press, 1956), sur la base des conférences écrites à Oxford en 1936 après la nomination de Collingwood à la chaire de philosophie métaphysique, et partiellement révisées par l'auteur jusqu'en 1940. C'est dans la cinquième partie, intitulée *Épilegomena*, p. 205-324, que l'éditeur a regroupé les parties systématiques de l'œuvre inachevée de Collingwood.

La réalité du passé historique 257

Aux trois composantes d'une conception identitaire de la passéité du passé énoncées plus haut, on peut faire correspondre les trois phases que parcourt l'analyse par Collingwood de la pensée historique, à savoir *a)* le caractère *documentaire* de la pensée historique, *b)* le travail de *l'imagination* dans l'interprétation du donné documentaire, *c)* enfin, l'ambition que les constructions de l'imagination opèrent la « *réeffectuation* » du passé. Le thème de la réeffectuation doit être maintenu en troisième position, afin de bien marquer qu'il ne désigne pas une méthode distincte, mais le résultat visé par l'interprétation documentaire et les constructions par l'imagination [1].

a) La notion de preuve documentaire, placée en tête de l'investigation sous le titre « *evidence* », marque d'emblée la différence radicale entre l'histoire des affaires humaines et l'étude des changements naturels, y compris celle de l'évolution en biologie [2]. Il appartient seulement à un

---

1. Dans le plan adopté par l'éditeur de *The Idea of History*, le paragraphe sur l'« histoire comme réeffectuation de l'expérience passée » (282-302) suit expressément celui sur « l'imagination historique » (231-249), (ce fut la leçon inaugurale des conférences d'Oxford), ainsi que celui sur la « preuve documentaire », où le concept d'histoire humaine est opposé à celui de nature humaine, et où il est traité directement de *reenactment*, sans passer par la réflexion sur l'imagination. Cet ordre d'exposition se comprend si le *reenactment*, sans constituer le procédé méthodologique caractéristique de l'histoire, définit son *télos*, et du même coup sa place dans le savoir. Je suivrai l'ordre : preuve documentaire, imagination historique, histoire comme réeffectuation de l'expérience passée — afin de bien marquer le caractère plus philosophique qu'épistémologique du concept de réeffectuation.

2. Pour Collingwood, la question est moins de savoir comment l'histoire se distingue des sciences de la nature que de savoir s'il peut y avoir une autre connaissance de l'homme qu'historique. A cette question, il donne une réponse clairement négative, pour la raison très simple que le concept d'histoire humaine vient occuper la place assignée par Locke et Hume à celui de nature humaine : « Le moyen véritable d'explorer l'esprit est par la méthode historique » (p. 209). « L'histoire est ce que la science de la nature a fait profession d'être » *(ibid.)*. « Toute connaissance de l'esprit est historique » (p. 219). « La science de l'esprit humain se résout en histoire » (p. 220). On notera que Collingwood appelle « *interpretation of evidence* » (p. 9-10) ce que nous traduisons ici par preuve documentaire. Mais le terme anglais « *evidence* » se traduit rarement en français par

événement *historique* de se prêter à la dissociation entre la face « intérieure » des événements, qu'il faut appeler « pensée » *(thought)*, et la face « extérieure », qui relève des changements naturels[1]. Pour rendre plausible cette démarche radicale, Collingwood apporte deux précisions : d'abord, la face extérieure est loin d'être inessentielle ; l'action, en effet, est l'unité de l'extérieur et de l'intérieur d'un événement ; en outre, le terme de « pensée » doit être pris dans une extension plus large que la pensée rationnelle ; il couvre tout le champ des intentions et des motivations. Ainsi, un désir est une pensée, en vertu de ce que E. Anscombe devait appeler plus tard son caractère de désirabilité[2], lequel est dicible par hypothèse et permet à l'énoncé d'un désir de figurer dans la majeure d'un syllogisme pratique.

b) La seconde composante d'une conception identitaire de la passéité du passé n'est pas loin : de la notion d'intérieur de l'événement, conçu comme « pensée », on peut à la rigueur passer directement à celle de *reenactment*, comme acte de repenser ce qui fut une première fois pensé ; il revient en effet au seul historien, à l'exclusion du physicien et du biologiste, de « se situer en pensée dans *(to think himself into)* cette action, de discerner la pensée de son agent[3] » (p. 213). « Toute histoire, est-il encore

---

évidence, principalement dans les matières juridiques auxquelles la théorie de l'histoire l'emprunte : ici, dit-il, « *evidence* est un mot collectif pour les choses qui, prises une à une, sont appelées les documents, et un document est une chose existant ici et maintenant telle que l'historien, en lui appliquant sa pensée, obtient les réponses aux questions qu'il pose au sujet d'événements passés » (p. 1).

1. Le caractère sémiologique du problème est évident, bien que Collingwood n'use pas de ce texte : les changements externes ne sont pas ceux *que* l'historien considère, mais ceux *à travers quoi* il regarde, pour discerner la pensée qui y réside (p. 214). Ce rapport entre l'extérieur et l'intérieur correspond à ce que Dilthey désigne comme *Ausdruck* (expression).
2. E. Anscombe, *Intention*, Oxford, Basil Blackwell, 1957, p. 72.
3. « La philosophie est réflexive... elle pense sur la pensée ! » (p. 1). Sur le plan historique, la preuve a pour vis-à-vis « le passé consistant en événements particuliers survenus dans l'espace et le temps et qui ont cessé d'arriver *(which are no longer happening)* » (p. 5). Ou encore : « Les actions d'êtres humains qui ont été faites

affirmé, est la réeffectuation de la pensée passée dans le propre esprit de l'historien » *(ibid.)*. Toutefois, cet accès abrupt au *reenactment* a l'inconvénient de donner crédit à l'idée que *reenactment* vaut méthode. Le *reenactment,* trop rapidement introduit, risque d'être entendu comme une manière d'intuition. Or, repenser n'est pas revivre. Repenser contient déjà le moment critique qui nous contraint au détour par l'imagination historique [1].

Le document, en effet, pose bien la question du rapport de la pensée historique au passé en tant que passé. Mais il ne peut que la poser : la réponse est dans le rôle de *l'imagination historique,* qui marque la spécificité de l'histoire par rapport à toute observation d'un donné présent, du type de la perception [2]. La section sur l'« imagination historique » surprend par son audace. Face à l'autorité des sources écrites, l'historien est tenu pour « sa propre source, sa propre autorité » (p. 236). Son *autonomie* combine le caractère sélectif du travail de pensée, l'audace de la « construction historique » et la ténacité soupçonneuse de celui qui, suivant l'adage de Bacon, « met la nature à la question ». Collingwood n'hésite

---

dans le passé » (p. 9). La question est : « Qu'est-ce qui à leur propos fait qu'il est possible à des historiens de les connaître » *(ibid.)*. L'accent sur le caractère passé fait que la question ne peut être traitée que par des hommes doublement qualifiés, comme historiens ayant l'expérience du métier, et comme philosophes capables de réfléchir sur cette expérience.

1. « Tout acte de pensée est un acte critique : la pensée qui réeffectue des pensées du passé les critique en conséquence en les réactualisant » (p. 216). Si, en effet, la cause est l'intérieur de l'événement lui-même, seul un long travail d'interprétation permet de s'envisager soi-même dans la situation, de penser pour soi-même ce qu'un agent du passé a estimé qu'il était approprié de faire.

2. Le rapport entre preuve documentaire (« *historical evidence* ») et imagination situe la recherche historique tout entière dans la *logique de la question et de la réponse.* Celle-ci est exposée dans *An Autobiography* (Oxford University Press, 1939). Gadamer lui rend un hommage vibrant dans sa propre tentative pour faire de cette logique l'équivalent de la méthode dialogique de Platon, après l'échec de Hegel. Collingwood est à cet égard un précurseur : « En histoire, question et preuve vont de pair. Vaut preuve tout ce qui vous permet de répondre à votre question — la question que vous posez maintenant » (p. 281).

même pas à parler « d'imagination *a priori* » pour signifier que l'historien est le juge de ses sources et non l'inverse ; le critère de son jugement est la cohérence de sa construction [1].

Toute interprétation intuitiviste, qui situerait le concept de *reenactment* sur un plan méthodologique, est exclue : la place prétendument assignée à l'intuition est occupée par l'imagination [2].

c) Reste à accomplir le pas décisif, à savoir déclarer la réeffectuation numériquement identique au premier penser. Collingwood opère cette audacieuse démarche au moment où la construction historique, œuvre de l'imagination *a priori,* fait valoir sa prétention à la vérité. Détachée du contexte du *reenactment,* l'imagination de l'historien pourrait se confondre avec celle du romancier. Or, à la différence du romancier, l'historien a une double tâche : construire une image cohérente, porteuse de sens, et « construire une image des choses telles qu'elles furent en réalité et des événements tels qu'ils sont réellement arrivés » (p. 246). Cette seconde tâche n'est que partiellement satisfaite, si l'on s'en tient aux « règles de méthode » qui distinguent le travail de l'historien de celui du roman-

---

1. Collingwood ne craint pas de se recommander du mot de Kant sur l'imagination, « cette faculté aveugle indispensable », qui « fait le travail entier de la construction historique » (p. 241). Seule l'imagination historique « imagine le passé » (p. 242). Nous sommes ainsi aux antipodes de l'idée de témoignage oculaire transmis par des sources autorisées : « A proprement parler, il n'y a pas de données brutes *(no data)* » (p. 249). L'idéalisme inhérent à la thèse de l'imagination *a priori* éclate dans les lignes de conclusion du paragraphe qui lui est consacré : il faut tenir « l'idée de l'imagination historique pour une forme de pensée qui ne dépend que de soi, se détermine et se justifie elle-même » (p. 249). Il faut alors aller jusqu'à la quasi-identification du travail de l'historien avec celui du romancier. « Roman et histoire s'expliquent et se justifient tous deux par eux-mêmes ; ils résultent d'une activité autonome qui tire d'elle-même son autorité : dans les deux cas, cette activité est l'imagination *a priori* » (p. 246).
2. A cet égard, le rapprochement entre *reenactment* et inférence pratique, proposé par Rex Martin dans *Historical Explanation, Reenactment and Practical Inference* (Ithaca et Londres, Cornell University Press, 1977), constitue la tentative la plus fructueuse pour rapprocher Collingwood de la philosophie de l'histoire de A. Danto, W. Walsh et surtout von Wright. Imagination, inférence pratique et réeffectuation sont à penser ensemble.

cier : localiser tous les récits historiques dans le même espace et le même temps ; pouvoir rattacher tous les récits historiques à un unique monde historique ; accorder la peinture du passé avec les documents dans leur état connu ou tels que les historiens les découvrent.

Si l'on s'en tenait là, la prétention à la vérité des constructions imaginaires ne serait pas satisfaite. La « peinture imaginaire du passé » (p. 248) resterait *autre* que le passé. Pour qu'elle soit *même,* il faut qu'elle lui soit numériquement identique. Repenser doit être une manière d'annuler la distance temporelle. Cette annulation constitue la signification philosophique — hyper-épistémologique — de la réeffectuation.

La thèse est formulée une première fois en termes généraux, mais sans équivoque, dans le premier paragraphe des *Epilegomena* (« Human Nature and Human History »). Les pensées, est-il dit, sont en un sens des événements qui arrivent dans le temps ; mais en un autre sens, pour celui qui s'attache à l'acte de re-penser, les pensées ne sont pas du tout dans le temps (p. 217)[1]. Que cette thèse soit soutenue à l'occasion d'une comparaison entre les idées de *nature* humaine et d'*histoire* humaine se comprend aisément. C'est dans la nature que le passé est séparé du présent : « le passé, dans un processus naturel, est un passé dépassé et mort » (p. 225). Dans la nature, les instants meurent et sont remplacés par d'autres. En revanche, le même événement, historiquement connu, « survit dans le présent » (p. 225)[2].

1. La Constitution romaine, ou sa modification par Auguste, une fois repensée, n'est pas moins un objet éternel que le triangle selon Whitehead : « Le trait qui le rend historique n'est pas qu'il arrive dans le temps, mais qu'il accède à notre connaissance par le fait que nous repensons la même pensée qui a créé la situation que nous examinons et que nous arrivions ainsi à comprendre cette situation » (p. 218).
2. « Ainsi le procès historique est un procès dans lequel l'homme crée pour lui-même telle ou telle idée de la nature humaine en recréant dans sa propre pensée le passé dont il est l'héritier » (p. 226). « Réeffectuer le passé, c'est pour l'historien le recréer dans son propre esprit » (p. 286). L'idée de réeffectuation tend ainsi à se substituer à celle de témoignage, dont la force est de maintenir l'altérité et du témoin et de ce dont il témoigne.

Mais que veut dire survivre ? Rien, en dehors de l'acte de réeffectuation. N'a de sens, finalement, que la possession actuelle de l'activité du passé. Dira-t-on qu'il a fallu que le passé *survive* en laissant une trace, et que nous en devenions les *héritiers* pour que nous puissions réeffectuer les pensées passées ? Survivance, héritage sont des processus naturels. La connaissance historique commence avec la manière dont nous entrons en leur possession. On pourrait dire, en forme de paradoxe, qu'une trace ne devient trace du passé qu'au moment où son caractère de passé est aboli par l'acte intemporel de repenser l'événement dans son intérieur pensé. La réeffectuation, ainsi comprise, donne au paradoxe de la trace une solution *identitaire,* le phénomène de la marque, de l'empreinte, et celui de sa perpétuation étant purement et simplement renvoyés à la connaissance naturelle. La thèse idéaliste de l'auto-production de l'esprit par lui-même, déjà visible dans le concept d'imagination *a priori,* est simplement couronnée par l'idée de réeffectuation [1].

Cette interprétation maximaliste de la thèse identitaire soulève des objections qui, de proche en proche, remettent en cause la thèse identitaire elle-même.

Au terme de l'analyse, on en vient à dire que l'historien ne connaît pas du tout le passé, mais seulement sa propre pensée sur le passé ; l'histoire, pourtant, n'a de sens que si l'historien sait qu'il réeffectue un acte qui n'est pas le sien. Collingwood peut bien introduire dans la pensée elle-même le pouvoir de se distancer d'elle-même. Mais cette distanciation de soi n'équivaudra jamais à la distanciation

---

1. *The Idea of History* offre plusieurs expressions équivalentes : « la matière dont traite l'histoire » n'est pas l'acte individuel, tel qu'il s'est produit, « mais l'acte de pensée lui-même dans sa survie et sa reviviscence à des époques différentes et dans différentes personnes » (p. 303). Cela implique que l'on voie l'« activité du soi » comme « une activité unique persistant à travers la diversité de ses propres actes » (p. 306). Et encore, « l'objet doit être de telle sorte qu'il peut revivre lui-même dans l'esprit de l'historien ; l'esprit de l'historien doit être tel qu'il donne asile à cette reviviscence » (p. 304). « La connaissance historique a alors pour son propre objet la pensée : non les choses auxquelles on pense, mais l'acte même de penser » (p. 305).

entre soi-même et l'autre. Toute l'entreprise de Collingwood se brise sur l'impossibilité de passer de la pensée du passé comme *mien* à la pensée du passé comme *autre*. L'identité de la réflexion ne saurait rendre compte de l'altérité de la répétition.

Remontant de la troisième à la seconde composante de la thèse identitaire, on peut se demander si réeffectuer le passé, c'est le repenser. Compte tenu du fait qu'aucune conscience n'est transparente à soi, peut-on concevoir que la réeffectuation va jusqu'à la part d'opacité que comporte aussi bien l'acte original du passé que l'acte réflexif du présent ? Que deviennent les notions de processus, d'acquisition, d'incorporation, de développement et même de critique, si le caractère *événementiel* de l'acte de réeffectuation lui-même est aboli ? Comment appeler encore recréation un acte qui abolit sa propre différence par rapport à la création originale ? De multiples façons, le re- du terme réeffectuation résiste à l'opération qui voudrait annuler la distance temporelle.

Poursuivant notre marche à rebours, il nous faut bien mettre en question la décomposition même de l'action en un extérieur, qui serait seulement mouvement physique, et un intérieur, qui serait seulement pensé. Cette décomposition est à l'origine de la désarticulation de la notion même de temps historique en deux notions qui toutes deux le nient : d'un côté, le changement, où une occurrence en remplace une autre, de l'autre, l'intemporalité de l'acte de penser ; sont évacuées les médiations mêmes qui font du temps historique un mixte : la survivance du passé qui rend possible la trace, la tradition qui nous fait héritiers, la préservation qui permet la possession nouvelle.

Ces médiations ne se laissent pas placer sous le « grand genre » du Même.

2. Sous le signe de l'Autre : une ontologie négative du passé ?

Renversement dialectique : si le passé ne peut être pensé sous le « grand genre » du Même, ne le serait-il pas mieux sous celui de l'Autre ?

On trouve chez ceux des historiens qui restent ouverts au questionnement philosophique plusieurs suggestions qui, en dépit de leur diversité, pointent en direction de ce qu'on pourrait appeler une ontologie négative du passé.

Prenant le contre-pied de Collingwood, maints historiens contemporains voient dans l'histoire un aveu de l'altérité, une restitution de la distance temporelle, voire une apologie de la différence, poussée jusqu'à une sorte d'exotisme temporel. Mais bien peu se sont risqués à théoriser cette prééminence de l'Autre dans la *pensée* de l'histoire.

J'ai ordonné la brève revue des tentatives qui partagent la même tendance selon un degré croissant de radicalité.

Le souci de restituer le sens de la *distance* temporelle se retourne contre l'idéal de réeffectuation, dès lors que l'accent principal est mis, dans l'idée de recherche, sur la *prise de distance* à l'égard de toute tentation ou de toute tentative « emphatique » ; la problématisation l'emporte alors sur les traditions reçues et la conceptualisation sur la simple transcription du vécu selon son propre langage ; l'histoire tend alors massivement à *éloigner* le passé du présent. Elle peut même viser franchement à produire un effet d'étrangeté à l'encontre de tout vœu de re-familiarisation du non-familier, pour employer le vocabulaire de Hayden White que nous retrouverons plus loin. Et pourquoi l'effet d'étrangeté n'irait-il pas jusqu'à celui du dépaysement ? Il suffit que l'historien se fasse l'ethnologue des temps révolus. Cette stratégie de la distanciation est mise au service de l'effort de *décentrement* spirituel pratiqué par les historiens les plus soucieux de répudier l'ethnocentrisme occidental de l'histoire traditionnelle[1].

---

1. Ce souci de distanciation est très fort chez les historiens français ; François Furet demande, au début de *Penser la Révolution française,* que la curiosité intellectuelle rompe avec l'esprit de commémoration ou d'exécration. *Un autre Moyen Age,* pour reprendre le titre de J. Le Goff, c'est un Moyen Age autre. Pour Paul Veyne, dans *l'Inventaire des différences,* « les Romains... ont existé d'une manière aussi exotique et aussi quotidienne à la fois que les Tibétains, par exemple, ou les Nambikwara, ni plus, ni moins ; si bien qu'il devient impossible de les considérer plus longtemps comme une sorte de peuple-valeur » (p. 8).

La réalité du passé historique

Sous quelle catégorie penser cette prise de distance ?

Il n'est pas négligeable de commencer par la plus familière aux auteurs influencés par la tradition allemande du *Verstehen* : la compréhension d'*autrui* est pour cette tradition le meilleur analogue de la compréhension historique. Dilthey fut le premier à tenter de fonder toutes les sciences de l'esprit — y compris l'histoire — sur la capacité qu'a l'esprit de se transporter dans une vie psychique étrangère, sur la base des signes qui « expriment » — c'est-à-dire portent à l'extérieur — l'expérience intime d'autrui. Corrélativement, la transcendance du passé a pour premier modèle la vie psychique étrangère portée à l'extérieur par une conduite « significative ». Deux ponts sont ainsi jetés en direction l'un de l'autre ; d'une part, l'expression franchit l'intervalle entre l'intérieur et l'extérieur ; d'autre part, le transfert en imagination dans une vie étrangère franchit l'intervalle entre le soi et son autre. Cette double extériorisation permet à une vie privée de s'ouvrir sur une vie étrangère, avant que ne se greffe sur ce mouvement vers le dehors l'objectivation la plus décisive, celle qui résulte de l'inscription de l'expression dans des signes durables, au premier rang desquels vient l'écriture [1].

---

1. Ce modèle a été assez fort pour inspirer encore R. Aron et H. Marrou : la première partie de l'*Introduction à la philosophie de l'histoire* d'Aron procède de la connaissance de soi à la connaissance d'autrui et de celle-ci à la connaissance historique. Il est vrai que, dans le détail, l'argument tend à ruiner l'apparente progression suggérée par le plan : la coïncidence à soi-même étant impossible (p. 59), autrui constitue le véritable médiateur entre soi et soi-même ; à son tour, la connaissance d'autrui, n'accédant jamais à la fusion des consciences, requiert toujours la médiation des signes ; enfin, la connaissance historique, fondée par les œuvres émanées des consciences, se révèle elle aussi aussi originaire que la connaissance d'autrui et que la connaissance de soi-même. Il en résulte que, pour Aron, « l'idéal de la résurrection est... moins inaccessible qu'étranger à l'histoire » (p. 81). Si, chez Marrou, dans *De la Connaissance historique,* la compréhension d'autrui reste le modèle fort de la connaissance historique, c'est en raison de la conjugaison de l'épistémologie et de l'éthique dans la connaissance historique. La compréhension d'autrui aujourd'hui et la compréhension des hommes du passé partagent la même dialectique, d'essence morale, du Même et de l'Autre : d'un côté, nous connaissons essentiellement ce qui nous

Le modèle d'autrui est certainement un modèle très fort, dans la mesure où il ne met pas seulement en jeu l'altérité, mais joint le Même à l'Autre. Mais le paradoxe est qu'en abolissant la différence entre l'autrui d'aujourd'hui et l'autrui d'autrefois, il oblitère la problématique de la distance temporelle et élude la difficulté spécifique qui s'attache à la survivance du passé dans le présent — difficulté qui fait la différence entre connaissance d'autrui et connaissance du passé [1].

Un autre équivalent logique de l'*altérité* du passé historique par rapport au présent a été cherché du côté de la notion de *différence,* laquelle, à son tour, prête à des interprétations multiples. On passe du couple même-autre au couple identique-différent, sans variations sensibles du sens, autres que contextuelles. Mais la notion de *différence* se prête à son tour à des usages fort différents. J'en considérerai deux que j'emprunte à des historiens de métier soucieux de réflexion fondamentale.

Une première manière de faire usage de la notion de différence dans un contexte historique, c'est de la coupler avec celle d'individualité, ou mieux d'individualisation,

---

ressemble ; d'un autre côté, la compréhension d'autrui demande que nous pratiquions l'*épokhè* de nos préférences, afin de comprendre l'autre comme autre. C'est l'humeur soupçonneuse de l'historiographie positiviste qui nous empêche de reconnaître l'identité du lien d'amitié qui circule entre moi et l'autrui d'aujourd'hui, entre moi et l'autrui d'autrefois (p. 118). Ce lien est plus essentiel que la curiosité, qui, en effet, rejette l'autre dans la distance.
1. L'une et l'autre ont souvent été rapprochées dans la philosophie analytique, en raison de la similitude entre les paradoxes qu'elles soulèvent pour une philosophie qui fait de la connaissance empirique, donc de l'observation présente, le critère ultime de la vérification. Les assertions sur autrui et les assertions sur le passé ont ceci de commun qu'elles ne sont ni vérifiables, ni réfutables empiriquement. Elles ont aussi en commun de pouvoir, jusqu'à un certain point, être échangées l'une contre l'autre, dans la mesure où ce sont principalement les actions d'hommes comme nous que l'histoire cherche à rejoindre dans le passé, et où inversement la connaissance d'autrui contient, plus encore que la compréhension de soi-même, le décalage entre l'expérience vécue et la rétrospection. Mais ces raisons ne font pas que le problème soit de part et d'autre le même.

notion que l'historien rencontre nécessairement en corrélation avec celle de « conceptualisation » historique, dont elle constitue le pôle opposé : l'individualisation, en effet, tend vers le nom propre (noms de personnes, de lieux, d'événements singuliers), comme la conceptualisation tend vers des abstractions de plus en plus englobantes (guerre, révolution, crise, etc.)[1]. C'est cet usage du terme de différence, corrélé à celui d'individualité, que Paul Veyne met en valeur dans l'*Inventaire des différences*. Pour que l'individualité paraisse comme différence, il faut que la conceptualisation historique elle-même soit conçue comme recherche et position d'*invariants,* en entendant par ce terme une corrélation stable entre un petit nombre de variables capables d'engendrer leurs propres modifications. Le fait historique serait alors à cerner comme une *variante* engendrée par individualisation de ces invariants[2].

Mais une différence logique fait-elle une différence temporelle ? Paul Veyne semble d'abord l'admettre, dans la mesure où il substitue à l'investigation du lointain, en tant que temporel, celle de l'événement caractérisé de façon aussi peu temporelle que possible par son individua-

---

1. Cf. Paul Veyne, « L'histoire conceptualisante », dans Le Goff et Nora (éd.), *Faire de l'histoire*, Paris, Gallimard, 1974, t. I, p. 62-92. La méthode wébérienne des idéal-types avait anticipé ce mouvement de pensée. Mais c'est l'historiographie française qui a accentué l'effet de mise à distance lié à la conceptualisation historique. Conceptualiser, c'est rompre avec le point de vue, les ignorances et les illusions, et tout le langage des hommes du passé. C'est déjà les éloigner de nous dans le temps. Conceptualiser, c'est adopter le regard de simple curiosité de l'ethnologue — à moins que ce ne soit celui de l'entomologiste...

2. « L'invariant, déclare Paul Veyne, dans L'*Inventaire des différences,* Paris, Éd. du Seuil, explique ses propres modifications historiques à partir de sa complexité interne ; à partir de cette même complexité, il explique aussi sa propre éventuelle disparition » (p. 24). Ainsi, l'impérialisme romain est l'une des deux grandes variantes de l'invariant de la recherche de sécurité pour une puissance politique ; au lieu de la rechercher par le moyen d'un équilibre avec d'autres puissances, comme dans la variante grecque, l'impérialisme romain la recherche par le moyen de la conquête de tout l'horizon humain « jusqu'à ses limites, jusqu'à la mer ou aux Barbares, afin d'être enfin seul au monde, quand tout est conquis » (p. 17).

lité[1]. Ainsi, l'épistémologie de l'individu peut paraître éclipser l'ontologie du passé. Si expliquer par les invariants, c'est le contraire de raconter, c'est bien parce que les événements ont été détemporalisés au point de ne plus être ni proches, ni lointains[2].

En fait, individualisation par variation d'un invariant et individuation par le temps ne se recouvrent pas. La première est relative à l'échelle de spécification des invariants choisis. En ce sens logique, il est vrai de dire qu'en histoire la notion d'individualité ne s'identifie que rarement à celle d'individu au sens ultime : le mariage dans la classe paysanne sous Louis XIV est une individualité relative à la problématique choisie, sans qu'il soit question de raconter la vie des paysans pris un à un. L'individuation par le temps est autre chose : c'est elle qui fait que l'*inventaire des différences* n'est pas un classement intemporel, mais s'investit dans des récits.

On revient ainsi à l'énigme de la *distance temporelle*, énigme surdéterminée par l'éloignement axiologique qui nous a rendus étrangers aux mœurs des temps passés, au point que l'altérité du passé par rapport au présent l'emporte sur la survivance du passé dans le présent. Quand la curiosité prend le pas sur la sympathie, l'étranger devient étrange. La différence qui sépare se substitue à la différence qui relie. Du même coup, la notion de différence perd sa pureté transcendantale de « grand genre », par surdétermination. Avec sa pureté transcendantale, elle perd aussi son univocité, dans la mesure où la distance temporelle peut être valorisée dans des sens opposés, selon que prédomine l'éthique de l'amitié (Marrou) ou la poésie de l'éloignement (Veyne).

1. « Ainsi la conceptualisation d'un invariant permet d'expliquer les événements ; en jouant sur les variables, on peut recréer, à partir de l'invariant, la diversité des modifications historiques » (p. 18-19). Plus fortement encore : « Seul l'invariant individualise » (p. 19).
2. Il faut alors aller jusqu'à dire que « les faits historiques peuvent être individualisés sans être remis à leur place dans un complexe spatio-temporel » (p. 48). Et encore : « L'histoire n'étudie pas l'homme dans le temps : elle étudie des matériaux humains subsumés sous des concepts » (p. 50). A ce prix, l'histoire peut être définie comme « science des différences, des individualités » (p. 52).

La réalité du passé historique 269

Je conclus cette revue des figures de l'altérité par la contribution de Michel de Certeau, qui me paraît aller le plus loin dans le sens d'une ontologie négative du passé[1]. C'est encore une apologie de la différence, mais dans un contexte de pensée qui la tire dans un sens presque diamétralement opposé au précédent. Ce contexte est celui d'une « sociologie de l'historiographie », dans laquelle ce n'est plus l'*objet* ou la *méthode* de l'histoire qui sont problématisés, mais l'historien lui-même, quant à son opération. Faire de l'histoire, c'est produire quelque chose. Se pose alors la question du lieu social de l'opération historique[2].

Or cette place, ce lieu, selon de Certeau, c'est le non-dit par excellence de l'historiographie ; dans sa prétention scientifique, en effet, l'histoire croit — ou prétend — être produite de nulle part. L'argument, notons-le, vaut tout autant contre l'école critique que contre l'école positiviste : où siège, en effet, le tribunal du jugement historique ?

Tel est le contexte de questions dans lequel une nouvelle interprétation de l'événement comme différence se fait jour. Comment ? Une fois démasquée la fausse prétention de l'historien à produire de l'histoire dans une sorte d'état d'apesanteur socio-culturelle, le soupçon naît que toute histoire à prétention scientifique soit viciée par un désir de maîtrise, qui érige l'historien en arbitre du sens. Ce désir de maîtrise constitue l'idéologie implicite de l'histoire[3].

---

1. « L'opération historique », in *Faire de l'histoire, op. cit.*, t. I, p. 3-41.
2. « Envisager l'histoire comme une opération, ce sera tenter... de la comprendre comme le rapport entre une *place* (un recrutement, un milieu, un métier, etc.) et des *procédures* d'analyse (une discipline) » (p. 4).
3. Cet argument n'étonnera pas les lecteurs de Horkheimer et Adorno — les maîtres de l'école de Francfort — qui avaient montré la même volonté de domination à l'œuvre dans le rationalisme des Lumières. On en trouve une forme parente dans les premiers ouvrages de Habermas, où est dénoncée la prétention de la raison instrumentale à s'annexer les sciences historico-herméneutiques. Certaines formules de Michel de Certeau vont beaucoup plus loin dans le sens du marxisme classique et suggèrent une relation, trop linéaire et mécanique à mon gré, entre la production historique et

Par quelle voie cette variété de critique idéologique conduit-elle à une théorie de l'événement comme différence ? S'il est vrai qu'un rêve de maîtrise habite l'historiographie scientifique, la construction des modèles et la recherche des invariants — et par implication la conception de la différence comme variante individualisée d'un invariant — relèvent de la même critique idéologique. Se pose alors la question du statut d'une histoire qui serait moins idéologique. Ce serait une histoire qui ne se bornerait pas à construire des modèles, mais à signifier les différences en *écart* par rapport à ces modèles. Une nouvelle version de la différence naît ici de son identification avec celle d'*écart*, qui vient de la linguistique structurale et de la sémiologie (de Ferdinand de Saussure à Roland Barthes), elles-mêmes relayées par certaines philosophies contemporaines (de Gilles Deleuze à Jacques Derrida). Mais, chez de Certeau, la différence comprise comme écart garde un solide ancrage dans l'épistémologie contemporaine de l'histoire, dans la mesure où c'est le progrès même de sa modélisation qui suscite le repérage des écarts : les écarts, comme les variantes de Veyne, sont « relatifs à des modèles » (p. 25). Simplement, alors que les différences conçues comme variantes sont homogènes aux invariants, les différences-écarts leur sont hétérogènes. La cohérence est initiale, « la différence se joue sur les limites » (p. 27)[1].

Cette version de la notion de différence comme écart offre-t-elle une meilleure approximation de l'événement

---

l'organisation sociale : « Du rassemblement des documents à la rédaction du livre, la pratique historique est tout entière relative à la structure de la société » (p. 13). « De part en part, l'histoire reste configurée par le système où elle s'élabore (p. 16). En revanche, ce qui est dit sur la production des documents et la « *redistribution de l'espace* » (p. 22) qu'elle implique est fort éclairant.

1. La suite du texte est assez éloquente : « A reprendre un vocable ancien qui ne correspond plus à sa nouvelle trajectoire, on pourrait dire qu'elle [la recherche] ne part plus de " raretés " (restes du passé) pour parvenir à une synthèse (compréhension présente), mais qu'elle part d'une formalisation (un système présent) pour donner lieu à des " restes " (indices de limites et, par là, d'un " passé " qui est le produit du travail) » (p. 27).

La réalité du passé historique

comme ayant été ? Oui, jusqu'à un certain point. Ce que de Certeau appelle travail sur la limite met l'événement lui-même en position d'écart par rapport au discours historique. C'est en ce sens que la différence-écart concourt à une ontologie négative du passé. Pour une philosophie de l'histoire fidèle à l'idée de différence-écart, le passé est le manquant — une « absence pertinente ».

Pourquoi alors ne pas s'arrêter à cette caractérisation de l'événement passé ? Pour deux raisons. D'abord, l'écart n'est pas moins relatif à une entreprise de systématisation que la modification d'un invariant. L'écart, certes, s'exclut du modèle, alors que la modification s'inscrit dans la périphérie du modèle. Mais la notion d'écart reste tout aussi intemporelle que celle de modification, dans la mesure où un écart reste relatif au modèle allégué. En outre, on ne voit pas que la différence-écart soit plus apte à signifier l'*avoir-été* du passé que la différence-variante. Le réel au passé reste l'énigme dont la notion de différence-écart, fruit du travail sur la limite, n'offre qu'une sorte de négatif, dépouillé en outre de sa visée proprement temporelle.

Certes, une critique des visées totalisantes de l'histoire, jointe à un exorcisme du passé substantiel et, plus encore, à l'abandon de l'idée de *représentation,* au sens d'une reduplication mentale de la présence, constituent autant d'opérations de nettoyage sans cesse à reprendre ; pour y présider, la notion de différence-écart est un guide bienvenu. Mais ce ne sont là que manœuvres préalables : en fin de compte, la notion de différence ne rend pas justice à ce qu'il semble y avoir de positif dans la persistance du passé dans le présent. C'est pourquoi, paradoxalement, l'énigme de la distance temporelle paraît plus opaque au terme de ce travail de décapage. Car comment une différence, toujours relative à un système abstrait et elle-même aussi détemporalisée que possible, *tiendrait-elle lieu* de ce qui aujourd'hui absent et mort, autrefois fut réel et vivant ?

3. Sous le signe de l'Analogue : une approche tropologique ?

Les deux groupes de tentatives examinées ci-dessus ne sont pas vaines, malgré leur caractère unilatéral.

Une manière de « sauver » leurs contributions respectives à la question de l'ultime référent de l'histoire est de conjuguer leurs efforts sous le signe d'un « grand genre » qui lui-même associe le Même et l'Autre. Le Semblable est un tel grand genre. Ou mieux : l'Analogue, qui est une ressemblance entre relations plutôt qu'entre termes simples.

Ce n'est pas la seule vertu dialectique ou simplement didactique de la série « Même, Autre, Analogue » qui m'a aiguillonné à chercher une solution au problème posé dans la direction qu'on va maintenant explorer. Ce qui m'a d'abord alerté, ce sont les anticipations voilées de cette catégorisation du rapport de lieutenance ou de représentance dans les analyses précédentes, où ne cessent de revenir des expressions de la forme « *tel que* » (tel que cela fut). A cet égard, la formule de Léopold Ranke — *wie es eigentlich war* — est dans toutes les mémoires[1]. Dès lors qu'on veut marquer la différence entre la fiction et

---

1. Par cette formule, Ranke définissait l'idéal d'objectivité de l'histoire : « On a assigné à l'histoire la tâche de juger le passé, d'instruire le présent au bénéfice des générations futures. La présente étude n'assume pas un office aussi haut : elle se borne à montrer comment les choses se sont effectivement passées *(Wie es eigentlich gewesen)*. » *Geschichten der romanischen und germanischen Völker von 1494-1514,* in *Fürsten und Völker* (Wiesbaden, Éd. Willy Andreas, 1957, p. 4). Ce fameux principe rankéen n'exprime pas tant l'ambition d'atteindre le passé *lui-même*, sans médiation interprétante, que le vœu de l'historien de se dépouiller de ses préférences personnelles, d'« éteindre son propre moi, en quelque sorte de laisser parler les choses et paraître les forces puissantes qui se sont fait jour au cours des siècles », comme il est dit dans *Über die Epochen der neueren Geschichte* (Éd. Hans Herzfeld, Schloss Laupheim, s.d., p. 19) (textes cités par Leonard Krieger, *Ranke, The meaning of History,* Chicago et Londres, The University of Chicago Press, 1977, p. 4-5).

La réalité du passé historique 273

l'histoire, on invoque immanquablement l'idée d'une certaine correspondance entre le récit et ce qui est réellement arrivé. En même temps, on est fort conscient que cette re-construction est une construction différente du cours des événements rapportés. C'est pourquoi maints auteurs rejettent le terme de représentation qui leur paraît trop entaché du mythe d'une reduplication terme à terme de la réalité dans l'image qu'on s'en fait. Mais le problème de la correspondance au passé n'est pas éliminé par le changement de vocabulaire. Si l'histoire est une construction, l'historien, d'instinct, voudrait que cette construction soit une reconstruction. Il semble, en effet, que ce dessein de reconstruire en construisant fasse partie du cahier des charges du bon historien. Qu'il place son entreprise sous le signe de l'amitié ou sous celui de la curiosité, il est mû par le vœu de rendre justice au passé. Son rapport au passé est d'abord celui d'une dette impayée, en quoi il nous représente tous, nous, les lecteurs de son œuvre. Cette idée, au premier abord étrange, de dette me paraît se profiler à l'arrière-plan d'une expression commune au peintre et à l'historien : l'un et l'autre cherchent à « rendre » un paysage, un cours d'événements. Sous ce terme « rendre », je reconnais le dessein de « *rendre son dû* » *à ce qui est et ce qui fut*.

C'est ce dessein qui donne une âme aux recherches parfois abstruses qui suivent.

Un second motif m'a orienté : s'il est vrai que l'Analogue n'apparaît dans aucune des listes de « grands genres » chez Platon, en revanche il prend place dans la *Rhétorique* d'Aristote sous le titre de la « métaphore proportionnelle », appelée précisément *analogia*. La question vient alors à l'esprit de savoir si une théorie des tropes, une tropologie, ne pourrait pas relayer, au moment critique où les deux précédentes analyses nous ont conduit, l'articulation conceptuelle de la représentation. C'est à ce stade de la réflexion que je rencontre la tentative qu'a faite Hayden White, dans *Metahistory* et dans *Tropics of Discourse*[1], de

1. *Metahistory. The Historical Imagination in XIXth Century Europe,* Baltimore et Londres, The Johns Hopkins University Press, 1973, p. 31-38. *Tropics of Discourse* est le titre d'un recueil d'articles

compléter une théorie de la « mise en intrigue » *(emplotment)* par une théorie des « tropes » (métaphore, métonymie, synecdoque, ironie). Ce recours à la tropologie est imposé par la structure singulière du discours historique, en contraste avec la simple fiction. Ce discours paraît, en effet, revendiquer une double allégeance : d'une part aux contraintes attachées au *type* d'intrigue privilégié, d'autre part au passé lui-même à travers l'information documentaire accessible à un moment donné. Le travail de l'historien consiste alors à faire de la structure narrative un « modèle », une « icône » du passé, capable de le « représenter[1] ».

Comment la tropologie répond-elle au second défi ? Réponse : « ... Avant qu'un domaine donné puisse être interprété, il faut qu'il soit d'abord construit à la façon d'un sol habité par des figures discernables » (*Metahistory*, p. 30). En vue de figurer « ce qui est réellement arrivé » dans le passé, l'historien doit d'abord *préfigurer* l'ensem-

---

publiés entre 1966 et 1976, Baltimore et Londres, The Johns Hopkins University Press, 1978. Je considérerai principalement les articles postérieurs à *Metahistory* : « The Historical Text as Literary Artifact » *Clio,* 3, n° 3, 1974 ; « Historicism, History and the Figurative Imagination », *History and Theory,* 14, n° 4, 1975 ; « The Fictions of Factual Representation », *in* Angus Fletcher (éd.), *The Literature of Fact,* New York, Columbia University Press, 1976 (l'article de *Clio* est également reproduit dans Canary et Kozecki (éd.), *The Writing of History,* University of Wisconsin Press, 1978).

1. Je considérerai l'œuvre historique telle qu'elle existe de la façon la plus manifeste : c'est-à-dire une structure verbale en forme de discours narratif en prose qui vise à être *(purports to be)* un modèle, une icône des structures et des processus du passé, en vue d'expliquer ce qu'ils furent en les représentant *(representing)* » *(Metahistory,* p. 2). Plus loin : « Les comptes rendus historiques visent à être *(purport)* des modèles verbaux ou des icônes de certains segments du processus historique » *(ibid.,* p. 30). Des expressions voisines se lisent dans les articles postérieurs à *Metahistory* : l'ambition de construire « la sorte d'histoire qui s'adapte le mieux *(that best fitted)* » aux faits connus *(The Writing of History,* p. 48). La subtilité de l'historien consiste à « apparier *(in matching up)* une structure d'intrigue spéciale aux événements qu'il souhaite revêtir d'une certaine signification » *(ibid.).* Avec ces deux expressions imagées, c'est tout le problème de la re-présentation du passé qui est posé en conjonction avec l'opération de mise en intrigue.

La réalité du passé historique

ble des événements rapportés dans les documents *(ibid.)*. La fonction de cette opération poétique est de dessiner dans le « champ historique » des itinéraires possibles et ainsi de donner un premier contour à des objets possibles de connaissance. La visée est certes orientée vers ce qui est réellement arrivé dans le passé; mais le paradoxe est qu'on ne peut désigner cet antérieur à tout récit qu'en le *préfigurant*[1].

Le privilège des quatre tropes fondamentaux de la rhétorique classique est d'offrir une variété de figures de discours pour ce travail de préfiguration et ainsi de préserver la richesse de sens de l'objet historique, à la fois par l'équivocité propre à chaque trope et par la multiplicité des figures disponibles[2].

A vrai dire, des quatre tropes considérés — métaphore, métonymie, synecdoque et ironie —, c'est le premier qui a vocation explicitement *représentative*. Mais Hayden White semble vouloir dire que les autres tropes, bien que distincts, seraient des variantes de la métaphore[3] et

---

1. « Ce protocole linguistique préconceptuel sera à son tour caractérisable — en vertu de sa nature essentiellement *préfigurative* — en fonction du mode tropologique dominant dans lequel il est forgé » *(ibid.,* p. 30). Il est appelé *préfiguratif,* non en notre sens *(mimèsis* I), à savoir en tant que structure de la *praxis* humaine antérieure au travail de configuration par le récit historique ou par le récit de fiction, mais au sens d'une opération *linguistique* se déroulant au niveau de la masse documentaire encore indiscriminée : « En identifiant le mode (ou les modes) dominant de discours, nous accédons à ce niveau de conscience où un monde d'expérience est *constitué* avant d'être analysé » *(ibid.,* p. 33).
2. C'est pourquoi, à l'encontre du binarisme en vogue dans la linguistique et l'anthropologie structurale, Hayden White revient aux quatre tropes de Ramus et de Vico. L'article de 1975, « Historicism, History and the Figurative Imagination », offre une critique argumentée du binarisme de Jakobson. Il n'est pas étonnant que *Tropics of Discourse* contienne plusieurs essais directement ou indirectement consacrés à la poétique logique de Vico, lequel se révèle être le véritable maître de Hayden White, relayé par Kenneth Burke et sa *Grammar of Motives* : l'expression de maîtres-tropes *(master tropes)* vient de ce dernier.
3. Je comprends ainsi la déclaration suivante, au premier abord déconcertante : « Ironie, métonymie et synecdoque sont des sortes *(kinds)* de métaphores, mais différent l'une de l'autre par la sorte de réduction ou d'intégration qu'elles opèrent au niveau littéraire de

auraient pour fonction de corriger la naïveté de la métaphore, portée à tenir pour adéquate la ressemblance affirmée *(My love, a rose)*. Ainsi, la métonymie, en réduisant l'une à l'autre la partie et le tout, tendrait à faire d'un facteur historique la simple manifestation d'un autre. La synecdoque, en compensant la relation extrinsèque de deux ordres de phénomènes par une relation intrinsèque entre qualités partagées, figurerait une intégration sans réduction. Il reviendrait à l'ironie d'introduire une note négative dans ce travail de préfiguration — quelque chose comme une « *second thought* » — un « *suspens* ». Par contraste avec la métaphore qui inaugure et en un sens rassemble le domaine tropologique, Hayden White appelle l'ironie « métatropique », en tant qu'elle suscite la prise de conscience du mésusage possible du langage figuratif et rappelle constamment la nature problématique du langage dans son ensemble. Aucune de ces initiatives de structuration n'exprime une contrainte logique et l'opération figurative peut s'arrêter au premier stade, celui de la caractérisation métaphorique. Mais seul le parcours complet de l'appréhension la plus naïve (métaphore) à la plus réflexive (ironie) autorise à parler d'une structure tropologique de la conscience[1]. Au total, la théorie des tropes, par son caractère délibérément linguistique, peut s'intégrer au tableau des modalités de l'imagination historique, sans pourtant s'intégrer à ses modes proprement

---

leurs significations, par la sorte d'illumination à laquelle elles visent au niveau figuratif. La métaphore est essentiellement *représentative (representational)*, la métonymie *réductionniste*, la synecdoque *intégrative* et l'ironie *dénégative (négational)* » (*ibid.*, p. 34).

1. Le problème est repris dans « Fictions of Factural Representation » (*ibid.*, p. 122-144) : la métaphore privilégie la ressemblance, la métonymie la continuité, donc la *dispersion* dans des enchaînements mécaniques (c'est K. Burke qui est responsable de la caractérisation de la dispersion comme « réduction ») ; la synecdoque privilégie la relation partie/tout, donc l'intégration, donc les interprétations holistiques ou organicistes. L'ironie, le suspens privilégient la contradiction, l'aporie, en soulignant l'*inadéquation* de toute *caractérisation*. Il est aussi rappelé, comme l'avait fait *Metahistory*, qu'il y a une certaine affinité entre tel trope et tel mode de mise en intrigue : entre la métaphore et le romanesque, entre la métonymie et le tragique, etc.

La réalité du passé historique

explicatifs. A ce titre, elle constitue la structure profonde de l'imagination historique [1].

Le bénéfice attendu de cette charte tropologique de la conscience, concernant l'ambition *représentative* de l'histoire, est immense : la rhétorique gouverne la description du champ historique, comme la logique gouverne l'argumentation à valeur explicative : « car c'est par figuration que l'historien *constitue* virtuellement le sujet du discours [2] ». En ce sens, l'identification du type d'intrigue relève de la logique, mais la visée de l'ensemble d'événements que l'histoire, en tant que système de signes, entreprend de décrire relève de la tropologie. La préfiguration tropique s'avère plus spécifique, dans la mesure où l'explication par mise en intrigue est tenue pour plus générique [3].

---

1. L'introduction à *Tropics of Discourse* : « Tropology, Discourse and Modes of Human Consciousness » (p. 1-26) donne à cet « élément tropique en tout discours, qu'il soit du genre réaliste ou du genre plus imaginatif », une fonction plus ambitieuse que celle que *Metahistory* lui assignait : la tropologie couvre désormais toutes les déviations conduisant d'une signification *vers* une autre signification, « rendant ainsi pleinement justice à la possibilité que les choses puissent être exprimées autrement ». Son champ ne se borne plus à la préfiguration du champ historique ; il s'étend à toute espèce de préinterprétation. La tropologie porte ainsi les couleurs de la rhétorique face à la logique, partout où la compréhension s'emploie à rendre familier le non-familier ou l'étrange, par des voies irréductibles à la preuve logique. Son rôle est si vaste et si fondamental qu'elle peut, de proche en proche, s'égarer à une *critique culturelle* de tour rhétorique de tous les domaines où la conscience, dans sa *praxis* culturelle, entre en débat avec son milieu. Tout encodage nouveau est, à un niveau profond, figuratif.
2. « Historicis, History and the Imagination », *Tropics of Discourse,* p. 106.
3. « Cette conception du discours historique nous permet de considérer l'histoire spécifique comme *image* des événements au sujet desquels l'histoire est racontée, tandis que le type générique d'histoire sert de modèle conceptuel auquel les événements sont à assimiler *(to be likened),* pour leur permettre d'être codés en tant qu'éléments d'une structure reconnaissable » (p. 110). La répartition entre rhétorique des tropes et logique des modes d'explication se substitue à la distinction trop élémentaire entre fait (information) et interprétation (explication). Inversement, leur rétro-imbrication permet de répondre au paradoxe de Lévi-Strauss dans *la Pensée sauvage,*

On ne saurait donc confondre la valeur *iconique* de la représentation du passé avec un modèle, au sens de modèle à l'échelle, comme le sont les cartes de géographie, car il n'y a pas d'original donné auquel comparer le modèle ; c'est précisément l'étrangeté de l'original, tel que les documents le font apparaître, qui suscite l'effort de l'histoire pour en préfigurer le style[1]. C'est pourquoi, entre un récit et un cours d'événements, il n'y a pas une relation de reproduction, de reduplication, d'équivalence, mais une relation métaphorique : le lecteur est dirigé vers la sorte de figure qui assimile *(liken)* les événements rapportés à une forme narrative que notre culture nous a rendue familière.

Je voudrais dire maintenant en quelques mots comment je me situe moi-même par rapport aux analyses subtiles et souvent obscures d'Hayden White. Je n'hésite pas à dire qu'elles constituent à mes yeux une contribution décisive à l'exploration du troisième moment dialectique de l'idée de lieutenance ou de représentance par laquelle j'essaie d'exprimer le rapport du récit historique au passé « réel ». En donnant l'appui des ressources *tropologiques* à l'appariement *(matching up)* entre telle intrigue et tel cours d'événement, ces analyses donnent une crédibilité précise à notre suggestion selon laquelle le rapport à la réalité du

---

selon lequel l'histoire serait écartelée entre un *micro-niveau* où les événements se dissolvent dans des agrégats d'impulsions physico-chimiques et un macro-niveau où l'histoire se perd dans les vastes cosmologies qui rythment l'ascension et le déclin de civilisations antérieures. Il y aurait ainsi une solution *rhétorique* au paradoxe selon lequel l'excès d'information ruine la compréhension et l'excès de compréhension appauvrit l'information (*Tropics of Discourse*, p. 102). Dans la mesure où le travail de figuration ajuste l'un à l'autre *fait* et *explication*, il permet à l'histoire de se tenir à mi-chemin des deux extrêmes accentués par Lévi-Strauss.

1. Cette préfiguration fait que nos histoires se bornent à de simples « énoncés métaphoriques qui suggèrent une relation de similitude entre tels et tels événements et processus, et les types d'histoire que nous employons conventionnellement pour doter les événements de notre vie de significations culturellement sanctionnées » (*Tropics of Discourse*, p. 88).

passé doit passer successivement par la grille du Même, de l'Autre et de l'Analogue. L'analyse tropologique est l'explication cherchée de la catégorie de l'Analogue. Elle ne dit qu'une chose : les choses ont dû se passer *comme* il est dit dans le récit que voici ; grâce à la grille tropologique, l'*être-comme* de l'événement passé est porté au langage.

Cela dit, j'accorde volontiers que, isolé du contexte des deux autres grands genres — le Même et l'Autre — et surtout détaché de la contrainte qu'exerce sur le discours le *vis-à-vis* — *le Gegenüber* — en quoi consiste l'*avoir-été* de l'événement passé, le recours à la tropologie risque d'effacer la frontière entre la *fiction* et l'*histoire*[1].

En mettant presque exclusivement l'accent sur le *procédé* rhétorique, on risque d'occulter l'intentionnalité qui *traverse* la « tropique du discours » en direction des événements passés. Si on ne rétablissait pas ce primat de la visée référentielle, on ne pourrait pas dire, avec Hayden White lui-même, que la compétition entre configurations soit en même temps une « compétition entre figurations poétiques rivales de ce en quoi le passé peut avoir consisté » (p. 60). J'aime la formule : « Nous ne pouvons connaître l'effectif *(the actual)* qu'en le contrastant ou en le comparant avec l'imaginable » (p. 61). Si cette formule doit garder tout son poids, il ne faut pas que le souci de « ramener l'histoire à ses origines dans l'imagination littéraire » *(ibid.)* conduise à donner plus de prix à la

1. H. White lui-même n'ignore pas ce péril. C'est pourquoi il invite à « comprendre ce qui est fictif dans toute représentation réputée réaliste du monde et ce qui est réaliste dans toutes celles qui sont manifestement fictives » (*The Writing of History*, p. 52). Dans le même sens : « Nous faisons l'épreuve de la fictionnalisation de l'histoire en tant qu'explication, pour la même raison que nous découvrons dans les fictions de haut niveau le pouvoir d'illuminer ce monde que nous habitons en commun avec l'auteur. Dans les deux cas, nous reconnaissons la forme par laquelle la conscience à la fois constitue et colonise le monde qu'elle cherche à habiter de façon acceptable » (p. 61). Ce disant, White n'est pas éloigné de ce que nous entendons nous-même par *référence croisée* de la fiction et de l'histoire. Mais, comme il ne nous montre guère ce qui est réaliste en toute fiction, seul le côté fictif de la représentation réputée réaliste du monde est accentué.

puissance verbale investie dans nos redescriptions qu'aux *incitations* à la redescription qui montent du passé lui-même. Autrement dit, il ne faut pas qu'un certain arbitraire tropologique[1] fasse oublier la sorte de contrainte que l'événement passé exerce sur le discours historique à travers les documents connus, en exigeant de celui-ci une *rectification* sans fin. Le rapport entre fiction et histoire est assurément plus complexe qu'on ne le dira jamais. Or, il faut certes combattre le préjugé selon lequel le langage de l'historien pourrait être rendu entièrement transparent, au point de laisser parler les faits eux-mêmes : comme s'il suffisait d'éliminer les *ornements de la prose* pour en finir avec les *figures de la poésie*. Mais on ne saurait combattre ce premier préjugé sans combattre le second, selon lequel la littérature d'imagination, parce qu'elle use constamment de fiction, doit être sans prise sur la réalité. Les deux préjugés sont à combattre ensemble[2].

Pour éclairer ce rôle assigné à la tropologie dans l'articulation intime de la notion de représentance, il me semble qu'il faut revenir au « *comme* » contenu dans l'expression de Ranke qui n'a cessé de nous aiguillonner : les faits *tels qu'*ils se sont *réellement* passés. Dans l'interprétation analogique du rapport de lieutenance ou de représentance, le « *réellement* » n'est signifié que par le « *tel que...* ». Comment est-ce possible ? Il me semble que la clé du problème réside dans le fonctionnement, non seulement rhétorique, mais ontologique, du « *comme* »,

---

1. « L'implication est que les historiens *constituent* leurs sujets comme des objets possibles de représentation narrative en vertu même du langage qu'ils emploient pour les décrire » (p. 57).
2. H. White l'accorde volontiers : roman et histoire, selon lui, ne sont pas seulement indiscernables en tant qu'artefacts verbaux, mais l'un et l'autre aspirent à offrir une image verbale de la réalité ; l'une n'a pas vocation de cohérence et l'autre de correspondance ; l'une et l'autre visent, par des voies différentes, *et* à la cohérence, *et* à la correspondance : « C'est dans ces deux sens jumeaux que tout discours écrit est cognitif quant à ses buts et mimétique quant à ses moyens » (« The Fictions of Factual Representation », in *Tropics of Discourse,* p. 122). Et encore : « L'histoire n'est pas moins une forme de fiction que le roman n'est une forme de représentation historique » *(ibid.).*

La réalité du passé historique

tel que je l'analyse dans la septième et la huitième étude de *la Métaphore vive*. Ce qui, selon moi, donne à la métaphore une portée référentielle, véhicule elle-même d'une prétention ontologique, c'est la visée d'un *être-comme*... corrélatif du *voir-comme*..., dans lequel se résume le travail de la métaphore au plan du langage. Autrement dit, l'être même doit être métaphorisé sous les espèces de l'être-comme..., si l'on doit pouvoir attribuer à la métaphore une fonction ontologique qui ne contredise pas le caractère vif de la métaphore au plan linguistique, c'est-à-dire sa puissance d'augmenter la polysémie initiale de nos mots. La correspondance entre le voir-comme et l'être-comme satisfait à cette exigence.

C'est en vertu de cette puissance, que j'appelais naguère de *redescription*, que l'on peut légitimement demander à la tropologie de prolonger la dialectique des « grands genres » par une rhétorique des « tropes majeurs ». Aussi bien notre concept de *refiguration* du temps par le récit — héritier du concept de redescription métaphorique — fait-il allusion à la notion de *figure*, noyau de la tropologie.

Mais, autant nous avons pu accorder au fonctionnement rhétorique et ontologique de la métaphore une autonomie complète pour rendre compte du langage poétique, illustré au premier chef par la poésie lyrique, autant il est nécessaire de rattacher l'Analogue au jeu complexe du Même et de l'Autre, pour rendre compte de la fonction essentiellement temporalisante de la représentance. Dans la chasse à l'avoir-été, l'analogie n'opère pas isolément, mais en liaison avec l'identité et l'altérité. Le passé est bien ce qui, d'abord, est à réeffectuer sur le mode identitaire : mais il n'est tel que pour autant qu'il est aussi l'absent de toutes nos constructions. L'Analogue, précisément, retient en lui la force de la réeffectuation et de la mise à distance, dans la mesure où être comme, c'est être et n'être pas.

Ce n'est pas seulement avec le Même et l'Autre que l'Analogue doit être mis en relation, à l'intérieur du présent chapitre, mais avec la problématique du chapitre qui précède et celle de ceux qui suivront.

Portant notre regard en arrière, il nous faut faire

apparaître le lien étroit entre la problématique de la trace et celle de la représentance. C'est par le truchement du « *comme* » de l'analogie que l'analyse de la représentance continue celle de la trace. Dans le chapitre précédent, la trace avait été interprétée du point de vue de la réinscription du temps phénoménologique sur le temps cosmique ; nous avions vu en elle la conjonction d'une relation causale, au plan physique, et d'une relation de signifiance, au plan sémiologique ; nous avions pu ainsi l'appeler un *effet-signe*. Ce disant, nous n'avons pas cru un instant épuiser le phénomène de la trace. Sous la motion d'un texte de Lévinas, nous avions conclu notre méditation sur une note volontairement énigmatique. La trace, disions-nous, signifie sans faire apparaître. C'est en ce point que l'analyse de la représentance prend la relève ; l'aporie de la trace comme « valant pour » le passé trouve dans le « voir-comme » une issue partielle. Cette articulation résulte de ce que l'analyse de la représentance, prise globalement dans ses trois moments — Même, Autre, Analogue —, ajoute à la problématique de la réinscription du temps phénoménologique sur le temps cosmique celle de la distance temporelle. Mais elle ne l'ajoute pas du dehors, car, en dernier ressort, la distance temporelle est ce que la trace déploie, parcourt, traverse. La relation de représentance ne fait qu'*expliciter* cette traversée du temps par la trace. Plus précisément, elle explicite la structure dialectique de la traversée qui convertit l'espacement en médiation.

Si, pour finir, nous portons notre regard en avant, vers le procès de totalisation auquel nous consacrerons les analyses qui suivent, nous soupçonnons pourquoi l'exploration ne pouvait être qu'inachevée — inachevée parce qu'abstraite. Comme nous l'avons appris de la phénoménologie, et en particulier de celle de Heidegger, le passé séparé de la dialectique entre futur, passé et présent reste une abstraction. C'est pourquoi le chapitre que nous refermons ne constitue guère qu'une tentative pour mieux penser ce qui demeure *énigmatique* dans la passéité du passé en tant que tel. En la plaçant successivement sous les « grands genres » du Même, de l'Autre et de l'Analogue,

La réalité du passé historique

nous avons du moins préservé aussi le caractère mystérieux de la *dette* qui, du maître en intrigues, fait un serviteur de la mémoire des hommes du passé[1].

---

1. Ma notion de dette, appliquée à la relation au passé historique, n'est pas sans parenté avec celle qui circule dans toute l'œuvre de M. de Certeau et qui trouve dans l'essai qui conclut *l'Écriture de l'histoire* (Paris, Gallimard, 1975, p. 312-358) une expression condensée. Le propos paraît limité : il s'agit du rapport de Freud à son propre peuple, le peuple juif, tel qu'il apparaît à travers *Moïse et le Monothéisme*. Mais c'est le destin entier de l'historiographie qui se décèle là, dans la mesure où, dans ce dernier ouvrage, Freud s'est aventuré sur la terre étrangère des historiens, qui devient ainsi son « Égypte ». Devenant ainsi « Moïse égyptien », Freud répète dans son « roman » historique le double rapport de contestation et d'appartenance, de *départ* et de *dette*, qui désormais caractérise l'homme juif. Si l'accent principal est mis par de Certeau sur la dépossession, la perte du sol natal, l'exil en territoire étranger, c'est l'*obligation de la dette* qui dialectise cette perte et cet exil, les transforme en travail de deuil et devient le commencement de l'écriture et du livre, dans l'impossibilité d'un lieu propre. « Dette et départ » (p. 328) deviennent ainsi le « non-lieu d'une mort qui oblige » (p. 329). En liant ainsi la dette à la perte, M. de Certeau met plus que moi l'accent sur la « tradition d'une mort » (p. 331), mais ne souligne pas assez à mon gré le caractère positif de la *vie ayant-été*, en vertu de quoi la vie est aussi l'héritage de potentialités *vives*. Je rejoins néanmoins M. de Certeau quand j'inclus l'*altérité* dans la dette elle-même : la perte est assurément une figure de l'altérité. Que l'écriture de l'histoire fasse plus que tromper la mort, le rapprochement entre restitution de la dette et retour du refoulé, au sens psychanalytique du terme, le laisse déjà entendre. On ne dira jamais assez que les morts, dont l'histoire porte le deuil, furent des vivants. On montrera, à l'occasion d'une réflexion sur la tradition, comment l'*expectation* tournée vers le futur et la destitution de tout l'historique par le présent *intempestif*, dialectisent la dette, tout autant que la dette dialectise la perte.

4
Monde du texte et monde du lecteur

Nous ferons un nouveau pas en direction du point où se recroisent le temps de la fiction et le temps de l'histoire en demandant ce qui, du côté de la fiction, peut être tenu pour la contrepartie de ce qui, du côté de l'histoire, se donne comme passé « réel ». Le problème serait non seulement insoluble, mais insensé, s'il restait posé dans les termes traditionnels de la référence. Seul, en effet, l'historien peut, absolument parlant, être dit se référer à quelque chose de « réel », en ce sens que ce dont il parle a pu être observé par les témoins du passé. Par comparaison, les personnages du romancier sont tout simplement « irréels » ; « irréelle » est aussi l'expérience que la fiction décrit. Entre « réalité du passé » et « irréalité de la fiction », la dissymétrie est totale.

Nous avons rompu une première fois avec cette position du problème en mettant en question le concept de « réalité » appliqué au passé. Dire que tel événement rapporté par l'historien a pu être observé par des témoins du passé ne résout rien : l'énigme de la passéité est tout simplement déplacée de l'événement rapporté au témoignage qui le rapporte. L'*avoir-été* fait problème dans la mesure exacte où il n'est pas observable, qu'il s'agisse de l'avoir-été de l'événement ou de l'avoir-été du témoignage. La passéité d'une observation au passé n'est pas elle-même observable, mais mémorable. C'est pour résoudre cette énigme que nous avons élaboré la notion de représentation ou de lieutenance, signifiant par là que les constructions de l'histoire ont l'ambition d'être des reconstructions répondant à la requête d'un *vis-à-vis*. En outre, entre la fonction de représentation et le vis-à-vis qui en est le corrélat, nous avons discerné une relation de dette, qui place les hommes du présent devant la tâche de restituer aux hommes du passé — aux morts — leur dû. Que cette catégorie de représentance ou de lieutenance — renforcée par le sentiment de la dette — soit finalement irréductible à celle de référence, telle qu'elle fonctionne dans un langage d'observation et dans une logique extensionnelle, la structure foncièrement dialectique de la catégorie de représentance le confirme : représentance, avons-nous dit, signifie tour à tour réduction au Même, reconnaissance d'Altérité, appréhension analogisante.

Cette critique du concept naïf de « réalité » appliquée à la passéité du passé appelle une critique symétrique du concept non moins naïf d'« irréalité » appliqué aux projections de la fiction. La fonction de représentance ou de lieutenance a son parallèle dans la fonction de la fiction, qu'on peut dire indivisément « révélante et *transformante* à l'égard de la pratique quotidienne ; révélante, en ce sens qu'elle porte au jour des traits dissimulés, mais déjà dessinés au cœur de notre expérience praxique ; transformante, en ce sens qu'une vie ainsi examinée est une vie changée, une vie autre. Nous atteignons ici le point où découvrir et inventer sont indiscernables. Le point, donc, où la notion de référence ne fonctionne plus, ni non plus sans doute celle de redescription. Le point où, pour signifier quelque chose comme une référence productrice au sens où l'on parle avec Kant d'imagination productrice, la problématique de la refiguration doit s'affranchir définitivement du vocabulaire de la référence.

Le parallélisme entre la fonction de représentance de la connaissance du passé et la fonction parallèle de la fiction ne livre ainsi son secret qu'au prix d'une révision du concept d'irréalité aussi drastique que celle de réalité du passé.

En nous éloignant du vocabulaire de la référence, nous adoptons celui de l'*application,* reçu de la tradition herméneutique et remis en honneur par H.-G. Gadamer dans *Vérité et Méthode.* De ce dernier, nous avons appris que l'application n'est pas un appendice contingent ajouté à la compréhension et à l'explication, mais une partie organique de tout projet herméneutique[1]. Mais le problème de l'application — auquel je donne ailleurs le nom d'appropriation[2] — est loin de constituer un problème simple. Il n'est pas plus susceptible d'une solution directe que le problème de la représentance du passé, dont il est la contrepartie dans l'ordre de la fiction. Il a sa dialectique propre, qui, sans ressembler exactement à celle du vis-à-vis de la relation de représentance, engendre des perplexités comparables. C'est en effet seulement par la médiation de la *lecture* que l'œuvre littéraire obtient la signifiance complète, qui serait à la fiction ce que la représentance est à l'histoire.

Pourquoi cette médiation de la lecture ? Pour la raison que nous avons parcouru seulement la moitié du chemin sur la voie de l'application en introduisant, à la fin de la troisième partie, la notion de monde du texte, impliquée en toute expérience temporelle fictive. Certes, en adoptant ainsi, comme dans la *Métaphore vive,* la thèse selon laquelle l'œuvre littéraire se transcende en direction d'un monde, nous avons soustrait le texte littéraire à la clôture que lui impose — à titre légitime, d'ailleurs — l'analyse de ses structures immanentes. Nous avons pu dire, à cette occasion, que le *monde* du texte marquait l'*ouverture* du texte sur son « dehors », sur son « autre », dans la mesure où le monde du texte constitue par rapport à la structure « interne » du texte une visée intentionnelle absolument originale. Mais il faut avouer que, pris à part de la lecture, le monde du texte reste une transcendance dans l'immanence. Son statut ontologique reste en suspens : en excès par rapport à la structure, en attente de lecture. C'est

---

1. H. G. Gadamer se réfère volontiers à la distinction, héritée de l'herméneutique biblique à l'époque du piétisme, entre trois « subtilités » : *subtilitas comprehendi, subtilitas explicandi, subtilitas applicandi.* Ces trois subtilités *ensemble* constituent l'interprétation. C'est dans un sens voisin que je parle ailleurs de l'arc herméneutique qui s'élève de la vie, traverse l'œuvre littéraire et retourne à la vie. L'application constitue le dernier segment de cet arc intégral.
2. Cf. mon essai « Appropriation », *in* P. Ricœur, *Hermeneutics and Human Sciences* (éd. par John V. Thompson), Cambridge University Press, Éditions de la Maison des sciences de l'homme, 1981.

seulement *dans* la lecture que le dynamisme de configuration achève son parcours. Et c'est *au-delà* de la lecture, dans l'action effective, instruite par les œuvres reçues, que la configuration du texte se transmute en refiguration[1]. Nous rejoignons ainsi la formule par laquelle nous définissions *mimèsis* III dans le premier volume : celle-ci, disions-nous, marque l'intersection entre monde du texte et monde de l'auditeur ou du lecteur, l'intersection donc entre monde configuré par le poème et monde au sein duquel l'action effective se déploie et déploie sa temporalité spécifique[2]. La signifiance de l'œuvre de fiction procède de cette intersection.

Ce recours à la médiation de la lecture marque la différence la plus sensible entre le présent travail et *la Métaphore vive*. Outre que, dans ce précédent ouvrage, j'avais cru pouvoir conserver le vocabulaire de la référence, caractérisée comme redescription du travail poétique au vif de l'expérience quotidienne, j'avais attribué au poème lui-même le pouvoir de transformer la vie, à la faveur d'une sorte de court-circuit opéré entre le *voir-comme...*, caractéristique de l'énoncé métaphorique, de l'*être-comme...*, corrélat ontologique de ce dernier. Et, puisque le récit de fiction peut légitimement être tenu pour un cas particulier de discours poétique, on serait tenté d'opérer le même court-circuit entre voir-comme... et être-comme... au plan de la narrativité. Cette solution simple du vieux problème de la référence au plan de la fiction paraît encouragée par le fait que l'action possède déjà, en vertu des médiations symboliques qui l'articulent au niveau primaire de *mimèsis* I, une lisibilité de premier degré. On pourrait penser dès lors que la seule médiation requise entre la pré-signification de *mimèsis* I et la sur-signification de *mimèsis* III est celle qu'opère elle-même la configuration narrative en vertu de son seul dynamisme interne. Une réflexion plus précise sur la notion de monde du texte et une caractérisation plus exacte de

---

1. On reviendra en conclusion sur la distinction entre le « dans » et l'« au-delà » de la lecture.
2. *Temps et Récits*, t. I, p. 136.

son statut de transcendance dans l'immanence m'ont néanmoins convaincu que le passage de la configuration à la refiguration exigeait la confrontation entre deux mondes, le monde fictif du texte et le monde réel du lecteur. Le phénomène de la lecture devenait du même coup le médiateur nécessaire de la refiguration.

C'est de ce phénomène de lecture, dont nous venons d'apercevoir le rôle stratégique dans l'opération de refiguration, qu'il importe maintenant de dégager la structure dialectique — qui répond, *mutatis mutandis,* à celle de la fonction de représentance exercée par le récit historique à l'égard du passé « réel ».

A quelle discipline ressortit une théorie de la lecture ? A la poétique ? Oui, dans la mesure où la *composition* de l'œuvre règle la lecture ; non, dans la mesure où d'autres facteurs entrent en jeu qui relèvent de la sorte de *communication* qui prend son point de départ chez l'auteur, et traverse l'œuvre, pour trouver son point d'arrivée chez le lecteur. C'est en effet de l'auteur que part la stratégie de persuasion qui a le lecteur pour cible. C'est à cette stratégie de persuasion que le lecteur répond en accompagnant la configuration et en s'appropriant la proposition de monde du texte.

Trois moments sont dès lors à considérer auxquels correspondent trois disciplines voisines mais distinctes : 1) la stratégie en tant que fomentée par l'auteur et dirigée vers le lecteur ; 2) l'inscription de cette stratégie dans la configuration littéraire ; 3) la réponse du lecteur considéré lui-même soit comme sujet lisant, soit comme public récepteur.

Ce schéma permet de faire un parcours rapide à travers quelques théories de la lecture que nous ordonnons à dessein du pôle de l'auteur vers celui du lecteur, lequel est le médiateur ultime entre configuration et refiguration.

1. De la poétique à la rhétorique

Au premier stade de notre parcours, la stratégie est donc considérée du point de vue de l'auteur qui la conduit.

La théorie de la lecture tombe dès lors dans le champ de la rhétorique, dans la mesure où celle-ci régit l'art par lequel l'orateur vise à persuader son auditoire. Plus précisément, pour nous, comme on le sait depuis Aristote, elle tombe dans le champ d'une *rhétorique de la fiction,* au sens que Wayne Booth a donné à ce terme dans son ouvrage classique[1]. Mais une objection se propose aussitôt : en réintroduisant l'auteur dans le champ de la théorie littéraire, renions-nous la thèse de l'autonomie sémantique du texte et retournons-nous à une psychographie aujourd'hui dépassée ? Nullement : d'abord, la thèse de l'autonomie sémantique du texte ne vaut que pour une analyse structurale qui met entre parenthèses la stratégie de persuasion qui traverse les opérations relevant d'une poétique pure ; lever cette parenthèse, c'est nécessairement prendre en compte celui qui fomente la stratégie de persuasion, c'est-à-dire l'auteur. Ensuite, la rhétorique échappe à l'objection de rechute à l'« *intentional fallacy* », et plus généralement de confusion avec une psychologie d'auteur, dans la mesure où elle met l'accent, non sur le

---

1. Wayne Booth, *The Rhetoric of Fiction,* Chicago, University of Chicago Press, 1961. Une seconde édition, augmentée d'une importante postface, a paru chez le même éditeur en 1983. L'ouvrage, lit-on dans la préface, a pour objet « les moyens dont dispose l'auteur pour prendre le contrôle de son lecteur ». Et plus loin : « Mon étude porte sur la technique de la fiction non didactique, la fiction étant vue sous l'angle de l'art de communiquer avec des lecteurs ; bref, elle porte sur les ressources rhétoriques dont dispose l'auteur d'épopées, de romans, de nouvelles, dès lors qu'il s'efforce, consciemment ou inconsciemment, d'imposer son monde fictif à son lecteur » *(ibid.).* La psychographie n'est pas pour autant dénuée de tout droit : cela reste un problème réel, relevant de la psychologie de la création, de comprendre pourquoi et comment un auteur réel adopte tel ou tel déguisement, tel ou tel masque, bref assume le « *second self* » qui fait de lui un « auteur impliqué ». Le problème des relations complexes entre l'auteur réel et les différentes versions officielles qu'il donne de lui-même demeure entier *(op. cit.,* p. 71). On trouve dans *la Poétique du récit,* citée plus haut, une traduction en français, reprise de *Poétique IV,* 1970, d'un essai de Wayne Booth contemporain de *Rhetoric of Fiction* (paru originellement dans *Essays in Creation,* XI, 1961), sous le titre « Distance et point de vue » *(op. cit.,* p. 85-112). *Implied author* y est traduit par « auteur implicite ». J'ai préféré « auteur impliqué » (dans et par l'œuvre).

processus présumé de création de l'œuvre, mais sur les techniques par lesquelles une œuvre *se* rend *communicable*. Or, ces techniques sont repérables dans l'œuvre même. Il en résulte que le seul type d'auteur dont l'autorité soit en jeu n'est pas l'auteur réel, objet de biographie, mais *l'auteur impliqué*. C'est lui qui prend l'initiative de l'épreuve de force qui sous-tend le rapport de l'écriture à la lecture.

Avant d'entrer dans cette arène, je tiens à rappeler la convention de vocabulaire que j'ai adoptée en introduisant les notions de point de vue et de voix narrative dans le volume précédent, au terme des analyses consacrées aux « Jeux avec le temps ». Je n'ai pris en compte ces notions que dans la mesure où elles contribuaient à l'intelligence de la *composition* narrative en tant que telle, abstraction faite de leur incidence sur la *communication* de l'œuvre. Or, c'est à la problématique de la communication que la notion d'auteur impliqué appartient, dans la mesure où elle est étroitement solidaire d'une rhétorique de la persuasion. Conscient du caractère abstrait de cette distinction, j'ai souligné, le moment venu, le rôle de transition exercé par la notion de voix narrative : c'est elle, disions-nous, qui donne le texte à lire. A qui donc, sinon au lecteur virtuel de l'œuvre ? C'est donc en toute connaissance de cause que j'ai ignoré la notion d'auteur impliqué quand j'ai parlé du point de vue et de la voix narrative, et que j'en souligne maintenant le lien avec les stratégies de persuasion relevant d'une rhétorique de la fiction, sans autre allusion aux notions de voix narrative et de point de vue dont elle est bien évidemment indissociable.

Replacée dans le cadre de la communication auquel elle appartient, la catégorie d'auteur impliqué a l'avantage majeur d'échapper à quelques querelles inutiles qui occultent la signification majeure d'une rhétorique de la fiction. Ainsi, on n'attachera pas une originalité démesurée aux efforts du romancier moderne pour se rendre invisible — à la différence de ses devanciers, enclins à intervenir sans scrupule dans le récit —, comme si le roman était soudain devenu sans auteur ; l'effacement de l'auteur est une technique rhétorique parmi d'autres ; elle fait partie de la panoplie de déguisements et de masques dont l'auteur réel use pour se muer en auteur impliqué [1]. Il faut dire la même chose du droit que l'auteur se donne de décrire l'intérieur des âmes, lequel, dans la vie dite réelle, n'est inféré qu'à grand-peine ; ce droit fait partie du pacte de confiance dont on parlera plus loin [2]. Du même coup, que l'auteur choisisse l'un ou l'autre angle de vision [3], il s'agit chaque fois de l'exercice d'un artifice qu'il faut rapporter au droit exorbitant que le lecteur concède à l'auteur. Ce n'est pas non plus parce que le romancier se sera efforcé de « montrer » plutôt que de « renseigner et d'enseigner » qu'il aura disparu. Nous l'avons dit plus haut à propos de la recherche du vraisemblable dans le roman réaliste, et plus encore dans le roman naturaliste [4], l'artifice propre à l'opération narrative, loin d'être aboli, est accru par le travail employé à simuler la présence réelle à travers l'écriture. Pour opposée que cette simulation soit à l'omniscience du narrateur, elle ne trahit pas une moindre maîtrise des techniques rhétoriques. La prétendue fidélité à la vie ne fait que dissimuler la subtilité des manœuvres par lesquelles l'œuvre commande, du côté de l'auteur, l'« intensité d'illusion » souhaitée par Henry James. La rhétorique de la dissimulation, ce sommet de la rhétorique, de la fiction, ne doit pas tromper le critique, si elle peut tromper le lecteur. Le comble de la dissimulation

1. « Quoique l'auteur puisse dans une certaine mesure choisir ses déguisements, il ne peut jamais choisir de disparaître tout à fait » (p. 20).
2. Le réalisme de la subjectivité n'est qu'en apparence opposé au réalisme naturaliste. En tant que réalisme, il relève de la même rhétorique que son contraire, vouée à l'effacement de l'auteur.
3. Jean Pouillon, *Temps et Roman,* Paris, Gallimard, 1946.
4. A cet égard, la polémique de Sartre contre Mauriac paraît bien vaine. En prônant le réalisme brut de la subjectivité, le romancier ne se prend pas moins pour Dieu que le narrateur omniscient. Sartre sous-estime grandement le contrat tacite qui confère au romancier le droit de connaître ce sur quoi il entreprend d'écrire. Ce peut être une des clauses de ce contrat que le romancier ne connaisse pas tout, ou ne se donne le droit de connaître l'âme d'un personnage que dans la vision qu'un autre en a ; mais le saut d'un point de vue à l'autre reste un privilège considérable, comparé aux ressources de la connaissance d'autrui dans la vie dite « réelle ».

serait que la fiction paraisse n'avoir jamais été écrite[1]. Les procédés rhétoriques par lesquels l'auteur sacrifie sa présence consistent précisément à dissimuler l'artifice par le moyen de la vérisimilitude d'une histoire qui paraît se raconter toute seule et laisser parler la vie, qu'on appelle ainsi la réalité sociale, le comportement individuel ou le flux de conscience[2].

La brève discussion des malentendus que la catégorie de l'auteur impliqué permet de dissiper souligne le droit propre de cette catégorie dans une théorie englobante de la lecture. Le lecteur en pressent le rôle dans la mesure où il appréhende intuitivement l'œuvre comme une totalité unifiée.

Spontanément, il ne rapporte pas seulement cette unification aux règles de composition, mais aux choix et aux normes qui font précisément du texte l'œuvre d'un énonciateur, donc une œuvre produite par une personne et non par la nature.

Je rapprocherais volontiers le rôle unificateur intuitivement assigné par le lecteur à l'auteur impliqué de la notion de style, proposée par G. Granger dans son *Essai d'une philosophie du style*. Si l'on considère une œuvre comme la résolution d'un problème, issu lui-même des réussites antérieures dans le domaine de la science aussi bien que de l'art, on peut appeler style l'adéquation entre la singularité de la solution que constitue par elle-même l'œuvre et la

---

1. « Qu'un romancier impersonnel se cache derrière un unique narrateur ou un unique observateur, ou derrière les points de vue multiples d'*Ulysse* ou de *As I Lay Dying*, ou sous les surfaces objectives de *The Awkward Age* ou de *Compton-Burnett's Parents and Children*, la voix de l'auteur n'est jamais réduite au silence. En fait, c'est pour elle en partie que nous lisons des fictions... » (p. 60).

2. Encore une fois, ces considérations ne ramènent pas une psychologie d'auteur ; c'est l'auteur impliqué que le lecteur discerne dans les marques du texte : « Nous l'inférons à titre de version idéale, littéraire, feinte, de l'individu réel ; il se ramène à la somme de ses propres choix » (p. 75). Ce « *second self* » est la création de l'œuvre. L'auteur crée une image de lui-même, autant que de moi-même, son lecteur. Je remarque à ce propos que la langue française n'a pas de terme correct pour traduire le « *self* ». Comment traduire cette notation de Wayne Booth que le lecteur crée deux « selves » : l'auteur et le lecteur (p. 138) ?

singularité de la conjoncture de crise, tel que le penseur ou l'artiste l'a appréhendée. Cette singularité de la solution, répondant à la singularité du problème, peut recevoir un nom propre, celui de l'auteur. Ainsi parle-t-on du théorème de Boole comme d'un tableau de Cézanne. Nommer l'œuvre par son auteur n'implique aucune conjecture concernant la psychologie de l'invention ou de la découverte, donc aucune assertion portant sur l'intention présumée de l'inventeur, mais la singularité de la résolution d'un problème. Ce rapprochement renforce les titres de la catégorie de l'auteur impliqué à figurer dans une rhétorique de la fiction.

La notion connexe de *narrateur digne de confiance (reliable)* ou *non digne de confiance (unreliable),* vers laquelle nous nous tournons maintenant, est loin de constituer une notion marginale [1]. Elle introduit dans le pacte de lecture une note de confiance qui corrige la violence dissimulée en toute stratégie de persuasion. La question de « *reliability* » est au récit de fiction ce que la preuve documentaire est à l'historiographie. C'est précisément parce que le romancier n'a pas de preuve matérielle à fournir qu'il demande au lecteur de lui accorder, non seulement le droit de savoir ce qu'il raconte ou montre, mais de suggérer une appréciation, une estimation, une évaluation de ses personnages principaux. N'est-ce pas une pareille évaluation qui permettait à Aristote de classer la tragédie et la comédie en fonction de caractères « meilleurs » ou « moins bons » que nous ne sommes, et surtout de donner à l'*hamartia* — la faute terrible — du héros toute sa puissance émotionnelle, dans la mesure où la faute tragique doit rester celle de personnages de qualité et non d'individus médiocres, méchants ou pervers ?

Pourquoi maintenant appliquer cette catégorie au narra-

---

1. Dès les premières pages de *The Rhetoric of Fiction,* il se dit que c'est un des procédés les plus manifestement artificiels de la fiction de se glisser sous la surface de l'action « pour accéder à une vision digne de confiance de l'esprit et du cœur du personnage en question » (p. 3). Booth définit de la façon suivante cette catégorie : « J'ai appelé digne de confiance *(reliable)* un narrateur qui parle ou agit en accord avec les normes de l'œuvre » (p. 159).

teur plutôt qu'à l'auteur impliqué ? Dans le riche répertoire des formes adoptées par la voix de l'auteur, le narrateur se distingue de l'auteur impliqué chaque fois qu'il est dramatisé pour lui-même. Ainsi, c'est le sage inconnu qui dit que Job est un homme « juste » ; c'est le chœur tragique qui prononce les paroles sublimes de la crainte et de la pitié ; c'est le fou qui dit ce que l'auteur pense tout bas ; c'est un personnage témoin, éventuellement un coquin, un fripon, qui laisse entendre le point de vue du narrateur sur son propre récit, etc. Il y a toujours un auteur impliqué : la fable est racontée par quelqu'un ; il n'y a pas toujours de narrateur distinct ; mais, quand c'est le cas, il partage le privilège de l'auteur impliqué qui, sans aller toujours jusqu'à l'omniscience, a toujours le pouvoir d'accéder à la connaissance d'autrui par le dedans ; ce privilège fait partie des pouvoirs rhétoriques dont l'auteur impliqué est investi, en vertu du pacte tacite entre l'auteur et le lecteur. Le degré auquel le narrateur est digne de confiance est une des clauses de ce pacte de lecture. Quant à la responsabilité du lecteur, elle est une autre clause du même pacte. Dans la mesure, en effet, où la création d'un narrateur dramatisé, digne ou non de confiance, permet de faire varier la distance entre l'auteur impliqué et ses personnages, un degré de complexité est du même coup induit chez le lecteur, complexité qui est la source de sa liberté face à l'autorité que la fiction reçoit de son auteur.

Le cas du narrateur *non digne de confiance* est particulièrement intéressant du point de vue de l'appel à la liberté et à la responsabilité du lecteur. Son rôle est à cet égard peut-être moins pervers que Wayne Booth ne le dépeint[1].

1. Selon Wayne Booth, un récit dans lequel la voix de l'auteur impliqué ne se laisse plus discerner, où le point de vue ne cesse de se déplacer, et où les narrateurs dignes de confiance deviennent impossibles à identifier, un tel récit crée une vision confuse qui plonge ses propres lecteurs dans la confusion. Après avoir loué Proust pour avoir orienté son lecteur vers une illumination sans équivoque, dans laquelle l'auteur, le narrateur et le lecteur se rejoignent intellectuellement, Booth ne cache pas ses réticences à l'égard de la stratégie employée par Camus dans *la Chute* : le narrateur lui paraît ici entraîner son lecteur dans l'effondrement spirituel de Clamence. Booth n'a certainement pas tort de souligner

Monde du texte et monde du lecteur

A la différence du narrateur digne de confiance, qui assure son lecteur qu'il n'entreprend pas le voyage de la lecture avec de vains espoirs et de fausses craintes concernant non seulement les faits rapportés, mais les évaluations explicites ou implicites des personnages, le narrateur indigne de confiance dérègle ces attentes, en laissant le lecteur dans l'incertitude sur le point de savoir où il veut finalement en venir. Ainsi le roman moderne exercera-t-il d'autant mieux sa fonction de critique de la morale conventionnelle, éventuellement sa fonction de provocation et d'insulte, que le narrateur sera plus suspect et l'auteur plus effacé, ces deux ressources de la rhétorique de dissimula-

---

de quel prix de plus en plus lourd doit être payée une narration privée des conseils d'un narrateur digne de confiance. Il peut être justifié à craindre qu'un lecteur plongé dans la confusion, mystifié, bafoué, « jusqu'à perdre pied », soit insidieusement invité à renoncer à la tâche assignée à la narration par Erich Auerbach : celle de conférer signification et ordre à nos vies (cité in *op. cit.*, p. 371). Le danger est en effet que la persuasion cède la place à la séduction de la perversité. C'est le problème posé par les « canailles séduisantes » que sont les narrateurs d'une bonne partie de la littérature contemporaine. Par-dessus tout, Booth a raison de souligner, à l'encontre de toute esthétique prétendue neutre, que la vision des personnages, communiquée et imposée au lecteur, a des aspects non seulement psychologiques et esthétiques, mais sociaux et moraux. Toute la polémique centrée sur le narrateur non digne de confiance montre à merveille que la rhétorique de l'impartialité, de l'impassibilité, dissimule un engagement secret capable de séduire le lecteur et de lui faire partager, par exemple, un intérêt ironique pour le sort d'un personnage apparemment condamné à la destruction de lui-même. Booth peut dès lors craindre qu'une grande partie de la littérature contemporaine ne s'égare dans une entreprise de démoralisation d'autant plus efficace que la rhétorique de persuasion recourt à une stratégie plus dissimulée. On peut toutefois se demander qui est juge de ce qui est ultimement pernicieux. S'il est vrai que le ridicule et l'odieux du procès de *Madame Bovary* ne justifient pas *a contrario* n'importe quelle insulte au minimum de consensus éthique sans lequel nulle communauté ne pourrait survivre, il est vrai aussi que même la plus pernicieuse, la plus perverse entreprise de séduction (celle par exemple qui rendra estimable l'avilissement de la femme, la cruauté et la torture, la discrimination raciale, voire celle qui prône le désengagement, la dérision, bref le désinvestissement éthique, à l'exclusion de toute transvaluation, comme de tout renforcement des valeurs) peut, à la limite, revêtir au plan de l'imaginaire une fonction *éthique* : celle de la *distanciation*.

tion se renforçant mutuellement. A cet égard, je ne partage pas la sévérité de Wayne Booth à l'égard du narrateur équivoque que cultive la littérature contemporaine. Un narrateur complètement digne de confiance, comme l'était le romancier du XVIIIe siècle, si prompt à intervenir et à conduire son lecteur par la main, ne dispense-t-il pas celui-ci de toute distance émotionnelle à l'égard des personnages et de leurs aventures ? Au contraire, un lecteur désorienté, comme peut l'être celui de *la Montagne magique* égaré par un narrateur ironique, n'est-il pas davantage appelé à réfléchir ? Ne peut-on plaider en faveur de ce que Henry James appelait, dans *The Art of the Novel* (p. 153-154), la « vision trouble » d'un personnage, « reflétée dans la vision également trouble d'un observateur » ? L'argument que la narration impersonnelle est plus rusée qu'une autre ne peut-il pas conduire à la conclusion qu'une telle narration appelle précisément un déchiffrage actif de l'« *unreliability* » elle-même ?

Que la littérature moderne soit *dangereuse* n'est pas contestable. La seule réponse digne de la critique qu'elle suscite, et dont Wayne Booth est un des représentants les plus estimables, est que cette littérature vénéneuse requiert un nouveau type de lecteur : un lecteur qui *répond*[1].

C'est en ce point qu'une rhétorique de la fiction centrée sur l'auteur révèle sa limite : elle ne connaît qu'une

---

1. C'est pourquoi Wayne Booth ne peut avoir que de la méfiance à l'égard des auteurs générateurs de confusion. Toute son admiration est réservée aux créateurs, non seulement de clarté, mais de valeurs universellement estimables. On lira la réponse de Wayne Booth à ses critiques dans la postface à la seconde édition de *The Rhetoric of Fiction* : « The Rhetoric in Fiction and Fiction as Rhetori : Twenty-One Years Later » (401-457). Dans un autre essai : « " The Way I Loved George Eliot ". Frienship with Books as a Neglected Metaphor », *Kenyon Review,* II, 2, 1980, p. 4-27, Wayne Booth introduit dans la relation dialogale entre le texte et le lecteur le modèle de l'amitié qu'il trouve dans l'éthique aristotélicienne. Il rejoint ainsi Henri Marrou, parlant du rapport de l'historien aux hommes du passé. La lecture aussi, selon Wayne Booth, peut recevoir un enrichissement de cette rénovation d'une vertu tant célébrée par les Anciens.

initiative, celle d'un auteur avide de communiquer sa vision des choses[1]. A cet égard, l'affirmation selon laquelle l'auteur crée ses lecteurs[2] paraît manquer d'une contrepartie dialectique. Ce peut être la fonction de la littérature la plus corrosive de contribuer à faire apparaître un lecteur d'un nouveau genre, un lecteur lui-même *soupçonneux,* parce que la lecture cesse d'être un voyage confiant fait en compagnie d'un narrateur digne de confiance, mais devient un combat avec l'auteur impliqué, un combat qui le reconduit à lui-même.

2. *La rhétorique entre le texte et son lecteur*

L'image d'un combat du lecteur avec le narrateur non digne de confiance, sur laquelle nous avons terminé la discussion précédente, donnerait aisément à croire que la lecture s'ajoute au texte comme un *complément* qui peut faire défaut. Après tout, les bibliothèques sont pleines de livres non lus, dont la configuration est pourtant bien dessinée, et qui ne refigurent rien. Nos analyses antérieures devraient suffire à dissiper cette illusion : sans lecteur qui l'accompagne, il n'y a point d'acte configurant à l'œuvre dans le texte ; et sans lecteur qui se l'approprie, il n'y a point de monde déployé devant le texte. Et pourtant l'illusion renaît sans cesse que le texte est structuré en soi et par soi et que la lecture advient au texte comme un événement extrinsèque et contingent. Pour ruiner cette tenace suggestion, il peut être de bonne stratégie de se

---

1. « L'écrivain devrait se soucier moins de savoir si ses *narrateurs* sont réalistes que de savoir si l'*image qu'il crée de lui-même,* son auteur impliqué, est quelqu'un que ses lecteurs les plus intelligents et perspicaces peuvent admirer » (p. 395). « Quand les actions humaines sont érigées en œuvres d'art, la forme assumée ne peut être dissociée des significations humaines, y compris des jugements moraux, qui sont implicites dès que des êtres humains agissent » (p. 397).
2. « L'auteur fait ses lecteurs... S'il les fait bien, c'est-à-dire s'il leur fait voir ce qu'ils n'ont jamais vu auparavant, les introduit dans un nouvel ordre de perception et d'expérience, il trouve sa récompense dans les pairs qu'il a créés » (p. 398).

tourner vers quelques textes exemplaires qui théorisent leur propre lecture. C'est la voie choisie par Michel Charles dans sa *Rhétorique de la lecture*[1].

Le choix de ce titre est significatif : il ne s'agit plus de rhétorique de la fiction, exercée par l'auteur impliqué, mais d'une rhétorique de la lecture, oscillant entre le texte et son lecteur. C'est encore une rhétorique, dans la mesure où ses stratagèmes sont inscrits dans le texte et où le lecteur est lui-même en quelque façon construit dans et par le texte.

Il n'est pas indifférent que l'ouvrage commence par l'interprétation de la première strophe des *Chants de Maldoror*; les choix en face desquels le lecteur est placé par l'auteur lui-même — reculer ou traverser le livre, se perdre ou non dans la lecture, être dévoré par le texte ou le savourer — sont eux-mêmes prescrits par le texte. Le lecteur est peut-être rendu libre, mais les choix de lecture sont déjà codés[2]. La violence de Lautréamont, nous est-il dit, consiste à *lire à la place* du lecteur. Mieux, une situation particulière de lecture est instituée, où l'abolition

---

1. Michel Charles, *Rhétorique de la lecture,* Paris, Éd. du Seuil, 1977. « Il s'agit d'examiner comment un texte expose, voire théorise, explicitement ou non, la lecture que nous en faisons ou que nous pouvons en faire ; comment il nous laisse libre (nous *fait* libre) ou comment il nous contraint » (p. 9). Je ne souhaite pas tirer de l'ouvrage de M. Charles une théorie complète, tant il a tenu à préserver le caractère « fragmentaire » de son analyse de la lecture, qu'il aperçoit comme un « objet massif, énorme, omniprésent » (p. 10). Les textes qui prescrivent leur propre lecture et, à la limite, l'inscrivent dans leur propre périmètre constituent une exception plutôt qu'une règle. Mais il en est de ces textes comme du cas-limite proposé plus haut par Wayne Booth du narrateur absolument non digne de confiance : ces cas-limites suscitent une réflexion qu'on peut dire elle-même à la limite, une réflexion qui tire une analyse *exemplaire* de cas *exceptionnels*. C'est à cette légitime extrapolation que l'auteur procède quand il énonce comme « un fait essentiel [que] la lecture fait partie du texte, elle y est inscrite » (p. 9).

2. Sur les oscillations entre lecture et lecteur, cf. p. 24-25 (*Remarque* III) : la théorie de la lecture n'échappe pas à la rhétorique, « dans la mesure où elle présuppose que la lecture transforme son lecteur et dans la mesure où elle règle cette transformation » (p. 25). La rhétorique, dans ce contexte, n'est déjà plus celle du texte, mais celle de l'activité critique.

de la distinction entre lire et être lu équivaut à prescrire l'« illisible » (p. 13).

Le second texte choisi, le « Prologue » de *Gargantua,* est à son tour traité comme « une mécanique à produire des sens » (p. 33)[1]. Par là, Michel Charles entend la sorte de logique par quoi ce texte « " construit " la liberté du lecteur, mais aussi la limite » (p. 33). Le « Prologue », en effet, a ceci de remarquable que le rapport du livre à son lecteur est construit sur le même réseau métaphorique que le rapport de l'écrivain à son propre livre : « la drogue dedans contenue », « le couvercle du Silène » repris des dialogues socratiques, l'« os et la moelle » que le livre recèle et donne à déceler et à savourer. La même « rhapsodie métaphorique » (p. 33 *sq.*), où l'on discerne une reprise de la théorie médiévale des sens multiples de l'Écriture et une récapitulation de l'imagerie platonicienne, de la parabole érasmienne, de la métaphorique patristique, régit la référence du texte à lui-même et le rapport du lecteur au texte. Le texte rabelaisien s'emploie ainsi à interpréter lui-même ses propres références. Toutefois, l'herméneutique tissée dans le « Prologue » est si rhapsodique que les desseins de l'auteur en deviennent impénétrables et la responsabilité du lecteur écrasante.

On pourrait dire des deux premiers exemples choisis par Michel Charles que les prescriptions de lecture déjà inscrites dans le texte sont si ambiguës qu'à force de désorienter le lecteur elles le libèrent. Michel Charles en convient : c'est à la lecture qu'il revient, par son jeu de

1. Entre lecture et lecteur, la frontière est poreuse : « Au point où nous en sommes, le lecteur est responsable de cette lecture savante qu'on nous a décrite, si bien que l'opposition est maintenant celle de la légèreté de l'écrivain et de la gravité de la lecture » (p. 48). Notation compensée par la suivante : « La confrérie des lecteurs et de l'auteur est bien évidemment un effet du texte. Le livre présuppose une complicité qu'en fait il construit de toutes pièces » (p. 53). Mais on lit plus loin, à propos de l'appel du texte : « Un processus est ainsi engagé au terme duquel, inévitablement, le lecteur (le parfait lecteur) sera l'auteur du livre » (p. 57). Et plus loin : « Le Prologue nous décrit, nous qui le lisons, il nous décrit occupés à le lire » (p. 58).

transformations, de révéler l'inachèvement du texte[1]. L'*efficacité* du texte, dès lors, n'est pas différente de sa *fragilité* (p. 91). Et il n'y a plus d'incompatibilité entre une poétique qui, selon la définition de Roman Jakobson, met l'accent sur l'orientation du message vers lui-même et une rhétorique du discours efficace, donc orientée vers le destinataire, dès lors que « le message qui est à lui-même sa propre finalité toujours *questionne* » (p. 78). A l'image d'une poétique de l'œuvre ouverte, la rhétorique de la lecture renonce à s'ériger en système normatif pour se faire « système de questions possibles » (*Remarque* I, p. 118)[2].

Les derniers textes choisis par Michel Charles ouvrent une perspective nouvelle : à force de chercher « la lecture

[1]. « Le postulat de l'achèvement de l'œuvre ou de sa clôture dissimule le processus de transformation réglée qui constitue le " texte à lire " : l'œuvre close est une œuvre lue, ayant du même coup perdu toute efficacité et tout pouvoir » (p. 61).
[2]. Ce disant, M. Charles ne se laisse pas détourner de sa thèse de la lecture inscrite dans le texte : « Et à supposer que la décision soit libre, c'est (encore) un effet du texte » (p. 118). La notion d'effet fait sortir du texte, *mais dans* le texte. C'est là que je vois la limite de l'entreprise de M. Charles : sa théorie de la lecture n'arrive jamais à s'émanciper d'une théorie de l'écriture, quand elle n'y retourne pas franchement, comme il est manifeste dans la seconde partie, où Genette, Paulhan, Dumarsais et Fontanier, Bernard Lamy, Claude Fleury, Cordomoy instruisent un art de lire totalement impliqué dans l'art d'écrire, de parler, d'argumenter, *sous la condition toutefois que le dessein de persuader y reste perceptible.* « Il ne s'agit pas de faire en sorte que le texte, l'écriture, soient " récupérés " par la rhétorique ; il s'agit de montrer qu'une relecture de la rhétorique est possible à partir de l'expérience du texte, de l'écriture » (p. 211). Certes, la visée du destinataire définit le point de vue rhétorique et suffit à ne pas le laisser se dissoudre dans le point de vue poétique ; mais ce *fait* le destinataire n'est pas pris ici en compte, dans la mesure où la *visée* du destinataire est inscrite dans le texte, est celle du texte. « Analyser la structure d'*Adolphe*, c'est donc analyser la relation entre un texte et son interprétation, ni l'un ni l'autre de ces deux éléments ne pouvant être isolés ; la structure ne désigne pas... un principe d'ordre préexistant dans le texte, mais la " réponse " d'un texte à la lecture » (p. 215). Ici la *Rhétorique de la lecture* de Michel Charles recoupe l'*Esthétique de la réception* de Jauss dont on parlera plus loin, dans la mesure où l'*histoire* de la réception du texte s'inclut dans une réception *nouvelle,* et ainsi contribue à sa signification actuelle.

dans le texte » (c'est le titre de la troisième partie de *Rhétorique de la lecture*), ce qu'on trouve, c'est une écriture qui ne se laisse interpréter qu'en fonction des interprétations qu'elle ouvre. Du même coup, la lecture à venir est cette inconnue sur laquelle l'écriture est mise en perspective[1]. A la limite, la structure n'est elle-même qu'un effet de lecture : après tout, l'analyse structurale elle-même ne résultait-elle pas d'un travail de lecture ? Mais alors, la formule initiale — « la lecture fait partie du texte, elle y est inscrite » (p. 9) — revêt un sens nouveau : la lecture n'est plus *ce que* prescrit le texte ; elle est *ce qui* porte au jour la structure par l'interprétation[2].

L'analyse de l'*Adolphe* de Benjamin Constant est particulièrement appropriée à cette démonstration, dans la mesure où l'auteur feint de n'être que le lecteur d'un manuscrit trouvé et où, en outre, les interprétations internes à l'œuvre constituent autant de lectures virtuelles : récit, interprétation et lecture tendent alors à se recouvrir. La thèse atteint ici sa pleine force au moment même où elle se renverse : la lecture est *dans* le texte, mais l'écriture du texte anticipe les lectures à venir. Du même coup, le texte censé prescrire la lecture est frappé de la même indétermination et de la même incertitude que les lectures à venir.

Un paradoxe semblable ressort de l'étude d'un des *Petits Poèmes en prose* de Baudelaire : « Le chien et le flacon » ; d'un côté, le texte contient son destinataire indirect, le lecteur, à travers son destinataire direct, le chien : le lecteur est authentiquement dans le texte et, dans cette mesure, « ce texte est sans réplique » (p. 251). Mais, au

---

1. Il est vrai que Michel Charles ne prend tant de soin à relire la rhétorique classique que pour marquer la limite d'une rhétorique normative, prétendant *contrôler* les effets : « Une rhétorique qui ne s'imposerait pas cette limite se " retournerait " délibérément en " art de lire ", envisageant le discours en fonction des interprétations possibles, et le mettant en perspective sur une inconnue : la lecture à venir » (p. 211).

2. La *Remarque* IV (p. 247) reprend la formule : « La lecture d'un texte est marquée dans ce texte. » Mais le correctif suit : « La lecture est dans le texte, mais elle n'y est pas écrite : elle en est l'avenir » (p. 247).

moment même où le texte paraît se refermer sur le lecteur dans un geste terroriste, le dédoublement des destinataires rouvre un espace de jeu que la relecture peut transformer en espace de liberté. Cette « réflexivité de la lecture » — où je perçois un écho de ce que j'appellerai plus loin, avec H.-R. Jauss, lecture réfléchissante — est ce qui permet à l'*acte* de lecture de s'affranchir de la lecture inscrite dans le texte et de donner la réplique au texte [1].

Le dernier texte choisi par Michel Charles — le *Quart Livre* de Rabelais — renforce le paradoxe ; une nouvelle fois, nous voyons un auteur prendre position par rapport à son texte et, ce faisant, mettre en place la variabilité des interprétations : « Tout se passe comme si le texte rabelaisien avait *prévu* le long défilé des commentaires, des gloses et des interprétations qui l'a suivi » (p. 287). Mais, par choc en retour, ce long défilé fait du texte une « machine à défier les interprétations » (p. 287).

C'est en ce paradoxe que me paraît culminer la *Rhétorique de la lecture*. D'un côté, la thèse de la « lecture dans le texte », prise absolument, comme l'auteur le demande à maintes reprises, donne l'image non plus d'un lecteur *manipulé*, tel que paraissait l'être le lecteur séduit et perverti par le narrateur non digne de confiance décrit par Wayne Booth, mais d'un lecteur *terrorisé* par le décret de la prédestination de sa propre lecture. De l'autre, la perspective d'une lecture *infinie*, qui, interminablement, structure le texte même qui la prescrit, restitue à la lecture une inquiétante indétermination. On comprend après coup pourquoi, dès les premières pages de son ouvrage, Michel Charles a donné une chance égale à la contrainte et à la liberté.

Dans le champ des théories de la lecture, ce paradoxe place *Rhétorique de la lecture* dans une position médiane, à mi-chemin d'une analyse qui fait porter l'accent principal sur le lieu d'origine de la stratégie de persuasion, à savoir

---

1. Évoquant « la lecture *infinie* qui fait de l'œuvre de Rabelais *un texte* » (p. 287), Michel Charles déclare : « Une typologie des discours doit se doubler d'une typologie des lectures ; une histoire des genres, d'une histoire de la lecture » (p. 287). C'est ce que nous ferons dans les pages qui suivent.

l'auteur impliqué, et d'une analyse qui institue l'acte de lire en instance suprême de la lecture. La théorie de la lecture, dès ce moment, aura cessé de relever de la rhétorique, pour basculer dans une phénoménologie ou une herméneutique [1].

3. Phénoménologie et esthétique de la lecture

Dans une perspective purement rhétorique, le lecteur est, à la limite, à la fois la proie et la victime de la stratégie fomentée par l'auteur impliqué, et ce dans la mesure même où cette stratégie est le plus dissimulée. Une autre théorie de la lecture est requise, qui mette l'accent sur la réponse du lecteur — sa réponse aux stratagèmes de l'auteur impliqué. La composante nouvelle dont la poétique s'enrichit relève alors d'une « esthétique » plutôt que d'une « rhétorique », si l'on veut bien restituer au terme d'esthétique l'amplitude de sens que lui confère l'*aisthèsis* grecque, et lui donner pour thème l'exploration des manières multiples dont une œuvre, en agissant sur un lecteur, l'*affecte*. Cet être affecté a ceci de remarquable qu'il combine, dans une expérience d'un type particulier, une passivité et une activité, qui permettent de désigner comme *réception* du texte l'*action* même de le lire.

Comme il a été annoncé dans notre première partie [2], cette esthétique complémentaire d'une poétique revêt à

---

1. Michel Charles invite à la fois à faire ce pas et l'interdit : « Il y a ainsi, dans ce texte de Baudelaire, des éléments dont le statut rhétorique est *variable*. Cette variabilité produit une *dynamique de la lecture* » (p. 254). Seulement, ce n'est pas cette dynamique de la lecture qui intéresse ici Michel Charles, mais le fait que le jeu des interprétations est ce qui finalement construit le texte : « texte réflexif, qui se reconstitue sur les débris de la lecture » (p. 254). La réflexivité de la lecture retourne dans le texte. C'est pourquoi l'intérêt pour l'acte de lecture est finalement toujours oblitéré par l'intérêt pour la structure issue de la lecture. En ce sens, la théorie de la lecture reste une variante d'une théorie de l'écriture.
2. *Temps et Récit,* t. I, p. 146.

son tour deux formes différentes, selon que l'on souligne, avec W. Iser, l'effet produit sur le lecteur individuel et sa réponse[1] dans le processus de lecture, ou, avec H.-R. Jauss, la réponse du public au niveau de ses attentes collectives. Ces deux esthétiques peuvent paraître s'opposer, dans la mesure où l'on tend vers une psychologie phénoménologique et où la seconde vise à réformer l'histoire littéraire. En fait, elles se présupposent mutuellement : c'est, d'une part, à travers le procès individuel de lecture que le texte révèle sa « structure d'appel » ; d'autre part, c'est dans la mesure où le lecteur participe aux attentes sédimentées dans le public qu'il est constitué en lecteur compétent ; l'acte de lecture devient ainsi un chaînon dans l'histoire de la réception d'une œuvre par le public. L'histoire littéraire, rénovée par l'esthétique de la réception, peut ainsi prétendre inclure la phénoménologie de l'acte de lire.

Il est légitime, toutefois, de commencer par cette phénoménologie ; car c'est là que la rhétorique de la persuasion trouve sa première limite, en y rencontrant sa première réplique. Si la rhétorique de la persuasion prend appui sur la cohérence, non certes de l'œuvre, mais de la stratégie — ouverte ou dissimulée — de l'auteur impliqué, la phénoménologie prend son point de départ dans l'aspect inachevé du texte littéraire, que Roman Ingarden a

---

[1]. Wolfgang Iser, *The Implied Reader, Patterns of Communication in prose Fiction from Bunyan to Beckett*, Baltimore et Londres, The Johns Hopkins University Press, 1975, chap. XI, « The Reading Process : a Phenomenological Approach ». *Der Akt des Lesens, Theorie Ästhetischer Wirkung*, Munich, Wilhelm Fink, 1976 ; trad. angl. *The Act of Reading : a Theory of Aesthetic Response*, Baltimore et Londres, The Johns Hopkins University Press, 1978 ; trad. fr. d'Evelyne Sznycer, *l'Acte de lecture. Théorie de l'effet esthétique*, Bruxelles, P. Mardaga, 1985. Un essai antérieur de Wolfgang Iser s'intitulait *Die Appelstruktur der Text Unbestimmtheit als Wirkungsbedingung literarischer Prosa* (1966). Il en existe une traduction anglaise sous le titre : « Indeterminacy as the Reader's Response in Prose Fiction », in J. Hillis-Miller (éd.), *Aspects of Narrative*, New York et Londres, Columbia University Press, 1971.

été le premier à mettre en valeur dans ses deux grands ouvrages[1].

Pour Ingarden, un texte est inachevé une première fois en ce sens qu'il offre différentes « vues schématiques » que le lecteur est appelé à « concrétiser » ; par ce terme, il faut entendre l'activité *imageante* par laquelle le lecteur s'emploie à *se figurer* les personnages et les événements rapportés par le texte ; c'est par rapport à cette concrétisation imageante que l'œuvre présente des lacunes, des « lieux d'indétermination » ; aussi articulées que soient les « vues schématiques » proposées à l'exécution, le texte est comme une partition musicale, susceptible d'exécutions différentes.

Un texte est inachevé une seconde fois en ce sens que le *monde* qu'il propose se définit comme le corrélat intentionnel d'une séquence de phrases *(intentionale Satzkorrelate)*, dont il reste à faire un tout, pour qu'un tel monde soit visé. Mettant ici à profit la théorie husserlienne du temps et l'appliquant à l'enchaînement successif des phrases dans le texte, Ingarden montre comment chaque phrase pointe au-delà d'elle-même, indique quelque chose à faire, ouvre une perspective. On reconnaît la protention husserlienne dans cette anticipation de la séquence, au fur et à mesure que les phrases s'enchaînent. Or, ce jeu de rétentions et de protentions ne fonctionne dans le texte que s'il est pris en charge par le lecteur qui l'accueille dans le jeu de ses propres attentes. Mais, à la différence de l'objet perçu, l'objet littéraire ne vient pas « remplir » intuitivement ces attentes ; il ne peut que les *modifier*. Ce procès mouvant de modifications d'attentes constitue la concrétisation imageante évoquée plus haut. Il consiste à voyager le long du texte, à laisser « sombrer » dans la mémoire, tout en les abrégeant, toutes les modifications effectuées, et à s'ouvrir à de nouvelles attentes en vue de

---

1. Roman Ingarden, *Das literarische Kunstwerk*, 1re éd., Halle, Niemeyer, 1931 ; 2e éd. Tübingen, Niemeyer, 1961 ; trad. angl. de George G. Grabowicz, *The Literary Work of Art*, Northwestern University Press, 1974. *A Cognition of the Literary Work of Art*, Northwestern University Press, 1974.

nouvelles modifications. Ce procès seul fait du texte une *œuvre*. L'œuvre, pourrait-on dire, résulte de l'interaction entre le texte et le lecteur.

Reprises par W. Iser, ces notations reçues de Husserl par le canal d'Ingarden reçoivent un développement remarquable dans la phénoménologie de l'acte de lecture [1]. Le concept le plus original en est celui de « point de vue voyageur » (p. 377) ; il exprime ce double fait que le tout du texte ne peut jamais être perçu à la fois ; et que, situés nous-mêmes à l'intérieur du texte littéraire, nous voyageons avec lui au fur et à mesure que notre lecture avance : cette façon d'appréhender un objet est « propre à la saisie de l'objectivité esthétique des textes de fiction » (p. 178). Ce concept de point de vue voyageur s'accorde parfaitement avec la description husserlienne du jeu de protentions et de rétentions. Tout au long du processus de lecture se poursuit un jeu d'échanges entre les attentes modifiées et les souvenirs transformés (p. 181) ; en outre, le concept incorpore à la phénoménologie de la lecture le processus synthétique qui fait que le texte se constitue de phrase en phrase, par ce qu'on pourrait appeler un jeu de rétentions et de protentions phrastiques. Je retiens également le concept de dépragmatisation des objets empruntés à la description du monde empirique : « la dépragmatisa-

---

1. *L'Acte de lecture*, troisième partie, « Phénoménologie de la lecture », p. 195-286 ; trad. fr. p. 245-286. W. Iser consacre un chapitre entier de son ouvrage systématique à réinterpréter le concept husserlien de « synthèse passive » en fonction d'une théorie de la lecture ; ces synthèses passives opèrent en deçà du seuil du jugement explicite, au plan de l'imaginaire. Elles ont pour matériau le répertoire de signaux dispersés dans le texte et les variations de la « perspective textuelle » selon que l'accent porte sur les personnages, l'intrigue, la voix narrative et finalement sur les positions successives assignées au lecteur. A ce jeu de perspectives s'adjoint la mobilité voyageuse du point de vue. Ainsi le travail des synthèses passives échappe-t-il largement à la conscience de lecture. Ces analyses sont en parfait accord avec celles de Sartre dans *l'Imagination* et de Mikel Dufrenne dans la *Phénoménologie de l'expérience esthétique*. Toute une phénoménologie de la conscience imageante est ainsi incorporée à celle de la lecture. L'objet littéraire, en effet, est un objet imaginaire. Ce que le texte offre, ce sont des schémas pour guider l'imaginaire du lecteur.

tion ainsi obtenue montre qu'il ne s'agit plus de dénoter *(Bezeichnung)* des objets mais de transformer la chose dénotée » (p. 178).

Négligeant bien des richesses de cette phénoménologie de la lecture, je me concentrerai sur ceux des traits qui marquent la réponse [1], voire la riposte, du lecteur à la rhétorique de persuasion. Ces traits sont ceux qui soulignent le caractère dialectique de l'acte de lecture, et inclinent à parler du travail de lecture, comme on parle du travail du rêve. La lecture travaille le texte à la faveur de tels traits dialectiques.

D'abord, l'acte de lecture tend à devenir, avec le roman moderne, une réplique à la stratégie de déception si bien illustrée par l'*Ulysse* de Joyce. Cette stratégie consiste à frustrer l'attente d'une configuration immédiatement lisible. Et à placer sur les épaules du lecteur la charge de configurer l'œuvre. La présupposition sans laquelle cette stratégie serait sans objet est que le lecteur attend une configuration, que la lecture est une recherche de cohérence. La lecture, dirai-je dans mon langage, devient elle-même un drame de concordance discordante, dans la mesure où les « lieux d'indétermination » *(Unbestimmtheitsstellen)* — expression reprise d'Ingarden — ne désignent plus seulement les lacunes que le texte présente par rapport à la concrétisation imageante, mais résultent de la stratégie de frustration incorporée au texte même, à son niveau proprement rhétorique. Il s'agit alors de bien autre chose que de se figurer l'œuvre ; il reste à lui donner forme. A l'inverse d'un lecteur menacé d'ennui par une

---

1. L'allemand dit *Wirkung*, au double sens d'effet et de réponse. Pour distinguer son entreprise de celle de Jauss, Iser préfère l'expression de « théorie de l'effet » *Wirkungstheorie*, « Avant-propos » [×] (13) à celle de théorie de la réception *(Rezeptionstheorie)*. Mais l'interaction alléguée entre le texte et le lecteur implique quelque chose de plus que l'efficacité unilatérale du texte, comme l'examen des aspects dialectiques de cette interaction le confirme. De plus, à l'allégation selon laquelle une théorie de la réception serait plus sociologique que littéraire (« Une théorie de l'effet est ancrée dans le texte, une théorie de la réception dans les jugements historiques du lecteur » (p. 15)), on peut répliquer qu'une théorie de l'effet littéraire risque d'être plus psychologique que... littéraire.

œuvre trop didactique, dont les instructions ne laissent place à aucune activité créatrice, le lecteur moderne risque de ployer sous le faix d'une tâche impossible, lorsqu'il lui est demandé de suppléer à la carence de lisibilité machinée par l'auteur. La lecture devient ce pique-nique où l'auteur apporte les mots et le lecteur la signification.

Cette première dialectique, par laquelle la lecture confine au combat, en suscite une seconde; ce que le travail de lecture révèle n'est pas seulement un défaut de déterminité, mais aussi un excès de sens. Tout texte, fût-il systématiquement fragmentaire, se révèle inépuisable à la lecture, comme si, par son caractère inéluctablement sélectif, la lecture révélait dans le texte un côté non écrit. C'est ce côté que, par privilège, la lecture s'efforce de *se figurer*. Le texte paraît ainsi tour à tour en défaut et en excès par rapport à la lecture.

Une troisième dialectique se dessine à l'horizon de cette recherche de cohérence; si celle-ci réussit trop bien, le non-familier devient le familier, et le lecteur, se sentant de plain-pied avec l'œuvre, en vient à y croire, au point de s'y perdre; alors la concrétisation devient illusion[1], au sens d'un croire-voir. Si la recherche échoue, l'étranger reste l'étranger, et le lecteur reste à la porte de l'œuvre. La « bonne » lecture est donc celle qui tout à la fois admet un certain degré d'illusion, autre nom du « *willing suspension of disbelief* » préconisé par Coleridge, et assume le démenti infligé par le surplus de sens, le polysémantisme de l'œuvre, à toutes les tentatives du lecteur pour adhérer au texte et à ses instructions. La défamiliarisation du côté du lecteur répond à la dépragmatisation du côté du texte et de son auteur impliqué. La « bonne » distance à l'œuvre est celle où l'illusion devient tour à tour irrésistible et intenable. Quant à l'équilibre entre ces deux impulsions, il n'est lui-même jamais achevé.

---

1. E. H. Gombrich aime à dire : « Chaque fois qu'une lecture cohérente se propose... l'illusion prend le dessus. » *Art and Illusion*, Londres, 1962, p. 204, cité in *The Implied Reader, op. cit.*, p. 284 ; trad. fr. de Guy Durand, *l'Art et l'Illusion. Psychologie de la représentation picturale*, Paris, Gallimard, 1971.

Ces trois dialectiques prises ensemble font de la lecture une expérience *vive*.

C'est ici que la théorie « esthétique » autorise une interprétation de la lecture sensiblement différente de celle de la rhétorique de persuasion ; l'auteur qui respecte le plus son lecteur n'est pas celui qui le gratifie au prix le plus bas ; c'est celui qui lui laisse le plus de champ pour déployer le jeu contrasté qu'on vient de dire. Il n'atteint son lecteur que si, d'une part, il partage avec lui un *répertoire du familier,* quant au genre littéraire, au thème, au contexte social, voire historique ; et si, d'autre part, il pratique une *stratégie de défamiliarisation* par rapport à toutes les normes que la lecture croit pouvoir aisément reconnaître et adopter. A cet égard, le narrateur « non digne de confiance » devient l'objet d'un jugement moins réservé que celui de Wayne Booth ; il devient une pièce de la stratégie de rupture que la formation d'illusion requiert à titre d'antidote. Cette stratégie est une des plus aptes à stimuler une lecture active, une lecture qui permet de dire que *quelque chose se passe* dans ce jeu où ce que l'on gagne est à la mesure de ce qu'on perd[1]. La balance de ce gain et de cette perte est inconnue du lecteur ; c'est pourquoi il a besoin d'en parler pour la formuler ; le critique est celui qui peut l'aider à tirer au clair les potentialités mal élucidées recélées dans cette situation de désorientation.

En fait, c'est l'après-lecture qui décide si la stase de désorientation a engendré une dynamique de réorientation.

Le bénéfice de cette théorie de l'effet-réponse est net : un équilibre est cherché entre les signaux fournis par le texte et l'activité synthétique de lecture. Cet équilibre est l'effet instable du dynamisme par lequel, dirais-je, la configuration du texte en termes de *structure* s'égale à la refiguration par le lecteur en termes d'expérience. Cette expérience vive consiste à son tour en une véritable

1. W. Iser cite ce mot de Bernard Shaw dans *Major Barbara* : « Vous avez appris quelque chose qui toujours vous fait l'effet d'avoir perdu quelque chose » (cité in *the Implied Reader, op. cit.,* p. 291).

dialectique, en vertu de la négativité qu'elle implique : dépragmatisation et défamiliarisation, inversion du donné en conscience imaginante, rupture d'illusion[1].

La phénoménologie de la lecture est-elle par là habilitée à faire de la catégorie de « lecteur impliqué » la contrepartie exacte de celle d'« auteur impliqué », introduite par la rhétorique de la fiction ?

A première vue, une symétrie semble s'établir entre auteur impliqué et lecteur impliqué, chacun ayant ses marques dans le texte. Par lecteur impliqué, il faut alors entendre le rôle assigné au lecteur réel par les instructions du texte. Auteur impliqué et lecteur impliqué deviennent ainsi des catégories littéraires compatibles avec l'autonomie sémantique du texte. En tant que construits dans le texte, ils sont l'un et l'autre les corrélats fictionnalisés d'êtres réels : l'auteur impliqué s'identifie au style singulier de l'œuvre, le lecteur impliqué au destinataire auquel s'adresse le destinateur de l'œuvre. Mais la symétrie s'avère finalement trompeuse. D'une part, l'auteur impliqué est un déguisement de l'auteur réel, lequel disparaît en se faisant narrateur immanent à l'œuvre — voix narrative. En revanche, le lecteur réel est une concrétisation du lecteur impliqué, visé par la stratégie de persuasion du narrateur ; par rapport à lui, le lecteur impliqué reste virtuel tant qu'il n'est pas actualisé[2]. Ainsi, tandis que

---

1. Je ne dis rien, dans ce bref examen de l'activité de lecture proposé par W. Iser, de la critique qu'il dirige contre l'attribution de toute fonction référentielle à l'œuvre littéraire. Ce serait là, selon lui, soumettre l'œuvre à une signification toute faite et donnée à l'avance, par exemple à un catalogue de normes établies. Pour une herméneutique comme la nôtre, qui ne cherche rien derrière l'œuvre et qui est au contraire attentive à son pouvoir de détection et de transformation, l'assimilation de la fonction référentielle à celle de dénotation, à l'œuvre dans les descriptions du discours ordinaire et du discours scientifique, empêche de rendre justice à l'*efficacité* de la fiction, au plan même où se déroule l'action *effective* de lire.
2. G. Genette exprime des réserves voisines dans *Nouveau Discours du récit* (Paris, Éd. du Seuil, 1983) : « Contrairement à l'auteur impliqué, qui est, dans la tête du lecteur, l'idée d'un auteur réel, le lecteur impliqué, dans la tête de l'auteur réel, est l'idée d'un lecteur possible... Peut-être donc faudrait-il décidément rebaptiser le lecteur impliqué *lecteur virtuel* » (p. 103).

l'auteur réel s'efface dans l'auteur impliqué, le lecteur impliqué prend corps dans le lecteur réel. C'est au dernier qui est le pôle adverse du texte dans l'interaction d'où procède la signification de l'œuvre : c'est bien du lecteur réel qu'il s'agit dans une phénoménologie de l'acte de lecture. C'est pourquoi je serais plus enclin à louer Iser de s'être débarrassé des apories suscitées par les distinctions faites, ici et là, entre lecteur visé et lecteur idéal, lecteur compétent, lecteur contemporain de l'œuvre, lecteur d'aujourd'hui, etc. Non que ces distinctions soient sans objet, mais ces diverses figures de lecteur ne font pas faire un pas hors de la structure du texte dont le lecteur impliqué reste une variable. En revanche, la phénoménologie de l'acte de lecture, pour donner toute son ampleur au thème de *l'interaction,* a besoin d'un lecteur en chair et en os, qui, en effectuant le rôle du lecteur préstructuré dans et par le texte, le *transforme*[1].

L'esthétique de la réception, avons-nous dit plus haut, peut être prise en deux sens ; soit dans le sens d'une phénoménologie de l'acte *individuel* de lire, dans la « théorie de l'effet-réponse esthétique » selon W. Iser, soit dans le sens d'une herméneutique de la réception *publique* de l'œuvre, dans l'*Esthétique de la réception* de H.-R. Jauss. Mais, comme nous l'avons également laissé

---

1. Sur le rapport entre lecteur impliqué et lecteur effectif, cf. *l'Acte de lecture,* [50-67] (60-76). La catégorie de lecteur impliqué sert principalement à répliquer à une accusation de subjectivisme, de psychologisme, de mentalisme, de « sophisme affectif » *(affective fallacy),* lancée contre une phénoménologie de la lecture. Chez Iser lui-même, le lecteur impliqué est nettement distingué de tout lecteur réel : « le lecteur implicite n'est pas ancré dans un quelconque substrat empirique, il s'inscrit dans le texte même » [60] (70). « En résumé : le concept de lecteur implicite est un modèle transcendantal qui permet d'expliquer comment le texte de fiction produit un effet et acquiert un sens » [...] (75). En fait, confrontée à la prolifération des catégories littéraires de lecteurs, conçus comme des concepts *heuristiques* se corrigeant mutuellement, la phénoménologie de l'acte de lecture fait un saut hors du cercle de ces concepts heuristiques, comme on voit dans la troisième partie de *l'Acte de lecture,* consacrée à l'interaction dynamique entre texte et lecteur réel.

entendre, les deux approches se croisent quelque part : précisément dans l'*aisthèsis*.

Suivons donc le mouvement par lequel l'esthétique de la réception reconduit à ce point d'intersection.

Dans sa première formulation [1], l'*Esthétique de la réception* de H.-R. Jauss n'était pas destinée à compléter une théorie phénoménologique de l'acte de lire, mais à rénover l'histoire de la littérature, dont il est dit, d'entrée de jeu, qu'« elle est tombée dans un discrédit toujours plus grand, et qui n'est nullement immérité » (trad. fr., p. 21) [2]. Quelques thèses majeures constituent le programme de cette *Esthétique de la réception*.

La thèse dont dérivent toutes les autres fait reposer la signification d'une œuvre littéraire sur la relation *dialogique (dialogisch)* [3] instaurée entre celle-ci et son public à chaque époque. Cette thèse, voisine de celle de Collingwood selon laquelle l'histoire n'est que la réeffectua-

---

1. Hans Robert Jauss, *Literaturgeschichte als Provokation*, Francfort, Suhrkamp, 1974. Ce long essai est issu de la conférence inaugurale prononcée en 1967 à l'université de Constance sous le titre complet : « *Literatur als Provokation der Literaturwissenschaft* », restitué par la traduction française : « L'histoire de la littérature : un défi à la théorie littéraire », in *Pour une esthétique de la réception*, Paris, Gallimard, 1978, p. 21-80. On lira l'importante préface de Jean Starobinski.
2. Jauss ambitionne de rendre à l'histoire littéraire la dignité et la spécificité que lui avait fait perdre, par une accumulation d'infortunes, son propre enlisement dans la psycho-biographie, la réduction par le dogmatisme marxiste de l'effet social de la littérature à un simple reflet de l'infrastructure socio-économique, l'hostilité, à l'âge du structuralisme, de la théorie littéraire elle-même à toute considération extrinsèque au texte érigé en entité auto-suffisante, pour ne rien dire du danger permanent qu'une théorie de la réception se réduise à une sociologie du goût, parallèle à une psychologie de la lecture, à laquelle la phénoménologie de l'acte de lire risque de son côté d'être ramenée.
3. La traduction de l'allemand *dialogisch* par dialectique ne s'impose pas. Les travaux de Bakhtine et ceux de Francis Jacques donnent au terme « dialogique » un droit de cité désormais indéniable. Il faut savoir gré à Jauss de rattacher sa conception dialogique de la réception à l'*Introduction à une esthétique de la littérature*, de Gaëtan Picon (Paris, Gallimard, 1953) et aux *Voix du silence* d'André Malraux.

tion du passé dans l'esprit de l'historien, revient à inclure l'effet produit *(Wirkung)* par une œuvre, autrement dit le sens que lui attribue un public, dans le périmètre même de l'œuvre. Le défi, annoncé dans le titre de l'ouvrage, consiste dans cette équation même entre signification effective et réception. Or, ce n'est pas seulement l'effet actuel, mais l'« histoire des effets » — pour reprendre une expression propre à l'herméneutique philosophique de Gadamer — qui doit être prise en compte, ce qui exige que soit restitué l'horizon d'attente[1] de l'œuvre littéraire considérée, à savoir le système de références façonné par les traditions antérieures, concernant aussi bien le genre, la thématique, le degré d'opposition existant chez les premiers destinataires entre le langage poétique et le langage pratique quotidien (on reviendra plus loin sur cette importante opposition)[2]. Ainsi, on ne comprend le sens de la parodie dans *Don Quichotte* que si l'on est capable de reconstruire le sentiment de familiarité du premier public avec les romans de chevalerie, et, en conséquence, le choc produit par une œuvre qui, après avoir feint de satisfaire l'attente du public, le heurtait de front. Le cas des œuvres nouvelles est à cet égard le plus favorable au discernement du changement d'horizon qui en constitue l'effet majeur. Dès lors, le facteur décisif pour l'établissement d'une histoire littéraire est d'identifier les *écarts esthétiques* successifs entre l'horizon d'attente préexistant et l'œuvre nouvelle qui jalonnent la réception de l'œuvre. Ces écarts constituent les moments de négativité de la réception. Mais qu'est-ce que reconstituer l'horizon d'attente d'une expérience encore inconnue, sinon retrouver le jeu des *questions* auxquelles l'œuvre propose une réponse ? Aux idées d'effet, d'histoire des effets, d'horizon d'attente, il faut donc, suivant une fois encore Collingwood et Gadamer, ajouter la logique de la

1. Le concept est emprunté à Husserl, *Idées I,* § 27, § 82.
2. Il est important, pour distinguer l'entreprise de Jauss de celle d'Iser, d'insister sur le caractère *intersubjectif* de l'horizon d'attente qui fonde toute compréhension individuelle d'un texte et l'effet qu'il produit (p. 51). Jauss ne doute pas que cet horizon d'attente ne puisse être reconstitué objectivement (p. 51-52).

question et de la *réponse* ; logique selon laquelle on ne peut comprendre une œuvre que si on a compris à quoi elle répond[1]. A son tour, la logique de la question et de la réponse amène à corriger l'idée selon laquelle l'histoire ne serait qu'une histoire des écarts, donc une histoire de la négativité. En tant que réponse, la réception de l'œuvre opère une certaine *médiation* entre le passé et le présent, ou mieux entre l'horizon d'attente du passé et l'horizon d'attente du présent. C'est dans cette « médiation historique » que consiste la thématique de l'histoire littéraire.

Arrivé à ce point, on peut se demander si la fusion des horizons issue de cette médiation peut stabiliser de façon durable la signification d'une œuvre, jusqu'à lui conférer une autorité trans-historique. Contrairement à la thèse de Gadamer concernant « le classique »[2], Jauss refuse de voir dans la pérennité des grandes œuvres autre chose qu'une stabilisation provisoire de la dynamique de la réception ; toute hypostase platonisante d'un prototype offert à notre reconnaissance violerait, selon lui, la loi de la question et de la réponse. Aussi bien, ce qui pour nous est classique n'a pas été d'abord perçu comme soustrait au temps, mais comme ouvrant un horizon nouveau. Si l'on convient que la valeur cognitive d'une œuvre consiste dans son pouvoir de préfigurer une expérience à venir, il faut s'interdire de figer le rapport dialogique en une vérité intemporelle. Ce caractère ouvert de l'histoire des effets amène à dire que toute œuvre est non seulement une réponse offerte à une question antérieure, mais, à son tour, une source de questions nouvelles. Jauss aime citer

---

1. Un rapprochement s'impose ici avec la notion de style chez Granger dans son *Essai d'une philosophie du style*. Ce qui fait la singularité d'une œuvre, c'est la solution unique apportée à une conjoncture, elle-même saisie comme un problème singulier à résoudre.
2. « Est classique, selon Hegel, " ce qui est à soi-même sa propre signification *(Bedeutende)* et, par là même, sa propre interprétation *(Deutende)* "… Ce qui s'appelle " classique " n'a pas besoin de vaincre d'abord la distance historique : cette victoire, il l'accomplit lui-même en une médiation constante » (*Vérité et Méthode* [274] (129)).

H. Blumenberg, selon qui « toute œuvre pose, et laisse derrière elle, comme un horizon circonscrivant, les " solutions " qui seront possibles après elle [1] ». Ces questions nouvelles ne sont pas seulement ouvertes en avant de l'œuvre, mais en arrière : ainsi est-ce après coup, par un choc en retour de l'hermétisme lyrique de Mallarmé, que nous libérons, dans la poésie baroque, des significations virtuelles restées jusque-là inaperçues. Mais ce n'est pas seulement en arrière et en avant, dans la diachronie, que l'œuvre creuse des écarts, c'est aussi dans le présent, comme une coupe synchronique opérée sur une phase de l'évolution littéraire le révèle. On peut hésiter ici entre une conception qui souligne l'entière hétérogénéité de la culture à un moment donné, au point de proclamer la pure « coexistence du simultané et du non-simultané [2] » et une conception où l'accent est mis sur l'effet de totalisation résultant de la redistribution des horizons par le jeu de la question et de la réponse. On retrouve ainsi, au plan synchronique, un problème comparable à celui que posait « le classique » au plan diachronique ; l'histoire de la littérature doit frayer son chemin parmi les mêmes paradoxes et entre les mêmes extrêmes [3]. Autant il est vrai qu'à

---

1. *Poetik und Hermeneutik*, III, p. 692, cité in *op. cit.*, p. 66.
2. Siegfried Kracauer déclare dans « Time and History », in *Zeugnisse. Theodor W. Adorno zum 60, Geburtstag,* Francfort, 1963, p. 50-60 (Jauss, *op. cit.*, p. 69), que les courbes temporelles des différents phénomènes culturels constituent autant de « *shaped times* », résistant à toute intégration. S'il en était ainsi, comment pourrait-on affirmer, avec Jauss, que cette « multiplicité des phénomènes littéraires, vue sous l'angle de la réception, ne s'en recompose pas moins, pour le public qui la perçoit, comme la production de *son* temps et établit des rapports entre ses œuvres diverses, en l'unité d'un horizon commun, fait d'attentes, de souvenirs, d'anticipations, et qui détermine et délimite la signification des œuvres » (p. 71) ? C'est peut-être trop demander à l'effet historique des œuvres qu'il se prête à une telle totalisation, s'il est vrai qu'aucune téléologie n'y préside. Malgré la critique assez vive dirigée contre le concept du « classique » chez Gadamer, où il voit un résidu platonicien ou hégélien, Jauss est lui aussi à l'affût de l'émergence d'une règle *canonique* sans laquelle peut-être l'histoire littéraire manquerait de direction.

Jauss évoque à cet égard le sens de la parodie dans le *Don Quichotte* de Cervantès et de la provocation dans *Jacques le Fataliste* de Diderot (*op. cit.*, p. 51).

un moment donné, telle œuvre a pu être perçue comme non simultanée, inactuelle, prématurée, attardée (Nietzsche dirait intempestive), autant il faut accorder que, à la faveur même de l'histoire de la réception, la multiplicité des œuvres tend à composer un tableau d'ensemble que le public perçoit comme la production de *son* temps. L'histoire littéraire ne serait pas possible sans quelques grandes œuvres repères, relativement perdurables dans la diachronie et puissamment intégratrices dans la synchronie [1].

On aperçoit la fécondité de ces thèses au regard du vieux problème de l'influence sociale de l'œuvre d'art. Il faut récuser avec la même force la thèse d'un structuralisme borné qui interdit de « sortir du texte » et celle d'un marxisme dogmatique qui ne fait que transposer au plan social le *topos* usé de l'*imitatio naturae* ; c'est au niveau de l'horizon d'attente d'un public qu'une œuvre exerce ce que Jauss appelle la « fonction de création de l'œuvre d'art [2] ». Or, l'horizon d'attente propre à la littérature ne coïncide pas avec celui de la vie quotidienne. Si une œuvre nouvelle

---

1. Cette antinomie est parallèle à celle que suscitait plus haut l'étude diachronique. Jauss, ici encore, se fraie une voie difficile entre les extrêmes de la multiplicité hétérogène et de l'unification systématique. Selon lui, « il doit être possible... d'articuler la multiplicité hétérogène des œuvres singulières et de découvrir ainsi dans la littérature d'un moment de l'histoire un système totalisant » (p. 68). Mais, si l'on récuse toute téléologie de type hégélien, comme tout archétype de type platonicien, comment éviter que l'historicité caractéristique de la chaîne des innovations et des réceptions ne se dissolve dans la pure multiplicité ? Une autre intégration est-elle possible en dehors du dernier lecteur (dont Jauss lui-même dit qu'il est le point d'aboutissement, mais non pas le but du processus évolutif, *op. cit.*, p. 66) ? Parlant de l'« articulation de l'histoire littéraire », Jauss déclare : « C'est l'effet historique des œuvres qui en décide, l'histoire de leur réception : ce qui est " résulté de l'événement " et qui constitue, au regard de l'observateur actuel, la continuité organique de la littérature dans le passé, dont résulte sa physionomie d'aujourd'hui » (p. 72). Peut-être faut-il tenir pour inassignable, faute d'un rassemblement *conceptuellement pensé*, le principe de cette continuité organique.

2. Ma conception de la *mimèsis*, à la fois découvrante et transformante, s'accorde parfaitement avec la critique par Jauss de l'esthétique de la *représentation*, présupposée par les adversaires comme par les défenseurs de la thèse de la fonction sociale de la littérature.

peut créer un écart esthétique, c'est parce qu'un écart préalable existe entre l'ensemble de la vie littéraire et la pratique quotidienne. C'est un trait fondamental de l'horizon d'attente sur lequel se détache la réception nouvelle, qu'il soit lui-même l'expression d'une non-coïncidence plus fondamentale, à savoir l'opposition, dans une culture donnée, « entre langage poétique et langage pratique, monde imaginaire et réalité sociale » (43)[1]. Ce qu'on vient d'appeler la fonction de création sociale de la littérature s'exerce très exactement en ce point d'articulation entre les attentes tournées vers l'art et la littérature et les attentes constitutives de l'expérience quotidienne[2].

Le moment où la littérature atteint son efficience la plus haute est peut-être celui où elle met le lecteur dans la situation de recevoir une solution pour laquelle il doit lui-même trouver les questions appropriées, celles qui constituent le problème esthétique et moral posé par l'œuvre.

Si l'*Esthétique de la réception,* dont nous venons de résumer les thèses, a pu rejoindre et compléter la phénoménologie de l'acte de lire, c'est à la faveur d'une

---

1. Ce premier écart explique qu'une œuvre comme *Madame Bovary* ait pu davantage influencer les mœurs par ses innovations formelles, en particulier l'introduction d'un narrateur, observateur « impartial » de son héroïne, que les interventions ouvertement moralisantes ou dénonciatrices chères à des littérateurs plus engagés. Le défaut de réponse aux dilemmes moraux d'une époque est peut-être l'arme la plus efficace dont la littérature dispose pour agir sur les mœurs et changer la praxis. De Flaubert à Brecht, la filiation est directe. La littérature n'agit qu'indirectement sur les mœurs, en créant en quelque sorte des écarts de second degré, secondaires par rapport à l'écart primaire entre l'imaginaire et le réel quotidien.
2. Le chapitre final montrera comment cette action de la littérature au niveau de l'horizon d'attente du public cultivé s'insère dans la dialectique plus englobante entre l'horizon d'attente et l'espace d'expérience, qui nous servira, à la suite de R. Koselleck, à caractériser la conscience historique en général. L'intersection de l'histoire et de la fiction sera l'instrument privilégié de cette inclusion de la dialectique littéraire dans la dialectique historique globale. Aussi bien est-ce par la fonction de création sociale que l'histoire littéraire s'intègre, en tant qu'histoire particulière, à l'histoire générale (*op. cit.,* p. 72-80).

expansion de son propos initial, qui était de rénover l'histoire littéraire, et de son inclusion dans un projet plus ambitieux, celui de constituer une *herméneutique littéraire*[1]. A cette herméneutique est assignée la tâche d'égaler les deux autres herméneutiques régionales, théologique et juridique, sous l'égide d'une herméneutique philosophique parente de celle de Gadamer. Or l'herméneutique littéraire, de l'aveu de Jauss, reste le parent pauvre de l'herméneutique. Pour être digne de son titre, elle doit assumer la triple tâche, évoquée plus haut, de comprendre *(subtilitas intelligendi)*, d'expliquer *(subtilitas interpretandi)* et d'appliquer *(subtilitas applicandi)*. Contrairement à une vue superficielle, la lecture ne doit pas être confinée dans le champ de l'application, même si celle-ci révèle la finalité du processus herméneutique, mais elle doit en parcourir les trois stades. Une herméneutique littéraire devra ainsi répondre à ces trois questions : en quel sens la démarche primaire de la *compréhension* est-elle habilitée à qualifier d'esthétique l'objet de l'herméneutique littéraire ? Qu'est-ce que l'exégèse *réfléchissante* ajoute à la compréhension ? Quel équivalent du prêche, en exégèse biblique, du verdict, en exégèse juridique, la littérature offre-t-elle au plan de *l'application* ? Dans cette structure triadique, c'est l'application qui oriente téléologiquement le procès entier, mais c'est la compréhension primaire qui règle le procès d'un stade à l'autre, en vertu de l'horizon d'attente qu'elle contient déjà. L'herméneutique littéraire est ainsi à la fois orientée *vers* l'application et *par* la compréhension. Et c'est la logique de la question et de la réponse qui assure la transition de l'explication.

1. « Ueberlegungen zur Abgrenzung und Aufgabenstellung einer literarischen Hermeneutik », in *Poetik und Hermeneutik*, IX, Munich, W. Fink, 1980 ; trad. fr., « Limites et tâches d'une herméneutique littéraire », *Diogène*, n° 109, janvier-mars 1980 ; également *Aesthetische Erfahrung und literarische Hermeneutik*, Francfort, Suhrkamp, 1982, 3ᵉ éd. 1984, p. 31-243 ; un fragment est traduit dans *Poétique,* n° 39, septembre 1979, sous le titre : « La jouissance esthétique, les expériences fondamentales de la *poièsis*, de l'*aisthèsis* et de la *catharsis* » ; un autre fragment se lit sous le titre : « *Poièsis* : l'expérience esthétique comme activité de production (construire et connaître) », in *Le Temps de la réflexion*, 1980, I, p. 185-212.

Le primat donné à la compréhension explique qu'à la différence de l'herméneutique philosophique de Gadamer, l'herméneutique littéraire ne soit pas directement engendrée par la logique de la question et de la réponse : retrouver la question *à laquelle* le texte offre une réponse, reconstruire les attentats des premiers destinataires du texte, afin de restituer au texte son altérité primitive, ce sont là déjà des démarches de *relecture,* secondes par rapport à une compréhension primaire qui laisse le texte développer ses propres attentes.

Ce primat assigné à la compréhension s'explique par le rapport tout à fait primitif entre connaissance et *jouissance (Genuss),* qui assure la qualité *esthétique* de l'herméneutique littéraire. Ce rapport est parallèle à celui entre l'appel et la promesse, engageant une vie entière, qui caractérise la compréhension théologique. Or, si la spécification de la compréhension littéraire par la jouissance a été si négligée, c'est par une curieuse convergence entre l'interdiction prononcée par la poétique structurale de sortir du texte et de dépasser les instructions de lecture qu'il recèle [1], et le discrédit jeté sur la jouissance par l'esthétique négative d'Adorno, qui ne veut voir en elle qu'une compensation « bourgeoise » apportée à l'ascétisme du travail [2].

Contrairement à l'idée commune que le plaisir est ignorant et muet, Jauss lui reconnaît le pouvoir d'ouvrir un

---

1. Michael Riffaterre a été un des premiers à montrer les limites de l'analyse structurale, et en général d'une simple description du texte, dans son débat avec Jakobson et Lévi-Strauss. Jauss lui rend justice, comme à celui « qui a inauguré le passage de la description structurale à l'analyse de la réception du texte poétique » (p. 120) (même si, ajoute-t-il, il « s'intéresse davantage aux données de la réception et aux règles de l'actualisation qu'à l'activité esthétique du lecteur-récepteur », *ibid.*). Cf. Riffaterre, « The Reader's Perception of Narrative », in *Interpretation of Narrative,* Toronto, 1978, repris dans *Essais de stylistique structurale,* Paris, Flammarion, 1971, p. 307 *sq.*

2. Sur la réhabilitation de la jouissance esthétique, cf. H.-R. Jauss. « Kleine Apologie der Aesthetischen Erfahrung », Constance, Verlaganstalt, 1972 ; trad. fr. in *Pour une esthétique de la réception,* p. 123-158. L'auteur renoue ici avec la doctrine platonicienne du plaisir pur selon le *Philèbe,* et avec la doctrine kantienne du caractère désintéressé universellement communicable du plaisir esthétique.

espace de sens où se déploiera ultérieurement la logique de la question et de la réponse. *Il donne à comprendre.* C'est une réception *percevante*, attentive aux prescriptions de la partition musicale qu'est le texte, et une réception *ouvrante*, en vertu du caractère d'horizon reconnu par Husserl à toute perception. C'est par là que la perception esthétique se distingue de la perception quotidienne et instaure l'écart avec l'expérience commune, souligné plus haut dans les thèses sur la rénovation de l'histoire littéraire. Le texte demande du lecteur que, d'abord, ce dernier se confie à la compréhension percevante, aux suggestions de sens que la seconde lecture viendra thématiser et qui fourniront à celle-ci un horizon.

Le passage de la première lecture, la lecture innocente, s'il en est une, à la seconde lecture, lecture distancée, est réglé, comme on l'a dit plus haut, par la structure d'horizon de la compréhension immédiate. Celle-ci en effet n'est pas seulement jalonnée par des attentes issues des tendances dominantes du goût à l'époque de la lecture et de la familiarité du lecteur avec des œuvres antérieures. Elle suscite à son tour des attentes de sens non satisfaites, que la lecture réinscrit dans la logique de la question et de la réponse. Lecture et relecture ont ainsi leurs avantages et leurs faiblesses respectives. La lecture comporte à la fois richesse et opacité ; la relecture clarifie, mais choisit ; elle prend appui sur les questions laissées ouvertes après le premier parcours du texte, mais n'offre qu'une interprétation parmi d'autres. Une dialectique de l'*attente* et de la *question* règle ainsi le rapport de la lecture à la relecture. L'attente est ouverte, mais plus indéterminée ; et la question est déterminée, mais plus fermée. La critique littéraire doit prendre son parti de ce *préalable herméneutique de la partialité.*

C'est l'élucidation de cette partialité qui suscite la troisième lecture. Celle-ci naît de la question : quel horizon *historique* a conditionné la genèse et l'effet de l'œuvre, et limite en retour l'interprétation du lecteur actuel ? L'herméneutique littéraire délimite ainsi l'espace légitime des méthodes historico-philologiques, prédominantes à l'époque pré-structuraliste, puis détrônées à l'époque du structuralisme. Leur juste place est définie par leur fonction de contrôle qui, en un certain sens, rend la lecture immédiate, et même la lecture réfléchissante, dépendantes de la lecture de reconstitution historique. Par choc en retour, la lecture de contrôle contribue à dégager le plaisir esthétique de la simple satisfaction des préjugés et des intérêts contemporains, en le liant à la perception de la *différence* entre l'horizon passé de l'œuvre et l'horizon présent de la lecture. Un étrange sentiment d'éloignement s'insinue ainsi au cœur du plaisir présent. La troisième lecture obtient cet effet par un dédoublement de la logique de la question et de la réponse, qui réglait la deuxième lecture. Quelles étaient, demande-t-elle, les questions dont l'œuvre était la réponse ? En retour, cette troisième lecture « historique » reste guidée par les attentes de la première lecture et les questions de la seconde. La question simplement historicisante — que disait le texte ? — reste sous le contrôle de la question proprement herméneutique — que me dit le texte et que dis-je au texte [1] ?

Qu'advient-il de l'*application* dans ce schéma ? A première vue, l'application propre à l'herméneutique paraît ne produire aucun effet comparable au prêche dans l'herméneutique théologique ou au verdict dans l'herméneutique juridique : la reconnaissance de l'altérité du texte, dans la lecture savante, semble être le dernier mot de l'esthétique littéraire. On comprend cette hésitation : s'il est vrai que l'*aisthèsis* et la jouissance ne se bornent pas au niveau de la compréhension immédiate, mais traversent tous les stades de la « subtilité » herméneutique, on est tenté de tenir pour dernier critère de l'herméneutique littéraire la dimension esthétique, qu'accompagne le plaisir dans sa traversée des trois stades herméneutiques. Dès lors, l'application ne constitue pas un stade véritablement distinct. L'*aisthèsis* est elle-même déjà révélante et trans-

---

1. Il est demandé par là au lecteur de « prendre la mesure de l'horizon de sa propre expérience et [de] l'élargir en le confrontant avec l'expérience de l'autre, dont le précieux témoignage se révèle dans l'altérité du texte » (p. 131).

formante. L'expérience esthétique tient ce pouvoir du contraste qu'elle établit d'emblée avec l'expérience quotidienne : parce que « réfractaire » à toute autre chose qu'elle-même, elle s'affirme capable de transfigurer le quotidien et d'en transgresser les normes admises. Avant toute distanciation réfléchie, la compréhension esthétique, en tant que telle, paraît bien être application. En témoigne la gamme d'*effets* qu'elle déploie : depuis la séduction et l'illusion à quoi sacrifie la littérature populaire, en passant par l'apaisement de la souffrance et l'esthétisation de l'expérience du passé, jusqu'à la subversion et l'utopie, caractéristiques de maintes œuvres contemporaines. Par cette variété d'effets, l'expérience esthétique, investie dans la lecture, vérifie directement l'aphorisme prononcé par Érasme : *lectio transit in mores*.

Il est possible, toutefois, de reconnaître à l'application un contour plus distinct si on la replace au terme d'une autre triade que Jauss entrecroise avec celle des trois « subtilités », sans établir entre les deux séries une correspondance terme à terme : la triade *poièsis, aisthèsis, catharsis*[1]. Tout un complexe d'effets se rattache à la *catharsis*. Celle-ci désigne d'abord l'effet plus moral qu'esthétique de l'œuvre : des évaluations nouvelles, des normes inédites sont proposées par l'œuvre, qui affrontent ou ébranlent les « mœurs » courantes[2]. Ce premier effet

---

1. Je ne dis rien ici de la *poièsis* : elle intéresse néanmoins la théorie de la lecture dans la mesure où celle-ci est aussi un acte créateur qui répond à l'acte poétique qui a instauré l'œuvre. A la suite de Hans Blumenberg (« Nachahmung der Natur ! Zur Vorgeschichte des schöpferischen Menschen », *Studium Generale*, n° 10, 1957), et de Jürgen Mittelstrass (*Neuzeit und Aukflärung. Studium zur Entstehung der neuzeitlichen Wissenschaft und Philosophie*, Berlin, New York, 1970), H.-R. Jauss retrace la conquête de ce pouvoir créateur affranchi de tout modèle, depuis l'antiquité biblique et hellénique jusqu'à nos jours, en passant par les Lumières.
2. On se rappelle que dans la *Poétique* d'Aristote les caractères sont classés en « meilleurs » que nous, « pires » que nous, « semblables » à nous ; on se rappelle également que, dans la discussion de la rhétorique de la fiction, ce sont les effets moraux de la stratégie de persuasion du roman moderne qui ont suscité les plus vives réserves d'un Wayne Booth.

est particulièrement lié à la tendance du lecteur à s'*identifier* au héros, et à se laisser guider par le narrateur digne ou non de confiance. Mais la *catharsis* n'a cet effet moral que parce que d'abord elle exhibe la puissance de clarification, d'examen, d'instruction exercée par l'œuvre à la faveur de la distanciation par rapport à nos propres affects[1]. De ce sens, on passe aisément à celui qui est le plus fortement accentué par Jauss, à savoir la puissance de communicabilité de l'œuvre. Un éclaircissement, en effet, est foncièrement communicatif; c'est par lui que l'œuvre « enseigne »[2]. Ce n'est pas seulement une notation d'Aristote que nous retrouvons ici, mais un trait majeur de l'esthétique kantienne, selon lequel l'universalité du beau ne consiste en rien d'autre que dans sa communicabilité *a priori*. La *catharsis* constitue ainsi un moment distinct de l'*aisthèsis,* conçue comme pure réceptivité : à savoir le moment de communicabilité de la compréhension percevante. L'*aisthèsis* libère le lecteur du quotidien, la *catharsis* le rend libre pour de nouvelles évaluations de la réalité qui prendront forme dans la relecture. Un effet plus subtil encore relève de la *catharsis* : à la faveur de la clarification qu'elle exerce, la *catharsis* amorce un processus de transposition, non seulement affective mais cognitive, qui peut être rapproché de l'*allégorèse,* dont l'histoire remonte à l'exégèse chrétienne et païenne. Il y a allégorisation dès lors que l'on entreprend de « traduire le sens d'un texte de son premier contexte dans un autre contexte, ce qui revient à dire : de lui donner une signification nouvelle qui dépasse l'horizon du sens délimité par l'intentionnalité du texte dans son contexte originaire[3] ». C'est finalement cette capacité d'allégorisation, liée à la *catharsis,* qui fait de l'application littéraire la réplique la plus approchée de l'appréhension *analogisante* du passé dans la dialectique du vis-à-vis et de la dette.

---

1. Sur la traduction de *catharsis* par « clarification » « éclaircissement » « épuration », cf. le chapitre sur la *Poétique* d'Aristote dans *Temps et Récit*, t. I, p. 101-104.
2. *Ibid.*, p. 100.
3. « Limites et tâches d'une herméneutique littéraire », *op. cit.*, p. 124.

Telle est la problématique distincte que l'application suscite, sans jamais toutefois s'affranchir de l'horizon de la compréhension percevante et de l'attitude de jouissance.

Au terme de ce parcours de quelques théories de la lecture, choisies en fonction de leur contribution à notre problème de la refiguration, quelques traits majeurs se détachent qui soulignent, chacun à sa manière, la structure *dialectique* de l'opération de refiguration.

La première tension dialectique a surgi de la comparaison que nous ne pouvions manquer de faire entre le sentiment de la *dette*, qui nous a paru accompagner la relation de *représentance* à l'égard du passé, et la *liberté* des variations imaginatives exercées par la fiction sur le thème des apories du temps, telles que nous les avons décrites au chapitre précédent. Les analyses que nous venons de faire du phénomène de la lecture nous amènent à nuancer cette opposition trop simple. Il faut dire d'abord que la projection d'un monde fictif consiste dans un processus *créateur* complexe, qui peut n'être pas moins porté par une conscience de dette que le travail de reconstruction de l'historien. La question de la liberté créatrice n'est pas simple. La libération de la fiction à l'égard des contraintes de l'histoire — contraintes résumées dans la preuve documentaire — ne constitue pas le dernier mot concernant la liberté de la fiction. Elle n'en constitue que le moment cartésien : le libre choix dans le royaume de l'imaginaire. Mais le service de la vision du monde que l'auteur impliqué a l'ambition de communiquer au lecteur est pour la fiction la source de contraintes plus subtiles, qui expriment le moment spinoziste de la liberté : à savoir la nécessité intérieure. Libre *de* la contrainte extérieure de la preuve documentaire, la fiction est intérieurement liée par cela même qu'elle projette hors d'elle-même. Libre *de*..., l'artiste doit encore se rendre libre *pour*... Si ce n'était pas le cas, comment expliquer les angoisses et les souffrances de la création artistique dont témoignent la correspondance et les journaux intimes d'un Van Gogh ou d'un Cézanne ? Ainsi la dure loi de la création, qui est de *rendre* de la façon la plus parfaite la vision du monde qui anime l'artiste, répond-elle trait pour trait à la dette de l'historien et du lecteur d'histoire à l'égard des morts[1]. Ce que la stratégie de persuasion, issue de l'auteur impliqué, cherche à *imposer* au lecteur, c'est précisément la *force* de conviction — la force illocutionnaire, dirait-on dans le vocabulaire de la théorie des actes de discours — qui soutient la vision du monde du narrateur. Le paradoxe est ici que la *liberté* des variations imaginatives n'est communiquée que revêtue de la puissance *contraignante* d'une vision du monde. La dialectique entre liberté et contrainte, interne au processus créateur, est ainsi transmise tout au long du processus herméneutique que Jauss caractérisait plus haut par la triade *poièsis, aisthèsis, catharsis*. Le dernier terme de la triade est même celui dans lequel culmine ce paradoxe d'une liberté contrainte, d'une liberté déliée par la contrainte. Dans le moment de clarification et de purification, le lecteur est rendu libre malgré lui. C'est ce paradoxe qui fait de la confrontation entre le monde du texte et le monde du lecteur un *combat* auquel la fusion des horizons d'attente du texte avec ceux du lecteur n'apporte qu'une paix précaire.

Une seconde tension dialectique procède de la structure de l'opération même de lecture. Il est en effet apparu impossible de donner une description simple de ce phénomène. Il a fallu partir du pôle de l'auteur impliqué et de sa stratégie de persuasion, puis traverser la zone ambiguë d'une prescription de lecture, qui à la fois contraint le lecteur et le rend libre, pour enfin accéder à une esthétique de la réception, qui place l'œuvre et le lecteur dans une relation de synergie. Cette dialectique mérite d'être comparée à celle qui nous a paru scander la relation de représentance suscitée par l'énigme de la passéité du passé. Il n'est certes pas question de chercher une ressemblance terme à terme entre les moments de la théorie de la représentation et ceux de la théorie de la lecture. Toute-

---

1. Dans le chapitre suivant, nous reviendrons sur cette similitude, pour la renforcer, en prenant appui sur la notion de voix narrative, introduite dans notre troisième partie, chap. III, § 4.

fois, la constitution dialectique de la lecture n'est pas étrangère à la dialectique du Même, de l'Autre et de l'Analogue[1]. Ainsi, la rhétorique de la fiction met en scène un auteur impliqué qui, par manœuvre de séduction, tente de rendre le lecteur *identique* à lui-même. Mais, lorsque le lecteur, découvrant sa place prescrite par le texte, se sent non plus séduit mais terrorisé, il lui reste pour seule ressource à se mettre *à distance* du texte et à prendre la conscience la plus vive de l'*écart* entre les attentes que le texte développe et ses propres attentes, en tant qu'individu voué à la quotidienneté, et en tant que membre du public cultivé, formé par toute une tradition de lectures. Cette oscillation entre le Même et l'Autre n'est surmontée que par l'opération caractérisée par Gadamer et Jauss comme fusion des horizons et qui peut être tenue pour l'idéal-type de la lecture. Par-delà l'alternative de la confusion et de l'aliénation, la mise en convergence de l'écriture et de la lecture tend à établir, entre les attentes créées par le texte et celles apportées par la lecture, une relation *analogisante,* qui n'est pas sans rappeler celle dans laquelle culmine la relation de représentance du passé historique.

Une autre propriété remarquable du phénomène de la lecture, également génératrice de dialectique, concerne le rapport entre *communicabilité* et *référentialité* (s'il est encore permis d'utiliser ce vocable, avec les réserves appropriées) dans l'opération de refiguration. On peut entrer dans le problème par l'une ou l'autre extrémité : ainsi on dira, comme dans l'esquisse de *mimèsis* III de notre premier volume, qu'une esthétique de la réception ne peut engager le problème de la communication sans engager celui de la référence, dans la mesure où ce qui est communiqué, en dernière instance, c'est, par-delà le sens d'une œuvre, le monde qu'elle projette et qui en constitue

---

1. J'ai décrit ailleurs une dialectique comparable entre appropriation et distanciation; cf. « La tâche de l'herméneutique », *in* F. Bovon et G. Rouiller (éd.), *Exegesis : Problèmes de méthode et exercices de lecture,* Neuchâtel, Delachaux et Niestlé, 1975, p. 179-200.

l'horizon[1] ; mais on doit dire, en sens inverse, que la réception de l'œuvre et l'accueil de ce que Gadamer aime appeler la « chose » du texte ne sont arrachés à la pure subjectivité de l'acte de lecture qu'à la condition de s'inscrire dans une chaîne de lectures, qui donne une dimension *historique* à cette réception et à cet accueil. L'acte de lecture s'inclut ainsi dans une communauté lisante, qui, dans certaines conditions favorables, développe la sorte de normativité et de canonicité que nous reconnaissons aux grandes œuvres, celles qui n'ont jamais fini de se décontextualiser et de se recontextualiser dans les circonstances culturelles les plus variées. Nous retrouvons par ce biais un thème central de l'esthétique kantienne, à savoir que la communicabilité constitue une composante intrinsèque du jugement de goût. Certes, ce n'est pas au bénéfice du jugement réfléchissant que nous portons cette sorte d'universalité que Kant voulait *a priori*, mais, bien au contraire, au bénéfice de la « chose même » qui nous interpelle dans le texte. Mais, entre cette « structure d'appel », pour parler comme W. Iser, et la *communicabilité* caractéristique d'un lire-en-commun, s'instaure une relation réciproque, intrinsèquement constitutive du pouvoir de refiguration attaché aux œuvres de fiction.

Une dernière dialectique nous conduit au seuil de notre chapitre v. Elle concerne les deux rôles, sinon antithétiques, du moins divergents, assumés par la lecture. Celle-ci apparaît tour à tour comme une *interruption* dans le cours de l'action et comme une *relance* vers l'action. Ces deux perspectives sur la lecture résultent directement de sa fonction d'affrontement et de liaison entre le monde imaginaire du texte et le monde effectif du lecteur. En tant que le lecteur soumet ses attentes à celles que le texte développe, il s'irréalise lui-même à la mesure de l'irréalité

---

1. *Temps et Récit*, t. I, p. 146. Nul mieux que Francis Jacques n'a explicité l'indissociable rapport entre communicabilité et référentialité pris dans toute sa généralité : cf. *Dialogiques, Recherches logiques sur le dialogue*. Paris, PUF, 1979 ; *Dialogiques* II, *l'Espace logique de l'interlocution*, Paris, PUF, 1985.

du monde fictif vers lequel il émigre ; la lecture devient alors un lieu lui-même irréel où la réflexion fait une pause. En revanche, en tant que le lecteur incorpore — consciemment ou inconsciemment, peu importe — les enseignements de ses lectures à sa vision du monde, afin d'en augmenter la lisibilité préalable, la lecture est pour lui autre chose qu'un *lieu* où il s'arrête ; elle est un *milieu* qu'il traverse.

Ce double statut de la lecture fait de la confrontation entre monde du texte et monde du lecteur à la fois une *stase* et un *envoi*[1]. L'idéal-type de la lecture, figuré par la fusion sans confusion des horizons d'attente du texte et de ceux du lecteur, unit ces deux moments de la refiguration dans l'unité fragile de la stase et de l'envoi. Cette unité fragile peut s'exprimer dans le paradoxe suivant : plus le lecteur s'irréalise dans la lecture, plus profonde et plus lointaine sera l'influence de l'œuvre sur la réalité sociale. N'est-ce pas la peinture la moins figurative qui a le plus de chance de changer notre vision du monde ?

Il résulte de cette dernière dialectique que, si le problème de la refiguration du temps par le récit *se noue* dans le récit, il n'y trouve pas son *dénouement*.

---

1. Cette distinction entre la lecture comme stase et la lecture comme envoi explique les oscillations de Jauss dans son appréciation du rôle de l'application en herméneutique littéraire : c'est comme stase que l'application tend à s'identifier avec la compréhension esthétique ; c'est comme envoi qu'elle s'en détache dans la relecture et déploie ses effets cathartiques ; elle opère alors comme « un correctif à d'autres applications qui restent soumises à la pression des situations et aux contraintes qu'imposent les décisions à prendre en vue de l'action directe » (« Limites et tâches d'une herméneutique littéraire », *op. cit.*, p. 133).

5

L'entrecroisement de l'histoire et de la fiction

Avec ce chapitre, nous atteignons le but qui n'a cessé de régir la progression de nos investigations, à savoir la refiguration *effective* du temps, devenu ainsi temps humain, par l'entrecroisement de l'histoire et de la fiction[1]. Alors que, dans la première étape, l'accent a été mis sur l'*hétérogénéité* des réponses apportées par l'histoire et la fiction aux apories du temps phénoménologique, à savoir sur l'opposition entre les variations imaginatives déployées par la fiction et la réinscription, stipulée par l'histoire, du temps phénoménologique sur le temps cosmique — et que, dans la seconde étape, un certain *parallélisme* est apparu entre la représentation du passé historique et le transfert du monde fictif du texte au monde effectif du lecteur —, c'est de la *confluence* entre les deux séries d'analyses consacrées respectivement à l'histoire et à la fiction, voire à l'enveloppement mutuel des deux procédures de refiguration, que nous allons maintenant rendre compte.

Ce passage d'un stade où prévaut l'hétérogénéité des visées intentionnelles à un stade où l'interaction l'emporte a été préparé de longue main par les analyses précédentes.

D'abord, entre le temps de la fiction et le temps historique, une certaine commensurabilité a été assurée par la phénoménologie, qui a fourni aux deux grands modes narratifs une thématique commune, aussi lacérée

---

1. Je ne reviens pas sur les raisons exposées plus haut pour lesquelles je préfère parler de refiguration conjointe ou d'entrecroisement plutôt que de référence croisée. Mais il s'agit bien du même contenu de problèmes exposé dans le premier volume, p. 146-155.

soit-elle d'apories. Au terme de la première étape, il était au moins permis d'affirmer que l'histoire et la fiction sont aux prises avec les mêmes difficultés, difficultés non résolues, certes, mais reconnues et portées au langage par la phénoménologie. Ensuite, la théorie de la lecture a créé un espace commun pour les échanges entre l'histoire et la fiction. Nous avons feint de croire que la lecture n'intéresse que la réception des textes littéraires. Or, nous ne sommes pas moins lecteurs d'histoire que de roman. Toute graphie, dont l'historiographie, relève d'une théorie élargie de la lecture. Il en résulte que l'opération d'enveloppement mutuel évoquée à l'instant a son siège dans la lecture. En ce sens, les analyses de l'*entrecroisement* de l'histoire et de la fiction que nous allons esquisser relèvent d'une théorie élargie de la réception, dont l'acte de lecture est le moment phénoménologique. C'est dans une telle théorie élargie de la lecture que le renversement se fait, de la divergence à la convergence, entre le récit historique et le récit de fiction.

Reste à faire le pas de la convergence à l'entrecroisement.

Par entrecroisement de l'histoire et de la fiction, nous entendons la structure fondamentale, tant ontologique qu'épistémologique, en vertu de laquelle l'histoire et la fiction ne concrétisent chacune leur intentionnalité respective qu'en empruntant à l'intentionnalité de l'autre. Cette concrétisation correspond, dans la théorie narrative, au phénomène du « voir comme... », par lequel, dans *la Métaphore vive,* nous avons caractérisé la référence métaphorique. Nous avons côtoyé au moins deux fois ce problème de la concrétisation : une première fois quand nous avons tenté, à la suite de Hayden White, d'élucider la relation de représentation de la conscience historique au passé en tant que tel, par la notion de saisie analogisante ; la seconde fois quand, dans une perspective proche de celle de R. Ingarden, nous avons décrit la lecture comme une effectuation du texte considéré comme une partition à exécuter. Nous allons montrer que cette concrétisation n'est atteinte que dans la mesure où, d'une part, l'histoire se sert de quelque façon de la fiction pour refigurer le temps, et où, d'autre part, la fiction se sert de l'histoire dans le même dessein. Cette concrétisation mutuelle marque le triomphe de la notion de figure, sous la forme du *se figurer que...*

1. La fictionalisation de l'histoire

La première moitié de la thèse est la plus aisée à démontrer. Encore faut-il ne pas se méprendre sur sa portée. D'une part, s'il ne s'agit pas de répéter simplement ce qui a été dit dans le premier volume sur le rôle de l'imagination dans le récit historique au plan de la configuration, il s'agit bien du rôle de l'imaginaire dans la visée du passé tel qu'il fut. D'autre part, s'il ne s'agit aucunement de renier l'absence de symétrie entre passé « réel » et monde « irréel », la question est justement de montrer de quelle façon, unique en son genre, l'imaginaire s'incorpore à la visée de l'avoir-été, sans en affaiblir la visée « réaliste ».

La place en creux de l'imaginaire est marquée par le caractère même de l'avoir-été comme non observable. Il suffit pour s'en assurer de refaire le parcours des trois approximations successives que nous avons proposées de l'avoir-été tel qu'il fut. On remarque alors que la part de l'imaginaire croît à mesure que l'approximation se fait plus serrée. Prenons la thèse la plus *réaliste* sur le passé historique, celle même dont nous sommes partis pour mettre en place la réponse de la conscience historique aux apories du temps : l'histoire, avons-nous dit, *réinscrit* le temps du récit dans le temps de l'univers. C'est une thèse « réaliste », en ce sens que l'histoire soumet sa chronologie à l'unique échelle de temps, commune à ce que l'on appelle l'« histoire » de la terre, l'« histoire » des espèces vivantes, l'« histoire » du système solaire et des galaxies. Cette réinscription du temps du récit dans le temps de l'univers, selon une unique échelle, demeure la spécificité du mode référentiel de l'historiographie.

Or, c'est précisément à l'occasion de la thèse la plus « réaliste » que l'imaginaire s'immisce une première fois dans la visée de l'avoir-été.

On n'a pas oublié que l'abîme entre temps du monde et temps vécu n'est franchi qu'à la faveur de la construction de quelques *connecteurs* spécifiques qui rendent le temps historique pensable et maniable. Le calendrier, que nous avons placé en tête de ces connecteurs, relève du même génie inventif qu'on voit déjà à l'œuvre dans la construction du *gnomon*. Comme J. T. Fraser le note au début de son ouvrage sur le temps [1], si le nom même de *gnomon* conserve quelque chose de sa signification ancienne de conseiller, d'inspecteur, de connaisseur, c'est parce qu'une activité d'interprétation y est à l'œuvre, qui régit la construction même de cet appareil d'apparence si simple ; de même qu'un interprète opère la traduction continue d'une langue dans une autre, joignant ainsi deux univers linguistiques en accord avec un certain principe de transformation, le *gnomon* joint deux processus en accord avec certaines hypothèses sur le monde. Un des processus est le mouvement du soleil, l'autre la vie de celui qui consulte le *gnomon ;* l'hypothèse comprend les principes implicites à la construction et au fonctionnement du cadran solaire (*ibid.*, p. 3). La double affiliation qui nous a paru caractériser le calendrier est déjà visible ici. D'un côté, le cadran solaire appartient à l'univers de l'homme ; de l'autre, il fait aussi partie de l'univers astronomique : le mouvement de l'ombre est indépendant de la volonté humaine. Mais ces deux mondes ne seraient pas mis en relation sans la conviction qu'il est possible de dériver des signaux relatifs au temps du mouvement de l'ombre projetée. Cette croyance permet à l'homme d'ordonner sa vie en fonction des mouvements de l'ombre, sans attendre de l'ombre qu'elle se plie au rythme de ses besoins et de ses désirs (*ibid.*, p. 4). Mais la conviction qu'on vient d'évoquer ne prendrait pas forme, si elle ne s'incarnait dans la *construction* d'un appareil capable de fournir deux sortes d'informations : l'une sur l'heure, par l'orientation de l'ombre sur le cadran solaire, l'autre sur la saison de

---

1. J. T. Fraser, *The Genesis and Evolution of Time. A critic of Interpretation in Physics.* Amherst, The University of Massachusetts Press, 1982.

l'année, par la longueur de l'ombre à midi. Sans divisions horaires et sans courbes concentriques, on ne pourrait *lire* le *gnomon*. Mettre en parallèle deux cours hétérogènes d'événements, former une hypothèse générale sur la nature dans son ensemble, construire un appareil approprié, telles sont les principales démarches inventives qui, incorporées à la lecture du cadran solaire, font de celui-ci une *lecture de signes,* une traduction et une interprétation, selon le mot de J. T. Fraser. Cette lecture de signes, à son tour, peut être tenue pour l'opération *schématisante* sur la base de laquelle deux perspectives sur le temps sont pensées *ensemble*. Tout ce que nous avons dit à propos du calendrier se laisserait décrire dans des termes voisins : les opérations intellectuelles y sont certes singulièrement plus complexes, en particulier les calculs numériques appliqués aux différentes périodicités impliquées, en vue de les rendre commensurables ; en outre, le caractère institutionnel et finalement politique de l'instauration du calendrier accentue le caractère synthétique de la conjonction de l'aspect astronomique et de l'aspect éminemment social du calendrier. En dépit de toutes les différences que l'on peut trouver entre l'horloge et le calendrier, *lire* le calendrier reste une interprétation de signes comparable à la lecture du cadran solaire et de l'horloge. Sur la base d'un système périodique de dates, un calendrier perpétuel permet l'allocation d'une date, c'est-à-dire d'une place *quelconque* dans le système de toutes les dates possibles, à un événement qui porte la marque du *présent* et par implication celle du passé ou du futur. La datation d'un événement présente ainsi un caractère synthétique, par lequel un présent effectif est identifié à un instant quelconque. Bien plus, si le principe de la datation consiste dans l'allocation d'un présent vivant à un instant quelconque, sa pratique consiste dans l'allocation d'un « comme si » présent, selon la formule husserlienne du ressouvenir, à un instant quelconque ; c'est à des présents potentiels, à des présents *imaginés,* que sont assignées les dates. Ainsi, tous les souvenirs accumulés par la mémoire collective peuvent-ils devenir des événements *datés,* grâce à leur réinscription dans le temps calendaire.

Il serait aisé d'appliquer un raisonnement semblable aux autres connecteurs entre le temps narratif et le temps universel. La suite des générations est à la fois un donné biologique et une prothèse du ressouvenir au sens husserlien. Il est toujours possible d'étendre le souvenir, par la chaîne des mémoires ancestrales, de remonter le temps en prolongeant par l'imagination ce mouvement régressif ; comme il est possible à chacun de situer sa propre temporalité dans la suite des générations, avec le secours plus ou moins obligé du temps calendaire. En ce sens, le réseau des contemporains, des prédécesseurs et des successeurs *schématise* — au sens kantien du terme — la relation entre le phénomène plus biologique de la suite des générations et le phénomène plus intellectuel de la reconstruction du règne des contemporains, des prédécesseurs et des successeurs. Le caractère *mixte* de ce triple règne en souligne le caractère imaginaire.

C'est bien évidemment dans le phénomène de la trace que culmine le caractère *imaginaire* des connecteurs qui marquent l'instauration du temps historique. Cette médiation imaginaire est présupposée par la structure mixte de la trace elle-même en tant qu'*effet-signe*. Cette structure mixte exprime en raccourci une activité synthétique complexe, où entrent en composition des inférences de type causal appliquées à la trace en tant que marque laissée et des activités d'interprétation liées au caractère de signifiance de la trace, en tant que chose présente valant pour une chose passée. Cette activité synthétique, qu'exprime bien le verbe retracer, résume à son tour des opérations aussi complexes que celles qui sont à l'origine du *gnomon* et du calendrier. Ce sont précisément les activités de préservation, de sélection, de rassemblement, de consultation, de lecture enfin des archives et des documents, qui médiatisent et schématisent, si l'on peut dire, la trace, pour en faire l'ultime présupposition de la réinscription du temps vécu (le temps avec un présent) dans le temps purement successif (le temps sans présent). Si la trace est un phénomène plus radical que celui du document ou de l'archive, en retour c'est le traitement des archives et des documents qui fait de la trace un opérateur effectif du temps historique. Le caractère imaginaire des activités qui médiatisent et schématisent la trace s'atteste dans le travail de pensée qui accompagne l'interprétation d'un reste, d'un fossile, d'une ruine, d'une pièce de musée, d'un monument : on ne leur assigne leur valeur de trace, c'est-à-dire d'effet-signe, qu'en *se figurant* le contexte de vie, l'environnement social et culturel, bref, selon la remarque de Heidegger évoquée plus haut, le *monde* qui, aujourd'hui, *manque,* si l'on peut dire, autour de la relique. Mais nous touchons ici, avec l'expression *se figurer,* à une activité de l'imaginaire qui est plus facile à cerner dans le cadre de l'analyse qui suit.

Le rôle médiateur de l'imaginaire s'accroît en effet quand nous passons du thème de la réinscription du temps vécu dans le temps cosmique (chapitre I) à celui de la passéité du passé (chapitre II). D'une part, le « réalisme » spontané de l'historien a trouvé son expression critique dans le concept difficile de représentance, que nous avons expressément distingué de celui de représentation. Par lui, nous avons voulu exprimer la revendication du *vis-à-vis* aujourd'hui révolu sur le discours historique qu'il vise, son pouvoir d'incitation et de correction à l'égard de toutes les constructions historiques, dans la mesure où celles-ci se veulent des re-constructions. J'ai moi-même accentué ce droit du passé tel qu'il fut, en lui faisant correspondre l'idée d'une dette de notre part à l'égard des morts. D'autre part, le caractère élusif de ce vis-à-vis, pourtant impérieux, nous a entraîné dans un jeu logique où les catégories du Même, de l'Autre, de l'Analogue structurent l'énigme sans la résoudre. Or, c'est à chaque étape de ce jeu logique que l'imaginaire s'impose comme serviteur obligé de la représentance et côtoie une nouvelle fois l'opération consistant à se figurer que... On n'a pas oublié, chez Collingwood, pris comme porte-parole du Même, l'union intime entre l'imagination historique et la réeffectuation. Celle-ci est le *télos,* la visée et le couronnement de l'imagination historique ; cette dernière, en retour, est l'*organon* de la réeffectuation. Passe-t-on de la catégorie du Même à celle de l'Autre pour exprimer le moment du révolu dans la représentation du passé, c'est encore l'imaginaire qui empêche l'altérité de sombrer dans l'indicible. C'est toujours par quelque transfert du Même à l'Autre, en sympathie et en imagination, que l'Autre étranger me devient proche. A cet égard, l'analyse que Husserl consacre dans la *Cinquième Méditation cartésienne* à l'opération d'appariement *(Paarung)*, et à l'inférence analogisante qui soutient cette dernière, est ici parfaitement à sa place. En outre, le thème central de la sociologie compréhensive de Dilthey y est préservé, à savoir que toute intelligence historique s'enracine dans la capacité qu'a un sujet de se transporter dans une vie psychique étrangère. Ici, commente Gadamer, l'esprit comprend l'esprit. C'est ce transfert analogisant, pour fondre en une seule les deux thématiques de Husserl et de Dilthey, qui légitime le passage à l'Analogue et le recours, avec Hayden White, à la tropologie, pour donner un sens acceptable, éloigné de tout positivisme, à l'expression reçue de Ranke : connaître le passé *wie es eigentlich gewesen* (le passé tel qu'il s'est effectivement produit). Le *wie* — qui équilibre paradoxalement le *eigentlich* — prend alors la valeur tropologique du « tel que », interprété tour à tour comme métaphore, comme métonymie, comme synecdoque, comme ironie. Ce que Hayden White appelle fonction « représentative » de l'imagination historique côtoie une fois encore l'acte de se figurer que... par lequel l'imagination se fait visionnaire : le passé, c'est ce que j'aurais vu, dont j'aurais été le témoin oculaire, si j'avais été là, de même que l'autre côté des choses est celui que je verrais si je les apercevais de là où vous les considérez. Ainsi la tropologie devient l'imaginaire de la représentance.

Il reste à franchir un pas supplémentaire du passé *daté* (chapitre i) et du passé reconstruit (chapitre iii) au passé *refiguré*, et à préciser la *modalité* de l'imaginaire qui répond à cette exigence de *figurativité*. A cet égard, nous n'avons fait jusqu'ici que marquer la place en creux de l'imaginaire dans le travail de refiguration.

Il faut dire maintenant comment ce sont là des traits de l'imaginaire, *explicités par le seul récit de fiction*, qui viennent enrichir ces médiations imaginaires et comment, par là même, s'opère l'entrecroisement proprement dit de la fiction et de l'histoire dans la refiguration du temps.

C'est à ces traits que j'ai fait allusion en introduisant l'expression « se figurer que... ». Ils ont tous en commun de conférer à la visée du passé un remplissement quasi intuitif. Une première modalité consiste dans un emprunt direct à la fonction métaphorique du « voir-comme ». Nous avons été préparés dès longtemps à accueillir ce secours que la référence brisée de la métaphore apporte à la refiguration du temps par l'histoire. Dès lors que nous avons admis que l'écriture de l'histoire ne s'ajoute pas du dehors à la connaissance historique, mais fait corps avec elle, rien ne s'oppose à ce que nous admettions aussi que l'histoire *imite* dans son écriture les types de mise en intrigue reçus de la tradition littéraire. Ainsi avons-nous vu Hayden White emprunter à Northrop Frye les catégories du tragique, du comique, du romanesque, de l'ironie, etc., et apparier ces genres littéraires avec les tropes de la tradition rhétorique. Or ces emprunts de l'histoire à la littérature ne sauraient être confinés au plan de la composition, donc au moment de configuration. L'emprunt concerne aussi la fonction représentative de l'imagination historique : nous apprenons à voir *comme* tragique, *comme* comique, etc., tel enchaînement d'événements. Ce qui fait précisément la pérennité de certaines grandes œuvres historiques, dont le progrès documentaire a pourtant érodé la fiabilité proprement scientifique, c'est le caractère exactement approprié de leur art poétique et rhétorique à leur manière de *voir* le passé. Le même ouvrage peut être ainsi un grand livre d'histoire et un admirable roman. L'étonnant est que cet entrelacement de la fiction à l'histoire n'affaiblit pas le projet de représentance de cette dernière, mais contribue à l'accomplir.

Cet effet de fiction, si l'on peut ainsi s'exprimer, se trouve en outre multiplié par les diverses stratégies rhétoriques que nous avons évoquées dans notre revue des théories de la lecture. On peut *lire* un livre d'histoire *comme* un roman. Ce faisant, on entre dans le pacte de lecture qui institue le rapport complice entre la voix narrative et le lecteur impliqué. En vertu de ce pacte, le lecteur baisse sa garde. Il suspend volontiers sa méfiance. Il fait confiance. Il est prêt à concéder à l'historien le droit exorbitant de connaître les âmes. Au nom de ce droit, les historiens anciens n'hésitaient pas à mettre dans la bouche de leurs héros des discours inventés que les documents ne garantissaient pas, mais rendaient seulement plausibles. Les historiens modernes ne se permettent plus ces incursions fantaisistes, au sens propre du mot. Ils n'en font pas moins appel, sous des formes plus subtiles, au génie romanesque, dès lors qu'ils s'efforcent de réeffectuer, c'est-à-dire de repenser, un certain calcul de fins et de moyens. L'historien ne s'interdit pas alors de « dépeindre » une situation, de « rendre » un cours de pensée, et de donner à celui-ci la « vivacité » d'un discours intérieur. Nous retrouvons par ce biais un effet de discours souligné par Aristote dans sa théorie de la *lexis* : l'« élocution » ou la « diction », selon la *Rhétorique,* a la vertu de « placer sous les yeux » et ainsi de « faire voir »[1]. Un pas est ainsi franchi au-delà du simple « voir-comme », qui n'interdit pas le mariage entre la métaphore qui assimile et l'ironie qui distance. Nous sommes entrés dans l'aire de l'illusion qui, au sens précis du terme, confond le « voir-comme » avec un « croire-voir ». Ici, le « tenir-pour-vrai », qui définit la croyance, succombe à l'hallucination de présence.

Cet effet très particulier de fiction et de diction entre assurément en conflit avec la vigilance critique que l'historien exerce par ailleurs pour son propre compte et tente de communiquer à son lecteur. Mais il se fait parfois une étrange complicité entre cette vigilance et la suspension volontaire d'incrédulité d'où naît l'illusion dans l'ordre esthétique. Je parlerais volontiers d'*illusion contrôlée* pour caractériser cette heureuse union qui fait, par exemple, de la peinture de la Révolution française par Michelet une œuvre littéraire comparable à *Guerre et Paix* de Tolstoï, dans laquelle le mouvement procède en sens inverse de la fiction vers l'histoire et non plus de l'histoire vers la fiction.

---

1. *La Métaphore vive,* chap. I.

Je suggère une dernière modalité de fictionalisation de l'histoire qui, loin d'abolir sa visée de représentance, lui donne le remplissement qui lui fait défaut et qui, dans les circonstances que je vais dire, est authentiquement attendue d'elle. Je pense à ces événements qu'une communauté historique tient pour marquants, parce qu'elle y voit une origine ou un ressourcement. Ces événements, qu'on dit en anglais « *epoch-making* », tirent leur signification spécifique de leur pouvoir de fonder ou de renforcer la conscience d'identité de la communauté considérée, son identité narrative, ainsi que celle de ses membres. Ces événements engendrent des sentiments d'une intensité éthique considérable, soit dans le registre de la commémoration fervente, soit dans celui de l'exécration, de l'indignation, de la déploration, de la compassion, voire de l'appel au pardon. L'historien, en tant que tel, est réputé faire abstinence de ses sentiments ; à cet égard, la critique par François Furet de la commémoration et de l'exécration, qui ont fait obstacle à une discussion fructueuse des explications et des interprétations de la Révolution française, demeure valable [1]. Mais, lorsqu'il s'agit d'événements plus proches de nous, comme Auschwitz, il semble que la sorte de neutralisation éthique, qui convient peut-être au progrès de l'histoire d'un passé qu'il importe de mettre à distance pour le mieux comprendre et l'expliquer, ne soit ni possible, ni souhaitable. Ici s'impose le mot d'ordre biblique — et plus spécifiquement deutéronomique —, *Zakhor (souviens-toi)*, lequel ne s'identifie pas forcément avec un appel à l'historiographie [2].

J'admets d'abord que la règle d'abstinence, quand elle est appliquée à la commémoration révérencieuse, a plus de titres à notre respect que son application à l'indignation

---

1. *Temps et Récit*, t. I, p 391.
2. Yosef Hayim Yeruschalmi montre dans *Zakhor, Jewish History and Jewish Memory,* Seattle et Londres, University of Washington Press, 1982, que les juifs ont pu ignorer pendant des siècles l'historiographie savante dans la mesure même où ils restaient fidèles au « souviens-toi » deutéronomique, et que leur accès à la recherche historique dans la période moderne a été largement un effet de l'assimilation à la culture des gentils.

et à la déploration, dans la mesure où notre goût de célébrer s'adresse plus volontiers aux hauts faits de ceux que Hegel appelait les grands hommes historiques, et relève de cette fonction de l'idéologie qui consiste à légitimer la domination. Ce qui rend suspecte la commémoration révérencieuse, c'est son affinité avec l'histoire des vainqueurs, bien que je tienne l'élimination de l'admiration, de la vénération, de la pensée reconnaissante pour impossible et peu souhaitable. Si le *tremendum fascinosum* constitue, comme le veut R. Otto, le noyau émotionnel du sacré, le sens du sacré reste une dimension inexpugnable du sens historique.

Mais le *tremendum* a une autre face : le *tremendum horrendum*, dont la cause mérite d'être plaidée. Et l'on va voir quel secours bénéfique la fiction apporte à ce plaidoyer. L'horreur est le négatif de l'admiration, comme l'exécration l'est de la vénération. L'horreur s'attache à des événements qu'il est nécessaire de *ne jamais oublier*. Elle constitue la motivation éthique ultime de l'histoire des victimes. (Je préfère dire l'histoire des victimes, plutôt que celle des vaincus : car les vaincus sont, pour une part, des candidats à la domination qui ont échoué.) Les victimes d'Auschwitz sont, par excellence, les délégués auprès de notre mémoire de toutes les victimes de l'histoire. La victimisation est cet envers de l'histoire que nulle ruse de la Raison ne parvient à légitimer et qui plutôt manifeste le scandale de toute théodicée de l'histoire.

Le rôle de la fiction, dans cette mémoire de l'horrible, est un corollaire du pouvoir de l'horreur, comme de l'admiration, de s'adresser à des événements dont l'*unicité* expresse importe. Je veux dire que l'horreur comme l'admiration exerce dans notre conscience historique une fonction spécifique d'individuation. Individuation qui ne se laisse incorporer, ni à une logique de la spécification, ni même à une logique de l'individualité comme celle que Paul Veyne partage avec Pariente[1]. Par rapport à cette individuation logique, et même à l'individuation par le temps dont je parle plus haut, je parlerais volontiers

---

1. Cf. *Temps et Récit*, t. I, p. 301 *sq.*

d'événements *uniquement uniques*. Toute autre forme d'individuation est la contrepartie d'un travail d'explication qui relie. L'horreur isole en rendant incomparable, incomparablement unique, uniquement unique. Si je persiste à l'associer à l'admiration, c'est parce qu'elle inverse le sentiment par lequel nous allons au-devant de tout ce qui nous paraît porteur de création. L'horreur est une vénération inversée. C'est en ce sens qu'il a pu être parlé de l'Holocauste comme d'une révélation négative, comme d'un anti-Sinaï. Le conflit entre l'explication qui relie et l'horreur qui isole est ici porté à son comble, et pourtant ce conflit latent ne doit conduire à aucune dichotomie ruineuse entre une histoire, qui dissoudrait l'événement dans l'explication, et une riposte purement émotionnelle, qui dispenserait de penser l'impensable. Il importe plutôt de rehausser l'une par l'autre l'explication historique et l'individuation par l'horreur. Plus nous expliquons historiquement, plus nous sommes indignés ; plus nous sommes frappés par l'horreur, plus nous cherchons à comprendre. Cette dialectique repose en dernière instance sur la nature même de l'explication historique, qui fait de la rétrodiction une implication causale singulière. C'est sur la singularité de l'explication authentiquement historique que repose la conviction, ici exprimée, que l'explication historique et l'individuation des événements par l'horreur, comme par l'admiration ou la vénération, peuvent ne pas rester mutuellement antithétiques.

En quoi la fiction est-elle un corollaire de cette individuation par l'horreur comme par l'admiration ?

Nous retrouvons le pouvoir qu'a la fiction de susciter une illusion de présence, mais contrôlée par la distanciation critique. Ici encore, il appartient à l'imaginaire de représentance de « dépeindre » en « mettant sous les yeux ». Le fait nouveau est que l'illusion contrôlée n'est pas destinée à plaire, ni à distraire. Elle est mise au service de l'individuation exercée par l'horrible comme par l'admirable. L'individuation par l'horrible, à laquelle nous sommes plus particulièrement attentifs, resterait aveugle en tant que sentiment, aussi élevé et profond soit-il, sans la quasi-intuitivité de la fiction. La fiction donne au narrateur horrifié des yeux. Des yeux pour voir et pour pleurer. L'état présent de la littérature de l'Holocauste le vérifie amplement. Ou bien le décompte des cadavres ou bien la légende des victimes. Entre les deux s'intercale une explication historique, difficile (sinon impossible) à écrire, conforme aux règles de l'imputation causale singulière.

En fusionnant ainsi avec l'histoire, la fiction ramène celle-ci à leur origine commune dans l'*épopée*. Plus exactement, ce que l'épopée avait fait dans la dimension de l'admirable, la légende des victimes le fait dans celle de l'horrible. Cette épopée en quelque sorte négative préserve la mémoire de la souffrance, à l'échelle des peuples, comme l'épopée et l'histoire à ses débuts avaient transformé la gloire éphémère des héros en renommée durable. Dans les deux cas, la fiction se met au service de l'inoubliable[1]. Elle permet à l'historiographie de s'égaler à la mémoire. Car une historiographie peut être sans mémoire, lorsque seule la curiosité l'anime. Elle vire alors à l'exotisme, ce qui n'a rien de répréhensible, comme Paul Veyne en revendique le droit pour l'histoire de Rome qu'il enseigne. Mais il y a peut-être des crimes qu'il ne faut pas oublier, des victimes dont la souffrance crie moins vengeance que récit. Seule la volonté de ne pas oublier peut faire que ces crimes ne reviennent *plus jamais*.

2. *L'historicisation de la fiction*

La fiction offre-t-elle, de son côté, des traits qui favorisent son *historicisation*, comme l'histoire appelle,

---

1. Je rejoins, une fois encore, les belles analyses de Hannah Arendt sur le rapport entre le récit et l'action : face à la fragilité des choses humaines, le récit décèle le « qui » de l'action, l'expose dans l'espace d'apparition du règne public, lui confère une cohérence digne d'être racontée, et finalement lui assure l'immortalité de la réputation (*The Human Condition*, trad. fr., p. 50, 97, 173-174, 181 *sq.*). On ne s'étonnera pas que Hannah Arendt n'ait jamais séparé ceux qui souffrent l'histoire de ceux qui la font, et qu'elle ait même choisi de placer en exergue de son grand chapitre sur l'action ce vers de la poétesse Isak Dinesen : « *All sorrows can be borne, if you put them into a story or tell a story about them* » (*ibid.*, p. 175).

par les caractères qu'on vient de dire, une certaine *fictionalisation* au service même de sa visée de représentance du passé ?

J'examinerai ici l'hypothèse selon laquelle le récit de fiction *imite* d'une certaine façon le récit historique. Raconter quoi que ce soit, dirais-je, c'est le raconter *comme s'*il s'était passé. Jusqu'à quel point le *comme si passé* est-il essentiel à la signification-récit ?

Un premier indice que ce *comme si passé* fait partie du sens que nous attachons à tout récit est d'ordre strictement grammatical. Les récits sont racontés à un temps passé. Le « il était une fois... » marque, dans le conte, l'entrée en récit. Je n'ignore certes pas que ce critère est récusé par Harald Weinrich dans *Tempus*. L'organisation des temps verbaux, selon cet auteur, ne se comprend que si on les dissocie des déterminations rapportées au découpage du temps en passé, présent, futur. *Tempus* ne doit rien à *Zeit*. Les temps verbaux seraient seulement des signaux adressés par un locuteur à un auditeur, l'invitant à recevoir et à décoder un message verbal d'une certaine façon. Nous avons examiné plus haut cette interprétation des temps verbaux en termes de communication[1]. C'est la « situation de locution », présidant à la première distinction, qui nous intéresse ici, puisqu'elle régit, selon Weinrich, l'opposition entre raconter *(erzählen)* et commenter *(besprechen)*. Les temps qui régissent le raconter (en français le passé simple, l'imparfait, le plus-que-parfait, le conditionnel) n'auraient aucune fonction proprement temporelle ; ils serviraient à avertir le lecteur : ceci est un récit. L'attitude qui correspond au récit serait simplement la détente, le désengagement, par contraste avec la tension, l'engagement de l'entrée en commentaire. Passé simple et imparfait seraient ainsi des temps du récit, non parce que le récit se rapporte d'une manière ou d'une autre à des événements passés, réels ou fictifs, mais parce que ces temps orientent vers une attitude de détente. Il en va de même, on s'en souvient, des marques de *rétrospection* et de *prospection*, selon le second axe de communication, celui

---

1. *Temps et Récit*, t. II, chap. III, § 1.

de la « perspective de locution » ; et des marques de la « mise en relief », selon le troisième axe de la communication. J'ai dit, le moment venu, ce qu'une théorie du temps dans la fiction doit à l'ouvrage de Weinrich. Ce que *Tempus* démontre, c'est que les temps verbaux forment un système infiniment plus complexe que la représentation *linéaire* du temps, à quoi l'auteur est trop prompt à rattacher le vécu temporel exprimé en termes de présent, de passé et de futur. Or la phénoménologie de l'expérience temporelle nous a familiarisé avec de multiples aspects non linéaires du temps et avec des significations de la notion du passé qui relèvent de ces aspects non linéaires. *Tempus* dès lors peut être rattaché à *Zeit* selon d'autres modalités de temporalisation que la linéarité. C'est précisément une des fonctions de la fiction de détecter et d'explorer certaines de ces significations temporelles que le vécu quotidien nivelle ou oblitère. Au reste, dire que le prétérit signale simplement l'entrée en récit sans aucune signification temporelle ne paraît guère plausible. L'idée que le récit ait affaire à quelque chose comme un passé fictif me paraît plus féconde. Si le récit appelle une attitude de détachement, n'est-ce pas parce que le temps passé du récit est un quasi-passé temporel ?

Or, que peut-on entendre par quasi-passé ? J'ai risqué, dans la troisième partie de cet ouvrage, au terme de mes analyses des « jeux avec le temps », une hypothèse qui me paraît trouver, ici et maintenant, sa meilleure légitimation. Selon cette hypothèse, les événements racontés dans un récit de fiction sont des faits passés pour la *voix narrative* que nous pouvons tenir ici pour identique à l'auteur impliqué, c'est-à-dire à un déguisement fictif de l'auteur réel. Une *voix* parle qui raconte ce qui, *pour elle,* a eu lieu. Entrer en lecture, c'est inclure dans le pacte entre le lecteur et l'auteur la croyance que les événements rapportés par la voix narrative appartiennent au passé de cette voix[1].

Si cette hypothèse tient, on peut dire que la fiction est

1. Sur la notion de *voix narrative,* cf. *Temps et Récit,* t. II, p. 165-188.

quasi historique, tout autant que l'histoire est quasi fictive. L'histoire est quasi fictive, dès lors que la quasi-présence des événements placés « sous les yeux » du lecteur par un récit animé supplée, par son intuitivité, sa vivacité, au caractère élusif de la passéité du passé, que les paradoxes de la représentation illustrent. Le récit de fiction est quasi historique dans la mesure où les événements irréels qu'il rapporte sont des faits passés pour la voix narrative qui s'adresse au lecteur; c'est ainsi qu'ils ressemblent à des événements passés et que la fiction ressemble à l'histoire.

Le rapport est d'ailleurs circulaire : c'est, pourrait-on dire, en tant que quasi historique que la fiction donne au passé cette vivacité d'évocation qui fait d'un grand livre d'histoire un chef-d'œuvre littéraire.

Une seconde raison de tenir le « comme si passé » pour essentiel à la fiction narrative tient à cette règle d'or de la mise en intrigue que nous avons lue chez Aristote, à savoir qu'elle doit être probable ou nécessaire ; certes, Aristote n'attache aucune signification temporelle ou quasi temporelle au probable ; il se borne à opposer ce qui pourrait avoir lieu à ce qui a eu lieu (*Poétique*, 1451 b 4-5). L'histoire prend soin du passé effectif, la poésie se charge du possible. Mais cette objection n'est pas plus contraignante que celle de Weinrich. Aristote, en fait, ne s'intéresse pas du tout à la différence entre passé et présent ; il caractérise ce qui a eu lieu par le particulier et ce qui pourrait avoir lieu par le général : « Le général est le type de choses qu'un certain type d'hommes fait ou dit vraisemblablement ou nécessairement » (1451 b 6).

C'est la vraisemblance du général qui fait ici problème. Or cette vraisemblance n'est pas sans rapport, pour Aristote lui-même, avec ce que nous venons d'appeler quasi-passé. A la même page qui oppose la poésie à l'histoire, les tragiques sont loués pour s'en être tenus « aux noms d'hommes réellement attestés. En voici la raison : c'est que le possible est *persuasif* : or, ce qui n'a pas eu lieu, nous ne croyons pas encore que ce soit possible, tandis que, ce qui a eu lieu, il est évident que c'est possible » (1451 b 15-18). Aristote suggère ici que, pour être persuasif, le probable doit avoir une relation de vérisimilitude avec l'avoir-été. Aristote ne se soucie pas en effet de savoir si Ulysse, Agamemnon, Œdipe sont des personnages réels du passé ; mais la tragédie doit simuler une plongée dans la *légende,* dont la première fonction est de relier la mémoire et l'histoire aux couches archaïques du règne des prédécesseurs.

Malheureusement, cette simulation du passé par la fiction a été obscurcie ultérieurement par les discussions esthétiques qu'a suscitées le roman réaliste. La vérisimilitude est alors confondue avec une modalité de ressemblance au réel qui place la fiction sur le plan même de l'histoire. A cet égard, il est bien vrai que l'on peut lire les grands romanciers du XIXe siècle comme des historiens supplétifs, ou mieux comme des sociologues avant la lettre : comme si le roman occupait ici une place encore vacante dans l'empire des sciences humaines. Mais cet exemple est finalement le plus trompeur. Ce n'est pas lorsque le roman exerce une fonction historique ou sociologique *directe,* mêlée à sa fonction esthétique, qu'il pose le problème le plus intéressant quant à la vérisimilitude. La véritable *mimèsis* de l'action est à chercher dans les œuvres d'art les moins soucieuses de refléter leur époque. *L'imitation, au sens vulgaire du terme, est ici l'ennemi par excellence de la* mimèsis. C'est précisément lorsqu'une œuvre d'art rompt avec cette sorte de vraisemblance qu'elle déploie sa véritable fonction mimétique. Le quasi-passé de la voix narrative se distingue alors entièrement du passé de la conscience historique. Il s'identifie en revanche avec le probable au sens de ce qui pourrait avoir lieu. Telle est la note « passéiste » qui résonne dans toute revendication de vraisemblance, en dehors de toute relation de reflet avec le passé historique.

L'interprétation que je propose ici du caractère « quasi historique » de la fiction recoupe évidemment celle que je propose du caractère « quasi fictif » du passé historique. S'il est vrai qu'une des fonctions de la fiction, mêlée à l'histoire, est de libérer rétrospectivement certaines possibilités non effectuées du passé historique, c'est à la faveur de son caractère quasi historique que la fiction elle-même peut exercer *après coup* sa fonction libératrice. Le *quasi-passé* de la fiction devient ainsi le détecteur des *possibles enfouis dans le passé effectif*. Ce qui « aurait pu avoir lieu » — le vraisemblable selon Aristote — recouvre à la fois les potentialités du passé « réel » et les possibles « irréels » de la pure fiction.

Cette affinité profonde entre le vraisemblable de pure fiction et les potentialités non effectuées du passé historique explique peut-être, à son tour, pourquoi la libération de la fiction à l'égard des contraintes de l'histoire — contraintes résumées dans la preuve documentaire — ne constitue pas, comme il a été dit plus haut (p. 185-186), le dernier mot concernant la *liberté* de la fiction. Libre *de* la contrainte extérieure de la preuve documentaire, la fiction n'est-elle pas intérieurement liée par le service du quasi-passé, qui est un autre nom de la *contrainte du vraisemblable* ? Libre *de...,* l'artiste doit encore se rendre libre *pour...* Si ce n'était pas le cas, comment expliquer les angoisses et les souffrances de la création artistique ? Le quasi-passé de la voix narrative n'exerce-t-il pas sur la création romanesque une contrainte intérieure d'autant plus impérieuse que celle-ci ne se confond pas avec la contrainte extérieure du fait documentaire ? Et la dure loi de la création, qui est de « rendre » de la façon la plus parfaite la vision du monde qui anime la voix narrative, ne simule-t-elle pas, jusqu'à l'indistinction, la *dette* de l'histoire à l'égard des hommes d'autrefois, à l'égard des morts ? Dette pour dette, lequel, de l'historien ou du romancier, est le plus insolvable ?

Pour conclure, l'*entrecroisement* entre l'histoire et la fiction dans la refiguration du temps repose, en dernière analyse, sur cet empiétement réciproque, le moment quasi historique de la fiction changeant de place avec le moment quasi fictif de l'histoire. De cet entrecroisement, de cet empiétement réciproque, de cet échange de places, procède ce qu'il est convenu d'appeler *le temps humain,* où se conjuguent la représentation du passé par l'histoire et les variations imaginatives de la fiction, sur l'arrière-plan des apories de la phénoménologie du temps [1].

A quel genre de totalisation ce temps issu de la refiguration par le récit se prête-t-il, s'il doit pouvoir être visé comme le *singulier collectif* sous lequel s'ordonnent toutes les procédures d'entrecroisement que l'on vient de décrire ?
C'est ce qui reste encore à examiner.

---

1. Je réserve pour le chapitre de conclusion l'examen de la notion d'*identité narrative* qui couronne, au plan de la conscience de soi, l'analyse des cinq chapitres qui s'achèvent ici. Le lecteur peut s'y reporter dès maintenant. Pour ma part, j'ai préféré m'en tenir à la constitution du *temps humain en tant que tel*, afin de laisser ouverte la voie qui conduit à l'aporie du temps de l'histoire.

6

Renoncer à Hegel

La confrontation avec Hegel que nous nous imposons ici est rendue nécessaire par l'émergence d'un problème issu de la conclusion même à laquelle ont abouti les cinq chapitres précédents. Ce problème, que nous avons esquissé dans ses grandes lignes dans les pages d'introduction à notre deuxième section, résulte de la présupposition, réitérée par toutes les grandes philosophies du temps, de l'unicité du temps. C'est toujours comme un *singulier collectif* que le temps y est représenté. Or, cette présupposition n'est reprise par les phénoménologies du temps évoquées plus haut qu'au prix de grandes difficultés que nous repasserons une dernière fois en revue dans notre chapitre de conclusion. La question qui se pose pour l'heure est de savoir si, de l'entrecroisement des visées référentielles du récit historique et du récit de fiction, procède une conscience historique unitaire, susceptible de s'égaler à cette postulation de l'unicité du temps et d'en faire fructifier les apories.

Quant à la légitimité de cette ultime question, je ne reviens pas sur l'argument tiré de la sémantique du terme « histoire », à l'époque moderne du moins. L'argument sera d'ailleurs repris au début du chapitre suivant. Je préfère rechercher un point d'ancrage pour notre question de la totalisation de la conscience historique dans les difficultés rencontrées plus haut au cours de notre chapitre consacré à la réalité du passé en tant que tel[1]. Si, comme nous en avons alors fait l'aveu, l'échec relatif de toute pensée du passé en tant que tel provient de l'abstraction

---

1. Cf. ci-dessus, chap. III.

du passé, de la rupture de ses liens avec le présent et avec le futur, la véritable riposte aux apories du temps n'est-elle pas à chercher dans un mode de pensée qui embrasserait le passé, le présent et l'avenir *comme un tout* ? Ne faut-il pas déchiffrer, dans la disparité des « grands genres » qui articulent la représentation du passé en tant que tel (réeffectuation, position d'altérité et de différence, assimilation métaphorique), le symptôme d'une pensée qui n'a pas osé s'élever à la saisie de l'histoire comme la totalisation même du temps dans l'éternel présent ?

De cette question naît la tentation hégélienne.

1. *La tentation hégélienne*

L'histoire, dont la philosophie hégélienne[1] fait son thème, n'est plus une histoire d'historien : c'est une histoire de philosophe. Hegel dit : « histoire du monde » — et non « histoire universelle ». Pourquoi ? Parce que l'*idée* capable de conférer à l'histoire une unité — l'*idée de liberté* — n'est comprise que par quiconque a fait le parcours entier de la philosophie de l'Esprit dans l'*Encyclopédie des sciences philosophiques* — c'est-à-dire par quiconque a pensé intégralement les conditions qui font que la liberté est à la fois rationnelle et réelle dans le procès d'auto-réalisation de l'Esprit. En ce sens, seul le philosophe peut écrire cette histoire[2].

---

1. Notre texte, ici, est l'édition des *Vorlesungen über die Philosophie der Weltgeschichte,* t. I, *Die Vernunft in der Geschichte,* établie par Johannes Hoffmeister, Hambourg, Felix Meiner, 1955 ; traduction française de Kostas Pappaioannou, *La Raison dans l'histoire, Introduction à la philosophie de l'histoire,* Paris, Plon, 1965 (également Union Générale d'Éditions, coll. « Le monde en 10/18 »). Nous avons pris la liberté de modifier cette traduction en plusieurs occasions.

2. L'enquête sur les « types d'historiographie » *(Arten der Geschichtsschreibung)* — qui constitue la « Première ébauche » de l'Introduction aux *Leçons sur la philosophie de l'histoire* — n'a qu'un but didactique : pour un public non familiarisé avec les raisons philosophiques établies par le système consistant à tenir la liberté pour le moteur d'une histoire à la fois sensée et réelle, il était nécessaire de donner une introduction exotérique qui conduise, degré

Il n'y a donc pas d'introduction véritable à la « considération *pensante* » de l'histoire. Elle s'établit, sans transition ni intermédiaire, sur l'acte de foi philosophique consubstantiel au système : « La seule pensée qu'apporte la philosophie est la simple idée de la *Raison* – l'idée que la Raison gouverne le monde et que, par conséquent, l'histoire du monde s'est elle aussi déroulée rationnelle-

---

par degré, vers l'idée d'une histoire philosophique du monde qui, en vérité, n'est recommandée que par sa propre structure philosophique. Le mouvement de l'« *Histoire originale* » à l'« *histoire réfléchissante* », puis à l'« *histoire philosophique* », répète le mouvement de la *Vorstellung* — autrement dit, de la pensée figurative — au *Concept,* en passant par l'entendement et le jugement. Il est dit des auteurs de l'« histoire originale » qu'ils traitent des événements et des institutions qu'ils ont sous les yeux et dont ils partagent l'esprit ; avec eux, un premier seuil est néanmoins franchi, par-delà la légende et les traditions rapportées, parce que l'esprit du peuple a déjà franchi ce seuil en inventant la politique et l'écriture. L'histoire accompagne cette avancée effective en l'intériorisant. Quant à l'« histoire réfléchissante », elle présente elle-même des formes qui sont parcourues dans un certain ordre, lequel répète la hiérarchie de la représentation au Concept. Il est remarquable que l'« histoire universelle » n'en constitue que le plus bas degré, faute d'idée directrice qui domine la compilation de résumés abstraits et de peintures donnant l'illusion du vécu. (L'« histoire philosophique du monde » ne sera donc pas une histoire universelle, au sens d'une vue synoptique des histoires nationales, mises bord à bord à la façon de cartes de géographie.) Est ensuite récusée l'« histoire pragmatique », en dépit de son souci de rendre le passé et le présent mutuellement signifiants ; mais c'est au prix d'une tendance moralisante qui met l'histoire à la merci des convictions de l'historien particulier (on reviendra plus loin, avec R. Koselleck, sur cette importante question de l'*historia magistra vitae*). On est davantage surpris par la hargne de Hegel contre l'« histoire critique », cœur vivant de l'« histoire réfléchissante ». En dépit de son acribie dans le traitement des sources, elle partage les défauts de toute pensée *seulement* critique, en laquelle se concentrent toutes les résistances à la pensée spéculative : repli sur les questions de condition de possibilité, perte de contact avec les choses mêmes. Il n'est pas surprenant, dès lors, que Hegel préfère encore l'« histoire spéciale » (histoire de l'art, de la science, de la religion, etc.), laquelle a au moins la vertu de comprendre une activité spirituelle en fonction des puissances de l'Esprit qui particularisent l'esprit d'un peuple. C'est pourquoi Hegel place l'« histoire spéciale » au sommet des modalités de l'« histoire réfléchissante ». Le passage à l'« histoire philosophique du monde » n'en constitue pas moins un saut qualitatif dans le parcours des types d'historiographie.

ment » [28] (47)[1]. Pour l'historien, cette conviction reste une hypothèse, une « présupposition », donc une idée *a priori* imposée aux faits. Pour le philosophe spéculatif, elle a l'autorité de l'« auto-présentation » (de la *Selbstdarstellung*) du système entier. C'est une vérité : la vérité que la Raison n'est pas un idéal impuissant, mais une *puissance*. Ce n'est pas une simple abstraction, un devoir-être, mais une puissance *infinie* qui, à la différence des puissances finies, produit les circonstances de sa propre réalisation. Ce credo philosophique résume aussi bien la *Phénoménologie de l'Esprit* que l'*Encyclopédie* et y reprend la réfutation obstinée de la scission entre un formalisme de l'idée et un empirisme du fait. Ce qui est, est *sensé* — ce qui est sensé, *est*. Cette conviction, qui commande toute la philosophie hégélienne de l'histoire, ne peut être introduite que de façon abrupte, dans la mesure où c'est le système entier qui la prouve[2].

1. Cette proposition a même statut épistémologique que la « conviction » *(Ueberzeugung)* qui, à la fin du chapitre VI de la *Phénoménologie de l'esprit*, s'attache à la certitude de soi, lorsque l'agent est devenu — un, à la fois avec son intention et avec son faire.
2. Si l'on peut nommer quelques antécédents à l'entreprise hégélienne, les arguments qui révèlent leur inadéquation sont eux-mêmes empruntés à la doctrine complète, laquelle est sans précédent. Le *Noûs* d'Anaxagore ? Mais Platon avait déjà rejeté une philosophie pour laquelle la causalité réelle demeure intrinsèque ou règne de l'Esprit. La doctrine de la Providence ? Mais les chrétiens ne l'ont comprise que fragmentée en interventions arbitraires et ne l'ont pas appliquée au cours entier de l'histoire du monde. De plus, en déclarant cachées les voies du Seigneur, ils ont fui devant la tâche de connaître Dieu. La théodicée de Leibniz ? Mais ses catégories restent « abstraites », « indéterminées » [4] (68), faute d'avoir montré historiquement, et non « métaphysiquement », comment la réalité historique s'intègre au dessein de Dieu ; l'échec de son explication du mal en témoigne : « Le mal dans l'univers, y compris le mal moral, doit être compris et l'esprit pensant doit se réconcilier avec ce négatif » *(ibid.)*. Tant que le mal n'est pas incorporé au grand dessein du monde, la croyance au *Noûs,* à la Providence, au dessein divin reste en suspens. Quant à la propre philosophie de la religion de Hegel, elle n'est même pas d'un secours suffisant ; certes, c'est en elle qu'il est affirmé avec le plus de force que Dieu lui-même s'est révélé ; mais elle pose le même problème : comment *penser* jusqu'au bout ce qui est seulement objet de foi ? Comment connaître Dieu *rationnellement ?* La question renvoie aux détermination de la philosophie spéculative dans son ensemble.

La philosophie de l'histoire, toutefois, ne se borne pas à la simple tautologie de la déclaration que l'on vient de rapporter. Ou si, en dernier ressort, elle doit se révéler comme une vaste tautologie, c'est au terme d'un parcours qui, en tant que tel, vaut preuve. C'est sur les articulations de ce parcours que je veux me concentrer, car elles consomment l'*Aufhebung* de toute narration. Les articulations de ce parcours, Hegel les place sous le sigle de la « *détermination* » *(Bestimmung)* de la Raison. Faute de pouvoir, dans un ouvrage relativement populaire, reproduire l'appareil de la preuve que l'*Encyclopédie des sciences philosophiques* emprunte à la logique philosophique, les *Leçons sur la philosophie de l'histoire* se contentent d'une argumentation plus exotérique, construite sur les moments familiers de la notion vulgaire de téléologie (sans retourner néanmoins à la finalité externe) : *but, moyens, matériel, effectivité*. Cette progression en quatre temps a du moins l'avantage de mettre en pleine lumière le caractère difficultueux de la mise en équation entre le rationnel et le réel, qu'une réflexion plus courte, bornée au rapport entre moyens et fin, semblerait pouvoir établir à moindres frais. Cette sorte de retrait de l'ultime adéquation n'est pas, comme il va bien vite apparaître, sans signification pour notre problème de la médiation parfaite.

Le premier temps du procès de pensée consiste dans la position d'une fin ultime de l'histoire : « La question de la détermination de la Raison en elle-même dans son rapport avec le monde se confond avec celle de la fin ultime *(Endzweck)* du monde » [50] (70). Cette déclaration abrupte cesse d'étonner, si l'on se rappelle que la philosophie de l'histoire suppose le système entier. Seul ce dernier autorise à déclarer que ce but ultime est l'auto-réalisation de la liberté. Ce point de départ distingue d'un seul coup l'histoire philosophique du monde, appelée encore « considération pensante de l'histoire ». En conséquence, composer une histoire philosophique sera lire l'histoire, principalement politique, sous la conduite d'une idée que seule la philosophie légitime entièrement. La philosophie, faut-il dire, s'apporte elle-même dans la position de la question.

Toutefois, une méditation qui ne prendrait pas en charge la question des moyens, du matériel et de l'effectivité ne saurait dépasser le plan d'une « détermination abstraite de l'Esprit » [54] (74), séparée de sa « preuve » historique. De fait, la détermination de l'Esprit autrement que par ses preuves ne peut être désignée que par son opposition à la nature [55] (75). La liberté elle-même reste abstraite tant qu'elle reste opposée aux déterminations matérielles extérieures : le pouvoir qu'a l'esprit de demeurer « auprès de soi » *(bei sich)*, a encore pour contraire le « hors de soi » de la matière. Même la brève « présentation » *(Darstellung)* de l'histoire de la liberté, comme extension quantitative de la liberté (avec l'Orient, un seul est libre ; avec les Grecs, quelques-uns sont libres ; avec le christianisme germanique seulement, l'homme en tant que tel est libre) [62] (83) — même cette exhibition de la liberté dans son histoire reste abstraite, aussi longtemps qu'on n'en connaît pas les moyens. Nous tenons certes le schème du développement de l'Esprit et de la « partition » *(Einteilung)* de l'histoire mondiale. Manquent l'effectuation *(Verwirklichung)* et l'effectivité *(Wirklichkeit)* à la belle déclaration selon laquelle l'unique but de l'Esprit est de rendre la liberté effective [64-78] (85-101). La seule note « concrète » donnée à l'affirmation selon laquelle l'Esprit se produit lui-même comme « son propre résultat » [58] (79) est l'identification de l'Esprit à *l'esprit d'un peuple (Volksgeist)*. C'était précisément l'esprit d'un peuple, sa substance et sa conscience, qui, dans l'histoire « originale », accédaient à la représentation. De façon générale, avec l'esprit d'un peuple, on a franchi le seuil de l'histoire et laissé derrière soi la perspective bornée de l'individu. Néanmoins, cette réelle avancée vers le concret ne franchit pas les bornes de la « détermination abstraite », dans la mesure où on se limite à juxtaposer aux multiples esprits d'un peuple l'unique *esprit du monde (Weltgeist),* laissant ainsi côte à côte un polythéisme des esprits et un monothéisme de l'Esprit. Aussi longtemps que l'on n'aura pas fait voir les ressorts de cette insertion de l'esprit d'un peuple dans l'esprit du monde, on n'aura pas surmonté l'abstraction de l'affirmation selon laquelle « l'histoire du monde se déploie dans le domaine de l'esprit ». Comment le déclin des esprits d'un peuple, pris individuellement, et la relève de l'un par l'autre attestent-ils *l'immortalité de l'esprit du monde,* de l'Esprit en tant que tel ? Que l'Esprit s'engage successivement dans telle ou telle configuration historique, ce n'est qu'un corollaire de l'affirmation — abstraite encore — selon laquelle l'Esprit est *un* à travers ses particularisations multiples. Accéder au sens de ce passage de l'esprit d'un peuple à un autre, voilà le point suprême de la compréhension philosophique de l'histoire.

C'est à ce stade critique que se pose la question des *moyens* que la liberté se donne afin de se réaliser dans l'histoire. C'est en ce point aussi qu'intervient la thèse trop fameuse de la *ruse de la Raison.* Mais il importe d'annoncer dès maintenant que celle-ci ne constitue encore qu'une étape sur la voie de l'effectuation plénière de la Raison dans l'histoire. Bien plus, l'argument lui-même comporte plusieurs degrés, traités avec une grande précaution, comme pour amortir un choc attendu [78-110] (101-134).

Il doit d'abord être entendu que c'est dans le champ d'une théorie de l'*action* que la solution du problème des moyens est à chercher ; la toute première effectuation du dessein de la liberté consiste en effet dans l'investissement de cette dernière dans un *intérêt* : « C'est le droit infini du sujet qu'il trouve satisfaction dans son activité et son travail » [82] (105). Est écartée par là toute dénonciation moralisante du prétendu égoïsme de l'intérêt. C'est sur ce même plan d'une théorie de l'action qu'il peut également être affirmé que l'intérêt tire son énergie de la *passion* ; on connaît le mot : « Rien de grand dans le monde n'a été accompli sans passion » [85] (108-109). Autrement dit, la « conviction » morale n'est rien sans la mobilisation, entière et sans réserve pour une idée que la passion anime. Or, ce qui est en jeu sous ce vocable, c'est précisément ce que, dans la *Phénoménologie de l'Esprit,* la conscience jugeante appelle le *mal,* à savoir le reflux et le recentrement de toutes les forces agissantes sur la seule satisfaction du moi.

Comment l'esprit du monde, porté par l'esprit d'un peuple, peut-il s'annexer, comme « moyen » de son effectuation, ces convictions incarnées dans des intérêts et mues par des passions que le moraliste identifie au mal ? La méditation comporte ici trois nouveaux pas.

A l'analyse qui vient d'être faite de la passion, s'ajoute un premier trait décisif : dans l'intention d'une passion se cachent deux visées, l'une que l'individu sait, l'autre qu'il ne sait pas : d'un côté, l'individu se dirige vers des buts déterminés et finis ; de l'autre, il sert à son insu des intérêts qui le dépassent. Quiconque fait quelque chose, produit des effets non voulus qui font que ses actes échappent à son intention et développent leur logique propre. En règle : « L'action immédiate peut également contenir quelque chose de plus vaste que ce qui apparaît dans la volonté et la conscience de l'auteur » [89] (112)[1].

Par le recours à cette intention seconde et cachée, Hegel pense s'être rapproché de son but, qui est d'*abolir le hasard*. Pour l'histoire « originale » et l'histoire « réfléchissante », en effet, cet *autrement que visé* serait le dernier mot[2]. La « *ruse* » *de la Raison, c'est très précisément la reprise de cet autrement que... dans le dessein du* Weltgeist.

---

1. Cette idée d'une double intentionnalité n'est pas sans écho dans la pensée contemporaine : je l'ai souvent évoquée à la suite de Hermann Lübbe dans son essai *Was aus Handlungen Geschichten macht* ? (« Qu'est-ce qui transforme nos actions en histoires ? ») Il n'y a rien à raconter, note cet auteur, tant que les choses se passent comme prévu ou voulu ; on ne raconte que ce qui a compliqué, contrarié, voire rendu méconnaissable la simple mise en œuvre d'un projet. Typique, à cet égard, est le projet ruiné par l'interférence d'entreprises adverses. Lorsque l'effet produit ne s'accorde avec les raisons d'agir d'aucun des participants (telle l'inauguration du stade de Nurenberg, prévue par l'architecte en chef du IIIe Reich pour le jour qui fut en fait celui de la victoire des alliés), plus encore, lorsque cet effet ne peut être attribué à aucune tierce volonté, nous avons à raconter de quelle manière les choses se sont produites *autrement* que tout ce qui a pu être visé par l'un ou par l'autre. Hegel reprend la parole au moment où H. Lübbe s'arrête, c'est-à-dire avec le constat neutre (ou ironique, ou désolé) de la place du hasard, au sens de Cournot, dans le sens de l'histoire.

2. « Le fait historique est par essence irréductible à l'ordre : le hasard est le fondement de l'histoire », commente Raymond Aron dans la ligne de Cournot.

Renoncer à Hegel

Comment ? Par un second pas en avant, quittons la sphère des intérêts égoïstes et considérons l'inscription des effets non visés par l'individu dans la sphère des intérêts du peuple et de l'*État*. Il faut donc anticiper, dans la théorie des « moyens », celle du « matériel » de l'histoire sensée. L'État est le lieu, la configuration historique, où l'idée et sa réalisation se rejoignent. Hors de l'État, il n'est pas de conciliation entre l'Esprit, visant à l'effectuation de la liberté, et les individus, cherchant avec passion leur satisfaction dans l'horizon de leur intérêt. Entre l'*en soi* de cette volonté de liberté et le *pour soi* de la passion, l'abîme demeure. A cette contradiction, Hegel ne répond par aucune conciliation facile. La contradiction reste aiguë aussi longtemps que l'argumentation reste dans le champ de l'antithèse entre bonheur et malheur. Or, il faut avouer que « *l'histoire du monde n'est pas le lieu du bonheur* » [92] (116). Paradoxalement, les pages de bonheur des peuples heureux restent blanches. *Il faut renoncer à la consolation pour accéder à la réconciliation.* On peut alors relier ce second pas au premier : du point de vue de l'individu, le destin funeste d'un Alexandre, d'un César (d'un Napoléon peut-être aussi), est l'histoire d'un projet ruiné (et cette histoire reste prisonnière du même cercle subjectif que l'action dont pourtant elle trahit l'intention). C'est du point de vue des intérêts supérieurs de la liberté et de son progrès dans l'*État* que leur échec peut être signifiant.

Reste un dernier pas à oser, que l'exemple précédent anticipe. Outre un « sol » *(Boden)*, à savoir l'État, où peuvent coïncider les intérêts supérieurs de la liberté, qui sont aussi ceux de l'Esprit, et les intérêts égoïstes des individus, l'argument requiert encore des *agents hors pair*, capables de porter ces destins, eux-mêmes hors du commun, où les conséquences non visées de l'action concourent au progrès des institutions de la liberté. Ces agents de l'histoire, en lesquels la passion et l'idée se recouvrent, sont ceux que Hegel dénomme les « grands hommes historiques » *(die grossen welthistorischen Individuen)* [97] (120). Ils surviennent lorsque des conflits et des oppositions attestent la vitalité de l'esprit d'un peuple, et qu'une « idée productrice » cherche à se frayer la voie.

Cette idée productrice n'est connue de personne ; elle habite les grands hommes à leur insu, et leur passion est entièrement régie par l'idée qui se cherche. On dirait, dans un autre vocabulaire, qu'ils incarnent le *kairos* d'une époque. Hommes de passion, ils sont hommes de malheur : leur passion les fait vivre, leur destin les tue ; ce mal et ce malheur *sont* l'« effectuation de l'Esprit ». N'est pas seulement confondue la hauteur de ton des moralistes, mais encore la mesquinerie des envieux. Inutile de s'attarder sur le mot, repris de la *Phénoménologie de l'Esprit,* qui elle-même le tenait de Goethe : « Pas de héros pour son valet de chambre » [103] (107). A l'encontre de ces deux sortes de grincheux, qui bien souvent n'en sont qu'un, il faut oser avouer : « Une si grande figure écrase nécessairement maintes fleurs inconnues, ruine maintes fleurs sur son passage » [105] (129).

C'est alors — alors seulement — que Hegel prononce le mot : *ruse de la Raison (List der Vernunft)* [105] (78) — donc dans un contexte rendu bien précis par la double *marque* du mal et du malheur : sous la condition, d'abord, que l'intérêt particulier animé par une grande passion serve à son insu la production de la liberté elle-même ; sous la condition ensuite, que le particulier soit détruit, afin que l'universel soit sauf. La *ruse* consiste en ceci seulement que la raison « laisse agir les passions *für sich* » *(ibid.)* ; sous leur apparence dévastatrice hors d'elles-mêmes, et suicidaire pour elles-mêmes, elles portent le destin des fins supérieures. Ainsi la thèse de la ruse de la Raison vient-elle exactement occuper la place que la théodicée assigne au mal, lorsqu'elle proteste que le mal n'est pas *en vain*. Mais, estime Hegel, la philosophie de l'Esprit réussit là où la théodicée a jusqu'ici échoué, parce que seule elle montre comment la Raison mobilise les passions, déploie leur intentionnalité cachée, incorpore leur visée seconde dans le destin politique des États et trouve dans les grands hommes de l'histoire les élus de cette aventure de l'Esprit. La fin ultime a enfin trouvé son « moyen » qui ne lui est pas extérieur, dans la mesure où c'est en satisfaisant leurs fins particulières que ces élus de l'Esprit accomplissent les buts qui les dépassent, et où le sacrifice de la particularité qui en est le prix est justifié par l'office de la raison que ce sacrifice remplit.

Le point critique est, par là même, désigné : dans une réconciliation sans consolation, cette part de la particularité qui souffre, sans raison connue d'elle-même, ne reçoit pas satisfaction. Schiller est renvoyé à sa tristesse : « Si nous disons... que la Raison universelle se réalise dans le monde, nous ne nous référons certainement pas à tel ou tel individu empirique » [76] (99).

Et pourtant l'Introduction aux *Leçons* n'est pas terminée. Il manque toujours quelque chose pour que l'effectivité de l'Esprit, sa *Wirklichkeit,* soit égale à la finalité dernière, à l'*Endzweck,* de l'histoire.

Suit en effet un long développement consacré au « matériel » — *das Material* [110 *sq.*] (134 *sq.*) — de la libre Raison. Celui-ci n'est autre que l'État, dont nous avons anticipé le rôle en parlant du « sol » dans lequel prend racine le procès entier de l'effectuation de la liberté. Autour de ce pôle gravitent les *puissances* qui donnent une chair à l'esprit des peuples (religion, sciences et arts). Nous n'en dirons rien ici.

Plus étonnante est la sorte de course poursuite qui s'engage au-delà de cette section et qui semble suggérer que le projet d'effectuation *(Verwicklichung)* de l'Esprit n'est jamais achevé. Au quatrième stade, intitulé « effectivité » [138 *sq.*] (165 *sq.*), marqué par l'établissement de l'État du droit sur la base de l'idée de constitution, fait encore suite une grande section consacrée au « cours *(Verlauf)* de l'histoire du monde » [149-183] (117-215), où le « principe du développement » doit à son tour s'articuler dans une suite d'« étapes » *(Stufengang)* [155] (143), dans laquelle s'incarne le « cours » même de l'histoire du monde. Avec ce « cours » seulement, le concept d'histoire philosophique du monde est *complet* ; ou plutôt, par lui, nous sommes mis à pied d'œuvre ; il ne reste plus qu'à composer « l'histoire philosophique de l'Ancien Monde », « théâtre de l'objet de nos considérations, c'est-à-dire l'histoire du monde » [210] (243). Encore faut-il organiser ce « cours » selon un principe de « *partition* » adéquat *(die Einteilung der Weltgeschichte)* [242] (279), car c'est, encore une fois, l'exécution de la tâche qui constitue la preuve [1].

Que devient le temps historique dans ce procès d'effectuation ? En première approximation, la philosophie de l'histoire paraît consacrer le caractère irréductiblement temporel de la Raison elle-même, dans la mesure où celle-ci s'égale à ses œuvres. C'est comme « développement » *(Entwicklung)* que le procès d'effectuation se laisse caractériser. Mais cette temporalisation de l'histoire, pour anticiper une expression de Koselleck sur laquelle nous reviendrons au chapitre suivant, ne s'épuise pas dans l'historicisation de la Raison qui paraît résulter de celle-ci. Car c'est le mode même de cette temporalisation qui fait question.

Pour une approximation plus serrée, il apparaît que tout le procès de temporalisation se sublime dans l'idée d'un « retour à soi » *(Rückkehr in sich selber)* [181] (212) de l'Esprit et de son concept, par quoi l'effectivité s'égale à la présence : « La philosophie, faut-il dire, a à faire avec ce qui est présent, effectif *(dem Gegenwärtigen, Wirklichen)* » [183] (215). *Cette équation de l'effectivité et de la présence marque l'abolition de la narrativité dans la considération pensante de l'histoire.* Elle est le sens dernier du passage de l'histoire « originaire » et de l'histoire « réfléchissante » à l'histoire « philosophique » [2].

La manière dont cette équation est obtenue mérite

---

1. Ce que j'appelle la grande *tautologie*, celle que constitue le projet mené à son terme par le *Stufengang*, redouble la tautologie *brève*, le court-circuit de la fameuse déclaration : « La seule pensée qu'apporte la philosophie est la simple idée de la Raison — l'idée que l'histoire universelle s'est elle aussi déroulée rationnellement. » L'affirmation du sens par lui-même reste le *credo* philosophique infrangible qu'on lit dans une des belles pages de l'édition Hoffmeister : « La raison existe dans la conscience comme foi et la toute-puissance de la Raison sur le monde. La preuve sera fournie par l'étude de l'histoire du monde elle-même ; car celle-ci n'est que l'image et l'acte de la Raison » [36] (56).
2. Ce passage est anticipé, comme on l'a dit plus haut, dans l'histoire *spéciale*, où l'on perçoit déjà quelque chose de l'abolition du récit dans l'abstraction de l'idée.

notre attention. Il s'agit, en effet, de bien autre chose que d'une amélioration de l'idée de *progrès,* en dépit de l'assertion initiale d'une « impulsion vers la *perfectibilité* », d'un *Trieb der Perfektibilität* [149] (177), qui place le principe de développement dans la mouvance de la philosophie des Lumières. Le ton sur lequel est dénoncée la négligence conceptuelle et la trivialité de l'optimisme des *Aufklärer* est surprenant d'âpreté. La version *tragique* qui est donnée du développement et l'effort pour faire se recouvrir le *tragique* et le *logique* ne laissent aucun doute sur la volonté d'originalité de Hegel dans le traitement de la temporalisation de l'histoire. L'opposition entre l'Esprit et la Nature est l'instrument didactique de cette percée conceptuelle : « Le développement n'est pas une simple éclosion *(Hervorgehen),* sans peine et sans lutte, comme celle de la vie organique, mais le dur labeur, à contre gré, contre soi-même » [152] (180). Ce rôle du négatif — du travail du négatif — ne surprend pas le lecteur familier avec la grande Préface de la *Phénoménologie de l'Esprit.* La nouveauté est le recouvrement entre le temps historique et le travail du négatif : « Il est conforme au concept de l'Esprit que le développement de l'histoire se produise dans le temps. Le temps contient la détermination du négatif » [153] (181). Mieux : « Cette relation au néant est le temps, et cette relation est telle que nous pouvons non seulement la penser, mais aussi la saisir par l'intuition sensible » *(ibid.).* Comment ? Et où ? Par et dans « la suite des étapes du développement du principe » *(Stufengang der Entwicklung des Prinzips)* qui, en marquant la coupure entre le temps biologique et le temps historique, marque le « retour » du transitoire dans l'éternel.

Le concept d'*étapes de développement* est véritablement l'équivalent temporel de la ruse de la Raison. *C'est le temps de la ruse de la Raison.* Le plus remarquable, ici, est que le *Stufengang* répète, à une altitude supérieure de la grande spirale, un trait majeur de la vie organique, avec lequel pourtant il rompt. Ce trait est celui de la *permanence* des espèces, qui assure la répétition du Même et fait du changement un cours cyclique. Le temps historique rompt avec le temps organique, en ceci que « le changement ne s'opère pas simplement à la surface, mais dans le concept » [153] (182). « Dans la Nature, l'espèce ne fait aucun progrès, mais, dans l'Esprit, chaque changement est un progrès » *(ibid.)* (sous réserve du changement de sens qui affecte désormais la notion de progrès); dans la transformation d'une configuration spirituelle en une autre, s'opère la transfiguration *(Verklärung)* de la précédente : « C'est pourquoi l'apparition des configurations spirituelles tombe dans le temps » [154] (182). L'histoire du monde est donc pour l'essentiel « l'explication *(die Auslegung)* de l'Esprit dans le temps, de même que l'Idée s'explicite dans l'espace comme Nature » [154] (183). Mais une analogie entre l'Esprit et la Nature vient dialectiser cette opposition simple. Les configurations spirituelles ont une *pérennité* analogue à la *permanence* des espèces. A première vue, la permanence semble ignorer le travail du négatif : « Là où le néant ne fait pas irruption dans quelque chose, nous disons qu'elle dure » [153] (181). En fait, la pérennité intègre le travail du négatif, grâce au caractère *cumulatif* du changement historique. Les « étapes » de l'histoire du monde sont, en ce sens, l'analogue, au plan de l'histoire, de la permanence des espèces naturelles; mais leur structure temporelle diffère en ceci que les peuples passent, tandis que leurs créations « *persistent* » *(fortbestehen)* [154] (183). La suite de ces configurations, à son tour, peut s'élever à l'éternité, parce que la pérennité atteinte par chaque couche, en dépit de — et grâce à — l'inquiétude de la vie, est recueillie dans une pérennité supérieure, qui est la *profondeur présente* de l'Esprit. On ne saurait trop insister sur le caractère qualitatif de cette pérennité, par opposition au caractère quantitatif du temps chronologique [155] (184). La proposition lapidaire de la première rédaction des *Leçons* : « L'histoire du monde exhibe *(darstellt)* les *étapes (Stufengang)* du développement du principe qui a pour teneur la conscience de la liberté » [155] (184), cette formule bien frappée résume les différences et les analogies entre le cours de la Nature et le cours de l'histoire du monde. Le *Stufengang* n'est pas une suite chronologique, mais un déroulement qui est en même temps un enroulement, une explication et un retour en soi-même. *L'identité entre l'explication et le retour en soi-même est l'éternel présent.* C'est seulement dans une interprétation purement quantitative de la suite des couches historiques que le procès paraît infini et que le progrès paraît ne rejoindre jamais son terme éternellement éloigné. Dans l'interprétation qualitative de la pérennité des couches et de leur cours, le retour en soi-même ne se laisse pas dissiper dans le mauvais infini du progrès sans fin.

C'est dans cet esprit qu'il faut lire le dernier paragraphe de *la Raison dans l'histoire* dans l'édition Hoffmeister : « Ce que l'Esprit est maintenant, il l'était depuis toujours... l'Esprit porte en lui tous les degrés de l'évolution passée, et la vie de l'Esprit dans l'histoire consiste en un cycle de degrés qui, d'un côté, existent actuellement et, de l'autre, ont existé sous une forme passée... Les moments que l'Esprit paraît avoir laissés derrière lui, il les possède toujours dans son actuelle profondeur. De même qu'il a passé par ses moments dans l'histoire, de même il doit les parcourir dans le présent — dans son propre concept » [183] (215).

C'est pourquoi l'opposition entre le passé comme n'étant plus et le futur comme ouvert est inessentielle. La différence est entre passé mort et passé vif, ce dernier relevant de l'essentiel. Si notre souci d'historien nous porte vers un passé révolu et un présent transitoire, notre souci de philosophe nous tourne vers ce qui n'est ni passé ni futur, vers ce qui est, vers ce qui a une existence éternelle. Si donc Hegel se limite au passé, comme l'historien non philosophe, et rejette toute prédiction et toute prophétie, c'est parce qu'il abolit les temps verbaux, comme le faisaient le Parménide du *Poème* et le Platon du *Timée,* dans le « est » philosophique. Il est vrai que la réalisation de la liberté par elle-même, requérant un « développement », ne peut ignorer le *était* et le *est* de l'historien. Mais c'est pour y discerner les signes du *est* philosophique. C'est dans cette mesure, et sous cette réserve, que l'histoire philosophique revêt les traits d'une rétrodiction. Certes, dans la philosophie de l'histoire, comme dans celle du droit, la philosophie arrive trop tard.

Mais, pour le philosophe, ce qui compte du passé, ce sont les signes de maturité d'où rayonne une clarté suffisante sur l'essentiel. Le pari de Hegel est qu'il s'est accumulé suffisamment de sens jusqu'à nous pour y déchiffrer le but ultime du monde dans son rapport aux moyens et au matériel qui en assurent l'effectuation.

Avant de soumettre à la critique la thèse hégélienne du temps historique, mesurons l'enjeu de la discussion au regard des analyses conduites dans les chapitres précédents.

La philosophie hégélienne du temps paraît d'abord rendre justice à la signifiance de la trace : le *Stufengang* n'est-il pas la trace de la Raison dans l'histoire ? Ce n'est finalement pas le cas : l'assomption du temps historique dans l'éternel présent aboutit plutôt à récuser le caractère *indépassable* de la signifiance de la trace. Cette signifiance, on s'en souvient, consistait en ceci que *la trace signifie sans faire apparaître*. Avec Hegel, cette restriction est abolie. Persister dans le présent, c'est, pour le passé, demeurer. Et demeurer, c'est reposer dans le présent éternel de la pensée spéculative.

Il en est de même du problème posé par la passéité du passé. La philosophie hégélienne est sans doute pleinement justifiée à dénoncer l'abstraction de la notion de passé *en tant que tel*. Mais elle dissout, plus qu'elle ne résout, le problème de la *relation* du passé historique au présent. Après tout, ne s'agit-il pas, tout en conservant le plus possible de l'Autre, d'affirmer la victoire finale du Même ? Dès lors disparaît toute raison de recourir au « grand genre » de l'Analogue : car c'est la relation même de *représentance* qui a perdu toute raison d'être, au même titre que la notion de trace qui lui est connexe.

2. *L'impossible médiation totale*

Il faut avouer qu'est impossible une critique de Hegel qui ne soit pas la simple expression de notre incrédulité à l'égard de la proposition majeure : « La seule idée qu'apporte la philosophie est la simple idée de la Raison — l'idée que la Raison gouverne le monde et que par conséquent l'histoire universelle s'est elle aussi déroulée rationnellement. » Credo philosophique, dont la ruse de la Raison n'est que le doublet apologétique, et le *Stufengang* la projection temporelle. Oui, l'honnêteté intellectuelle exige l'aveu que, pour nous, la perte de crédibilité de la philosophie hégélienne de l'histoire a la signification d'un *événement de pensée,* dont nous ne pouvons dire ni que nous l'avons produit, ni non plus qu'il nous est simplement arrivé — dont nous ne savons s'il marque une catastrophe qui n'a pas fini de nous blesser, ou une délivrance dont nous n'osons tirer gloire. La *sortie* de l'hégélianisme — que ce soit par la voie de Kierkegaard, celle de Feuerbach et de Marx, ou celle de l'École historique allemande, pour ne rien dire de Nietzsche que nous évoquerons au prochain chapitre — nous apparaît, après coup, comme une sorte d'origine ; je veux dire : cet exode est si intimement impliqué dans notre manière de questionner que nous ne pouvons pas plus le légitimer par quelque raison plus haute que celle qui donne son titre à *la Raison dans l'histoire,* que nous ne pouvons sauter par-dessus notre ombre.

Pour une histoire des idées, l'effondrement incroyablement rapide de l'hégélianisme, en tant que pensée dominante, est un fait de l'ordre des tremblements de terre. Que cela soit arrivé ainsi ne constitue évidemment pas une preuve. D'autant moins que les raisons alléguées par les adversaires, celles qui ont en fait eu raison de la philosophie hégélienne, apparaissent aujourd'hui, pour une exégèse plus soigneuse des textes hégéliens, comme un monument d'incompréhension et de malveillance. Le paradoxe est que nous ne prenons conscience du caractère singulier de l'événement de pensée que constitue la perte de crédibilité de la pensée hégélienne qu'en dénonçant les dispositions de sens qui ont facilité l'élimination de Hegel[1].

---

1. Oublions les arguments politiques dénonçant dans Hegel un apologète de l'État répressif, voire un fourrier du totalitarisme. Éric Weil a fait justice de ces arguments en ce qui concerne le rapport de

Une critique digne de Hegel doit se mesurer avec l'affirmation centrale selon laquelle le philosophe peut accéder non seulement à un présent qui, en résumant le passé *connu*, tient en germe le futur *anticipé*, mais à un *éternel présent*, qui assure l'unité profonde du passé dépassé et des manifestations de la vie qui déjà s'annoncent à travers celles que nous comprenons parce qu'elles achèvent de vieillir.

Hegel aux États contemporains. « Comparée à la France de la Restauration ou à l'Angleterre d'avant la Réforme de 1832, à l'Autriche de Metternich, la Prusse est un État avancé » (*Hegel et l'État,* Paris, J. Vrin, 1950, p. 19). Plus fondamentalement : « Hegel a justifié l'État national et souverain comme le physicien justifie l'orage » (*ibid.,* p. 78). Ne nous attardons pas non plus au préjugé plus tenace selon lequel Hegel aurait pu croire que l'histoire était arrivée à son terme en se comprenant totalement dans la philosophie hégélienne ; les indices d'inachèvement de l'histoire de l'État sont assez nombreux et assez clairs, chez Hegel lui-même, pour que nous cessions de lui prêter cette sotte croyance. Nul État réel n'a atteint dans sa plénitude le sens que Hegel ne déchiffre que sur son germe et dans ses formes inchoatives. Ainsi, dans les *Principes de la philosophie du droit,* § 330-340, la philosophie de l'histoire occupe précisément cette zone du *droit sans loi,* dont la philosophie du droit ne peut parler que dans le langage kantien du *Projet de paix perpétuelle* (§ 333). Le *Stufengang* des esprits d'un peuple tient lieu de droit international, non encore venu à maturité dans la sphère du droit réel. En ce sens, la philosophie de l'histoire couvre un terrain laissé vacant par le développement du droit. En retour, la philosophie du droit qui serait capable de combler dans sa propre sphère l'inachèvement que lui désigne la philosophie de l'histoire, pourrait corriger sur un point essentiel la philosophie de l'histoire : il n'est pas sûr, en effet, que l'époque qui verrait l'établissement du droit entre les nations serait encore celle des grands hommes historiques, du moins des héros nationaux en temps de paix comme en temps de guerre (Éric Weil, *op. cit.,* p. 81-84). Quoi qu'il en soit de ces développements à venir du droit, il est certain qu'il reste à l'État à devenir, à l'intérieur, l'État de tous, et, au-dehors, l'État mondial. L'histoire pensante ne ferme pas le passé : elle ne comprend que ce qui est déjà révolu : le passé dépassé (*Principes de la philosophie du droit.* § 343). En ce sens, l'achèvement prononcé par le texte fameux de la Préface des *Principes de la philosophie du droit* ne signifie pas plus que ce qu'Éric Weil y a lu : « une forme de la vie a vieilli » (*Hegel et l'État,* p. 104). Une autre forme peut donc s'élever à l'horizon. Le présent dans lequel tout passé dépassé se dépose a suffisamment d'efficace pour n'avoir jamais fini de se déployer en mémoire et en anticipation.

Or, c'est ce passage — ce pas — par quoi le *passé* dépassé est retenu dans le *présent* de chaque époque, et égalé à l'*éternel présent* de l'Esprit, qui a paru impossible à opérer par ceux des successeurs de Hegel qui avaient déjà pris leurs distances à l'égard de l'œuvre de Hegel prise en bloc. Qu'est, en effet, l'Esprit qui fait tenir ensemble l'esprit des peuples et l'esprit du monde ? Est-ce le même Esprit que celui qui, dans la philosophie de la religion, tour à tour requiert et récuse les récits et les symboles de la pensée figurative[1] ? Transposé dans le champ de l'histoire, l'Esprit de la Raison rusée pouvait-il apparaître autrement que comme celui d'une théologie honteuse, alors que Hegel avait sans doute tenté de faire de la philosophie une théologie sécularisée ? Le fait est que l'esprit du siècle, dès la fin du premier tiers du XIXe siècle, avait substitué partout le mot homme — humanité, esprit humain, culture humaine — à l'Esprit hégélien, dont on ne savait s'il était homme ou Dieu.

Mais peut-être l'équivoque hégélienne ne pouvait-elle être dénoncée qu'au prix d'une équivoque de même grandeur : l'esprit humain ne doit-il pas se prévaloir de tous les attributs de l'Esprit, pour prétendre avoir pu tirer les dieux du creuset de son imagination ? La théologie n'est-elle pas plus rampante, et plus honteuse encore, dans l'humanisme de Feuerbach et son « être générique » *(Gattungswesen)* ? Ces questions attestent que nous ne sommes pas toujours capables de reconnaître nos raisons de ne pas être hégéliens dans celles qui ont prévalu contre lui.

Que dire encore de la transformation de la conscience historique elle-même, lorsqu'elle vient, avec ses propres raisons, à la rencontre de la grandeur humaine, par la conversion humaniste de l'Esprit hégélien ? C'est un fait que le mouvement d'émancipation de l'historiographie

---

1. P. Ricœur, « Le Statut de la *Vorstellung* dans la philosophie hégélienne de la religion » in *Qu'est-ce que Dieu ? Philosophie/ Théologie, Hommage à l'abbé Daniel Coppieters de Gibson,* Bruxelles, Publications des facultés universitaires Saint-Louis, 1985, p. 185-206.

allemande, venant de plus loin que Ranke, et contre lequel Hegel s'était élevé en vain, ne pouvait que rejeter, comme une intrusion arbitraire de l'*a priori* dans le champ de la recherche historique, tous les concepts directeurs de l'histoire « spéculative », de l'idée de liberté à celle d'un *Stufengang* du développement. L'argument selon lequel ce qui est une présupposition pour l'historien est une vérité pour le philosophe n'était plus compris, ni même entendu. Plus l'histoire devenait empirique, moins l'histoire spéculative restait crédible. Or, qui ne voit aujourd'hui combien était elle-même lourde d'« idées » une historiographie qui se croyait à l'abri de la spéculation ? Dans combien de ces « idées » ne reconnaissons-nous pas aujourd'hui les doublets inavoués de quelque spectre hégélien, à commencer par les concepts d'esprit d'un peuple, de culture, d'époque, etc.[1] ?

Si ces arguments anti-hégéliens ne nous parlent plus, de quoi alors est fait l'événement de pensée que constitue la perte de crédibilité du credo philosophique hégélien ? Il faut bien nous risquer à le *poser* nous-même, en seconde lecture du texte de Hegel, dans lequel toutes les transitions se laissent relire comme des failles et tous les recouvrements comme des dissimulations.

Remontant de la fin vers le commencement dans une lecture à rebours, notre suspicion trouve son premier point d'attache dans l'équation finale entre le *Stufengang der Entwicklung* et le présent éternel. Le pas que nous ne pouvons plus faire, c'est celui qui égale au présent éternel la capacité qu'a le présent actuel de retenir le passé connu et d'anticiper le futur dessiné dans les tendances du passé. La notion même d'histoire est abolie par la philosophie,

---

1. Le plus étonnant est la rencontre chez Ranke des deux courants de la critique anti-hégélienne. D'un côté, la ruse de la Raison est dénoncée comme « une représentation suprêmement indigne de Dieu et de l'humanité » *(eine höchst unwürdige Vorstellung von Gott und Menschheit)* — pour le plus grand bénéfice d'une théologie de l'histoire sans philosophie : « chaque époque est immédiatement liée à Dieu ». De l'autre, l'historien ne veut connaître que les faits et entend atteindre le passé tel qu'il a été, pour le plus grand bénéfice d'une historiographie également sans philosophie.

dès lors que *le présent, égalé à l'effectif, abolit sa différence d'avec le passé*. Car la compréhension par soi de la conscience historique naît précisément du caractère incontournable de cette différence[1]. Ce qui, pour nous, a volé en éclats, c'est le recouvrement l'un par l'autre de ces trois termes : Esprit en soi, développement, différence, qui, ensemble, composent le concept de *Stufengang der Entwicklung*.

Mais, si l'équation entre *développement* et *présent* ne tient plus, toutes les autres équations se défont en chaîne. Comment pourrions-nous encore *totaliser* les esprits des peuples dans un unique esprit du monde[2] ? De fait, plus nous pensons *Volksgeist*, moins nous pensons *Weltgeist*. C'est le gouffre que le romantisme n'a cessé de creuser, tirant du concept hégélien de *Volksgeist* un puissant plaidoyer pour la *différence*.

Et comment la suture aurait-elle pu résister à la masse des analyses consacrées au « matériel » de l'effectuation de l'Esprit, à savoir l'*État,* dont l'absence au niveau mondial motivait le passage de la philosophie du droit à la philosophie de l'histoire ? Or, l'histoire contemporaine, loin d'avoir comblé cette lacune de la philosophie du droit, l'a au contraire accentuée ; nous avons vu se défaire, au XXe siècle, la prétention de l'Europe à totaliser l'histoire du monde ; nous assistons même à la décomposition des héritages qu'elle avait tenté d'intégrer sous une unique idée directrice. L'européocentrisme est mort avec le suicide politique de l'Europe au cours de la Première Guerre mondiale, avec le déchirement idéologique produit par la Révolution d'octobre, et avec le recul de

---

1. Ce qui nous est devenu incroyable est contenu dans cette assertion : « Le monde actuel, la forme actuelle de l'Esprit, sa conscience de soi, comprend *(begreift)* en soi tout ce qui est apparu dans l'histoire sous la forme des degrés antérieurs. Ceux-ci, certes, se sont développés successivement et d'une manière indépendante, sous des formes successives ; mais ce que l'Esprit est, il le fut toujours en soi et la différence provient uniquement du développement de cet en soi » [182] (214).
2. Déjà dans le texte de Hegel, cette transition était la plus faible [59-60] (80-81).

l'Europe sur la scène mondiale, du fait de la décolonisation et du développement inégal — et probablement antagoniste — qui oppose les nations industrialisées au reste du monde. Il nous paraît maintenant que Hegel, saisissant un moment favorable — un *kairos* — qui s'est dérobé à notre vue et à notre expérience, avait totalisé seulement quelques aspects éminents de l'histoire spirituelle de l'Europe et de son environnement géographique et historique, lesquels se sont, depuis lors, décomposés. Ce qui s'est défait, c'est la *substance* même de ce que Hegel avait tenté de porter au concept. La *différence* s'est révoltée contre le *développement,* conçu comme *Stufengang.*

La victime suivante de cette réaction en chaîne, c'est le conglomérat conceptuel placé par Hegel sous le titre d'*effectuation de l'Esprit.* Ici aussi, la décomposition est à l'œuvre. D'un côté, l'*intérêt* des individus ne nous paraît plus satisfait, si cette satisfaction ne prend pas en compte la visée seconde qui leur échappe ; devant tant de victimes et tant de souffrances, la dissociation qui en résulte entre consolation et réconciliation nous est devenue intolérable. D'un autre côté, la *passion* des grands hommes de l'histoire ne nous paraît plus capable de porter, à elle seule, tel Atlas, le poids du Sens, dans la mesure même où, à la faveur du recul de l'histoire politique, ce sont les grandes forces anonymes de l'histoire qui captent notre attention, nous fascinent et nous inquiètent, davantage que le destin funeste d'Alexandre, de César et de Napoléon, et le sacrifice involontaire de leurs passions sur l'autel de l'histoire. Du même coup, toutes les composantes qui se recouvraient dans le concept de ruse de la Raison — intérêt particulier, passions des grands hommes historiques, intérêt supérieur de l'État, esprit des peuples et esprit du monde — se dissocient et nous apparaissent aujourd'hui comme les *membra disjecta* d'une impossible totalisation. L'expression « ruse de la Raison » cesse même de nous intriguer. Elle nous répugnerait plutôt, comme le ferait le coup manqué d'un magicien superbe.

Remontant plus haut dans le texte hégélien, ce qui nous paraît hautement problématique, c'est le projet même de composer une histoire *philosophique* du monde qui soit définie par « l'effectuation de l'Esprit dans l'histoire ». Quels que soient nos contresens touchant le terme d'Esprit (esprit en soi, esprit des peuples, esprit du monde), quelle que soit notre méconnaissance de la *visée réalisante* déjà contenue dans la « détermination abstraite » de la raison dans l'histoire, quelle que soit donc l'injustice de la plupart de nos critiques — ce que nous avons abandonné, c'est le chantier lui-même. Nous ne cherchons plus la formule sur la base de laquelle l'histoire du monde pourrait être pensée comme totalité effectuée, même si cette effectuation est tenue pour inchoative, voire ramenée à l'état de germe ; nous ne sommes même pas sûrs que l'idée de liberté soit le point focal de cette effectuation, surtout si on met l'accent principal sur l'effectuation *politique* de la liberté. Et, même si celle-ci se laissait prendre comme fil conducteur, nous ne sommes pas sûrs que ses incarnations historiques forment une *Stufenfolge,* plutôt qu'un déploiement arborescent où la différence ne cesse de prévaloir sur l'identité. Peut-être, entre toutes les aspirations des peuples à la liberté, n'y a-t-il pas plus qu'un air de famille, cette *family resemblance* dont Wittgenstein voulait bien créditer les concepts philosophiques les moins discrédités. Or, c'est le projet même de *totalisation* qui marque la rupture entre la philosophie de l'histoire et tout modèle de compréhension, aussi lointainement apparenté que l'on veut avec l'idée de narration et de mise en intrigue. En dépit de la séduction de l'idée, la ruse de la Raison n'est pas la *peripeteia* qui engloberait tous les coups de théâtre de l'histoire, parce que l'effectuation de la liberté ne peut être tenue pour l'intrigue de toutes les intrigues. La sortie de l'hégélianisme signifie le renoncement à déchiffrer la suprême intrigue.

Nous comprenons mieux maintenant en quel sens l'exode hors de l'hégélianisme peut être appelé un *événement* de pensée. Cet événement n'affecte pas l'histoire au sens de l'historiographie, mais la compréhension par elle-même de la conscience historique, son auto-compréhension. En ce sens, il s'inscrit dans l'herméneutique de la conscience historique. Cet événement est même à son tour un phénomène herméneutique. Avouer que la compréhension par soi de la conscience historique peut être ainsi affectée par des événements dont, encore une fois, nous ne pouvons pas dire si nous les avons produits ou s'ils nous arrivent simplement, c'est avouer la finitude de l'acte philosophique en quoi consiste la compréhension par soi de la conscience historique. Cette finitude de l'interprétation signifie que toute pensée pensante a ses présuppositions qu'elle ne maîtrise pas, et qui deviennent à leur tour des situations à partir desquelles nous pensons, sans pouvoir les penser pour elles-mêmes. Dès lors, quittant l'hégélianisme, il faut oser dire que la considération *pensante* de l'histoire tentée par Hegel était elle-même un phénomène herméneutique, une opération interprétante, soumise à la même condition de finitude.

Mais caractériser l'hégélianisme comme un événement de pensée relevant de la condition *finie* de la compréhension de la conscience historique par elle-même ne constitue pas un argument contre Hegel. Il témoigne simplement de ce que nous ne pensons plus selon Hegel, mais après Hegel. Car quel lecteur de Hegel, une fois qu'il a été séduit comme nous par sa puissance de pensée, ne ressentirait pas l'abandon de Hegel comme une blessure, qui, à la différence précisément des blessures de l'Esprit absolu, ne se guérit pas ? A ce lecteur, s'il ne doit pas céder aux faiblesses de la nostalgie, il faut souhaiter le courage du travail de deuil[1].

---

1. Ma position, dans ce chapitre, est proche de celle de H.-G. Gadamer. Celui-ci n'hésite pas à commencer la deuxième partie de son grand livre *Vérité et Méthode* par cette déclaration surprenante : « Si nous nous reconnaissons la tâche de suivre Hegel plutôt que Schleiermacher, l'histoire de l'herméneutique doit recevoir un accent nouveau » [162] ; cf. de même [324-325] (185). Pour Gadamer également, on ne refuse jamais Hegel que par des arguments qui reproduisent des moments reconnus et dépassés de son entreprise spéculative [325] (186). Bien plus, à l'encontre des fausses interprétations et des réfutations faibles, il faut « préserver la vérité de la pensée hégélienne » *(ibid.)*. Quand, par conséquent, Gadamer écrit : « " Être historique " signifie ne jamais pouvoir se résoudre en savoir de soi-même » « *Geschichtlichsein heisst, nie im Sichwissen aufgehen* » [285] (142), il abandonne Hegel plutôt qu'il ne le vainc par la

critique : « Le point d'Archimède qui permettait de soulever de ses gonds la philosophie hégélienne ne pourra jamais être trouvé dans la réflexion » [326] (188). Il sort du « cercle magique » par un aveu qui a la force d'un renoncement. Ce à quoi il renonce, c'est à l'idée même d'une « *médiation (Vermittlung) absolue entre histoire et vérité* » [324] (185).

7
Vers une herméneutique de la conscience historique

Hegel quitté, peut-on encore prétendre *penser* l'histoire et le temps de l'histoire ? La réponse serait négative si l'idée d'une « médiation totale » épuisait le champ du *penser*. Demeure une autre voie, celle de la *médiation* ouverte, inachevée, *imparfaite,* à savoir un réseau de perspectives croisées entre l'attente du futur, la réception du passé, le vécu du présent, sans *Aufhebung* dans une totalité où la raison de l'histoire et son effectivité coïncideraient.

C'est à explorer cette voie que les pages qui suivent sont consacrées. Une décision stratégique l'inaugure.

Renonçant à attaquer de front la question de la réalité fuyante du passé tel qu'il fut, il faut renverser l'ordre des problèmes et partir du *projet de l'histoire,* de l'histoire à faire, dans le dessein d'y retrouver la dialectique du passé et du futur et leur échange dans le présent. Concernant la réalité du passé, on ne peut guère dépasser, dans la visée directe de ce qui fut, le jeu précédent de perspectives brisées entre la réeffectuation dans le Même, la reconnaissance d'Altérité, et l'assomption de l'Analogue. Pour aller plus loin, il faut prendre le problème par l'autre bout, et explorer l'idée que ces perspectives brisées puissent retrouver une sorte d'unité plurielle, si on les rassemble sous l'idée d'une réception du passé, poussée jusqu'à celle d'un *être-affecté* par le passé. Or cette idée ne prend sens et force qu'opposée à celle de *faire* l'histoire. Car être affecté est aussi une catégorie du faire. Même l'idée de tradition — qui inclut déjà une authentique tension entre perspective sur le passé et perspective du présent, et ainsi creuse la distance temporelle tout en la franchissant — ne

Vers une herméneutique de la conscience historique 375

se laisse penser ni seule ni la première, en dépit de ses vertus médiatrices indéniables, si ce n'est par la visée de l'histoire à faire qui y renvoie. Enfin, l'idée de présent historique, qui, en première approximation du moins, paraît détrônée de la fonction inaugurale qu'elle avait chez Augustin et Husserl, recevra au contraire un lustre nouveau de sa position terminale dans le jeu des perspectives croisées : rien ne dit que le présent se réduise à la présence. Pourquoi, dans le transit du futur au passé, le présent ne serait-il pas le temps de l'initiative, c'est-à-dire le temps où le poids de l'histoire déjà faite est déposé, suspendu, interrompu, et où le rêve de l'histoire encore à faire est transposé en décision responsable ?

C'est donc dans la dimension de l'agir (et du pâtir qui en est le corollaire) que la pensée de l'histoire va croiser ses perspectives, sous l'horizon de l'idée de *médiation imparfaite*.

1. *Le futur et son passé*

Le bénéfice immédiat du renversement de stratégie est de lever l'abstraction la plus tenace dont ont souffert nos tentatives pour cerner la « réalité » du passé, l'abstraction du passé en tant que passé. Celle-ci résulte de l'oubli du jeu complexe d'intersignifications qui s'exerce entre nos attentes dirigées vers le futur et nos interprétations orientées vers le passé.

Pour combattre cet oubli, je propose d'adopter pour fil directeur de toutes les analyses qui suivent la polarité introduite par Reinhart Koselleck entre les deux catégories d'*espace d'expérience* et d'*horizon d'attente*[1].

Le choix de ces termes me paraît très judicieux et

---

1. Reinhart Koselleck, *Vergangene Zukunft. Zur Semantik geschichtlicher Zeiten,* Francfort, Suhrkamp, 1979. A quelles disciplines ressortissent ces deux catégories historiques ? Chez Reinhart Koselleck, ce sont des concepts-guides, ressortissant à une entreprise bien définie, celle d'une *sémantique conceptuelle* appliquée au vocabulaire de l'histoire et du temps de l'histoire. En tant que *sémantique,* cette discipline s'applique au sens des mots et des textes, plutôt qu'aux états de choses et aux processus relevant d'une *histoire sociale.* En

particulièrement éclairant, eu égard à une herméneutique du temps historique. Pourquoi en effet parler d'espace d'expérience plutôt que de persistance du passé dans le présent, en dépit de la parenté des notions[1]? D'une part, le mot allemand *Erfahrung* a une amplitude remarquable : qu'il s'agisse d'expérience privée ou d'expérience transmise par les générations antérieures ou par les institutions actuelles, il s'agit toujours d'une étrangeté surmontée, d'un acquis devenu un *habitus*[2]. D'autre part, le terme d'espace évoque des possibilités de parcours selon de multiples itinéraires, et surtout de rassemblement et de stratification dans une structure feuilletée qui fait échapper le passé ainsi accumulé à la simple chronologie.

Quant à l'expression *horizon d'attente,* elle ne pouvait être mieux choisie. D'une part, le terme d'attente est assez vaste pour inclure l'espoir et la crainte, le souhait et le vouloir, le souci, le calcul rationnel, la curiosité, bref toutes les manifestations privées ou communes visant le futur; comme l'expérience, l'attente relative au futur est inscrite dans le présent; c'est le *futur-rendu-présent (vergegenwärtigte Zukunft),* tourné vers le pas-encore. Si, d'autre part, on parle ici d'horizon plutôt que d'espace, c'est pour marquer la puissance de déploiement autant que de dépassement qui s'attache à l'attente. Par là est soulignée l'absence de symétrie entre espace d'expérience et horizon

---

tant que sémantique *conceptuelle,* elle vise à dégager les *significations* des maîtres-mots, tels précisément qu'« histoire », « progrès », « crise », etc., qui entretiennent avec l'histoire sociale une double relation d'*indicateurs* et de *facteurs* de changement. Dans la mesure en effet où ces maîtres-mots portent au langage les changements en profondeur dont l'histoire sociale fait la théorie, le fait même d'accéder au plan linguistique contribue à produire, à diffuser, à renforcer les transformations sociales qu'ils dénomment. Ce double rapport de l'histoire conceptuelle à l'histoire sociale n'apparaît que si l'on accorde à la sémantique l'autonomie d'une discipline distincte.

1. « L'expérience est le passé présent *(Gegenwärtige Vergangenheit)* dont les événements ont été incorporés *(einverleibt)* et peuvent être rendus au souvenir » (p. 354).
2. R. Koselleck ne manque pas de renvoyer à H.-G. Gadamer, dans *Vérité et Méthode* (trad. fr., p. 329 *sq.*), pour le sens plénier du terme *Erfahrung* et ses implications pour la pensée de l'histoire (*op. cit.,* p. 355, n. 4).

d'attente. L'opposition entre rassemblement et déploiement le laisse bien entendre : l'expérience tend à l'intégration, l'attente à l'éclatement des perspectives : « *Gehegte Erwartungen sind überholbar, gemachte Erfahrungen werden gesammelt* » (p. 357). En ce sens l'attente ne se laisse pas dériver de l'expérience : « L'espace d'expérience ne suffit jamais à déterminer un horizon d'attente » (p. 359). Inversement, il n'est point de divine surprise pour qui le bagage d'expérience est trop léger ; il ne saurait souhaiter autre chose. Ainsi, espace d'expérience et horizon d'attente font mieux que de s'opposer polairement, ils se conditionnent mutuellement : « C'est une structure temporelle de l'expérience de ne pouvoir être rassemblée sans attente rétroactive » (p. 358).

Avant de thématiser chacune à son tour ces deux expressions, il importe de rappeler, sous la conduite de Koselleck, quelques-uns des changements majeurs survenus dans le vocabulaire de l'histoire dans la deuxième moitié du XVIIIe siècle allemand. Les significations nouvelles souvent attribuées à des mots anciens vont servir ultérieurement à identifier l'articulation en profondeur de la nouvelle expérience historique, marquée par un rapport nouveau entre espace d'expérience et horizon d'attente.

Le mot *Geschichte* est au centre de ce réseau conceptuel en mouvement. Ainsi, en allemand, on voit le terme *Historie* céder la place au terme *Geschichte* dans la double acception d'une suite d'événements en train de se produire et de la relation des actions faites ou subies ; autrement dit, au double sens d'histoire effective et d'histoire dite. *Geschichte* signifie précisément la relation entre la série des événements et celle des récits. Dans l'histoire-récit, l'histoire-événement accède au « savoir d'elle-même », selon la formule de Droysen, rapportée par Reinhart Koselleck[1]. Mais, pour que cette convergence entre les

---

1. J.-G. Droysen, *Historik,* édité par R. Hübner, Munich et Berlin, 1943 : « La convergeance entre l'histoire en tant qu'événement et l'histoire en tant qu'exposition *(Darstellung)* a préparé au plan de la langue, le tournant transcendantal qui a conduit à la philosophie de l'histoire de l'idéalisme » (cité par R. Koselleck, *op. cit.,* p. 48).

deux sens se réalise, il a fallu qu'ils accèdent ensemble à l'unité d'un tout : c'est un unique cours d'événements, dans son enchaînement universel, qui se laisse dire dans une histoire elle-même délibérément élevée au rang d'un singulier collectif. Au-dessus des histoires, dit Droysen, il y a l'histoire. Le mot « histoire » peut désormais figurer sans le complément d'un génitif. Les histoires de... sont devenues l'histoire tout court. Au plan du récit, cette histoire affiche l'*unité épique* qui correspond à l'unique épopée qu'écrivent les hommes[1]. Pour que la somme des histoires singulières devienne l'histoire, il a fallu que l'histoire elle-même devienne *Weltgeschichte,* donc que d'agrégat elle devienne système. En retour, l'unité épique du récit a pu porter au langage un rassemblement, une connexion des événements eux-mêmes, qui leur confère leur propre unité épique. Plus qu'une cohérence interne, ce que les historiens contemporains du romantisme philosophique découvrent dans l'histoire qui se fait, c'est une puissance — une *Macht* — qui la propulse selon un plan plus ou moins secret, tout en laissant ou rendant l'homme responsable de son émergence. C'est ainsi que d'autres singuliers collectifs surgissent au côté de l'histoire : *la* Liberté, *la* Justice, *le* Progrès, *la* Révolution. En ce sens, la Révolution française a servi de révélateur à un processus antérieur qu'elle accélère en même temps.

Il n'est guère contestable que c'est l'idée de progrès qui a servi de lien entre les deux acceptions de l'histoire : si l'histoire effective a un cours sensé, alors le récit que nous en faisons peut prétendre s'égaler à ce sens qui est celui de l'histoire elle-même. C'est ainsi que l'émergence du concept d'histoire comme un singulier collectif est une des

---

1. Je laisse ici de côté les rapprochements entre *Historik* et *Poetik*, que suscite cette qualité épique revêtue par l'histoire racontée. Koselleck voit les expressions « histoire » et « roman » se côtoyer entre 1690 et 1750, non pour déprécier l'histoire, mais pour élever les prétentions du roman à la vérité. Réciproquement, Leibniz peut parler de l'histoire comme du « roman » de Dieu. Kant prend métaphoriquement le terme « roman » dans son *Histoire d'un point de vue cosmopolitique* (Neuvième Proposition), pour exprimer l'unité intelligible de l'histoire générale.

conditions sous lesquelles a pu se constituer la notion d'histoire universelle, avec laquelle nous nous sommes confrontés dans le chapitre précédent. Je ne reviendrai pas sur la problématique de totalisation ou de médiation totale qui s'est greffée sur le savoir de l'histoire comme un tout unique. Je me tournerai plutôt vers ceux des traits de ce singulier collectif qui suscitent une *variation* significative dans le rapport du futur au passé.

Trois thèmes se détachent des soigneuses analyses sémantiques de Koselleck. D'abord, la croyance que l'époque présente ouvre sur le futur la perspective d'une *nouveauté* sans précédent, puis la croyance que le changement vers le mieux s'accélère, enfin la croyance que les hommes sont de plus en plus capables de *faire* leur histoire. Temps nouveau, accélération du progrès, disponibilité de l'histoire — ces trois thèmes ont contribué au déploiement d'un nouvel horizon d'attente qui, par choc en retour, a transformé l'espace d'expérience dans lequel se sont déposés les acquis du passé.

1. L'idée de temps nouveau s'est inscrite dans l'expression allemande de *neue Zeit*[1], qui précède d'un siècle le terme *Neuzeit,* lequel, depuis 1870 environ, désigne les temps modernes. Cette dernière expression, isolée du contexte de sa formation sémantique, paraît ressortir seulement au vocabulaire de la *périodisation,* qui luimême remonte à la vieille classification des « âges » selon les métaux, selon la loi et la grâce, ou selon la vision apocalyptique de la succession des empires, à laquelle le livre de *Daniel* avait donné une frappe impressionnante. On peut aussi discerner dans l'idée de temps nouveau un effet de la refonte du terme de Moyen Age qui, depuis la Renaissance et la Réforme, ne couvre plus la totalité des temps entre l'épiphanie et la parousie, mais tend à désigner une période limitée et surtout révolue. C'est précisément l'histoire conceptuelle qui donne la clé de ce rejet du Moyen Age dans un passé de ténèbres. Ce n'est pas en effet au sens trivial, selon lequel chaque moment

---

1. R. Koselleck note l'expression plus emphatique encore de *neueste Zeit* (*op. cit.,* p. 319).

présent est nouveau, que l'expression *Neuzeit* s'est imposée, mais au sens où une qualité nouvelle du temps s'est fait jour, issue d'un rapport nouveau au futur. Il est remarquable que ce soit le temps lui-même qui soit déclaré neuf. Le temps n'est plus seulement forme neutre, mais force d'une histoire [1]. Les « siècles » eux-mêmes ne désignent plus seulement des unités chronologiques, mais des époques. Le *Zeitgeist* n'est plus loin : l'unicité de chaque âge et l'irréversibilité de leur suite s'inscrivent sur la trajectoire du *progrès*. Le présent, désormais, est perçu comme un temps de transition entre les ténèbres du passé et les lumières de l'avenir. Or, seul un changement du rapport de l'horizon d'attente à l'espace d'expérience rend compte de ce changement sémantique. Hors de ce rapport, le présent est indéchiffrable. Son sens de nouveauté lui vient du reflet sur lui de la clarté du futur attendu. Le présent n'est jamais nouveau, au sens fort, que dans la mesure où nous croyons qu'il *ouvre* des temps nouveaux [2].

---

1. « Le temps est dynamisé en force de l'histoire elle-même » (*op. cit.*, p. 321). R. Koselleck souligne la prolifération, entre 1770 et 1830, d'expressions composées (*Zeit-Abschnitt, -Anschauung, -Ansicht, -Aufgabe*, etc.) qui valorisent le temps lui-même en fonction de ses qualifications historiques. De ce florilège, *Zeitgeist* est comme l'épitomé (*op. cit.*, p. 337).

2. L'idée d'un temps nouveau, d'où est sortie notre idée de modernité, prend tout son relief si on l'oppose aux deux *topoi* de la pensée historique antérieure, qui ont empêché cette idée de voir le jour. Elle se détache d'abord sur l'arrière-plan effondré des *eschatologies politiques,* dont Koselleck trouve des manifestations jusqu'au XVIe siècle. Placée sous l'horizon de la fin du monde, la différence temporelle entre les événements du passé et ceux du présent est inessentielle. Bien plus, ces événements étant tous à des titres divers des « figures » anticipées de la fin, il circule entre tous des relations de symbolisation analogique qui l'emportent en densité de signification sur les relations chronologiques. Un autre contraste fait comprendre le changement dans l'horizon d'attente auquel nous devons la position moderne du problème du rapport du futur au passé : il concerne un *topos* fameux, plus tenace que les eschatologies politiques, désigné par l'exergue : *historia magistra vitae*, « l'histoire maîtresse de vie » (R. Koselleck, « *Historia magistra vitae* » : *Über die Auflösung des Topos im Hirizont neuzeitlich bewegter Geschichte, op. cit.*, p. 38-66). Réduites à l'état de collection d'exemples, les histoires du passé sont dépouillées de la temporalité originale qui les

2. Temps nouveau, donc aussi temps *accéléré*. Ce thème de l'accélération paraît fortement lié à l'idée de progrès. Parce que le temps s'accélère, nous remarquons l'amélioration du genre humain. Corrélativement se rétrécit de façon sensible l'espace d'expérience couvert par les acquis de la tradition, et s'effrite l'autorité de ces acquis[1]. C'est par contraste avec cette accélération assumée que peuvent être dénoncés réaction, retard, survivances, toutes expressions qui ont encore leur place dans la phraséologie contemporaine, non sans donner un accent dramatique à la croyance en l'accélération du temps, tant celle-ci reste menacée par la sempiternelle renaissance de l'hydre de la réaction — ce qui donne à l'état paradisiaque attendu le caractère d'un « futur sans futur » (Reinhart Koselleck, p. 35), équivalent du mauvais infini hégélien. C'est sans doute la conjonction entre le sens de la nouveauté des temps modernes et celui de l'accélération du progrès qui a permis au mot révolution, jadis réservé à la circulation des astres, comme on le voit dans le titre du fameux ouvrage de Copernic *De Revolutionibus orbium caelestium* de 1543, de signifier tout autre chose que les bouleversements désordonnés qui affligent les affaires

---

différencie, elles sont seulement l'occasion d'une appropriation éducative qui les actualise dans le présent. A ce prix, les exemples deviennent des enseignements, des monuments. Par leur pérennité, ils sont à la fois le symptôme et la caution de la continuité entre le passé et le futur. A l'inverse de cette neutralisation du temps historique par la fonction magistrale des *exempla*, la conviction de vivre dans des temps nouveaux a en quelque sorte « temporalisé l'histoire » (p. 19-58). En retour, le passé privé de son exemplarité est rejeté hors de l'espace d'expérience, dans les ténèbres du révolu.

1. R. Koselleck cite un texte de Lessing dans *Erziehung des Menschengeschlechts*, § 90, où l'accélération est non seulement constatée, mais souhaitée et voulue (*op. cit.*, p. 34; de même p. 63, n. 78). Et ce mot de Robespierre : « Le temps est arrivé de le rappeler à ses véritables destinées ; les progrès de la raison humaine ont préparé cette grande révolution, et c'est à vous qu'est spécialement imposé le devoir de l'accélérer » (*Œuvres complètes*, IX, p. 495, cité par R. Koselleck, *op. cit.*, p. 63, n. 78). Kant fait écho dans la *Paix perpétuelle* : celle-ci n'est pas une idée vide, « parce que les temps dans lesquels de semblables progrès se produisent deviennent heureusement toujours plus courts » (*ibid.*).

humaines, voire que les retournements exemplaires de fortune ou leurs alternances ennuyeuses de renversements et de restaurations. Voici maintenant qu'on appelle révolutions des soulèvements qu'on ne peut plus cataloguer comme guerres civiles, mais qui témoignent, par leur éclat soudain, de la révolution générale dans laquelle le monde civilisé est entré. C'est elle qu'il s'agit d'accélérer et dont il importe de régler la marche. Le mot révolution témoigne désormais de l'ouverture d'un nouvel horizon d'expectation.

3. Que l'histoire soit *à faire*, et puisse être *faite*, constitue la troisième composante de ce que Koselleck appelle la « temporalisation de l'histoire ». Elle se profilait déjà derrière le thème de l'accélération et son corollaire, la révolution. On se rappelle le mot de Kant dans *le Conflit des facultés* : « Quand le prophète fait lui-même et institue les événements qu'il a prédits à l'avance. » Si en effet un futur nouveau est ouvert par les temps nouveaux, nous pouvons le plier à nos plans : nous pouvons *faire* l'histoire. Et, si le progrès peut être accéléré, c'est que nous pouvons en hâter le cours et lutter contre ce qui le retarde, réaction et survivances mauvaises[1].

L'idée que l'histoire est soumise au faire humain est la plus neuve et — nous le dirons plus loin — la plus fragile des trois idées qui marquent la nouvelle aperception de l'horizon d'attente. D'impérative, la disponibilité de l'histoire devient un optatif, voire un indicatif futur. Ce glissement de sens a été facilité par l'insistance des penseurs apparentés à Kant et de Kant lui-même à discerner les « signes » qui, dès maintenant, *authentifient* l'appel de la tâche et *encourage* les efforts du présent. Cette manière de justifier un devoir en montrant les

---

1. En même temps, les deux schèmes antérieurs sont renversés ; c'est du futur projeté et voulu que naissent les véritables eschatologies : elles s'appellent utopies ; ce sont elles qui dessinent, à la merci du faire humain, l'horizon d'attente ; ce sont elles qui donnent les vraies leçons de l'histoire : celles qu'enseigne dès maintenant le futur remis à notre arbitre. La puissance de l'histoire, au lieu de nous écraser, nous exalte ; car elle est notre œuvre, même dans la méconnaissance de notre faire.

débuts de son exécution est tout à fait caractéristique de la rhétorique du progrès, dont l'expression « faire l'histoire » marque la culmination. L'humanité devient le sujet d'elle-même en se disant. Récit et chose racontée peuvent de nouveau coïncider, et les deux expressions « faire l'histoire » et « faire de l'histoire » se recouvrir. Le faire et le raconter sont devenus l'endroit et l'envers d'un unique processus[1].

Nous venons d'interpréter la dialectique entre horizon d'attente et espace d'expérience en suivant le fil conducteur de trois *topoi* — temps nouveaux, accélération de l'histoire, maîtrise de l'histoire — qui caractérisent en gros la philosophie des Lumières. Il paraît en effet difficile de séparer la discussion sur les constituants de la pensée historique d'une considération proprement historique portant sur l'essor et le déclin de *topoi* déterminés. La question se pose alors du degré de dépendance des catégories maîtresses d'horizon d'attente et d'espace d'expérience à l'égard des *topoi* promus par les penseurs des Lumières qui ont servi jusqu'ici à les illustrer. Nous n'éluderons pas la difficulté. Disons, auparavant, le déclin de ces trois *topoi* en cette fin du XXe siècle.

L'idée de temps nouveaux nous paraît suspecte à bien des égards : elle nous paraît d'abord liée à l'illusion de *l'origine*[2]. Or les discordances entre les rythmes temporels des diverses composantes du phénomène social global rendent bien difficiles de caractériser globalement une époque comme rupture et comme origine. Galilée, pour le Husserl de la *Krisis,* est une origine sans comparaison avec la Révolution française, parce que Husserl ne considère qu'une bataille de géants, celle du transcendantalisme et

---

1. R. Koselleck, « Über die Verfügbarkeit der Geschichte », *op. cit.,* p. 260-277. L'autre expression remarquable est celle de *Machbarkeit der Geschichte (ibid.).*
2. On se rappelle la remarque de François Furet dans *Penser la Révolution française* : « La Révolution française n'est pas une transition, c'est une origine, et un fantasme d'origine. C'est ce qu'il y a d'unique en elle qui fait son intérêt historique ; et c'est d'ailleurs cet " unique " qui est devenu universel : la première expérience de la démocratie » (p. 109).

de l'objectivisme. Plus gravement, depuis la réinterprétation des Lumières par Adorno et Horkheimer, nous pouvons douter que cette époque ait été à tous égards l'aube du progrès que l'on a tant célébrée : l'essor de la raison instrumentale, l'élan donné aux hégémonies rationalisantes au nom de l'universalisme, la répression des différences liées à ces prétentions prométhéennes sont les stigmates, visibles à tous les yeux, de ces temps à tant d'égards prometteurs de libération.

Quant à l'accélération de la marche au progrès, nous n'y croyons plus guère, même si nous pouvons parler à juste titre d'accélération de nombreuses *mutations* historiques. Mais que les délais qui nous séparent de temps *meilleurs* se raccourcissent, trop de désastres récents ou de désordres en cours nous en font douter. Reinhart Koselleck lui-même souligne que l'époque moderne est caractérisée non seulement par un rétrécissement de l'espace d'expérience, qui fait que le passé paraît toujours plus lointain à mesure qu'il paraît plus révolu, mais par un écart croissant entre l'espace d'expérience et l'horizon d'attente. Ne voyons-nous pas reculer dans un avenir de plus en plus lointain et incertain la réalisation de notre rêve d'une humanité réconciliée ? La tâche qui, pour nos devanciers, prescrivait la marche en dessinant le chemin se mue en utopie, ou mieux en uchronie, l'horizon d'attente reculant plus vite que nous n'avançons. Or, quand l'attente ne peut plus se fixer sur un avenir *déterminé*, jalonné par des étapes *discernables,* le présent lui-même se trouve écartelé entre deux fuites, celle d'un passé dépassé et celle d'un ultime qui ne suscite aucun pénultième assignable. Le présent ainsi scindé en lui-même se réfléchit en « crise », ce qui est peut-être, comme nous le dirons plus loin, une des significations majeures de notre présent.

De trois *topoi* de la modernité, c'est sans doute le troisième qui nous paraît le plus vulnérable et, à bien des égards, le plus dangereux. D'abord, comme nous l'avons maintes fois souligné, théorie de l'histoire et théorie de l'action ne coïncident jamais en raison des effets pervers issus des projets les mieux conçus et les plus dignes de nous enrôler. Ce qui arrive est toujours autre chose que ce que nous avions attendu. Et les attentes elles-mêmes changent de façon largement imprévisible. Ainsi, il n'est pas certain que la liberté, au sens de l'établissement d'une société civile et d'un état de droit, soit l'espoir unique, ni même l'attente majeure, d'une grande partie de l'humanité. Mais surtout la vulnérabilité du thème de la maîtrise de l'histoire se révèle au plan même où il est revendiqué, celui de l'humanité tenue pour l'unique agent de sa propre histoire. En conférant à l'humanité la puissance de se *produire* elle-même, les auteurs de cette revendication oublient une contrainte qui affecte la destinée des grands corps historiques au moins autant que celle des individus : outre les résultats non voulus que l'action engendre, celle-ci ne se produit elle-même que dans des circonstances qu'elle n'a pas produites. Marx, qui fut pourtant un des hérauts de ce *topos,* en connaissait les limites quand il écrivait, dans *le 18 Brumaire de Louis-Napoléon Bonaparte :* « Les hommes font leur propre histoire, mais dans les circonstances trouvées, données, transmises » (*Marx Engels Werke,* VIII, p. 115)[1].

Le thème de la maîtrise de l'histoire repose ainsi sur la méconnaissance fondamentale de cet autre versant de la pensée de l'histoire que nous considérerons plus loin, à savoir le fait que nous sommes *affectés* par l'histoire et que nous nous affectons nous-mêmes par l'histoire que nous faisons. C'est précisément ce lien entre l'action historique et un passé reçu et non pas fait qui préserve le rapport dialectique entre horizon d'attente et espace d'expérience[2].

---

1. La notion de *circonstance* a une portée considérable ; nous l'avons inscrite parmi les composantes les plus primitives de la notion d'action, au niveau de *mimèsis* I. C'est aussi la part des circonstances qui est imitée au niveau de *mimèsis* II, dans le cadre de l'intrigue, en tant que synthèse de l'*hétérogène*. Or, en histoire aussi, l'intrigue conjugue des buts, des causes et des hasards.
2. R. Koselleck aime citer ce mot de Novalis : si on sait appréhender l'histoire dans de vastes ensembles, « bemerkt man die geheime Verkettung des Ehemaligen und Künftigen, und lernt die Geschichte aus Hoffnung und Erinnerung zusammensetzen » (*op. cit.,* p. 352-353).

Reste que ces critiques portent sur des *topoi* et que les catégories d'horizon d'attente et d'espace d'expérience sont plus fondamentales que les *topoi* dans lesquels elles ont été investies par la philosophie des Lumières ; même s'il faut reconnaître que c'est celle-ci qui nous a permis d'en prendre la mesure, parce que c'est le moment où leur différence est elle-même devenue un événement historique majeur.

Trois arguments me paraissent plaider en faveur d'une certaine universalité de ces deux catégories.

M'appuyant d'abord sur les définitions que nous en avons proposées au moment de les introduire, je dirai qu'elles sont d'un rang catégorial supérieur à tous les *topoi* envisagés, qu'il s'agisse de ceux que les Lumières ont détrônés — Jugement Dernier, *historia magistra vitae* — ou de ceux qu'elles ont instaurés. Reinhart Koselleck est parfaitement justifié de les tenir pour des catégories métahistoriques, valables au niveau d'une anthropologie philosophique. A ce titre, elles gouvernent toutes les manières dont en tous temps les hommes ont pensé leur existence en termes d'histoire : d'histoire faite ou d'histoire dite ou écrite[1]. En ce sens, on peut leur appliquer le vocabulaire des conditions de possibilité, qui les qualifie comme transcendantaux. Elles appartiennent à la *pensée* de l'histoire, au sens proposé dans l'introduction de ce chapitre. Elles thématisent directement le temps historique, mieux, la « temporalité de l'histoire » (p. 354).

Une seconde raison de tenir les catégories d'horizon d'attente et d'espace d'expérience pour d'authentiques transcendantaux au service de la pensée de l'histoire réside dans la *variabilité* même des investissements qu'elles autorisent suivant les époques. Leur statut méta-historique implique qu'elles servent d'indicateurs à l'égard des

---

1. « Il s'agit de catégories de la connaissance qui aident à fonder la possibilité d'une histoire... Il n'est pas d'histoire qui n'ait été constituée grâce aux expériences et aux attentes des hommes agissants ou souffrants » (p. 351). « Ces catégories relèvent donc d'une pré-donnée *(Vorgegenbenheit)* anthropologique sans laquelle l'histoire n'est ni possible, ni seulement pensable » (p. 352).

variations affectant la temporalisation de l'histoire. A ce titre, le rapport entre l'horizon d'attente et l'espace d'expérience est lui-même un rapport variable. Et c'est parce que ces catégories sont des transcendantaux qu'elles rendent possible une histoire conceptuelle des variations de leur contenu. A cet égard, la différence entre horizon d'attente et espace d'expérience n'est remarquée que lorsqu'elle change ; si donc la pensée des Lumières a une place privilégiée dans l'exposé, c'est parce que la *variation* dans le rapport entre horizon d'attente et espace d'expérience a fait l'objet d'une prise de conscience si vive qu'elle a pu servir de révélateur à l'égard des catégories sous lesquelles cette variation peut être pensée. Corollaire important : en caractérisant les *topoi* de la modernité comme une variation du rapport entre horizon d'attente et espace d'expérience, l'histoire conceptuelle contribue à relativiser ces *topoi*. Nous sommes maintenant en mesure de les placer dans le même espace de pensée que l'eschatologie politique qui a régné jusqu'au XVIe siècle, ou que la vision politique commandée par le rapport entre la *virtù* et la Fortune, ou que le *topos* des leçons de l'histoire. En ce sens la formulation des concepts d'horizon d'attente et d'espace d'expérience nous donne le moyen de comprendre la dissolution du *topos* du progrès comme variation plausible de ce même rapport entre horizon d'attente et espace de variation.

Je voudrais dire pour finir — et ce sera mon troisième argument — que l'ambition universelle des catégories méta-historiques ne se sauve que par ses implications *éthiques* et *politiques* permanentes. Ce disant, je ne glisse pas d'une problématique des transcendantaux de la pensée historique à celle de la politique. Avec K. O. Apel et J. Habermas, j'affirme l'unité profonde des deux thématiques : d'une part, la modernité elle-même peut être tenue, en dépit du déclin de ses expressions particulières, pour un « projet inachevé[1] » ; d'autre part, ce projet même requiert une argumentation légitimante qui relève du

---

1. J. Habermas, « La modernité : un projet inachevé », *Critique*, n° 413, octobre 1981.

mode de vérité que revendique la pratique en général et la politique en particulier[1]. L'unité des deux problématiques définit la raison pratique comme telle[2]. C'est seulement sous l'égide de cette raison pratique que l'ambition universelle des catégories méta-historiques de la pensée historique peut être affirmée. Leur description est toujours inséparable d'une prescription. Si, donc, l'on admet qu'il n'est pas d'histoire qui ne soit constituée par les expériences et les attentes d'hommes agissants et souffrants, ou encore que les deux catégories prises ensemble thématisent le temps historique, on implique par là même que la tension entre horizon d'attente et espace d'expérience *doit* être préservée pour qu'il y ait encore histoire.

Les transformations de leurs rapports décrits par Koselleck le confirment. S'il est vrai que la croyance en des temps nouveaux a contribué à rétrécir l'espace d'expérience, voire à rejeter le passé dans les ténèbres de l'oubli — l'obscurantisme moyenâgeux! —, tandis que l'horizon d'attente tendait à reculer dans un avenir toujours plus vague et indistinct, on peut se demander si la tension entre attente et expérience n'a pas commencé à être menacée du jour même où elle a été reconnue. Ce paradoxe s'explique aisément : si la nouveauté du *Neuzeit* n'est perçue qu'à la faveur de l'accroissement de la différence entre expérience et attente, autrement dit, si la croyance en des temps nouveaux repose sur des attentes qui s'éloignent de toutes les expériences antérieures, alors la tension entre expérience et attente n'a pu être remarquée qu'au moment où son point de rupture était déjà en vue. L'idée de progrès qui reliait encore au passé un futur meilleur, rendu plus proche encore par l'accélération de l'histoire, tend à céder la place à celle d'utopie, dès lors que les espoirs de l'humanité perdent tout ancrage dans l'expérience acquise

---

1. J. Habermas, *Theorie des kommunikativen Handelns,* Francfort, Suhrkamp, 1981.
2. P. Ricœur, « La raison pratique », in T. F. Geraets (éd.), *La Rationalité aujourd'hui,* Ottawa, Éd. de l'université d'Ottawa, 1979.

et sont projetés dans un futur proprement sans précédent. Avec l'utopie, la tension devient schisme [1].

L'implication éthique et politique *permanente* des catégories métahistoriques d'attente et d'expérience est alors claire ; la tâche est d'empêcher que la tension entre ces deux pôles de la pensée de l'histoire ne devienne schisme. Ce n'est pas ici le lieu de préciser cette tâche. Je me bornerai aux deux impératifs suivants :

D'une part, il faut résister à la séduction d'attentes purement *utopiques ;* elles ne peuvent que désespérer l'action ; car, faute d'ancrage dans l'expérience en cours, elles sont incapables de formuler un chemin praticable dirigé vers les idéaux qu'elles situent « ailleurs [2] ». Des attentes doivent être *déterminées,* donc finies et relativement modestes, si elles doivent pouvoir susciter un engagement *responsable.* Oui, il faut empêcher l'horizon d'attente de fuir ; il faut le rapprocher du présent par un échelonnement de projets intermédiaires à portée d'action. Ce premier impératif nous reconduit en fait de Hegel à Kant, selon le style kantien post-hégélien que je préconise. Comme Kant, je tiens que toute attente doit être un espoir pour l'humanité entière ; que l'humanité n'est une espèce que dans la mesure où elle est une histoire ; réciproquement que, pour qu'il y ait histoire, l'humanité entière doit en être le sujet au titre de singulier collectif. Certes, il n'est pas sûr que nous puissions

---

1. Nous avons rencontré un problème identique avec la polarité entre sédimentation et innovation, concernant la traditionalité caractéristique de la vie des paradigmes de mise en intrigue. On reconnaît les mêmes extrêmes : la répétition servile et le schisme ; j'ai déjà dit combien je partage avec Frank Kermode, à qui j'emprunte le concept de *schisme,* le refus viscéral d'une révision qui transformerait en schisme la critique des paradigmes reçus (cf. troisième partie, chap. I).
2. R. Koselleck semble suggérer une pareille démarche : « Il se pourrait fort qu'une ancienne manière de déterminer les rapports trouve son droit : plus vaste est l'expérience, plus anticipante, mais aussi plus ouverte sera l'attente. Alors serait atteinte, par-delà toute emphase, la fin de la *Neuzeit,* au sens de l'optimisme du progrès » (p. 374). Mais l'historien et le sémanticien des concepts historiques ne veut pas en dire davantage.

aujourd'hui identifier purement et simplement cette tâche commune à l'édification d'une « société civile administrant le droit de façon universelle »; des droits sociaux se sont fait jour à travers le monde dont l'énumération ne cesse de s'allonger. Et surtout des droits à la différence viennent sans relâche contrebalancer les menaces d'oppression liées à l'idée même d'histoire universelle, si la réalisation de celle-ci est confondue avec l'hégémonie d'une société particulière ou d'un petit nombre de sociétés dominantes. En revanche, l'histoire moderne de la torture, de la tyrannie, de l'oppression sous toutes ses formes nous a appris que ni les droits sociaux, ni les droits à la différence nouvellement reconnus ne mériteraient le nom de droits sans la réalisation simultanée d'un État de droit où les individus et les collectivités non étatiques restent les ultimes sujets de droit. En ce sens, la tâche définie plus haut, celle que, selon Kant, l'insociable sociabilité contraint l'homme à résoudre, n'est pas aujourd'hui dépassée. Car elle n'est même pas atteinte, quand elle n'est pas perdue de vue, dévoyée, ou cyniquement bafouée.

Il faut d'autre part résister au rétrécissement de l'espace d'expérience. Pour cela, il faut lutter contre la tendance à ne considérer le passé que sous l'angle de l'achevé, de l'inchangeable, du révolu. Il faut rouvrir le passé, raviver en lui des potentialités inaccomplies, empêchées, voire massacrées. Bref, à l'encontre de l'adage qui veut que l'avenir soit à tous égards ouvert et contingent, et le passé univoquement clos et nécessaire, il faut rendre nos attentes plus déterminées et notre expérience plus indéterminée. Or ce sont là les deux faces d'une même tâche : car seules des attentes déterminées peuvent avoir sur le passé l'effet rétroactif de le révéler comme *tradition vivante*. C'est ainsi que notre méditation critique sur le futur appelle le complément d'une semblable méditation sur le passé.

2. Être-affecté-par-le-passé

C'est le propos même de « faire l'histoire » qui appelle le pas en arrière du futur vers le passé : l'humanité, avons-nous dit avec Marx, ne fait son histoire que dans des *circonstances* qu'elle n'a pas faites. La notion de *circonstance* devient ainsi l'indice d'une relation inverse à l'histoire : nous ne sommes les agents de l'histoire que pour autant que nous en sommes les patients. Les victimes de l'histoire et les foules innombrables qui, aujourd'hui encore, la subissent infiniment plus qu'elles ne la font sont les témoins par excellence de cette structure majeure de la condition historique ; et ceux-là qui sont — ou croient être — les agents les plus actifs de l'histoire ne *souffrent* pas moins l'histoire que les victimes ou leurs victimes, ne serait-ce qu'à travers les effets non voulus de leurs entreprises les mieux calculées.

Nous ne voudrions pas toutefois traiter ce thème sur le mode de la déploration ou de l'exécration. La sobriété qui convient à la pensée de l'histoire exige que nous extrayions de l'expérience de subir et de souffrir, dans ses aspects les plus émotionnels, la structure plus primitive de l'être-affecté-par-le-passé, et que nous rattachions celle-ci à ce que nous avons appelé, avec Reinhart Koselleck, l'espace d'expérience corrélatif de l'horizon d'attente.

Pour dériver l'être-affecté-par-le-passé de la notion d'espace d'expérience, nous prendrons pour guide le thème introduit par H.-G. Gadamer, dans *Vérité et Méthode,* sous le titre général de « la conscience d'être exposé à l'efficience de l'histoire » *(Wirkungsgeschichtliches Bewusstsein*[1]*).* Il a l'avantage de nous contraindre à

---

1. H.-G. Gadamer, *Wahrheit und Methode,* Tübingen, J.B.C. Mohr (Paul Siebeck), 1re éd. 1960, 3e éd. 1973, p. 284 *sq.* ; trad. fr., Paris, Éd. du Seuil, 1976, p. 185 *sq.* : « L'action *(Wirkung)* de cette histoire de l'efficience est à l'œuvre en toute compréhension, qu'on en soit expressément conscient ou non... La puissance *(Macht)* de l'histoire de l'efficience ne dépend pas de la reconnaissance qu'on lui accorde » [285] (141-142).

appréhender notre être-affecté-par... comme le corrélatif de l'action *(Wirken)* de l'histoire sur nous ou, selon la traduction heureuse de Jean Grondin, comme l'indice du *travail de l'histoire*[1]. Nous nous garderons de laisser ce thème, d'une grande puissance heuristique, se refermer sur une apologie de *la* tradition, comme y incline la regrettable polémique qui a opposé la critique idéologique selon Habernas à la soi-disant herméneutique des traditions selon Gadamer[2]. Nous l'évoquerons seulement *in fine*.

La première manière d'attester la fécondité heuristique du thème de l'être-affecté-par-l'histoire est de la mettre à l'épreuve d'une discussion que nous avons amorcée plus haut et interrompue au moment où elle basculait de l'épistémologie à l'ontologie[3]. Cette discussion avait pour enjeu ultime l'antinomie apparente entre discontinuité et continuité en histoire. On peut parler ici d'antinomie, dans la mesure où, d'une part, c'est la *réception* même du passé historique par la conscience présente qui semble requérir la continuité d'une mémoire commune, et où, d'autre part, la révolution documentaire opérée par la nouvelle histoire semble faire prévaloir, dans la reconstruction du passé historique, les coupures, les ruptures, les crises, l'irruption d'événements de pensée, bref, la discontinuité.

---

1. Jean Grondin, « La conscience du travail de l'histoire et le problème de la vérité en herméneutique », *Archives de philosophie*, 44, n° 3, juillet-septembre 1981, p. 435-453. On trouverait un précédent à la notion d'être-affecté-par-l'histoire dans la notion kantienne d'auto-affection, évoquée plus haut dans le cadre des apories du temps. Nous nous affectons nous-mêmes, dit Kant dans la deuxième édition de la *Critique de la Raison pure,* par nos propres actes. En tirant la ligne, avait-il dit ailleurs dans la première édition, nous produisons le temps : mais, de cette production, nous n'avons aucune intuition directe, sinon à travers la représentation d'objets déterminés par cette activité synthétique (ci-dessus, p. 100-104).
2. P. Ricœur, *Herméneutique et Critique des idéologies*, éd. E. Castelli, in *Archivio di Filosofia* (colloque international Rome 1973 : *Demitizzazione e ideologia*) ; Aubier-Montaigne, Paris, 1973, p. 25-64.
3. Ci-dessus, p. 215 n. 1.

C'est dans *l'Archéologie du savoir* de Michel Foucault que l'antinomie reçoit sa formulation la plus rigoureuse, en même temps que sa résolution en faveur du second terme de l'alternative [1]. D'un côté, le privilège affirmé de la discontinuité est associé à une discipline nouvelle, l'archéologie du savoir précisément, qui ne coïncide pas avec l'histoire des idées, au sens où les historiens l'entendent d'ordinaire. De l'autre côté, le privilège contesté de la continuité est associé à l'ambition d'une conscience constituante et maîtresse du sens.

Confronté à cette apparente antinomie, je me hâte de dire que je n'ai aucune objection strictement épistémologique à élever contre la première partie de l'argument. C'est seulement de la seconde que je me dissocie entièrement, au nom précisément du thème de la conscience affectée par l'efficace de l'histoire.

La thèse selon laquelle l'archéologie du savoir fait droit à des coupures épistémologiques que l'histoire classique des idées méconnaît se légitime par la pratique même de cette nouvelle discipline. D'abord, elle procède d'un parti dont l'originalité se comprend si on l'oppose au modèle d'histoire des idées emprunté à Maurice Mandelbaum à la fin de *Temps et Récit I* [2]. L'histoire des idées y figurait sous le titre des histoires spéciales, découpées artificiellement par l'historien sur le fond de l'histoire générale, qui est celle des entités de premier degré (communautés concrètes, nations, civilisations, etc.), définies précisément par leur persistance historique, donc par la continuité de leur existence. Les histoires spéciales sont celles de l'art, de la science, etc. : elles rassemblent des œuvres par nature discontinues, qui ne sont reliées entre elles que par l'unité d'une thématique qui n'est plus donnée par la vie en société, mais autoritairement définie par l'historien

---

1. Michel Foucault, *L'Archéologie du savoir*, Paris, Gallimard 1969. L'archéologie du savoir décrit les « hérissements de la discontinuité » (p. 13), « alors que l'histoire proprement dite semble effacer, au profit des structures sans labilité, l'irruption des événements » *(ibid.)*.
2. *Temps et Récit*, t. I, p. 342-376.

lui-même, lequel décide ce qui, selon sa conception propre, doit être tenu pour art, pour science, etc. A la différence des histoires spéciales de Mandelbaum, qui sont des abstractions pratiquées sur l'histoire générale, l'archéologie du savoir de Michel Foucault est sans allégeance aucune à l'égard de l'histoire d'éventuelles entités de premier degré. Tel est le parti initial pris par l'archéologie du savoir. Ce choix méthodologique est ensuite confirmé et légitimé par la nature des champs discursifs considérés. Les *savoirs* dont il est question dans l'archéologie ne sont pas des « idées » mesurées par leur influence sur le cours de l'histoire générale et sur les entités durables qui y figurent. L'archéologie du savoir traite de préférence des structures anonymes dans lesquelles s'inscrivent les œuvres singulières ; c'est au niveau de ces structures que sont repérés les événements de pensée qui marquent le décrochage d'une *épistémè* à l'autre ; qu'il s'agisse de la clinique, de la folie, des taxinomies en histoire naturelle, en économie, en grammaire et en linguistique, ce sont les discours les plus proches de l'anonymat qui expriment le mieux la consistance synchronique des *épistémè* dominantes et leurs ruptures diachroniques ; c'est pourquoi les catégories maîtresses de l'archéologie du savoir — « formations discursives », « formations des modalités énonciatives », « *a priori* historique », « archive » — n'ont pas à être portées à un niveau d'énonciation mettant en scène des énonciateurs singuliers responsables de leur dire ; c'est pourquoi surtout la notion d'« archive » peut paraître, plus que toute autre, diamétralement opposée à celle de traditionalité [1]. Or, aucune objection épistémologique sérieuse n'interdit de traiter la discontinuité « à la fois comme instrument et objet de recherche » (*l'Archéologie du savoir,* p. 17), et ainsi de la faire passer « de l'obstacle à la pratique » (*ibid.*). Une herméneutique plus attentive à la *réception* des idées se bornerait ici à rappeler que l'archéologie du savoir ne peut pas s'affranchir entièrement du contexte général où la continuité temporelle retrouve son droit, et donc ne peut manquer de s'articuler

---

1. *L'Archéologie du savoir,* p. 166-175.

sur une histoire des idées au sens des histoires spéciales de Mandelbaum. Aussi bien les ruptures épistémologiques n'empêchent pas les sociétés d'exister de façon continue dans d'autres registres — institutionnels ou autres — que ceux des savoirs. C'est même ce qui permet aux différentes coupures épistémologiques de ne pas toujours coïncider : une branche du savoir peut continuer, tandis qu'une autre est soumise à un effet de rupture[1]. A cet égard, une transition légitime entre l'archéologie du savoir et l'histoire des idées est offerte par la catégorie de *règle de transformation,* qui me paraît la plus « continuiste » de toutes celles que l'archéologie mobilise. Pour une histoire des idées référée aux entités durables de l'histoire générale, la notion de règle de transformation renvoie à un dispositif discursif caractérisé non seulement par sa cohérence structurale, mais par des potentialités non exploitées qu'un nouvel événement de pensée doit porter au jour, au prix de la réorganisation de tout le dispositif ; ainsi compris, le passage d'une *épistémè* à l'autre se laisse rapprocher de la dialectique d'innovation et de sédimentation par laquelle nous avons caractérisé plusieurs fois la traditionalité, la discontinuité correspondant au moment de l'innovation et la continuité à celui de la sédimentation. Hors de cette dialectique, le concept de transformation, entièrement pensé en terme de *coupure,* risque de reconduire à la conception éléatique du temps qui, chez Zénon,

---

1. Sur ce point, *l'Archéologie du savoir* corrige l'impression d'une cohérence globale et d'une substitution totale qu'avait pu laisser *les Mots et les Choses,* bien que trois champs épistémologiques seulement y aient été considérés, sans préjuger du destin des autres, et moins encore du destin des sociétés porteuses : « L'archéologie désarticule la synchronie des coupures, comme elle aurait disjoint l'unité abstraite du changement et de l'événement » (p. 230). A cette remarque est liée une mise en garde contre toute interprétation trop monolithique de l'*épistémè,* qui ramènerait sans tarder le règne d'un sujet législateur (p. 249-250). A la limite, si une société était à *tous égards* soumise à une mutation globale, on se trouverait dans l'hypothèse imaginée, selon Karl Mannhein, par Hume et d'autres, du remplacement entier d'une génération par une autre. Or, on a vu comment le remplacement *continu* des générations les unes par les autres contribue à préserver la continuité du tissu historique.

aboutit à composer le temps de *minima* insécables[1]. Ce risque, il faut dire que *l'Archéologie du savoir* l'assume par parti pris de méthode.

En ce qui concerne l'autre branche de l'antinomie, rien n'oblige à lier le sort du point de vue continuiste de la mémoire aux prétentions d'une conscience constituante[2]. En toute rigueur, l'argument ne vaut que pour les pensées du Même, dont nous avons fait le procès plus haut[3]. Il me paraît parfaitement admissible d'invoquer une « chronologie continue de la raison », voire « le modèle général d'une conscience qui acquiert, progresse et se souvient » (p. 16), sans pour autant éluder le décentrement du sujet pensant opéré par Marx, Freud et Nietzsche. Rien n'exige que l'histoire devienne « pour la souveraineté de la conscience un abri privilégié » (p. 23), un expédient idéologique destiné à « restituer à l'homme tout ce qui depuis un siècle n'a cessé de lui échapper » (p. 24). Au contraire, la notion d'une mémoire historique en proie au travail de l'histoire me paraît requérir le même décentrement que celui invoqué par Michel Foucault. Bien plus, « le thème d'une histoire vivante, continue et ouverte » (p. 23) me paraît seul capable d'adosser une action politique vigoureuse à la mémorisation des potentialités étouffées ou refoulées du passé. Bref, s'il s'agit de légitimer la présomption de continuité de l'histoire, la notion de conscience exposée à l'efficience de l'histoire, que nous allons maintenant expliciter pour elle-même,

---

1. Sur ce point, cf. V. Goldschmidt, *Temps physique et Temps tragique chez Aristote, op. cit.*, p. 14.
2. Jusqu'à la mutation en cours, selon M. Foucault, l'histoire a été régie par une même fin : « Reconstituer, à partir de ce que disent ces documents — et parfois à demi-mot — le passé dont ils émanent et qui s'est évanoui maintenant loin derrière eux ; le document était toujours traité comme le langage d'une voix maintenant réduite au silence — sa trace fragile, mais par chance déchiffrable » (p. 14). Tombe alors la formule où l'intention à longue portée de *l'Archéologie* se déclare : « Le document n'est pas l'heureux instrument d'une histoire qui serait en elle-même et de plein droit *mémoire* ; l'histoire, c'est une certaine manière pour une société de donner statut et élaboration à une masse documentaire dont elle ne se sépare pas » (p. 14).
3. Ci-dessus, deuxième section, chapitre III, § 1.

offre une alternative valable à celle de conscience souveraine, transparente à elle-même, maîtresse du sens.

Expliciter la notion de réceptivité à l'efficience de l'histoire, c'est fondamentalement s'expliquer sur la notion de *tradition* à laquelle on l'identifie trop rapidement. Au lieu de parler de façon indiscriminée de *la* tradition, il faut plutôt distinguer plusieurs problèmes que je placerai sous trois titres différents : la *traditionalité,* les *traditions,* la *tradition.* Seul le troisième prête à la polémique ouverte contre Gadamer par Habermas au nom de la critique de l'idéologie.

Le terme de *traditionalité* nous est déjà familier[1] : il désigne un style d'enchaînement de la succession historique, ou, pour parler comme Koselleck, un trait de la « temporalisation de l'histoire ». C'est un transcendantal de la pensée de l'histoire au même titre que la notion d'horizon d'attente et d'espace d'expérience. De même que l'horizon d'attente et l'espace d'expérience forment une paire contrastée, la traditionalité relève d'une dialectique subordonnée, interne à l'espace d'expérience lui-même. Cette dialectique seconde procède de la tension, au sein même de ce que nous appelons l'expérience, entre l'efficience du passé, que nous souffrons, et la réception du passé, que nous opérons. Le terme de « trans-mission » (qui traduit l'allemand *Ueberlieferung*) exprime bien cette dialectique interne à l'expérience. Le style temporel qu'il désigne est celui du temps *traversé* (expression que nous avons également rencontrée dans l'œuvre de Proust)[2]. S'il est un thème de *Vérité et Méthode* qui réponde à cette signification primordiale de la tradition transmise, c'est celui de distance temporelle *(Abstand)*[3]. Celle-ci n'est pas

1. *Temps et Récit,* t. II, chap. I.
2. *Ibid.,* t. II, p. 283-284.
3. *Vérité et Méthode,* « La signification herméneutique de la distance temporelle » [275-283] (130-140). « Quand nous cherchons à comprendre un phénomène historique sur la base de la distance historique qui détermine globalement notre situation herméneutique, nous sommes toujours soumis, dès l'abord, aux effets *(Wirkungen)* de l'histoire de l'efficience *(Wirkungsgeschichte)* » [284] (141).

seulement un intervalle de séparation, mais un procès de médiation, jalonné, comme nous le dirons plus loin, par la chaîne des interprétations et des réinterprétations des héritages du passé. Du point de vue formel où nous nous tenons encore, la notion de distance traversée s'oppose à la fois à celle du passé tenu pour simplement révolu, aboli, absous, et à celle de contemporanéité intégrale, qui fut l'idéal herméneutique de la philosophie romantique. Distance infranchissable ou distance annulée, tel paraît être le dilemme. La traditionalité désigne plutôt la dialectique entre l'éloignement et la dédistanciation, et fait du temps, selon le mot de Gadamer, « le fondement et le soutien du procès *(Geschechen)* où le présent a ses racines » [281] (137).

Pour penser ce rapport dialectique, la phénoménologie offre le secours de deux notions bien connues et complémentaires, celle de *situation* et celle d'*horizon* : nous nous trouvons dans une situation ; de ce point de vie, toute perspective ouvre sur un horizon vaste mais limité. Mais, si la situation nous limite, l'horizon s'offre à être dépassé sans jamais être inclus[1]. Parler d'un horizon en mouvement, c'est concevoir un unique horizon constitué, pour chaque conscience historique, par les mondes étrangers sans rapport avec le nôtre dans lesquels nous nous replaçons tour à tour[2]. Cette idée d'un unique horizon ne

1. « L'horizon, c'est bien plutôt quelque chose où nous pénétrons progressivement et qui se déplace avec nous. Pour qui se meut, l'horizon se dérobe. De même l'horizon du passé, dont vit toute vie humaine et qui est présent sous forme de tradition transmise, est lui aussi toujours en mouvement. La conscience historique n'est pas la première à mettre en mouvement l'horizon qui englobe tout. En elle ce mouvement a simplement pris conscience de lui-même » [288] (145). Il importe peu que Gadamer applique à la dialectique entre passé et présent le terme d'horizon, alors que Koselleck réserve ce terme pour l'attente. On pourrait dire que Gadamer écrit sous ce vocable une tension constitutive de l'espace d'expérience. Il le peut dans la mesure où l'attente elle-même est une composante de ce que l'on appelle ici l'horizon du présent.
2. « Tous ensemble, ces mondes forment l'unique et vaste horizon intimement mobile qui, au-delà des frontières du présent, embrasse la profondeur historique de la conscience que nous prenons de nous-mêmes » [288] (145).

Vers une herméneutique de la conscience historique

ramène aucunement à Hegel. Elle vise seulement à écarter l'idée nietzschéenne d'un hiatus entre des horizons changeants où il faudrait chaque fois se replacer. Entre le savoir absolu qui abolit les horizons et l'idée d'une multitude d'horizons incommensurables, il faut faire place à l'idée d'une *fusion entre horizons,* qui ne cesse de se produire chaque fois que, mettant à l'épreuve nos préjugés, nous nous astreignons à conquérir un horizon historique et nous imposons la tâche de réprimer l'assimilation hâtive du passé à nos propres attentes de sens.

Cette notion de fusion entre horizons conduit au thème qui est finalement l'enjeu de cette herméneutique de la conscience historique, à savoir la *tension* entre l'horizon du passé et celui du présent[1]. Le problème du rapport entre passé et présent se trouve ainsi placé sous un éclairage nouveau : le passé nous est révélé par la projection d'un horizon historique à la fois détaché de l'horizon du présent et repris, réassumé en lui. L'idée d'un horizon temporel à la fois projeté et écarté, distingué et inclus, achève de dialectiser l'idée de traditionalité. Ce qui reste d'unilatéral dans l'idée d'un être-affecté-par-le-passé est par là même dépassé : c'est en *projetant* un horizon historique que nous éprouvons, dans la tension avec l'horizon du présent, l'efficace du passé, dont notre être-affecté est le corrélat. L'histoire de l'efficience, pourrait-on dire, est ce qui se fait sans nous. La fusion des horizons est ce à quoi nous nous efforçons. Ici, travail de l'histoire et travail de l'historien se portent mutuellement secours.

A ce premier titre, la tradition, formellement conçue comme traditionalité, constitue déjà un phénomène de grande portée. Elle signifie que la distance temporelle qui nous sépare du passé n'est pas un intervalle mort, mais une

---

1. Ici encore, l'herméneutique des textes est un bon guide : « Chaque rencontre avec la tradition, opérée avec une science historique explicite, apporte avec elle l'expérience d'un rapport de tension entre le texte et le présent. La tâche herméneutique consiste à ne pas dissimuler cette tension en une naïve assimilation, mais à la déployer en pleine conscience. Voilà pourquoi l'attitude herméneutique implique nécessairement la projection d'un horizon historique qui soit distinct de l'horizon du présent » [290] (147).

transmission génératrice de sens. Avant d'être un dépôt inerte, la tradition est une opération qui ne se comprend que dialectiquement dans l'échange entre le passé interprété et le présent interprétant.

Ce disant, nous avons déjà franchi le seuil du premier au second sens du terme « tradition », à savoir du concept formel de traditionalité au concept matériel de contenu traditionnel. Par tradition, nous entendons désormais les *traditions*. Le passage d'une acception à l'autre est contenu dans le recours aux notions de *sens* et d'*interprétation* dans la considération qui vient de clore notre analyse de la traditionalité. Donner des traditions une appréciation positive n'est pourtant pas encore faire de la tradition un critère herméneutique de la vérité. Pour donner aux notions de sens et d'interprétation toute leur envergure, il importe de mettre provisoirement entre parenthèses la question de la vérité. La notion de tradition, prise au sens des traditions, signifie que nous ne sommes jamais en position absolue d'innovateurs, mais toujours d'abord en situation relative d'héritiers. Cette condition tient essentiellement à la structure *langagière* de la communication en général et de la transmission des contenus passés en particulier. Or, le langage est la grande institution — l'institution des institutions — qui nous a chacun dès toujours précédés. Et par langage il faut entendre ici, non seulement le système de la langue en chaque langue naturelle, mais les choses déjà dites, entendues et reçues. Par tradition nous entendons en conséquence *les choses déjà dites,* en tant qu'elles nous sont transmises le long des chaînes d'interprétation et de réinterprétation.

Ce recours à la structure langagière de la tradition-transmission n'a rien d'extrinsèque au propos de *Temps et Récit* : d'abord, nous savons depuis le début de notre recherche que la fonction symbolique n'est pas elle-même étrangère au domaine de l'agir et du pâtir. C'est pourquoi la première relation mimétique portée par le récit a pu être définie par la référence à ce caractère primordial de l'action d'être symboliquement médiatisée. Ensuite, la seconde relation mimétique du récit à l'action, identifiée à l'opération structurante de la mise en intrigue, nous a enseigné à traiter l'action imitée comme un texte. Or, sans négliger pour autant la tradition orale, l'effectivité du passé historique coïncide pour une large part avec celle des *textes* du passé. Enfin, l'équivalence partielle entre une herméneutique des textes et une herméneutique du passé historique trouve un renfort dans le fait qu l'historiographie, en tant que connaissance par traces, dépend largement de textes qui donnent au passé un statut documentaire. C'est ainsi que la compréhension des textes hérités du passé peut être érigée, avec les réserves qu'il convient, en expérience témoin à l'égard de toute relation au passé. L'aspect littéraire de ces héritages, aurait dit Eugen Fink, équivaut à la découpure d'une « fenêtre [1] » ouverte sur le vaste paysage de la passéité en tant que telle.

Cette identification partielle entre la conscience exposée à l'efficience de l'histoire et la réception des textes du passé transmis jusqu'à nous a permis à Gadamer de passer du thème heideggerien de la compréhension de l'historialité, tel que nous l'avons exposé dans la première section de ce volume, au problème inverse de l'historialité de la compréhension elle-même [2]. A cet égard, la lecture dont nous avons fait ci-dessus la théorie est la *réception* qui répond et correspond à l'être-affecté-par-le-passé, dans sa dimension langagière et textuelle.

Le caractère dialectique — interne une fois encore à la notion d'espace d'expérience — de notre second concept de tradition ne peut être ignoré : il redouble la dialectique formelle de la distance temporelle faite de tension entre éloignement et distanciation. Dès lors qu'on entend par traditions les *choses dites* dans le passé et transmises jusqu'à nous par une chaîne d'interprétations et de réinterprétations, il faut ajouter une dialectique matérielle des contenus à la dialectique formelle de la distance temporelle ; le passé nous interroge et nous met en question

---

1. « Représentation et image » § 34, *in* Eugen Fink, *Studien zur Phaenomenologie (1930-1939)*, La Faye, Nijhoff, 1966 ; trad. fr. de Didier Franck, *De la Phénoménologie*, Paris, Éd. de Minuit, 1974.
2. H.-G. Gadamer, *op. cit.* [250] (103)

avant que nous ne l'interrogions et ne le mettions en question. Dans cette lutte pour la *reconnaissance du sens*, le texte et le lecteur sont chacun tour à tour familiarisés et défamiliarisés. Cette seconde dialectique relève ainsi de la logique de la question et de la réponse, invoquée successivement par Collingwood et par Gadamer [1]. Le passé nous interroge dans la mesure où nous l'interrogeons. Il nous répond dans la mesure où nous lui répondons. Cette dialectique trouve un appui concret dans la théorie de la lecture que nous avons élaborée plus haut.

Nous arrivons enfin au troisième sens du terme « tradition » dont nous avons délibérément ajourné l'examen : c'est celui qui a donné lieu à la confrontation entre l'herméneutique dite des traditions et la critique des idéologies. Il procède d'un glissement de la considération des traditions à l'apologie de *la* tradition.

Deux remarques avant de nous engager dans cette confrontation.

Notons d'abord que le glissement de la question *des* traditions à la question de *la* tradition n'est pas entièrement indu. Il existe bien une problématique qui mérite d'être placée sous le titre de la tradition. Pourquoi ? Parce que la question du sens, posé par tout contenu transmis, ne peut être séparée de celle de la vérité que par abstraction. Toute *proposition de sens* est en même temps une *prétention à la vérité*. Ce que nous recevons du passé, ce sont en effet des croyances, des persuasions, des convictions, c'est-à-dire des manières de « *tenir-pour-vrai* », selon le génie du mot allemand *Für-wahr-halten*, qui signifie croyance. C'est, à mon sens, ce lien entre le régime langagier des traditions et la prétention à la vérité liée à l'ordre du sens qui confère une certaine plausibilité au triple plaidoyer en faveur du préjugé, de l'autorité et enfin de la tradition par lequel Gadamer introduit, dans un esprit volontairement polémique, à sa problématique majeure de la conscience exposée à l'efficience de l'his-

---

1. H.-G. Gadamer, « La logique de la question et de la réponse », *op. cit.* [351-360] (216-226).

toire[1]. C'est en effet, par rapport à la prétention des traditions à la vérité, prétention incluse dans le tenir-pour-vrai de toute proposition de sens, que ces trois notions controversées sont à comprendre : dans le vocabulaire de Gadamer, cette prétention à la vérité, en tant qu'elle ne procède pas de nous, mais nous rejoint comme une voix venant du passé, s'énonce comme auto-présentation des « choses mêmes »[2]. Le pré-jugé est ainsi une structure de la pré-compréhension hors de laquelle la « chose même » ne peut se faire valoir ; c'est à ce titre que la réhabilitation du préjugé heurte de front le préjugé contre le préjugé de l'*Aufklärung*. Quant à l'autorité, elle signifie à titre primaire l'augmentation (*auctoritas* vint d'*augere*), le surcroît que la prétention à la vérité ajoute au simple sens, dans le suspens du tenir-pour-vrai ; elle a pour vis-à-vis, du côté de la réception, non pas l'obéissance aveugle, mais la reconnaissance d'une supériorité. La tradition, enfin, reçoit un statut voisin de celui que Hegel assignait aux mœurs — à la *Sittlichkeit :* nous sommes portés par elle, avant que nous ne soyons en position de la juger, voire de la condamner ; elle « préserve » *(bewahrt)* la possibilité d'entendre les voix éteintes du passé[3].

1. H.-G. Gadamer, *op. cit.* [250 *sq.*] (103 *sq.*).
2. A la suite de Heidegger, Gadamer écrit : « Quiconque cherche à comprendre est exposé aux erreurs suscitées par des pré-conceptions qui n'ont pas subi l'épreuve des choses mêmes. Telle est la tâche constante du comprendre : élaborer les projets justes et appropriés à la chose, qui, en tant que projets, sont des anticipations qui n'attendent leur confirmation que des " choses mêmes ". Il n'y a pas d'autre " objectivité " ici que la confirmation qu'une pré-conception peut recevoir au cours de son élaboration » [252] (105). La recherche d'une *homologia* dans le conflit même des interprétations l'atteste : « Le but de tout comprendre (*Verständigung*) et de toute compréhension est toujours que l'on s'entende (*Einverständnis*) sur la chose » [276] (132). L'anticipation de sens qui gouverne la compréhension des textes n'est pas d'abord privée, mais commune.
3. « Ce qui emplit notre conscience historique, c'est toujours une multitude de voix où résonne l'écho du passé. Elle n'est présente que dans la multiplicité de telles voix : c'est ce qui constitue l'essence de la tradition dont nous faisons déjà partie et à laquelle nous voulons prendre part. Dans l'histoire moderne elle-même, la recherche n'est pas seulement recherche, mais aussi transmission de tradition » [268] (123).

Deuxième remarque préalable : le premier partenaire du débat n'est pas la *Critique,* au sens hérité de Kant, à travers Horkheimer et Adorno, mais ce que Gadamer appelle le *méthodologisme.* Sous ce titre, Gadamer vise moins le concept « méthodique » de *recherche* que la prétention d'une conscience jugeante, érigée en tribunal de l'histoire et elle-même indemne de tout préjugé. Cette conscience jugeante est au fond parente de la conscience constituante, maîtresse du sens, que Foucault dénonce et dont nous nous sommes dissociés plus haut. La critique du méthodologisme n'a pas d'autre ambition que de rappeler à la conscience jugeante que la tradition nous rattache aux choses déjà dites et à leur prétention à la vérité avant que nous ne soumettions celle-ci à la recherche. La prise de distance, la liberté à l'égard des contenus transmis, ne peuvent être l'attitude première. Par la tradition nous nous trouvons déjà situés dans l'ordre du sens et donc aussi de la vérité possible. La critique du méthodologisme ne fait que souligner l'accent foncièrement anti-subjectiviste de la notion d'histoire de l'efficience[1]. Ceci dit, la *recherche* est le partenaire obligé de la tradition, dans la mesure où celle-ci n'offre que des prétentions à la vérité : « Toute herméneutique historique, écrit Gadamer, doit commencer par abolir l'opposition abstraite entre tradition et science historique, entre le cours de l'histoire et le savoir de l'histoire » [267] (222). Or, avec l'idée de recherche, s'affirme un moment critique, certes second, mais inéluctable, que j'appelle rapport de *distanciation,* et qui désigne dès maintenant la place en creux de la critique des idéologies dont on parlera dans un instant. Ce sont essentiellement les vicissitudes de la tradition — ou, pour mieux dire, des traditions rivales auxquelles nous appartenons dans une société et une culture pluralistes —, leurs crises internes, leurs interruptions, leurs réinterprétations dramatiques, leurs schismes, qui introduisent, dans la tradition même, en tant qu'instance de vérité, une « pola-

1. « Il y a en tout cas une présupposition commune aux sciences humaines et à la survivance des traditions : c'est de voir dans la tradition une interpellation » [266] (121).

rité entre familiarité et étrangeté ; c'est sur elle que se fonde la tâche de l'herméneutique » [279] (135)[1]. Or, comment l'herméneutique remplirait-elle cette tâche, si elle n'usait pas de l'objectivité historiographique comme d'un crible à l'égard des traditions mortes ou de ce que nous tenons pour des déviations des traditions dans lesquelles nous nous reconnaissons nous-mêmes[2] ? C'est bien ce passage par l'objectivation qui distingue l'herméneutique post-heideggerienne de l'herméneutique romantique, où « la compréhension était conçue comme la reproduction d'une production originelle » [230] (136). Il ne peut certes être question de mieux comprendre ; « il suffit de dire que, *par le seul fait de comprendre,* on comprend *autrement* » [280] (137). Dès que l'herméneutique s'éloigne de son origine romantique, elle se met dans l'obligation d'intégrer le meilleur de l'attitude qu'elle réprouve. Pour ce faire, il lui faut distinguer l'honnête méthodologique de l'historien de métier de la distanciation aliénante *(Verfremdung)* qui ferait de la critique un geste philosophique plus fondamental que la reconnaissance humble du « procès *(Geschehen)* où le présent a ses

---

1. « Cette position intermédiaire entre l'étrangeté et la familiarité qu'occupe pour nous la tradition, c'est l'entre-deux qui s'établit entre l'objectivité, conçue dans les termes de l'historiographie et posée à distance de nous, et l'appartenance à une tradition. *C'est dans cet entre-deux* (Zwischen) *que l'herméneutique a son véritable lieu* » (*ibid.*). Comparer avec l'idée de Hayden White selon lequel l'histoire est autant une familiarisation avec le non-familier qu'une défamiliarisation du familier.

2. Le ver de la critique était contenu dans le texte fameux de Heidegger sur la compréhension, d'où la réflexion herméneutique de Gadamer est partie : « Le cercle [caractéristique de la compréhension] recèle en lui une possibilité authentique du connaître le plus originel ; on ne le saisit correctement que si l'explicitation première se donne pour tâche première, permanente et dernière de ne pas se laisser imposer ses acquis et vues préalables et ses anticipations par de quelconques intuitions et notions populaires, mais d'assurer son thème scientifique par le développement de ses anticipations selon " les choses elles-mêmes " » (*Sein und Zeit* [153] (190)). Heidegger ne dit pas comment, concrètement, l'interprète apprend à discerner une anticipation de sens « selon les choses elles-mêmes » des idées fantaisistes et des conceptions populaires.

racines ». L'herméneutique peut rejeter le méthodologisme, comme position philosophique qui s'ignore en tant que philosophique : elle doit intégrer la « méthodique ». Bien plus, c'est elle qui demande que, sur le plan épistémologique, « soit également aiguisée la conscience méthodologique de la science » [282] (138). Car comment l'interprète se laisserait-il interpeller par « les choses mêmes », s'il n'usait pas, au moins sur un mode négatif, du « filtrage » opéré par la distance temporelle ? Il ne faut pas oublier que c'est le fait de la mécompréhension qui a donné naissance à l'herméneutique ; la question proprement critique de « la distinction *à* opérer entre les préjugés *vrais* qui guident la *compréhension* et les préjugés *faux* qui entraînent la *mécompréhension* » [282] (137) devient ainsi une question interne à l'herméneutique elle-même, Gadamer l'accorde bien volontiers : « La conscience formée à l'école herméneutique inclura par conséquent la conscience historiographique » [282] (139).

Ces deux remarques faites, nous pouvons enfin évoquer le débat entre critique des idéologies et herméneutique de la tradition, dans le seul dessein de mieux cerner la notion d'efficience de l'histoire, et son corrélat, notre être-affecté-par cette efficience [1].

Il y a matière à débat dans la mesure où, passer des traditions à la tradition, c'est, pour l'essentiel, introduire une question de *légitimité* : la notion d'autorité, liée dans

---

1. Je n'entends pas atténuer le conflit entre herméneutique des traditions et critique des idéologies ; leur « ambition d'universalité », pour reprendre le thème d'une controverse entre Gadamer et Habermas, consigné dans le volume *Hermeneutik und Ideologiekritik* (Francfort, Suhrkamp, 1971), procède de deux « lieux différents », la réinterprétation des textes reçus de la tradition, chez l'un, et la critique des formes systématiquement altérées de la communication, chez l'autre. C'est pourquoi, on ne peut pas superposer simplement ce que Gadamer appelle pré-jugé, qui est un pré-jugé favorable, et ce que Habermas appelle idéologie, qui est une distorsion systématique de la compétence communicative. On peut seulement montrer que, parlant de deux lieux différents, chacun doit intégrer un segment de l'argument de l'autre. C'est ce que j'entreprends de démontrer dans « Herméneutique et critique des idéologies » (*op. cit.*).

ce contexte à celle de tradition, ne peut pas ne pas se dresser comme une instance légitimante : c'est elle qui transforme le préjugé gadamérien en faveur du préjugé en position de droit. Or, quelle légitimité peut-elle procéder de ce qui paraît bien n'être qu'une condition empirique, à savoir la finitude inéluctable de toute compréhension ? Comment une nécessité — *müssen* — se convertirait-elle en un droit — *sollen* ? L'herméneutique de la tradition, semble-t-il, peut d'autant moins échapper à cette mise en question que sa notion même de préjugé l'appelle ; comme le terme l'indique, le préjugé se classe lui-même dans l'orbite du jugement ; il se fait ainsi plaideur devant le tribunal de la raison ; et, devant ce tribunal, il n'a d'autre ressource que de se soumettre à la loi du meilleur argument ; il ne saurait donc s'ériger en autorité propre sans se comporter en accusé qui récuse son juge, donc sans devenir son propre tribunal.

Est-ce à dire que l'herméneutique de la tradition soit ici sans réplique ? Je ne le pense pas. Demandons-nous seulement de quelles armes la raison dispose dans cette compétition qui l'oppose à l'autorité de la tradition ?

Ce sont d'abord les armes d'une critique des idéologies ; celle-ci commence par replacer le *langage,* sur lequel l'herméneutique semble se refermer, dans une constellation plus vaste, qui comporte aussi le *travail* et la *domination* ; sous le regard de la critique matérialiste qui s'ensuit, la pratique du langage se révèle être le siège de distorsions systématiques qui résistent à l'action corrective qu'une philologie généralisée — ce que l'herméneutique paraît être en dernier ressort — applique à la simple mécompréhension inhérente à l'usage du langage, une fois séparée arbitrairement de sa condition sociale d'exercice. C'est ainsi qu'une *présomption* d'idéologie pèse sur toute *prétention* à la vérité.

Mais une telle critique, sous peine de se ruiner elle-même par autoréférence à ses propres énoncés, doit se limiter elle-même. Elle le fait en rapportant à des *intérêts* distincts la somme de tous les énoncés possibles ; c'est à un intérêt pour le contrôle instrumental que renvoient les sciences empiriques et leurs prolongements technologiques, donc le domaine du travail ; c'est à un intérêt pour la communication que correspondent les sciences herméneutiques, donc la tradition du langage ; c'est enfin à un intérêt pour l'émancipation que se rattachent les sciences sociales critiques, dont la critique des idéologies est, avec la psychanalyse et sur son modèle, l'expression la plus accomplie. L'herméneutique doit donc renoncer à sa prétention universaliste pour rester créditée d'une légitimité régionale. En revanche, le couplage de la critique des idéologies avec un intérêt pour l'émancipation suscite une nouvelle prétention à l'universalité. L'émancipation vaut pour tous et pour toujours. Or qu'est-ce qui légitime cette nouvelle prétention ? La question est inéluctable : si l'on prend au sérieux l'idée de distorsions systématiques du langage, liées aux effets dissimulés de la domination, la question se pose de savoir devant quel tribunal non idéologique la communication ainsi pervertie pourrait comparaître. Ce tribunal ne peut consister que dans l'autoposition d'un transcendantal anhistorique, dont le schème, au sens kantien du terme, serait la représentation d'une communication sans entraves et sans bornes, donc d'une situation de parole caractérisée par un consensus issu du procès même de l'argumentation.

Or, à quelles conditions une telle situation de parole se laisse-t-elle penser[1] ? Il faudrait que la critique *par* la raison puisse échapper à une critique plus radicale encore *de* la raison elle-même. La critique, en effet, est elle aussi portée par une tradition historique, à savoir celle de l'*Aufklärung,* dont nous avons aperçu plus haut quelques illusions et dont la critique acerbe menée par un Horkheimer et un Adorno a démasqué la violence propre, résultant de la conversion instrumentale de la raison moderne. Une surenchère de dépassement — et de dépassement de dépassements — est alors déchaînée : après s'être perdue dans une « dialectique négative », qui sait

---

1. Pour tout ce qui concerne le débat interne à la théorie critique, je déclare ma dette à l'égard de l'ouvrage inédit de J.-M. Ferry, *Éthique de la communication et théorie de la démocratie chez Habermas*, 1984.

parfaitement reconnaître le mal, comme chez Horkheimer et Adorno, la critique de la critique projette le « principe-espérance » dans une utopie sans prise historique, comme chez E. Bloch. Reste alors la solution consistant à fonder le transcendantal de la situation idéale de parole dans une version, renouvelée de Kant et de Fichte, de la *Selbstreflexion,* siège de tout droit et de toute validité. Mais, sous peine de revenir à un principe de vérité radicalement monologique, comme dans la déduction transcendantale kantienne, il faut pouvoir poser l'identité originaire du principe réflexif avec un principe éminemment dialogique, comme chez Fichte ; sinon, la *Selbstreflexion* ne saurait fonder l'utopie d'une communication sans entraves et sans bornes. Cela ne se peut que si le principe de vérité est articulé sur la pensée de l'histoire, telle que nous l'exposons dans ce chapitre, et qui met en rapport un horizon déterminé d'attente et un espace spécifié d'expérience.

C'est sur ce chemin du retour de la question du fondement à celui de l'efficience historique que l'herméneutique de la tradition se fait à nouveau entendre. Pour échapper à la fuite sans fin d'une vérité parfaitement anhistorique, il faut tenter d'en discerner les signes dans les anticipations de l'entente, à l'œuvre en toute communication réussie, en toute communication où nous faisons l'*expérience* d'une certaine réciprocité d'intention et de reconnaissance d'intention. Autrement dit, il faut que la transcendance de l'idée de vérité, en tant qu'elle est d'emblée une idée dialogique, soit aperçue comme déjà à l'œuvre dans la pratique de la communication. Ainsi réinvestie dans l'horizon d'attente, l'idée dialogique ne peut pas ne pas rejoindre les anticipations enfouies dans la tradition elle-même. Pris comme tel, le transcendantal pur assume très légitimement le statut négatif d'une *idée-limite* à l'égard tant de nos attentes déterminées que de nos traditions hypostasiées. Mais, sous peine de rester étrangère à l'efficience de l'histoire, cette idée-limite doit se faire *idée directrice,* orientant la dialectique concrète entre horizon d'attente et espace d'expérience.

La position tour à tour négative et positive de l'*idée* ne s'exerce donc pas moins à l'égard de l'horizon d'attente que de l'espace d'expérience. Ou plutôt, elle ne s'exerce à l'égard de l'horizon d'attente que dans la mesure où elle s'exerce aussi à l'égard de l'espace d'expérience. C'est là le moment herméneutique de la critique.

On pourrait dès lors jalonner de la façon suivante le chemin parcouru par la notion de tradition : 1) la *traditionalité* désigne un style formel d'enchaînement qui assure la continuité de la réception du passé ; à ce titre, elle désigne la réciprocité entre l'efficience de l'histoire et notre être-affecté-par-le-passé ; 2) *les traditions* consistent dans les contenus transmis en tant que porteurs de sens ; elles placent tous les héritages reçus dans l'ordre du symbolique et, virtuellement, dans une dimension langagière et textuelle ; à ce titre, les traditions sont des *propositions de sens* ; 3) *la tradition*, en tant qu'instance de légitimité, désigne la *prétention à la vérité* (le tenir-pour-vrai) offerte à l'argumentation dans l'espace public de la discussion. Face à la critique qui se dévore elle-même, la prétention à la vérité des contenus de traditions mérite d'être tenue pour une *présomption de vérité,* aussi longtemps qu'une raison plus forte, c'est-à-dire un argument meilleur, ne s'est pas fait valoir. Par présomption de vérité, j'entends le crédit, la réception confiante par quoi nous répondons, dans un premier mouvement précédant toute critique, à toute proposition de sens, à toute prétention de vérité, pour la raison que nous ne sommes jamais au commencement du procès de vérité et que nous *appartenons*[1], avant tout geste critique, à un règne de la vérité présumée. Avec cette notion de présomption de vérité, un pont est jeté par-dessus l'abîme qui séparait au début de ce débat l'*inéluctable* finitude de toute compréhension et l'absolue

---

1. Ce combat de grande envergure, qui occupe la seconde partie de *Vérité et Méthode*, est le même que celui qui a été mené, dans la première partie, contre la prétention du jugement esthétique à s'ériger en tribunal de l'expérience esthétique et que celui qui est mené dans la troisième partie contre une réduction similaire du langage à une simple fonction instrumentale où serait occultée la puissance de la parole à élever au verbe la richesse de l'expérience intégrale.

validité de l'idée de vérité communicationnelle. Si une transition est possible entre la nécessité et le droit, c'est la notion de présomption de vérité qui l'assure : en elle, l'inévitable et le valable se rejoignent asymptotiquement.

Deux groupes de conclusions sont à tirer de cette méditation sur la condition d'un être-affecté-par-le-passé.

Il faut d'abord rappeler fortement que cette condition fait couple avec la visée d'un horizon d'attente. A cet égard, une herméneutique de l'histoire de l'efficience n'éclaire que la dialectique interne à l'espace d'expérience, abstraction faite des échanges entre les deux grandes modalités de la pensée de l'histoire. La restitution de cette dialectique enveloppante n'est pas sans conséquence pour le sens de notre relation au passé ; d'une part, le choc en retour de nos attentes relatives à l'avenir sur la réinterprétation du passé peut avoir pour effet majeur d'ouvrir dans le passé réputé révolu des possibilités oubliées, des potentialités avortées, des tentatives réprimées (une des fonctions de l'histoire à cet égard est de reconduire à ces moments du passé où l'avenir n'était pas encore décidé, où le passé était lui-même un espace d'expérience ouvert sur un horizon d'attente) ; d'autre part, le potentiel de sens ainsi libéré de la gangue des traditions peut contribuer à donner chair et sang à celles de nos attentes qui ont la vertu de déterminer dans le sens d'une histoire à faire l'idée régulatrice, mais vide, d'une communication sans entraves ni bornes. C'est par ce jeu de l'attente et de la mémoire que l'utopie d'une humanité réconciliée peut s'investir dans l'histoire *effective*.

Il faut ensuite réaffirmer la prééminence de la notion d'efficience de l'histoire et de son corrélat, notre être-affecté-par-le-passé, sur la constellation de significations gravitant autour du terme de tradition. Je ne reviens pas sur l'importance des distinctions introduites entre la traditionalité, comprise comme style formel de transmission des héritages reçus, les traditions, en tant que contenus dotés de sens, et enfin la tradition, en tant que légitimation de la prétention à la vérité élevée par tout héritage porteur de sens. J'aimerais plutôt montrer de quelle façon cette prééminence du thème de l'efficience du passé sur celui de la tradition permet à celui-ci d'entrer en relation avec les diverses notions relatives au passé qui ont été mises à l'épreuve au cours des chapitres précédents.

Remontant de proche en proche la suite des analyses antérieures, c'est d'abord la problématique du *vis-à-vis (Gegenüber)* de notre troisième chapitre qui prend une coloration nouvelle. D'un côté, la dialectique du Même, de l'Autre, de l'Analogue reçoit une signification herméneutique nouvelle, d'être soumise à la pensée de l'efficience du passé. Prise isolément, cette dialectique risque de réveiller à chacune de ses stations un rêve de puissance exercé par le sujet du connaître ; qu'il s'agisse de réeffectuation des pensées passées, de différence par rapport aux invariants posés par la recherche historique, de métaphorisation du champ historique préalable à la mise en intrigue, on aperçoit chaque fois en filigrane l'effort d'une conscience constituante pour maîtriser le rapport du passé connu au passé advenu. C'est précisément à ce vœu de maîtrise — même dialectisé de la manière qu'on a dite — que le passé tel qu'il fut ne cesse d'échapper. L'approche herméneutique, en revanche, commence par reconnaître cette extériorité du passé par rapport à toute tentative centrée sur une conscience constituante, qu'elle soit avouée, dissimulée ou méconnue. Elle fait basculer toute la problématique de la sphère du *connaître* dans celle de l'*être-affecté*, c'est-à-dire du *non-faire*.

En retour, l'idée de *dette* à l'égard du passé, qui nous a paru régir la dialectique du Même, de l'Autre, de l'Analogue, apporte un enrichissement considérable à celle de tradition ; l'idée d'héritage, qui est une des expressions les plus appropriées de l'efficience du passé, peut être interprétée comme la fusion des idées de dettes et de tradition. Il n'est pas jusqu'à la dialectique du Même, de l'Autre et de l'Analogue qui ne développe le germe de dialectisation contenu dans l'idée de transmission médiatisante, qui est le cœur de l'idée de tradition. Ce germe s'épanouit lorsque l'on soumet l'idée de tradition elle-même à la triple grille de la réeffectuation, de la différenciation et de la métaphorisation. En témoignent les dialectiques dispersées du proche et du lointain, du familier et de l'étranger, de la distance temporelle et de la fusion sans confusion entre les horizons du passé et du présent. Finalement, cette inclusion de la dialectique du Même, de l'Autre et de l'Analogue dans l'herméneutique de l'histoire est ce qui préserve la notion de tradition de se laisser à nouveau capter par les charmes du romantisme.

Remontant plus haut dans la chaîne de nos analyses, c'est de la notion de *trace,* sur laquelle s'est achevé notre premier chapitre, que celle de la tradition est à rapprocher. Entre trace *laissée* et parcourue et tradition *transmise* et reçue, une affinité profonde se révèle. En tant que laissée, la trace désigne, par la matérialité de la marque, l'extériorité du passé, à savoir son inscription dans le temps de l'univers. La tradition met l'accent sur une autre sorte d'extériorité, celle de notre affection par un passé que nous n'avons pas fait. Mais il y a corrélation entre la signifiance de la trace *parcourue* et l'efficience de la tradition *transmise*. Ce sont deux *médiations* comparables entre le passé et nous.

A la faveur de cette jonction entre trace et tradition, toutes les analyses de notre premier chapitre sont reprises en charge par ce que nous appelons ici la pensée de l'histoire. Remontant des analyses de la trace vers celles qui les précèdent, c'est d'abord la fonction du *document* dans la constitution d'une grande mémoire qui s'éclaire : la trace, disions-nous, est laissée, le document est collecté et conservé. A ce titre, il relie trace et tradition. Par lui, la trace fait déjà tradition. Corrélativement, la critique du document est elle aussi inséparable de la critique des traditions. Mais celle-ci n'est, à tout prendre, qu'une variante dans le style de la traditionalité.

Remontant d'un degré, dans nos analyses antérieures, la tradition est à rapprocher de la *suite des générations* : elle souligne le caractère hyper-biologique du réseau des contemporains, des prédécesseurs et des successeurs, à savoir l'appartenance de ce réseau à l'ordre symbolique. Réciproquement, la suite des générations fournit à la chaîne des interprétations et des réinterprétations l'étayage de la vie et de la continuité des vivants.

Enfin, dans la mesure où la trace, le document et la suite des générations expriment la réinsertion du temps vécu dans le temps du monde, c'est aussi le *temps calendaire* qui entre dans la mouvance du phénomène de la tradition. Cette articulation est visible au niveau du moment axial qui définit l'instant zéro du comput et confère au système de toutes les dates sa bidimensionnalité. D'un côté, ce moment axial permet l'inscription de nos traditions dans le temps de l'univers : à la faveur de cette inscription, l'histoire effective, scandée par le calendrier, est saisie comme englobant notre vie et la suite de ses vicissitudes. En retour, pour qu'un événement fondateur soit jugé digne de constituer l'axe du temps calendaire, il faut que nous soyons reliés à lui par le courant d'une tradition-transmission : cet événement relève alors de l'efficience d'un passé qui dépasse toute mémoire individuelle. Le temps calendaire fournit ainsi à nos traditions le cadre d'une institution étayée sur l'astronomie, tandis que l'efficience du passé fournit au temps calendaire la continuité d'une distance temporelle *traversée*.

3. *Le présent historique*

Y a-t-il une place pour une méditation distincte sur le présent historique dans une analyse qui a pris pour guide l'opposition entre espace d'expérience et horizon d'attente ? Je le pense. Si la traditionalité constitue la dimension passée de l'espace d'expérience, c'est dans le présent que cet espace est rassemblé, et qu'il peut, comme on l'a suggéré plus haut, s'élargir ou se rétrécir.

C'est sous l'égide du concept d'*initiative* que j'aimerais placer la méditation philosophique qui suit. J'en dessinerai les contours en traçant deux cercles concentriques. Le premier circonscrit le phénomène d'initiative sans égard pour son insertion dans la pensée de l'histoire, qui est ici notre propos. Le second précise le rapport de l'initiative à un être en commun qui porte l'initiative au niveau du présent historique.

Lier le sort du présent à celui de l'*initiative*, c'est

soustraire d'un seul coup le présent au prestige de la *présence,* au sens quasi optique du terme. C'est peut-être parce que le regard en arrière vers le passé tend à faire prévaloir la rétrospection, donc la vue, la vision sur l'être affecté par la considération du passé, que nous tendons pareillement à penser le présent en terme de vision, de spection. Ainsi Augustin définit-il le présent par l'*attentio*, qu'il appelle aussi *contuitis*. En revanche, Heidegger caractérise à juste titre la circonspection comme une forme inauthentique du Souci, comme une sorte de fascination du regard par les choses de notre préoccupation ; le *rendre-présent* se fait ainsi regard médusé. C'est pour restituer au rendre-présent une authenticité égale à celle de la résolution anticipante, tournée vers l'avenir, que je propose de lier les deux idées de rendre-présent et d'initiative. Le présent n'est plus alors une catégorie du voir, mais de l'agir et du souffrir. Un verbe l'exprime mieux que tous les substantifs, y compris celui de présence : le verbe « commencer » ; commencer, c'est donner aux choses un cours nouveau, à partir d'une initiative qui annonce une suite et ainsi ouvre une durée. Commencer, c'est commencer de continuer : une œuvre doit suivre[1].

Mais à quelles conditions l'initiative se donne-t-elle à penser ?

La plus radicale des positions est celle par laquelle Merleau-Ponty a caractérisé l'insertion du sujet agissant dans le monde, à savoir l'expérience du « je peux », racine du « je suis » ; cette expérience a l'avantage majeur de désigner le *corps propre* comme le médiateur le plus originaire entre le cours du vécu et l'ordre du monde. Or la médiation du corps précède tous les connecteurs de niveau historique que nous avons considérés dans le premier chapitre de la précédente section, et auxquels nous rattacherons plus loin le présent historique. Le corps propre — ou mieux, la chair — relève de ce que Descartes appelait, dans la *Sixième Méditation,* la « troisième subs-

---

1. Edward W. Saïd, *Beginnings, Intention and Method*, chap. II, « A Meditation on Beginnings », Baltimore et Londres, The Johns Hopkins University Press, 1975.

tance », édifiée sur la coupure entre l'espace et la pensée. Dans un vocabulaire plus approprié, celui même de Merleau-Ponty[1], il faut dire que la chair défie la dichotomie du physique et du psychique, de l'extériorité cosmique et de l'intériorité réflexive. Or c'est sur le sol d'une telle philosophie de la chair que le « je peux » se laisse penser ; la chair, en ce sens, est l'ensemble cohérent de mes pouvoirs et de mes non-pouvoirs ; autour de ce système des possibles charnels, le monde se déploie comme ensemble d'ustensilités rebelles ou dociles, de permissions et d'obstacles. La notion de *circonstance,* évoquée plus haut, s'articule sur celle de mes non-pouvoirs, en tant qu'elle désigne ce qui *circonscrit* — limite et situe — la puissance d'agir.

Cette description du « je peux », relevant d'une phénoménologie de l'existence, fournit un cadre approprié par une reprise des analyses conduites dans le champ de la *théorie de l'action,* et que nous avons évoquées à propos de la première relation mimétique du récit à la sphère pratique ; on se rappelle que nous avons distingué, à la suite d'Arthur Danto, entre les actions de base, que nous savons faire sur la base d'une simple familiarité avec nos pouvoirs, et les actions dérivées, qui demandent que nous fassions quelque chose *de sorte que* nous fassions arriver un événement, lequel n'est pas le résultat de nos actions de base, mais la conséquence d'une stratégie d'action comportant des calculs et des syllogismes pratiques[2]. Cette adjonction des actions stratégiques aux actions de base est de la plus grande importance pour une théorie de l'initiative ; elle étend en effet notre pouvoir-faire bien au-delà de la sphère immédiate du « je peux » ; en retour, elle place les conséquences lointaines de notre action dans la sphère de l'agir humain, les soustrayant au simple statut d'objets d'observation ; ainsi, en tant qu'agents, nous produisons quelque chose, que, à proprement parler, nous ne voyons pas. Cette remarque est de la plus grande

---

1. Merleau-Ponty, *Le Visible et l'Invisible*, Paris, Gallimard, 1964, p. 172-204, 302-304, 307-310 et *passim*.
2. *Temps et Récit*, t. I, p. 110, 242-243.

importance dans la querelle du déterminisme et permet de reformuler l'antinomie kantienne de l'acte libre, considéré comme commencement d'une chaîne causale. Ce n'est pas en effet dans la même attitude que nous observons ce qui arrive et faisons arriver quelque chose. Nous ne pouvons être à la fois observateurs et agents. Il en résulte que nous ne pouvons penser que des systèmes clos, des déterminismes partiels, sans pouvoir procéder à des extrapolations étendues à l'univers entier, sous peine de nous exclure nous-mêmes comme agents capables de produire des événements. En d'autres termes, si le monde est la totalité de ce qui est le cas, le *faire* ne se laisse pas inclure dans cette totalité ; mieux : le faire *fait* que la réalité n'est pas totalisable.

Une troisième détermination de l'initiative nous rapprochera de notre méditation sur le présent historique. Elle nous fait passer de la théorie de l'action à la *théorie des systèmes*. Elle est anticipée de manière implicite dans ce qui précède. On a construit des modèles d'état de systèmes et de transformation de systèmes comportant des schémas en arbres, avec embranchements et alternatives. Ainsi avons-nous défini plus haut [1], avec H. von Wright, l'*intervention* — notion équivalente à celle d'initiative dans le cadre de la théorie des systèmes — par la capacité qu'a un agent de conjoindre le pouvoir-faire dont il a la compréhension immédiate — les « actions de base » selon Arthur Danto — avec les relations internes de conditionalité d'un système : l'intervention est ce qui assure la clôture du système, en le mettant en mouvement à partir d'un état initial déterminé par cette intervention elle-même. C'est en faisant quelque chose, disions-nous alors, qu'un agent apprend à isoler un système clos de son environnement et découvre les possibilités de développement inhérentes à ce système. L'intervention se situe ainsi à l'intersection d'un des pouvoirs de l'agent et des ressources du système. Avec l'idée de mettre en mouvement un système, les notions d'action et de causalité se recouvrent. Le débat sur le déterminisme, évoqué à l'instant, est repris ici avec une

1. *Ibid.*, p. 241-255.

puissance conceptuelle beaucoup plus forte : si, en effet, nous doutons de notre libre pouvoir-faire, c'est parce que nous extrapolons à la totalité du monde les séquences régulières que nous avons observées. Nous oublions que les relations causales sont relatives à des segments de l'histoire du monde qui ont le caractère de système clos, et que la capacité de mettre en mouvement un système en produisant son état initial est une condition de sa clôture ; l'action se trouve ainsi impliquée dans la découverte même des relations causales.

Transposée du plan physique au plan historique, l'intervention constitue le point nodal du modèle d'explication dit quasi causal ; ce modèle, on s'en souvient, articule entre eux des segments téléologiques, correspondant aux phases intentionnelles de l'action, et des segments nomiques, correspondant à des phases physiques. C'est dans ce modèle que la réflexion sur le présent historique trouve son étayage épistémologique le plus approprié.

Je ne voudrais pas terminer ce premier cycle de considérations sur l'initiative sans souligner de quelle manière le *langage* est incorporé aux *médiations* internes à l'action, et plus précisément aux interventions par lesquelles l'agent prend l'initiative des commencements qu'il insère dans le cours des choses. On se souvient qu'Émile Benveniste définissait le présent comme le moment où le locuteur rend son acte d'énonciation contemporain des énoncés qu'il profère [1]. Ainsi était soulignée la sui-référentialité du présent. De tous les développements qu'Austin et Searle ont apportés à cette propriété de sui-référentialité, je ne retiendrai que ceux qui contribuent à marquer le caractère *éthique* de l'initiative [2]. Ce n'est pas là un détour artificiel, dans la mesure où, d'une part, les actes de paroles ou de discours portent le langage dans la dimension de l'action

---

1. É. Benveniste, « Les relations de temps dans le verbe français », in *Problèmes de linguistique générale*, Paris, Gallimard, 1966, p. 237-250.
2. P. Ricœur, « Les implications de la théorie des actes de langage pour la théorie générale de l'éthique », in *Colloque sur la théorie des actes de langage et la théorie du droit, Archives de philosophie du droit*, Paris, 1985.

(« Quand dire, c'est faire... »), et où, d'autre part, l'agir humain est intimement articulé par des signes, des normes, des règles, des estimations, qui le situent dans la région du sens, ou, si l'on préfère, dans la dimension symbolique. Il est donc légitime de prendre en considération les médiations langagières qui font de l'initiative une action *sensée*.

En un sens large, tous les actes de parole (ou de discours) engagent le locuteur et l'engagent dans le présent : je ne puis constater quelque chose sans introduire dans mon dire une clause tacite de sincérité, en vertu de laquelle je signifie effectivement ce que je dis ; ni non plus sans tenir pour vrai ce que j'affirme. C'est de cette façon que toute initiative de parole (Benveniste disait : toute instance de discours) me rend responsable du dire de mon dit. Mais, si tous les actes de parole engagent implicitement leur locuteur, certains le font explicitement. C'est le cas des « commissifs » dont la promesse est le modèle. En promettant, je me place intentionnellement sous l'obligation de faire ce que je dis que je ferai. Ici, l'engagement a la valeur forte d'une parole qui me lie. Cette contrainte que je m'impose à moi-même a ceci de remarquable que l'obligation posée dans le présent engage le futur. Un trait remarquable de l'initiative est ainsi souligné, qu'exprime bien l'adverbe « désormais » (l'anglais dit bien : *from now on*). Promettre, en effet, c'est non seulement promettre que je ferai quelque chose, mais que je tiendrai ma promesse. Ainsi, tenir parole, c'est faire que l'initiative ait une suite, que l'initiative inaugure vraiment un nouveau cours des choses, bref que le présent ne soit pas seulement une incidence, mais le commencement d'une continuation.

Telles sont les phases traversées par l'analyse générale de l'initiative : par le « je peux », l'initiative marque ma puissance ; par le « je fais », elle devient mon acte ; par l'intervention, elle inscrit mon acte dans le cours des choses, faisant ainsi coïncider le présent vif avec l'instant quelconque ; par la promesse tenue, elle donne au présent la force de persévérer, bref, de durer. Par ce dernier trait, l'initiative revêt une signification éthique qui annonce la caractérisation plus spécifiquement politique et cosmopolitique du présent historique.

Le contour le plus vaste de l'idée d'initiative étant tracé, reste à marquer la place de l'initiative entre l'horizon d'attente et l'être-affecté-par-le-passé, grâce à quoi l'initiative s'égale au présent historique.

Faire apparaître cette équivalence, c'est montrer comment la considération du présent historique porte à son stade ultime la réplique de la pensée de l'histoire aux apories de la spéculation sur le temps, nourries par la phénoménologie. Celle-ci, on s'en souvient, avait creusé l'abîme entre la notion d'un *instant* sans épaisseur, réduit à la simple coupure entre deux extensions temporelles, et celle d'un *présent*, gros de l'imminence de l'avenir prochain et de la récence d'un passé tout juste écoulé. L'instant ponctuel imposait le paradoxe de l'inexistence du « maintenant », réduit à une simple coupure entre un passé qui n'est plus et un futur qui n'est pas encore. Le présent vif, en revanche, se donnait comme l'incidence d'un « maintenant » solidaire de l'imminence du futur prochain et de la récence du passé tout juste écoulé. La première connexion opérée par la pensée de l'histoire avait été, on s'en souvient également, celle du temps calendaire. Or notre méditation sur le présent historique trouve dans la constitution du temps calendaire son premier appui, dans la mesure où celui-ci repose, entre autres choses, sur le choix d'un moment axial à partir duquel tous les événements peuvent être datés ; notre propre vie et celle des communautés auxquelles nous appartenons font partie de ces événements que le temps calendaire permet de situer à une distance variable par rapport à ce moment axial. Le moment axial peut être tenu pour la première assise du présent historique, et communique à celui-ci la vertu du temps calendaire de constituer un tiers-temps entre le temps physique et le temps phénoménologique. Le présent historique participe ainsi du caractère mixte du temps calendaire qui joint l'instant ponctuel au présent vif. Il s'édifie sur l'assise du temps calendaire. En outre, en tant que lié à un événement fondateur, censé ouvrir une ère nouvelle, le moment axial constitue le modèle de tout commencement, sinon du temps, du moins dans le temps, c'est-à-dire de tout événement capable d'inaugurer un cours nouveau d'événements[1].

Le présent historique est en outre étayé, comme le passé et le futur historique dont il est solidaire, sur le phénomène à la fois biologique et symbolique de la suite des générations. L'étayage du présent historique est ici fourni par la notion de règne des contemporains que nous avons appris, avec Alfred Schutz, à intercaler entre celui des prédécesseurs et celui des successeurs. La simple simultanéité physique, avec toutes les difficultés que sa pure détermination scientifique suscite, est ainsi relayée par la notion de contemporanéité, qui confère d'emblée au présent historique la dimension d'un être-en-commun, en vertu de laquelle plusieurs flux de conscience sont coordonnés dans un « vieillir-ensemble », selon la magnifique expression d'Alfred Schutz. La notion de règne des contemporains — où le *Mitsein* est directement impliqué — constitue ainsi la seconde assise du présent historique. Le présent historique est d'emblée appréhendé comme espace *commun* d'expérience[2].

Il reste à donner à ce présent historique tous les traits d'une initiative qui lui permettent d'opérer la médiation cherchée entre la réception du passé transmis par tradition et la projection d'un horizon d'attente.

Ce que nous avons dit plus haut de la promesse peut servir d'introduction au développement qui suit. La promesse, disions-nous, engage formellement parce qu'elle place le locuteur sous l'obligation de faire ; une dimension éthique est ainsi conférée à la considération du présent. Un trait comparable de la notion de présent historique naît de la transposition de l'analyse de la promesse du plan éthique au plan politique. Cette transposition se fait par la considération de l'*espace public* dans lequel la promesse s'inscrit. La transposition d'un plan à l'autre est facilitée

1. Ci-dessus, p. 195-198.
2. Ci-dessus, p. 205-207.

par la considération du caractère dialogique de la promesse que nous avons omis plus haut de souligner ; la promesse, en effet, n'a aucun caractère solipsiste : je ne me borne pas à *me* lier en promettant ; c'est toujours à *quelqu'un* que je promets ; s'il n'est pas le bénéficiaire de la promesse, autrui en est au moins le témoin. Avant même l'acte par lequel je m'engage, il y a donc le pacte qui me lie à autrui ; la règle de fidélité en vertu de laquelle il faut tenir ses promesses précède ainsi dans l'ordre éthique toute prise singulière de promesse. A son tour, l'acte de personne à personne qui préside à la règle de fidélité se détache sur le fond d'un espace public régi par le pacte social en vertu duquel la discussion est préférée à la violence et la prétention à la vérité inhérente à tout tenir-pour-vrai soumise à la règle du meilleur argument. L'épistémologie du discours vrai est ainsi subordonnée à la règle politique, ou mieux cosmopolitique, du discours véridique. Il y a ainsi un rapport circulaire entre la responsabilité personnelle des locuteurs qui s'engagent par promesse, la dimension dialogale du pacte de fidélité en vertu duquel il faut tenir ses promesses, et la dimension cosmopolitique de l'espace public engendré par le pacte social tacite ou virtuel.

La responsabilité ainsi déployée dans un espace public diffère radicalement de la résolution heideggerienne face à la mort, dont nous savons à quel point elle est non transférable d'un être-là à un autre.

Ce n'est pas la tâche de cet ouvrage d'esquisser même les linéaments de la philosophie éthique et politique à la lumière de laquelle l'initiative de l'individu pourrait s'insérer dans un projet d'action collective sensée. Nous pouvons du moins situer le présent de cette action, indivisément éthique et politique, au point d'articulation de l'horizon d'attente et de l'espace d'expérience. Nous retrouvons alors le propos amorcé plus haut, lorsque nous notions, avec Reinhart Koselleck, que notre époque est caractérisée à la fois par l'éloignement de l'horizon d'attente et un rétrécissement de l'espace d'expérience. Subie passivement, cette déchirure fait du présent un temps de crise, au double sens de temps de jugement et de temps de décision[1]. Dans la crise s'exprime la distension propre à la condition historique, homologue de la *distentio animi* augustinienne. Le présent est tout entier crise quand l'attente se réfugie dans l'utopie et quand la tradition se mue en dépôt mort. Face à cette menace d'éclatement du présent historique, la tâche est celle que nous avons anticipée plus haut : empêcher que la tension entre les deux pôles de la pensée de l'histoire ne devienne schisme ; donc, d'une part, rapprocher du présent les attentes purement utopiques par une action stratégique soucieuse des premiers pas à faire en direction du souhaitable et du raisonnable ; d'autre part, résister au rétrécissement de l'espace d'expérience, en libérant les potentialités inemployées du passé. L'initiative, au plan historique, ne consiste pas en autre chose que dans l'incessante transaction entre ces deux tâches. Mais, pour que cette transaction n'exprime pas seulement une volonté réactive, mais un affrontement de la crise, il faut qu'elle exprime la forme même du présent.

La « force du présent », un philosophe a eu la *force* de la penser : Nietzsche, dans la seconde des *Considérations inactuelles* (ou *intempestives*), intitulée : « De l'utilité et des inconvénients de l'histoire pour la vie[2] ». Ce que

---

1. Emmanuel Mounier et Paul Landsberg avaient déjà aperçu, dans la notion de *crise*, par-delà le caractère contingent de la crise des années cinquante, une composante permanente de la notion de personne, en conjonction avec celles d'affrontement et d'engagement. Dans un sens voisin, Eric Weil caractérise la « personnalité » par son aptitude à répondre à un défi perçu comme crise. La crise, en ce sens, est constitutive de l'*attitude* qui véhicule la *catégorie* de « personnalité » : « La personnalité est toujours dans la crise ; toujours, c'est-à-dire à chaque instant, elle se crée en créant son image qui est son être à venir. Toujours elle est en conflit avec les autres, avec le passé, avec l'inauthentique », *Logique de la philosophie*, Paris, J. Vrin, 1950, p. 150.
2. *Unzeitgemässe Betrachtungen II, Vom Nutzen und Nachteil der Historie für das Leben*, Werke in drei Bände, Munich, Karl Hauser Verlag, t. I, p. 209-365. Le lecteur se reportera à l'édition bilingue, avec traduction, par Geneviève Bianquis, *Considérations inactuelles*, Paris, Aubier, 1964, t. I, « De l'utilité et des inconvénients de l'histoire pour la vie », p. 197-389. « Nous ne servirons l'histoire que

Nietzsche a osé concevoir, c'est l'*interruption* que le présent vif opère à l'égard, sinon de l'influence du passé, du moins de la fascination que celui-ci exerce sur nous, à travers l'historiographie elle-même, en tant qu'elle accomplit et cautionne l'abstraction du passé pour le passé.

Pourquoi une telle réflexion est-elle « intempestive » ? Pour deux raisons corrélatives : d'abord, elle rompt d'un coup avec le problème du savoir *(Wissen)* en faveur de celui de la vie *(Leben)*, et fait ainsi basculer la question de la vérité dans celle de l'utilité *(Nutzen)* et de l'inconvénient *(Nachteil)* ; intempestif est ce saut immotivé dans une critériologie dont nous savons par le reste de l'œuvre qu'elle relève de la méthode généalogique, et dont la légitimité n'est garantie que par la conviction que la vie elle-même engendre. Est également intempestive la mutation subie par le mot « histoire » (Nietzsche écrit *Historie*) ; il ne désigne plus aucun des deux termes que nous avons essayé de lier après les avoir déliés, ni les *res gestae*, ni leur récit, mais la « *culture* historique », le « *sens* historique ». Dans la philosophie de Nietzsche, ces deux modalités intempestives sont inséparables : une estimation généalogique est du même mouvement une évaluation de la culture. Or, ce transfert de sens a pour effet majeur de substituer à toute considération épistémologique sur les conditions de l'histoire, au sens d'historiographie, et plus encore à toute tentative spéculative pour écrire l'histoire mondiale, la question de savoir ce que signifie *vivre historiquement*. Se battre avec cette question, c'est pour Nietzsche entrer dans une contestation gigantesque de la

---

dans la mesure où elle sert la vie, mais l'abus de l'histoire et la surestime qui en est faite sont cause que la vie se rabougrit et dégénère, phénomène dont il est aussi plus nécessaire que douloureux peut-être de nous rendre compte, d'après les symptômes frappants qui s'en manifestent à notre époque » (p. 197-198). Et plus loin : « Si cette considération est intempestive, c'est aussi parce que j'essaie de comprendre comme un mal, un dommage, une carence, une chose dont ce temps se glorifie à bon droit, sa culture historique ; c'est parce que je crois que nous souffrons tous d'une fièvre historique dévorante, et que nous devrions pour le moins reconnaître que nous en souffrons » (p. 199).

modernité, qui traverse toute son œuvre[1]. La culture historique des modernes a transformé l'aptitude au souvenir, par quoi l'homme diffère de l'animal, en un fardeau : le fardeau du passé, qui fait de son existence *(Dasein)* un « imparfait [au sens grammatical] qui ne s'achèvera jamais » [212] (205). C'est ici la pointe intempestive par excellence du pamphlet : pour sortir de ce rapport pervers au passé, il faut redevenir capable d'oubli, « ou, pour le dire en termes plus savants, pouvoir sentir de façon anhistorique, tant que dure l'oubli » *(ibid)*. L'oubli est une force, une force inhérente à la « *force plastique* d'un homme, d'un peuple, d'une culture ; je veux dire la faculté de croître par soi-même, de transformer et d'assimiler le passé et l'hétérogène, de cicatriser ses plaies, de réparer ses pertes, de reconstruire les formes brisées » [213] (207). L'oubli est l'œuvre de cette force : et, en tant que lui-même force, il délimite l'horizon « fermé et complet » à l'intérieur duquel seul un vivant peut demeurer sain, fort et fécond[2].

---

1. Nietzsche est précédé, sur ce terrain par Jacob Burckhardt dans ses *Weltgeschichtliche Betrachtungen* (Stuttgart, 1905), où la question de l'« historique » *(das Historische)* se substitue à la recherche du principe de systématisation de l'histoire universelle. A la question de savoir quels invariants anthropologiques font que l'homme est historique, Burckhardt répond par sa théorie des *Potenzen des Geschichtlichen* : État, religion, culture, les deux premiers constituant des principes de stabilité, la troisième exprimant l'aspect créature de l'esprit. Avant Nietzsche, J. Burckhardt souligne le caractère irrationnel de la vie et des besoins qu'il trouve à la source des potentialités de l'histoire, et affirme le lien entre vie et *crise*. En fait, la métaphysique de la volonté de Schopenhauer constitue l'arrière-plan commun à Burckhardt et à Nietzsche. Mais c'est aussi parce que Burckhardt est resté fidèle au concept de *Geist*, qui reste chez lui couplé avec celui de *Leben*, que Burckhardt ne put accepter la simplification brutale opérée par Nietzsche dans *Vom Nutzen* au bénéfice de la seule notion de vie, et que les relations entre les deux amis se relâchèrent sérieusement après la publication de la seconde *Intempestive*. On lira chez Herbert Schnädelbach (*Geschichtsphilosophie nach Hegel. Die Probleme des Historismus*, Fribourg, Munich, Karl Alber, 1974) les éléments d'une comparaison plus affinée entre Burckhardt et Nietzsche (p. 48-89).

2. Cet usage limitatif du terme d'horizon est à noter, par contraste avec les connotations d'ouverture sans fin rencontrées dans les deux

Le déplacement de la question de l'histoire (historiographie ou histoire mondiale) à celle de l'historique est ainsi opéré, dans le texte de Nietzsche, par l'opposition entre l'historique et l'anhistorique, fruit de l'irruption intempestive de l'oubli dans le champ de la philosophie de la culture : « *L'anhistorique et l'historique sont également nécessaires à la santé d'un individu, d'une nation, d'une civilisation* » [214] (209). Et cette « proposition » *(Satz)* est elle-même intempestive, en ce qu'elle érige l'état *(Zustand)* anhistorique en instance de jugement concernant l'abus, l'excès, constitutifs de la culture historique des modernes. Alors, l'homme de la vie juge l'homme du savoir, celui pour qui l'histoire est une manière de *clore le compte de vie* de l'humanité [1]. Dénoncer un excès *(Ubermass)* [219] (221), c'est présumer un bon usage. Ici commence l'arbitrage de la « vie ». Mais il ne faut pas s'y méprendre : la sorte de typologie qui a rendu cet essai de Nietzsche fameux, la distinction entre histoire *monumentale*, histoire *sur le mode antiquaire (antiquarische)* et histoire *critique*, n'est aucunement une typologie « neutre », épistémologique. Encore moins représente-t-elle une progression ordonnée en fonction d'une forme reine,

---

analyses précédentes. Chez Nietzsche l'horizon a plutôt le sens d'un milieu enveloppant : « L'absence du sens historique est comparable à une nébuleuse à l'intérieur de laquelle la vie se produit elle-même, pour disparaître dès que cette nuée protectrice est détruite... Un excès d'histoire détruit l'homme : il n'aurait jamais commencé ni osé commencer à penser sans cette nébuleuse qui enveloppe la vie avant l'histoire » [215] (211).

1. On pourrait dire que l'excès de Nietzsche lui-même, en ce texte, est son refus de distinguer entre la critique généalogique de la culture historique et la critique au sens épistémologique de l'histoire comme science. C'est précisément cet excès — ce refus de distinguer entre deux critiques — qui est la marque souveraine de l'« intempestif ». Nietzsche sait fort bien qu'il côtoie une autre sorte de maladie, tant l'anhistorique est proche du point de vue supra-historique auquel, en tant qu'être connaissance, un historien de la taille de B. G. Niebuhr peut prétendre accéder. Mais autant l'anhistorique est une œuvre de vie, autant le supra-historique est un fruit de sagesse... et de nausée. L'anhistorique n'a pas d'autre fonction que de nous enseigner toujours mieux à « faire de l'histoire *(Historie zu treiben)* au bénéfice de la vie ».

comme l'histoire philosophique chez Hegel (aussi bien le troisième terme de Nietzsche occupe-t-il la seconde place chez Hegel, ce qui n'est pas sans importance. Peut-être même la tripartition de Nietzsche a-t-elle un rapport ironique à celle de Hegel). Il s'agit chaque fois d'une *figure culturelle* et non d'un mode épistémologique.

Elles donnent chacune l'occasion de discerner la sorte de *tort* que l'histoire écrite fait à l'histoire effective dans une certaine constellation culturelle. Le service de la vie reste chaque fois le critère.

L'histoire *monumentale* relève de la culture savante : même si elle est écrite par des esprits éclairés, elle s'adresse par privilège « à des hommes d'action et de puissance, à des combattants, en quête de modèles, d'initiateurs, de consolateurs, que ceux-ci ne trouvent pas dans leur entourage ni parmi leurs contemporains » [219] (223)[1]. Comme la dénomination choisie le suggère, elle *enseigne* et *avertit* par l'insistance d'un regard obstinément rétrospectif, qui interrompt toute action dans le souffle retenu de la réflexion. Nietzsche en parle sans sarcasme : sans une vue d'ensemble prise sur la chaîne continue des événements, aucune idée de l'homme ne se formerait. La grandeur ne se révèle que dans le monumental ; l'histoire lui élève le mausolée de la renommée, qui n'est autre que « la croyance à la cohésion et à la continuité de la grandeur à travers tous les temps : c'est une protestation contre la fuite des générations et contre la précarité de tout ce qui existe » [221] (227). Nulle part Nietzsche n'est plus près d'accréditer le plaidoyer de Gadamer en faveur du « classique » : de son commerce avec celui-ci, la considération monumentale de l'histoire tire la conviction « que, si la grandeur passée a été *possible* une fois, elle sera sans doute aussi possible à l'avenir » [221] (229). « Et cependant...! » *(Und doch)* : le vice secret de l'histoire monumentale, c'est de « tromper à force d'analogie », à force d'égaliser les différences ; évaporée, la disparité ; ne restent que des « effets en soi », à jamais imitables, ceux

---

[1]. Nous recoupons ici le *topos* de l'*historia magistra vitae*, auquel il a été fait allusion plus haut.

que les grands anniversaires commémorent. Dans cet effacement des singularités, « le passé lui-même souffre dommage » *(so leidet die Vergangenheit selbst Schaden)* [223] (233). S'il en est ainsi des plus grands parmi les hommes d'action et de pouvoir, que dire des médiocres, qui s'abritent derrière l'autorité du monumental pour y déguiser leur haine de toute grandeur[1] ?

Si l'histoire monumentale peut aider les forts à maîtriser le passé pour créer de la grandeur, *l'histoire sur le mode antiquaire* aide les hommes ordinaires à persister dans tout ce qu'une tradition bien enracinée dans un sol familier offre d'*habituel* et de *vénérable*. *Préserver* et *vénérer* : cette devise est comprise d'instinct dans l'enceinte d'une maisonnée, d'une génération, d'une cité. Elle justifie un durable compagnonnage et met en garde contre les séductions de la vie cosmopolite, toujours éprise de nouveauté. Pour elle, avoir des racines n'est pas un accident arbitraire, c'est tirer croissance du passé, en s'en faisant l'héritier, la fleur et le fruit. Mais le danger n'est pas loin : si tout ce qui est ancien et passé est également vénérable, l'histoire, une fois encore, est lésée, non seulement par la courte vue de la vénération, mais par la momification d'un passé que le présent n'anime plus, n'inspire plus. La vie ne veut pas être préservée, mais accrue.

Voilà pourquoi, pour servir la vie, il est besoin d'une autre sorte d'histoire, l'*histoire critique* ; son tribunal n'est pas celui de la raison critique, mais celui de la vie forte ; pour lui, « tout passé mérite condamnation » [229] (247). Car être vivant, c'est être injuste et, plus encore, impitoyable : c'est passer condamnation sur les aberrations, les passions, les erreurs et les crimes dont nous sommes les descendants. Cette cruauté est le temps de l'oubli, non par négligence, mais par mépris. Celui d'un présent aussi actif que celui même de la promesse.

---

1. Ici encore, on peut évoquer ce qui a été dit plus haut du contraste entre la réeffectuation dans le *Même* et l'« inventaire des *différences* ».

Il est clair que le lecteur de ces pages terribles doit savoir que tous les mots sont à replacer dans le cadre de la grande métaphorique qui joint la philologie et la physiologie en une généalogie de la morale, qui est aussi une théorie de la culture.

C'est bien pourquoi la suite de l'essai rompt avec les apparences taxinomiques de cette typologie, pour adopter le ton du réquisitoire : *contre* l'histoire science ; contre le culte de l'intériorité, issu de la distinction entre l'« intérieur » et l'« extérieur » [233] (259)[1] ; bref contre la modernité ! L'invective ne fait pas défaut : voici nos hommes de bibliothèque transformés en encyclopédies ambulantes ; les individus, vidés de tout instinct créateur, réduits à des porteurs de masques, nés avec des cheveux gris ; les historiens eux-mêmes traités d'eunuques, chargés de la garde d'une histoire elle-même prisonnière du grand harem de l'histoire du monde [239] (273). Ce n'est plus l'éternel féminin qui nous attire vers les hauteurs — comme dans les deux derniers vers du second *Faust* de Goethe —, mais l'« éternel objectif », célébré par toute la culture historique !

Rompons là avec l'invective : retenons seulement la très importante opposition instaurée entre la soi-disant vertu d'impartialité et la *vertu de justice*, plus rare encore que la pourtant « rare vertu de magnanimité *(Grossmut)* » [244] (285). A l'inverse du démon glacé de l'objectivité, la justice — qui était, quelques pages plus haut, dénommée injustice ! — ose tenir la balance, condamner, se constituer en jugement dernier. Aussi la vérité n'est-elle rien sans « l'impulsion et la force de la justice » [243] (285). Car la simple justice, sans la « force du jugement », est ce qui a infligé aux hommes les plus effroyables souffrances. « Seule la force supérieure a le droit de juger ; la faiblesse

---

1. L'attaque dirigée contre la séparation entre l'intérieur et l'extérieur, contre l'emphase de l'intériorité, contre l'opposition entre contenu et forme, rappelle une lutte semblable, menée au nom de la « substance », de la *Sittlichkeit*, dans la *Phénoménologie de l'esprit*, puis du *Volksgeist* dans la *Philosophie de l'histoire* chez Hegel. Le fantôme de Hegel surgit toujours de quelque placard !

ne peut qu'endurer » [246] (291). Même l'art de composer artistiquement un tissu solide avec les fils des événements, à la façon du dramaturge — en somme ce que nous avons appelé la mise en intrigue —, relève encore, par son culte de l'intelligible, des illusions de la pensée objective. Objectivité et justice n'ont rien à faire ensemble. Il est vrai que ce n'est pas à l'art de composer que Nietzsche en a, mais à l'esthétique du détachement qui aligne à nouveau l'art sur l'histoire monumentale et antiquaire. Ici, comme là, manque la force de la justice [1].

Si cet « intempestif » plaidoyer pour l'histoire justicière a sa place ici, dans notre propre quête, c'est parce qu'il se tient sur l'*arête du présent*, entre la projection de l'avenir et la prise du passé : « *C'est en vertu seulement de la force (Kraft) suprême du présent que vous avez le droit d'interpréter (deuten) le passé* » [250] (301). Seule la grandeur d'aujourd'hui reconnaît celle d'autrefois : d'égal à égal ! En dernière instance, c'est de la force du présent que procède la force de refigurer le temps : « L'historien véritable doit avoir la force de transformer en une vérité toute nouvelle ce qui est connu de tous, et de l'exprimer avec tant de simplicité et de profondeur que la profondeur en fait oublier la simplicité et la simplicité la profondeur » [250] (301). Cette force fait toute la différence entre un maître et un savant.

Moins encore le présent est-il, dans le suspens de l'anhistorique, le présent éternel de la philosophie hégélienne de l'histoire. J'ai évoqué plus haut le grave malentendu infligé à la philosophie hégélienne de l'histoire : Nietzsche y a contribué lourdement [2]. Mais, si Nietzsche a

---

1. On notera à cette occasion l'expression « faire l'histoire » discutée plus haut. « Nos savants peuvent tirer les histoires à raconter de l'éternel inapprochable mais, parce que eunuques, ils ne peuvent " faire l'histoire " » [241] (276) !

2. Hegel aurait non seulement prononcé la fin de l'histoire, mais il l'aurait accomplie en l'écrivant. Il aurait ainsi inculpé la conviction « de la vieillesse de l'humanité » [258] (323), et enfermé un peu plus l'humanité, déjà mûre pour le jugement dernier, dans le stérile *memento mori* enseigné sans répit par le christianisme. Après Hegel,

Vers une herméneutique de la conscience historique

pu colporter la mésinterprétation du thème hégélien de la fin de l'histoire[1], c'est qu'il a vu, dans la culture qu'il dénonce, l'exact accomplissement de cette mésinterprétation. Pour des épigones, en effet, que peut signifier l'époque, sinon « la *coda* musicale du *rondo Weltgeschichtlich* » *(ibid.)*, bref une existence superflue ? Finalement, le thème hégélien de la « puissance *(Macht)* de l'histoire » n'aura servi qu'à cautionner « l'admiration sans fard du succès, l'idolâtrie du factuel » [263] (335). Nietzsche entend ces « apologètes du factuel » s'exclamer : « Nous voilà au but, nous sommes le but ! Nous sommes la nature parvenue à sa perfection » [267] (343).

Ce faisant, Nietzsche n'a-t-il fait que fustiger l'arrogance de l'Europe du XIXe siècle ? S'il en était ainsi, son pamphlet ne resterait pas « intempestif » pour *nous aussi*. S'il le reste, c'est parce qu'il recèle une signification durable qu'une herméneutique du temps historique a la tâche de réactualiser dans des contextes toujours nouveaux. Pour notre propre recherche concernant l'enchaînement des trois ek-stases du temps, opéré poétiquement par la pensée historique, cette signification durable concerne le statut du présent au regard de l'histoire. D'un côté, le présent historique est, à chaque époque, le terme ultime d'une histoire accomplie, lui-même fait accompli et fin de l'histoire. De l'autre, à chaque époque aussi, le présent est — ou du moins peut devenir — la force inaugurale d'une histoire à faire[2]. Le présent, au premier sens, dit le vieillissement de l'histoire et fait de nous des

---

les hommes ne pourraient être que des successeurs sans héritiers, des tard venus, des tardillons : ce qui est exactement la vision antiquaire de l'histoire.

1. La médisance est élevée au rang de la farce : Hegel aurait vu « la cime et le point final du Weltprozess coïncider avec sa propre existence berlinoise » [263] (333) !
2. Les géants de l'histoire, Nietzsche, cédant à l'image venue de Schopenhauer d'une « république des génies », les voit échapper au *Prozess* de l'histoire et « vivre d'une intemporelle contemporanéité *(zeitlos-gleichzeitig)* grâce à l'histoire qui permet une telle *coopération* » [353] (270). Un autre sens du présent pointe ici, fait de la *contemporanéité du non-contemporain*, déjà évoquée plus haut à l'occasion de la notion de « même génération ».

tard venus ; au second sens, il nous qualifie comme premiers venus[1].

Nietzsche fait ainsi basculer la notion du présent historique du négatif au positif, en procédant de la simple suspension de l'historique — par l'oubli et la revendication de l'anhistorique — à l'affirmation de la « force du présent ». En même temps, il inscrit dans cette force du présent l'« élan de l'espoir » — le *hoffendes Streben* —, ce qui lui permet de mettre à l'abri de la vitupération contre les désavantages de l'histoire ce qui demeure « l'utilité de l'histoire pour la vie[2] ».

Un certain iconoclasme à l'égard de l'histoire, en tant qu'enfermement dans le révolu, constitue ainsi une condition nécessaire de son pouvoir de refigurer le temps. Un

---

1. Toute la fin de *Vom Nutzen* est un appel à la jeunesse, qui frise parfois la démagogie, contre l'histoire écrite par les savants nés avec des cheveux gris : « Pensant à ce point à la *jeunesse*, je m'écrie : Terre ! Terre ! » [276] (367).
2. Nous serions autorisés, nous aussi, à dire : et pourtant ; Jamais Nietzsche ne fait appel à une intuition nue de la vie. Les antidotes, les contrepoisons, sont aussi des interprétations. L'anhistorique, encore davantage le supra-historique, ne sont jamais des retours à l'oubli bovin évoqué au début, mais un moment d'ironique nostalgie. Certes Nietzsche lui-même, dans d'autres œuvres, demande la *rumination*. Une culture de l'oubli demande plus : ... une grande culture. Même quand Nietzsche parle de vie « sans plus », il ne faut jamais oublier le statut généalogique, c'est-à-dire à la fois philologique et symptomatologique, de tous les « concepts » relatifs à la vie, aux effects et au corps. Or, que serait une grande culture, sinon la redécouverte du bon usage de l'histoire, même s'il ne s'agissait encore que du bon usage d'une maladie, comme dit un des prédécesseurs les plus détestés de Nietzsche ? Sauver l'histoire et sa triple voie : monumentale, antiquaire, critique ? Ramener l'histoire à sa fonction : servir la vie ? Comment le ferait-on sans discerner dans le passé ses promesses inaccomplies, ses potentialités interdites d'actualisation, plutôt que ses réussites ? Sinon, comment comprendre que le livre s'achève sur un dernier appel à l'idée *grecque* de culture ? Quelle ironie, pour un Hegel, que cette communion dans le grand rêve de la philosophie romantique allemande ? Ainsi le discours « intempestif » nous invite-t-il à une relecture de la philosophie de la tradition à la lumière de la philosophie de la *strebende Hoffnung* — relecture guidée non plus par le *fait accompli* du présent, mais par la « *force du présent* ».

temps de *suspens* est sans doute requis pour que nos visées du futur aient la force de réactiver les potentialités inaccomplies du passé, et que l'histoire de l'efficience soit portée par des traditions encore *vivantes*.

Conclusions

Les conclusions[1] que je propose de tirer au terme de notre long parcours ne se bornent pas à rassembler les résultats atteints ; elles ont en outre l'ambition d'explorer les limites que rencontre notre entreprise, comme l'a fait naguère le dernier chapitre de *la Métaphore vive*.

Ce dont je veux éprouver la teneur et les limites, c'est l'hypothèse qui dès le départ a orienté notre travail, à savoir que la temporalité ne se laisse pas dire dans le discours direct d'une phénoménologie, mais requiert la médiation du discours indirect de la narration. La moitié négative de la démonstration réside dans le constat que les tentatives les plus exemplaires pour exprimer le vécu du temps dans son immédiateté même multiplient les apories à mesure que s'affine l'instrument d'analyse. Ce sont ces apories que précisément la poétique du récit traite comme autant de nœuds qu'elle s'emploie à dénouer. Sous forme schématique, notre hypothèse de travail revient ainsi à *tenir le récit pour le gardien du temps*, dans la mesure où il ne serait de temps pensé que raconté. De là le titre général de notre troisième tome : *le Temps raconté*. Cette correspondance entre récit et temps, nous l'avons pour la première fois appréhendée dans le face à face entre la théorie augustinienne du temps et la théorie aristotélicienne de l'intrigue, qui ouvrait *Temps et Récit I*. Toute la suite de nos analyses a été conçue comme une vaste

---

1. Ces conclusions devraient s'appeler postface. Elles résultent en effet d'une relecture faite près d'un an après l'achèvement de *Temps et Récit III*. Leur rédaction est contemporaine de la dernière révision du manuscrit.

extrapolation de cette corrélation initiale. La question que je pose, à la relecture, est de savoir si cette amplification équivaut à une simple multiplication des médiations entre le temps et le récit, ou si la correspondance initiale a changé de nature au cours de nos développements.

Cette question s'est posée d'abord au plan *épistémologique*, au titre de la *configuration du temps par le récit*, successivement dans le cadre de l'historiographie (*Temps et Récit I*, deuxième partie), puis dans celui du récit de fiction (*Temps et Récit II*). On a pu mesurer les enrichissements que la notion cardinale de mise en intrigue a reçus dans les deux cas, lorsque l'explication historique ou la rationalité narratologique se sont superposées aux configurations narratives de base. Inversement, grâce à la méthode husserlienne de « questionnement à rebours » (*Rückfrage*), il a pu être démontré que les rationalisations du récit renvoyaient bien, par des intermédiaires appropriés, au principe formel de configuration décrit dans la première partie de *Temps et Récit I* : les notions de quasi-intrigue, de quasi-personnage, de quasi-événement, élaborées à la fin de la seconde partie, témoignent du côté de l'historiographie de cette dérivation toujours possible, comme en témoigne du côté de la narratologie la persistance du même principe formel de configuration jusque dans les formes de composition romanesque en apparence les plus enclines au schisme, selon nos analyses de *Temps et Récit II*. Nous croyons dès lors pouvoir affirmer qu'au plan épistémologique de la configuration, la multiplication des chaînons intermédiaires entre récit et temps a seulement allongé les médiations sans jamais les rompre, en dépit des coupures épistémologiques légitimement opérées de nos jours par l'historiographie et la narratologie dans leurs domaines respectifs.

En est-il de même au plan *ontique* de la *refiguration du temps par le récit*, plan sur lequel se déploient les analyses de *Temps et Récit III* ? Deux raisons font que la question mérite d'être posée. D'une part, l'aporétique du temps, qui occupe la première section, a été si considérablement enrichie, par l'adjonction au noyau augustinien, celui de nos analyses initiales, de développements considérables apportés par la phénoménologie, que l'on peut à bon droit mettre en question le caractère homogène de cette expansion de l'aporétique. D'autre part, il n'est pas évident que l'ensemble des sept chapitres qui donnent la réplique de la poétique du récit à l'aporétique du temps obéisse à la même loi de dérivation du complexe à partir du simple, illustrée par l'épistémologie de l'historiographie et de la narratologie.

C'est pour répondre à cette double interrogation que je propose ici une relecture de l'aporétique du temps, qui suive un autre ordre de composition que celui imposé par l'histoire des doctrines.

Trois problématiques, me semble-t-il, sont restées enchevêtrées dans les analyses auteur par auteur, voire œuvre par œuvre, de la première section :

1. Nous avons privilégié l'aporie résultant de l'*occultation mutuelle* de la perspective phénoménologique et de la perspective cosmologique. Cette difficulté nous a paru si considérable qu'elle a régi la construction, en forme de polémique, de notre première section : Aristote contre Augustin, Kant contre Husserl, les tenants du prétendu « temps vulgaire » contre Heidegger. En outre, il n'a pas fallu moins de cinq chapitres pour élaborer la réponse de la fonction narrative à la plus visible des apories de la temporalité. La première question à poser est dès lors de vérifier à quel point l'entrecroisement des visées référentielles entre l'histoire et la fiction constitue une réponse adéquate à la première grande aporie, celle de la double perspective dans la spéculation sur le temps.

2. La réponse largement positive à cette première question ne doit pas, à son tour, occulter une difficulté autrement plus rebelle, qui est restée entremêlée à la précédente dans l'aporétique du temps. Il s'agit du sens à donner au *procès de totalisation* des ek-stases du temps, en vertu de quoi le temps se dit toujours au singulier. Cette seconde aporie n'est pas seulement irréductible à la première : elle la domine. La représentation du temps comme un singulier collectif surpasse en effet le dédoublement des approches phénoménologique et cosmologique. Il sera dès lors nécessaire de procéder à une revue des

apories liées à cette représentation et dispersées dans l'enquête historique, afin de leur rendre la prééminence que le privilège accordé au premier cycle d'apories a paru oblitérer. Cela fait, nous serons en état de poser la question de savoir si nos deux derniers chapitres apportent une réponse aussi adéquate à l'aporie de la totalité du temps que les cinq précédents à l'aporie de la double perspective sur le temps. Une moindre adéquation de la réponse à la question, au niveau de la seconde grande aporie de la temporalité, laissera pressentir les limites que rencontrera finalement notre ambition de saturer l'aporétique du temps par la poétique du récit.

3. L'aporie de la totalisation reste-t-elle le dernier mot de l'aporétique du temps? Je ne le pense pas, à la relecture. Une aporie plus intraitable encore se dissimule à l'arrière-plan des deux précédentes. Elle concerne l'ultime *irreprésentabilité* du temps, qui fait que la phénoménologie elle-même ne cesse de recourir à des métaphores et de redonner la parole au mythe, pour dire soit le surgissement du présent, soit l'écoulement du flux unitaire du temps. Or, aucun chapitre particulier n'a été consacré à cette aporie, qui circule en quelque sorte dans les interstices de l'aporétique. La question parallèle est alors de savoir si la narrativité est susceptible de donner une réplique adéquate, tirée de ses seules ressources discursives, à cet échec de la représentation du temps. Or, la réponse à cette question embarrassante ne fait, pas plus que la question elle-même, l'objet d'un examen séparé dans notre deuxième section. Il faudra donc rassembler les *membra disjecta* de ce discours brisé qui est censé répondre à l'aporie la plus forte. Pour l'heure, contentons-nous de formuler le problème de la façon la plus brève : peut-on encore donner un équivalent narratif à l'étrange situation temporelle qui fait dire que toutes choses — nous-mêmes y compris — sont *dans* le temps, non pas au sens que donnerait à ce « dans » quelque acception « vulgaire », comme le voudrait le Heidegger de *l'Être et le Temps*, mais au sens où les mythes disent que le temps nous enveloppe de sa vastitude ? Répondre à cette question constitue l'épreuve suprême à laquelle se trouve soumise notre

ambition de faire adéquatement recouvrir l'aporétique du temps par la poétique du récit.

La nouvelle hiérarchie entre les apories de la temporalité que nous proposons ici risque ainsi de faire apparaître une inadéquation croissante de la réponse à la question, donc de la poétique du récit à l'aporétique du temps. La vertu de cette épreuve d'adéquation aura été du moins de révéler, à la fois, l'ampleur du domaine où la réplique de la poétique du récit à l'aporétique du temps est pertinente — et la *limite* au-delà de laquelle la temporalité, échappant au quadrillage de la narrativité, retourne du problème au mystère.

1. La première aporie de la temporalité : l'identité narrative

C'est assurément à la première aporie que la poétique du récit apporte la réponse la moins imparfaite. Le temps raconté est comme un pont jeté par-dessus la brèche que la spéculation ne cesse de creuser entre le temps phénoménologique et le temps cosmologique.

La relecture de l'aporétique confirme à quel point la progression de nos analyses a accentué la gravité de l'aporie elle-même.

Augustin n'a pas d'autre ressource que d'opposer aux doctrines cosmologiques le temps d'un esprit qui se distend ; cet esprit ne saurait être qu'une âme individuelle, mais à aucun prix une âme du monde. Et pourtant la méditation sur le commencement de la Création conduit Augustin à confesser que le temps lui-même a commencé avec les choses créées ; or ce temps ne peut être que celui de toutes les créatures, donc, en un sens qui ne peut être explicité dans le cadre de la doctrine du livre XI des *Confessions*, un temps cosmologique. En revanche, *Aristote* sait bien que le temps n'est pas le mouvement et requiert une âme pour distinguer les instants et compter les intervalles ; mais cette implication de l'âme ne saurait figurer dans la pure définition du temps comme « nombre du mouvement selon l'antérieur et le postérieur », de crainte que le temps ne soit élevé au rang des principes derniers de la *Physique*, laquelle n'admet dans ce rôle que le mouvement et son énigmatique définition par l'« entéléchie de la puissance en tant que puissance » ; ainsi la définition physique du temps est-elle impuissante à rendre compte des conditions psychologiques de l'appréhension de ce dernier.

Quant à *Husserl*, il peut bien mettre entre parenthèses le temps objectif et ses déterminations déjà constituées : la constitution effective du temps phénoménologique ne peut se produire qu'au niveau d'une hylétique de la conscience ; or, un discours sur l'hylétique ne peut être tenu qu'à la faveur des emprunts que fait celle-ci aux déterminations du temps constitué. Le temps constituant ne peut ainsi être élevé au rang du pur apparaître sans transfert de sens du constituant au constitué. Le pourrait-il, on ne voit guère comment on parviendrait à tirer d'un temps phénoménologique, qui ne peut être que celui d'une conscience individuelle, le temps objectif qui, par hypothèse, est celui de la réalité tout entière. Inversement, le temps selon *Kant* a d'emblée tous les traits d'un temps cosmologique, dans la mesure où il est la présupposition de tous les changements empiriques ; il est donc une structure de la nature, laquelle inclut le moi empirique de chacun. Mais on ne voit pas en quel sens il peut être dit « résider » dans le *Gemüt*, dès lors qu'on ne peut articuler aucune phénoménologie de ce *Gemüt*, sous peine de rendre vie à la psychologie rationnelle que ses paralogismes ont condamnée sans appel.

C'est avec *Heidegger* que l'aporie résultant de l'occultation mutuelle du temps phénoménologique et du temps cosmologique m'a paru atteindre son plus haut degré de virulence, en dépit du fait que la hiérarchie des niveaux de temporalisation portés au jour par la phénoménologie herméneutique de l'être-là accorde une place à l'intratemporalité, c'est-à-dire à l'être-dans-le-temps. Pris en ce sens dérivé, mais originel, le temps paraît bien être coextensif à l'être-au-monde, comme l'atteste l'expression même de temps-mondain. Et pourtant, même ce temps-mondain reste le temps d'un être-là, chaque fois singulier, en vertu du lien intime entre le Souci et l'être-pour-la-mort, trait intransférable qui caractérise chaque être-là comme un « existant ». C'est pourquoi la dérivation du temps vulgaire par voie de nivellement des traits de mondanéité de la temporalité authentique nous a paru manquer de crédibilité. Il nous a semblé au contraire plus enrichissant pour la discussion de situer la ligne de partage entre les deux perspectives sur le temps au point même ou Heidegger discerne, par une opération de nivellement qui ne peut lui apparaître que comme une malfaçon de la pensée, une trahison de la phénoménologie authentique. La fracture, ici, paraît d'autant plus profonde qu'elle est plus étroite.

C'est à cette aporie de l'occultation mutuelle des deux perspectives sur le temps que notre poétique du récit a l'ambition d'offrir sa réponse.

L'*activité mimétique* du récit peut être schématiquement caractérisée par l'invention d'un *tiers-temps* construit sur la ligne même de fracture dont l'aporétique a repéré le tracé. Cette expression — tiers-temps — est apparue dans notre analyse pour caractériser la construction par la pensée historique de connecteurs aussi déterminés que le temps calendaire. Mais l'expression mérite d'être étendue à l'ensemble de nos analyses, du moins jusqu'au seuil de nos deux derniers chapitres. La question à laquelle n'a toutefois pas répondu l'analyse, et que nous posons ici, est d'apprécier le degré d'adéquation de la réplique. Autrement dit, jusqu'à quel point l'*entrecroisement* des visées ontologiques respectives de l'histoire et de la fiction constitue-t-il une réplique appropriée à l'occultation l'une par l'autre des deux perspectives, phénoménologique et cosmologique, sur le temps ?

Afin de préparer notre réponse, résumons la stratégie que nous avons suivie. Nous sommes partis de l'idée que ce tiers-temps avait sa dialectique propre, sa production ne pouvant être assignée de façon exhaustive ni à l'histoire ni au récit de fiction, mais à leur entrecroisement. Cette idée d'un entrecroisement entre les visées référentielles respectives de l'histoire et du récit a gouverné la stratégie suivie dans nos cinq premiers chapitres. Pour rendre compte de la référence croisée entre l'histoire et le récit, nous avons effectivement entrecroisé nos chapitres eux-mêmes : nous sommes partis du contraste entre un temps historique réinscrit sur le temps cosmique et un temps livré aux variations imaginatives de la fiction; puis, nous nous sommes arrêtés au stade du parallélisme entre la fonction de représentation du passé historique et les effets de sens produits par la confrontation entre le monde du texte et le monde du lecteur; enfin, nous nous sommes élevés au niveau d'une interpénétration de l'histoire et de la fiction, issue des processus croisés de fictionalisation de l'histoire et d'historicisation de la fiction. Cette dialectique de l'entrecroisement serait en elle-même un signe d'inadéquation de la poétique à l'aporétique, s'il ne naissait de cette fécondation mutuelle un *rejeton*, dont j'introduis ici le concept et qui témoigne d'une certaine unification des divers effets de sens du récit.

Le rejeton fragile issu de l'union de l'histoire et de la fiction, c'est l'*assignation* à un individu ou à une communauté d'une identité spécifique qu'on peut appeler leur *identité narrative*. « Identité » est pris ici au sens d'une catégorie de la pratique. Dire l'identité d'un individu ou d'une communauté, c'est répondre à la question : *qui* a fait telle action? *qui* en est l'agent, l'auteur[1]? Il est d'abord répondu à cette question en nommant quelqu'un, c'est-à-dire en le désignant par un nom propre. Mais quel est le support de la permanence du nom propre? Qu'est-ce qui justifie qu'on tienne le sujet de l'action, ainsi désigné par son nom, pour le même tout au long d'une vie qui s'étire de la naissance à la mort? La réponse ne peut être que narrative. Répondre à la question « qui? », comme l'avait fortement dit Hannah Arendt, c'est raconter l'histoire d'une vie. L'histoire racontée dit le *qui* de l'action.

---

1. Hannah Arendt, *The Human Condition,* Chicago, University of Chicago Press, 1958; trad. fr. de G. Fradier, *la Condition de l'homme moderne,* avec une préface de P. Ricœur, Calmann-Lévy, 1983. Sur le même thème, Martin Heidegger, *L'Être et le Temps,* § 25 (« Le " qui " de l'être-là ») et § 74 (« Souci et ipséité »).

L'identité du qui *n'est donc elle-même qu'une identité narrative.* Sans le secours de la narration, le problème de l'identité personnelle est en effet voué à une antinomie sans solution : ou bien l'on pose un sujet identique à lui-même dans la diversité de ses états, ou bien l'on tient, à la suite de Hume et de Nietzsche, que ce sujet identique n'est qu'une illusion substantialiste, dont l'élimination ne laisse apparaître qu'un pur divers de cognitions, d'émotions, de volitions. Le dilemme disparaît si, à l'identité comprise au sens d'un même (*idem*), on substitue l'identité comprise au sens d'un soi-même (*ipse*) ; la différence entre *idem* et *ipse* n'est autre que la différence entre une identité substantielle ou formelle et l'identité narrative. L'ipséité peut échapper au dilemme du Même et de l'Autre, dans la mesure où son identité repose sur une structure temporelle conforme au modèle d'identité dynamique issu de la composition poétique d'un texte narratif. Le soi-même peut ainsi être dit refiguré par l'application réflexive des configurations narratives. A la différence de l'identité abstraite du Même, l'identité narrative, constitutive de l'ipséité, peut inclure le changement, la mutabilité, dans la cohésion d'une vie [1]. Le sujet apparaît alors constitué à la fois comme lecteur et comme scripteur de sa propre vie, selon le vœu de Proust [2]. Comme l'analyse littéraire de l'autobiographie le vérifie, l'histoire d'une vie ne cesse d'être refigurée par toutes les histoires véridiques ou fictives qu'un sujet raconte sur lui-même. Cette refiguration fait de la vie elle-même un tissu d'histoires racontées.

Cette connexion entre ipséité et identité narrative confirme une de mes plus anciennes convictions, à savoir que le *soi* de la connaissance de soi n'est pas le moi égoïste et narcissique dont les herméneutiques du soupçon ont dénoncé l'hypocrisie autant que la naïveté, le caractère de superstructure idéologique aussi bien que l'archaïsme infantile et névrotique. Le soi de la connaissance de soi est le fruit d'une vie examinée, selon le mot de Socrate dans

---

1. Sur les concepts de « cohésion de la vie », « mutabilité », « constance à soi », cf. Heidegger, *L'Être et le Temps,* § 72.
2. Marcel Proust, *A la recherche du temps perdu,* t. III, p. 1033.

l'*Apologie*. Or une vie examinée est, pour une large part, une vie épurée, clarifiée par les effets cathartiques des récits tant historiques que fictifs véhiculés par notre culture. L'ipséité est ainsi celle d'un soi instruit par les œuvres de la culture qu'il s'est appliquées à lui-même.

La notion d'identité narrative montre encore sa fécondité en ceci qu'elle s'applique aussi bien à la communauté qu'à l'individu. On peut parler de l'ipséité d'une communauté, comme on vient de parler de celle d'un sujet individuel : individu et communauté se constituent dans leur identité en recevant tels récits qui deviennent pour l'un comme pour l'autre leur histoire effective.

Deux exemples méritent ici d'être mis en parallèle : l'un est pris dans la sphère de la subjectivité individuelle la plus retranchée, le second est tiré de l'histoire des cultures et des mentalités. D'un côté, l'expérience psychanalytique met en relief le rôle de la composante narrative dans ce qu'il est convenu d'appeler « histoires de cas » ; c'est dans le travail du l'analysant, que Freud appelle d'ailleurs perlaboration (*Durcharbeitung*), que ce rôle se laisse discerner ; il se justifie de surcroît par la finalité même du processus entier de la cure, qui est de substituer à des bribes d'histoires à la fois inintelligibles et insupportables une histoire cohérente et acceptable, dans laquelle l'analysant puisse reconnaître son ipséité. La psychanalyse constitue à cet égard un laboratoire particulièrement instructif pour une enquête proprement philosophique sur la notion d'identité narrative. On y voit en effet comment l'histoire d'une vie se constitue par une suite de rectifications appliquées à des récits préalables, de la même façon que l'histoire d'un peuple, d'une collectivité, d'une institution procède de la suite des corrections que chaque nouvel historien apporte aux descriptions et aux explications de ses prédécesseurs, et, de proche en proche, aux légendes qui ont précédé ce travail proprement historiographique. Comme il a été dit, l'histoire procède toujours de l'histoire[1]. Il en va de même du travail de correction et de rectification constitutif de la perlaboration analytique : un

---

1. *Temps et Récit*, t. I, p. 349, n. 2.

sujet se reconnaît dans l'histoire qu'il se raconte à lui-même sur lui-même.

La comparaison entre la perlaboration analytique et le travail de l'historien facilite la transition de notre premier à notre second exemple. Ce dernier est emprunté à l'histoire d'une communauté particulière, l'Israël biblique. L'exemple est particulièrement topique, pour la raison que nul peuple n'a été aussi exclusivement passionné par les récits qu'il a racontés sur lui-même. D'un côté, la délimitation des récits reçus ultérieurement comme canoniques exprime, voire reflète, le caractère du peuple qui s'est donné, entre autres écritures, les récits des patriarches, ceux de l'Exode, de l'installation en Canaan, puis ceux de la monarchie davidique, puis ceux de l'exil et du retour. Mais on peut dire, avec tout autant de pertinence, que c'est en racontant des récits tenus par le témoignage des événements fondateurs de sa propre histoire que l'Israël biblique est devenu la communauté historique qui porte ce nom. Le rapport est circulaire : la communauté historique qui s'appelle le peuple juif a tiré son identité de la *réception* même des textes qu'elle a *produits*.

La relation circulaire entre, d'une part, ce qu'on peut bien appeler un *caractère* — et qui peut être aussi bien celui d'un individu que celui d'un peuple — et, d'autre part, les *récits* qui, tout à la fois, expriment et façonnent ce caractère illustre à merveille le cercle évoqué au début de notre exposé de la triple *mimèsis*[1]. La troisième relation mimétique du récit à la pratique, disions-nous, retourne à la première à travers la seconde. Ce cercle nous avait alors inquiété, dans la mesure où l'on peut objecter que la première relation mimétique porte déjà la marque de récits antérieurs, en vertu de la structure symbolique de l'action. Y a-t-il, demandions-nous, une expérience qui ne soit pas déjà le fruit de l'activité narrative ? Au terme de notre enquête sur la refiguration du temps par le récit, nous pouvons affirmer sans crainte que ce cercle est un cercle bien portant : la première relation mimétique ne renvoie, dans le cas de l'individu, qu'à la sémantique du

---

1. *Ibid.*, p. 137-144.

désir, laquelle ne comporte encore que les traits pré-narratifs attachés à la demande constitutive du désir humain ; la troisième relation mimétique se définit par l'*identité narrative* d'un individu ou d'un peuple, issue de la rectification sans fin d'un récit antérieur par un récit ultérieur, et de la chaîne de refigurations qui en résulte. En un mot, l'identité narrative est la résolution poétique du cercle herméneutique.

Au terme de ce premier ensemble de conclusions, je voudrais marquer les limites de la solution que la notion d'identité narrative apporte à la première aporie de la temporalité. Certes, la constitution de l'identité narrative illustre fort bien le jeu croisé de l'histoire et du récit dans la refiguration d'un temps qui est lui-même indivisément temps phénoménologique et temps cosmologique. Mais elle comporte à son tour une limitation interne dont témoigne la première inadéquation de la réponse que la narration apporte à la question posée par l'aporétique.

D'abord, l'identité narrative n'est pas une identité stable et sans faille ; de même qu'il est possible de composer plusieurs intrigues au sujet des mêmes incidents (lesquels, du même coup, ne méritent plus d'être appelés les mêmes événements), de même il est toujours possible de tramer sur sa propre vie des intrigues différentes, voire opposées. A cet égard, on pourrait dire que, dans l'échange des rôles entre l'histoire et la fiction, la composante historique du récit sur soi-même tire celui-ci du côté d'une chronique soumise aux mêmes vérifications documentaires que toute autre narration historique, tandis que la composante fictionnelle le tire du côté des variations imaginatives qui déstabilisent l'identité narrative. En ce sens, l'identité narrative ne cesse de se faire et de se défaire, et la question de confiance que Jésus posait à ses disciples — qui dites-vous que je suis ? —, chacun peut se la poser au sujet de lui-même, avec la même perplexité que les disciples interrogés par Jésus. L'identité narrative devient ainsi le titre d'un problème, au moins autant que celui d'une solution. Une recherche systématique sur l'autobiographie et l'autoportrait vérifierait sans aucun doute cette instabilité principielle de l'identité narrative.

Ensuite, l'identité narrative n'épuise pas la question de l'ipséité du sujet, que celui-ci soit un individu particulier ou une communauté d'individus. Notre analyse de l'acte de lecture nous conduit plutôt à dire que la pratique du récit consiste en une expérience de pensée par laquelle nous nous exerçons à habiter des mondes étrangers à nous-mêmes. En ce sens, le récit exerce l'imagination plus que la volonté, bien qu'il demeure une catégorie de l'action. Il est vrai que cette opposition entre imagination et volonté s'applique de préférence à ce moment de lecture que nous avons appelé le moment de la *stase*. Or, la lecture, avons-nous ajouté, comporte aussi un moment d'*envoi* : c'est alors que la lecture devient une provocation à être et à agir autrement[1]. Il reste que l'envoi ne se transforme en action que par une décision qui fait dire à chacun : ici, je me tiens ! Dès lors, l'identité narrative n'équivaut à une ipséité véritable qu'en vertu de ce moment dérisoire, qui fait de la responsabilité éthique le facteur suprême de l'ipséité. En témoignent les analyses bien connues de la promesse et, pour le dire d'un mot, l'œuvre entière d'Emmanuel Lévinas. Le plaidoyer que la théorie du récit pourrait toutefois opposer à l'ambition de l'éthique à régir seule la constitution de la subjectivité serait de rappeler que la narrativité n'est pas dénuée de toute dimension normative, évaluative, prescriptive. La théorie de la lecture nous en a averti : la stratégie de persuasion fomentée par le narrateur vise à imposer au lecteur une vision du monde qui n'est jamais éthiquement neutre, mais qui plutôt induit implicitement ou explicitement une nouvelle évaluation du monde et du lecteur lui-même : en ce sens, le récit appartient déjà au champ éthique en vertu de la prétention, inséparable de la narration, à la justesse éthique. Il reste qu'il appartient au lecteur, redevenu *agent*, initiateur d'*action*, de choisir entre les multiples propositions de justesse éthique véhiculées par la lecture. C'est en ce point que la notion d'identité narrative

1. Sur la lecture comme stase et comme envoi, cf. ci-dessus, chap. IV, p. 327-328.

rencontre sa limite et doit se joindre aux composantes non narratives de la formation du sujet agissant.

2. *La seconde aporie de la temporalité :*
totalité et totalisation

C'est une aporie distincte que celle de la *totalité*. La première procédait de la non-congruence entre deux perspectives sur le temps, celle de la phénoménologie et celle de la cosmologie. La seconde naît de la dissociation des trois ek-stases du temps : futur, passé, présent, en dépit de la notion incontournable du temps conçu comme un singulier collectif. Nous disons toujours *le* temps. Si la phénoménologie n'apporte pas de réponse théorique à cette aporie, la pensée de l'histoire, dont nous avons dit qu'elle transcende la dualité du récit historique et du récit de fiction, lui apporte-t-elle une réponse pratique ? La réponse à cette question a constitué l'enjeu de nos deux derniers chapitres. Or, en quoi la réponse relève-t-elle effectivement de la pratique ? En un double sens : d'abord, le renoncement à la solution spéculative apportée par Hegel nous a contraint à substituer à la notion de totalité celle de totalisation ; ensuite, cette totalisation nous est apparue comme le fruit d'une médiation *imparfaite* entre horizon d'attente, reprise des héritages passés, incidence du présent intempestif. En ce double sens, le procès de totalisation situe la pensée de l'histoire dans la dimension pratique.

Afin de pouvoir mesurer le degré d'adéquation entre le procès pratique de totalisation et l'aporie théorique de la totalité, il s'avère nécessaire de procéder à une nouvelle lecture de l'aporétique, dans la mesure même où l'exposé historique de notre première section a privilégié la première aporie et laissé dans un état de dispersion les expressions variées de la seconde.

Qu'il n'y ait qu'un temps, le *Timée* le présuppose dès qu'il définit le temps comme « une certaine imitation mobile de l'éternité » (37 d) ; en outre, le temps est

Conclusions

coextensif à l'unique âme du monde, et né avec le Ciel. Pourtant, cette âme du monde procède de multiples divisions et mélanges, tous régis par la dialectique du Même et de l'Autre[1].

La discussion qu'*Aristote* consacre aux rapports entre le temps et le mouvement ne présuppose pas moins l'unicité du temps. La question qui préside à l'examen préalable de la tradition et de ses apories est celle de savoir « ce qu'est le temps et sa nature » (*Physique,* IV, 218 a 32). L'unicité du temps est visée explicitement par l'argument qui distingue le temps du mouvement, à savoir qu'il y a *des* mouvements mais *un* seul temps. (L'argument gardera sa force aussi longtemps que le mouvement lui-même n'aura pas été unifié, ce qui n'arrivera pas avant la formulation du principe d'inertie.) En revanche, Aristote, se gardant d'élever le temps au rang de principe de la nature, ne peut dire comment une âme, en distinguant des instants et en comptant des intervalles, peut penser l'unité du temps.

Quant à *Augustin,* on se rappelle avec quelle force il pose la question embarrassante : « Qu'est-ce donc que le temps ? » Et l'on n'a pas oublié l'aveu qui suit, et qui situe l'examen dans la tonalité de la pensée interrogative. Le conflit entre *intentio* et *distentio* se laisse dès lors réinterpréter dans les termes d'un dilemme entre l'unité rassemblée du temps et l'éclatement de celui-ci entre la mémoire, l'anticipation et l'attention. Toute l'aporie se concentre à partir de là dans la structure triple du présent.

C'est avec Kant, Husserl et Heidegger que l'unicité du temps est problématisée en tant que telle.

Kant semble faire écho à Augustin lorsqu'il pose à son tour la question de savoir « ce que sont l'espace et le temps » (A 23, B 38). Mais c'est pour introduire, sur un ton assuré, la table des réponses possibles entre lesquelles il fait un choix univoque, à savoir « qu'ils ne tiennent qu'à la forme de l'intuition et par conséquent à la constitution subjective de notre esprit *(Gemüt)* » *(ibid.).* Ainsi, l'idéalité du temps assure son unicité. L'unicité du temps est celle d'une forme de notre capacité à recevoir un divers

---

1. Cf. ci-dessus, p. 30, n. 2.

d'impressions. Cette unicité sert à son tour d'argument dans l'« exposition métaphysique », puis « transcendantale », du concept du temps : c'est parce que le temps est un singulier collectif qu'il ne peut être un concept discursif, c'est-à-dire un genre divisible en espèces, mais une intuition *a priori*. D'où la forme axiomatique de l'argument : « Des temps différents ne sont que des parties du même temps » (A 31, B 47). Et encore : « L'infinité du temps ne signifie rien de plus sinon que toute grandeur déterminée du temps n'est possible que par des limitations d'un temps unique qui lui sert de fondement » (A 32, B 48). Dans le même argument, il est parlé de la « représentation tout entière » *(ibid.)* du temps, laquelle n'est autre que la « représentation originaire » *(ibid.)* du temps. C'est ainsi au titre de *l'a priori* que l'intuition du temps est posée comme celle d'un unique temps.

Et pourtant une certaine problématisation de cette unité se fait jour dans l'*Analytique transcendantale*. D'abord, la doctrine du schématisme introduit la distinction entre la « série du temps », le « contenu du temps », l'« ordre du temps » et l'« ensemble du temps par rapport à tous les objets possibles ». Il demeure que cette pluralité des « déterminations du temps » (A 145, B 184), liée à celle des schèmes, ne menace pas vraiment l'unité établie au plan de l'*Esthétique*[1]. Il n'est pas sûr qu'il en soit de même de la distinction entre les « trois modes du temps » que l'examen successif des *Analogies de l'expérience* impose, à savoir la permanence, la succession, la simultanéité. C'est la permanence *du temps* qui pose le problème le plus grave : elle a partie liée avec le schème de la substance et, à travers celui-ci, avec le *principe* qui porte le même nom de permanence. Or, c'est à l'occasion du premier de ces liens que Kant déclare, dans une parenthèse il est vrai : « (Le temps ne s'écoule pas, c'est l'existence de ce qui change qui s'écoule en lui. Au temps, qui est lui-même immuable et fixe correspond donc dans le phénomène

---

1. La figuration du temps par une ligne renforce la présupposition de l'unicité du temps : c'est en vertu de cette représentation que le temps peut être dit linéaire.

l'immuable dans l'existence, c'est-à-dire la substance, et c'est en elle simplement que peuvent être déterminées la succession et la simultanéité des phénomènes par rapport au temps) » (A 143, B 183). Cette déclaration sonne comme un paradoxe : la permanence inclut en quelque façon la succession et la simultanéité. L'*Esthétique,* n'ayant pas encore affaire à des objets déterminés, à des phénomènes objectifs, ne connaissait que le caractère d'unicité et d'infinité du temps ; voici que l'objectivité phénoménale suscite ce trait inattendu, la permanence, qui participe du même caractère *a priori* que les traits du temps reconnus par l'*Esthétique.*

Nous maintiendrons pour l'instant ce paradoxe dans les bornes de la seconde aporie que rencontre une réflexion transcendantale encore maîtresse de sa thématique. Nous en reprendrons l'examen dans le cadre de la troisième aporie, tant la réflexion semble ici côtoyer un inscrutable rebelle à tout éclaircissement. Rien, pourtant, ne laisse penser que Kant ait tenu pour un objet d'étonnement que le temps, immuable et fixe, ne s'écoule pas.

Cette affirmation, la moins discutée de toutes chez Kant, du caractère unique et unitaire de la forme du temps fait précisément problème chez *Husserl*. On pourrait croire que ce caractère appartient au temps objectif que l'on commence par mettre hors circuit. Il n'en est rien. Aussi bien le titre des *Leçons* le laisse-t-il entendre : l'expression composée que permet la langue allemande — *Zeitbewusstsein* — suggère l'idée d'un double singulier : *une* conscience, *un* temps [1]. L'enjeu final est, en effet, l'autoconstitution du temps comme flux unique. Or, comment, dans une *hylétique* — puisque c'est à elle que ressortit la constitution du temps immanent —, est-il possible de constituer la forme unitaire du temps sans recourir, comme Kant et même Brentano, à un principe extrinsèque au divers des impressions ? La découverte majeure dont nous avons crédité Husserl, à savoir la constitution du

---

[1]. Cf. l'expression « le temps immanent du cours de la conscience » (*Leçons* [6] (9)).

présent élargi par l'adjonction *continue* des rétentions et des protentions au point-source du présent vif, ne répond que partiellement à la question : ce ne sont en effet que des totalités partielles — les fameux tempo-objets du type du son qui continue de résonner — qui sont ainsi constitués. Mais comment passer des « fragments » de durée à l'« ensemble de l'écoulement » [28] (42) ? La direction dans laquelle il faut chercher la solution est certes connue : *la totalité du temps ne peut être que le corollaire de sa continuité*. Mais tirera-t-on ce corollaire de la simple *itération* du phénomène de rétention (et de protention) ? On ne voit pas comment des rétentions de rétentions feraient un unique flux. Cela ne se peut faire directement, dans la mesure où il faut composer ensemble, dans le même flux, des souvenirs continûment issus du présent vif, des quasi-présents librement imaginés avec leurs propres plages de rétentions et de protentions, des ressouvenirs sans lien continu avec le présent vif et dotés d'un caractère positionnel que n'ont pas les quasi-présents simplement imaginés. Le phénomène de « recouvrement » qui est censé transposer, à une échelle plus grande, celui de la continuation du présent dans le passé récent rend-il véritablement compte de ce que Husserl lui-même appelle l'« enchaînement du temps » ? L'insuffisance de cette solution est attestée par la nécessité de poursuivre la constitution du temps immanent à un niveau plus profond de radicalité, atteint seulement dans la troisième section des *Leçons*. La difficulté à laquelle il s'agit de répondre résulte du besoin de reconnaître aux souvenirs de toute nature une *place fixe* dans le flux unitaire du temps, en outre de l'*éloignement croissant* des contenus, résultant de la descente qui fait sombrer ces contenus dans un passé de plus en plus lointain et brumeux. Pour faire face à cette difficulté, Husserl dédouble l'intentionnalité qui glisse le long du flux : de l'intentionnalité primaire qui vise les modifications de présence d'un vécu particulier, il distingue une intentionnalité seconde qui vise la situation temporelle de ce vécu indépendamment de son degré d'éloignement du présent vif. Or la place d'un phénomène dans le temps se réfère à la totalité du flux considéré comme forme[1]. On retrouve ainsi le paradoxe de Kant selon lequel le temps lui-même ne s'écoule pas. Et c'est cette constitution que régit le sens à donner à l'expression : se produire *dans* le temps. Ce que désigne la préposition *dans,* c'est précisément la fixité de la situation temporelle, distincte du degré d'éloignement des contenus vécus.

La difficulté pour Husserl est finalement de tirer, d'une phénoménologie appliquée à titre primaire aux expansions continues du point source, une phénoménologie de l'ensemble du temps ; or, ni la constitution de tempo-objets ayant encore, si l'on ose dire, un pied dans le présent vif, ni le phénomène de recouvrement issu de l'empiétement entre les plages de rétention et de protention de tous les quasi-présents ne rendent parfaitement compte de l'auto-constitution du temps immanent comme flux total. L'embarras de Husserl sur ce point s'exprime de plusieurs façons : tantôt il invoque « quelques lois *a priori* du temps » (titre du § 33) ; tantôt il avoue le caractère « choquant (sinon même absurde) » de l'affirmation selon laquelle le flux de la conscience constitue sa propre unité [80] (105) ; tantôt il fait ce simple aveu : « pour tout cela, les noms nous manquent » [75] (99).

On peut alors se demander si l'obstination de Husserl à chercher une réponse appropriée à la question de l'unité du flux ne tient pas à la présupposition la plus fondamentale de toutes, celle de l'unité de *la* conscience elle-même, que l'unité du temps redouble. Or, à supposer que pareille unité puisse être soustraite aux critiques d'un Hume ou d'un Nietzsche, le caractère *monadique* de la constitution continuerait à faire problème. C'est alors à la constitution de l'intersubjectivité que serait suspendue celle d'un temps *commun*. On peut douter que la « communalisation » des expériences particulières proposée dans la *Cinquième Méditation cartésienne* réussisse mieux à engendrer un temps *unique* que l'expérience de recouvrement des vécus à l'intérieur d'une seule conscience.

---

1. Sur ce difficile argument, cf., les textes de Husserl cités ci-dessus, p. 78-81.

Avec *Heidegger,* enfin, la question de la totalité temporelle atteint le point le plus haut de réflexivité critique et, par la même, de perplexité. En mettant l'accent, comme nous l'avons fait dans la discussion, sur l'aporie du « temps vulgaire », nous avons repoussé à l'arrière-plan le thème qui pourtant ouvre la seconde section de *l'Être et le Temps,* à savoir la possibilité pour l'être-là d'être un tout, d'être intégral. Or nulle part il n'est dit pourquoi cette question est la principale que doive se poser une phénoménologie herméneutique du temps. C'est seulement la réponse apportée par l'analyse de l'être-pour-la-mort qui révèle après coup l'urgence de la question de la « possibilisation » de l'être-intégral. Quoi qu'il en soit de la priorité de la question sur la réponse, un tour inédit est donné à la question de la totalité par ce rapport à la moralité. D'abord, le temps ne sera pas un infini donné, comme chez Kant, mais un trait de finitude : la mortalité —, non l'événement de la mort dans le temps public, mais la destination de chacun à sa propre mort — désigne la clôture interne de la temporalité primordiale. Ensuite, le temps ne sera pas une forme, ni au sens kantien, ni même au sens husserlien, mais un procès inhérent à la structure la plus intime de l'être-là, à savoir le Souci : plus besoin dès lors de supposer une double intentionnalité, l'une adhérant aux contenus et à leur jeu de rétentions et de protentions, l'autre désignant la place immuable d'un vécu dans un temps lui-même fixe ; la question de la place est à renvoyer, par le truchement de l'intra-temporalité et du nivellement de celle-ci, aux faux prestiges du temps vulgaire.

La perplexité qu'engendre cette réponse à la question de l'être-intégral se nourrit de plusieurs raisons. D'abord, la soudure entre l'être-intégral et l'être-pour-la-mort exige d'être *attestée* par le témoignage de la conscience morale, dont l'expression la plus authentique, selon Heidegger, réside dans l'anticipation résolue. Il en résulte que le sens du procès de totalisation n'est pas accessible à la réflexion impersonnelle qui régit l'*Esthétique transcendantale* de Kant ou à celle d'un sujet aussi intéressé que l'*ego* transcendantal selon Husserl. Du même coup, il devient difficile de dissocier, au cœur de l'anticipation résolue, ce qui relève encore de l'existential, en principe communicable, et de l'existentiel, c'est-à-dire d'une option personnelle de l'homme Heidegger. Je l'ai déjà dit plus haut : d'autres conceptions existentielles, celles d'Augustin, le Pascal, de Kierkegaard, de Sartre, se trouvent écartées au nom d'une sorte de stoïcisme qui fait de la résolution face à la mort l'épreuve suprême d'authenticité. Le choix de Heidegger est certes recevable au plan d'une éthique personnelle, mais il place toute l'analyse de l'être-intégral dans une sorte de brouillard conceptuel difficile à percer. Cette analyse paraît en effet soumise à deux impulsions contraires : selon la première, la phénoménologie herméneutique du Souci tend à se refermer sur un phénomène intime, non transférable d'un être-là à l'autre, qu'il faudrait appeler la mort propre, comme on dit le corps propre[1]. Selon la seconde impulsion, la structure temporelle du Souci, restituée à l'ouverture du *Sich-vorweg*, de l'être-en-avant-de-soi, débouche sur l'immense dialectique de l'à-venir, de l'avoir-été et du rendre-présent. Je ne cache pas que cette seconde impulsion donnée à la question de l'être-intégral ne prend le dessus sur la première que si l'analyse existentiale est portée par une attitude existentielle qui place l'insouciance à l'égard de la mort propre au-dessus de la résolution anticipante, et incline par là même à tenir la philosophie pour une célébration de la vie plutôt qu'une préparation à la mort. Les titres de cet autre choix existentiel sont à faire valoir

---

1. Cette fermeture est préparée de loin dans l'analytique de l'être-là. Si, en effet, l'être-là est susceptible de recevoir une caractérisation *existentiale*, c'est en vertu de son rapport à *l'existence*. Or l'existence consiste en ceci que l'être-là « a à être son être en tant que sien *(dass es je sein Sein als seiniges zu sein hat)* » [12] (13). En insistant ainsi sur le « chaque fois » *(je,* en allemand) de l'existence, Heidegger ouvre dès le début la voie à une analyse du Souci débouchant sur le phénomène où le « chaque fois » est porté à son comble : l'être-pour-la-mort ; en effet, qu'un être-là ne puisse pas se faire représenter *(Vertretbarkeit)* par un autre fait que « nul ne peut soustraire *(abnehmen)* à un autre son mourir » [239-240]. Rien d'étonnant, dès lors, si le temps, selon Heidegger, se fragmente en temps mortel, temps historique, temps cosmique.

ailleurs que dans le cadre d'une simple analytique de l'être-là, encore trop investie dans une anthropologie philosophique.

A supposer que l'on puisse soustraire la question de l'être-intégral à la sorte d'étranglement que lui inflige l'équation entre être-intégral et être-pour-la-mort, une aporie encore plus grave de l'être-intégral est portée au jour.

On se souvient de quelle manière Heidegger passe de la notion de temporalité à celle de temporalisation, parallèlement au remplacement de la possibilité, au sens kantien, par celle de possibilisation[1]. Ce que la temporalisation possibilise, c'est précisément l'*unité* de l'à-venir, de l'avoir-été et du rendre-présent. Or cette unité s'avère minée de l'intérieur par la déhiscence entre ce que Heidegger appelle désormais les *ek-stases* du temps, par référence à l'*ekstatikon* grec, à quoi correspond le *Ausser-sich* allemand. D'où la surprenante déclaration : « La temporalité est le " hors-de-soi " (" *Ausser-sich* ") originaire, en soi et pour soi » [329]. Nous voici, d'un seul coup, ramené au tout début de notre investigation : à la *distentio animi* augustinienne, bref à la concordance discordante qui a mis en mouvement toutes nos analyses[2].

Ce « hors-de-soi », par quoi le temps s'extériorise par rapport à lui-même, constitue une structure si forte, au cœur de l'expérience nucléaire de la temporalité, qu'elle régit tous les processus de différenciation qui, aux deux autres niveaux de temporalisation, font éclater l'unité. Qu'il s'agisse de l'étirement du temps, au niveau de l'historialité, ou de l'extension du laps de temps, au niveau

---

1. Cf. ci-dessus, p. 126-127.
2. Si, au terme de notre périple, nous nous retrouvons sur un sol augustinien, c'est peut-être parce que la problématique de la temporalité n'a pas radicalement changé de cadre de référence en passant de l'*animus* selon Augustin, à l'être-là selon Heidegger, en passant par la conscience intime selon Husserl. Le caractère distributif de l'existential, le « chaque fois » souligné plus haut, impose une tonalité subjectiviste résiduelle à une analyse qui se veut pourtant délibérément ontologique. C'est là sans doute une des raisons pour lesquelles la première partie de *l'Être et le Temps* est restée sans suite.

de l'intra-temporalité, le « hors-de-soi » primordial poursuit sa carrière subversive, jusqu'à son triomphe dans le concept vulgaire de temps, censé procéder de l'intra-temporalité par nivellement. Or cette ultime transition, qui est aussi une déchéance, est rendue possible par l'extrapolation des traits temporels du Souci à l'ensemble de l'être-au-monde, grâce à quoi il peut être parlé du caractère « historial-mondain [1] » des étants autres que l'être-là. L'extériorité mutuelle des « maintenant » du temps chronologique n'est qu'une représentation dégradée ; du moins a-t-elle la vertu d'expliciter, au prix d'une objectivation indue, ce trait de la temporalité originaire qui fait qu'elle ne rassemble qu'en dispersant.

Mais d'où savons-nous que la temporalité rassemble, *en dépit de* la puissance de dispersion qui la mine ? Est-ce parce que *le* Souci, sans qu'on ait jamais posé la question, est tenu lui-même pour un *singulier collectif* — comme l'était *la* conscience husserlienne, originairement une avec elle-même ?

Comment la poétique du récit a-t-elle répondu à cette aporie aux multiples visages de la totalité ? Elle a d'abord opposé un refus, ferme mais coûteux, à l'ambition de la pensée d'opérer une totalisation de l'histoire entièrement perméable à la lumière du concept, et récapitulée dans l'éternel présent du savoir absolu. A cette solution inacceptable, elle a ensuite opposé la notion d'une *médiation imparfaite* entre les trois dimensions de l'attente, de la tradition et de la force du présent.

Cette totalisation par médiation imparfaite est-elle alors adéquate à l'aporie de la totalité du temps ? On peut, à mon avis, observer une bonne corrélation entre la médiation imparfaite qui régit la pensée de l'histoire et l'unité plurielle de la temporalité, à condition de mettre l'accent et sur le caractère *pluriel* de l'unité assignée au temps pris comme singulier collectif, et sur le caractère *imparfait* de ladite médiation entre horizon d'attente, traditionalité et présent historique.

1. Cf. ci-dessus, p. 143.

Il est remarquable, à cet égard, que la pensée historique transpose, sur un mode résolument *pratique* et au plan *dialogique* d'une histoire commune, les analyses phénoménologiques qu'on a vues conduites sur le mode *spéculatif* et sur le plan *monologique*. Reprenons, pour le montrer, les étapes principales de notre analyse ternaire de la conscience historique.

En commençant délibérément par la notion d'*horizon d'attente,* nous avons en un sens fait droit au renversement de priorité opéré par Heidegger dans le cadre d'une phénoménologie herméneutique du Souci. Horizon d'attente et être-en-avant-de-soi se correspondent ainsi terme à terme. Mais, en vertu de la double transposition qu'on vient de dire, l'attente est d'emblée conçue comme une structure de la pratique; ce sont des êtres agissants qui tentent de faire leur histoire et qui subissent les maux engendrés par cette tentative même. En outre, cette projection est ouverte sur le futur des communautés historiques auxquelles nous appartenons et, au-delà de celles-ci, sur le futur indéterminé de l'humanité entière. La notion d'attente tranche ainsi sur l'être-en-avant-de-soi selon Heidegger, qui bute sur la clôture interne que l'être-pour-la-mort impose à toute anticipation.

La même parenté et le même contraste se laissent discerner entre l'avoir-été selon Heidegger et notre concept de *traditionalité*. Le thème monologique de la déréliction est transposé dans le thème dialogique par excellence de l'être affecté par l'histoire. En outre, l'aspect pathique de la déréliction est transposé dans la catégorie pratique de la conscience de l'efficace de l'histoire. Ce sont enfin les mêmes concepts de trace, d'héritage, de dette qui gouvernent l'une et l'autre analyse. Mais, alors que Heidegger ne conçoit, du moins au plan le plus originaire, qu'une transmission d'héritage de soi-même à soi-même, la traditionalité comporte l'aveu d'une dette qui est fondamentalement contractée à l'égard d'un autre; les héritages transmis le sont principalement par la voie langagière et le plus généralement sur la base de systèmes symboliques impliquant un minimum de partage de croyances communes et d'ententes sur les règles permettant le déchiffrage des signes, symboles et normes en vigueur dans le groupe.

Un troisième jeu de correspondances se laisse enfin discerner au niveau du rendre-présent, à quoi correspond, du côté de la conscience historique, la *force du présent*. Une parenté certaine peut être reconnue entre la circonscription accordée à la présence des choses données et maniables, et le présent historique dont nous avons, à la suite de Nietzsche, souligné l'enracinement dans la « vie », aussi longtemps toutefois que l'histoire peut être évaluée en termes d'« avantages » et d'« inconvénients ». Mais c'est ici que la réplique de la conscience historique à l'aporétique du temps marque l'écart le plus grand dans la transposition d'un plan à l'autre. D'une part, le caractère franchement *pratique* d'une initiative donne à la notion de présent historique sa frappe originale. L'initiative est, par excellence, la performance qui actualise la compétence d'un sujet agissant. Ce qui tombe dès lors sous une « considération intempestive », ce sont les traits intempestifs de l'initiative elle-même. Le présent est alors franchement saisi sous l'angle de son incidence dans le temps. D'autre part, le caractère *dialogique* du présent historique place celui-ci d'emblée sous la catégorie du vivre-ensemble : c'est dans le monde commun des contemporains, pour reprendre le vocabulaire de Schutz, que s'inscrivent les initiatives ; nous en avons fait la démonstration avec la promesse, qui n'engage le sujet monadique que sous la condition d'une réciprocité réglant un jeu d'attentes mutuelles, et finalement sous celle d'un pacte social placé sous l'idée de justice.

De multiples manières, donc, la médiation imparfaite de la conscience historique répond à l'unité plurielle de la temporalité.

Reste à dire si quoi que ce soit correspond, du côté de la conscience historique, à l'idée même d'une *unité* des trois ek-stases du temps, au-delà de leur différenciation. Un thème important de *l'Être et le Temps* pourrait mettre sur la voie de la réponse : celui de la *répétition,* ou mieux de la récapitulation *(Wiederholung),* dont l'analyse ressortit précisément au plan de l'historialité. La répétition, avons-nous noté[1], est le nom par lequel l'anticipation du futur, la reprise de la déréliction et le « coup d'œil » ajusté à « son temps » reconstituent leur fragile unité : « La répétition, dit Heidegger, est la transmission explicite, autrement dit le retour aux possibilités de l'être-là ayant-été-là. » Ainsi est réaffirmée la primauté de la résolution anticipante par rapport au passé révolu. Mais il n'est pas sûr que la répétition satisfasse aux réquisits du temps considéré comme un singulier *collectif*. D'abord, il est frappant que ce thème ne soit pas proposé dans le chapitre consacré à la temporalité originaire, au même niveau que le « hors-de-soi » extatique du temps ; en outre, le thème n'ajoute pas grand-chose à celui de la résolution anticipante, si fortement marquée par l'être-pour-la-mort ; enfin, il ne paraît jouer aucun rôle lorsque le rendre-présent, troisième extase du temps, est pris en compte pour lui-même. C'est pourquoi l'axiome kantien, selon lequel des temps différents sont seulement des parties du même temps, ne reçoit aucune interprétation satisfaisante dans la phénoménologie herméneutique de la temporalité.

La réplique de la conscience historique a ceci de remarquable qu'elle propose un statut original pour la catégorie *pratique* et *dialogique* qui fait face à l'axiome de l'unicité du temps. Ce statut est celui d'une idée-limite qui est en même temps une idée directrice. Cette idée est celle de l'histoire considérée comme un singulier collectif. Retour à Kant, dira-t-on ? Mais ce n'est pas le Kant de la première *Critique* ; c'est tout au plus celui de la seconde, c'est-à-dire précisément la *Critique de la Raison pratique*. En outre, c'est après un détour nécessaire par Hegel qu'un retour peut être fait à Kant. C'est du Hegel de la *Phénoménologie de l'Esprit* et des *Principes de la philosophie du droit* que nous avons appris la patience du concept,

---

1. Ces notations centrées sur Heidegger n'excluent pas la recherche d'autres corrélations avec les analyses husserliennes ; ainsi, entre les rétentions et la traditionalité ; nous avons exploré cette voie dans le chapitre sur la fiction et les variations imaginatives (cf. ci-dessus, p. 237-241).

dans le parcours des grandes médiations historiques, au plan de l'économie, du droit, de l'éthique, de la religion et en général de la culture. Mais, si nous ne croyons plus que ces grandes médiations puissent culminer dans un savoir absolu, reposant dans le présent éternel de la contemplation, c'est néanmoins le deuil même du savoir absolu qui nous reconduit à l'*idée* kantienne, visée désormais à l'horizon des médiations historiques.

Or, qu'avons-nous fait d'autre, dans notre long chapitre consacré à la conscience historique, sinon articuler les médiations pratiques et dialogiques ? Et comment pourrions-nous parler de médiations, même imparfaites, sinon sous l'horizon d'une idée-limite qui serait aussi une idée directrice ? Cette visée de l'idée guide a trouvé diverses expressions au cours de nos analyses. La première fut l'émergence du mot même d'histoire au sens d'un singulier collectif[1]. Une conception épique de l'humanité est ici présupposée ; sans elle, il n'y aurait que des espèces humaines multiples, et finalement des races différentes. Penser l'histoire comme une, c'est poser l'équivalence entre trois idées : un temps, une humanité, une histoire. C'est là au fond la présupposition du point de vue cosmopolitique introduit par Kant dans ses essais de philosophie de l'histoire. Mais Kant n'avait pas les instruments conceptuels, qui n'ont été disponibles qu'après Hegel, pour intégrer le concept d'une histoire considérée du point de vue cosmopolitique à l'édifice des trois *Critique,* éventuellement à titre de troisième partie de la *Critique de la faculté de juger.*

Que cette idée d'une unique histoire et d'une unique humanité ne reste pas un transcendantal vide et exsangue, nous l'avons attesté en appuyant les catégories métahistoriques d'horizon d'attente et d'espace d'expérience sur l'affirmation du *devoir,* éthique et politique, de faire en sorte que la tension entre horizon d'attente et espace d'expérience soit préservée de tourner au schisme. Pour qu'il en soit ainsi, nous avons fait deux propositions : que l'imagination utopique se convertisse toujours en attente

1. Cf. ci-dessus, p. 185-187.

déterminée, et que les héritages reçus soient délivrés de leur sclérose[1]. Cette seconde requête a dominé toute notre analyse de la traditionalité ; si nous avons refusé de nous laisser enfermer dans l'alternative d'une herméneutique des traditions et d'une critique des idéologies, c'est précisément pour donner un appui concret à la critique elle-même[2] ; sans mémoire, n'avons-nous cessé d'affirmer, point de principe-espérance. Si nous cessions de croire que tels et tels héritages du passé pouvaient encore être réinterprétés dans un âge post-critique, défini par Max Weber comme « monde désenchanté[3] », la critique serait ramenée à son stade pré-hégélien, toute médiation historique étant devenue vaine. L'intérêt pour l'anticipation, qui en quelque façon schématise — au sens kantien du mot également — l'idée d'une humanité une et d'une histoire une, doit être aperçu comme déjà à l'œuvre dans la pratique antérieure et contemporaine de la communication, donc en continuité avec telles ou telles anticipations enfouies dans la tradition elle-même.

Je rappelle enfin le dernier affleurement dans notre texte de la thèse selon laquelle l'idée directrice ne prend sens que comme horizon de la médiation imparfaite entre futur, passé et présent : il concerne notre traitement du présent comme initiative. Celle-ci, en effet, ne se résume pas dans la seule incidence intempestive d'un présent vécu comme interruption, mais inclut toutes les formes de transactions entre attente et mémoire[4]. Ces transactions constituent la réplique la plus appropriée, au plan de la pratique collective, à la répétition heideggerienne. Cette puissance de récapitulation du présent nous a paru trouver sa meilleure illustration dans l'acte de la promesse, dans lequel fusionnent l'engagement personnel, la confiance interpersonnelle et le pacte social, tacite ou virtuel, qui confère au rapport dialogique lui-même la dimension cosmopolitique d'un espace public.

1. Cf. ci-dessus, p. 389, 421-423.
2. Cf. ci-dessus, p. 407-409.
3. M. Gauchet, *Le Désenchantement du monde. Une histoire politique de la religion,* Paris, Gallimard, 1985.
4. Cf. ci-dessus, p. 418-420.

Telles sont les manières multiples dont la médiation imparfaite entre attente, traditionalité, initiative requiert l'horizon d'une unique histoire, laquelle, à son tour, répond et correspond à l'axiome du temps unique.

Est-ce à dire que cette bonne corrélation entre l'unité plurielle des ek-stases du temps et la médiation imparfaite de la conscience historique puisse encore être portée au compte du récit? On peut en douter pour deux raisons.

D'abord, le récit pris au sens strict de « genre » discursif n'offre qu'un médium inadéquat à la pensée de l'histoire commune, dans la mesure où les intrigues sont multiples pour un même cours d'événements et où elles n'articulent jamais que des temporalités fragmentaires. Même si la disparité entre récit historique et récit de fiction est surpassée par leur entrecroisement, celui-ci ne produit jamais que ce que nous avons appelé plus haut une identité narrative. Or l'identité narrative reste celle d'une personne ou d'un personnage, voire celle des entités collectives particulières qui méritent d'être érigées au rang de quasi-personnages. La notion d'intrigue privilégie ainsi le pluriel aux dépens du singulier collectif dans la refiguration du temps. Il n'existe pas d'intrigue de toutes les intrigues, capable de s'égaler à l'idée de l'humanité une et de l'histoire une[1].

Un second type d'inadéquation entre le récit *stricto sensu* et l'unité plurielle du temps résulte de ce que la catégorie littéraire du récit est elle-même inadéquate à la pensée de l'histoire. C'est un fait que nous n'avons pas usé ouvertement de catégories narratives, au sens strict du

---

1. Même si une pensée d'un autre ordre, celle d'une théologie de l'histoire, qui n'est pas prise en compte ici, propose de relier une Genèse à une Apocalypse, ce n'est certainement pas en produisant une intrigue de toutes les intrigues que cette pensée peut mettre en relation le Commencement et la Fin de toutes choses. Le simple fait que nous ayons quatre Évangiles pour raconter l'événement tenu pour le pivot de l'histoire par la confession de foi de l'Église chrétienne primitive suffit à interdire à la pensée théologique de se construire sur une super-intrigue univoque.

genre narratif, soit oral, soit écrit, pour caractériser l'horizon d'attente, la transmission des traditions passées et la force du présent. On peut donc légitimement se demander si la pensée historique ne nous a pas fait sortir des limites du récit.

Deux réponses sont possibles : on peut d'abord observer que la pensée historique, sans être en tant que telle narrative, a une affinité particulière pour le genre discursif du récit, qui en serait le médium privilégié. Ce rôle médiateur du récit est évident en ce qui concerne la transmission des traditions : les traditions sont pour l'essentiel des récits[1]. En revanche, le lien entre horizon d'attente et récit est moins direct. Il n'est toutefois pas inexistant : on peut en effet tenir les anticipations du futur

---

1. Le cas de l'Israël ancien, évoqué plus haut à propos de la notion d'identité narrative, est particulièrement frappant : von Rad a pu ainsi consacrer son premier volume de *la Théologie de l'Ancien Testament* (*Die Theologie der geschichlichen Ueberlieferungen Israels,* Munich, G. Kaiser, 1957; trad. fr., *la Théologie des traditions historiques d'Israël*, Labor et Fides, 1963) à la « théologie des traditions » constituée par l'intégration progressive de récits d'origines diverses dans un récit continu qui a atteint dans l'ouvrage du Jahviste ses premières dimensions, sa première structure, ses premiers contours ; c'est à ce premier noyau que sont venus s'adjoindre d'autres récits qui ont prolongé la narration au-delà de la fondation de la monarchie davidique, comme on le voit dans l'histoire deutéronomique. Le cas de l'Israël ancien intéresse notre propos dans la mesure d'abord où le médium narratif se révèle être le véhicule principal de la confession de foi portant sur les rapports d'une alliance entre le peuple et son Dieu. Le cas est intéressant à un autre titre : on pourrait en effet objecter que cette théologie des traditions comporte des segments non narratifs, essentiellement des lois, qui font de cette partie de la Bible hébraïque une instruction, une *tora;* à quoi on peut répondre que le massif des législations, ultérieurement rapporté à la figure emblématique de Moïse, n'a pu être intégré à la théologie des traditions qu'au prix d'une narrativisation du moment législatif lui-même ; la donation de la loi est érigée en événement digne d'être raconté et intégré au grand récit. Il est donc relativement facile de poser l'équation entre tradition et narration. Quant à la conjonction entre narratif et non narratif, on y reviendra dans le cadre de la troisième aporie du temps. Cf. P. Ricœur, « Temps biblique », in *Ebraismo, Ellenismo, Cristianismo,* Marco M. Olevetti (éd.), *Archivio di Filosofia,* Padoue, CEDAM, 1985, p. 23-35.

pour des rétrospections anticipées, à la faveur de la propriété remarquable qu'a la voix narrative — catégorie de la théorie littéraire dont nous avons traité dans *Temps et Récit II*[1] — de s'établir en n'importe quel point du temps, qui devient pour elle un quasi-présent, et, du haut de cet observatoire, d'appréhender comme quasi-passé le futur de notre présent. Est ainsi assigné à ce quasi-présent un passé narratif qui est le passé de la voix narrative. La prophétie vérifie cette structure : le prophète voit le futur imminent et sa menace fondre sur le présent, et raconte comme une chose déjà arrivée la précipitation du présent vers sa ruine future. De la prophétie on peut rapprocher l'utopie, laquelle joint à la description de la cité parfaite une narration anticipée de la marche qui y donne accès. En outre, cette narration est bien souvent faite d'emprunts à des récits traditionnels, repeints aux couleurs de la nouveauté[2]. Ainsi le futur paraît bien ne pouvoir être représenté qu'avec le secours de tels récits anticipés qui transforment le présent vif en futur antérieur : ce présent aura été le début d'une histoire qui sera un jour racontée.

On ne saurait toutefois abuser de cet étirement de la catégorie du récit, compris comme genre narratif, sans faire violence à la notion même de projection d'horizon, au regard de laquelle le récit ne peut être plus qu'une médiation subalterne.

Une seconde réponse plus pertinente peut être faite à l'objection : la notion de narrativité peut être prise en un sens plus large que le genre discursif qui la codifie. On peut parler de programme narratif pour désigner un parcours d'action fait d'une suite enchaînée de performances. C'est le sens adopté en sémiotique narrative et en psychosociologie des actes de langage, où il est couramment parlé de programmes, de parcours ou de schémas

---

1. *Temps et Récit,* t. II, p. 165-188.
2. Ainsi les Juifs rescapés de l'exil babylonien projetèrent-ils leur vision des temps nouveaux sous les traits d'un nouvel exode, d'un nouveau désert, d'une nouvelle Sion, d'une nouvelle royauté davidique.

narratifs [1]. On peut tenir ces schémas narratifs pour sous-jacents aux genres narratifs proprement dits qui leur confèrent un équivalent discursif approprié. Ce qui relie le schéma narratif au genre narratif, c'est la virtualité en récit que l'articulation stratégique de l'action tient en réserve. On pourrait exprimer cette proximité entre les deux sens du narratif en distinguant le *racontable* du raconté. C'est le racontable plutôt que le récit au sens du genre discursif qui peut être tenu pour coextensif à la médiation qu'opère la pensée de l'histoire entre horizon d'attente, transmission des traditions et force du présent.

On peut dire, en conclusion, que la narrativité n'offre pas à la seconde aporie de la temporalité une réponse aussi adéquate que le fut la réponse à la première. Cette inadéquation ne sera pas perçue comme un échec, si nous ne perdons pas de vue les deux maximes suivantes. Première maxime : la réplique de la narrativité aux apories du temps consiste moins à résoudre les apories qu'à les faire travailler, à les rendre productives. C'est par là que la pensée de l'histoire contribue à la refiguration du temps. Deuxième maxime : une théorie, quelle qu'elle soit, accède à son expression la plus haute lorsque l'exploration du domaine où sa validité est vérifiée s'achève dans la reconnaissance des limites qui circonscrivent son domaine de validité. C'est la grande leçon que nous avons apprise auprès de Kant.

Ce n'est toutefois qu'à l'occasion de la troisième antinomie de la temporalité que notre seconde maxime va prendre tout son sens.

---

[1]. C'est le sens retenu par Greimas dans sa sémiotique narrative. En un sens voisin, Claude Chabrol, dans sa thèse inédite *Éléments de psycho-sociologie du langage*, désigne du terme de schémas narratifs les parcours accomplis par les actes complexes comme le Don, l'Agression, l'Échange, etc., lesquels sont à la fois des interactions et des interlocutions et reçoivent une expression appropriée dans des actes de langage tels que les commissifs et les directifs. Une autre catégorisation que celle des genres, celle des actes de langage, peut ainsi être appliquée à ces schémas narratifs.

3. L'aporie de l'inscrutabilité du temps et les limites du récit

Ma relecture atteint ici le point où la méditation sur le temps ne souffre pas seulement de son impuissance à outrepasser la bifurcation de la phénoménologie et de la cosmologie, ni même de sa difficulté à donner un sens à la totalité qui se fait et se défait à travers les échanges entre à-venir, avoir-été et présent — mais souffre, tout simplement, de ne pas véritablement *penser le temps*. Cette aporie est restée si dissimulée dans nos analyses qu'aucun développement distinct ne lui a été consacré : elle émerge seulement de point en point, lorsque le travail même de la pensée paraît succomber sous le poids de son thème. L'aporie surgit au moment où le temps, échappant à toute tentative pour le constituer, se révèle appartenir à un ordre du constituant toujours-déjà présupposé par le travail de constitution. C'est ce qu'exprime le mot d'inscrutabilité : c'est celui de Kant, lorsqu'il bute sur une origine du mal qui résiste à l'explication. C'est ici que le danger de mésinterprétation est le plus grand. Ce qui, en effet, est ainsi mis en échec, ce n'est pas le penser, dans toutes les acceptions du terme, mais l'impulsion, ou pour mieux dire l'*hubris,* qui porte *notre* pensée *à se poser en maîtresse du sens*. Cet échec, la pensée ne le rencontre pas seulement à l'occasion de l'énigme du mal, mais aussi lorsque le temps, échappant à notre volonté de maîtrise, surgit du côté de ce qui, d'une manière ou d'une autre, est le véritable maître du sens.

A cette aporie, diffuse dans toutes nos réflexions sur le temps, répondra, du côté de la poétique, l'aveu des limites que la narrativité rencontre hors d'elle-même et en elle-même : ces limites attesteront que le récit, lui non plus, n'épuise pas la puissance du dire qui refigure le temps.

Parmi les conceptions du temps qui ont guidé notre réflexion, les unes portent la marque d'*archaïsmes* que le concept ne maîtrise pas entièrement, les autres se tournent prospectivement vers des *hermétismes* qu'elles refusent d'accueillir en tant que tels dans leur pensée, mais qui imposent à celle-ci le retournement qui met le temps dans la position du fondement toujours déjà présupposé.

Au premier groupe appartiennent les deux penseurs qui ont guidé nos premiers pas dans *Temps et Récit I,* puis de nouveau au début de notre aporétique du temps. L'étonnant, ici, est qu'*Augustin* et *Aristote* ne se font pas seulement face en tant que premier phénoménologue et que premier cosmologue, mais en tant que portés par deux courants archaïques, issus de sources différentes — la source grecque et la source biblique —, qui ont ultérieurement mêlé leurs eaux dans la pensée de l'Occident.

L'affleurement de l'archaïsme chez *Aristote* me paraît le plus aisé à repérer dans l'interprétation de l'expression « être dans le temps ». Cette expression qui traverse toute l'histoire de la pensée sur le temps admet deux interprétations : selon la première, le « dans » exprime une certaine déchéance de la pensée, cédant à la représentation du temps comme une suite de « maintenant », c'est-à-dire d'instants ponctuels ; selon la seconde, qui m'importe ici, le « dans » exprime la préséance même du temps à l'égard de la pensée qui ambitionne d'en circonscrire le sens, donc de l'envelopper. Ces deux lignes d'interprétation du « dans » se confondent dans l'affirmation énigmatique d'Aristote selon laquelle les choses qui sont dans le temps sont *enveloppées par le temps*[1]. Certes, comme le souligne Victor Goldschmidt, l'interprétation que donne Aristote de l'expression « être dans le temps » « continue à expliciter le sens du " nombre de mouvement "[2] ». En effet, dit Aristote, « les êtres sont dans le temps en ce sens que le temps en est le nombre. S'il en est ainsi, ils sont enveloppés par le temps de même que [ce qui est dans le nombre est enveloppé par le nombre] et ce qui est dans un lieu est enveloppé par le lieu. » On ne peut qu'être frappé par l'étrangeté de l'expression : être enveloppé par le nombre. Aristote revient, en effet, à la charge quelques

---

1. Cf. ci-dessus, p. 32-34.
2. Cf. ci-dessus le commentaire de V. Goldschmidt, *op. cit.*, p. 76.

lignes plus loin : « Toutes choses qui sont dans le temps sont enveloppées par le temps... [et] subissent en quelque sorte l'action du temps. » L'ajout de cette dernière remarque tire l'interprétation du côté d'un dit ancien sur le temps, véhiculé lui-même par un dicton populaire : « C'est pourquoi on a coutume de dire que le temps consume, que tout vieillit par *(hupo)* le temps, que le temps nous rend oublieux, mais non pas qu'il nous instruit, ni qu'il nous rend jeunes et beaux... » La richesse de sens de telles expressions ne passe pas sans reste dans l'explication qu'Aristote en donne : « Car, par lui-même, le temps est plutôt cause de corruption : c'est qu'il est nombre du mouvement, or le mouvement abolit ce qui existe. » Nous avons conclu notre propre commentaire par une remarque restée alors en suspens : une collusion secrète, disions-nous, semble aperçue par la sagesse immémoriale entre le changement qui défait — oubli, vieillissement, mort — et le temps qui simplement passe[1].

Remontant en direction de l'archaïsme vers lequel le texte d'Aristote fait signe, nous rencontrons la « fable philosophique » du *Timée*, à laquelle nous n'avons pu, malheureusement, consacrer qu'une longue note[2]. Dans l'expression « une certaine imitation mobile de l'éternité », ce n'est pas seulement le caractère du singulier collectif ainsi conféré au temps qui met la pensée à la question, mais précisément l'appartenance de ce thème à une *fable* philosophique ; ce n'est que dans une reprise philosophique du mythe que la genèse du temps peut venir au langage : être « né avec le ciel » ne se dit qu'en figure. Une telle pensée philosophique peut être dite, à son tour, *envelopper* les opérations hautement dialectiques qui président aux divisions et aux mélanges, aux emboîtements du cercle du Même et de l'Autre. Et, surtout, seule une fable

---

1. Cf. ci-dessus p. 29 et n. 2. Cette ouverture sur un abîme de sens rejoint cette autre ouverture, elle aussi rencontrée par notre commentaire d'Aristote (p. 29 *sq.*) à savoir l'invincible obscurité de la définition du mouvement lui-même comme l'entéléchie de ce qui est en puissance en tant que tel (*Physique*, II, 201 a 10-11).
2. Cf. ci-dessus, p. 30, n. 2.

philosophique peut situer la genèse du temps au-delà de la distinction entre psycho-logie et cosmo-logie, en forgeant la représentation d'une âme du monde qui tout à la fois se meut et se pense elle-même. C'est de cette « réflexion », hyper-psychologique autant qu'hyper-cosmologique, que le temps est parent[1].

Comment, dès lors, ne pas se laisser tirer en arrière en direction de l'archaïsme qui, sans être le plus ancien, ni chronologiquement, ni même culturellement, reste l'archaïsme *interne* à la philosophie : celui des trois grands présocratiques Parménide, Héraclite, Anaximandre ? Il n'est certes pas question d'ouvrir le dossier du temps chez les présocratiques en ce moment tardif de notre investigation[2]. Qu'il soit simplement dit ici que ce penser archaïque, sans doute non répétable aujourd'hui selon la teneur originelle et originale, fait signe vers une région où cesse d'avoir cours la prétention de quelque sujet transcendantal que ce soit à constituer le sens. Ce penser n'est archaïque que parce qu'il se tient auprès d'une *arkhè* qui est la condition de possibilité de toutes les présuppositions que nous pouvons encore *poser*. Seule une pensée qui se fait elle-même archaïque peut entendre le Dit d'Anaximandre dont la voix est restée — dans notre lecture d'Aristote — le témoin isolé de ce temps qui demeure inscrutable aussi bien pour la phénoménologie que pour son autre, la cosmologie : « Et ces choses d'où les étants prennent naissance sont aussi celles vers quoi ils trouvent destruction, selon la nécessité ; car ils exercent les uns à l'égard des autres justice et rétribution selon l'assignation du temps *(kata tou khronou taxin)*[3]. »

L'archaïsme des présocratiques est encore interne à la philosophie, en ce sens que c'est sa propre *arkhè* que la philosophie répète, quand elle retourne à ceux qui, les

---

1. Je renvoie à cet égard aux considérations d'un tour plus existentiel gravitant autour de l'expression « être dans le temps » à laquelle la table philosophique du *Timée* nous ramène.
2. Clémence Ramnoux, « La notion d'Archaïsme en philosophie », *Études présocratiques,* Paris, Klincksieck, 1970.
3. Diels Kranz, *Die Fragmente der Vorsokratiker*, Berlin, Weidmannsch Verlagsbuchhandlung, 1952, fgmt. B 1.

premiers, ont séparé leur notion d'*arkhè* de celle de commencement mythique, selon les théogonies et les généalogies divines. Cette rupture opérée au cœur de l'idée d'*arkhè* n'a pas empêché la philosophie grecque d'hériter, sur un mode transposé, d'un second archaïsme, celui-là même avec lequel le premier a rompu, l'archaïsme mythique. Nous nous sommes toujours gardés de nous y enfoncer[1]. Nous ne pouvons pourtant pas tout à fait l'ignorer, car c'est de ce fond que remontent à la surface certaines figures, apparemment incontournables, du temps inscrutable. De toutes ces figures, je ne retiendrai que celle qui semble avoir fourni le schème symbolique sur lequel s'est greffé le thème évoqué plus haut de l'enveloppement de toutes choses par le temps. Jean-Pierre Vernant, dans *Mythe et Pensée chez les Grecs*[2], a repéré chez Hésiode, Homère et Eschyle — donc dans les trois grands genres de la poésie grecque : la théogonie, l'épopée et la tragédie — le rapprochement entre *Khronos* et *Ôkéanos*, lequel enserre l'univers de son cours infatigable. Quant aux figures mythiques voisines qui assimilent le temps à un cercle, l'ambivalence des significations qui leur sont attachées est pour nous de la plus grande importance : tantôt l'unité et la pérennité attribuées à ce temps fondamental nient radicalement le temps humain, éprouvé comme un facteur d'instabilité, de destruction et de mort ; tantôt le grand temps exprime l'organisation cyclique du cosmos, à laquelle se trouvent harmonieusement intégrés le remplacement des saisons, la suite des générations, le retour périodique des fêtes ; tantôt l'*aiôn* divin se détache de l'image même du cercle, laquelle s'apparente dès lors à la roue cruelle des naissances, comme on voit dans maintes pensées de l'Inde et dans le bouddhisme ; la permanence

---

1. On trouvera chez Mircea Eliade, *Le Mythe de l'éternel retour*, Paris, Gallimard, 1949, une typologie de ces rapports entre notre temps et les éléments fondateurs survenus *in illo tempore*, avec un accent particulier placé sur « la terreur de l'histoire » qui résulte des apports antinomiques entre le temps des origines et le temps quotidien.
2. Jean-Pierre Vernant, *Mythe et Pensée chez les Grecs, op. cit.*, p. 99.

de l'*aiôn* devient celle d'une identité éternellement immobile. Ici nous rejoignons le *Timée* de Platon, à travers Parménide et Héraclite.

Deux traits nous importent dans cette évocation, faite comme à la dérobée, du double fond archaïque dont Aristote est à la fois ouvertement éloigné et secrètement proche : d'une part, la marque de l'*inscrutable* que ce double archaïsme imprime sur le travail même du concept ; d'autre part, le *polymorphisme* des figurations et, à travers elles, des estimations du temps humain, liées à la représentation d'un au-delà du temps. Le second trait n'est sans doute qu'un corollaire du premier ; car l'irreprésentable ne peut se projeter, semble-t-il, que dans des représentations fragmentaires qui prévalent tour à tour, en liaison avec les variations de l'expérience temporelle elle-même dans ses aspects psychologiques et sociologiques [1].

Si donc une signification non vulgaire peut être accordée à l'expression « être dans le temps », la pensée d'un Platon et d'un Aristote le doit aux résurgences de ce double archaïsme.

Mais la pensée de l'Occident a deux archaïsmes : le grec et l'hébraïque. C'est à l'arrière-plan de la phénoménologie d'Augustin que nous pouvons entendre la voix du second, comme nous avons entendu la voix du premier à l'arrière-plan de la *Physique* d'Aristote. L'inscrutabilité du temps, mais aussi la diversité des figures de l'au-delà du temps, se donnent là une nouvelle fois à penser.

En ce qui concerne le livre XI des *Confessions,* on ne peut certes parler d'archaïsme, dans la mesure où s'y exprime une pensée théologique fortement empreinte de philosophie néo-platonicienne. Ce qui, néanmoins, fait signe vers l'archaïsme, c'est le contraste du temps et de l'éternité qui enveloppe littéralement l'examen de la

---

1. C'est cette corrélation qui guide les analyses de Jean-Pierre Vernant (*ibid.,* p. 99-107) visant à reconstituer dans une psychologique historique l'activité mentale organisée de l'homme grec ancien (*ibid.,* p. 5).

notion de temps[1]. Or, nous avons discerné dans ce contraste trois thématiques qui, chacune à sa façon, portent le temps au-delà de lui-même. C'est d'abord dans un esprit de *louange* qu'Augustin célèbre l'éternité du Verbe, qui demeure quand nos paroles passent ; l'immutabilité joue ainsi le rôle d'idée-limite à l'égard d'une expérience temporelle marquée du signe du transitoire : « toujours stable » est l'éternité, jamais stables sont les choses créées[2]. Penser un présent sans futur ni passé, c'est, par contraste, penser le temps lui-même comme en défaut par rapport à cette plénitude, bref, comme entouré de néant. C'est ensuite sur le mode de la *plainte,* sous l'horizon de l'éternité stable, que l'âme augustinienne se découvre exilée dans la « région de la dissemblance ». Ces gémissements de l'âme dilacérée sont, ici, indivisément ceux de la simple créature et ceux du pécheur. La conscience chrétienne prend ainsi en compte la grande élégie qui traverse les frontières culturelles et chante sur le mode mineur la tristesse du fini. C'est enfin dans un élan d'*espérance* que l'âme augustinienne traverse des niveaux de temporalisation toujours moins « distendus » et toujours plus « tendus », attestant que l'éternité peut travailler de l'intérieur l'expérience temporelle, pour la hiérarchiser en niveaux, et ainsi l'approfondir plutôt que l'abolir.

De même qu'à l'arrière-plan de la pensée d'un Platon et d'un Aristote nous avons aperçu les profondeurs d'un double archaïsme, celui des présocratiques retenu « dans » et « par » la philosophie classique, et celui de la pensée mythique « déniée », mais non point abolie, par la pensée philosophique, de même nous faut-il entendre, derrière la louange, la plainte, l'espérance qui accompagnent la spéculation augustinienne sur l'éternité et le

1. Cf. *Temps et Récit,* t. I, p. 49-65.
2. Je rappelle la citation d'Augustin : « Dans l'éternel rien ne passe, mais tout est tout entier présent, tandis qu'aucun temps n'est tout entier présent » (*Confessions, 11,* 13). Et encore : « Tes années ne vont ni ne viennent. » Elles « subsistent simultanément *(simul stant)* » (*ibid., 13* 16). Je renvoie à la note de *Temps et Récit,* t. I, p. 58, n° 2, pour la question de savoir quel terme est positif et quel négatif.

temps, la parole spécifiquement hébraïque. L'exégèse de cette parole révèle une multiplicité de significations qui ne laissent aucunement réduire l'éternité à l'immutabilité d'un présent stable. La différence de niveau entre la pensée de saint Augustin et la pensée hébraïque, qui constitue son archaïsme propre, est dissimulée par la traduction grecque, puis latine, du fameux *éhyéh asher éhyéh* d'Exode 3,14a. En français, nous lisons aujourd'hui : « Je suis celui qui suis. » A la faveur de cette ontologisation du message hebraïque, nous occultons toutes les valences de l'éternité rebelles à l'hellénisation. Ainsi manquons-nous la valence précieuse, dont le meilleur équivalent dans nos langues modernes serait le terme de fidélité ; l'éternité de Yahvé, c'est avant tout la fidélité du Dieu de l'Alliance, accompagnant l'histoire de son peuple [1].

Quant au « commencement » selon Genèse 1,1, la spéculation hellénisante ne doit pas chercher à en fixer le sens en dehors d'abord de l'histoire (« hors histoire ») des « six jours », « histoire » rythmée par une série articulée d'actes de parole, qui instaurent par degrés un ordre réglé de créatures, le septième « jour » étant réservé à la célébration conjointe du créateur et de la créature, dans un Sabbat primordial, indéfiniment réactualisé par le culte et la louange ; le « commencement » de Genèse 1,1 ne saurait non plus être séparé de cet autre commencement que constitue l'élection d'Abraham en Genèse 12,1 ; Genèse 1-11 se déroule ainsi à la façon d'une grande préface, avec son temps propre, à l'histoire de l'élection. A son tour, la légende des patriarches sert de grande préface à l'histoire de la sortie d'Égypte, de la donation de la loi, de la marche au désert et de l'entrée en Canaan ; à cet égard, l'Exode constitue un événement générateur

---

1. L'exégèse de Exode 3,14 ne peut se faire sans tenir compte de la déclaration qui suit : « Et il ajouta : " Voici en quels termes tu t'adresseras aux enfants d'Israël : ' Je suis ' m'a envoyé vers vous. ". » Dieu dit encore à Moïse : « Tu parleras ainsi aux enfants d'Israël : Yahvé, le Dieu de vos pères, le Dieu d'Abraham, le Dieu d'Isaac et le Dieu de Jacob, m'a envoyé vers vous. C'est le nom que je porterai à jamais, sous lequel m'invoqueront les générations futures » (Exode 3,14b-15).

Conclusions

d'histoire, donc un commencement, mais en un autre sens que Genèse 1,1 et que Genèse 12,1 ; et tous ces commencements disent l'éternité, dans la mesure où une fidélité s'y enracine. Certes, les textes ne manquent pas selon lesquels Dieu vit « pour toujours », « dans les siècles des siècles » ; « de l'éternité à l'éternité, tu es Dieu », lit-on au Psaume 90, verset 2. Mais ces textes, empruntés surtout à la littérature hymnique et sapientale, créent un espace de dispersion, au moins aussi vaste que celui que nous parcourions un peu plus haut dans le domaine grec, archaïque et mythique. Tels textes, cumulant la plainte et la louange, opposent sobrement l'éternité de Dieu au caractère transitoire de la vie humaine : « Mille ans sont à tes yeux comme le jour d'hier une fois écoulé, comme une veille de la nuit » (Psaume 90,4). Tels autres inclinent franchement du côté de la plainte : « Mes jours sont comme les jours qui déclinent... Toi, Yahvé, tu trônes pour l'éternité » (Psaume 102,12*sq.*). Une faible différence d'accent suffit à inverser la plainte en louange. « Une voix ordonne : " Crie ! " et je répondis : " Que crierai-je ? " " Toute chair est comme l'herbe/ et sa délicatesse est celle de la fleur des champs./ L'herbe sèche, la fleur se fane/ lorsque le souffle de Yahvé passe sur elles./ (Oui, le peuple, c'est l'herbe.)/ L'herbe sèche, la fleur se fane,/ mais la parole de notre Dieu demeure toujours " » (Isaïe 40, versets 6-8 ; cette proclamation ouvre le livre de la consolation d'Israël attribué au second Isaïe). C'est une humeur toute différente qui règne sur les propos du Qohélet, lequel voit la vie humaine dominée par des temps inéluctables (un temps pour enfanter et un temps pour mourir, etc.) et par un retour incessant des mêmes événements (« ce qui fut, cela sera, ce qui s'est fait se refera »). Cette diversité de tonalité s'accorde avec une pensée essentiellement non spéculative, non philosophique, pour qui l'éternité transcende l'histoire du milieu de l'histoire[1].

---

1. Le nom imprononçable de JHWH désigne le point de fuite commun au supra-historique et à l'intra-historique. Accompagné de l'interdiction des images taillées, ce « nom » préserve l'inscrutable et le met à distance de ses propres figures historiques.

Ce bref tour d'horizon suffit à faire soupçonner la richesse de sens qui se dissimule autant qu'elle se montre dans le *nunc stans* de l'éternel présent selon Augustin.

Situé comme à mi-chemin entre les penseurs porteurs de leur propre archaïsme, et ceux qui jouxtent l'hermétisme, *Kant* représente, à première vue, une figure totalement neutre. L'idée que le temps soit finalement *inscrutable* paraît totalement étrangère à la *Critique*. L'ancrage du concept de temps dans le transcendantal, pris à son niveau le plus bas, celui de l'*Esthétique transcendantale*, semble mettre ce concept à l'abri de toute spéculation ontologique comme de toute exaltation enthousiaste. Le statut de *présupposition*, corollaire de celui de transcendantal, le maintient sous la vigilance d'une pensée attentive à réfréner les impulsions de l'entendement à sortir des limites de son emploi légitime. Essentiellement, le transcendantal met en garde contre les séductions du transcendant. Et pourtant... Et pourtant, nous avons pu nous étonner de la déclaration selon laquelle les changements arrivent dans le temps, mais le temps ne s'écoule pas. Nous n'avons pas été entièrement persuadé par l'argument que le troisième « mode » du temps, la permanence, appelé aussi « temps en général », soit rendu entièrement intelligible par sa corrélation avec le schème de la substance et le principe de la permanence. L'idée de la permanence du temps semble plus riche de sens que la permanence de quelque chose dans le temps ; elle semble plutôt en être l'ultime condition de possibilité. Ce soupçon trouve un renfort dans un retour sur ce qu'il faut bien appeler les énigmes de l'*Esthétique transcendantale* : que peut bien signifier une intuition *a priori* dont il n'y a pas d'intuition, puisque le temps est invisible ? Quel sens donner à l'idée d'une « propriété formelle qu'a le sujet d'être affecté par des objets » ? La pensée est-elle encore maîtresse du sens eu égard à cet être affecté, plus fondamental que l'être affecté par l'histoire évoqué dans nos analyses antérieures [1] ? Quel est ce *Gemüt*, dont il est

1. Ces questions reçoivent un développement considérable et une orientation nouvelle dans Heidegger, *Kant und das Problem der*

dit tour à tour qu'il est affecté par les objets [A 19, B 33], qu'il est ce dans quoi la forme de réceptivité réside [A 20, B 34] ? L'interrogation se fait plus pressante lorsque l'être affecté devient affection de soi par soi : le temps y est en effet impliqué d'une façon plus radicale, soulignée dans la deuxième édition de la *Critique* (B 66-69) : c'est encore dans le temps que « nous plaçons *(setzen)* nos représentations » ; le temps reste bien la « condition formelle de la manière dont nous disposons [les représentations] dans notre *Gemüt* ». Or, dans cette mesure même, il ne peut être autre chose que la manière dont cet esprit est affecté par sa propre activité, à savoir par cette position *(Setzung)*, par suite, par lui-même ; c'est-à-dire un sens intérieur considéré dans sa forme. La conclusion que Kant en tire, à savoir que l'esprit ne s'intuitionne pas tel qu'il est en lui-même, mais tel qu'il se représente sous la condition de cette affection de soi par soi, ne saurait éclipser la difficulté spécifique qui s'attache à cette *auto-affection,* dans laquelle culmine l'être-affecté. S'il est un point où le temps se révèle inscrutable, du moins au regard d'une déduction transcendantale maîtresse de son propre jeu, c'est bien eu égard à la notion de permanence du temps et aux implications pour le temps de l'affection de soi par soi.

Il serait vain de chercher chez *Husserl* les traces d'un archaïsme ou les échos d'un hermétisme qui ferait signe vers un temps plus fondamental que toute constitution. L'ambition des *Leçons sur la conscience intime du temps* est, bien entendu, de *constituer* d'un seul geste la conscience et le temps qui lui est immanent. En cela, le transcendantalisme de Husserl n'est pas moins vigilant que celui de Kant. Néanmoins, outre la difficulté, évoquée plus haut, qu'il y a à dériver la totalité du temps de la continuité du procès de recouvrement entre toutes les

---

Metaphysik, Francfort, Klostermann, 1973 (trad. fr., Paris, Gallimard, 1953), principalement § 9 et 10, 32-34. De même dans *les Problèmes fondamentaux de la phénoménologie, op. cit.,* § 7-9 et 21 ; de même dans *Interprétation phénoménologique de la « Critique de la Raison pure » de Kant,* trad. fr. par E. Martineau, Paris, Gallimard, 1982, du t. XXV de la *Gesamtausgabe.*

intentionnalités longitudinales, je voudrais évoquer une dernière fois le paradoxe consistant à tenir un *discours sur l'hylétique,* une fois suspendue l'intentionnalité *ad extra.* Toutes les difficultés liées, chez Kant, à l'affection de soi par soi reviennent en force menacer l'auto-constitution de la conscience. Ces difficultés souterraines ont leur traduction au niveau du langage dans lequel cette constitution vient se dire. Ce qui frappe d'abord, c'est le caractère de part en part *métaphorique* de cette hylétique transcendantale : jaillissement, source, tomber, sombrer, s'écouler, etc.; au centre de cette constellation métaphorique, la métaphore-mère du *flux.* Ce que cherchent à dire les *Leçons,* dans leur troisième section, c'est le « flux absolu de la conscience, constitutive du temps[1] ». Or ces métaphores ne constituent aucunement un langage figuré qu'on puisse traduire dans un langage littéral. Elles constituent le seul langage dont dispose le travail de remontée à l'origine. La métaphorique est ainsi le premier signe de la non-maîtrise de la conscience constituante sur la conscience ainsi constituée. En outre, une question de priorité s'élève entre le flux et la conscience : est-ce la conscience qui constitue le flux ? ou le flux qui constitue la conscience ? Dans la première hypothèse, nous retournons à un idéalisme de type fichtéen. Dans la seconde, nous sommes dans une phénoménologie d'un tout autre type où la maîtrise de la conscience sur sa production est outrepassée par la production qui la constitue. Or, l'hésitation entre les deux interprétations reste permise. Husserl ne pose-t-il pas la question : « Comment est-il possible de savoir *(wissen)* que le flux constitutif ultime de la conscience possède l'unité[2] ? » La réponse donnée à cette question, à savoir le dédoublement de deux intentionnalités longitudinales, arrache à Husserl la déclaration suivante : « Aussi choquant (sinon même absurde au début) que cela semble de dire que le flux de la conscience constitue sa propre unité, il en est pourtant ainsi[3]. » Une

1. Cf. ci-dessus, p. 76, et 76, n. 1.
2. Cf. ci-dessus, p. 78.
3. Cf. ci-dessus, p. 78.

autre fois, il avouera franchement : « Pour tout cela, les noms nous font défaut[1]. » De la métaphorique à la carence des mots, c'est la défaillance du langage qui fait signe vers l'ultime « conscience *impressionnelle*[2] », dont on peut dire que c'est le flux qui, en se constituant, la constitue — et non l'inverse.

Le philosophe qui, à nos yeux, jouxte l'hermétisme, c'est, bien entendu, *Heidegger*. Parler en ces termes n'a rien de désobligeant : pour le type de discours qui se veut encore phénoménologique, comme l'est celui de *l'Être et le Temps* et des *Problèmes fondamentaux de la phénoménologie,* la percée d'une analytique de l'être-là en direction de la compréhension de l'être en tant que tel peut bien être dite jouxter l'hermétisme, tant il est vrai que cette percée conduit la phénoménologie herméneutique aux limites de ses possibilités les plus propres. Or, cette percée, Heidegger la tente sans rien concéder aux équivalents modernes de la *Schwärmerei* — l'exaltation délirante, dénoncée par Kant — qu'ont été, pour Heidegger comme pour Husserl, les philosophies de la vie, de l'existence et du dialogue.

La relation de l'analytique de l'être-là à la compréhension de l'être ne se laisse d'abord déceler, en dehors des déclarations encore programmatiques de la grande introduction de *l'Être et le Temps*, que dans les signes d'inachèvement de l'analytique, seule pourtant menée à son terme dans *l'Être et le Temps* : signes qui témoignent en même temps de ce que cette analytique ne vise pas à se refermer sur une anthropologie philosophique. Or le danger de mécompréhension du projet philosophique de Heidegger à l'époque de *l'Être et le Temps*, non seulement n'est pas écarté, mais est entretenu par l'assimilation de la problématique du temps à celle de l'être-intégral, et de celle-ci à l'être-pour-la-mort. On ne voit guère, au terme de la seconde section de *l'Être et le Temps*, en quoi toutes ces analyses satisfont au titre donné à la première partie : « L'interprétation de l'être-là par la temporalité et l'expli-

1. Cf. ci-dessus, p. 76.
2. Cf. ci-dessus, p. 81.

citation du temps comme horizon transcendantal de la question de l'être » [40] (58). C'est la deuxième moitié du titre qui paraît bien manquer de répondant dans une analyse qui, au mieux, propose une interprétation du caractère ek-statique du temps, mais non point de son caractère ouvert sur la question de l'être. La question de l'être-intégral, explicitée par celle de l'être-pour-la-mort, paraît plutôt fermer cet horizon.

Mais, ici, *les Problèmes fondamentaux de la phénoménologie* vont plus loin que *l'Être et le Temps*, en proposant de distinguer entre être-temporal *(Temporalität)* et temporalité *(Zeitlichkeit)* au sens donné dans le livre maître[1]. Et, précisément, le caractère constamment *interrogeant* de la pensée qui soutient cette distinction fait ressortir, après coup, le caractère *inscrutable* de la temporalité selon *l'Être et le Temps*.

La distinction entre être-temporal et temporalité achève en réalité un mouvement resté imperceptible dans *l'Être et le Temps*, à savoir un renversement dans l'usage de la notion de condition de possibilité. Il est certes répété que « la constitution ontologique de l'être-là se fonde dans la temporalité » *(Problèmes* [323] (276)). On ajoute maintenant que le sens de la temporalité est « la possibilisation de la compréhension de l'être » *(ibid.).* Or, le nouvel usage de la notion de possibilité se règle sur la description de la temporalité comme horizon à partir duquel nous comprenons l'être. La conjonction des deux mots : ek-statique et horizontal (au sens de caractère d'horizon) marque l'ouverture de la nouvelle problématique placée sous le titre de l'être-temporal [374-379] (309-322).

Dans cette nouvelle problématique, le caractère d'horizon du temps est directement rattaché à l'*intentionnalité* constitutive de chacune des ek-stases du temps, et principalement à celle de l'à-venir, compris au sens d'avance sur soi-même et d'advenir à soi-même. Le rôle de l'être-pour-la-mort par rapport à la totalisation du temps ek-statique est passé sous silence, tandis qu'est accentué le transport

---

1. *Les Problèmes fondamentaux de la phénoménologie, op. cit.,* § 19-22.

ek-statique vers..., en direction de..., qui marque l'inflexion de la problématique. On parle désormais de temporalité ek-statique-horizontale, étant entendu qu'horizontal signifie : « caractérisé par un horizon donné avec l'ek-stase elle-même » [378] (322). Aux yeux de Heidegger, ce déploiement de l'horizontal à partir de l'ek-statique atteste le règne du phénomène de l'intentionnalité sur toute l'approche phénoménologique. Mais, à l'opposé de Husserl, c'est le caractère ek-statique-horizontal de la temporalité qui conditionne l'intentionnalité, et non l'inverse. C'est dans un sens franchement ontologique que l'intentionnalité est repensée : comme le projet en direction de... impliqué dans la compréhension de l'être. En discernant dans celle-ci quelque chose comme « un projet de l'être en direction du temps » [397] (337), Heidegger pense discerner aussi l'orientation de la temporalité vers son horizon, l'être-temporal.

Or, il faut bien avouer que, dans le cadre d'une pensée qui se veut encore phénoménologique, c'est-à-dire gouvernée par l'idée d'intentionnalité, toutes les déclarations de Heidegger sur ce « projet de l'être en direction du temps » demeurent cryptiques. Les aides qu'il propose à la pensée risquent plutôt de dérouter : ainsi le rapprochement entre son nouveau propos et le fameux « par-delà l'être » *(épékeina tès ousias)* de Platon dans le livre VI de la *République*. Certes, le propos de Heidegger engage aussi à « questionner au-delà de l'être, en direction de ce vers quoi l'être lui-même, en tant que tel, est ouvert-en-projet » [399] (339). Mais, séparée de l'idée du Bien, l'*épékeina tès ousias* n'est plus guère d'un grand secours : seul subsiste l'élément de direction, le passage au-delà : « Nous caractérisons cette direction (*wohin*) de l'ek-stase comme l'horizon ou mieux le schème horizontal de l'ek-stase » [429] (362). Dès lors, que comprenons-nous vraiment, lorsque nous disons que « la temporalité (*Temporalität*), c'est la temporalisation la plus originaire de la temporalité comme telle » [429] (363) ? Rien, à vrai dire, tant que nous ne sommes pas en état de rattacher la distinction entre temporal et temporel à la *différence ontologique,* c'est-à-dire à la différence entre l'être et l'étant, qui est pour la première fois affirmée explicitement et publiquement dans *les Problèmes fondamentaux de la phénoménologie*. La distinction entre temporal et temporel n'a dès lors qu'une fonction : faire signe vers la différence ontologique. Hors de ce rôle, elle ne réussit qu'à signaler le caractère inscrutable de la temporalité comprise comme l'intégralité de l'être-là. Car, prise en elle-même, la distinction entre l'être-temporal et la temporalité ne désigne plus un phénomène accessible à la phénoménologie herméneutique *en tant que telle*[1].

La question la plus embarrassante que rencontre notre entreprise entière se résume à savoir si l'irreprésentabilité du temps trouve encore un parallèle du côté de la narrativité. La question paraît au premier abord incongrue : quel sens pourrait-il y avoir en effet à refigurer l'inscrutable ? La poétique du récit n'est pourtant pas sans ressource, face à l'anomalie de la question. *C'est dans la manière dont la narrativité est portée vers ses limites que réside le secret de sa réplique à l'inscrutabilité du temps.*

Nous avons côtoyé plusieurs fois la question des limites de la narrativité, mais sans rapport avec l'irreprésentabilité du temps. Ainsi nous sommes-nous demandé si le modèle aristotélicien de mise en intrigue rendait encore compte des formes les plus complexes de composition mises en œuvre par l'historiographie contemporaine ou le roman d'aujourd'hui. La question nous a contraint à élaborer, du côté de l'historiographie, les notions de quasi-intrigue, de quasi-personnage et de quasi-événement, qui laissent entendre que le modèle initial de mise en intrigue

---

1. Il n'appartient pas au présent ouvrage de prendre position sur l'ambition, déclarée par Heidegger à la fin des *Problèmes fondamentaux de la phénoménologie*, de constituer une *science* ontologique du nouvel *a priori* que constitue désormais l'être-temporal [465] (391). L'intention de ne pas verser ici dans un nouvel hermétisme est en tout cas fermement soulignée dans les dernières pages du Cours (d'ailleurs inachevé), où Heidegger reprend à son compte l'opposition que Kant fait, dans le bref opuscule : *D'un ton grand seigneur adopté naguère en philosophie* (1796), entre la sobriété du Platon des *Lettres* et l'ébriété supposée du Platon de l'Académie, mystagogue malgré lui.

est porté par l'historiographie au voisinage d'un point de rupture au-delà duquel on ne peut plus dire que l'histoire est une extension du récit[1]. Il nous a fallu faire un aveu semblable du côté du roman, et accorder que, dans l'ère que certains appellent post-moderne, il se pourrait que l'on ne sache plus ce que raconter veut dire. Nous avons, avec Walter Benjamin, déploré la mutation mortelle que serait le passage de l'humanité à un stade où nul n'aurait plus d'expérience à communiquer à quiconque. Nous avons même, avec Frank Kermode, fait l'acte de foi que la capacité de métamorphose du récit permettra, longtemps encore, à ce dernier de conjurer le schisme.

Les limites dont il va être question sont d'un autre ordre : les précédentes ne concernaient la capacité du récit à refigurer le temps qu'à travers ses ressources de configuration interne. Il s'agit maintenant des *limites mêmes de la refiguration du temps par le récit*.

Or, le terme de limite peut être entendu en deux sens : par limite interne, on entendra l'outrepassement jusqu'à épuisement de l'art de raconter au voisinage de l'inscrutable. Par limite externe, le débordement du genre narratif par d'autres genres de discours qui, à leur façon, s'emploient aussi à *dire* le temps.

Parlons d'abord des limites explorées par le récit lui-même à l'intérieur de sa propre circonscription. Le récit de fiction est assurément le mieux équipé pour ce travail à la limite ; nous en connaissons la méthode privilégiée, celle des variations imaginatives. Dans le chapitre qui leur est consacré[2], nous n'avons pu nous tenir dans les bornes que nous nous étions assigné, à savoir l'examen des solutions autres que celle de l'histoire apportées par la fiction au problème de la dualité de l'interprétation phénoménologique et de l'interprétation cosmologique du temps ; sortant de ce cadre imposé, nous nous sommes risqué à évaluer les contributions de nos fables sur le temps à l'exploration des rapports entre *le temps et son autre*. Le lecteur a sans doute encore présent à la mémoire l'évocation des hauts

1. Cf. *Temps et Récit,* t. I, deuxième partie, chap. III.
2. Cf. ci-dessus, chap II.

moments de nos trois fables sur le temps, moments dans lesquels l'extrême concentration de la temporalité conduit à une variété d'expériences-limites qui méritent d'être placées sous le signe de l'éternité[1]. Nous ne pouvons oublier ni le choix tragique de Septimus dans *Mrs. Dalloway,* ni les trois figures d'éternité dans *la Montagne magique* — l'*Ewigkeitssuppe,* la *Walpurgisnacht,* et l'épisode *Schnee* —, ni la double éternité du *Temps retrouvé,* celle qui arrache au temps perdu et celle qui engendre l'œuvre qui tentera de racheter le temps. Ainsi la fiction multiplie-t-elle les expériences d'éternité, portant ainsi de diverses façons le récit aux limites de lui-même. Cette multiplication des expériences-limites ne doit pas étonner, si l'on garde à la mémoire que chaque œuvre de fiction déploie son monde propre. Or, c'est chaque fois dans un monde possible différent que le temps se laisse outrepasser par l'éternité. C'est ainsi que les fables sur le temps deviennent des fables sur le temps et son autre. Nulle part ne se vérifie mieux la fonction de la fiction, qui est de servir de laboratoire pour des expériences de pensée en nombre illimité. C'est pour d'autres instances de vie, religieuse, éthique et politique, qu'un choix s'impose : l'imaginaire ne tolère pas de censure.

Nous ne pouvons pas non plus oublier la seconde transgression que la fiction opère par rapport à l'ordre du temps quotidien ; en jalonnant les confins d'éternité, les expériences-limites dépeintes par la fiction explorent en outre une autre frontière, celle des confins entre la fable et le mythe[2]. Seule la fiction, disions-nous, parce qu'elle est fiction, peut se permettre quelque ébriété. Nous comprenons mieux maintenant la signification de cette exaltation : elle a pour vis-à-vis la sobriété de la phénoménologie, lorsque celle-ci modère l'élan qu'elle puise dans les archaïsmes dont elle s'éloigne et dans les hermétismes dont elle ne veut pas se rapprocher. De ces archaïsmes et de ces hermétismes, le récit ne craint pas de s'approprier la substance, en leur conférant une transcription narrative.

1. Cf. ci-dessus, p. 241-244.
2. Cf. ci-dessus, p. 244-246.

Septimus, disions-nous, sait écouter, au-delà du bruit de la vie, l'« ode immortelle au Temps ». Et, dans la mort, il emporte « ses odes au Temps ». Quant à *la Montagne magique,* c'est une double magie inversée que l'œuvre évoque : d'un côté l'ensorcellement d'un temps devenu incommensurable par la perte de ses repères et de ses mesures, de l'autre l'« élévation » *(Steigerung)* d'un modeste héros, confronté aux épreuves de la maladie et de la mort, élévation qui, parfois, traverse les phases d'un franc hermétisme, et qui, dans son ensemble, offre les traits d'une initiation de résonance kabbalistique. Seule l'ironie fait barrière entre la fiction et la répétition naïve du mythe. *La Recherche,* enfin, narrativise, on s'en souvient, une expérience métaphysique de l'Identité perdue, venue de l'idéalisme allemand, au point qu'on peut appeler également initiatique l'expérience supratemporelle de la Beauté d'où procède l'élan de la création vers l'œuvre où celle-ci devra s'incarner. Ce n'est donc pas un hasard si, dans *la Recherche*, le temps est comme remythisé. Temps destructeur, d'une part, « l'artiste, le Temps », d'autre part[1]. Ce n'est pas un hasard, non plus, si *la Recherche* se termine par les trois mots : « ... dans le Temps ». Le « dans » n'est plus pris ici au sens vulgaire d'une location dans quelque vaste contenant, mais au sens, proche à la fois de l'archaïsme et de l'hermétisme, où le temps enveloppe toutes choses — y compris le récit qui tente de l'ordonner.

Il est une autre façon pour le temps d'envelopper le récit, c'est de susciter la formation de modes discursifs autres que le mode narratif, qui en disent, d'une autre façon, la profonde énigme. Il vient ainsi un moment, dans un ouvrage consacré au pouvoir qu'a le récit d'élever le temps au langage, où il faut avouer que le récit n'est pas

---

1. Le mot de magie vient sous la plume de Proust lorsqu'il parle des moribonds du dîner de têtes qui fait suite à la scène de la Visitation : « Des poupées baignant dans les couleurs immatérielles des années, des poupées extériorisant le Temps, le Temps qui d'habitude n'est pas visible, pour le devenir cherche des corps et, partout où il les rencontre, s'en empare pour montrer sur eux sa lanterne magique » (III, p. 924).

tout et que le temps se dit encore autrement, parce que, pour le récit aussi, il reste l'inscrutable.

J'ai été, pour ma part, rendu attentif à ces limites externes du récit par l'exégèse biblique. La Bible hébraïque, en effet, peut être lue comme le testament du temps dans ses rapports avec l'éternité divine (avec toutes les réserves évoquées plus haut concernant l'équivocité du mot éternité). Or, le récit n'y est pas seul à dire le rapport du temps avec son autre. Quelle que soit l'ampleur du massif narratif, c'est toujours en conjonction avec d'autres genres que le récit fonctionne dans la Bible hébraïque[1].

Cette conjonction, dans la Bible, entre le narratif et le non-narratif invite à chercher si, dans d'autres littératures aussi, le récit ne joint pas ses effets de sens à ceux d'autres genres, pour dire ce qui du temps est le plus rebelle à la représentation. Je me bornerai à évoquer brièvement la trilogie familière jusqu'à nos jours à la poétique allemande : l'équipe, le dramatique, le lyrique[2]. En ce qui concerne les deux premiers genres, nous avons admis, dès l'analyse de la *Poétique* d'Aristote, qu'ils se laissent enrôler, sans violence excessive, sous la bannière du narratif, pris en un sens large, dans la mesure où la mise en intrigue en reste le ressort commun. Mais l'argument qui

---

1. Le premier croisement caractérise le Pentateuque ; dès le document jahviste, récits et lois se trouvent entrelacés ; se croisent ainsi l'immémorial de la narration, creusé vers l'arrière par les préfaces de préfaces qui précèdent les récits d'alliance et de délivrance, et l'immémorial de la Loi, condensé dans la Révolution du Sinaï. D'autres entrecroisements significatifs s'ajoutent au précédent : l'ouverture prophétique sur le temps provoque, par choc en retour, un bouleversement de la théologie des traditions développée par le Pentateuque. A son tour, l'historicité, tant rétrospective que prospective, commune aux traditions et aux prophéties, est confrontée à cet autre immémorial, celui de la sagesse recueillie dans les écrits sapientiaux des Proverbes, du Livre de Job, du Qohélet. Enfin, toutes les figures de l'immémorial se trouvent réactualisées dans la plainte et la louange recueillies dans les Psaumes. C'est ainsi par une chaîne de médiations non narratives que, dans la Bible, le récit biblique accède à la stature d'un récit confessionnel (cf. ci-dessus, p. 464, n. 1).

2. Cf. Käte Hamburger, *Die Poetik der Dichtung* (cf. *Temps et Récit*, t. II, p. 122-125).

vaut du point de vue de la configuration du temps vaut-il encore du point de vue de sa refiguration ? Il est notable que les monologues et les dialogues ouvrent, dans la trame purement narrative de l'action feinte, les brèches permettant l'enchâssement de brèves méditations, voire d'amples spéculations sur la misère de l'homme livré à l'usure du temps. Ces pensées, mises dans la bouche de Prométhée, d'Agamemnon, d'Œdipe, du chœur tragique — et, plus près de nous, d'Hamlet —, s'inscrivent dans la longue tradition d'une sagesse sans frontière qui, au-delà de l'épisodique, atteint le fondamental. C'est à ce fondamental que la poésie lyrique donne une voix qui est aussi un *chant*. Il n'appartient plus à l'art narratif de déplorer la brièveté de la vie, le conflit de l'amour et de la mort, la vastitude d'un univers qui ignore même notre plainte. Le lecteur aura reconnu, dissimulés en plusieurs points de notre texte, sous la pudeur et la sobriété de la prose, les échos de la sempiternelle élégie, figure lyrique de la plainte. Ainsi nous abandonnions-nous brièvement, au début de notre aporétique, à l'occasion d'une simple note sur le temps dans le *Timée*, à une réflexion douce-amère sur l'apaisement qu'une âme désolée peut trouver dans la contemplation de l'ordre pourtant inhumain des mouvements célestes[1]. La même tonalité s'est imposée à nouveau, à la fin de notre aporétique cette fois, à l'occasion d'une réflexion suscitée par Heidegger sur les empiétements mutuels entre l'intra-temporalité et le temps dit vulgaire[2]. Nous avons noté alors les oscillations que la méditation impose au sentiment : tantôt prévaut l'impression d'une complicité entre la non-maîtrise inhérente à notre être jeté et déchu, et cette autre non-maîtrise que nous rappelle la contemplation du mouvement souverain des astres ; tantôt, au contraire, l'emporte le sentiment de l'incommensurabilité entre le temps imparti aux mortels et la vastitude du temps cosmique. Ainsi sommes-nous ballotté entre la résignation qu'engendre la collusion entre deux non-maîtrises et la désolation qui sans cesse renaît du

1. Cf. ci-dessus, p. 30, n. 2.
2. Cf. ci-dessus, p. 170-173.

contraste entre la fragilité de la vie et la puissance du temps qui plutôt détruit[1]. C'est de bien d'autres manières que le *lyrisme de la pensée méditante* va droit au fondamental sans passer par l'art de raconter.

Cette conjonction finale entre l'épique, le dramatique et le lyrique était annoncée dès l'*Avant-propos* de *Temps et Récit I* : la poésie lyrique, disions-nous, côtoie la poésie dramatique. La redescription invoquée dans *la Métaphore vive* et la refiguration selon *Temps et Récit* échangent ainsi leurs rôles, lorsque, sous l'égide de « l'artiste, le Temps », se conjoignent la puissance de redescription déployée par le discours lyrique et la puissance mimétique impartie au discours narratif.

Un dernier regard sur le chemin parcouru : nous avons distingué, dans ces pages de conclusion, trois niveaux dans l'aporétique du temps que nous avions d'abord articulée en fonction des auteurs et des œuvres. Or, le passage d'un niveau à l'autre marque une certaine progression, sans pourtant faire système, sous peine de démentir l'argument systématique contenu dans chaque aporie et dans la dernière plus que dans aucune autre. Il faut en dire autant des répliques que la poétique du récit oppose aux apories du temps : elles constituent une constellation signifiante, sans pour autant former une chaîne contraignante : rien n'oblige en effet à passer de la notion d'*identité narrative* à l'idée de l'*unité de l'histoire,* puis à l'aveu des *limites du récit* face au mystère du temps qui nous enveloppe. En un sens, la pertinence de la réplique du récit aux apories du temps diminue d'un stade à l'autre, au point que le temps paraît sortir vainqueur de la lutte, après avoir été tenu captif dans les filets de l'intrigue. Il est bon qu'il en soit ainsi : *il ne sera pas dit que l'éloge du récit aura sournoisement redonné vie à la prétention du sujet constituant à maîtriser le sens.* Il convient au contraire à tout mode de pensée de vérifier la validité de son emploi dans la circonscription qui lui est assignée, en prenant une exacte mesure des limites de son emploi.

---

1. Cf. ci-dessus, p. 173.

Mais, si, d'une aporie à l'autre et d'une réplique poétique à l'autre, la progression est libre, en revanche, l'ordre inverse est contraignant : il n'est pas vrai que l'aveu des limites du récit abolisse la position de l'idée de l'unité de l'histoire, avec ses implications éthiques et politiques. Il l'exige plutôt. *Il ne sera pas dit, non plus, que l'aveu des limites du récit, corrélatif de l'aveu du mystère du temps, aura cautionné l'obscurantisme*; le mystère du temps n'équivaut pas à un interdit pesant sur le langage ; il suscite plutôt l'exigence de penser plus et de dire autrement. S'il en est ainsi, il faut poursuivre jusqu'à son terme le mouvement de retour, et tenir que la réaffirmation de la conscience historique dans les limites de sa validité requiert à son tour la recherche, par l'individu et par les communautés auxquelles celui-ci appartient, de leur identité narrative respective. C'est là le noyau dur de toute notre investigation ; car c'est dans cette recherche seulement que se répondent avec une pertinence suffisante l'aporétique du temps et la poétique du récit.

Auteurs cités

Temps et Récit I, II, III

Alexander (J.), *The Venture of Form in the Novels of Virginia Woolf*, Port Washington, New York, Londres, Kennikat Press, 1974.
Alter (R), *Partial Magic : The Novel as a Self-Conscious Genre*, Berkeley, University of California Press, 1975.
Anscombe (E.), *Intention*, Oxford, Basil Blackwell, 1957.
Arendt (H.), *The Human Condition*, Chicago, University of Chicago Press, 1958 ; trad. fr. de G. Fradier, *La Condition de l'homme moderne*, Paris, Calmann-Lévy, 1961, 1983.
Ariès (P.), *L'Homme devant la mort*, Paris, Éd. du Seuil, 1977.
Aristote, *Poétique*, texte établi et traduit par J. Hardy, Paris, Les Belles Lettres, 1969.
– *La Poétique*, texte, traduction, notes par Roselyne Dupont-Roc et Jean Lallot, Paris, Éd. du Seuil, 1980.
– *Physique*, trad. fr. de Victor Goldschmidt pour le livre IV (voir Goldschmidt (V.)) ; autres livres, trad. fr. de H. Carteron, Paris, Les Belles Lettres, 2e éd., 1952.
– *Métaphysique*, trad. fr. de J. Tricot, Paris, J. Vrin, 1953.
– *Éthique à Nicomaque*, trad. fr. de J. Tricot, Paris, J. Vrin, 1959.
– *Rhétorique*, texte établi et traduit par M. Dufour, Paris, Les Belles Lettres, 1960.
Aron (R.), *Introduction à la philosophie de l'histoire : essai sur les limites de l'objectivité historique* (1938), Paris, Gallimard, « Bibliothèque des Idées », 1957.
– *La Philosophie critique de l'histoire : Dilthey, Rickert, Simmel, Weber* (1938), Paris, Vrin, 4e éd., 1969.
– « Comment l'historien écrit l'épistémologie : à propos du livre de Paul Veyne », in *Annales*, n° 6, novembre-décembre 1971, p. 1319-1354.
Auerbach (E.), *Mimesis : Dargestellte Wirklichkeit in der abendländischen Literatur*, Berne, Éd. Francke, 1946 ; trad. fr. de Cornélius Heim, *Mimèsis : la représentation de la réalité dans la littérature occidentale*, Paris, Gallimard, 1968.

Augustin (saint), *Confessions*, a) livre XI, trad. fr. de E. Tréhorel et G. Bouissou sur le texte de M. Skutella (Éd. Teubner, 1934) avec introduction et notes par A. Solignac, Desclée de Brouwer, « Bibliothèque augustinienne », t. XIV, 1962, p. 270-343 ; b) « Notes complémentaires », par A. Solignac, *ibid.*, p. 583-584, 588-591.

Austin (J. L.), *How to Do Things with Words*, Harvard University Press, 1962 ; trad. fr. de Gilles Lane, *Quand dire, c'est faire*, Paris, Éd. du Seuil, 1970.

Bakhtine (M.), *La Poétique de Dostoïevski*, trad. fr. d'Isabelle Kolicheff, présentation de Julia Kristeva ; 1re éd., *Problemy tvortchevsta Dostoievskogo*, Leningrad, 1929 ; 2e éd., *Problemy poetiki Dostoievskogo*, Moscou, 1963 ; 3e éd., 1972 ; 4e éd., 1979.

Balás (D. L.), « Eternity and Time in Gregory of Nyssa's *Contra Eunomium* », in *Gregory von Nyssa und die Philosophie* (IIe colloque international sur Grégoire de Nysse, 1972), Leiden, E. J. Brill, 1976.

Barreau (H.), *Construction de la notion de temps*, Atelier du Département de Physique, VLP — Strasbourg, 1985.

Barthes (R.), « *Introduction à l'analyse structurale des récits* », *Communications*, n° 8, 1966 ; repris dans *Poétique du récit*, Paris, Éd. du Seuil, 1977.

– *Le Degré zéro de l'écriture*, Paris, Éd. du Seuil, 1953.

Beierwaltes (W.), *Plotin über Ewigkeit und Zeit (Enneade III, 7)*, Francfort, Klostermann, 1967.

Benjamin (W.), « Der Erzähler, Betrachtungen zum Werk Nicolaj Lesskows », in *Illuminationen*, Francfort, Éd. Suhrkamp, 1969 ; trad. fr. de Maurice de Gandillac, « Le narrateur », in *Poésie et Révolution*, Paris, Denoël, 1971.

Benveniste (É.), *Problèmes de linguistique générale*, Paris, Gallimard, 1966.

– « Le langage et l'expérience humaine », in *Problèmes du langage*, Paris, Gallimard, coll. « Diogène », 1966.

Bergson (H.), *Essai sur les données immédiates de la conscience*, Paris, Alcan, 1889.

Berlin (I.), « Historical Inevitability », in *Four Essays on Liberty*, Londres, Oxford University Press, 1969, repris *in* Gardiner (P.), *The Philosophy of History*, Londres, Oxford University Press, p. 161-186.

Bernet (R.), « Die ungegenwärtige Gegenwart. Anwesenheit und Abwesenheit in Husserls Analyse des Zeitbewusstseins », in E. W. Orth (ed.), *Zeit und Zeitlichkeit bei Husserl und*

Heidegger, Fribourg, Munich, 1983. « La présence du passé dans l'analyse husserlienne de la conscience du temps », *Revue de métaphysique et de morale*, n° 2, 1983.

Berr (H.), *L'Histoire traditionnelle et la Synthèse historique*, Paris, Alcan, 1921.

Bersani (L.), « Déguisement du moi et art fragmentaire », in *Recherche de Proust*, Paris, Éd. du Seuil, 1980.

Bloch (M.), *Apologie pour l'histoire ou Métier d'historien*, préface de Georges Duby, Paris, Armand Colin, 7ᵉ éd., 1974.

Blumenberg (H.), « Nachahmung der Natur! Zur Vorgeschichte der schöpferischen Menschen », *Studium Generale*, n° 10, 1957.

Booth (W.), *The Rhetoric of Fiction*, Chicago, University of Chicago Press, 1961; 2ᵉ éd. (augmentée d'une importante postface), 1983.

— « Distance et point de vue » in *Essays in Creation*, XI, 1961; repris dans *Poétique*, IV, 1970.

« " The way I loved George Eliot ". Friendship with books as a Neglected Metaphor », *Kenyon Review*, II, 2, 1980, p. 4-27.

Boros (S.), « Les catégories de la temporalité chez saint Augustin », in *Archives de philosophie*, t. XXI, 1958, p. 323-385.

Braudel (F.), *La Méditerranée et le Monde méditerranéen à l'époque de Philippe II*, Paris, Armand Colin, 1949.

— *Écrits sur l'histoire*, Paris, Flammarion, 1969.

— *Civilisation matérielle, Économie et Capitalisme (XVᵉ-XVIIIᵉ siècle)*, t. I, *les Structures du quotidien*, t. II, *les Jeux de l'échange*, t. III, *le Temps du monde*, Paris, Armand Colin, 1967-1979 (cf. M. Vovelle, « L'histoire et la longue durée », in *la Nouvelle Histoire*, encyclopédie dirigée par Jacques Le Goff, Roger Chartier, Jacques Revel, Paris, Retz-CEPL, 1978, p. 316-343).

Bremond (C.), « Le message narratif », *Communications*, n° 4, 1964; repris dans *Logique du récit*, Paris, Éd. du Seuil, 1973.

Brisson (L.), *Le Même et l'Autre dans la structure ontologique du* Timée *de Platon; un commentaire systématique du* Timée *de Platon*, Paris, Klincksieck, 1974.

Burckhardt (J.), *Die Kultur der Renaissance in Italien*, Leipzig, E. A. Seamann, 1877; trad. fr. de H. Schmitt et R. Klein, *La civilisation de la Renaissance en Italie*, Paris, Plon, 1958.

— *Weltgeschichte Betrachtungen*, Berlin et Stuttgart, Spemann, 1905; trad. fr. de S. Stelling-Michaud, Paris, Alcan, 1938.

Burke (K.), *A Grammar of Motives*, New York, Braziller, 1955; Berkeley et Los Angeles, University of California Press, 1969.

— *Language as Symbolic Action. Essays on Life, Literature and*

Method, Berkeley et Los Angeles, University of California Press, 1966.

Callahan (J. F.), *Four Views of Time in Ancient Philosophy*, Harvard University Press, 1948, p. 149-204.
– « Gregory of Nyssa and the Psychological View of Time », *Atti del XII Congresso internazionale di filosofia*, Venise, 1958, Florence, 1960, p. 59.
– « Basil of Caesarea, A New Source for St. Augustine's Theory of Time », *Harvard Studies in Classical Philology*, n° 63, 1958.

Canary (R.) et Kozicki (M.), *The Writing of History : Literary Form and Historical Understanding*, Madison, University of Wisconsin Press, 1978.

Certeau (M. de), « L'opération historique », in *Faire de l'histoire*, sous la direction de J. Le Goff et P. Nora, Paris, Gallimard, 1974, t. I, p. 3-41.
– *L'Écriture de l'histoire*, Paris, Gallimard, 1975.

Charles (M.), *Rhétorique de la lecture*, Paris, Éd. du Seuil, 1977.

Chatman (S.), *Story and Discourse : Narrative Structure in Fiction*, Ithaca, Cornell University Press, 1978.
– « The Structure of Narrative Transmission », in Roger Fowler (éd.), *Style and Structure in Literature. Essays in the New Stylistics*, Ithaca, Cornell University Press, 1975.

Chaunu (P.), *Histoire quantitative, Histoire sérielle*, Paris, Armand Colin, 1978.
– *Séville et l'Atlantique (1504-1650)*, 12 vol., Paris, SEVPEN, 1955-60.
– *La Mort à Paris, XVIe, XVIIe, XVIIIe siècles*, Paris, Fayard, 1978.

Cohn (D.), *Transparent Minds*, Princeton (N. J.), Princeton University Press, 1978 ; trad. fr., *la Transparence intérieure*, Paris, Éd. du Seuil, 1979.

Collingwood (R. G.), *An Autobiography*, Oxford, Oxford University Press, 1939.
– *An Essay on Metaphysics*, Oxford, Clarendon Press, 1948.
– *The Idea of History*, édité par T. M. Knox, Oxford, Clarendon Press, 1956.

Conen (P. F.), *Die Zeittheorie des Aristoteles*, Munich, C. H. Beck'sche Verlagsbuchhandlung, 1964.

Cornford (F. M.), *Plato's Cosmology*, Londres, Kegan Paul, New York, Harcourt and Brace, 1937.

Costa de Beauregard (O.), *La Notion de temps ; équivalence avec l'espace*, Paris, Hermann, 1953.
– « Two Lectures of the Direction of Time », *Synthesis*, n° 35, 1977.

Auteurs cités

Couderc (P.), *Le Calendrier*, Paris, PUF, coll. « Que Sais-je ? », 1961.
Courcelle (P.), *Recherches sur les Confessions de saint Augustin*, Paris, E. de Boccard, 1950.
- « Traditions néo-platoniciennes et traditions chrétiennes de la région de dissemblance », in *Archives d'histoire littéraire et doctrinale du Moyen Âge*, n° 24, 1927, p. 5-33, repris en appendice dans les *Recherches sur les Confessions de saint Augustin*, Paris, E. de Boccard, 1950.
Courtès (J.) et Greimas (A.J.), *Sémiotique, Dictionnaire raisonné de la théorie du langage*, Paris, Hachette, 1979.
Culler (J.), « Defining Narrative Units », *in* Roger Fowler (éd.), *Style and Structure in Literature. Essays in the New Stylistics*, Ithaca, Cornell University Press, 1975.

Dagognet (F.), *Écriture et Iconographie*, Paris, J. Vrin, 1973.
Daiches (D.), *The Novel and the Modern World*, Chicago, University of Chicago Press, 1939 ; éd. révisée, Cambridge, Cambridge University Press, 1960.
- *Virginia Woolf*, New Directions, Norfolk (Conn.), 1942, Londres, Nicholson and Watson, 1945 ; éd. révisée, 1963.
Danto (A. C.), « What Can We Do ? », *The Journal of Philosophy*, n° 60, 1963.
« Basic Actions », *Am. Phil. Quarterly*, n° 2, 1965.
- *Analytical Philosophy of History*, Cambridge, Cambridge University Press, 1965.
- *Analytical Philosophy of Action*, Cambridge, Cambridge University Press, 1973.
Deleuze (G.), *Proust et les Signes*, Paris, PUF, 1964 ; 6ᵉ éd., 1983.
Derrida (J.), *La Voix et le Phénomène*, Paris, PUF, 1967.
- « *Ousia et Grammè*. Note sur une note de *Sein und Zeit* », in *Marges de la Philosophie*, Paris, Éd. de Minuit, 1972.
Dilthey (W.), « Ueber das Studium der Geschichte, der Wissenschaften vom Menschen, der Gesellschaft und dem Staat » 1875, *Ges. Schriften*, V.
Doležel (L.), *Narrative Modes in Czech Literature*, Toronto, University of Toronto Press, 1973.
- « The Typology of the Narrator : Point of View in Fiction » in *To Honor R. Jakobson*, t. I, La Haye, Mouton, 1967.
Dray (W.), *Laws and Explanation in History*, Londres, New York, Oxford University Press, 1957.
- *Philosophical Analysis and History*, New York, Harper and Row, 1966.

Droysen (J. G.), *Historik,* édité par R. Hübner, Munich et Berlin, 1943.
Duby (G.), Préface à Marc Bloch, *Apologie pour l'histoire ou Métier d'historien,* Paris, 7ᵉ éd., 1974.
– « Histoire sociale et idéologie des sociétés », in *Faire de l'histoire* sous la direction de J. Le Goff et P. Nora, Paris, Gallimard, 1974, t. I, *Nouveaux problèmes.*
– *Les Trois Ordres ou l'Imaginaire du féodalisme,* Paris, Gallimard, 1978.
Dufrenne (M.), *Phénoménologie de l'expérience esthétique,* Paris, PUF, 1953.
Duhem (P.), *Le Système du monde,* Paris, Hermann, t. I, 1913.
Dumézil (G.), *Les Dieux souverains des Indo-Européens,* Paris, 1977.
– « Temps et mythe », *Recherches philosophiques,* Paris, Boivin, 1935-1936.
Dundes (A.), Introduction à *Morphology of the Folktale* de Propp, 2ᵉ éd., Austin, Londres, University of Texas Press, 1968.
Durkheim (E.), *Les Formes élémentaires de la vie religieuse,* Paris, Alcan, 1912, rééd., PUF, 1968.

Else (G. F.), *Aristotle's Poetics : the Argument,* Harvard University Press, 1957.
Escande (J.), *Le Récepteur face à l'Acte persuasif. Contribution à la théorie de l'interprétation (à partir de l'analyse de textes évangéliques),* thèse de troisième cycle en sémantique générale dirigée par A. J. Greimas, EHESS, 1979.

Febvre (L.), *Combats pour l'histoire,* Paris, Armand Colin, 1953.
Ferry (J.-M.), *Éthique de la communication et Théorie de la démocratie chez Habermas,* thèse inédite, 1984.
Fessard (G.), *La Philosophie historique de Raymond Aron,* Paris, Julliard, 1980.
Findlay (J. N.), *Kant and the Transcendantal Object, a Hermeneutic Study,* Oxford, Clarendon Press, 1981.
Fink (E.), *Studien zur Phänomenologie (1930-1939),* La Haye, M. Nijhoff, 1966 ; trad. fr. de Didier Franck, *De la Phénoménologie,* Paris, Éd. de Minuit, 1974.
Florival (G.), *Le Désir chez Proust,* Louvain-Paris, Nauwelaerts, 1971.
Focillon (H.), *La Vie des formes,* Paris, E. Leroux, 1934 ; 3ᵉ éd., PUF, 1947.

Foucault (M.), *L'Archéologie du savoir*, Paris, Gallimard, 1969.
Frankel (C.), « Explanation and Interpretation in History », *Philosophy of Science*, n° 24, 1957, p. 137-155, repris *in* Gardiner (P.), *Theories of History*, New York, Macmillan, 1959, p. 408-427.
Fraser (J. T.), *The Genesis and Evolution of Time. A critic of Interpretation in Physics*, Amherst, The University of Massachusetts Press, 1982.
Friedemann (K.), *Die Rolle des Erzählers im Epik*, Leipzig, 1910.
Frye (N.), *The Anatomy of Criticism. Four Essays*, Princeton, Princeton University Press, 1957, trad. fr. de G. Durand, *l'Anatomie de la critique*, Paris, Gallimard, 1977.
– « New Directions from Old », in *Fables of Identity*, New York, Harcourt, Brace, and World, 1963.
Furet (F.), *Penser la Révolution française*, Paris, Gallimard, 1978.

Gadamer (H. G.), *Wahrheit und Methode*, Tübingen, J.B.C. Mohr (Paul Siebeck), 1re éd., 1960; 3e éd., 1973; trad. fr. de E. Sacre, *Vérité et Méthode*, Paris, Éd. du Seuil, 1973.
Gallie (W. B.), *Philosophy and the Historical Understanding*, New York, Schoken Books, 1964.
Gambel (I.), « Clarissa Dalloway's Double » in Jacqueline E. M. Latham (éd.), *Critics on Virginia Woolf*, Corall Gables (Fl.), University of Miami Press, 1970.
Gardiner (P.), *The Nature of Historical Explanation*, Londres, Clarendon University Press, 1952, 1961.
– *Theories of History*, New York, The Free Press, 1959.
– *The Philosophy of History*, Londres, Oxford University Press, 1974.
Garelli (J.), *Le Recel et la Dispersion, Essai sur le champ de lecture poétique*, Paris, Gallimard, 1978.
Geertz (C.), *The Interpretation of Cultures*, New York, Basic Books, 1973.
Genette (G.), « Frontières du récit », *Figures II*, Paris, Éd. du Seuil, 1969.
– « Le discours du récit », *Figure III*, Paris, Éd. du Seuil, 1972.
– *Nouveau Discours du récit*, Paris, Éd. du Seuil, 1983.
– « La question de l'écriture », in *Recherche de Proust*, Paris, Éd. du Seuil, 1980.
Gilson (E.), « Notes sur l'être et le temps chez saint Augustin », in *Recherches augustiniennes*, Paris, 1929, p. 246-255.

- *Philosophie et Incarnation chez saint Augustin*, Montréal, Institut d'études médiévales, 1947.
- « *Regio dissimilitudinis* de Platon à saint Bernard de Clairvaux », *Mediaev. Stud.*, n° 9, 1947, p. 108-130.

Goethe (J. W.), « Ueber epische und dramatische Dichtung » (1797), in *Goethe : Sämtliche Werke*, Stuttgart et Berlin, Jubiläums-Ausgabe, 1902-1907, vol. XXXVI, p. 149-152.

Golden (L.) et Hardison (O. B.), *Aristotle's Poetics. A Translation and Commentary for Students of Literature*, Englewood Cliffs (N. J.), Prentice-Hall, 1968.
- « Catharsis », in *Transactions of the Am. Philological Assoc.*, n° 43, 1962, p. 51-60.

Goldman (A. I.), *A Theory of Human Action*, Englewood Cliffs (N. J.), Prentice-Hall, 1970.

Goldschmidt (V.), *Le Système stoïcien et l'Idée de Temps*, Paris, J. Vrin, 1953.
- *Temps physique et Temps tragique chez Aristote*, Paris, Vrin, 1982.

Gombrich (E. H.), *Art and Illusion*, Princeton/Bollingen Series XXXV.5, Princeton/Bollingen Paperbacks, 1re éd., 1960 ; 2e éd., 1961 ; 3e éd., 1969 ; trad. fr. de G. Durand, *l'Art et l'Illusion. Psychologie de la représentation picturale*, Paris, Gallimard, 1971.

Goodfield (J.) et Toulmin (S.), *The Discovery of Time*, Chicago, Londres, The University of Chicago Press, 1963, 1977, 1982.

Goodman (N.), *The Languages of Art, An Approach to a Theory of Symbols*, Indianapolis, Bobbs-Merrill, 1968.

Goubert (P.), *Beauvais et le Beauvaisis de 1600 à 1730*, Paris, SEVPEN, 1960 ; réédité sous le titre *Cent Mille Provinciaux au XVIIe siècle*, Paris, Flammarion, 1968.

Graham (J.), « Time in the Novels of Virginia Woolf », in *University of Toronto Quarterly*, vol. XVIII, 1949 ; repris in Jacqueline E. M. Latham (éd.), *Critics on Virginia Woolf*, Corall Gables (Fl.), University of Miami Press, 1970.

Granel (G.), *Le Sens du temps et de la perception chez E. Husserl*, Paris, Gallimard, 1958.
- Préface à Husserl, *Leçons pour une phénoménologie de la conscience intime du temps*, Paris, PUF, 1964 ; 2e éd., 1983.

Granger (G.-G.), *Essai d'une philosophie du style*, Paris, Armand Colin, 1968.

Granier (J.), *Le Discours du monde*, Paris, Éd. du Seuil, 1977.

Greimas (A.-J.), *Sémantique structurale*, Paris, Larousse, 1966.
- *Du Sens*, Paris, Éd. du Seuil, 1970.
- *Du Sens II*, Paris, Éd. du Seuil, 1983.

Auteurs cités

- « Les jeux des contraintes sémiotiques », en collaboration avec F. Rastier, in *Yale French Studies*, n° 41, 1968, « The Interaction of Semiotic Constraints », repris dans *Du Sens*.
- « Éléments d'une grammaire narrative », in *L'Homme*, vol. IX, n° 3, 1969 ; repris dans *Du Sens*.
- *Maupassant : la sémiotique du texte, exercices pratiques*, Paris, Éd. du Seuil, 1976.
- *Sémiotique. Dictionnaire raisonné de la théorie du langage*, en collaboration avec J. Courtés, Paris, Hachette, 1979.

Grondin (J.), « La conscience du travail de l'histoire et le problème de la vérité herméneutique », *Archives de philosophie*, vol. XLIV, n° 3, juillet-septembre 1981.

Guiguet (J.), *Virginia Woolf et son œuvre : l'art et la quête du réel*, « Études anglaises », n° 13, Paris, Didier, 1962 ; trad. angl., *Virginia Woolf and Her Works*, Londres, The Hogarth Press, 1965.

Guillaume (G.), *Temps et Verbe*, Paris, Champion, 1929 et 1965.

Guitton (J.), *Le Temps et l'Éternité chez Plotin et saint Augustin* (1933), Paris, J. Vrin, 4ᵉ éd., 1971.

Habermas (J.), « La modernité : un projet inachevé », in *Critique*, n° 413, octobre 1981.
- *Theorie des Kommunikativen Handelns*, Francfort, Suhrkamp, 1981.

Hafley (J.), *The Glass Roof : Virginia Woolf as Novelist*, Berkeley et Los Angeles, University of California Press, 1954.

Halbwachs (M.), *Mémoire et Société*, PUF, 1950 ; réédité sous le titre *la Mémoire collective*, Paris, PUF, 1968.

Hamburger (K.), *Die Logik der Dichtung*, Stuttgart, Ernst Klett Verlag, 2ᵉ éd., 1957 ; trad. angl. *The Logic of Literature*, Ann Harbor, Indiana University Press, 1973.

Hardison (O. B.) et Golden (L.), *Aristotle's Poetics, A Translation and Commentary for Students of Literature*, Englewood Cliffs (N. J.), Prentice-Hall, 1968.

Hart (H. L. A.), « The Ascription of Responsability and Rights » in *Proceedings of the Aristotelian Society*, n° 49, Londres, 1948, p. 171-194.
- et Honoré (A. M.), *Causation in the Law*, Oxford, Clarendon Press, 1959.

Hegel (F.), *Vorlesungen über die Philosophie der Weltgeschichte*, t. I, *Die Vernunft in der Geschichte*, édition établie par Johannes Hoffmeister, Hambourg, Felix Meiner, 1955 ; trad. fr. de Kostas Pappaioannou, *la Raison dans l'histoire, Introduction à la philosophie de l'histoire*, Paris, Plon,

1965 ; également Union Générale d'Éditions, coll. « 10/18 ».
- *La Phénoménologie de l'esprit*, trad. fr. de J. Hyppolite, Paris, Aubier, 1939.
- *Principes de la philosophie du droit*, trad. fr. de R. Derathé, Paris, J. Vrin, 1975.

Heidegger (M.), *Sein und Zeit* (1927), Tübingen, Max Niemeyer, 10e éd., 1963 ; trad. fr. partielle de R. Boehm et A. de Waelhens, *l'Être et le Temps*, Paris, Gallimard, 1964.
- *Gesamtausgabe, Bd. 24, Die Grundprobleme der Phänomenologie*, Francfort, Klostermann, 1975 ; trad. fr. de J.-F. Courtine, *Les Problèmes fondamentaux de la phénoménologie*, Paris, Gallimard, 1985.
- « Ce qu'est et comment se détermine la *Physis* » (Aristote, *Physique* B 1) », séminaire de 1940, trad. fr. de Fédier, in *Questions II*, Paris, Gallimard, 1968 ; original allemand, accompagné de sa trad. ital. de G. Guzzoli, in *Il Pensiero*, n°s 2 et 3, Milan, 1958.

Hempel (C. G.), « The Function of General Laws in History », *The Journal of Philosophy*, n° 39, 1942, p. 35-48, article repris *in* Gardiner (P.), *Theories of History*, New York, The Free Press, 1959, p. 344-356.

Henry (A.), *Proust romancier, le tombeau égyptien*, Paris, Flammarion, 1983.

Herrstein Smith (B.), *Poetic Closure, A Study of How Poems End*, Chicago, Londres, The University of Chicago Press, 1968.

Heussi (K.), *Die Krisis des Historismus*, Tübingen, J.B.C. Mohr, 1932.

Honoré (A. M.) et Hart (H. L. A.), *Causation in the Law*, Oxford, Clarendon Press, 1959.

Hubert (R.), « Étude sommaire de la représentation du temps dans la religion et la magie », in *Mélanges d'histoire des religions*, Paris, Alcan, 1909.

Husserl (E.), *Zur Phänomenologie des inneren Zeitbewusstseins, Jahrbuch für Philosophie und phänomenologische Forschung*, t. X, *Edmund Husserls Vorlesungen zur Phänomenologie des inneren Zeitbewusstseins*, 1928, édité par Heidegger ; éd. R. Boehm, *Husserliana*, V, La Haye, Nijhoff, 1966 ; trad. fr. de H. Dussort, préface de G. Granel, *Leçons pour une phénoménologie de la conscience intime du temps*. Paris, PUF, 1964, 2e éd., 1983.
- *Die Krisis der europäischen Wissenschaften und die transcendentale Phänomenologie*, éd. W. Biemel, *Husserliana*, VI, 1954 ; trad. fr. de G. Granel, *La Crise des sciences européennes*

et la Phénoménologie Transcendentale, Paris, Gallimard, 1976.
- *Cartesianische Meditationen und pariser Vorträge*, éd. S. Strasser, *Husserliana*, I, 1950 ; trad. fr. de G. Peiffer et E. Lévinas, *Méditations cartésiennes, introduction à la phénoménologie*, Paris, Armand Colin, 1938, J. Vrin, 1966.
- *Ideen zu einer reinen Phaenomenologie und phaenomenologischen Philosophie*, Jahrbuch für Philosophie und phänomenologische Forschung, t. I, Halle, M. Niemeyer, 1913 ; éd. W. Biemel, *Husserliana*, III, 1950 ; trad. fr. de P. Ricœur, *Idées directrices pour une phénoménologie*, Paris, Gallimard, 1950, 1985.

Ingarden (R.), *Das literarische Kunstwerk*, 1re éd., Halle, M. Niemeyer, 1931 ; 2e éd., Tübingen, M. Niemeyer, 1961 ; trad. angl. de George Grabowicz, *The Literary Work of Art*, Evanston, Northwestern University Press, 1974.
- *A Cognition of the Literary Work of Art*, Evanston, Northwestern University Press, 1974.

Iser (W.), *The Implied Reader, Patterns of Communication in Prose Fiction from Bunyan to Beckett*, Baltimore et Londres, The Johns Hopkins University Press, 1975.
- *Der Akt des Lesens, Theorie aesthetischer Wirkung*, Munich, Wilhelm Fink, 1976 ; trad. fr. de E. Sznycer, *Théorie de l'effet esthétique*, Bruxelles, P. Mardaga, 1985.
- *Die Appelstruktur der Text. Unbestimmtheit als Wirkungsbedingung literarischer Prosa*, 1966 ; trad. angl., « Indeterminacy as the Reader's Response in Prose Fiction », in *Aspects of Narrative*, éd. par J. Hillis-Miller, New York et Londres, Columbia University Press, 1971.

Jacob (A.), *Temps et Langage. Essai sur les structures du sujet parlant*, Paris, Armand Colin, 1967.
Jacques (F.), *Dialogiques, Recherches logiques sur le dialogue*, Paris, PUF, 1979.
- *Dialogiques II, l'Espace logique de l'interlocution*, Paris, PUF, 1985.
James (H.), Préface à *The Portrait of a Lady* (1906) in *The Art of the Novel*, New York, éd. R. P. Blackmuir, 1934, p. 42-48.
Jauss (H. R.), *Aesthetische Erfahrung und literarische Hermeneutik*, Munich, Wilhelm Fink, 1977 ; Francfort, Suhrkamp, 2e éd., 1982, 4e éd., 1984.
- *Zeit und Erinnerung in Marcel Proust « A la recherche du temps perdu »*, Heidelberg, Carl Winter, 1955.
- *Pour une esthétique de la réception*, trad. fr. de C. Maillard, préface de J. Starobinski, Paris, Gallimard, 1978.

- *Literaturgeschichte als Provokation*, Francfort, Suhrkamp, 1974.
- « Ueberlegungen zur Abgrenzung und Aufgabenstellung einer literarischen Hermeneutik », in *Poetik und Hermeneutik*, IX, Munich, W. Fink, 1980 ; trad. fr., « Limites et tâches d'une herméneutique littéraire », *Diogène*, n° 109, janvier-mars 1980 ; également dans *Aesthetische Erfahrung und literarische Hermeneutik*, Munich, W. Fink, 1977.
- « Kleine Apologie der aesthetischen Erfahrung », Constance, Verlaganstalt, 1972 ; également dans *Aesthetische Erfahrung und literarischen Hermeneutik*, Munich, W. Fink, 1977 ; trad. fr. in *Pour une esthétique de la réception;* fragment traduit in *Poétique*, n° 39, septembre 1979, sous le titre : « La jouissance esthétique. Les expériences fondamentales de la *poièsis*, de l'*aisthèsis* et de la *catharsis* » ; autre fragment in *le Temps de la réflexion*, 1981, I, sous le titre : « *Poièsis :* l'expérience esthétique comme activité de production (construire et connaître) ».

Kant (E.), *Critique de la Raison pure,* trad. fr. de A. Tremesaygues et B. Pacaud, Paris, PUF, 1963.
- *Critique de la Raison pratique,* trad. fr. de F. Picavet, Paris, PUF, 1949.
- *Critique de la faculté de juger,* trad. fr. de A. Philonenko, Paris, J. Vrin, 1965.
- *Dissertation de 1770,* trad. fr. de P. Mouy, Paris, J. Vrin, 1951.
- *Projet de paix perpétuelle* (1795), trad. fr. de J. Gibelin, Paris, J. Vrin, 1948.
- *La Philosophie de l'histoire* (Opuscules), introduction et trad. fr. de S. Piobetta, Paris, Aubier, 1947.
- *Essai pour introduire en philosophie le concept de grandeur négative,* trad., intr. et notes par R. Kempf, Paris, Vrin, 1949.

Kellogg (R.), *The Nature of Narrative,* en collaboration avec R. E. Scholes, New York, Oxford University Press, 1966.
Kenny (A.), *Action, Emotion and Will,* Londres, Routledge and Kegan Paul, 1963.
Kermode (F.), *The Genesis of Secrecy. On the Interpretation of Narrative,* Cambridge (Mass.), Harvard University Press, 1979.
- *The Sense of an Ending. Studies in the Theory of Fiction,* Londres, Oxford, New York, Oxford University Press, 1966.
Koselleck (R.), *Vergangene Zukunft. Zur Semantik geschichtlicher Zeiten,* Francfort, Suhrkamp, 1979.
Kozicki (H.) et Canary (R.), *The Writing of History,* University of Wisconsin Press, 1978.

Kracauer (S.), « Time and History », in *Zeugnisse, Theodor Adorno zum 60. Geburtstag*, Francfort, Suhrkamp, 1963.

Krieger (L.), *Ranke, The Meaning of History*, Chicago et Londres, The University of Chicago Press, 1977.

Kucich (J.), « Action in the Dickens Ending : *Bleak House* and *Great Expectations* », in *Narrative Ending*, numéro spécial de *XIX*[th] *Century Fiction*, Berkeley and Los Angeles, University of California Press, 1978.

Lacombe (P.), *De l'histoire considérée comme une science*, Paris, Hachette, 1984.

Langlois (C.-V.) et Seignobos (C.), *Introduction aux études historiques*, Paris, 1898.

La Nouvelle Histoire, encyclopédie dirigée par J. Le Goff, R. Chartier. J. Revel, Paris, Retz-CEPL, 1978.

Le Goff (J.), « L'histoire nouvelle », in *la Nouvelle Histoire*, encyclopédie dirigée par J. Le Goff, R. Chartier, J. Revel, Paris, Retz-CEPL, 1978, p. 210-241.

– *Pour un autre Moyen Age. Temps, travail et culture en Occident : dix-huit essais*, Paris, Gallimard, 1977.

– « Documento/Monumento », *Enciclopedia Einaudi*, Turin, G. Einaudi, vol. V, p. 38-48.

Lejeune (P.), *Le Pacte autobiographique*, Paris, Éd. du Seuil, 1975.

Le Roy Ladurie (E.), *Montaillou, village occitan de 1294 à 1324*, Paris, Gallimard, 1975.

– *Les Paysans de Languedoc*, Paris, Mouton, 1966 ; éd. abrégée, Paris, Flammarion, 1959.

– *Histoire du climat depuis l'an mil*, Paris, Flammarion, 1967.

– *Le Territoire de l'historien*, Paris, Gallimard, 1973.

– *Le Carnaval de Romans : de la chandeleur au mercredi des cendres, 1579-1580*, Paris, Gallimard, 1979.

Lévinas (E.), « La trace », in *Humanisme de l'autre Homme*, Montpellier, Fata Morgana, 1972.

Lévi-Strauss (C.), *La Pensée sauvage*, Paris, Plon, 1955.

– *Anthropologie structurale*, Paris, Plon, 1958.

– « La Geste d'Asdiwal », *École pratique des hautes études, section des sciences religieuses*, Annuaire (1958-1959), 1958.

– « Introduction à l'œuvre de Marcel Mauss », *in* Marcel Mauss, *Sociologie et Anthropologie*, Paris, PUF, 1960.

– *Mythologiques*, Paris, Plon, 1964-1971.

Longin, *Du Sublime*, texte établi et traduit par Henry Lebègue, Paris, Les Belles Lettres, 1939, 1965.

Lotman (I.), *Struktura khudožhstvennogo teksta,* Moscou, 1970 ; trad. fr. de A. Fournier, B. Kreise, E. Malleret et J. Yong, *la Structure du texte artistique,* préface de H. Meschonnic, Paris, Gallimard, 1973.

Love (J. O.), *Worlds in Consciousness, Mythopoetic Thoughts in the Novels of Virginia Woolf,* Berkeley, University of California Press, 1970.

Loyseau (C.), *Traité des ordres et simples dignités,* 1610.

Lubac (H. de), *Exégèse médiévale. Les quatre sens de l'Écriture,* 5 vol., Paris, Aubier, 1959-1962.

Lübbe (H.), « Was aus Handlungen Geschichten macht : Handlungsinterferenz ; Heterogonie der Zwecke ; Widerfahrnis ; Handlungsgemengeladen ; Zufall », in *Vernünftiges Denken, Studien zur praktischen Philosophie und Wissenschaftstheorie,* édité par Jügen Mittelstrass et Manfred Riedel, Berlin, New York, W. de Gruyter, 1978, p. 237-268.

Lucas (D. W.), *Aristotle, Poetics,* introduction, commentaires et appendices, Oxford, Clarendon Press, 1968.

Mackie (J. L.), *The Cement of the Universe : a Study of Causation,* Oxford, Clarendon Press, 1974.

Mandelbaum (M.), *The Problem of Historical Knowledge,* New York, Geveright, 1938.

– *The Anatomy of Historical Knowledge,* Baltimore et Londres, The Johns Hopkins University Press, 1977.

Mann (T.), *Der Zauberberg, Roman, Ges. Werke.,* Bd. III, Oldenburg, Éd. S. Fischer, 1960 ; les commentaires antérieurs à 1960 se réfèrent à l'édition Fischer 1924, 2 vol. ; éd. de poche, Fischer Taschenbuch Verlag, 1967 ; trad. fr. de M. Betz, *la Montagne magique,* Paris, Fayard, 1931, 2 vol.

Mannheim (K.), « Das Problem der Generationen », *Kölner Vierteljahrshefte für Soziologie, VII,* Munich et Leipzig, Verlag von Duncker and Humblot, 1928.

– *Ideologie und Utopie,* Bonn, Cohen, 1929 ; *Ideology and Utopia, an Introduction to the Sociology of Knowledge,* New York, Harcourt & Brace, 1936.

Marrou (H.-I.), *De la Connaissance historique,* Paris, Éd. du Seuil, 1954.

Martin (G.), *Immanuel Kant, Ontologie und Wissenchaftsheorie,* Cologne, Kölner Universitätsverlag, 1951 ; trad. fr. de J.-C. Piguet, *Science moderne et Ontologie chez Kant,* Paris, PUF, 1963.

Martin (R.), *Historical Explanation, Reenactment and Practical Inference.* Ithaca et Londres, Cornell University Press, 1977.

Martineau (E.), « Conception vulgaire et conception aristotélicienne du temps. Notes sur *Grundprobleme der Phänomenologie* de Heidegger », *Archives de philosophie*, janvier-mars 1980.

Marx (K.), *L'Idéologie allemande*, Paris, Éd. sociales, 1979.

Meijering (E. P.), *Augustin über Schöpfung, Ewigkeit und Zeit. Das elfte Buch der Bekenntnisse*, Leiden, E. J. Brill, 1979.

Mendilow (A. A.), *Time and the Novel*, Londres et New York, Peter Nevill, 1952; New York, Humanities Press, 2ᵉ éd., 1972.

Merleau-Ponty (M.), *Phénoménologie de la perception*, Paris, Gallimard, 1945.

– *Le Visible et l'Invisible*, Paris, Gallimard, 1964.

Momigliano (A.), *Essays in Ancient and Modern Historiography*, Oxford, B. Blackwell, 1977.

Meyer (E.), *Zur Theorie und Methodik der Geschichte*, Halle, 1901.

Meyer (H.), *Thomas Mann*, Francfort-sur-le-Main, Suhrkamp, 1980.

Michel (H.), « La notion de l'heure dans l'Antiquité », *Janus*, n° 57, 1970.

Miller (H. J.), « The Problematic of Ending in Narrative », in *Narrative Endings*, numéro spécial de *XIXth Century Fiction*, Berkeley and Los Angeles, University of California Press, 1978.

Mink (L. O.), « The Autonomy of Historical Understanding », in *History and Theory*, vol. V, n° 1, 1965, p. 24-47, repris in Dray (W.), *Philosophical Analysis and History*, New York, Harper and Row, 1966, p. 160-192.

– « Philosophical Analysis and Historical Understanding », in *Review of Metaphysics*, n° 20, 1968, p. 667-698.

– « History and Fiction as Modes of Comprehension », in *New Literary History*, 1979, p. 541-558.

Mittelstrass (J.), *Neuzeit und Aufklärung, Studium zur Enstehung der neuzeitlichen Wissenschaft und Philosophie*, Berlin, New York, W. de Gruyter, 1970.

Moody (A. D.), « Mrs. Dalloway as a Comedy » *in* J. E. M. Latham (éd.), *Critics on Virginia Woolf*, Corall Gables, Florida, University of Miami Press, 1970.

Moreau (J.), *L'Espace et le Temps selon Aristote*, Padoue, Éd. Antenore, 1965.

Müller (G.), *Morphologische Poetik*, Tübingen, J. B. C. Mohr, 1968.

Nabert (J.), « L'expérience interne chez Kant », in *Revue de métaphysique et de morale*, Paris, Colin, 1924.
Nagel (E.), « Some Issues in the Logic of Historical Analysis », *The Scientific Monthly*, 1952, p. 162-169, repris *in* Gardiner (P.), *Theories of History*, *op. cit.*, p. 373-386.
Nef (F.) *et al.*, *Structures élémentaires de la signification*, Bruxelles, Éd. Complexe, 1976.
Nietzsche (F.), *Unzeitgemässe Betrachtungen II, Vom Nutzen und Nachteil der Historie für das Leben*, édité par Karl Schlechta, Werke in drei Bände, Munich, Karl Hauser Verlag, t. I ; éd. bilingue, trad. fr. de G. Bianquis, *Considérations inactuelles*, « De l'utilité et des inconvénients de l'histoire pour la vie », Paris, Aubier, 1964.

Ouspenski (B.), *A Poetics of Composition, the Structure of the Artistic Text and Typology of Compositional Form*. Berkeley, Los Angeles, Londres, University of California Press, 1973.

Pariente (J.-C.), *Le Langage et l'Individuel*, Paris, Armand Colin, 1973.
Pepper (S.), *World Hypotheses, a Study in Evidence*, Berkeley and Los Angeles, University of California Press, 1942.
Petit (J.-L.), « La Narrativité et le concept de l'explication en histoire », in *la Narrativité*, Paris, Éd. du CNRS, 1980, p. 187 *sq.*
Philibert (M.), *L'Échelle des âges*, Paris, Éd. du Seuil, 1968.
Picon (G.), *Introduction à une esthétique de la littérature*, Paris, Gallimard, 1953.
Platon, *Timée*, trad. fr. de A. Rivaud, Paris, Les Belles Lettres, 1949.
Plotin, *Ennéades*, III, texte établi et traduit par E. Bréhier, Paris, Les belles Lettres, 1925.
Pöggeler (O.), *Der Denkweg Martin Heideggers*, Pfüllingen, Neske, 1963 ; trad. fr. de M. Simon, *La Pensée de Martin Heidegger, un cheminement vers l'être*, Paris, Aubier-Montaigne, 1967.
Pouillon (J.), *Temps et Roman*, Paris, Gallimard, 1946.
Poulet (G.), *Études sur le temps humain*, Paris, Plon et Éd. du Rocher, 1952-1958, t. I et IV.
– *L'Espace proustien*, Paris, Gallimard, 1963.
Prince (G.), *Narratology : The Form and Function of Narrative*, La Haye, Mouton, 1982.
Propp (V.), *Morfologija skazki*, Leningrad, Gosudarstvennyi institut istorii iskusstva, coll. « Voprozy poetiki », n° 12, 1928 ;

2ᵉ éd., Leningrad, Nanka, 1969; trad. angl., *Morphology of the Folktale*, 1ʳᵉ éd., Bloomington, Indiana University Research Center in Anthropology, Folklore and Linguistics, Publ. 10, 1958 ; 2ᵉ éd. révisée, préface de Louis A. Wagner, nouvelle introduction d'Alan Dundes, Austin, London, University of Texas Press, 1968 ; trad. fr., *Morphologie du conte*, suivant la 2ᵉ éd. russe Nanka, complétée par la traduction de l'article « Les transformations du conte merveilleux » (1928), Paris, Éd. du Seuil, 1965, 1970.

– « Les transformations du conte merveilleux », in *Théorie de la littérature. Textes des formalistes russes*, rassemblés par T. Todorov, Paris, Éd. du Seuil, 1966.

Proust (M.), *A la recherche du temps perdu*, texte établi et présenté par Pierre Clarac et André Ferré, 3 vol., Paris, Gallimard, coll. « La Pléiade », 1954.

Rad (G. von), *Die Theologie der geschichtlichen Ueberlieperungen Israels*, Munich, G. Kaiser, 1957 ; trad. fr., *La Théologie des traditions historiques d'Israël*, Labor et Fides, 1963.

Ranke (L.), *Fürsten und Völker : Geschichten der romanischen und germanischen Völker von 1494-1514*, Wiesbaden, Éd. Willy Andreas, 1957.

– *Ueber die Epochen der neueren Geschichte*, Éd. Hans Herzfeld, Schloss Laupheim, et in *Aus Werk und Nachlass*, vol. II, Munich, Éd. Th. Schieder et H. Berding, 1964-1975.

Redfield (J. M.), *Nature and Culture in the Iliad. The tragedy of Hector*, Chicago, The University of Chicago Press, 1975.

Reichenbach (H.), *Philosophie der Raum-Zeit-Lehre*, Berlin, 1928 ; trad. angl. de Maria Reichenbach et John Freund, *The Philosophy of Space and Time*, New York, Dover Publications, 1958.

Riffaterre (M.), « The Reader's Perception of Narrative », in *Interpretation of Narrative*, Toronto, repris dans *Essais de stylistique structurale*, Paris, Flammarion, 1971.

Rimmon-Kenan (S.), *Narrative Fiction : Contemporary Poetics*, Londres et New York, Methuen, 1983.

Ross (D.), *Aristotle's Physics*, Oxford, Clarendon Press, 1936.

Rossum-Guyon (F. van), « Point de vue ou perspective narrative », in *Poétique*, n° 4, Paris, 1970.

Russell (B.), « On the Notion of Cause », in *Proceedings of the Aristotelian Society*, n° 13, 1912-1913, p. 1-26.

Ryle (G.), *The Concept of Mind*, Londres, New York, Hutchinson's University Library, 1949 ; trad. fr. de Suzanne Stern-Gillet, *la Notion d'esprit*, Paris, Payot, 1978.

Saïd (E.), *Beginnings : Intention and Method,* Baltimore et Londres, The Johns Hopkins University Press, 1975.
– « Molestation and Authority in Narrative Fiction », *in* J. Hillis Miller (éd.), *Aspects of Narrative,* New York, Columbia University Press, 1971.
Schafer (R.), *A New Language for Psychoanalysis,* New Haven, Yale University Press, 1976.
Schapp (W.), *In Geschichten verstrickt,* Wiesbaden, B. Heymann, 1976.
Schellenberg (T. R.), *Modern Archives : Principles and Technics,* Chicago et Londres, University of Chicago Press, 1975.
– *Management of Archives,* New York, Columbia University Press, 1965.
Schnädelbach (H.), *Geschichtsphilosophie nach Hegel. Die Probleme des Historismus,* Fribourg, Munich, Karl Alber, 1974.
Schneider (M.), « Le temps du conte », in *la Narrativité,* Paris, Éd. du CNRS, 1979.
Scholes (R.), *The Nature of Narrative,* en collaboration avec Robert Kellogg, New York, Oxford University Press, 1966.
Schutz (A.), *Der sinnhafte Aufbau der sozialen Welt,* Vienne, Springer, 1932, 1960 ; trad. angl., *The Phenomenology of the Social World,* Evanston, Northwestern University Press, 1967.
– *Collected Papers,* édités par Maurice Natanson, La Haye, Nijhoff, 3 vol., 1962-1966.
– *The Structure of the Life-World,* trad. angl. de R. M. Zaner et T. Engelhardt, Londres, Heinemann, 1974.
Segre (C.), *Le Strutture e il Tempo,* Turin, G. Einaudi, 1974.
Seignobos (C.-V.) et Langlois (C.), *Introduction aux études historiques,* Paris, Hachette, 1898.
Shattuck (G.), *Proust's Binoculars, a Study of Memory, Time, and Recognition in « A la recherche du temps perdu »,* New York, Random House, 1963.
Simiand (F.), « Méthode historique et science totale », in *Revue de synthèse historique,* 1903, p. 1-22, 129-157.
– « Introduction générale » à *la Crise de l'économie française à la fin de l'Ancien Régime et au début de la Révolution française,* Paris, PUF, 1944.
Souche-Dagues (D.), *Le Développement de l'intentionnalité dans la phénoménologie husserlienne,* La Haye, Nijhoff, 1972.
– « Une exégèse heideggerienne : le temps chez Hegel d'après le § 82 de *Sein und Zeit* », *Revue de métaphysique et de morale,* janvier-mars 1979.
Stanzel (F. K.), *Die typischen Erzählsituationen im Roman,*

dargestellt an « Tom Jones », « Moby Dick », « The Ambassadors », « Ulysses », Stuttgart, W. Braumüller, 1955.
- *Theorie des Erzählens*, Göttingen, Van der Hoeck & Ruprecht, 1979.
Stevens (W.), *Notes towards a Supreme Fiction*.
Strawson (P. F.), *Individuals*, Londres, Methuen and Co, 1959; trad. fr. de A. Shalom et P. Drong, Paris, Éd. du Seuil, 1973.

Taylor (C.), *The Explanation of Behaviour*, Londres, Routledge and Kegan Paul, 1964.
Thieberger (R.), *Der Begriff der Zeit bei Thomas Mann, vom Zauberberg zum Joseph*, Baden-Baden, Verlag für Kunst und Wissenschaft, 1962.
Todorov (T.), *Introduction à la littérature fantastique*, Paris, Éd. du Seuil, 1970.
- « Langage et littérature », in *Poétique de la prose*, Paris, Éd. du Seuil, 1971.
- « La notion de littérature », in *les Genres du discours*, Paris, Éd. du Seuil, 1978.
- « L'origine des genres », *ibid.*
- *Mikhaïl Bakhtine, le principe dialogique*, suivi de *Écrits du Cercle de Bakhtine*, Paris, Éd. du Seuil, 1981.
Toulmin (S.), *The Uses of Argument*, Cambridge, Cambridge University Press, 1958.
- *The Discovery of Time*, en collaboration avec June Goodfield, Chicago et Londres, The University of Chicago Press, 1963, 1977, 1982.

Valdés (M.), *Shadows in the Cave. A Phenomenological Approach to Literary Criticism Based on Hispanic Texts*, Toronto, University of Toronto Press, 1982.
Verghese (P. T.), « Diastema and Diastasis in Gregory of Nyssa. Introduction to a Concept and the Posing of a Concept », in *Gregory von Nyssa und die Philosophie* (IIe colloque international sur Grégoire de Nysse, 1972), Leiden, E. J. Brill, 1976, p. 243-258.
Vernant (J.-P.), *Mythe et Pensée chez les Grecs*, t. I, Paris, Maspero, 1965.
Veyne (P.), *Comment on écrit l'histoire*, augmenté de « Foucault révolutionne l'histoire », Paris, Éd. du Seuil, 1971.
- « L'histoire conceptualisante », in *Faire de l'histoire*, I, sous la direction de J. Le Goff et P. Nora, Paris, Gallimard, 1974, p. 62-92.

– *L'Inventaire des différences,* leçon inaugurale au Collège de France, Paris, Éd. du Seuil, 1976.
Vleeschauwer (H. de), *La Déduction transcendantale dans l'œuvre de Kant,* Paris, E. Leroux, La Haye, Nijhoff, 3 vol., 1934-1937.
Vovelle (M.), *Piété baroque et déchristianisation en Provence au XVIIIe siècle : les attitudes devant la mort d'après les clauses des testaments,* Paris, Éd. du Seuil, 1979.

Wahl (F.), *Qu'est-ce que le structuralisme?,* Paris, Éd. du Seuil, 1968.
– « Les ancêtres, ça ne se représente pas », in *l'Interdit de la représentation,* Colloque de Montpellier, Paris, Éd. du Seuil, 1984, p. 31-64.
Watt (J.), *The Rise of the Novel. Studies in Defoe, Richardson and Fielding,* Londres, Chatto and Windus, 1957 ; Berkeley, Los Angeles, University of California Press, 1957, 1959.
Weber (M.), « Études critiques pour servir à la logique des sciences de la " culture ", *Archiv für Sozialwissenschaft und Sozialpolitik,* t. XXII, repris dans *Ges. Aufsätze zur Wissenschaftslehre,* 2e éd. Tübingen, J. B. C. Mohr, 1951 ; trad. fr. de J. Freund in *Essais sur la théorie de la science,* Paris, Plon, 1965, p. 215-323.
– *Wirtschaft und Gesellschaft,* 5e éd. révisée, Studienausgabe, Tübingen, J. B. C. Mohr (Paul Siebeck), 1972 ; trad. fr. de J. Freund *et al., Économie et Société,* Paris, Plon, 1971.
Weigand (H. J.), *The Magic Mountain,* 1re éd., D. Appleton-Century Co, 1933 ; 2e éd., sans changement, Chapel Hill, The University of North Carolina Press, 1964.
Weil (E.), *Logique de la philosophie,* Paris, J. Vrin, 1950.
– *Hegel et l'État,* Paris, J. Vrin, 1950.
Weinrich (H.), *Tempus. Besprochene und erzählte Zeit,* Stuttgart, Verlag W. Kohlhammer, 1964 ; trad. fr. de M. Lacoste, *le Temps. Le récit et le commentaire,* Paris, Éd. du Seuil, 1973.
Weizsäcker (C. F. von), « Zeit und Wissen », in K. Maurin, K. Michalski, E. Rudolph (éd.), *Offene Systeme* II, *Logik und Zeit,* Stuttgart, Klett-Cotta, 1981.
– « Zeit, Physik, Metaphysik », in Christian Link (éd.), *Die Erfahrung der Zeit, GedenKenschrift für Georg Picht,* Stuttgart, Klett-Cotta, 1984.
White (H.), *Metahistory. The Historical Imagination in XIXth Century Europe,* Baltimore et Londres, The Johns Hopkins University Press, 1973.

- *Tropics of Discourse*, Baltimore et Londres, The Johns Hopkins University Press, 1978.
- « The Structure of Historical Narrative », *Clio,* I, 1972, p. 5-19.
- « The Historical Text as Literary Artifact », *Clio,* vol. III, n° 3, 1974 ; également reproduit dans Canary et Kozecki (éd.), *The Writing of History,* University of Wisconsin Press, 1978.
- « Historicism, History and the Figurative Imagination », *History and Theory,* vol. XIV, n° 4, 1975.
- « The Fictions of Factual Representation », in Angus Fletcher (éd.), *The Literature of Fact,* New York, Columbia University Press, 1976.

White (M.), *Foundations of Historical Knowledge,* New York, Harper and Row, 1965.

Wincg (P.), *The Idea of a Social Science,* Londres, Routledge and Kegan Paul, 1958.

Windelband (W.), « Geschichte und Naturwissenschaft », Discours de Strasbourg, 1894, reproduit dans *Präludien : Aufsätze und Reden zur Philosophie und ihrer Geschichte,* vol. II, Tübingen, J. B. C. Mohr, 1921. p. 136-160.

Woolf (V.), *Mrs. Dalloway,* Londres, The Hogarth Press, 1925 ; éd. de poche, New York et Londres, Harcourt Brace Jovanovitch, 1925 ; trad. fr. de S. David, in *L'Œuvre romanesque,* t. I, Paris, Stock, 1973, p. 166-321.
- *A Writer's Diary,* Londres, The Hogarth Press, 1959.

Wright (H. von), *Explanation and Understanding,* Londres, Routledge and Kegan Paul, 1971.
- *Norm and Action,* Londres, Routledge and Kegan Paul, 1963.
- *An Essay in Deontic Logic and the General Theory of Action,* Amsterdam, North Holland, 1968.

Yeruschalmi (Y. H.), *Zakhor, Jewish History and Jewish Memory,* Seattle et Londres, University of Washington Press, 1982.

Index thématique
Temps et Récit I, II, III

Achronique : II/66.
Actant (cf. personnage, caractère) : II/63, *88-114* (vs. fonction).
Actes de parole : III/419.
Action : I/9-14, 26-28, 49, 67-69, 82, 93-96, 107-109, 112-117, 137, 144-145, 152-155, 166, 183, 228, 234, 238-243, 248-252, 259, 265-266, 269, 280-281, 306, 314, 317-322, 333, 348, 350, 361, 379, 392, 403-404. — II/90.
actions de base : I/109, 243-244.
caractère intentionnel de l'– : I/244-248, 262, 322.
sémantique de l'– : I/109, 111, 360.
théorie de l'– : I/109, 119, *233-235*, 244, 262, 403. — III/416.
Affecté (être) : III/374, 385, *391-414*, 477-478.
Allégorie : II/36.
Altérité (cf. continuité) : III/58 n. 1.
Alternative : II/79.
Amitié : II/102.
Anachronie (prolepse, analepse) : II/156.
Anagogie : II/38, 46, 55.
Analogie : I/333, 335, 346-351, 395, 403.
Analogue (cf. même, autre) : III/272-283, 412.
Analytique existentiale (Heidegger) : II/135-142.
Ancêtres : III/205, 210-211.

Anhistorique : III/426.
Anisochronie : II/158.
Anthropologie (historique) : I/195-197, 394-396.
Apocalypse : II/46, 55.
Aporétique (du temps) : III/9-15, *17-178, 435-439* (vs. Poétique du temps).
Appartenance : III/410.
– *participative* : I/320-322, 339-341, 347-351, 357, 401.
Application : III/285-287, 321-323.
Archaïsme (cf. hermétisme) : III/467-476, 484.
Archétype : II/32, 37.
Archive(s) : III/212-217, 394.
Arriver (chez Kant) : III/96-104.
Articulation : II/63.
Aspects : II/101.
Assertion (vs. fiction) : II, 123-127.
Attente (du lecteur) (voir horizon d') : II/50-51.
Auteur (impliqué) : II/165, n. 2. — III/290-293, 309-311, 325-326.
Auto-affection : III/65, 85 n. 1, *100-104,* 476-478.
Autobiographie : II/154, 162-163, 168 n. 2, 246, 261-262. — III/444.
Autorité : II/53.
Autre : III/*263-271,* 412 (cf. même, analogue).

Index

A-venir : III/70, 125-127.
Axiologie : II/102.

Bildungsroman : II/219-221.

Cadre : II/56 n. 1.
Calendrier (voir temps calendaire).
Caractère (dans le récit) (cf. actant, personnage, quasi-personnage) : I/75-79, 93-95, 116, 314, 321, 339-342, 345-354. — II/20-23, 196.
Carré sémiotique : II/96.
Catharsis : I/87, 101. — III/322-323.
Causale (analyse) I/*218-227*, 239, 316, 322.
Cercle (de la mimésis) : I, *137-144*. — III/446-447.
Chant (cf. lyrisme).
Chronologie : I/63, 158-159, 285, 303, 316, 393, 396. — III/*190-198*.
Circonstances : III/385, 391, 416.
Classique (le) : III/314.
Clôture (de structure) : II/60-61.
– *du système* : I/241.
– *narrative* : II/43-58, 190.
Cognitif (faire) : II/104.
Comédie/comique : I/67-69, 74, 78, 95, 293, 403. — II/33.
Commenté (cf. monde) : II/*126-131*.
Communication : II/90, 188 (cf. voix narrative). — III/231.
– *et référence* : I/*146-155*. — III/327.
Compréhension : I/111-114, 131, 147, 151, 175, 205, 208-209, 229, 235, 244, 254, 266-267, 275-276, 281-282, 286, 302.
– *historique et compréhension d'autrui* : III/265.
Concordance/discordance : I/18, 49, 59, 66, 86-88, 118, 133-135, 138-140, 268, 285, 298-299, 402. — II/54, 56-58, 192, 203-205.
Condition de possibilité (temps comme) : III/82, 86, 97.
Configuration (temporelle (= *Mimèsis* II) : II/11-16, 18, 51, 63, 117.
vs. refiguration : I/136-162. — III/*9-15*, 448.
Conjonction : II/91.
Connecteurs : III/190-228, 331-333.
Consolation : II/53.
Conte : II/*67-77*.
Continuité/discontinuité : III/53, 58 n. 2, 63, 78-82, *393-396*, 452.
Cosmopolitique : III/196-197, 388-390, 462.
Coup d'œil (Husserl ; Heidegger) : III/55 n. 1, 153.
Crise : II/47. — III/422-423.
Culture : I/102-104, 114-116, 344.

Datation (cf. temps calendaire) : III/151-153.
Décadence : II/219.
Déchronologisation : II/65, 70.
Désir : II/90, 254-265.
Destinateur : II/103.
Dette : III/253, 283 et n. 1, *342-348*, 412.
Diachronie : II/14, 93.
Dialectique : I/98, 120, 140, 221, 319, 331-332, 364, 395-396.
– *de la distentio et de l'intentio* : I/46-47, 60, 64, 158.
– *de l'attente et de la mémoire* : I/46.
– *de l'être et du paraître* : I/149.
– *de l'explication et de la compréhension* : I/175.
– *de l'historiographie et du récit* : I/314.
– *du passé, du présent et du futur* : I/394-395.
– *du triple présent* : I/28.
– *négative* : III/408.

Index

Dialogique : II/184-188. — III/*349-373*, 383.
Dianoia (pensée) : I/127, 131, 285-286.
Diègèsis (vs. drame, mimèsis) : II/130, 152 n. 1.
Diégétique : III/149.
Différence : III/266-271, 319-320.
Discontinuité (cf. continuité) : III/49-55.
Discordance (cf. concordance).
– *du temps* (cf. *distentio animi*).
Discours : I/9-11, 66, 105, 111-112, 147-150, 265, 340-341. — II/61-62, 116, 152.
– *du narrateur/-du personnage* : II/175 n. 2.
– *direct et indirect* (cf. voix narrative) : II/135.
vs. histoire : II/118-121, 129, 154.
Disjonction : II/91.
Distance temporelle : III/256, 263, 268, 396-397, 413.
– *traversée* : II/284-286.
Distanciation : III/404.
Distentio animi : I/21, 24, 34, 36-38, 44, 47-49, 55-57, 60-62, 64, 66, 86, 119, 140, 402. — II/199. — III/9-25, 107-109, 113, 130, 456.
Document : III/212-217.
Drame (vs. diégèsis) : II/122 n. 1, 130, 167.
Durée (voir permanence) : II/158. — III/93.
longue – : I/183-199, 315, *363-376*, 394, 395, 398.

Écart : II/270-271, 313.
Échange : II/98.
Écriture : I/151.
Effet : III/*311-328*.
Efficience (de l'histoire) : cf. être-affecté.
Ek-stases (du temps) : III/*130*, 173-177, 448, 456, 480-482.
Élégie : II/172-173, 224, 486-489.

Ellipse : II/158.
Enchaînement (du temps) : III/69.
Enchâssement : II/258, 262, 264.
Énoncé (narratif) : II/97.
Énonciation (vs. énoncé) (cf. temps verbaux) : II/15, 115, 151-165.
Entrecroisement (de l'histoire et de la fiction) : III/*329-348, 441-448*.
Épique/épopée : I/67, 70, 74, 76, 84, 99-100, 133, 293, 296, 403. — III/232-342, 378-461.
Épisodique : I/87. — II/43.
Épistémologique (coupure) : I/168, 255, 269-271, 288, *311-315*, 320, 340, 360, 400.
Épreuve : II/91.
Eschatologie : II/55. — III/385-387.
Espace (chez Kant) : III/83-92, 104-105.
– *d'expérience* : III/*375-390*.
Espérance : I/64, 160, 258. — III/432, 473.
Esthétique (de la lecture) (cf. lecteur).
État : III/359, 370.
Étayage : III/195, 203, 421.
Éternel présent (cf. présent) : I/*49-65*. — III/350, 363-364, 366-371.
Éternité (cf. mort) : I/21-23, 49-65, 159, 161-162. — II/192-206, 231, 233, 238-240, *244-245*, 247, 270-273, 285. — III/*241-244, 473-476*, 481-483, 485-486.
Éthique : I/67-68, 74, 78, 83, 87, 93, 95, 116, 293, 326, 332-334, 372. — III/123, 418-420, 421, *446-448*.
Événement : I/127, 154-155, 167, 168, 173-199, 202-209, 222, 259, 263, 274, 292, 300, 303-304, 322, 326, 329, 332, 333, 353-355, 362-396. — II/109 n. 1. — III/256, 416.

- *dans le discours* : II/119.
- *de pensée* : III/365, 371.

Existential et existentiel : III/119-123.

Expérience : I/26, 29, 59-62, 66, 107, 118, 144, 147-150, 178, 246, 282, 319, 327, 348, 357, 361.
- *espace d'expérience* (cf. espace).
- *fictive du temps* : II/16, *189-286*.

Explication : I/68-69, 168, *200-222, 217-234, 235-255*, 265-267, 276, 280, 290-291, 304, 307, 313-315, 320, 322, 326, 333, 353, 394, 401. *Parargument* : I/293, 317-318; *causale* : I/203, 223, 239-240, 244-245, 249, 306, 332, 353-355; *par imputation causale singulière* : I/*322-339*; *par mise en intrigue* : I/290-292; *par implication idéologique* : I/293; *quasi-causale* : I/249-255; *quasi-téléologique* : I/244-250; *par des raisons* : I/229-235, 244-297 (cf. *comprendre, compréhension*).

Exposition (métaphysique et transcendentale) : III/85.

Fable sur le temps : II/*191*, 246, 273 (cf. expérience fictive du temps, variations imaginatives).

Fabula : II/153 n. 1.

Faire : II/97, 104, 108-109.

Fiction (*cf. mimèsis* II) : I/93, 116, *125-135*, 138, 148-149, 152-154, 157-159, 269-270, 281, 286, 289, 399.
vs. histoire (cf. variations imaginatives) : II/11-16.
vs. assertion : II/124-127, 166-167.

Fictionalisation (de l'histoire) : II/188 n. 2. — III/*331-342*.

Figurativité : III/336-343.

Finitude (de la compréhension) : III/372, 400-402.
- *du temps* : III/159-161.

Fins ultimes (de l'histoire) : III/353-356.

Flux (du temps) : III/76-82, 478.

Fonction (vs. actant) : II/68-69.

Formalisme : II/68.

Futur (verbe) : II/53.

Gemüt (chez Kant) : III/82-84, 476.

Générations (suite des) : I/349. — III/*198-211*, 334, 420-421.

Génie (roman du) : II/249.

Genre (vs. forme; vs. type; vs. style) : I/74, 133-135, 288.

Genres (grands) : III/252-255, *334-369* (cf. même, autre, analogue).

Herméneutique : I/107, 137, 152, 157, 161.
cercle – : I/137-144, 159, 160-162.
- *et Hegel* : III/372-373.
- *des traditions* : III/402-414.
- *littéraire* : III/318.

Hermétisme (cf. archaïsme) : III/*476-482*.

Héritage (cf. être affecté).
- *Husserl* : III/59.
- *Heidegger* : III/136-139, 401, 412, 458.

Hiérarchique *(structure)* : I/51, 78, 160. — II/61-62.
- *du discours* : I/340-341.
- *des entités de l'histoire* : I/321.
- *de la temporalité* : I/61, 65, 157-159. — III/*116*, *131-158*.
- *de la tragédie* : I/71.

Histoire (racontée) : II/118-127, 152, 242.
- *événementielle et histoire-récit* : III/377-379.
- *spéciales* (vs. archéologie du savoir) : III/393-397.
- *universelle* : III/211, 350.

Historialité : I/121, 158. — III/*131-146*, 175-177.

Index

– *et historiographie* : III/133, 140-146, *219-225*.
– *et équi-originaire* : III/146 n. 2.
Historicisation (de la fiction) : III/*342-348*.
Historiographie (voir historialité) : I/64, 70, 154, 158-161, 165-169.
– *de conjoncture* : I/191.
– *démographique* : I/193.
– *économique* : I/190-197.
– *des entités de premier ordre* : I/339-362.
– *des entités de second et de troisième ordre* : I/358-362.
– *événementielle* : I/*173-190*, 195, 362-396.
– *générale* : I/343, 357, 403-404.
– *de longue durée* (cf. événementielle).
– *des mentalités* : I/194, *197-199*.
– *narrative* : I/165, 168, 183, 269-270.
philosophie de l' – : I/165-172, 201, 257, 395.
– *politique* : I/13-14, 186, 391-395.
– *sérielle* (quantitative) : I/190-192.
– *sociale* : I/190-197.
– *spéciale* : I/343, 357, 403-404.
Horizon (d'attente) : III/314-317, *375-391*, 411, 458-459, 464.
fusion des –s : III/399-401.
– *ontologique* : III/480-482.
– *temporel* : III/90, 399.
Horrible (L') : III/340-342.
Hylétique (chez Husserl) : III/46, 440, 478.

Icône/iconique (argumentation) : I/151, 155. — III/*278-279*.
Idéal-types : I/272, 307-308, 359-361 (cf. variations imaginatives). — III/*246-251*.
Idée (limite, directrice) : III/409, 461-466.

Identité narrative : III/339, 347, *443-448*, 462-466, 488.
Idéologie : I/150, 197-199, *293-295*, 313, 318, 345, 348, 356, 373, *385-391*, 392. — III/462.
critique des –s : III/339, *402-410*.
Illusion : II/46-58. — III/339.
Imagination : I/9, *93*, 102, 133-135, 140, *144-146*, 153, *323-329*.
– *historique* (Collingwood) : III/*258-263*.
– *et ressouvenir* : III/67.
– *productive* : II/12-13.
Imitation (de l'action) : II/23 (cf. *mimèsis*). — III/346.
Immanence (du temps) : III/44, 81.
Impliqué (cf. auteur).
Impression (retrouvée) : II/279-284.
– *temporelle* : III/58-60, 80-82.
Imputation (causale singulière) : I/*322-339*, 347, 353, 373-374, 396. — III/341-342.
Inchoactivité : II/101.
Incidence : II/141.
Individuation : III/267-268, 341.
Infinité (du temps) : III/90.
Influence : II/82.
Initiative : III/*414-416*, 459.
Innovation (vs. sédimentation) : I/133-134, 146, 296, 364-365.
– *sémantique* : I/9-11.
Instant *(chez Aristote)* : III/*28-42*, 163.
– *chez Husserl* : III/51, 56, 108, 163.
– *et présent* : III/36-42, 98, 109, *163-164*, 168-170.
Intégral (être) : cf. (être un) tout.
Intégration : I/62.
Intentionnalité (historique) : I/153, 160, 167, *311-404*. — III/14.
Intérêt : III/407-408.
Interprétatif (faire) : II/105.
Interprétation : I/*138-140*, 212-216.

Index

Intratemporalité : I/120-125. — III/*146-158,* 173-177, 219-224.
Intrigue (mise en) : I/9-11, 18-19, *66-104,* 106, 111-112, 144, 155, 201, 254, 264, 266-267, 285-286, 289-292, 299-300, *301-310,* 316, 327-328, 339, 364, 393, 395. — II/84.
– *quasi* : I/*376-382.*
Intuition *(a priori)* : III/82-87.
Inscrutabilité (du temps) : III/*467-489.*
Invisibilité (du temps) (Kant) : III/43, *82-109,* 114.
Ipséité (cf. identité narrative) : III/442.
Ironie : II/34, 50, *221,* 229, 233, 241-243, 245, 252 n. 1.
Irreprésentabilité (du temps) : III/438-439, 481-484.
Irréversibilité (du temps) : III/97-99.
Itération : II/159.

Jouissance : I/103 ; cf. lecture : III/312-322.
Jugement : I/128, 132, 145, 223, 226-228, 327-328 ; cf. acte configurant : I/*276-278.*

Langage : I/9-11, 25-35, 59, 63, 70, 98, 107, 122, 134, 147-150, 182, 248, 261-262.
Langue (vs. parole) : II/60.
Lecteur : I/107 (cf. lecture).
Lecture (cf. persuasion, stase et envoi, auteur impliqué, esthétique de la réception, récit) : I/137, *144-146,* 148-150 — II/16, 41, 199. — III/*284-328,* 441, 447.
temps de – : II/146, 154-155, 157-158, 216.
Légende : III/346.
Légitimité : III/406-414.
Liberté (idée de) : III/350, 370-372.
– *de la fiction* : III/231-232, 346-348.

Limites (du récit) : III/*435-489.*
Linguistique : I/147.
Littéraire (critique) : I/125, 143, 156, 275 ; (et historiographie) : I, *286-301.*
Locution (situation de) : II/127.
Logicisation : II/65.
Logique (du récit) : I/80, 82-85, 95, 105-II/78-87.
– *du système* : I/235-255.
– *probabiliste* : I/322-332.
Longue durée (cf. durée) : I/*182-199,* 314, 362-365, 394-396.
Lumières (les) *(Aufklärung)* : III/379-390, 408.
Lutte : II/92, 111.
Lyrisme (cf. chant, élégie) : II/44. — III/486-489.

Manque : II/72, 76.
Médiation (absolue. vs. imparfaite) : III/*364-373, 374-375.*
Méfait : II/72, 76.
Même (cf. autre, analogue) : III/*256-263,* 412.
Mémoire (collective) : III/90, 393-397.
– *involontaire* : II/246, 256.
Metabolè : I/88, 396.
Métamorphoses (de l'intrigue) : II/*17-58.*
Métaphore : I/9, 48, 62, 102, 149-152, 187. — II/277.
Milieu (de l'intrigue) : II/76.
Mimèsis (voir cercle de la) : I/12, *66-79,* 85-86, 93, 98, 307, 379. — III/445-447.
Mimèsis I : I/93, 95, 106-125, 141, 153, 167, 234, 319, 322. — III/148 n. 1.
Mimèsis II : I/94, 96, 107, 125-137, 144, 166, 235, 289, 322, 340, 345, 351, 399 — II/*11-16.*
Mimèsis III : I/94, 98, 107, 133-144, 167, 288. — III/9-15.
– *d'action* : I/*68-79.* — III/168.
– *du personnage* : II/166.
Mise hors circuit (chez Husserl) : III/44-51.

Index

Modèle constitutionnel : II/95, 110.
Modes (thématiques, fictionnels) : II/32.
Molestation : II/53 n. 2.
Monde : I/150-153.
– *de la vie* : I/318.
– *de l'œuvre* (cf. expérience fictive du temps) : II/15, 143, 169.
– *du texte* : I/17, 103, 136, 146-155 – II/286-288.
– *raconté* (vs. commenté) : II/127, 138, 142.
Monologue (rapporté et auto-rapporté) : II/169.
Morphologie (du conte) : II/67-77.
– *poétique* : II/144-151.
Mort : I/161, 198-199, 376, 383, 395-396. — II/192, 205-212, 218, 220, 221, 222 n. 1, 233, 242, 267-270, 273, 285 – III/209-212, 224, 239, 243 (voir éternité).
– *du récit* : II/57.
être pour la – : III/116-130, 159-162, 171-174, 176-177, 242, 244, *454-457*.
Muthos (cf. intrigue) : I/67-79, 88, 93, 126, 133, 152-153, 268, 288, 319, 402.
Mythe : II/33, 35, 47, 52, 55, 285. — III/190-194, 244-246, 438, 470-472, 483-488.

Narrateur : I/75, 316, 332 (cf. *point de vue*). — II/57, 124, 141, 160-165, 173-175, 192, 215, 252.
– *digne de confiance* : III/291-297.
Narratif(ve) (cf. récit, raconter).
compétence – : I/168.
champ – : I/399-400.
configuration – : I/128-131.
discours – : I/111.
fonction – : I/17, 132, 318.
phrase – : I/111, *256-265*, 317.
voix – : (cf. voix narrative).

Narration *(à la première personne)* : II/47, 169.
à la troisième personne : II/166-168, 172.
vs. récit : II/63, 152, *160-164*.
Narratologie : I/65, 158. — II/13, *59-114*.
Nom propre : III/442.
Nomologique (modèle) : I/*200-216*, 217-255. — II/65, 114.

Objectivité : I/216, 287.
Œuvre : II/272, 284 n. 1.
Ontologie : I/11-12, 22, 53, 57, 59, *99*, 120, 148, 151, 157-159, 167-169, 173, 175, 281, 284, 348-350, 364, 398. — III/112-113.
Ordre (du temps) : III/95-98.

Paradigmatique (vs. syntagmatique) : I/111, 128. — II/83, 135.
Paradigme : I/133-135, 139, 145-146, 150, 155, 296, 365.
ordre des –s : II/*30-40*, 50.
Parcours narratif : II/100.
Parole (vs. langue) : II/60.
Passé (avoir été) : III/127-146.
– *historique* (réalité du) : III/*252-283*, 284-286, 324-325, 334-337.
– *et temps verbal* : I/117-121.
– *et triple présent* : III/238.
Patient (vs. agent) : II/81.
Pause (narrative) : II/158.
Péripétie (cf. *metabolè*, renversement) : I/95, 130, 274, 364. — II/47, 50.
Permanence (du temps) : II/140. — III/93-96, 105, *450*.
Personnage (cf. actant, caractère) : II/165, 193.
Persuasif (faire) : II/104.
Persuasion : III/*288-300*, 325, 345-346.
Phénoménologie : I/33, 39, 119, 159, 271, 279-281, 284.
– *de l'action* : I/119, 334.
– *de la conscience intime du temps* : III/43-82.

- *génétique* : I/318, 320, 341, 348, 401.
- *herméneutique* : I/159-160. — III/*110-116*.

Philosophie (de l'histoire) : III/*349-364* (cf. totalisation).

Phronèsis (prudentiel) : I/82, 278.

Place (dans le temps ; cf. situation) : III/68-83.

Plainte (cf. lyrisme).

Plaisir : I/83, 86, 92, 98-100, 116, 136, 145.

Poétique : I/69, 116-117.
- *de la narrativité* : I/157.
- *du Temps* : III/*181-187, 435-489*.

Point de vue (cf. voix) : I/307, 316. — II/164-188.

Point-Source : III/57-59, 60 n. 1, 453.

Position (cf. place) : III/66-68, 72.

Possibilisation : III/129.

Pragmatique (faire) : II/104.

Praxique (*vs. pathique)* : II/114 ; *vs. sémiotique* : II/110.

Praxis : III/167.

Présence (cf. initiative) : III/414-415.

Présent (cf. instant).
- *de narration* : II/185-188.
- *vivant* : II/140.
- *et temps verbal* : II/118-122.

triple – : I/24-35. — III/238.

rendre – : III/127-129, 146-150.

force du – : III/423-434.
- *historique* : III/*423-434*, 459.

Progrès : III/360-362, 377-380.

Promesse : III/134, 419, 421-424, 447, 459, 462.

Proposition (narrative) : II/85.

Protention : II/139-140. — III/70-72.

Psychanalyse : I/142. — III/444-446.

Public (temps) : III/152-155.

Quasi-événement : I/196, 386, 391, 395, 403. — III/436.

Quasi-fictif (cf. fictionalisation de l'histoire).

Quasi-intrigue : I/321, 339, 346, 351, 357, 366, 376, 379, 391, 395, 403. — III/436.

Quasi-historique (cf. historisation de la fiction).

Quasi-passé (cf. voix narrative) : III/344-348.

Quasi-personnage : I/321, 346, 351-354, 357, 362, 395, 403. — III/436.

Quasi-présent : III/61-64, 452.

Quasi-texte : I/115.

Question-réponse : III/313-314, 402.

Questionnement (à rebours) : I/318-322. — III/436.

Quête : II/75, 92, 94.

Qui (question) (cf. identité narrative) : III/134, 442.

Racontant (temps) (vs. raconté) : II/*143-151*. — III/ 65 n. 1.

Rationalité (narrative) (vs. intelligence) : II/14, 59-114.

Réalité (du passé) : III/9-15, *252-283*.

Réception (cf. lecture).

esthétique de la – : I/146. — III/311-328.
- *du passé* : III/392, 394, 400, 445.

psychologie de la – : I/268.

Récit : I/9-14, 17, 25, 75, 112, 119, 124, 128, 138, 153, 171, 200, 217, 254-256, 264, 267, 270, 281, 305, 316, 319-322, 340, 343, 351, 361, 365.

cf. *intrigue* : I/66-104.
cf. *narratif* : passim.
cf. *raconter* : passim.
- *diégétique* : I/76 n. 1.
- *épisodique* : I/128-131.
- *de fiction* : I/17, 68-69, 105-107, 152, 165, 184, 277, 288, 397. — II *(passim)*. — III/*229-251, 329-348*.
- *historique* : I/17, 105, 117, 125, 155, 169, 274, 398.

Index

temporalité du – : I/118, 129, 166, 281, 322, 363, 395-396.
Reconnaissance : II/73, 279.
Recouvrement : III/65-67, 237-242.
Redescription /Refiguration : I/ 137, 152, 166. — III *(passim)* (cf. *référence*).
Réeffectuation : III/256-263.
Référence : I/125, 137, 146-155, 167, 264, 343, 347-349, 362-363.
cf. *refiguration* : III/*181-188,* 284-288, 375-401.
– *croisée* (cf. entrecroisement) : I/68, 155-157, 160, 167. — III/ 329-348, 425-459.
– *métaphorique* : I/12, 150, 155. — III/286-288.
– *par traces* : I/155.
Refiguration (cf. configuration/ refiguration ; redescription/ refiguration) : I/144-146. — III/*9-15*, 281, 323-328, 329-331.
Réinscription (vs. variations imaginatives) : III/189-228 *passim.*
Relief (mise en) : II/132.
Renversement (cf. *Metabolè*, péripétie) : I/88-90, 380, 391.
Répétition (*Wiederholung*) : I/ 121, 173. — III/62, 122, *138-140*, 239, 240-242, 250.
Représentance : III/62, 122, *138-140*, 239-242, 250.
Représentation (cf. passé historique) : I/289. — III/273-281.
Re-présentation : III/62, 71.
Ressouvenir : III/61.
Rétention : II/140. — III/49-61, 242-246.
Retentissement : II/211.
Rétribution : II/82.
Rétrodiction : I/240, 306, 374. — III/341.
Rhétorique (de la fiction) : III/ 288-298.
– *de la lecture* : III/298-303.
Rôle : II/81-88.

– *et intrigue* : II/85-88.
Roman : I/67, 145. —II/18-30.
– *d'apprentissage* : II/21.
– *du flux de conscience* : II/22.
Ruse (de la raison) : III/*355-359,* 370.

Schématisme (schématisation) : I/9-11, 132, 144. — II/30, 40.
– *du temps* : III/91-98, 100, 332-337, 450.
Sélection (procédés de) : I/209.
Sémiologie, sémiotique (narrative, structurelle) : I/77-78, 98, 106, 111, 148, 195-196. — II/14, *88-114.*
Sens (vs. référence) : I/10-12, 147-149, 168.
Séquence élémentaire : II/79.
Signification (cf. compréhension) : I/9-11, 113, 236.
Simultanéité : III/93-99.
Singulier collectif : III/13, 86, 349, 378, 437-438, 449, 457-458, 468-469.
Situations narratives : II/173.
Souci : III/116-125, 455-457.
Stase (cf. lecture).
– *et envoi* : III/309, 327-328, 446-448.
Structure : I/191-199, 365, 383, 386-387.
vs. *forme* : II/68.
– *profonde* : II/59.
Style : I/253, 301.
– *indirect libre (erlebte Rede)* : II/170.
Succession (cf. ordre du temps) : II/70, 116.
Suite performancielle : II/98.
Suivre (une histoire) *(followability)* : I/128-131, 144-145, 165, 265-276, 365.
Symbole : I/108-110, 113-117.
Syntagmatique (vs. paradigmatique) : II/83, 88-99.
Synthèse (de l'hétérogène) : I/9, 128, 303-304, 402. — III/385 n. 2.

Taxinomie : II/30-41, 68-79.
Téléologie (jugement téléologique) : II/73, 79, 115.
Temporalité (*Temporalität*) : III/480-482.
Temps : I/17-19, 21-65, 155-162, 168-169, 195, 302-304.
échelle du – : III/164-170.
– *calendaire* : III/*190-198*, 223-224, 331-334, 413-415, 420.
– *clinique* : II/226.
– *comme singulier collectif* (cf. singulier collectif).
constitution dans la conscience intime du – : III/*43-82*.
conception « vulgaire » du – : III/158-171.
– *de l'acte et du texte* : II/130-132.
– *de l'action* : I/166-167.
– *de la fiction* (cf. expérience fictive du temps).
– *de l'intrigue* : I/107-108.
– *du récit* (vs. temps de la diégèse) : II/155-164.
– *et science* : III/164-170.
– *historique* : I/165-168, 190-192, 197-199, 362-396. — III/ (neutralisation) : 230-231.
– *humain* : I/394-395.
– *mortel* : I/158-162, 176-177.
– *mythique* : III/190, 244-246 (cf. mythe).
– *objectif* (cf. constitution dans la conscience intime du).
– *ontologie du –* : I/281-282.
– *perdu* : II/254-265.
– *personnifié* : II/267, 275, 284-286.
– *public* : I/158-162, 176-177.
– *du raconter* (vs. temps raconté) : II/143-151, 155, 214-215.
– *raconté et racontant* (cf. diégèse) : II/156-163.
– *retrouvé* : II/265-276.
– *social* : I/184.
tiers – : III/190, 441-445.
– *verbaux* : II/116-141, 185-188. — III/341-343.

– *monumental* : II/199-203.
Tensivité : II/101.
Terminativité : II/101.
Texte : II/56 n. 1.
– *du passé* : III/400-401.
Topologie : II/98-99, 113-114.
Totalisation (de l'histoire) : III/14-15, 282, *349-373*, 437, *448-466*.
Totalité (cf. clôture).
– *narrative* : II/74-75.
Tout (être un) (cf. intégralité) : III/117, 249, *454-457*, 480.
Trace : III/55 n. 1, 217-228, 254, 281-283, 334, 364, 413, 458.
Tradition (cf. être affecté) : III/*397-414*.
Traditionalité : I/97, 132-135, 139-140, 145, 296, 344-345, 365. — III/*397-400*, 458.
style de – : II/14, 36, 40, 44, 52, 59.
Tragédie/Tragique : I/67, 70, *73-79*, 100-103, 116-117, 134, 139, 403. — II/33.
Tropes/Tropologie : III/*272-283*.
Type (vs. forme, genre) : I/133-135, 402.

Universaux : I/83, 85-86, 100, 232, 303-304, 315, 363-364.
Utopie : III/384, 388, 408-410, 423, 465.

Valeurs (échange de) : II/99, 113.
Valorisation : II/82.
Variations imaginatives (vs. réinscription) : II/191 — III/*229-251*, 446.
Vérité : I/17, 86, 100, 125, 397. — III/*402-411*.
Violence : II/57-58.
Voir-comme : III/280-283, 286-288.
Voix narrative : I/307, 380. — II/161, 170, *180-188*, 215-216, 219, 252. — III/*344-346*, 465.
Vraisemblance : II/24-32.

Zeitroman : II/213-245.

Index des noms

Temps et Récit I, II, III

Adalberon de Laon : I/386, 389.
Adorno (T. W.) : III/269 n. 3.
Alexander (J.) : II/196 n. 1.
Alter (R.) : II/169 n. 2.
Althusser (L.) : I/198, 294 n. 1.
Ambroise (saint) : I/43.
Anaxagore : III/352 n. 2.
Anaximandre : III/32, 190, 470.
Anscombe (G. E.) : I/89 n. 1, 236 n. 1, 247 n. 1. – III/258.
Apel (K. O.) : I/294 n. 1. – III/387.
Arendt (H.) : I/350. – III/342 n. 1, 442 n. 1.
Ariès (P.) : I/199.
Aristarque : I/260.
Aristophane : II/34.
Aristote : I/*10-12, 17-23, 36-40,* 49, *66-111, 126-128,* 134 et n. 1, 136, 145, 157, 201, 232, 235, 247 n. 1, 259, 271, 278, 281, 286, 288, 291, 293, *304-305,* 316, 322, 328, 364, 379, 382, 399, 402, 403. – II/14, 18, 20, 26 et n. 1, 28, 30, 33 et n. 1, 42 n. 2, 47, 71, 72, 75, 94, 103-104, 123, 130, 132 n. 1, 137, 152, n. 1, 166 et n. 1, 187, 252, 287-288, 290, 293. – III/*25-34,* 98, *107-109, 162-163,* 190, 195, 273, 293, 322 n. 2, 323 n. 1, 345-347, 435, *439,* 449, 468, 470, 472, 486.
Aron (R.) : I/171, *174-178,* 181 n. 1, 201 n. 1, 209, 226 n. 1, 242 n. 1, 294, 301 n. 1, *302-305,* 323-324 et n. 1, 325 n. 1, *329-331,* 334 n. 1, 339, 351, 353 n. 1, 357, 362 n. 1, 374. – III/265 n. 1.
Athanase : I/56 n. 1.
Audisio (G.) : I/382 n. 1.
Auerbach (E.) : I/133 n. 1, 289. – II/22 n. 1, 157 et n. 2.
Augustin (saint) : I/12, *17-65, 66-68,* 79, 105, 108, 118, 121, 123 n. 1, 139, 154, *156-162,* 285 n. 1, 385, 388. – II/14, 15, 94, 188, 191, 207, 236. – III/19-43, 50, 61 n. 1, 87 n. 1, 98, 106, 113, 138, 157, 165, 194, 218, 249, 415, 423, 435-436, *439-441,* 449, 456 n. 2, 472, 476.
Austen (J.) : II/170.
Austin (J. L.) : I/122. – II/175 n. 1. – III/218.

Bachelard (G.) : II/37 n. 3, 211.
Baker (H.) : II/212 n. 1.
Bakhtine (M.) : II/177 n. 1, *182-185,* 187, 288-291. – III/312 n. 3.
Balás (D.) : I/34 n. 1, 40 n. 1.
Balzac (H. de) : II/22, 120, 223 n. 1.
Barreau (H.) : III/165 n. 1.
Barthes (R.) : I/145. – II/42, *60-66,* 121 n. 2. – III/217.
Bataille (G.) : II/42 n. 1.
Baudelaire (C.) : III/301.
Beckett (S.) : II/23, 52.
Beierwaltes (W.) : I/21 n. 1, 40 n. 1, 50 n. 1, 55 n. 1.

Index

Benjamin (W.) : I/150. — II/57 et n. 1. — III/483.
Benveniste (E.) : I/147. — II/63 n. 3, *119-121*, 126, 129-130, 134 n. 1, 136, 154, 161. — III/ 193, 195, *418-420*.
Bergson (H.) : II/212 n. 1, 223 n. 1. — III/212 n. 1.
Berlin (I.) : I/213 n. 2, 315.
Bernet (R.) : III/58 n. 1, 59 n. 2, 67 n. 1.
Berr (H.) : I/184 et n. 2.
Bersani (L.) II/285 n. 1.
Bien (J.) : I/13.
Bismarck (O. von) : I/*325-327*, 333.
Blake (W.) : II/39.
Bloch (E.) : III/409.
Bloch (M.) : I/175, *178-182*, 183, 193, 302, 308, 312 n. 1. — III/217 n. 1, 254 n. 2.
Blumenberg (H.) : III/315, 322 n. 1.
Boèce : I/284.
Boehm (R.) : III/44 n. 1.
Bony (A.) : II/173 n. 2.
Booth (W.) : I/289. — II/175 n. 2, 183. — III/*290-297*, 309.
Boros (S.) : I/61.
Bovon (F.) : I/152 n. 2.
Bouddha : I/188.
Braudel (F.) : I/*182-192*, *194-196*, 199 n. 1, 302, 315, 341, 355 n. 1, *365-384*, *394-396*, 403. — II/133 n. 1. — III/210 n. 1.
Braudi (K.) : I/395.
Brecht (B.) : III/317 n. 1.
Bremond (C.) : I/95 n. 1. — II/ 63, 74 n. 1, *78-87*, 111 n. 1, 153 n. 1.
Brisson (L.) : III/30 n. 2.
Buffon : III/166.
Bultmann (R.) : II/52.
Burke (K.) : II/42 n. 1. — III/ 275 n. 2.
Burkhardt (J.) : I/288, *297-299*. — III/425 n. 1.

Callahan (J. F.) : I/21 n. 1, 40 n. 1. — III/22 n. 2, 29 n. 1.
Camus (A.) : II/51 n. 1. — III/ 294 n. 1.
Canary (R. A.) : I/287 n. 2. — III/273 n. 1.
Cassirer (E.) : I/109, 113.
Certeau (M. de) : I/287 et n. 1. — III/*269-271*, 283 n. 1.
Cervantès (M. de) : III/313, 315 n. 3.
Cézanne (P.) : III/324.
Chabrol (C.) : III/466 n. 1.
Chamson (A.) : I/382 n. 1.
Charles (M.) : III/*297-428*.
Chartier (R.) : I/179 n. 1.
Chatman (S.) : II/154 n. 2, 175 n. 1.
Chaunu (H.) : I/185.
Chaunu (P.) : I/171 n. 1, 185, 190, 192 n. 2, 194 n. 1, 197 n. 2, *198-199*.
Chklovski (V. B.) : II/153 n. 1.
Cochin (A.) : I/*391-394*.
Cohn (D.) : II/168 et n. 1, *169-172*, 179 et n. 2, 182 n. 1, 291.
Coleridge (S. T.) : I/313. — III/ 308.
Collingwood (R. G.) : I/224 n. 1, 225, 230 et n. 1, 242 n. 1. — III/167, *257-263*, 312-313.
Colomb (C.) : I/233.
Conen (P. F.) : III/25 n. 1, 29 n. 2, 33 n. 1, 37 n. 1.
Conrad (J.) : II/150, 151 n. 1.
Constant (B.) : III/301.
Couderc (P.) : III/191 n. 1.
Courcelle (P.) : I/59 n. 1.
Cournot (A. A.) : I/329. — III/ 356 n. 1-2.
Courtés (J.) : I/149 n. 1. — II/88 n. 2.
Croce (B.) : I/263 et n. 1, 288.
Culler (J.) : II/174 n. 1.

Dagognet (F.) : I/151.
Daiches (D.) : II/197 n. 1.
Dante : II/39 n. 2, 205.
Danto (A.) : I/110 n. 1, *242-244*, *256-265*, 279 n. 1, 281,

Index

307, *316-318*. — II/84 n. 1, 85, 97 n. 1. — III/417.
Darwin (G.) : III/166.
Defoe (D.) : II/19 n. 1, 21 n. 1, 24, 26 n. 1, 27 n. 2.
Deleuze (G.) : II/*246-249,* 259. — III/236, 270.
Denys l'Aréopagite : I/388.
Derrida (J.) : III/55 n. 1, 163 n. 1, 270.
Descartes (R.) : II/133. — III/415.
Diderot (D.) : I/260. — III/315 n. 3.
Dilthey (W.) : I/160, 201 n. 1. — III/140-141, *200-203,* 251 n. 1, 336.
Doležel (L.) : II/175 n. 2.
Dostoïevski (F. M.) : II/182, 184.
Dray (W.) : I/203, 207 n. 3, *217-235,* 236 n. 1, 252, 261, 265, 275, 276 n. 1, 307, 323, 329, 352 n. 1, 362 n. 1, 374 n. 1.
Droysen (J. G.) : III/377.
Duby (G.) : I/179 n. 2, 182, 198, 386 et n. 1-2, 387, 389.
Dufrenne (M.) : III/306 n. 1.
Duhem (P.) : I/21 n. 1.
Dumézil (G.) : I/*386-389.* — III/192 n. 2.
Dundes (A.) : II/67 n. 1.
Dupont-Roc (R.) : I/68 et n. 1, 69 n. 1, 73 n. 1, 76 n. 1-2, 87, 95 n. 1, 101 n. 2.
Durkheim (E.) : III/10 n. 1, 191 n. 1.
Durrell (L.) : I/382 n. 1.
Dussort (H.) : III/44 n. 1.

Eliade (M.) : II/37 n. 3, 204. — III/471 n. 1.
Eliot (G.) : II/52.
Else (G. F.) : I/68 et n. 1, 74 n. 1, 80 n. 2, 82, 83 n. 1, 87, 88 n. 1, 89 n. 1, 91, 92 n. 1-2-3, 95 n. 1, 101 et n. 2.
Escande (J.) : II/105 n. 1.
Eschyle : II/205. — III/471.

Faulkner (W.) : II/151 n. 1.
Febvre (L.) : I/175, 183, 193.
Fédier (F.) : III/162 n. 1.
Ferry (J.-M.) : III/408 n. 1.
Fessard (G.) : I/324 n. 1, 331.
Feuerbach (L.) : III/365, 367.
Fichte (J. G.) : III/409.
Fielding (H.) : II/19 n. 1, 26 n. 1, 27 n. 2, 146.
Findlay (J. N.) : III/88, 89 n. 2.
Fink (E.) : I/152 et n. 1. — II/139 et n. 1, 190 n. 1. — III/401.
Flaubert (G.) : II/170. — III/294 n. 1, 317 n. 1.
Florival (G.) : II/259 n. 3.
Focillon (H.) : I/181.
Foucault (M.) : I/301 n. 1. — II/31 n. 1. — III/215 n. 1, *393-397,* 404.
Fraisse (P.) : III/9 n. 2.
Frankel (C.) : I/207 n. 1, 212 et n. 1, 213 n. 2, 215 n. 3.
Fraser (J. T.) : III/332-333.
Freud (S.) : III/444.
Freund (J.) : I/323 n. 1.
Friedemann (K.) : II/172 n. 1.
Frye (N.) : I/130, 132, 289 et n. 1, 296, 329. — II/*31-41,* 46, 53, 55, 82, 290. — III/337.
Furet (F.) : I/349, 391-392, 394. — III/264 n. 1, 383 n. 2.
Fustel de Coulanges (N. D.) : I/360.

Gadamer (H. G.) : I/136, 147, 152 et n. 1. — II/31 n. 1. — III/286 n. 1, 313-319, 327, 372 n. 1, 391, *392-414,* 427.
Galilée (G.) : I/235.
Gallie (W. B.) : I/129 n. 2, *265-276, 279-281, 311-313,* 315, 318.
Galsworthy (J.) : II/147, 149 n. 1.
Gamble (I.) : II/209 n. 1.
Gardiner (P.) : I/207 n. 1, 208 et n. 1, 212 n. 1, 232 n. 1, 315, 327.
Garelli (J.) : II/15 n. 2.
Gaulle (C. de) : I/274 n. 1.

Geertz (C.) : I/*113-114,* 294 n. 1, 350 n. 1.
Genette (G.) : II/116, 121 n. 2, 143, 150, *151-165,* 173 n. 2, 179 n. 2, 181 n. 2, 187 n. 1, 251 n. 2, 285 n. 1, 288.
Gérard de Cambrai : I/387, 389 et n. 3.
Gilson (E.) : I/21 n. 1, 58 n. 1, 60 n. 1.
Goethe (J. W. von) : I/335. — II/21, 68 et n. 1, 71, 76, 77, 122 n. 1, 136, 141, 144 n. 2-3, 147 et n. 1, 149 n. 1, 150 n. 1, 157 n. 1, 165, 219, 223 n. 1, 290. — III/358.
Golden (L.) : I/68 n. 1, 83 n. 1, 88 n. 1, 92 n. 2, 98, 101 et n. 2.
Goldman (A. I.) : II/84 n. 1.
Goldschmidt (V.) : I/27 n. 2. — III/25 n. 1, 27 n. 2, 29 n. 2, 32 n. 1, 40 n. 1, 41 n. 1, 468.
Gombrich (E. H.) : I/292. — II/52. — III/308 n. 1.
Goodman (N.) : I/153 n. 1.
Gorgias : I/72 n. 1.
Gorman (B. S.) : III/9 n. 2.
Goubert (P.) : I/194 n. 1.
Gouhier (H.) : II/288.
Graham (J.) : II/206 n. 1, 210 n. 1.
Gramsci (A.) : I/294 n. 1.
Granel (G.) : III/44 n. 1, 47 n. 2, 50 et n. 1.
Granger (G. G.) : I/134 n. 1. — III/292, 314 n. 1.
Granier (J.) : III/195 n. 1.
Grégoire de Nysse : I/40 n. 1, 55 n. 1, 388.
Greimas (A.-J.) : I/111, 149 n. 1. — II/63, 73, *88-114,* 116, 140 n. 1, 159 n. 2.
Grondin (J.) : III/392.
Grünbaum (A.) : III/164 n. 1.
Gryphius (A.) : II/150 n. 1.
Guiguet (J.) : II/195 n. 1, 198 n. 1, 208 n. 1, 211 n. 1.
Guillaume (G.) : II/121 n. 2.
Guitton (J.) : I/21 n. 1, 23 n. 1, 29 n. 3, 38 n. 1, 44 n. 1, 52 n. 1, 56 n. 1, 61 n. 1.
Gurvitch (G.) : III/10 n. 1.
Guzzoli (G.) : III/162 n. 1.

Habermas (J.) : I/294 n. 1. — III/269 n. 3, 386 n. 1, 392, *406-414.*
Hafley (J.) : II/195 n. 1.
Halbwachs (M.) : III/10 n. 1, 191 n. 1.
Hamburger (K.) : II/118 et n. 2, *122-125,* 167 et n. 1-2, 186. — III/486 n. 2.
Hardison (O. B.) : I/68 et n. 1.
Hardy (J.) : I/68 n. 1.
Hart (H. L. A.) : I/228 n. 1, 352 n. 1.
Hegel (G. W. F.) : I/89 n. 1, 116-117, 188, 288, 314. — II/21, 27 n. 2, 289. — III/259 n. 2, 340, 349-373, 399, 403, 429 n. 1, 460.
Heidegger (M.) : I/41, 89 n. 1, 109, 119-*125,* 156-*162,* 285, 315, 399. — III/20, *110, 178,* 199, *220-228, 237-240, 241-243,* 248-249, 403 n. 2, 405 n. 2, 415, 437, 440, 454, 476 n. 1, *479-482,* 487.
Hempel (K.) : I/*201-207,* 212 et n. 2, 265, 292, 354 n. 1.
Henry (A.) : II/*248-252.*
Héraclite : III/470, 472.
Hérodote : I/84.
Herrstein Smith (B.) : II/*41-45,* 54 n. 1, 58 n. 1.
Hésiode : III/471.
Heussi (K.) : III/253.
Hofmannsthal (H. von) : II/150 n. 1.
Hölderlin (F.) : I/150.
Homère : I/77, 82, 381. — II/20, 130, 288. — III/472.
Honoré (A. M.) : I/352 n. 1.
Horkheimer (M.) : III/269 n. 1, 404, 409.
Hubert (R.) : III/192 n. 1.
Hume (D.) : I/352-353. — II/26. — III/257 n. 2, 453.

Index 529

Husserl (E.) : I/41, 73 n. 1, *156-158*, 160, 292 n. 1, *318-320*, 347, 350 n. 1, 399, 401. — II/139 et n. 1, 293. — III/20, 44-82, 165, 204 n. 1, *237-239*, 242, 247-249, 306, 313 n. 1, *332-334*, 336, 383, 437, 440, 451, 477-478, 481.

Ingarden (R.) : I/145. — III/*304-306*, 330.
Iser (W.) : I/101 et n. 1, 125 et n. 1, 145-146. — III/*304-311*.

Jacob (A.) : III/10 n. 2.
Jacques (F.) : III/312 n. 3, 327 n. 1.
James (H.) : I/77 et n. 1. — II/28, 173, 179 n. 2. — III/291, 296.
Janet (P.) : III/10 n. 2.
Jauss (H. R.) : I/99 n. 1, 103 n. 1, 146. — II/254 n. 1, 257 n. 2, 285. — III/246 n. 2, 302, 307 n. 1, *311-324*.
Jenatsch (J.) : II/148 n. 1.
Jésus : I/143, 188.
Joyce (J.) : I/146. — II/52, 151 n. 1, 170 n. 1, 195 n. 1, 197 n. 1, 291. — III/291 n. 4, 307.

Kafka (F.) : I/144. — II/23, 168.
Kant (E.) : I/40 n. 1, 129, 132, 283. — II/31, 112 et n. 1, 115 n. 1. — III/43, *82-109*, 117 n. 1, 157, 195, 211-212, 365 n. 1, 378 n. 1, *382*, 392 n. 1, *404-409*, 417, *448-451*, 454, 460-461, *476-478*, 479.
Kellogg (R.) : I/133 n. 1, 289, 317. — II/18 n. 2.
Kempf (R.) : II/112 n. 1.
Kenny (A.) : II/109 n. 2.
Kermode (F.) : I/19 n. 1, 78 et n. 1, 131, 139, 143 et n. 1. — II/22 n. 1, 39 n. 3, 42 *46-58*, 75 n. 1. — III/389 n. 1, *482-483*.
Kierkegaard (S.) : III/365, 455.
Kolitcheff (I.) : II/182 n. 2.

Koselleck (R.) : III/317 n. 2, 350 n. 2, *375-391*, 422.
Kozicki (H.) : I/287 n. 2. — III/273 n. 1.
Kracauer (S.) : III/315 n. 2.
Krieger (L.) : III/272 n. 1.
Kries (H. von) : I/327 n. 1.
Kristeva (J.) : II/182 n. 2.
Kucich (J.) : II/42 n. 1.
Kuhn (H.) : II/31 n. 1.
Kundera (M.) : II/175 n. 2.
Kuznets (S.) : I/192.

Labrousse (E.) : I/*192-194*.
Lacombe (P.) : I/184 et n. 1.
Lallot (J.) : I/68 et n. 1, 69 et n. 1, 76 n. 1, 87, 95 n. 1, 101 et n. 2.
Langlois (C.-V.) : I/175 et n. 1.
Laplace (P.) : I/284 n. 1.
Lautréamont (I. D.) : III/298.
Le Goff (J.) : I/179 n. 1, *195-197*, 198 n. 1, 312 n. 1, 384. — II/66 n. 1. — III/267 n. 1.
Lejeune (P.) : II/168 n. 2.
Le Roy Ladurie (E.) : I/199 n. 1, 355 n. 1.
Lessing (G.E.) : II/149 n. 1.
Lévi (C.) : I/382 n. 1.
Lévinas (E.) : III/*286-289*.
Lévi-Strauss (C.) : I/101 n. 2, 189. — II/63 n. 4, 67 n. 1, 70, 72, 77 n. 1, 93 n. 1.
Lewis (W.) : II/52.
Linné (C. von) : II/68 et n. 1, 71, 76, 77.
Locke (J.) : II/25-26. — III/257 n. 2.
Longin : II/33 n. 1.
Lotman (I.) : II/56 n. 1, 177 et n. 1-2, 187, 288.
Love (J. D.) : II/208 n. 1.
Loyseau (C. de) : I/386.
Lubac (H. de) : II/36 n. 1.
Lübbe (H.) : I/89 et n. 2, 234 n. 1, 307. — III/356 n. 1.
Lucas (F. C.) : I/68 et n. 1.

Mackie (J. L.) : I/352 n. 1.
Macquarrie (J.) : I/121 n. 2.

Mahomet : I/188.
Malcolm (N.) : I/247 n. 1.
Mallarmé (S.) : II/39, 65 n. 1, 283.
Malraux (A.) : III/312 n. 3.
Mandelbaum (M.) : I/203 n. 2, 242 n. 1, 252 n. 1, *304-307*, 312 et n. 3, *340-363*. — III/393-395.
Mann (T.) : II/16 n. 1, 141, 145, 146, 150 et n. 1, 190, *212-245*, 251 n. 1. — III/*229-251*, *484-486*.
Mannheim (K.) : I/294. — III/*200-203*.
Marc (saint) : I/144.
Marcel (G.) : III/234.
Marczweski (J.) : I/192.
Marrou (H.-I.) : I/171, *176-179*, 294, 302 et n. 1, *360-361*. — III/265 n. 1, 268.
Martin (G.) : III/84 n. 1, 85 n. 1, 86, 95 n. 1, 108 n. 1.
Martin (R.) : III/260 n. 2.
Martineau (E.) : III/476 n. 1.
Marx (K.) : I/193, 215, 288, 294 n. 1, 299 n. 1, 356, 393. — III/365, 385, 391.
Maupassant (G. de) : II/101-102, 137 n. 1.
Mauss (M.) : I/184. — II/72.
Mead (G. H.) : I/350 n. 1.
Meijering (E. P.) : I/21 n. 1, 25 n. 1, 27 n. 1-2, 29 n. 1, 36 n. 1, 37, 40 n. 1, 43 n. 1, 44 n. 1, 50 n. 1, 52 n. 1, 53 n. 1, 55 n. 1. — III/22 n. 2.
Ménandre : II/34.
Mendilow (A. A.) : II/19 n. 2, 26 n. 1, 190, 191 n. 1.
Merleau-Ponty (M.) : I/41. — III/57 n. 1, 415, 416 n. 1.
Meschonnic (H.) : II/56 n. 1.
Meyer (E.) : I/323, 333 et n. 1, 336, 338.
Meyer (H.) : II/222-223 n. 1.
Michel (H.) : I/27 n. 1.
Michelet (J.) : I/181 n. 2, 288, 298.
Miller (J. H.) : II/42 n. 2.

Mink (L. O.) : I/84, 129 n. 1, *276-286*, 291 n. 1, 304, 317, 364. — II/86.
Minkowski (E.) : I/58. — II/211.
Moody (A. D.) : II/208 n. 1.
Moreau (J.) : III/28 n. 2.
Mounier (E.) : III/423 n. 1.
Müller (G.) : II/116, *143-151*, 153, 155, 157 n. 1, 158 et n. 1, 165.

Nabert (J.) : III/103 n. 1.
Nagel (E.) : I/*210-212*.
Nef (F.) : II/99 n. 1, 111 n. 1.
Nietzsche (F.) : I/138, 288. — II/53 n. 1, 55, 200. — III/316, 365, *423-433*, 453.
Nora (P.) : I/198 n. 1, 312 n. 1.
Novalis (F.) : II/223 n. 1. — III/385 n. 2.
Numenius : I/55 n. 1.

Otto (R.) : III/340.
Ouspenski (B.) : II/*176-181*, 187, 288.

Pariente (J.-C.) : III/340.
Parménide : III/470, 472.
Pascal (B.) : III/455.
Pascal (R.) : II/173 n. 2.
Paul (saint) : I/60.
Peirce (C. S.) : I/262.
Pepper (S.) : I/293.
Petit (J.-L.) : I/236 n. 2.
Philibert (M.) : III/202 n. 1.
Piaget (J.) : III/10 n. 1.
Picon (G.) : III/312 n. 3.
Platon : I/22, 36, 55 n. 1, 56, 59, 60 n. 1, 62, 72 et n. 1, 75 n. 1, 151, 235, 282, 284 n. 1, 347. — II/122 n. 1, 152 n. 1. — III/30 et n. 2, 190, 255, 259 n. 1, 273, 319 n. 2, 352 n. 2, 363, 448, 469, 481, 487.
Plotin : I/21 n. 1, 23, *36-38*, 40 et n. 1, 50 n. 1, 52 n. 1, 55 n. 1, 59, 61 n. 1. — II/94.
Pöggeler (O.) : III/116 n. 1.
Popper (K.) : I/224.

Index

Pouillon (J.) : II/169 et n. 1, 171 n. 1. — III/291 n. 3.
Poulet (G.) : II/257 n. 1, 259 n. 1, 272 n. 1.
Pound (E. C.) : II/52.
Propp (V.) : I/78, 111. — II/63, 65 n. 1, 68-77, 78, 80, 83, 85, 88, 90, 92 n. 1, 104 n. 1, 113, 144 n. 2, 175 n. 2.
Proust (M.) : II/16 n. 1, 150, 151 n. 1, 156 et n. 2, 160 et n. 3, 163 et n. 1, 168, 179 n. 2, 190, 227, *247-286*. — III/227 n. 1, *229-251*, 246 n. 2, 397, *443*, 484, 485 et n. 1.

Rabelais (F.) : II/290. — III/299, 302.
Rad (G. von) : III/464 n. 1.
Ramnoux (C.) : III/470 n. 2.
Ramus (P. de La Ramée) : III/275 n. 2.
Ranke (L. von) : I/183, 187, 288, 293, 297-298, 395. — III/272 n. 1, *336*, 369 et n. 1.
Rastier (F.) : II/88 n. 1.
Redfield (J.) : I/68 n. 1, 72 n. 1, 78 n. 1, 83 n. 1, 88 n. 1, 91 n. 1-2, 95 n. 1, 101, 103 et n. 1, 117 n. 1. — II/290.
Reep (M.) : I/377 n. 1.
Reichenbach (H.) : III/164 n. 1.
Reid (T.) : II/25.
Revel (J.) : I/179 n. 1.
Richardson (S.) : I/90 n. 1. — II/19 n. 1, 25, 26 n. 1, 27 n. 2.
Rickert (H.) : I/171, 201 n. 1.
Riegel (K. F.) : III/10 n. 1.
Riffaterre (M.) : III/319 n. 1.
Rimmon-Kenan (S.) : II/154 n. 2.
Robbe-Grillet (A.) : II/51 n. 1.
Robespierre (M.) : I/393.
Rosenberg (H.) : II/49 n. 2.
Ross (D.) : III/37 n. 1.
Rossum-Guyon (F. van) : II/181 n. 1.
Rouiller (G.) : I/152 n. 2.
Russel (B.) : I/203 et n. 1.

Ryle (G.) : I/208, 232 n. 1, 315, 327.

Saïd (E. W.) : II/53 n. 3, 182 n. 1. — III/415 n. 1.
Sartre (J.-P.) : II/51 n. 1. — III/123, 291 n. 1, 306 n. 1, *455*.
Saussure (F. de) : I/147. — II/157 n. 1. — III/270.
Schafer (R.) : I/142 et n. 1.
Schapp (W.) : I/142 et n. 2.
Schellenberg (T. R.) : III/214 n. 2.
Schelling (F. W. J.) : II/249, 251.
Schiller (F. von) : II/21, 122 n. 1, 124, 141, 150 n. 1, 290.
Schlegel (A. W.) : II/141.
Schnädelbach (H.) : III/425 n. 1.
Scholes (R.) : I/133 n. 1, 289, 316. — II/18 n. 2.
Schopenhauer (A.) : II/249, 251.
Schumpeter (J. A.) : I/371.
Schutz (A.) : I/349 n. 1, 350 n. 1. — III/*203-211*, *421*, 459.
Séailles : II/251.
Searle (J.) : II/175 n. 1.
Segre (C.) : II/153 n. 1.
Seignobos (C.) : I/175.
Sextus Empiricus : I/27 n. 2.
Shakespeare (W.) : II/39 n. 2, 47, 200 et n. 1, 205 et n. 1, 210. — III/487.
Shattuck (R.) : II/278 et n. 2, 279 n. 1-2.
Shaw (B.) : III/309 n. 1.
Simiand (F.) : I/179 n. 3, 184 et n. 1, 192.
Simmel (G.) : I/171, 201 n. 1.
Simon (M.) : III/116 n. 1.
Simon (R.) : I/181.
Socrate : I/72 n. 1. — III/443.
Solignac (A.) : I/21 n. 1, 42 n. 1, 50 n. 1, 60 n. 1, 63 n. 1.
Sophocle : I/89, 117. — II/130, 288.
Souche-Dagues (D.) : III/50 n. 1, 163 n. 1.

Index

Souriau (E.) : II/89, 152 n. 1.
Spengler (O.) : I/171, 289.
Spinoza (B.) : I/61 n. 1.
Stanzel (F. W.) : II/*172-175*, 181, 182 n. 1.
Starobinski (J.) : III/312 n. 1.
Stein (E.) : III/44 n. 1.
Sterne (L.) : II/150.
Stevens (W.) : II/53 n. 1-2, 54 n. 2.
Strawson (P.) : I/256 n. 1.

Tarde : II/251.
Taylor (C.) : I/236 n. 1, 247 n. 1.
Tesnière (L.) : II/89.
Thieberger (R.) : II/223 n. 1, 229 et n. 1, 237 n. 1.
Thucydide : I/288, 308. — II/273 n. 1.
Tillich (P.) : II/52.
Tocqueville (A. de) : I/288, 293, *297-299*, *391-394*.
Todorov (T.) : II/11 n. 2, 62 n. 1, 63, 67 n. 1, 85 et n. 1, 93 n. 1, 128 n. 1, 153 n. 2, 182 n. 2.
Tolstoï (N.) : I/199, 379. — II/22, 182.
Tomatschevski (B. V.) : II/153 n. 1.
Toulmin (S.) : I/228 n. 1. — III/165, 214 n. 1.
Toynbee (A.) : I/171, 188, 289.
Treitschke (H. von) : I/187.
Turner (V.) : I/350 n. 1.

Valdés (M.) : II/16 n. 2, 188 n. 1, 190 n. 1.
Valéry (P.) : II/62 n. 1.
Van Gogh (V.) : III/324.
Varagnac (A.) : I/384.
Vendryes (E.) : II/161 n. 1.
Verghese (P. T.) : I/40 n. 1.
Vernant (J.-P.) : III/246 n. 1, 471 et n. 2, 472 n. 1.
Veyne (P.) : I/128 n. 1, 201, 292, *301-310*, 312 et n. 1, 339, 359 et n. 1, 376, 397. — II/19.
— III/265 n. 1, 267 et n. 1-2, 268.
Vico (G.) : I/308. — III/275 n. 2.
Vleeschauwer (H. de) : III/101 n. 2, 102 n. 1.
Voltaire (F. M. Arouet) : I/374 n. 1. — II/133.
Vovelle (M.) : I/197 n. 2, 199 et n. 1.

Wagner (L. A.) : II/67 n. 1.
Wahl (F.) : III/211 n. 1, 254 n. 1.
Waldenfels (B.) : III/57 n. 1.
Walsh (W.) : I/264, 277.
Watt (J.) : II/19 n. 1, 26 n. 1, 27 n. 1-2.
Weber (M.) : I/171, 175, 181 n. 1, 201 et n. 1, 226 n. 1, 242 n. 1, 301, 307, *322-339*, 350 n. 1, 353 n. 1, *359-361*, 362 n. 1, 374. — II/111 et n. 1. — III/204 et n. 2, 462.
Weigand (H. J.) : II/214 n. 1, 222-223 n. 1, 224 n. 1, 232 n. 1.
Weil (E.) : II/57. — III/365 n. 1, 423 n. 1.
Weinrich (H.) : I/33 n. 1. — II/118 et n. 3, *125-142*, 143, 154, 156 n. 1, 159 n. 2, 165, 179, 186, 270 n. 1. — III/*342-344*, 345.
Weizsäcker (C. F. von) : III/169 n. 1.
Wells (H. G.) : I/289.
Wessman (A.) : III/10 n. 1.
Whewell (W.) : I/277.
White (H.) : I/253, *286-301*, 304, 313, 317. — III/*273-282*, 336, 405 n. 1.
Whitehead (A. N.) : I/233. — III/261 n. 1.
Wilde (O.) : II/54.
Winch (P.) : I/115 n. 2, 236 n. 1.
Windelband (W.) : I/200 et n. 1, 335 n. 1, 342.
Wittgenstein (L.) : I/236 n. 1, 238, 249 n. 1. — III/371.
Wolfe (T. C.) : II/151 n. 1.

Index

Woolf (V.) : II/16 n. 1, 22, 147-148, 151 n. 1, 185, 190, *192-212*. — III/227 n. 1, *229-251*, *484*.

Wright (H. von) : I/110 n. 1, 128 n. 1, 166 n. 1, *235-255*, *316-317*, 320, 323, 334, 354 n. 1, 357, 403. — III/260 n. 2, *417-419*.

Yeats (W. B.) : II/52.
Yeruschalmi (Y. H.) : III/339 n. 2.
Yorck (comte) : III/145 n. 1.

Table

Introduction ... 9

Quatrième partie :
Le temps raconté

I. L'APORÉTIQUE DE LA TEMPORALITÉ

1. Temps de l'âme et temps du monde ... 21
   Le débat entre Augustin et Aristote

2. Temps intuitif ou temps invisible ? ... 43
   Husserl face à Kant
   1. L'apparaître du temps : les « Leçons » de Husserl sur la phénoménologie de la conscience intime du temps, 44. — 2. L'invisibilité du temps : Kant, 82.

3. Temporalité, historialité, intra-temporalité ... 110
   Heidegger et le concept « vulgaire » de temps
   1. Une phénoménologie herméneutique, 112. — 2. Souci et temporalité, 116. — 3. La temporalisation : à-venir, avoir-été, rendre-présent, 125. — 4. L'historialité, 131. — 5. L'intra-temporalité, 146. — 6. Le concept « vulgaire » de temps, 158.

II. Poétique du récit HISTOIRE, FICTION, TEMPS

1. **Entre le temps vécu et le temps universel : le temps historique** — 189

   1. Le temps calendaire, 190. — 2. La suite des générations : contemporains, prédécesseurs et successeurs, 198. — 3. Archives, document, trace, 212.

2. **La fiction et les variations imaginatives sur le temps** — 229

   1. La neutralisation du temps historique, 230. — 2. Variations sur la faille entre le temps vécu et le temps du monde, 231. — 3. Variations sur les apories internes de la phénoménologie, 237. — 4. Variations imaginatives et idéal-types, 246.

3. **La réalité du passé historique** — 252

   1. Sous le signe du Même : la « réeffectuation » du passé dans le présent, 256. — 2. Sous le signe de l'Autre : une ontologie négative du passé ? 263. — 3. Sous le signe de l'Analogue : une approche tropologique ? 272.

4. **Monde du texte et monde du lecteur** — 284

   1. De la poétique à la rhétorique, 288. — 2. La rhétorique entre le texte et son lecteur, 297. — 3. Phénoménologie et esthétique de la lecture, 303.

5. **L'entrecroisement de l'histoire et de la fiction** — 329

   1. La fictionalisation de l'histoire, 331. — 2. L'historicisation de la fiction, 342.

6. **Renoncer à Hegel** — 349

   1. La tentation hégélienne, 350. — 2. L'impossible médiation totale, 364.

7. Vers une herméneutique   374
   de la conscience historique

   1. Le futur et son passé, 375. — 2. Être-affecté-par-le-passé, 391. — 3. Le présent historique, 414.

Conclusions   435

1. La première aporie de la temporalité : l'identité narrative, 439. — 2. La seconde aporie de la temporalité : totalité et totalisation, 448. — 3. L'aporie de l'inscrutabilité du temps et les limites du récit, 467.

Auteurs cités   491

Index thématique   515

Index général des noms   525

Du même auteur

AUX MÊMES ÉDITIONS

Karl Jaspers
et la philosophie de l'existence
(avec Mikel Dufrenne)
1947
« La Couleur des idées », 2000

Gabriel Marcel et Karl Jaspers
Philosophie du mystère
et philosophie du paradoxe
1948

Histoire et Vérité
3ᵉ édition, augmentée de quelques textes
« Esprit », 1955, 1964, 1990
et « Points Essais » n° 468, 2001

De l'interprétation
Essai sur Freud
« L'Ordre philosophique », 1965
et « Points Essais », n° 298, 1995

Le Conflit des interprétations
Essais d'herméneutique I
« L'Ordre philosophique », 1969

La Métaphore vive
« L'Ordre philosophique »,1975
et « Points Essais », n° 347, 1997

Temps et Récit
t. 1 : L'Intrigue et le Récit historique
« L'Ordre philosophique », 1983
et « Points Essais », n° 228, 1991

Temps et Récit
t. 2 : La Configuration dans le récit de fiction
« L'Ordre philosophique », 1984
et « Points Essais », n° 229, 1991

Du texte à l'action
Essais d'herméneutique II
« Esprit », 1986
et « Points Essais », n° 377, 1998

Soi-même comme un autre
« L'Ordre philosophique », 1990
et « Points Essais », n° 330, 1996

Lectures 1
Autour du politique
« La Couleur des idées », 1991
et « Points Essais », n° 382, 1999

Lectures 2
La Contrée des philosophes
« La Couleur des idées », 1992
et « Points Essais », n° 401, 1999

Lectures 3
Aux frontières de la philosophie
« La Couleur des idées », 1994
et « Points Essais » n° 541, 2006

L'Idéologie et l'Utopie
« La Couleur des idées », 1997
et « Points Essais », n° 538, 2005

Penser la Bible
(avec André LaCocque)
« La Couleur des idées », 1998
et « Points Essais », n° 506, 2003

La Mémoire, l'Histoire, l'Oubli
*« L'Ordre philosophique », 2000
et « Points Essais », n° 494, 2003*

Vivant jusqu'à la mort
Suivi de Fragments
« La Couleur des idées », 2007

Anthologie
*(textes choisis et présentés
par Michaël Fœssel et Fabien Lamouche)
« Points Essais » n° 576, 2007*

Écrits et Conférences
1. Autour de la psychanalyse
« La Couleur des idées », 2008

Amour et Justice
« Points Essais », n° 609, 2008

Écrits et Conférences
2. Herméneutique
« La Couleur des idées », 2010

Être, essence et substance chez Platon et Aristote
Cours professé à l'université de Strasbourg en 1953-1954
« La Couleur des idées », 2010

CHEZ D'AUTRES ÉDITEURS

Philosophie de la volonté
I. Le Volontaire et l'Involontaire
*Aubier, 1950, 1988
et Seuil, « Points Essais », n° 622, 2009*
II. Finitude et culpabilité
1. L'Homme faillible
2. La Symbolique du mal
*Aubier, 1960, 1988
et Seuil, « Points Essais », et 623, 2009*

Idées directrices pour une phénoménologie
d'Edmund Husserl
(traduction et présentation)
Gallimard, 1950, 1985

À l'école de la phénoménologie
Vrin, 1986, 2004

Le Mal. Un défi à la philosophie
et à la théologie
Labor et Fides, 1986, 2004

Réflexion faite: autobiographie intellectuelle
Esprit, 1995

Le Juste 1
Esprit, 1995

La Critique et la Conviction
*(entretiens avec François Azouvi
et Marc de Launay)*
Calmann-Lévy, 1995
Hachette, « Hachette Littératures », 2002

Autrement
Lecture d'*Autrement qu'être au-delà de l'essence*
d'Emmanuel Levinas
PUF, 1997

Ce qui nous fait penser
La nature et la règle
(avec Jean-Pierre Changeux)
Odile Jacob, 1998

L'Unique et le Singulier
L'Intégrale des entretiens d'Edmond Blattchen
Alice, 1999

Entretiens Paul Ricœur, Gabriel Marcel
Présence de Gabriel Marcel, 1999

Le Juste 2
Esprit, 2001

L'Herméneutique biblique
*(textes réunis et traduits de l'anglais
par F.-X. Amherdt)*
Cerf, 2001

Sur la traduction
Bayard, 2004

Parcours de la reconnaissance
Trois études
*Stock, 2004
et Gallimard, « Folio essais », 2005*

IMPRESSION : NORMANDIE ROTO IMPRESSION S.A.S. À LONRAI
DÉPÔT LÉGAL : OCTOBRE 1991. N° 13454-6 (104797)
Imprimé en France